La convention collective au Québec

Gérard Hébert, Reynald Bourque,
Anthony Giles, Michel Grant,
Patrice Jalette, Gilles Trudeau, Guylaine Vallée

Avec la collaboration de
Jean Charest et Marcel Simard

La convention collective au Québec

gaëtan morin
éditeur

CHENELIÈRE ÉDUCATION

La convention collective au Québec

Gérard Hébert, Reynald Bourque, Anthony Giles, Michel Grant, Patrice Jalette, Gilles Trudeau, Guylaine Vallée

© gaëtan morin éditeur ltée, 2003

Révision linguistique : Jean-Pierre Regnault

**Catalogage avant publication
de la Bibliothèque nationale du Canada**

Vedette principale au titre :

La convention collective au Québec

Comprend un index.

ISBN 2-89105-833-X

1. Conventions collectives – Québec (Province).   2. Relations industrielles – Québec (Province).   3. Conditions de travail – Québec (Province).   4. Négociations collectives – Québec (Province).   ɪ. Hébert, Gérard, 1921-2001.

KEQ655.C67   2003   344.71401'89   C2002-942067-9

**gaëtan morin
éditeur**

CHENELIÈRE ÉDUCATION

7001, boul. Saint-Laurent
Montréal (Québec)
Canada H2S 3E3
Téléphone : (514) 273-1066
Télécopieur : (514) 276-0324
info@cheneliere-education.ca

ISBN 2-89105-833-X

Dépôt légal : 2e trimestre 2003
Bibliothèque nationale du Québec
Bibliothèque nationale du Canada

Imprimé au Canada

2   3   4   5   IQL   07   06   05   04

Nous reconnaissons l'aide financière du gouvernement du Canada par l'entremise du Programme d'aide au développement de l'industrie de l'édition (PADIÉ) pour nos activités d'édition.

Gouvernement du Québec – Programme de crédit d'impôt pour l'édition de livres – Gestion SODEC

Tableau de la couverture :
Fluctuation
Œuvre de **Manon Otis**

Manon Otis est née à Hauterive et a fait ses études en arts plastiques à l'UQAM. Cette peintre brosse avec fougue et exubérance des scènes bourrées de personnages et de pittoresque. Sous la verve de son art, on sent parfois passer quelques courants de gravité, de nostalgie, mais elle sait colorer cette grisaille d'une main agile et rieuse, capable de jongler avec des demi-transparences audacieusement étalées en travers des visages et des corps.

Faisant régulièrement l'objet d'expositions en solo au Canada et à l'étranger, les tableaux de Manon Otis sont présentés dans plusieurs galeries, notamment à Montréal chez Art Monaro et Klimantiris.

DANGER

LE PHOTOCOPILLAGE TUE LE LIVRE

Hommage à Gérard Hébert (1921-2001)

Le professeur Gérard Hébert est décédé le 16 août 2001. Autorité reconnue en relations industrielles, il avait enseigné la négociation collective à l'École de relations industrielles de l'Université de Montréal de 1965 à 1992. Gérard Hébert a marqué profondément l'enseignement et la recherche au Québec et au Canada. Il fut l'un des pionniers qui ont donné au domaine des relations industrielles ses lettres de noblesse universitaires.

Titulaire d'un doctorat en sciences économiques, Gérard Hébert aborda les relations industrielles lorsqu'il s'intéressa aux décrets de conventions collectives et, par la suite, à la négociation collective dans son ensemble. Il explora aussi le dédale que constituent les relations du travail dans l'industrie de la construction. Auteur de nombreux livres et articles, Gérard Hébert signa en 1992 son oeuvre maîtresse, *Traité sur la négociation collective*, un ouvrage phare dans la littérature nord-américaine en relations industrielles.

Gérard Hébert fut élu à la Société royale du Canada en 1979. Il fut membre de l'Association canadienne de relations industrielles dès la fondation de celle-ci, en 1965, et il en assuma la présidence en 1981-1982. Le professeur Hébert fut aussi membre du conseil d'administration de la Fédération canadienne des sciences sociales de 1979 à 1985, et président de cet organisme en 1984-1985. Il présida le Comité d'études et de révision de la *Loi sur les relations du travail dans la construction* en 1977-1978; son rapport est encore cité aujourd'hui. En 1985, le professeur Hébert fut nommé membre d'honneur de la Corporation des conseillers en relations industrielles, devenue l'Ordre des conseillers en ressources humaines et en relations industrielles du Québec. Enfin, en 1995, il reçut le prix Gérard Dion du Département des relations industrielles de l'Université Laval, pour sa contribution remarquable à la discipline.

Cet ouvrage est dédié à sa mémoire.

Les auteurs

Avant-propos

La convention collective est le résultat du processus par lequel un employeur et ses salariés, par l'intermédiaire de leurs représentants, établissent les conditions de travail et les règles qui vont régir leurs rapports mutuels pendant une période plus ou moins longue. Ce sont ces règles et ces conditions de travail contenues dans la convention collective qui font l'objet du présent ouvrage.

L'étude de la convention collective exige certains préalables, en particulier une connaissance adéquate des institutions en cause, qu'il s'agisse d'institutions juridiques, économiques, sociales ou politiques. L'ouvrage comporte donc un grand nombre d'éléments que plusieurs qualifient d'« institutionnels » ; cela nous semble nécessaire à toute discussion de la convention collective. Par ailleurs, on ne peut comprendre les enjeux et les principales dispositions sans dépasser la simple description. En ce sens, l'approche de l'ouvrage est à la fois institutionnelle et analytique. L'histoire est également une discipline essentielle à une intelligence adéquate de la convention collective. Ainsi, le contenu et la durée des conventions collectives en 2002 sont bien différents de ceux que l'on connaissait en 1960, encore plus de ce qui existait en 1930. Un bref historique des aspects légaux et institutionnels des sujets traités est habituellement présenté au début de chacun des chapitres de l'ouvrage.

L'ouvrage comporte certaines limites, notamment sur le plan géographique. Il vise essentiellement à analyser le contenu des conventions collectives négociées au Québec, qui peut être très différent de ce que l'on trouve dans les conventions collectives ailleurs en Amérique du Nord, et dans les pays d'Europe ou d'Asie dont le niveau de développement économique est comparable. Mais les acteurs en cause ne sont pas isolés : les employeurs sont souvent de grandes entreprises multinationales et plusieurs syndicats sont présents au-delà des frontières québécoises. Aussi la négociation qui se pratique au Québec n'est pas complètement compréhensible sans certaines références à un contexte plus large. Concrètement, cela veut dire qu'il faudra à l'occasion parler des conventions collectives au Canada et aux États-Unis, parce que plusieurs éléments constitutifs du régime québécois de la convention collective prennent leur source dans les lois ou les pratiques canadiennes et américaines. Cependant, selon les règles fondamentales de la fédération canadienne, la très vaste majorité des conventions collectives et des salariés régis par convention relèvent de la compétence des provinces ; d'où l'importance accordée à la situation au Québec. Dans certains cas, il nous faut élargir l'horizon davantage, car la mondialisation se répercute directement sur les négociations et les conventions collectives au Québec.

Direction de l'ouvrage et remerciements

Cet ouvrage a été dirigé et réalisé par un collectif d'enseignants et de chercheurs universitaires réunis autour du professeur Gérard Hébert, auteur du *Traité de négociation collective*, publié chez le même éditeur en 1992. La coordination du travail a été assurée par Gilles Trudeau. Bien qu'il s'agisse d'un ouvrage collectif puisant largement dans les matériaux rassemblés par le professeur Hébert, chacun des membres de l'équipe de direction a assumé la responsabilité d'au moins deux chapitres, préparant pour chacun d'eux une version préliminaire et une version finale enrichie des commentaires et suggestions des autres coauteurs. Voici la liste des chapitres rédigés par chacun des six coauteurs qui ont dirigé la rédaction de l'ouvrage après le décès du professeur Gérard Hébert.

Reynald Bourque :
chapitres 2 (Durée et renouvellement de la convention collective) et 11 (Heures de travail) ;

Antony Giles :
chapitres 7 (Ancienneté) et 8 (Gestion et protection de l'emploi) ;

Michel Grant :
chapitres 4 (Régime syndical), 9 (Organisation de la production et du travail) et 12 (Contenu et évaluation des tâches) ;

Patrice Jalette :
Introduction (Aspects généraux de la convention collective), chapitres 13 (Salaires) et 14 (Avantages sociaux) ;

Gilles Trudeau :
chapitres 5 (Règlement et arbitrage des griefs) et 6 (Mesures disciplinaires) ;

Guylaine Vallée :
chapitres 1 (Cadre juridique de la convention collective) et 3 (Droits de direction).

La conclusion a été réalisée conjointement par Reynald Bourque, Patrice Jalette et Gilles Trudeau.

L'équipe de direction a fait appel à deux collaborateurs extérieurs pour la rédaction de deux chapitres particuliers : Jean Charest pour le chapitre 10 (Formation de la main-d'œuvre) et Marcel Simard pour le chapitre 15 (Santé et sécurité au travail).

Enfin, les auteurs tiennent à remercier Lucie Morissette et Valérie Thibault, respectivement étudiante au doctorat et titulaire d'une maîtrise en relations industrielles de l'Université de Montréal, d'avoir collaboré à la recherche ainsi qu'à la coordination du projet. Ils désirent également exprimer leur gratitude à Jean-Pierre Regnault, qui a assuré la révision linguistique du manuscrit, pour son travail méticuleux et son professionnalisme.

Sources de données sur le contenu des conventions collectives

Un aspect important pour un ouvrage du genre de celui que nous présentons ici est de rendre compte de la réalité des conventions collectives et des clauses telles qu'on les trouve sur le terrain. Ce portrait de la situation des différentes clauses et de leurs variantes est également essentiel pour les parties en négociation lorsqu'elles veulent se situer par rapport à leur secteur d'activité, à leur région ou à l'ensemble des conventions collectives québécoises. Nous avons donc tenté de fonder au mieux notre description des clauses sur les données les plus fiables disponibles au moment de la rédaction, mais l'entreprise s'est avérée difficile pour différentes raisons. La petite histoire des sources de données sur le contenu des conventions collectives permet de faire le point sur la situation actuelle au Québec.

En 1978, le ministère du Travail du Québec s'engageait dans une codification et une analyse du contenu des principales clauses de conventions collectives reçues au Bureau du commissaire général du travail. Il s'agissait d'une analyse en profondeur de l'ensemble des conventions collectives selon 200 variables, établies afin de définir les aspects principaux de chacune des clauses fondamentales. De 1979 à 1984, une publication annuelle portant le titre de *Conditions de travail contenues dans les conventions collectives au Québec* présentait les données sur le contenu des conventions collectives pour l'ensemble des secteurs au Québec, et des cahiers distincts portaient sur chaque grand secteur de l'économie. Une modification majeure s'est produite en 1985. Pour des considérations budgétaires, le ministère du Travail du Québec a décidé que les conventions visant moins de 50 salariés ne seraient pas toutes analysées, mais qu'on procéderait dorénavant par échantillonnage. L'objectif était de choisir un échantillon d'environ 10 % de ces conventions collectives, dont on sait qu'elles regroupent plus de 65 % de la population totale. Mais il n'y a pas eu de suivi dans la gestion de ces conventions de moins de 50 salariés, et l'échantillon est tombé rapidement à 6 % ou 7 % de la population totale.

Ces décisions ont rendu difficile l'accès à des statistiques fiables et exhaustives sur le contenu des conventions collectives au Québec. En effet, à partir de 1985, les publications annuelles du ministère du Travail ont fusionné les données échantillonnales sur les conventions collectives couvrant moins de 50 salariés et les données sur les autres conventions collectives dans un même ensemble comportant une sous-représentation des petites conventions collectives. Pour la publication du *Traité de négociation collective* en 1992, le professeur Hébert a utilisé une méthode d'ajustement pondéré qui permettait d'estimer les données sur le contenu de l'ensemble des conventions collectives couvrant moins de 50 salariés, afin de les comparer à celles de l'année 1984 qui portaient sur une population exhaustive. Compte tenu de la méthode d'ajustement utilisée pour la préparation des tableaux statistiques pour l'année 1989 présentés dans l'ouvrage du professeur Hébert, ceux-ci constituent donc la source statistique la plus fiable pour ce qui est du contenu des conventions collectives au Québec jusqu'en 1989.

Les informations sur le contenu des conventions collectives se sont davantage appauvries à partir de 1995, car de nouvelles compressions budgétaires ont conduit à l'abandon de la codification de l'ensemble des conventions collectives couvrant plus de 50 salariés. Au moment de la préparation de cet ouvrage, le ministère du Travail du Québec n'analysait plus les conventions collectives couvrant moins de 50 salariés, et il procédait à la codification et à l'analyse du contenu d'environ 30 % des conventions collectives couvrant 50 salariés ou plus. De plus, le nombre de variables codifiées a été réduit, si bien qu'il n'est plus possible d'établir des séries longitudinales sur le contenu des conventions collectives au Québec.

En juin 2001, le service d'analyse des conventions collectives du ministère du Travail nous a fourni un relevé statistique du contenu des conventions collectives pour un échantillon dont la taille varie d'environ 560 à 1 220 conventions collectives selon les clauses analysées. Il est cependant difficile d'estimer le degré de représentativité de cet échantillon, en raison des nombreuses variables à prendre en compte. Ces données qui sont présentées dans certains chapitres doivent donc être interprétées avec la prudence qu'imposent les limites inhérentes à un tel échantillon, notamment en ce qui a trait aux tendances que pourrait suggérer leur comparaison avec les données de 1989, qui sont beaucoup plus fiables. Dans les différents chapitres, nous avons cherché à présenter les données les plus pertinentes et les plus récentes dans les circonstances. C'est pourquoi dans l'ouvrage nous faisons référence, selon le cas, aux données compilées par le professeur Hébert, à celles contenues dans le relevé statistique produit par le ministère du Travail du Québec en juin 2001 et à des données provenant d'autres sources et qui nous apparaissaient fiables, pertinentes et récentes. Au terme de cet exercice ardu et souvent frustrant de recherche d'information statistique sur les conventions collectives québécoises, il nous faut déplorer que les praticiens, les universitaires et les étudiants ne puissent avoir accès actuellement à des données sur les conventions collectives dont la qualité et la fiabilité ne sauraient être remises en cause.

Conventions collectives de référence

Afin d'offrir aux lecteurs des exemples concrets de clauses touchant les règles et les conditions de travail abordées dans les différents chapitres, nous avons constitué une banque d'une vingtaine de conventions collectives de référence qui étaient en vigueur au moment de la préparation de l'ouvrage. L'utilisation d'une même banque de conventions collectives par les différents auteurs visait à assurer une certaine continuité entre les chapitres en présentant des extraits des mêmes conventions collectives. Ces conventions collectives proviennent de différentes branches d'activités des secteurs privé et public. Elles couvrent des unités de négociation de taille variable, mais qui comptent plus de 50 salariés dans la grande majorité des cas. La diversité des secteurs de rattachement de ces conventions collectives visait à couvrir un large éventail de situations sur les plans de l'organisation du travail, de la techno-logie et des conditions de travail. Les exemples de clauses sont présentés afin de rendre plus concret le contenu des dispositions courantes des conventions collectives, et ne doivent pas être considérés comme des modèles à suivre dans la rédaction des clauses conventionnelles.

Ces exemples de clauses sont analysés et com-mentés par les auteurs des différents chapitres afin de faire ressortir leurs aspects généraux et particuliers. Il faut souligner enfin que des clauses ont été puisées ailleurs quand les conventions collectives de référence ne contenaient pas l'exemple illustrant le mieux nos propos.

Table des matières

Chapitre 14
Avantages sociaux 323

Chapitre 15
Santé et sécurité au travail 355

Conclusion
Tendances et orientations
de la convention collective
au Québec 385

Liste des abréviations

A

A.A.N.B.   Acte de l'Amérique du Nord britannique

A.a.o.   Acte concernant les associations ouvrières

A.C.   Appeal Cases (Conseil privé de Londres)

A.C.J.Q.   Association des centres jeunesse du Québec

A.C.P.A.   Air Canada Pilots' Association

A.C.R.I.   Association canadienne des relations industrielles

A.E.C.Q.   Association des entrepreneurs en construction du Québec

A.E.P.C.   Association des établissements privés conventionnés

A.E.R.D.P.Q.   Association des établissements de réadaptation en déficience physique du Québec

A.H.Q.   Association des hôpitaux du Québec

A.I.D.   Association internationale des débardeurs

A.L.P.A.   Air Line Pilots' Association

ALENA   Accord de libre-échange nord-américain

A.M.   arrêté ministériel

art.   article

A.R.T.T.   Aménagement et réduction du temps de travail (programme d'Emploi-Québec)

A.S.P.   association sectorielle paritaire

ass.   association

B

B.I.T.   Bureau international du travail, Genève

B.R.T.   Bureau de renseignements sur le travail

C

c.   chapitre (dans les références à la législation)
comité
contre (dans les clauses)

C.A.   Cour d'appel

C.c.B.-C.   Code civil du Bas-Canada

C.c.d.l.   Charte canadienne des droits et libertés

C.c.Q.   Code civil du Québec

C.C.R.T.   Conseil canadien des relations du travail

C.c.t.   Code canadien du travail

C.C.T.M.   Conseil consultatif du travail et de la main-d'œuvre, Québec

C.d.l.p.   Charte des droits et libertés de la personne

C.E.Q.   Centrale de l'enseignement du Québec

ch.   chapitre

C.l.f.   Charte de la langue française

C.L.S.C.   Centre local de services communautaires

C.R.S.M.T.   Centre de recherche et de statistiques sur le marché du travail

C.S.   Cour supérieure

C.S.C.   Confédération des syndicats canadiens

C.S.D.   Centrale des syndicats démocratiques

C.S.N.   Confédération des syndicats nationaux

C.S.P.C.   Centre syndical-patronal du Canada

C.S.Q.   Centrale des syndicats du Québec

C.S.S.T.   Commission de la santé et de la sécurité du travail

C.t.   Code du travail du Québec

C.T.C.   Congrès du travail du Canada

C.T.C.C   Confédération des travailleurs catholiques du Canada

COLA   *Cost of loving allowance* (ou *adjustment*)

D

D.C.   District of Columbia

D.L.R.   Dominion Law Reports

D.T.E.   Droit du travail Express

F

F.A.T.   Fédération américaine du travail (AFL)

F.A.T.-C.O.I.   Fédération américaine du travail-Congrès des organisations industrielles (AFL-CIO)

F.C.T.	Fédération canadienne du travail		**P**	
FERR	Fonds enregistré de revenu de retraite		P.S.A.C.	prestations supplémentaires d'assurance-chômage
F.I.S.A.	Fédération indépendante des syndicats autonomes		P.S.V.	pension de la sécurité de la vieillesse
F.N.F.M.O.	Fonds national de formation de la main-d'oeuvre		**R**	
F.Q.C.R.P.A.T.	Fédération québécoise des centres de réadaptation pour personnes alcooliques et autres toxicomanes		R.A.M.Q.	Régie de l'assurance-maladie du Québec
			R.C.S.	Rapports de la Cour suprême du Canada
F.T.Q.	Fédération des travailleurs et travailleuses du Québec		R.J.D.T.	Recueil de jurisprudence en droit du travail
			R.J.Q.	Recueil de jurisprudence du Québec
G			R.R.Q.	Régie des rentes du Québec
G.O.	Gazette officielle du Québec			Régime de rentes du Québec
				Règlements refondus du Québec
I			REER	Régime enregistré d'épargne-retraite
I.P.C.	indice des prix à la consommation			
I.R.I.R.	Institut de recherche et d'information sur la rémunération		**S**	
			S.A.G.	Sentences arbitrales de griefs, Québec
I.R.S.S.T.	Institut de recherche en santé et sécurité du travail		S.C.	Statuts du Canada
			S.C.E.P.	Syndicat de la chimie, de l'énergie et du papier
I.S.Q.	Institut de la statistique du Québec			
I.V.C.	indemnité de vie chère		S.C.F.P.	Syndicat canadien de la Fonction publique
			SIMDUT	système d'information sur les matières dangereuses utilisées au travail
L				
L.A.C.	Labour Arbitration Cases, Canada		S.P.S.S.S.	Service de placement du secteur de la santé et des services sociaux
L.a.t.m.p.	Loi sur les accidents de travail et les maladies professionnelles			
			S.Q.	Statuts du Québec
L.d.c.c.	Loi sur les décrets de convention collective		S.Q.D.M.	Société québécoise de développement de la main-d'oeuvre
L.e.s.	Loi sur l'équité salariale			
L.n.t.	Loi sur les normes du travail		S.S.T.	santé et sécurité au travail
L.Q.	Lois du Québec		SUB	*Supplemental Unemployment Benefits* (PSAC)
L.R.C.	Lois refondues du Canada			
L.r.c.r.	Loi sur les régimes complémentaires de retraite		synd. ou s.	syndiqué, syndical, syndicat ou syndicalisme
L.r.e.c.c.	Loi relative à l'extension des conventions collectives de travail		**T**	
			T.A.	Tribunal d'arbitrage
L.R.Q.	Lois refondues du Québec		T.A.P.A.	Tribunal d'arbitrage procédure allégée
L.s.p.	Loi sur les syndicats professionnels		T.t.	Tribunal du travail
L.s.s.t.	Loi sur la santé et la sécurité du travail		T.U.A.C.	Travailleurs unis de l'alimentation et du commerce
M			**U**	
M.I.C.T.	Ministère de l'Industrie, du Commerce et de la Technologie		U.S. (ou U.S.A.)	United States of America
M.S.S.S.	Ministère de la Santé et des Services sociaux		**V**	
			vol.	volume

Aspects généraux de la convention collective

La convention collective constitue le résultat de la négociation collective. Son texte contient et exprime les compromis et les ententes auxquels les parties en sont arrivées au terme du processus. La convention collective est à la fois l'objet de la négociation et son aboutissement. Mais c'est en dehors de la période de négociation qu'elle joue vraiment son rôle. Au quotidien, elle régit les rapports entre l'employeur et le syndicat ainsi que la plupart des conditions de travail des salariés. La négociation et l'administration de la convention des règles contenues dans la convention collective sont les deux principaux processus dans le cadre des relations du travail dans les milieux syndiqués.

Cette introduction constitue un préambule à l'étude détaillée de la convention collective qui suivra dans le reste de l'ouvrage. Il en présente les aspects généraux : sa définition, son rôle, sa structure et sa rédaction, la classification des clauses qui la constituent et, finalement, sa situation numérique et son importance relative. Plusieurs questions abordées ici seront approfondies dans les chapitres traitant du cadre juridique de la convention collective et des clauses particulières.

Définition et rôle de la convention collective

La convention collective est une institution unique, tant par sa définition que par le rôle qu'elle exerce. Ces deux aspects sont ici présentés tour à tour.

Définition de la convention collective

Que signifie exactement l'expression « convention collective » ? Voici la définition qu'en donne le *Dictionnaire canadien des relations de travail* : « entente écrite relative aux conditions de travail conclue entre une ou plusieurs associations de salariés et un ou plusieurs employeurs ou associations d'employeurs » (Dion, 1986 : 132). Les mots employés sont importants pour comprendre la nature de la convention collective.

Il s'agit d'abord d'une entente. Cet aspect souligne la participation immédiate et essentielle de deux parties, aux intérêts opposés, qui discutent les divers éléments de la convention et qui en viennent à se mettre d'accord sur son contenu précis. En dépit de leur divergence initiale, les intérêts convergent suffisamment pour que les deux parties en arrivent à une entente satisfaisante. L'aspect collectif est un autre élément important. Ce ne sont pas les salariés pris individuellement qui signent la convention collective, mais leurs représentants. C'est l'association de salariés dûment accréditée qui a le droit et l'obligation de représenter les salariés visés par la convention collective. Du côté patronal, l'aspect collectif est peut-être moins évident de prime abord. Toutefois, c'est en tant qu'employeur représentant une organisation, plus ou moins grande, avec ou sans actionnaires, que le mandataire patronal ou le propriétaire appose sa signature au bas de l'entente. Il arrive aussi que l'entente soit conclue au nom de plusieurs employeurs comme c'est le cas, au Québec, dans le secteur de la construction.

L'objet de la convention collective est un autre élément de la définition. Celle-ci porte sur les conditions de travail, une expression que Pétrin (1991 : 32) définit ainsi : « Tout aspect de la situation professionnelle inscrit ou non dans une convention collective ou un contrat individuel de travail. » Nous reviendrons en détail dans le chapitre 1 sur les règles juridiques présidant au contenu de la convention collective et à la détermination des conditions de travail. Toutefois, la table des matières d'une convention collective typique (voir le tableau 1) donne un premier aperçu des conditions de travail qu'on y trouve généralement : salaires, heures de travail, avantages sociaux, mesures en matière de santé et de sécurité au travail, règles relatives aux promotions et aux mises à pied, procédure de règlement des griefs, dispositions relatives à la formation professionnelle, etc.

Avant d'aborder la structure, la rédaction et le contenu de la convention collective, il faut examiner les diverses facettes du rôle qu'elle joue en milieu de travail.

Rôle de la convention collective

Comme la convention collective est le résultat de la négociation, ses deux objectifs fondamentaux ne diffèrent pas des objectifs principaux

tableau 1	Table des matières d'une convention collective typique

1. But de la convention
2. Dispositions préliminaires
3. Reconnaissance et juridiction
4. Droits de la direction
5. Régime syndical
6. Liberté d'action syndicale
7. Représentation et comités
8. Procédure de griefs et d'arbitrage
9. Mesures disciplinaires
10. Ancienneté
11. Promotions et transferts
12. Mise à pied et rappel au travail
13. Changements technologiques
14. Santé, sécurité et bien-être
15. Accidents de travail, premiers soins et compensation
16. Semaine et heures de travail
17. Période de repos et de repas
18. Temps supplémentaire
19. Congés fériés
20. Vacances annuelles
21. Congés sociaux
22. Congés personnels autorisés
23. Droits parentaux
24. Banque de jours de maladie
25. Assurances collectives
26. Régime de retraite
27. Vêtements et outils de travail
28. Dispositions particulières
29. Formation professionnelle
30. Salaires, classifications et primes
31. Grève ou lock-out
32. Annexes et lettres d'entente
33. Durée de la convention
Annexes
Lettres d'entente

Source: Syndicat des travailleuses et travailleurs de l'Hôtel du Parc (C.S.N.) et Renaissance, Hôtel du Parc, 1999-2002, p. a et b.

que les parties poursuivent en négociant : protection des travailleurs et de leurs droits, progrès économique de l'entreprise et répartition de ses fruits. Par contre, du seul fait que le résultat de la négociation s'exprime dans un texte qui contient l'ensemble des règles à respecter, tant qu'elle demeurera en vigueur, la convention collective acquiert certaines caractéristiques qui diffèrent de la négociation elle-même. C'est ce que nous essaierons d'évoquer et d'analyser dans cette partie du chapitre.

À cette fin, nous présenterons la convention sous trois facettes : d'abord comme un instrument de justice sociale, puis comme un outil de gestion des ressources humaines et, enfin, comme un instrument de pouvoir et de participation.

A. Instrument de justice sociale

La convention collective est un instrument de justice sociale car, conformément à l'un des objectifs principaux de la négociation, elle protège les travailleurs et leurs droits. Les salaires raisonnables et les conditions de travail équitables que réclament les salariés et leurs syndicats sont consignés dans la convention collective. Celle-ci devient la source des droits que les employés peuvent invoquer. Elle exprime aussi l'engagement de l'employeur à en respecter les dispositions. Elle sert enfin à contrôler l'arbitraire patronal, notamment en matière de sanctions disciplinaires (voir le chapitre 6). Compte tenu de ces fonctions, on peut penser qu'elle constitue la principale motivation des salariés à se syndiquer, car ce n'est généralement qu'en devenant et en restant syndiqués qu'ils seront couverts par une convention. Les défenseurs de la convention collective y ont toujours vu, pour les salariés visés, l'expression privilégiée de la justice sociale, contenue dans un document facile à comprendre et simple à utiliser. C'est sans doute de là que vient la coutume de publier le texte de la convention collective en une petite édition de poche, que les salariés et leurs représentants peuvent constamment avoir à portée de la main (Hébert, 1992 : 54).

Cet objectif fondamental de la convention collective – son essence et sa nature même – est

encore valable et toujours reconnu. Mais l'allongement des conventions collectives, qui sont passées d'une page ou deux à 100 ou 200 pages, le caractère de plus en plus technique et juridique de leurs clauses, les modalités et les précisions toujours plus nombreuses qui y sont consignées, rendent le texte de la convention collective de moins en moins accessible aux travailleurs. Cette évolution vers un document toujours plus difficile à utiliser par les personnes directement concernées était peut-être inévitable. La responsabilité en revient souvent aux parties, qui veulent prévoir le plus grand nombre de situations possible et la manière de procéder pour chacune.

B. Outil de gestion des ressources humaines

La convention collective contient des règles qui visent à assurer de bonnes conditions de travail aux employés concernés et à leur garantir un processus de justice dans les différentes décisions qui seront prises à leur égard. Dans cette perspective, la convention collective contient surtout des contraintes pour l'employeur. Cependant, ces contraintes lui fournissent un instrument de gestion des ressources humaines qu'il peut utiliser à son avantage. Sur tous les points traités, la convention dicte à l'employeur la manière dont il doit procéder ; elle constitue de ce fait un précieux outil de gestion et devient un recueil relativement complet des politiques concernant la main-d'œuvre. De plus, en signant la convention collective, l'employeur s'engage à respecter les règles qu'elle contient ; mais en même temps il se met à l'abri de toute contestation, s'il respecte les dispositions qui s'y trouvent. Si les salariés et leurs représentants en sont insatisfaits, ils doivent attendre la prochaine négociation pour les modifier. Entre-temps, la convention a force de loi. La convention s'avère aussi un bon instrument de planification pour l'entreprise. Elle permet à l'employeur de prévoir ses coûts de main-d'œuvre pour les prochaines années. Tout en lui laissant l'initiative des mouvements de main-d'œuvre, la convention établit les règles que l'employeur doit respecter en effectuant les changements qu'il a planifiés.

Il va sans dire qu'en raison de la convention collective à laquelle il est assujetti, l'employeur en milieu syndiqué subit davantage de contraintes dans la gestion de la main-d'œuvre qu'en milieu non syndiqué. C'est pourquoi l'employeur recherche souvent un accroissement de la souplesse dans la convention collective (voir le chapitre 9). Celle-ci étant leur propriété, les parties peuvent toujours s'entendre pour apporter des changements en cours de route. En ce sens, si l'accord signé est relativement contraignant, il reste que le processus de négociation collective comporte la souplesse nécessaire pour que l'employeur et le syndicat puissent adapter la convention en dehors de la période prévue pour le faire.

Il faut par ailleurs comprendre que la convention collective ne couvre pas tout le champ de la gestion des ressources humaines et des relations de travail. Par exemple, les éléments suivants n'en font généralement pas partie : les politiques de gestion des ressources humaines établies par l'employeur – en matière d'embauche, d'usage du tabac, d'évaluation du rendement, etc. –, de même que les normes de production établies soit formellement par celui-ci, soit informellement par le groupe de travail. Ces politiques et ces normes déterminent tout de même certaines conditions de travail des salariés. Malgré son importance fondamentale en milieu syndiqué, la convention collective n'est pas l'unique outil de gestion des ressources humaines ni le seul mode de détermination des conditions de travail.

La convention collective peut être considérée aussi comme un recueil de solutions agréées par les parties pour régler différents problèmes de gestion de la main-d'œuvre (Sirard et Gazaille, 1989), même si elle ne peut les régler tous. Elle ne peut non plus prévoir toutes les situations susceptibles de se présenter en cours de convention. Toutefois, pour répondre à ces problèmes et à ces situations, les parties peuvent se doter de mécanismes conjoints, comme les comités.

La convention collective est ainsi fort utile et a une valeur éducative certaine pour tout le personnel cadre, car elle contient la quasi-totalité des dispositions à suivre dans la gestion de la main-d'œuvre. Le personnel de maîtrise (superviseurs, contremaîtres, etc.) est d'ailleurs souvent appelé par la convention à intervenir dans l'application des règles qui y sont édictées. Pour être un outil de gestion efficace, la convention doit être rédigée dans un langage accessible aux cadres et aux salariés.

C. Instrument de pouvoir et de participation

La convention collective peut être envisagée à la fois comme un instrument de pouvoir et comme un instrument de participation. Cette dualité reflète l'ambivalence des rapports entre les parties, poursuivant à la fois des intérêts divergents et des intérêts convergents.

L'issue d'une négociation dépend pour beaucoup du rapport de forces existant entre les parties. Une multitude de facteurs, tels la taille de l'unité de négociation, le caractère essentiel ou non du bien ou du service produit, la possibilité de transférer la production, le contexte économique, les ressources financières, déterminent le pouvoir de négociation de chaque partie (Sexton, 2001). Le rapport de forces durant les négociations marque le contenu de la convention collective : plus une partie a de pouvoir de négociation, autrement dit la capacité d'atteindre les objectifs qu'elle s'est fixés, plus il est probable que la convention lui soit favorable. En ce sens, la convention collective peut être vue comme le résultat d'un pur exercice de pouvoir entre les parties.

Par ailleurs, la convention collective confère des pouvoirs aux parties, tout particulièrement à la partie syndicale. C'est le cas pour presque toutes les dispositions, particulièrement celles qui limitent la liberté ou la discrétion patronale, et plus encore dans la procédure de règlement des griefs. Dans ce cas, le syndicat est généralement l'instrument même de progression et d'avancement dans le déroulement du processus. Pendant qu'elle est en vigueur, le syndicat peut évidemment se servir de la convention collective comme d'un instrument de harcèlement – et indirectement de pouvoir additionnel – en suscitant des conflits sur tout et n'importe quoi.

L'employeur peut également utiliser la convention à son avantage comme un instrument de pouvoir, en s'y référant constamment et en l'interprétant toujours de la manière la plus stricte et la plus rigoureuse. Mais cette dynamique n'est profitable qu'à court terme. Elle n'améliore jamais le climat des relations de travail ni la productivité des salariés (Jalette, 2002). On voit que l'exercice de pouvoir qui a donné lieu à l'élaboration de la convention peut se poursuivre dans le cadre de l'administration de la convention collective. La façon dont elle est appliquée dans la pratique dépend des parties, autant des ressources mises à leur disposition que des stratégies qu'elles poursuivent.

Toutefois, la convention collective peut être vue comme l'expression même de la participation ouvrière en matière de gestion de l'entreprise. Par la négociation, les représentants des salariés participent à la détermination des conditions de travail et des règles qui doivent s'appliquer aux rapports mutuels ainsi qu'à la répartition des fruits de l'entreprise. La convention collective est l'expression d'un compromis auquel les parties sont arrivées et qui leur paraît acceptable, compte tenu de l'ensemble des circonstances et des contextes, pour la période où elle demeure en vigueur. Elle formule les conditions, mutuellement acceptables, d'un progrès conjoint, qui est celui de l'entreprise et de ses salariés.

S'il y a eu au cours des dernières années diverses expériences de coopération patronale-syndicale – ce que certains appellent aussi partenariat, concertation et autres qualificatifs, il reste que la convention collective telle qu'on la connaît dans sa forme traditionnelle traduit une forme de coopération, peut-être minimale, mais tout de même effective. Chose certaine, elle constitue l'aboutissement de la participation des salariés au processus de détermination de leurs conditions de travail et un pas vers la démocratie industrielle (Giles et Starkman, 2001).

Structure, rédaction et clauses de la convention collective

La première lecture d'une convention collective peut être assez déconcertante, compte tenu de sa structure, de son style et des termes ésotériques qu'on y trouve. Même si les conventions collectives sont conclues dans des milieux de travail très différents les uns des autres, et dans des circonstances relativement particulières, elles possèdent des structures assez bien définies et similaires. En dépit des variantes inévitables, les clauses contenues dans la convention collective forment un ensemble typique. C'est de ces trois aspects de la convention collective – structure, rédaction et clauses – qu'il sera question dans la présente section.

Structure de la convention collective

La structure de la convention obéit en général aux principes régissant les contrats et les autres textes juridiques. Comme la plupart de ces textes, la convention collective se divise en clauses, ou articles, généralement numérotés (voir la table des matières reproduite au tableau 1). La clause, ou l'article, se divise en paragraphes qui, au besoin, se subdivisent en sous-paragraphes, en alinéas ou en sous-alinéas. Les clauses peuvent être regroupées par thème à l'intérieur d'une section de la convention. En plus du texte principal, qui contient les clauses, la convention inclut souvent d'autres éléments: annexes, lettres et mémoire d'entente, protocole de retour au travail, etc. Ces différents textes qui se rattachent à la convention sont abordés en détail à la section 1.2.4. Il faut cependant noter qu'il n'y a aucune obligation faite aux parties quant à la structure de la convention collective: toute liberté leur est laissée en cette matière.

Rédaction de la convention collective

Les circonstances dans lesquelles les conventions collectives sont rédigées sont assez particulières. À la table de négociation, l'entente de principe entre les négociateurs syndicaux et patronaux se fait à partir d'un texte dont la rédaction n'est pas toujours définitive. À trois heures du matin, alors qu'il faut faire une course contre la montre (par exemple pour éviter une grève) au terme d'un processus ayant pu durer des mois, les parties sont pressées d'en finir et peuvent s'entendre sur un texte bâclé ou sur une formule vague énoncée verbalement. L'exercice qui consiste à rédiger de façon adéquate le texte des clauses ainsi négociées n'est pas toujours facile, car les parties veulent évidemment retrouver dans le texte final le sens que chacune lui donne. De ce fait, il arrive fréquemment que la syntaxe, les tournures de phrases et les expressions utilisées dans les conventions collectives ne soient pas toujours correctes. Si les parties peuvent se dire: «Mieux vaut avoir un texte lourd, pas toujours clair, sur lequel on s'entend, que le contraire», c'est qu'elles veulent généralement éviter que la rédaction ne devienne un enjeu de la négociation. De plus, la même clause peut faire l'objet de modifications successives au fil des négociations et être mise en forme par des rédacteurs dont le style et la maîtrise de la langue française varient; il en résulte alors un libellé composite. Les clauses reflètent les compromis auxquels les parties en sont venues, et elles sont fort évocatrices en ce sens. Soucieux de ne pas trahir la réalité, nous avons choisi, tout au long de cet ouvrage, de présenter les textes de conventions collectives dans leur forme intégrale, sans corrections ou clarifications de notre part. Cette façon de faire ne met aucunement en cause la haute importance que nous accordons à l'usage d'un français de qualité dans les conventions collectives québécoises. Bien au contraire!

Une convention collective ne sera jamais considérée comme un objet littéraire, mais sa rédaction doit respecter un certain nombre de principes. La principale qualité d'un texte de convention collective est sa clarté. Ce dernier doit pouvoir être compris par les négociateurs des deux parties, par les gestionnaires chargés d'en appliquer les clauses et par les salariés visés par celles-ci. Voici quelques-unes des principales règles que Tremblay (2000: 16) recommande d'observer au moment de la rédaction d'une convention collective:

1. La convention collective s'écrit au présent et à la voix active.

2. Une convention collective doit contenir des phrases courtes, sans trop de propositions incidentes (commençant par qui, que, dont, etc.).

3. Le masculin comprend le féminin, ou l'inverse quand les femmes sont majoritaires. L'usage exclusif de l'un ou l'autre genre allège le texte.

4. La répétition du même terme alourdit peut-être le style, mais elle garantit la clarté. Il faut éviter de recourir aux synonymes, sinon on risque d'introduire une distinction ou une nuance là où il ne devrait pas y en avoir.

L'importance des définitions des termes clés que se donnent généralement les parties au début de la convention collective dans une section particulière doit aussi être soulignée. Ces définitions permettent d'alléger le texte, mais elles énoncent aussi la compréhension précise qu'en ont les parties. En dépit de la définition que donnent les dictionnaires d'une expression, c'est le sens adopté par les parties dans la convention collective qui doit primer au moment de son interprétation.

Le choix des mots dans le texte d'une clause – par exemple, l'utilisation des termes «peut» ou «doit», ou bien «et» ou «ou» – est primordial. D'autres règles touchent davantage à la structure de la convention collective (Tremblay, 2000: 17-19):

1. L'utilisation de titres et de sous-titres facilite la compréhension du texte. Ils doivent être choisis avec soin et discernement puisqu'ils guideront le lecteur dans ses recherches. Ils doivent refléter exactement le contenu de la section, de l'article ou de toute autre subdivision qu'ils coiffent et être les plus courts possible.

2. Lorsque le texte d'une convention collective comporte des choix ou des alternatives, il est important de les numéroter ou de les faire précéder de lettres pour éviter la confusion.

La qualité et la clarté de la rédaction de la convention collective ont une incidence indéniable sur la compréhension qu'en ont les parties dans son application quotidienne. Toutefois, en dépit de toutes les précautions prises, il peut arriver qu'il subsiste des dispositions que les parties interprètent différemment. Une mésentente de ce genre peut être portée en arbitrage (voir le chapitre 5). L'arbitre doit interpréter les dispositions ambiguës de la convention et, comme la convention collective est un texte de nature juridique, il le fait en se basant sur un certain nombre de règles dites d'interprétation (Blouin et Morin, 2000).

Classification des clauses de la convention collective

Le contenu des conventions collectives peut varier considérablement d'un milieu de travail à un autre. Malgré tout, on peut s'attendre à trouver un certain nombre de clauses types. Celles-ci ne s'imposent pas en vertu de règles juridiquement contraignantes ; elles découlent des usages, de la pratique et de l'expertise des négociateurs, et de l'influence des conventions collectives entre elles.

Ces clauses types peuvent être classées de plusieurs manières. Bon nombre de praticiens opposent, par exemple, les clauses pécuniaires et les clauses non pécuniaires. Par définition, les clauses pécuniaires entraînent directement des débours pour l'employeur et se rapportent directement ou indirectement à la rémunération des travailleurs (Dion, 1986 : 87).

Règle générale, les parties préfèrent négocier d'abord les clauses non pécuniaires – aussi qualifiées dans le langage courant de clauses non salariales, «normatives» ou «mécaniques» – et négocier ensuite les clauses pécuniaires[1], quitte

à ce que certaines clauses chevauchent les deux étapes de la négociation.

Une autre classification sert de structure au présent ouvrage. Certaines clauses, les clauses contractuelles, visent soit les parties elles-mêmes (employeur et syndicat), soit la convention ou l'entente proprement dite. Ces clauses touchent les salariés indirectement. À l'inverse, d'autres clauses concernent particulièrement les salariés et déterminent leurs principales conditions de travail. Ce sont les clauses normatives, au sens le plus strict du mot : elles établissent des normes et des droits pour le bénéfice des salariés visés. On distingue les clauses normatives pécuniaires, portant par exemple sur le salaire, et les clauses normatives non pécuniaires, concernant par exemple l'ancienneté.

Le tableau 2 présente les principales clauses contractuelles et normatives des conventions collectives. Il indique aussi le but et l'objet de chacune des clauses, de même que les principaux éléments de contenu qu'on peut y trouver. Cette classification des clauses est discutée de façon détaillée dans le reste de la section ; on indique entre parenthèses le chapitre de l'ouvrage où ces différentes dispositions sont traitées.

A. Clauses contractuelles

Les clauses que nous étudierons dans les premiers chapitres de l'ouvrage visent les deux parties contractantes et l'entente proprement dite. La clause de durée et de renouvellement de la convention (voir le chapitre 2) détermine le début et la fin de la convention et, dans plusieurs cas, la façon de procéder pour négocier son éventuel renouvellement. Elle lie donc les parties puisqu'elle délimite la période de paix industrielle où elles ne peuvent, sauf disposition contraire dans la convention collective, recourir aux moyens de pression. Cette clause a aussi une incidence sur les salariés, car il est fréquent qu'elle étende les effets de la convention collective au-delà de la durée de la convention elle-même (rétroactivité).

Les clauses relatives au régime syndical (voir le chapitre 3) accordent au syndicat en tant que

---

1. Dans le langage courant des relations industrielles, on utilise souvent l'expression clauses *normatives* au lieu de clauses non pécuniaires et clauses *monétaires* pour signifier les clauses pécuniaires, aussi qualifiées de clauses salariales ou financières.

tableau 2 Principales clauses des conventions collectives

	Clauses	Buts et objets	Contenus possibles
Clauses contractuelles	Préambule	Établir la portée de la convention collective.	• Buts visés • Champ d'application • Définitions
	Régime syndical	Assurer la vie et le financement du syndicat.	• Atelier syndical • Précompte syndical • Libérations et activités syndicales
	Droits de la gérance	Réitérer les droits de l'employeur à gérer ses affaires, la production et le personnel.	• Énoncé général ou détaillé des droits de l'employeur
	Durée et renouvellement de la convention	Déterminer le début et la fin de la convention ainsi que le mode de renouvellement s'il y a lieu.	• Durée • Rétroactivité • Modes de dénonciation et de réouverture
	Règlement des griefs et arbitrage	Assurer le respect de la convention.	• Étapes de la procédure • Définition du grief • Arbitrage
Clauses normatives	Mesures disciplinaires	Appliquer de façon équitable les principes de la discipline industrielle.	• Contenu du dossier • Détermination des sanctions possibles
	Ancienneté et protection de l'emploi	Assurer une certaine sécurité d'emploi et éviter l'arbitraire dans les promotions et les mises à pied.	• Aire d'ancienneté • Processus et critères de promotions et de mises à pied
	Contenu et évaluation des tâches	Déterminer le contenu, la classification et l'évaluation des emplois.	• Description des tâches • Méthodes d'évaluation
	Organisation du travail et de la production	Encadrer l'organisation de la production et les changements qui y sont apportés, tout en limitant les effets négatifs pour les travailleurs.	• Travail des cadres • Sous-traitance • Changements technologiques
	Formation professionnelle	Assurer aux travailleurs un accès à la formation, et à l'employeur une main-d'œuvre compétente.	• Formation • Reconversion professionnelle • Développement
	Santé et sécurité au travail	Assurer aux travailleurs un milieu de travail sain et sécuritaire.	• Comité • Équipements de protection • Indemnisation
	Durée du travail	Établir la journée et la semaine normales de travail.	• Heures normales • Heures supplémentaires
	Salaires	Établir le système de rémunération.	• Taux de salaire et échelles salariales • Primes liées au rendement • Modalités de paiement
	Avantages sociaux	Déterminer certains éléments de la rémunération globale autres que le salaire.	• Temps chômé rémunéré • Assurances collectives • Régime de retraite • Conciliation travail-famille • Avantages divers

tel – c'est-à-dire comme représentant des salariés, mais constituant une entité distincte d'eux – certains droits et avantages qui lui assurent à la fois une sécurité de représentation (atelier syndical) et une sécurité financière (précompte des cotisations) et qui aménagent l'exercice de sa mission de représentation (libérations et activités syndicales). La clause des droits de gérance (voir le chapitre 4) est une clause de nature déclaratoire : elle ne crée pas de nouveaux droits ni de nouvelles obligations, mais elle constitue une reconnaissance de la part du syndicat que la direction dispose du droit de gérer et d'administrer l'entreprise, en respectant évidemment les lois existantes et les conditions de travail déterminées dans la convention collective elle-même.

D'autres clauses, en apparence moins importantes, sont aussi considérées comme des clauses contractuelles. Ainsi, le préambule de la convention et la reconnaissance de la partie syndicale par l'employeur ne visent pas directement les salariés, mais les parties elle-mêmes. Certaines dispositions qui établissent des rapports, ou même une forme de collaboration patronale-syndicale, se rattachent évidemment aux clauses contractuelles et non pas aux clauses normatives.

Il convient de mentionner une dernière clause contractuelle, celle qui établit le mode de règlement des griefs, y compris l'arbitrage (voir le chapitre 5). Elle est particulière en ce qu'elle est le plus souvent invoquée par les salariés à titre individuel, même si le processus est ensuite pris en charge par le syndicat. Cette clause a pour but d'assurer le respect de la convention collective. Ce sont les parties contractantes qui en ont véritablement la propriété, non pas les salariés. Cependant, ceux-ci y ont recours lorsqu'il s'agit de faire redresser une situation qui, selon eux, violerait l'une ou l'autre des dispositions de la convention qui les favorisent. Le règlement des griefs n'est réalisé que par le concours actif des parties contractantes, mais il a pour objet d'assurer le respect des normes établies à l'intention des travailleurs. L'arbitrage s'impose lorsque les parties n'ont pu résoudre leur mésentente relative à la convention collective par l'intermédiaire de la procédure de règlement qui y est prévue.

B. Clauses normatives

Les clauses normatives établissent les conditions de travail et les droits des salariés. Les plus connues portent, bien sûr, sur la rémunération des salariés, constituée principalement du salaire (chapitre 13) et des avantages sociaux (chapitre 14). D'autres normes importantes touchent la durée du travail (chapitre 11). Une autre clause établit la manière de procéder en matière de contenu et d'évaluation des emplois (chapitre 12). Les clauses d'ancienneté (chapitre 7) et les clauses de protection de l'emploi (chapitre 8) sont aussi des clauses normatives courantes qui protègent les salariés en fixant les critères applicables au moment des promotions, des mises à pied, des transferts et autres mouvements de personnel. Les clauses applicables en matière disciplinaire encadrent de manière spécifique la procédure d'imposition et de détermination d'une sanction disciplinaire par l'employeur et la gestion du dossier disciplinaire des salariés (chapitre 6).

Ces dernières années ont aussi été marquées par l'apparition de clauses normatives sur des thèmes nouveaux. Ainsi en est-il des clauses sur la santé et la sécurité du travail (chapitre 15) et des clauses sur la formation professionnelle (chapitre 10) dont l'existence est fortement liée à l'essor des politiques publiques en ces domaines. Les clauses sur l'organisation du travail et de la production (chapitre 9) ont aussi été l'objet d'expérimentations au cours des dernières années. Ces clauses incarnent peut-être le mieux les nouveaux enjeux qu'ont débattus les parties au cours des 15 dernières années.

Types de conventions collectives

Dans le langage usuel des relations du travail, on se réfère à un certain nombre d'expressions particulières aux conventions collectives. Comme on l'a mentionné plus haut, il existe un lien étroit entre convention collective et négociation collective. C'est ainsi qu'à différents types de négociations correspondent différents types de conventions collectives. Nous examinerons tour à tour la convention collective type, la convention collective étendue, la convention de branche et la convention cadre.

Au Québec, tout comme ailleurs en Amérique du Nord, la convention collective se négocie à l'échelle d'un établissement (une usine, un bureau, un commerce, etc.) entre un employeur et un syndicat local et vise directement les salariés de cet établissement. La très grande majorité des négociations collectives se déroulent dans ce cadre. Il arrive cependant que des négociations se tiennent dans d'autres circonstances.

On entend par convention collective type un accord intervenu entre un employeur et un syndicat et dont le contenu sert, avec ou sans modifications, à élaborer des conventions collectives similaires intervenant avec d'autres employeurs. En d'autres termes, la convention collective type, ou modèle, peut être transposée avec des changements plus ou moins considérables et aller de la transposition quasi intégrale à la simple inspiration. Comme exemple du premier cas, il y a la négociation type menée dans le secteur de l'automobile où un syndicat tente de conclure un accord avec un employeur dans l'intention avouée de le faire ensuite accepter plus facilement par d'autres employeurs du même secteur. À l'opposé, pensons aux comparaisons de conventions collectives qui se font couramment au cours du processus de négociation et qui amènent une certaine uniformisation du contenu des conventions. Employeurs et syndicats regardent généralement ce qui se fait dans d'autres organisations de taille comparable, dans un secteur d'activité identique et dans la même région. Du côté syndical, on examine particulièrement les conventions négociées par les syndicats affiliés à la même instance (centrale, fédération, union, etc.). Chaque fois, le but est d'essayer d'introduire dans la convention collective, pour toutes sortes de raisons, des dispositions provenant de ces conventions collectives de sources diverses. Entre la transposition quasi intégrale d'une convention et la simple inspiration, toutes les formules sont donc possibles.

Une convention collective étendue est celle «[...] dont certaines dispositions, telles quelles ou modifiées, s'appliquent par l'effet d'un décret gouvernemental à l'ensemble des salariés et des employeurs d'un secteur d'activité et à l'intérieur d'un territoire donné» (Dion, 1986 : 132). Au Québec, une telle extension des dispositions d'une convention collective à l'ensemble des employeurs et des employés, syndiqués ou non, à l'intérieur d'un secteur et d'une région donnés, est régie par la *Loi sur les décrets de convention collective*[2].

Une convention collective de branche est une convention collective négociée entre les syndicats et les employeurs d'un même secteur d'activité dans un territoire donné. Cette convention collective sectorielle se différencie de la convention collective étendue en ce qu'elle ne s'applique qu'aux entreprises syndiquées participant à l'accord. À titre d'illustration, le secteur de la construction résidentielle au Québec est assujetti à une convention collective négociée s'appliquant à tous les employeurs, syndicats et salariés du secteur.

Enfin, une convention collective cadre constitue une entente régissant tous les salariés syndiqués d'une grande entreprise (ou d'un secteur d'activité). Cette convention est négociée à une table centrale et elle contient les dispositions susceptibles de s'appliquer à l'ensemble des parties intéressées, mais tout en laissant aux instances locales (syndicat et direction d'un établissement) la liberté de négocier des ajustements à l'intérieur de ce cadre. La convention collective cadre doit ainsi être assortie d'ententes locales, négociées et signées par les parties de l'établissement visé. La juxtaposition de l'accord cadre et de l'entente locale, négociée pour un établissement, forme la convention collective en vigueur dans cet établissement car, comme on le verra en détail au chapitre 1, une seule convention collective peut s'appliquer par unité de négociation. La convention cadre, assortie d'ententes locales, représente une sorte de synthèse de la négociation centralisée et de la négociation

---

2. L.R.Q, c. D-2 [ci-après citée : L.d.c.c.].

décentralisée (Hébert, 1992 : 660). Au Québec, le secteur de la santé est doté d'une convention collective cadre complétée par des ententes locales négociées dans chacun des établissements (hôpitaux, C.L.S.C., etc.).

Situation numérique et importance relative

Cette présentation générale de la convention collective ne peut s'achever sans un portrait statistique qui en décrit la situation numérique et l'importance relative sur le marché du travail au Québec. Combien de salariés au Québec sont syndiqués et combien sont régis par une convention collective ? Quelle proportion représentent-ils par rapport à l'ensemble des salariés ? La situation québécoise diffère-t-elle de celle de nos voisins immédiats ? Nous commencerons par examiner des données qui permettent de cerner l'importance relative du syndicalisme dans l'ensemble de la population salariée. Ensuite, nous étudierons la répartition des conventions collectives en fonction de certains facteurs, ce qui nous amènera à en préciser les caractéristiques d'implantation[3].

Importance de la présence syndicale

Deux indicateurs sont utilisés couramment pour rendre compte de l'importance du syndicalisme sur le marché du travail. Le premier est le taux de syndicalisation, qui est défini comme la proportion de salariés membres en règle d'un syndicat. Le second est le taux de présence syndicale ; il correspond au pourcentage de personnes assujetties à une convention collective ou visées par

celle-ci, qu'elles soient membres en règle d'un syndicat ou non. Comme on le constate au tableau 3, qui présente des données pour le Canada et le Québec, il existe toujours une variation de quelques points entre le taux de syndicalisation et le taux de présence syndicale. Quatre grands groupes de travailleurs sont visés par une convention bien qu'ils ne soient pas membres d'un syndicat : *a*) les salariés faisant partie de l'unité sans en être membres ; *b*) les nouveaux salariés en probation (dans le cas où ils ne doivent pas être obligatoirement membres dès l'embauche) ; *c*) les cadres subalternes, surveillants et agents de maîtrise assujettis sur décision de l'employeur ; *d*) les salariés non syndiqués qui ont été assujettis à une convention collective, soit par décision de l'employeur, soit par extension (Akyeampong, 2000), comme cela est possible au Québec en vertu du régime d'extension juridique prévu dans la *Loi sur les décrets de convention collective*. On voit que le taux de syndicalisation ne rend pas compte entièrement de l'importance réelle de la convention collective

<table>
<tr><td rowspan="2">tableau 3</td><td colspan="4">Taux de syndicalisation et taux de présence syndicale, de 1997 à 2000 (en pourcentage de l'ensemble des salariés)</td></tr>
<tr><td></td><td></td><td></td><td></td></tr>
<tr><td></td><td>1997</td><td>1998</td><td>1999</td><td>2000</td></tr>
<tr><td>Canada</td><td></td><td></td><td></td><td></td></tr>
<tr><td>Taux de syndicalisation</td><td>30,8</td><td>30,3</td><td>29,8</td><td>29,9</td></tr>
<tr><td>Taux de présence syndicale</td><td>33,7</td><td>32,8</td><td>32,2</td><td>32,2</td></tr>
<tr><td>Québec</td><td></td><td></td><td></td><td></td></tr>
<tr><td>Taux de syndicalisation</td><td>36,9</td><td>35,3</td><td>35,4</td><td>36,1</td></tr>
<tr><td>Taux de présence syndicale</td><td>41,4</td><td>39,8</td><td>39,4</td><td>39,9</td></tr>
</table>

Source : Enquête sur la population active (Statistique Canada), citée dans Ministère du Travail (2001, p. 3).

---

3. La première source de données sur la syndicalisation (section intitulée « Importance de la présence syndicale ») est l'Enquête sur la population active réalisée par Statistique Canada. Quant aux données sur les conventions collectives (section intitulée « Répartition des conventions collectives »), elles proviennent du fichier d'analyse des conventions collectives du ministère du Travail du Québec. La prudence s'impose donc lorsqu'il s'agit de comparer les données tirées de ces deux sources.

comme mode de détermination des conditions de travail des salariés. À nos yeux, le taux de présence syndicale semble, à cet égard, une mesure plus appropriée, et c'est sur cette mesure que porteront nos commentaires dans cette section.

Le tableau 3 montre qu'en 2000, au Québec, 39,9 % des trois millions de salariés étaient assujettis à une convention collective de travail. Ce n'est donc pas la majorité des salariés québécois qui est régie, dans ses conditions de travail, par un tel accord. Ce taux de présence a connu un certain déclin au cours de la période analysée, mais l'année 2000 indique une légère remontée, confirmée par les données plus récentes (Girard, 2002).

Par ailleurs, la situation des Québécois se démarque de celle de leurs voisins, où le taux de présence syndicale est plus faible : en 2000, il était de 14,9 % aux États-Unis, de 28,2 % en Ontario (Ministère du Travail, 2001) et de 32,2 % pour l'ensemble du Canada (voir le tableau 3).

Cet écart assez important est en partie dû à l'importance de la présence syndicale dans le secteur public au Québec. En effet, le taux de présence syndicale y était de 80,1 % en 2000, comparativement à 27,5 % dans le secteur privé. Cet indicateur est plus faible dans les secteurs publics ontarien (68,6 %), canadien (73,9 %) et américain (42 %) (Ministère du Travail, 2001). On remarque aussi une différence notable en ce qui a trait à la présence syndicale dans le secteur de la construction. Le taux de présence syndicale dans ce secteur était de 50,6 % au Québec en 2000, comparativement à 32,4 % en Ontario, à 32,5 % dans l'ensemble du Canada et à 19 % aux États-Unis (Ministère du Travail, 2001).

L'existence de régimes particuliers de négociation collective au Québec dans le secteur public et dans celui de la construction pourrait expliquer une partie des écarts entre le Québec et le Canada (Hébert, 1992 : 66). Il ne peut toutefois s'agir de la seule explication puisque les taux de présence syndicale sont aussi plus élevés au Québec dans le secteur manufacturier. Par exemple, en 2000, les taux de présence syndicale dans le secteur de la fabrication étaient de 41,5 % au Québec, de 31,1 % en Ontario et de 34,1 % pour l'ensemble du Canada (Ministère du Travail, 2001). Divers facteurs sont susceptibles d'expliquer les taux de présence syndicale beaucoup plus faibles aux États-Unis qu'au Canada (Murray, 2001), mais, de façon générale, on constate que le cadre juridique et institutionnel est plus favorable au syndicalisme au Canada qu'aux États-Unis.

Au Québec, la situation varie considérablement selon les secteurs d'activité. Le tableau 4 montre de façon détaillée que les taux de présence syndicale les plus élevés s'observent dans le secteur des administrations publiques (76,3 %) et dans les secteurs où la présence de ces dernières est manifeste. C'est le cas, par exemple, dans le domaine des services publics (82,1 %), des services d'enseignement (77,9 %), des soins de santé et de l'assistance sociale (64,4 %). Dans les autres secteurs, la situation est extrêmement variable, mais les taux de présence syndicale n'atteignent jamais ceux du secteur public. La présence syndicale est beaucoup plus forte dans les secteurs de la construction (50,6 %), du transport et de l'entreposage (42,4 %) et de la fabrication (41,5 %) que dans le secteur des services privés (13,8 % dans les services professionnels, techniques, scientifiques et autres, 19,5 % dans les divers autres services privés, et 20,4 % dans le commerce). Cette répartition inégale de la présence syndicale à l'intérieur même du secteur privé existe aussi en Ontario, aux États-Unis et au Canada (Ministère du Travail, 2001). Bref, au Québec, la détermination des conditions de travail par convention collective est nettement plus importante dans le secteur public et elle varie grandement, dans le secteur privé, suivant le type d'activité des entreprises. Il faut toujours avoir à l'esprit ces nuances capitales dans l'analyse de la répartition des conventions collectives.

Répartition des conventions collectives

Les données précédentes portaient sur l'importance relative de la convention collective comme mode de détermination des conditions de travail

| tableau 4 | Taux de présence syndicale au Québec selon les secteurs d'activité économique en 2000 |

Secteurs d'activité	Taux de présence syndicale (en %)
Administrations publiques	76,3
Agriculture	–
Commerce	20,4
Construction	50,6
Fabrication	41,5
Finance, assurances, immobilier, location	20,7
Information, culture et loisirs; hébergement et services de restauration; autres services	19,5
Ressources naturelles	37,0
Services d'enseignement	77,9
Services professionnels, scientifiques et techniques; gestion et administration	13,8
Services publics	82,1
Soins de santé et assistance sociale	64,4
Transport et entreposage	42,4
Ensemble des secteurs	**39,9**

–: valeur trop faible pour être estimée.

Source: Enquête sur la population active (Statistique Canada), citée dans Ministère du Travail (2001, p. 4).

Selon le fichier de gestion des relations du travail du ministère du Travail, le 17 mai 2002[4], 8 189 conventions collectives régissant 975 316 salariés étaient en vigueur au Québec. Ces données confirment l'inégalité dans la répartition des conventions suivant les secteurs (voir le tableau 5). Parmi les trois grands secteurs d'activité, c'est au sein du secteur tertiaire qu'on trouve le plus de conventions et de salariés visés. Les conventions se répartissent fort inégalement entre les services privés et les services publics. Le secteur public, soit les services sociaux, d'enseignement, de santé et les services gouvernementaux, regroupe près de 40 % des salariés régis par une convention collective, même si les conventions de ce secteur ne constituent que 22,1 % de toutes les conventions collectives. Pour sa part, le secteur tertiaire privé regroupe 47 % du total des conventions, mais il ne représente que le tiers environ des salariés assujettis à une convention collective. Dans le secteur tertiaire, on trouve à la fois un nombre relativement bas de conventions régissant un grand nombre de salariés (secteur public) et un grand nombre de conventions régissant un nombre relativement peu élevé de salariés (secteur privé). Par ailleurs, 27,7 % des conventions collectives, touchant 23,7 % des salariés, proviennent du secteur secondaire, surtout des industries manufacturières. Enfin, le secteur primaire ne compte que pour une infime part de l'ensemble des conventions (3,2 %) et des salariés visés (2,5 %).

Examinons maintenant la répartition des conventions collectives selon la taille des unités d'accréditation où elles s'appliquent. Les conventions collectives touchent environ 120 salariés en moyenne. Au tableau 6, on voit que près des deux tiers des conventions collectives visent moins de 50 salariés. Par ailleurs, ces quelque 5 300 conventions collectives visent un peu plus de 10 % de l'ensemble des salariés régis par une

dans l'ensemble de la population salariée. Elles indiquaient grosso modo que 60 % des salariés québécois n'étaient pas régis par une convention collective et que, parmi les 40 % des salariés assujettis, il existait des différences importantes selon les secteurs. Dans la présente section, nous raffinerons l'analyse en étudiant la répartition des conventions collectives suivant le secteur, la taille et l'affiliation syndicale.

4. Ce décompte porte sur les conventions collectives de dernière génération dont la date d'expiration est postérieure au 31 décembre 1999 et il a été réalisé à partir des numéros d'accréditation contenus dans la banque de données du ministère.

| tableau 5 | Répartition des conventions collectives et des salariés régis au Québec en 2002 selon les secteurs d'activité |

	Conventions collectives		Salariés régis	
Secteurs d'activité	Nombre	%	Nombre	%
Secteur primaire	**260**	**3,2**	**24 099**	**2,5**
Agriculture et services relatifs à l'agriculture	56	0,7	3 246	0,3
Exploitation forestière et services forestiers	93	1,1	10 885	1,1
Mines, carrières et puits de pétrole	97	1,2	9 793	1,0
Pêche et piégeage	14	0,2	175	0,1
Secteur secondaire	**2 270**	**27,7**	**230 978**	**23,7**
Construction[a]	110	1,3	6 054	0,6
Industries manufacturières	2 160	26,4	224 924	23,1
Secteur tertiaire	**5 659**	**69,1**	**720 239**	**73,8**
Autres services	814	10,0	114 002	11,7
Commerce de détail	1 191	14,5	71 960	7,4
Commerce de gros	557	6,8	42 317	4,3
Communications et autres services publics	84	1,0	22 084	2,3
Hébergement et restauration	385	4,7	24 432	2,5
Intermédiaires financiers et assurances	352	4,3	15 955	1,6
Services aux entreprises	84	1,0	15 500	1,6
Services d'enseignement	237	2,9	78 417	8,0
Services de santé et services sociaux	590	7,2	175 070	18,0
Services gouvernementaux	982	12,0	135 680	13,9
Services immobiliers et agences d'assurances	48	0,6	2 108	0,2
Transport et entreposage	335	4,1	22 714	2,3
Ensemble des secteurs	**8 189**	**100**	**975 316**	**100**

a. Dans ce secteur d'activité sont exclues les conventions collectives assujetties à la *Loi sur les relations du travail, la formation professionnelle et la gestion de la main-d'œuvre dans l'industrie de la construction*.
Source: Fichier de gestion des relations de travail, ministère du Travail, 17 mai 2002.

convention collective. L'importance numérique de ces conventions est énorme même si elles ne concernent qu'un faible pourcentage de tous les salariés régis. À l'inverse, les conventions s'appliquant à plus de 500 travailleurs sont relativement peu nombreuses (pas même 3 % des conven-

tions), mais elles concernent environ 57 % de l'ensemble des travailleurs visés par une convention collective au Québec.

Enfin, le tableau 7 utilise une autre variable pour répartir les conventions collectives: l'affilia-

tableau 6 Répartition des conventions collectives et des salariés régis au Québec en 2002 selon le nombre de salariés régis par une convention

Conventions régissant	Conventions collectives		Salariés régis	
	Nombre	%	Nombre	%
de 1 à 19 salariés	2 975	36,3	28 852	3,0
de 20 à 49 salariés	2 353	28,7	74 364	7,6
de 50 à 99 salariés	1 518	18,5	102 411	10,5
de 100 à 199 salariés	770	9,4	102 952	10,6
de 200 à 499 salariés	364	4,4	108 102	11,1
de 500 à 999 salariés	102	1,3	68 221	7,0
de 1 000 à 4 999 salariés	90	1,1	207 414	21,3
de 5 000 à 9 999 salariés	10	0,1	63 363	6,5
Plus de 10 000 salariés	7	0,1	219 637	22,5
Ensemble des établissements[a]	8 189	100	975 316	100

a. Le total des éléments peut être différent de la somme à cause des arrondissements.
Source : Fichier de gestion des relations de travail, ministère du Travail, 17 mai 2002.

tableau 7 Répartition des conventions collectives et des salariés au Québec en 2002 selon l'affiliation syndicale

Affiliation	Conventions collectives		Salariés régis	
	Nombre	%	Nombre	%
Centrale des syndicats démocratiques (CSD)	466	5,7	32 684	3,4
Confédération des syndicats nationaux (CSN)	1 733	21,2	177 943	18,2
Centrale des syndicats du Québec (CSQ)	131	1,6	101 013	10,4
Fédération des travailleurs et travailleuses du Québec (FTQ)	4 309	52,6	411 329	42,2
Indépendants[a]	1 362	16,6	246 397	25,3
Autres[b]	188	2,3	5 950	0,6
Ensemble des établissements[c]	8 189	100	975 316	100

a. Le terme «indépendant» doit être considéré dans le sens d'une non-affiliation à une centrale syndicale.
b. La catégorie «autres» comprend la Fédération américaine du travail – Congrès des organisations industrielles (FAT-COI), le Congrès du travail du Canada (CTC), la Confédération des syndicats canadiens (CSC) et la Fédération canadienne du travail (FCT).
c. Le total des éléments peut être différent de la somme à cause des arrondissements.
Source : Fichier de gestion des relations de travail, ministère du Travail, 17 mai 2002.

tion syndicale. On constate que plus de la moitié des conventions en vigueur au Québec en 2002 sont le fait de syndicats affiliés à la F.T.Q., et que ces conventions couvrent environ 42 % des salariés. Un peu plus de 21 % des conventions, s'appliquant à 18,2 % des salariés, concernent des syndicats affiliés à la C.S.N. Pour ce qui est de la C.S.D., sa part se chiffre à 5,7 % des conventions en vigueur et comprend 3,4 % des salariés. Quant à la C.S.Q., ses syndicats présents surtout dans le secteur public comptent pour 1,6 % des conventions, bien que celles-ci visent plus de 10 % des salariés régis par une convention collective. On remarque enfin que les syndicats indépendants, dont certains sont très importants dans le secteur public et le secteur parapublic, représentent plus du quart des salariés visés par une convention collective au Québec.

Conclusion

La présente introduction nous a permis d'établir les fondements de notre étude de la convention collective qui aideront le lecteur à mettre en perspective certains aspects particuliers dont il sera question dans l'ouvrage. Tout d'abord, après avoir examiné les éléments importants de la définition de la convention collective, nous avons fait ressortir les trois facettes du rôle qu'elle joue dans les milieux de travail : elle est à la fois un instrument de justice sociale, un outil de gestion des ressources humaines et un instrument de pouvoir et de participation. Nous avons ensuite énoncé un certain nombre de principes de rédaction et de structuration de la convention collective visant à en assurer la clarté. En effet, ces textes, souvent complexes, doivent demeurer accessibles à tous les lecteurs. Nous avons également vu que les conventions collectives contiennent un certain nombre de clauses types que nous classons en clauses contractuelles et en clauses normatives. Les premières visent les parties et l'entente ; quant aux secondes, elles établissent les conditions de travail et les droits des salariés. Nous avons ensuite défini divers types de convention collective, ceux-ci correspondant généralement aux différentes structures de négociation collective. Enfin, nous avons rendu compte, statistiques à l'appui, de la situation numérique et de l'importance relative de la convention collective au Québec. Nous avons pu constater que la convention collective demeure le principal mode de détermination des conditions de travail d'environ 40 % de la main-d'œuvre québécoise. Toutefois, son influence varie nettement d'un secteur d'activité à l'autre.

références bibliographiques

AKYEAMPONG, E.B. (2000). « Non-syndiqués assujettis à une convention collective », *L'emploi et le revenu en perspective*, Statistique Canada, vol. 12, n° 3, p. 33-38.

BLOUIN, R. et F. MORIN (2000). *Droit de l'arbitrage des griefs*, 5ᵉ éd., Cowansville, Les Éditions Yvon Blais.

DION, G. (1986). *Dictionnaire canadien des relations du travail*, Québec, Presses de l'Université Laval.

GILES, A. et A. STARKMAN (2001). « The Collective Agreement », dans M. Gunderson, A. Ponak et D. Gottlieb Taras (dir.), *Union-Management Relations in Canada*, 4ᵉ éd., Toronto, Addison Wesley Longman, p. 272–313.

GIRARD, M. (2002). « La présence syndicale au Québec ; bilan de l'année 2001 », *Bilan des relations du travail au Québec en 2001*, Seconde section, ministère du Travail, Direction de la recherche et de l'évaluation, mai, 8 pages.

HÉBERT, G. (1992). *Traité de négociation collective*, Boucherville, Gaëtan Morin Éditeur.

JALETTE, P. (2002). « Ça coûte cher quand le climat de travail n'est pas au beau fixe ! », *Effectif*, Ordre des conseillers en ressources humaines et en relations industrielles agréés du Québec, avril-mai, p. 36-39.

MINISTÈRE DU TRAVAIL (2001). « La présence syndicale au Québec », *Travail-Actualité*, ministère du Travail,

Service des études économiques, de l'exploitation des systèmes et de l'aide à la clientèle, mai.

MURRAY, G. (2001). « Unions : Membership, Structures, Actions, and Challenge », dans M. Gunderson, A. Ponak et D. Gottlieb Taras (dir.), *Union-Management Relations in Canada*, 4e éd., Toronto, Addison Wesley Longman, p. 79-116.

PÉTRIN, H. (1991). *Vocabulaire des conventions collectives*, Québec, Cahiers de l'Office de la langue française, Les Publications du Québec.

SEXTON, J. (2001). *Initiation à la négociation collective*, Québec, Presses de l'Université Laval.

SIRARD, R. et A. GAZAILLE (1989). *Comprendre et appliquer une convention collective*, Montréal, Wilson & Lafleur.

TREMBLAY, S. (dir.) (2000). *Rédaction d'une convention collective : guide d'initiation*, Sainte-Foy, Presses de l'Université du Québec.

Cadre juridique de la convention collective

Comme le syndicalisme, la convention collective est d'abord et avant tout le fruit des rapports sociaux qui se sont développés avec l'industrialisation. La généralisation du salariat comme moyen d'assurer la subsistance d'une partie de plus en plus grande de la population ainsi que la concentration des salariés en de mêmes lieux de travail allaient créer les conditions de l'affirmation de revendications communes qui se sont incarnées dans le syndicalisme.

Avant 1880, les syndicats comptent surtout sur les manifestations et les campagnes d'opinion publique pour améliorer les conditions de travail, telles la campagne pour la journée de neuf heures et celle pour la journée de huit heures. La négociation collective apparaît d'abord comme l'une des voies possibles de l'action syndicale permettant de déterminer de façon bilatérale avec les employeurs les conditions de travail à appliquer, soit pendant une durée déterminée, soit jusqu'à ce que l'une ou l'autre des parties en demande la modification. Peu à peu, les syndicats en viennent à considérer que le meilleur moyen d'obtenir de bonnes conditions de travail pour leurs membres réside dans les engagements pris par les employeurs dans un document écrit et signé – généralement bref, une page ou deux, appelé convention collective – à la suite de discussions avec eux et du recours à divers moyens de pression. À la fin du XIXᵉ siècle, les syndicats considèrent la négociation collective comme l'instrument privilégié pour assurer à leurs membres des conditions de travail raisonnables, partout où ils parviennent à convaincre un employeur d'en établir les termes avec eux. Avec le temps, la négociation d'une convention collective est devenue, en particulier en Amérique du Nord, le principal objectif de l'action syndicale.

Du point de vue historique, l'existence de la convention collective précède sa reconnaissance juridique. C'est toutefois à son statut juridique que nous nous intéressons dans ce chapitre: l'État a reconnu la légalité de cette forme nouvelle d'ententes collectives, en a assuré le respect par des contraintes légales et en a encadré le contenu, la forme et les effets.

Le cadre juridique de la convention collective s'est construit graduellement. Après avoir tracé brièvement les grands traits de cette évolution, nous aborderons le cadre juridique actuel de la convention collective au Québec par l'étude de ses conditions d'existence puis de ses effets.

1.1 Évolution du cadre juridique de la convention collective

C'est à partir de 1944 que s'élaborent les grands principes qui fondent le cadre juridique actuel de la convention collective au Québec. Cette période de développement a toutefois été précédée d'une phase de tâtonnements et d'expérimentation quant à la meilleure manière de doter la convention collective, d'abord un phénomène social, d'une existence juridique.

1.1.1 De 1850 à 1944: tâtonnements et expérimentation

Entre 1850 et 1944, un changement radical touche la convention collective au Canada: on lui reconnaît un certain statut juridique. Ce changement est intimement lié à la reconnaissance juridique du syndicalisme.

Reportons-nous au cadre juridique applicable aux transformations sociales qui accompagnent l'industrialisation. Comme aux États-Unis, en Angleterre ou en France, le cadre juridique libéral établi au Canada et au Québec est peu favorable à la reconnaissance des rapports collectifs du travail. Le droit reconnaît la stricte égalité entre les individus. On postule que ces individus libres et égaux sont capables de conclure entre eux des ententes dont le contenu sera juste et équitable. Le droit doit protéger l'exercice de cette liberté contractuelle de toute immixtion de l'État ou de coalitions. Au Canada, les regroupements de salariés et les actions concertées dans le but d'améliorer les conditions des travailleurs sont considérés en *common law* comme une conspiration illégale pouvant conduire à des sanctions civiles et pénales (Gagnon, LeBel et Verge, 1991 : 21). Au Québec, le libéralisme économique caractérise aussi le droit applicable au XIXe siècle, lequel culmine avec l'adoption en 1866 du *Code civil du Bas-Canada* (Bich, dans Glenn, 1993 : 520-531). C'est pourquoi, pendant presque tout le XIXe siècle, les syndicats sont considérés comme des associations illégales. Ils n'ont pas le droit de signer de contrats ou de conventions collectives, puisqu'ils n'ont même pas celui d'exister.

À partir de 1872, des lois fédérales permettent aux syndicats ouvriers d'obtenir une certaine reconnaissance légale (Gagnon, LeBel et Verge, 1991 : 21-24 ; Hébert, 1995 : 86-88). L'*Acte concernant les associations ouvrières*[1] confère aux syndicats ouvriers une immunité contre les poursuites civiles ou criminelles pour limitation du commerce ou pour conspiration criminelle (art. 2 et 3, A.a.o.) et permet à ceux qui le désirent de s'enregistrer afin de pouvoir jouir de certains droits, par exemple celui de posséder des biens (art. 6 à 21, A.a.o.). Les conventions collectives conclues par ces syndicats ouvriers ne sont pas tenues pour illégales, mais leur violation ne peut être sanctionnée par l'octroi de dommages (art. 4, A.a.o.). À partir de ce moment, les tribunaux canadiens se mettent à hésiter quant à la validité de ces accords collectifs. Dans certaines décisions, ils estiment qu'une association reconnue dans une loi a des obligations autant que des droits. Par contre, dans d'autres décisions, ils jugent qu'un syndicat non enregistré n'a aucune existence et ne possède donc ni droits ni obligations[2]. Cette dernière thèse nie tout statut juridique à la convention collective, celle-ci étant considérée comme une entente entre personnes de bonne volonté (*gentlemen's agreement*). Autrement dit, il s'agit d'une entente conclue volontairement entre les parties, mais dont il est impossible de réclamer l'exécution devant un tribunal. Puisqu'il semble qu'aucun syndicat n'est enregistré comme la loi de 1872 le leur permet (Morton, 1984 : 27), la plupart n'ont pas d'existence légale claire et considèrent que leurs ententes ne peuvent avoir d'autre appui que des sanctions économiques et sociales, comme la grève et les manifestations de toutes sortes. Même si la tendance s'accentue en faveur de la reconnaissance d'un certain statut aux syndicats et à la convention collective, cette équivoque fondamentale demeure jusqu'en 1944. Telle est la situation dans toutes les provinces, sauf au Québec.

Au Québec, les syndicats nationaux, fondés localement et sans lien formel avec des groupes de l'extérieur, n'ont pas envers la loi les appréhensions qui habitent la quasi-totalité des syndicats nord-américains. C'est ainsi que la nouvelle Confédération des travailleurs catholiques du Canada (C.T.C.C.), ancêtre de la Confédération des syndicats nationaux (C.S.N.), réclame, dès le début des années 1920, une reconnaissance des syndicats ouvriers. Cette reconnaissance se concrétise par l'adoption de la *Loi des syndicats professionnels* en 1924[3], inspirée de la *Loi Waldeck-Rousseau* française de 1884 sur le droit d'association (Gagnon, LeBel et Verge, 1991 : 26). La loi québécoise offre aux associations patronales et syndicales qui le souhaitent la possibilité d'acquérir, par l'incorporation, une existence juridique indépendante de celle de leurs membres (art.1 (4), L.s.p. (1924)). Les conventions collectives conclues par ces syndicats acquièrent dès lors pleine valeur légale (art. 5 (9) et 15 à 19, L.s.p. (1924)) et donnent ouverture à tous les droits et recours établis par la loi pour la sanction des obligations (art. 18, L.s.p. (1924)). La convention collective doit être consignée par écrit, « sous peine de nullité », et elle doit être déposée par l'une des parties chez le ministre des Travaux publics et

---

1. *Acte concernant les associations ouvrières*, S.C. 1872, c. 30 [ci-après cité : A.a.o.]., aujourd'hui *Loi sur les syndicats ouvriers*, L.R.C. (1985), c. T-11.

2. Contre l'existence valable du contrat : *Bancroft* c. *C.P.R.*, [1920] 53 D.L.R. 272 (Man. C.A.) ; *Young* c. *C.N.R.*, (1931) 1 D.L.R., 645 (Imp. P.C.). Pour la validité du contrat : *Caven* c. *C.P.R.*, [1925] 3 D.L.R., 841(Imp. P.C.) ; *Ziger et al.* c. *Shiffer & Hillman Co. Ltd.*, [1933] 2 D.L.R. 691 (Ont. C.A.).

3. S.Q. 1924, c. 112 [ci-après citée : L.s.p. (1924)], qui existe toujours : *Loi sur les syndicats professionnels*, L.R.Q., c. S-40 [ci-après citée : L.s.p.].

du Travail (art. 17, L.s.p. (1924)). L'association ainsi incorporée peut négocier les conditions de travail de ses membres sans qu'ils soient eux-mêmes parties à la convention collective (art. 16, L.s.p. (1924)). Le pouvoir de représentation du syndicat ne s'exerce qu'à l'égard de ses membres. Il en est de même de la convention collective qui n'est applicable qu'aux membres du syndicat signataire, ainsi qu'à ceux qui ont personnellement signé la convention collective (art. 16, L.s.p. (1924)).

En 1934, l'adoption de la *Loi relative à l'extension des conventions collectives de travail*, d'inspiration européenne, donne un essor considérable à la convention collective au Québec[4]. La loi permet au gouvernement d'étendre par décret l'application de certaines dispositions (taux de salaire et durée du travail) d'une convention collective intervenue entre une ou plusieurs associations de salariés et une ou plusieurs associations d'employeurs à tous les salariés, syndiqués ou non, et à tous les employeurs d'un même métier ou d'une même industrie (art. 2, L.r.e.c.c.). Toute entente sur des conditions de travail inférieures est déclarée nulle et sans valeur (art. 6, L.r.e.c.c.). Les recours pouvant naître du décret d'extension sont confiés à un comité paritaire composé de représentants des employeurs et des syndicats en cause. Ce comité peut exercer les recours naissant du décret en faveur des salariés sans être tenu de justifier d'une cession de créance de l'intéressé (art. 7 (1), L.r.e.c.c.).

Ces initiatives législatives fédérales et provinciales se développent dans un contexte où le partage des compétences législatives dans le domaine du travail n'est pas encore fixé. Le partage des compétences établi par l'*Acte de l'Amérique du Nord britannique* (A.A.N.B.) de 1867[5] ne permet pas de savoir qui, du fédéral ou des provinces, a le pouvoir de légiférer dans le domaine

du travail. En 1925, le Conseil privé de Londres doit interpréter l'A.A.N.B. pour déterminer si une loi fédérale adoptée en 1907, la *Loi des enquêtes en matière de différends industriels*[6] mieux connue sous le nom de loi Lemieux, du nom du ministre du Travail de l'époque, est contraire au partage des compétences législatives[7]. Le Conseil a jugé que cette loi qui impose la conciliation et la tenue d'une enquête avant le recours à la grève dans les mines, les transports et les communications, ainsi que dans les services publics comptant 10 employés ou plus, est inconstitutionnelle pour tous les secteurs tombant sous la compétence des provinces. Par cet arrêt, le Conseil établit la compétence de principe des provinces dans le domaine des relations du travail en la rattachant à la compétence exclusive que leur reconnaît l'A.A.N.B. en ce qui concerne la propriété et les droits civils (art. 92 (13), A.A.N.B.). La compétence du Parlement fédéral dans le domaine du travail se limite aux entreprises dont l'activité relève de la compétence fédérale en vertu des articles 91 et 92 (10) de l'A.A.N.B.

En résumé, au cours de cette première période, l'incertitude entourant la nature juridique de la convention collective est importante malgré ces avancées législatives. Il n'est plus interdit aux travailleurs de s'associer pour tenter de négocier une convention collective, mais aucune obligation de négocier n'est imposée à l'employeur. Par ailleurs, au Québec, la plupart des syndicats catholiques et nationaux du temps sont incorporés sous la *Loi des syndicats professionnels,* mais les autres syndicats ne l'ont jamais fait. L'action économique et la grève, plutôt que les recours devant les tribunaux, demeurent donc des moyens importants d'imposer le respect du contenu des conventions collectives. On recourt dans la pratique beaucoup plus souvent à l'arbitrage des griefs qu'aux tribunaux pour résoudre les litiges naissant des conventions collectives.

---

4. S.Q. 1934, c. 56 [ci-après citée : L.r.e.c.c.]. Le régime existe toujours : *Loi sur les décrets de convention collective*, L.R.Q., c. D-2 [ci-après citée : L.d.c.c.].
5. Maintenant : *Loi constitutionnelle de 1867*, 30 & 31 Vict., R.-U., c. 3.

6. S.C. 1907, c. 20.
7. *Toronto Electric Commissioners* c. *Snider*, [1925] A.C. 396.

Ces incertitudes durent jusqu'en 1944, jusqu'à ce que le CP 1003, puis les lois des relations ouvrières adoptées par le Parlement fédéral et les législatures provinciales, donnent en quelque sorte à la convention collective un statut nouveau et différent.

1.1.2 De 1944 à aujourd'hui : réorientation et développement

Le Canada étant en guerre, la *Loi des mesures de guerre* s'applique dans toutes les industries de guerre, ce qui inclut la majorité des entreprises, qu'il s'agisse du vêtement ou des chaussures, par exemple. Cette loi confère au cabinet des ministres fédéral l'autorité d'adopter, par arrêté en conseil, la plupart des dispositions régissant ces entreprises, y compris les relations du travail. Ainsi, en février 1944, le cabinet fédéral approuve le *Règlement sur les relations ouvrières en temps de guerre*[8], couramment appelé le CP 1003, en même temps que l'Assemblée législative du Québec adopte une loi au contenu similaire, la *Loi des relations ouvrières*[9], qui vise les entreprises qui ne sont pas considérées comme des industries de guerre. En 1948, le Parlement fédéral remplace le CP 1003 par la *Loi sur les relations industrielles et les enquêtes visant les différends du travail*[10] qui ne vise plus que les entreprises relevant de la compétence fédérale, mais l'adoption de cette loi ne modifie en rien les principes généraux déjà établis par le CP 1003. L'année 1944 est ainsi la plus importante de toute l'histoire de la négociation collective au Canada, puisque c'est à ce moment que sont établis les fondements du régime principal de négociation collective qui prévalent toujours et desquels découle le statut juridique actuel de la convention collective (pour une analyse fouillée de l'ensemble des mesures adoptées pendant cette période, voir Hébert, 1995).

Ces fondements sont directement influencés par le *Wagner Act* américain en vigueur depuis 1935. Ils établissent la reconnaissance des syndicats formés librement et l'obligation de négocier pour les employeurs en cause. La représentativité d'une association de salariés est désormais établie dans le cadre d'une procédure publique, l'accréditation. Celle-ci confère le monopole de représentation de l'ensemble des salariés compris dans un groupe, appelé l'unité de négociation, à l'association recevant l'appui d'une majorité absolue des salariés de ce groupe. L'accréditation confère au syndicat le pouvoir de représenter l'ensemble des salariés compris dans l'unité de négociation plutôt que les seuls salariés membres du syndicat. L'employeur est tenu de négocier avec ce syndicat qui devient son unique interlocuteur dans l'établissement des conditions de travail de ce groupe de salariés. La convention collective négociée par le syndicat accrédité et l'employeur s'applique à tous les salariés compris dans l'unité de négociation, qu'ils soient membres de l'association accréditée ou non.

Au Québec, ce processus est, en substance, très différent de celui que reconnaît la *Loi des syndicats professionnels* de 1924. Rappelons qu'en vertu de cette loi les syndicats peuvent acquérir la personnalité morale et négocier une convention collective déterminant les conditions de travail applicables à leurs membres, mais que l'employeur n'est nullement tenu de reconnaître un syndicat incorporé ou de négocier avec lui. En vertu de la loi de 1944, c'est l'accréditation qui donne au syndicat jouissant de l'appui de la majorité absolue des salariés d'un groupe donné le pouvoir de les représenter tous, qu'ils soient membres ou non du syndicat, et de signer une convention collective. L'accréditation est complètement distincte de l'incorporation et peut être demandée par un syndicat incorporé ou non. L'employeur doit reconnaître le syndicat accrédité et négocier avec lui. Les fondements de la représentation syndicale sont touchés puisque, à l'issue de la procédure publique d'accréditation, c'est la loi qui confère au syndicat le pouvoir de représenter les salariés de l'unité de négociation, et non un rapport individuel fondé sur l'adhésion de chacun au syndicat.

---

8. Arrêté en conseil 1003 du 17 février 1944 concernant les relations ouvrières en temps de guerre, *La Gazette du travail*, vol. 44, n° 2, 1944, p. 146-154.

9. S.Q. 1944, c. 30.

10. S.C. 1948, c. 54.

Plusieurs incertitudes tenant au statut juridique de la convention collective sont levées par ces nouvelles règles. La convention collective négociée par un syndicat accrédité s'applique à tous les salariés compris dans l'unité de négociation. Ceux-ci n'ont pas à être parties à la convention, ni même à être membres du syndicat accrédité pour que celle-ci leur soit applicable. Par ailleurs, dès 1944, le CP 1003 édicte que tout désaccord survenant durant la convention collective doit être résolu sans arrêt de travail. Si une convention collective ne prévoit pas de mécanismes à cet effet, le Conseil des relations ouvrières doit, sur demande, établir une procédure de cette nature (art. 18, CP 1003). La plupart des provinces ont adopté des dispositions semblables, sauf la Saskatchewan, qui n'en aura jamais, et le Québec, qui attendra jusqu'en 1961 pour le faire[11]. L'adoption d'une telle mesure va généraliser une pratique découlant de la plupart des conventions collectives, soit de recourir à un arbitre plutôt qu'à un tribunal ou à des moyens comme la grève pour assurer le respect des engagements compris dans une convention collective. Ce faisant, le caractère impératif du contenu de la convention collective est implicitement affirmé et renforcé. Le respect de la convention collective ne repose plus uniquement sur la volonté des parties signataires, ni sur le recours aux moyens de pression. Il relève d'un tiers, l'arbitre de griefs, qui dispose des pouvoirs pour en imposer l'exécution.

Dans les vingt années qui suivent l'entrée en vigueur de la *Loi des relations ouvrières* au Québec, plusieurs lois particulières créent des régimes propres à certains groupes de salariés des services publics et des secteurs public et parapublic, régimes qui, notamment, interdisent le recours à la grève (Lemelin, 1984: 58-62). En 1964, le législateur remplace la *Loi des relations ouvrières* et ces lois particulières par un seul texte législatif: le *Code du travail*[12] du Québec. Au-delà de

l'objectif de codification de lois éparses, le *Code du travail* est appelé à devenir l'assise du régime général de la négociation collective applicable à tous les salariés au Québec, qu'ils proviennent du secteur privé, des secteurs public et parapublic ou des services publics (Lemelin, 1984: 69)[13]. En 1977, le *Code du travail* est à nouveau l'objet d'importants amendements qui, notamment, interdisent à l'employeur de recourir à des briseurs de grève, imposent à tous les salariés de l'unité de négociation, qu'ils soient ou non membres du syndicat accrédité, de contribuer à son financement et codifient le devoir du syndicat de représenter équitablement les salariés de l'unité de négociation, qu'ils soient membres ou non du syndicat[14]. Du côté fédéral, la loi de 1948 est refondue et incorporée, en 1970, dans une nouvelle loi portant maintenant le titre de *Code canadien du travail*[15]. Outre les dispositions régissant le régime de rapports collectifs du travail, ce code comprend aussi des règles portant sur les normes minimales de travail, et la santé et la sécurité du travail applicables à tous les employés des entreprises dont le domaine d'activité relève de la compétence fédérale.

Le modèle de rapports collectifs du travail établi par ces codes, bien qu'important, voire hégémonique, ne fait pas disparaître complètement les régimes particuliers de négociation qui existaient déjà, ni n'empêche l'éclosion de nouveaux régimes. Les régimes créés au Québec par les lois de 1924 et de 1934 existent toujours même s'ils sont d'importance marginale. Les dispositions de la *Loi sur les syndicats professionnels* qui, en

---

11. *Loi modifiant la Loi des relations ouvrières*, S.Q. 1961, c. 73, art. 6.
12. S.Q. 1964, c. 45; maintenant L.R.Q., c. C-27 [ci-après cité: C.t.].

---

13. Dès 1965, le *Code du travail* est amendé pour faire en sorte que l'État soit considéré comme un employeur au sens du Code (art. 1 (k)) et pour donner le droit de grève aux enseignants à qui ce droit avait d'abord été nié (Lemelin, 1984: 69). La *Loi sur la fonction publique* [S.Q. 965, c. 14; maintenant L.R.Q., c. F-3.1.1.] reconnaissait les mêmes droits aux fonctionnaires provinciaux et établissait des modalités particulières en ce qui concerne l'accréditation et le contenu de la convention collective.
14. *Loi modifiant le Code du travail et la Loi du ministère du Travail et de la Main-d'œuvre*, L.Q. 1977, c. 41, art. 28 et 53; actuellement C.t., art. 47, 47.2 et 109.1.
15. L.R.C. (1985), c. L-2 [ci-après cité: C.c.t.].

1924, conféraient aux ententes collectives négociées par les syndicats incorporés sous cette loi les effets d'un contrat civil, ont été abrogées en 1964 lors de l'adoption du *Code du travail*[16]. Quant au régime d'extension juridique des conventions collectives mis en place en 1934 et toujours applicable en vertu de la *Loi sur les décrets de convention collective*, son importance décline fortement après 1944. Ce régime s'est maintenu dans les secteurs composés de petites entreprises (Hébert, 1992 : 1023) et, ces dernières années, il a presque complètement disparu du secteur manufacturier (Vallée et Charest, 2001). Il faut toutefois noter que des lois particulières se sont substituées au *Code du travail*, ou encore l'ont complété, pour établir des régimes de négociation propres à certains secteurs. Il en est ainsi pour l'industrie de la construction[17], les artistes[18], le secteur public et parapublic[19] ou les membres de la Sûreté du Québec[20].

Le présent chapitre se limitera à l'exposé du cadre juridique de la convention collective découlant du modèle dominant établi au Québec dans le *Code du travail*. Toutefois, nous ferons occasionnellement mention de dispositions particulières du *Code canadien du travail* susceptibles d'éclairer ou de mettre en perspective les dispositions québécoises. Il n'est pas exagéré de dire que la conclusion de la convention collective est la raison d'être de ce modèle de rapports collectifs du travail : en témoigne l'importance de ses effets pour les salariés, le syndicat, l'employeur et des tiers. Seules les ententes qui correspondent à la définition d'une convention collective ont toutefois ces effets ; il est donc nécessaire au préalable de préciser quelles sont les conditions d'existence de la convention collective.

1.2 Conditions d'existence de la convention collective

Pour produire les effets que la loi prévoit, une convention collective est assujettie à certaines conditions d'existence. Ces conditions tiennent aux parties qui la signent, à la forme qu'elle prend et à son contenu. Elles s'imposent à la convention collective ainsi qu'aux ententes complémentaires que les parties voudraient y ajouter.

1.2.1 Parties signataires

La première condition pour qu'une convention collective soit reconnue au Québec, c'est qu'elle soit conclue par une association accréditée. Le *Code du travail* définit en effet la convention collective comme « une entente écrite relative aux conditions de travail conclue entre une ou plusieurs associations accréditées et un ou plusieurs employeurs ou associations d'employeurs » (art. 1 (d), C.t.). Il en est ainsi depuis 1969 seulement. Auparavant, les conventions collectives signées sur une base volontaire par un employeur et une association reconnue par lui répondaient tout autant à la définition du Code ou de la *Loi des relations ouvrières*. La définition du *Code canadien du travail* inclut encore la convention collective d'une association reconnue volontairement par l'employeur. La convention collective y est définie comme une « [c]onvention écrite conclue entre un employeur et un agent négociateur et renfermant des dispositions relatives aux conditions d'emploi et à des questions connexes » (art. 3 (1), C.c.t.), l'agent négociateur pouvant être un syndicat dûment accrédité ou un syndicat volontairement reconnu par l'employeur. Dans ce dernier cas, toutefois, il y a préséance de la convention négociée et signée par une association accréditée qui supplante de plein droit celle d'une association simplement reconnue par l'employeur (art. 39 (1), C.c.t.).

---

16. *Code du travail*, S.Q. 1964, c. 45, art. 141 (g).
17. *Loi sur les relations du travail, la formation professionnelle et la gestion de la main-d'œuvre dans l'industrie de la construction*, L.R.Q., c. R-20.
18. *Loi sur le statut professionnel et les conditions d'engagement des artistes de la scène, du disque et du cinéma*, L.R.Q., c. S-32.1 ; *Loi sur le statut professionnel des artistes des arts visuels, des métiers d'art et de la littérature et sur leurs contrats avec les diffuseurs*, L.R.Q., c. S-32.01.
19. *Loi sur le régime de négociation des conventions collectives dans les secteurs public et parapublic*, L.R.Q., c. R-8.2.
20. *Loi sur le régime syndical applicable à la Sûreté du Québec*, L.R.Q., c. R-14.

Au Québec, la convention collective se rattache donc aux parties visées par l'accréditation. Elles seules ont le pouvoir de la conclure et de la signer. Cette exigence n'empêche toutefois pas que la négociation de la convention collective soit conduite, dans un cadre élargi, par plusieurs syndicats accrédités et plusieurs employeurs ou associations d'employeurs (art. 1 (d) et 68, C.t.)[21], ou encore par des parties autres que celles visées par l'accréditation. C'est ainsi qu'ont pu se développer des formes plus centralisées de négociation, comme la négociation d'un contrat cadre régissant tous les salariés d'une grande entreprise ou d'une industrie (Hébert, 1992: 660 et suiv.). Cela est tout à fait possible, tant et aussi longtemps que l'entente qui en résulte est transposée dans chacune des unités de négociation et qu'elle est approuvée par les parties visées par l'accréditation. Au Québec, même si la négociation peut être centralisée, la convention collective ne l'est pas puisque son aire d'application se limite à l'unité de négociation, laquelle est décentralisée en vertu des critères législatifs et jurisprudentiels qui en déterminent la configuration (art. 21, C.t.; Morin et Brière, 1998: 818-833). Tel n'est pas le cas dans le *Code canadien du travail* où une unité de négociation peut regrouper des employés de plusieurs employeurs différents (art. 27 (1) et suiv., C.c.t.).

Au Québec, il existe une exigence supplémentaire: la signature d'une convention collective ne peut avoir lieu qu'après avoir été autorisée par un vote de ratification. La convention collective doit être ratifiée par un vote au scrutin secret d'une majorité des salariés membres de l'association accréditée qui sont compris dans l'unité de négociation et qui exercent leur droit de vote (art. 20.3, C.t.). Notons que le Code réserve le droit d'accepter ou de rejeter une convention collective non pas à tous les salariés qui seront régis par elle, mais seulement à ceux qui sont membres de l'association accréditée. Il ne s'agit cependant pas d'une condition de validité de la convention collective puisque l'inobservation de cette exigence ne donne lieu qu'à des recours d'ordre pénal (art. 20.4, C.t.).

1.2.2 Conditions de forme

Tant le *Code du travail* que le *Code canadien du travail* précisent que la convention collective doit être écrite (art. 1, C.t.; art. 3 (1), C.c.t.). Cette obligation de forme, apparue dans les premières lois ayant reconnu juridiquement la convention collective au Québec et au Canada, correspondait à une pratique courante. Pour qu'elles soient un instrument de justice auquel on puisse se référer, l'écriture constituait une condition essentielle pour les parties. Elle est maintenant une condition de validité de la convention collective.

La convention collective doit également être déposée auprès d'un organisme public. Cette formalité existait aussi dans les premières lois qui ont tenté de doter la convention collective d'une existence juridique. Au Québec, depuis 1969, elle est une condition de validité de la convention collective. Le *Code du travail* prévoit en effet que la convention collective ne prend effet qu'à compter de son dépôt à l'un des bureaux de la Commission des relations du travail (art. 72, al. 1, C.t.). À défaut d'un tel dépôt dans les 60 jours de la signature de la convention, le droit à l'accréditation est acquis pour une autre association qui en ferait la demande après l'expiration de ce délai mais avant que le dépôt ne soit fait (art. 72, al. 3, C.t.). Le dépôt a un effet rétroactif à la date prévue dans la convention collective pour son entrée en vigueur ou, à défaut d'une telle date, à la date de sa signature (art. 72, al. 2, C.t.), ce qui permettrait, par exemple, de reconnaître la validité d'un grief antérieur au dépôt de la convention collective (Gagnon, 1999: 436). Dans le *Code canadien du travail*, le dépôt n'est pas une condition de validité de la convention collective: l'obligation se limite au dépôt d'une copie de la convention collective auprès du ministre «dès la signature de celle-ci», sans mention d'aucune sanction (art. 115, C.c.t.).

---

21. Sur le dépôt d'une convention collective conclue par une association d'employeurs: *Règlement sur l'exercice du droit d'association conformément au Code du travail*, R.R.Q., 1981, c. C-27, r. 3, art. 44.

Au Québec, la *Charte de la langue française*[22] impose que les conventions collectives et leurs annexes soient rédigées dans la langue officielle, y compris celles qui doivent être déposées en vertu de l'article 72 du *Code du travail*. Il s'agit d'une condition de validité de la convention collective (art. 48, C.l.f.).

La convention collective est donc une entente assujettie à d'importantes conditions de forme. L'ampleur de ses effets, sur lesquels nous aurons l'occasion de revenir, justifie le formalisme qui la caractérise.

1.2.3 Conditions de fond

À ces conditions de forme relativement importantes, du moins lorsqu'on les compare au droit commun des contrats, correspond en principe une relative liberté des parties en ce qui concerne le contenu possible des conventions collectives (Morin, 1993). Le rôle du législateur est de favoriser la mise en place des rapports collectifs du travail et non d'intervenir dans le contenu de la convention collective. Suivant les définitions législatives de la convention collective, celle-ci porte sur des « conditions de travail » (art. 1 (d) et 62, C.t.) ou sur des « conditions d'emploi » (art. 3 (1), C.c.t.), mais cette notion n'est pas définie dans la loi et elle a reçu, dans la jurisprudence, une interprétation large. Les contraintes à la liberté des parties quant au contenu de la convention collective tiennent bien davantage au corpus législatif qui s'est développé plus récemment et qui comprend des règles applicables à tous les rapports d'emploi, incluant les rapports collectifs de travail.

A. Notion de conditions de travail

La notion de conditions de travail n'est définie ni dans le *Code du travail* ni dans le *Code canadien du travail*. Les tribunaux en ont donc graduellement interprété le sens.

Dès 1959, un arrêt de la Cour suprême du Canada consacre une interprétation large de ce qu'est une condition de travail. Il s'agissait de déterminer la légalité de l'inclusion, dans une convention collective, d'une clause imposant à l'employeur de prélever sur la rémunération de tous les salariés de l'unité de négociation, qu'ils soient membres ou non du syndicat, le montant de la cotisation syndicale ou son équivalent, et de le remettre au syndicat[23]. La Cour a estimé qu'une telle clause de retenue à la source des cotisations syndicales, destinée à avantager le syndicat, constituait une condition de travail et pouvait donc faire partie du contenu d'une convention collective. Elle a considéré que ce sont les parties signataires de la convention collective qui sont les mieux placées pour déterminer ce que constituent concrètement les conditions de travail, sous réserve du respect des règles d'ordre public.

Les conditions de travail convenues par les parties signataires de la convention collective recouvrent, bien sûr, l'ensemble des avantages consentis aux salariés en contrepartie de la prestation de travail qu'ils accomplissent pour l'employeur. Ces contreparties peuvent prendre des formes diverses, allant du salaire à divers avantages (fourniture d'une automobile, logement, accès à certains services, etc.). Les conditions de travail concernent aussi les conditions physiques d'exécution du travail, les conditions d'accès à un emploi, les conditions de terminaison d'un emploi, la gestion des mouvements de personnel (promotion, mutations et transferts, rétrogradation) et l'encadrement du pouvoir disciplinaire ou du pouvoir de direction de l'employeur. Elles peuvent donner lieu à des clauses destinées à garantir la sécurité du syndicat (du point de vue de l'adhésion ou du financement) et à aménager l'exercice de sa mission représentative dans l'entreprise. Enfin, les conditions de travail comprennent les règles relatives au traitement des mésententes entre les parties, notamment celles qui touchent l'application ou l'interprétation de la convention collective.

---

22. L.R.Q., c. C-11, art. 43 et 48 [ci-après citée : C.l.f.].

23. *Syndicat catholique des employés de magasins de Québec inc.* c. *La Compagnie Paquet Ltée*, [1959] R.C.S. 206.

On trouve peu d'exemples, dans la jurisprudence, de clauses négociées auxquelles aurait été déniée la qualité de conditions de travail. De fait, on peut considérer que les conditions de travail sont celles que les parties jugent opportun d'établir dans le cadre de leur convention collective de travail. Cette interprétation large confère à la convention collective une très grande souplesse. Comme l'ont montré les transformations du contenu des conventions collectives des dernières années sur lesquelles nous aurons l'occasion de revenir dans cet ouvrage, une telle interprétation permet d'adapter le contenu de la convention collective aux transformations du travail et de l'entreprise. Elle favorise aussi la négociation de règles différentes d'une entreprise à l'autre et qui sont adaptées, suivant la volonté des parties, aux conditions spécifiques de chaque milieu. En ce sens, chaque convention collective est unique. Ce caractère unique et évolutif des conventions collectives est supporté par une vision large de ce qu'elle peut juridiquement contenir.

B. Subordination du contenu à l'ordre public et à la loi

Le *Code du travail* dispose que « [l]a convention collective peut contenir toute disposition relative aux conditions de travail qui n'est pas contraire à l'ordre public ni prohibée par la loi » (art. 62, C.t.), alors que le *Code canadien du travail* n'impose pas de telles limites. En dépit de ces différences législatives, les limites relatives au contenu de la convention collective se sont nettement accentuées depuis le milieu des années 1970. Elles proviennent de lois qui ont établi au fil des ans un socle de droits applicables à l'ensemble des salariés, syndiqués ou non syndiqués. Certaines lois ont une portée générale ; leur objet dépasse les seuls rapports d'emploi, mais elles ont des effets importants sur le contenu des conventions collectives. Ainsi en est-il, par exemple, de la *Charte canadienne des droits et libertés*[24] et de la *Charte des droits et libertés de la personne*[25] qui

définissent des libertés et droits fondamentaux de la personne qui trouvent application, notamment, dans la sphère des activités professionnelles. D'autres lois portent spécifiquement sur le travail : elles comprennent des règles applicables uniquement à des situations de travail subordonné, c'est-à-dire lorsqu'un travail est accompli par une personne, le salarié, en échange d'une rémunération et sous le contrôle d'une autre personne, l'employeur.

Dans les pages qui suivent, nous dresserons un bref panorama des principales lois de portée générale et des lois du travail qui ont un effet sur le contenu des conventions collectives. Nous commencerons par présenter les lois dont l'impact sur le contenu des conventions collectives est le plus grand parce qu'elles sont impératives ou d'ordre public. Ces lois contiennent des règles auxquelles les parties à la convention collective ne peuvent déroger. Par exemple, une convention collective ne pourrait prévoir des taux de salaire différents pour les hommes et les femmes qui accomplissent un même travail ou encore fixer un taux de salaire inférieur au taux de salaire minimum. Ces clauses seraient nulles, sans effet, parce que contraires à des dispositions législatives d'ordre public. Précisons qu'en vertu du *Code du travail* la nullité d'une ou de plusieurs clauses n'emporte pas la nullité de l'ensemble de la convention collective (art. 64, C.t.).

D'autres dispositions législatives ont un effet beaucoup moins contraignant sur le contenu des conventions collectives. Elles sont supplétives, c'est-à-dire qu'elles s'appliquent uniquement si les parties n'ont pas prévu d'autres modalités dans la convention collective. Par exemple, le *Code du travail* précise qu'un arbitre de griefs doit rendre sa sentence dans les 90 jours suivant la fin de la dernière séance d'arbitrage (art. 101.5, C.t.), mais ce délai est supplétif, les parties pouvant négocier une clause prévoyant un délai plus court ou plus long. Les dispositions du *Code civil du Québec*, loi de portée générale constituant le droit commun applicable à l'ensemble des rapports entre parties privées au Québec, sont aussi considérées par certains auteurs comme étant supplétives lorsqu'il existe une convention collective.

---

24. L.R.C. (1985), App. II, nº 44 [ci-après citée : C.c.d.l.].
25. L.R.Q., c. C-12 [ci-après citée : C.d.l.p.].

Dispositions législatives impératives ou d'ordre public

Les dispositions législatives impératives ou d'ordre public comprennent des lois de portée générale, notamment la *Charte canadienne des droits et libertés* et la *Charte des droits et libertés de la personne*, ainsi que des lois portant spécifiquement sur le travail.

Lois de portée générale

La *Charte canadienne des droits et libertés* fait depuis 1982 partie de la Constitution du Canada. Elle garantit des droits et libertés fondamentaux au Canada relatifs, par exemple, aux libertés fondamentales de conscience et de religion, d'expression, de réunion pacifique ou d'association (art. 2, C.c.d.l.) ou au droit de ne pas faire l'objet d'une discrimination pour un motif tenant notamment à «la race, l'origine nationale ou ethnique, la couleur, la religion, la secte, l'âge ou les déficiences mentales ou physiques» (art. 15, C.c.d.l.). Les protections établies par la Charte ne sont pas absolues, mais toute atteinte à un droit ou à une liberté protégés doit se justifier au sens du premier article de la Charte (art. 1, C.c.d.l.).

En dépit de son statut prééminent comme source de droit constitutionnel canadien, l'influence directe de la Charte sur le contenu des conventions collectives a été limitée jusqu'à maintenant. Cela tient au fait que le champ d'application de la Charte canadienne se limite aux actions gouvernementales fédérales ou provinciales, c'est-à-dire aux actions du Parlement et du gouvernement du Canada, ou de la législature ou du gouvernement de chaque province (art. 32 (1), C.c.d.l.). Elle ne porte pas sur des actes entre parties privées comme le sont la plupart des conventions collectives. C'est pourquoi on trouve peu de décisions où la conformité d'une clause d'une convention collective à la Charte canadienne a été examinée. Dans les quelques cas où cette question a pu être soulevée, il s'agissait de clauses de conventions collectives négociées dans des institutions publiques ou communautaires soumises à un contrôle public important, comme des collèges. Ainsi, la Charte canadienne a pu être utilisée pour évaluer la conformité d'une clause de précompte des cotisations syndicales[26] ou d'une clause imposant la retraite obligatoire à l'âge de 65 ans[27] dans des conventions collectives.

On a craint bien davantage l'effet potentiel de la Charte canadienne sur les lois fédérales ou provinciales du travail qui, au Canada, fixent les règles qui régissent la négociation d'une convention collective. Par exemple, les lois qui établissent le monopole de représentation détenu par le syndicat accrédité sont-elles contraires à la liberté d'association des salariés protégée par la Charte et, par conséquent, inconstitutionnelles? L'obligation faite, par une loi, aux salariés compris dans une unité de négociation de contribuer au financement du syndicat accrédité même s'ils n'en sont pas membres porte-t-elle atteinte à leur liberté d'association ou d'expression? Jusqu'à maintenant, aucune loi du travail prévoyant un monopole de représentation syndical ou imposant une contribution ou une adhésion obligatoire n'a été invalidée parce qu'elle porte atteinte de manière injustifiée à la liberté d'expression ou à la liberté d'association protégées dans la Charte canadienne[28]. La Cour a plutôt jugé dans une décision récente que l'exclusion des travailleurs agricoles du champ d'application de la loi régissant les relations du travail en Ontario portait atteinte de manière non justifiée à la liberté d'association protégée par la Charte canadienne. L'exercice réel de cette liberté, dans le contexte particulier des relations du travail, peut imposer à l'État une obligation positive d'étendre la protection légale à des groupes non

---

26. *Lavigne* c. *Syndicat des employés de la fonction publique de l'Ontario*, [1991] 2 R.C.S. 211.

27. *McKinney* c. *Université de Guelph*, [1990] 3 R.C.S. 229 ; *Douglas/Kwantlen Faculty Assn.* c. *Douglas College*, [1990] 3 R.C.S. 570.

28. *Lavigne* c. *Syndicat des employés de la fonction publique de l'Ontario*, précitée, note 26 ; en ce qui concerne le régime particulier de l'industrie de la construction au Québec : *R.* c. *Advance Cutting Ltd.*, [2001] CSC 70.

protégés[29]. Cette protection de la liberté d'association ne s'étend toutefois pas à la négociation collective et au droit de grève, qui ne sont donc pas, au Canada, protégés constitutionnellement[30].

On peut néanmoins conclure que l'effet de la Charte canadienne sur le contenu des conventions collectives est important, mais indirect et encore plus ou moins connu. Nul ne peut nier l'influence des valeurs promues par la Charte canadienne sur le contenu des conventions collectives et sur les attentes des parties qui les négocient.

La *Charte des droits et libertés de la personne* du Québec a, de ce point de vue, un effet beaucoup plus immédiat sur les conventions collectives qui se négocient au Québec. En effet, son champ d'application vise non seulement l'État (art. 54, C.d.l.p.), mais aussi toutes les matières qui relèvent de la compétence législative du Québec (art. 55, C.d.l.p.), notamment les relations entre parties privées (art. 13, C.d.l.p.). Les conventions collectives négociées au Québec dans le secteur privé ou public, sauf celles qui le sont dans des entreprises assujetties à la compétence fédérale[31], doivent être conformes à la Charte québécoise.

Le contenu de la Charte québécoise est très étendu. La Charte garantit des droits et libertés fondamentaux (art. 1 à 9.1, C.d.l.p.), notamment les libertés fondamentales de conscience, de religion, d'opinion, d'expression, de réunion pacifique et d'association (art. 3, C.d.l.p.), ainsi que le droit au respect de la vie privée (art. 5, C.d.l.p.). Elle garantit aussi le droit d'une personne de ne pas être discriminée pour des motifs

fondés «sur la race, la couleur, le sexe, la grossesse, l'orientation sexuelle, l'état civil, l'âge, sauf dans la mesure prévue par la loi, la religion, les convictions politiques, la langue, l'origine ethnique ou nationale, la condition sociale, le handicap ou l'utilisation d'un moyen pour pallier ce handicap» (art. 10, C.d.l.p.). La Charte précise que la discrimination ne doit s'exercer à aucune étape de la relation d'emploi (art. 16, C.d.l.p.), de même qu'au sein d'une association d'employeurs ou de salariés (art. 16.1, C.d.l.p.). Elle interdit que des renseignements relatifs aux motifs de discrimination prohibée soient requis dans un formulaire de demande d'emploi ou dans une entrevue d'embauche (art. 18.1, C.d.l.p.). Elle impose qu'une personne qui a été déclarée coupable d'une infraction pénale ou criminelle ne soit pas congédiée ou autrement pénalisée si cette infraction n'a aucun lien avec son emploi (art. 18.2, C.d.l.p.). Elle établit le principe d'un traitement égal pour un travail équivalent (art. 19, C.d.l.p.). Enfin, elle prévoit, au chapitre des droits économiques et sociaux, que «[t]oute personne qui travaille a droit, conformément à la loi, à des conditions de travail justes et raisonnables et qui respectent sa santé, sa sécurité et son intégrité physique» (art. 46, C.d.l.p.).

Les protections prévues dans la Charte québécoise, comme celles définies dans la Charte canadienne, ne sont pas absolues (art. 19, al. 2, 20 et 20.1, C.d.l.p.). Par exemple, une distinction, une exclusion ou une préférence fondées sur les aptitudes ou qualités requises pour occuper un emploi pourront être réputées non discriminatoires (art. 20, C.d.l.p.). Il faudra toutefois démontrer solidement le lien entre l'exclusion d'une personne et les exigences professionnelles du poste et tenter de trouver un accommodement avant de l'exclure[32]. Cette obligation d'accommodement s'impose à l'employeur et au syndicat et

---

29. *Dunmore* c. *Ontario (Procureur général)*, [2001] CSC 94.

30. *Renvoi relatif à la Public Service Employee Relations Act (Alb.)*, (1987) 1 R.C.S. 313 (droit de grève); *Institut professionnel de la fonction publique du Canada* c. *Territoires du Nord-Ouest (Commissaire)*, [1990] 2 R.C.S. 367 (droit à la négociation collective).

31. Voir dans ce cas: *Loi canadienne sur les droits de la personne*, L.R.C. (1985), c. H-6.

32. *British Columbia Government and Service Employees' Union* c. *Le gouvernement de la province de la Colombie-Britannique et al.*, [1999] 3 R.C.S. 3.

pourrait exiger des aménagements à la convention collective[33].

Les chartes canadienne et québécoise établissent donc, de manière prépondérante, des libertés et droits fondamentaux de la personne auxquels une convention collective ne pourrait porter atteinte que dans les limites qu'elles prévoient. D'autres lois de portée générale ont un effet sur ce que peut contenir une convention collective. Il en est ainsi des règles régissant la protection des renseignements personnels[34], qui s'appliquent par exemple aux renseignements qu'un employeur peut détenir au sujet d'un employé dans un dossier disciplinaire ou dans la gestion des avantages sociaux le concernant. Le contenu, l'accès et l'usage de ces informations sont aussi visés, comme nous le verrons ultérieurement, par des conventions collectives.

Lois du travail

En droit du travail, certaines dispositions législatives sont d'ordre public absolu; elles protègent l'intérêt général et les parties syndicales et patronales ne peuvent y déroger dans une convention collective. Ces dispositions législatives excluent toute négociation sur des matières qui, par leur nature, constituent des conditions de travail (Morin, 1993 : 471). Elles entraînent le retrait de ces matières du champ du négociable.

Plusieurs dispositions du *Code du travail* ont cet effet et il suffit ici d'en donner quelques exemples. Le *Code du travail* établit un mode légal de reconnaissance du syndicat accrédité; une clause par laquelle un employeur s'engagerait à reconnaître volontairement le syndicat actuellement accrédité n'aurait aucun effet si une autre association de salariés était accréditée à l'issue d'une période de remise en cause de l'accréditation. Voici un autre exemple : contrairement au *Code canadien du travail*, le *Code du travail* impose le recours à l'arbitrage en matière

de griefs pour régler toute mésentente relative à l'application ou à l'interprétation d'une convention collective. De plus, sauf dispositions contraires, ces dispositions prévalent en cas d'incompatibilité sur les dispositions d'une convention collective (art. 100, al. 3, C.t.). Enfin, la convention collective est une entente dont la durée doit être déterminée à l'avance. Les parties ne pourraient convenir d'une convention collective à durée indéterminée ou encore en changer le terme à leur guise une fois celui-ci fixé, puisque la date d'expiration de la convention collective permet de déterminer la période de remise en cause de l'accréditation et, ultérieurement, la phase des négociations (art. 65 et 22, C.t.).

D'autres lois du travail établissent des conditions minimales, mais celles-ci peuvent être améliorées dans une convention collective ou un contrat de travail dans un sens plus favorable au salarié. Ce sont des lois dites d'«ordre public relatif» (ou social) parce qu'elles établissent des normes minimales auxquelles il est possible de déroger dans la convention collective si la norme fixée est plus avantageuse pour le salarié.

Il en est ainsi de la *Loi sur les normes du travail*[35] qui comporte des dispositions sur un grand nombre de sujets contenus dans les conventions collectives. N'a-t-on pas dit de cette loi qu'elle tenait lieu de convention collective pour les non-syndiqués? La loi renferme des dispositions sur le salaire, la durée du travail, les jours de congé, les vacances annuelles, les périodes de repos, les congés pour événements familiaux, y compris le congé de maternité et le congé parental. Elle impose l'avis de cessation d'emploi ou de mise à pied et le certificat de travail; elle traite de l'uniforme et des outils; elle interdit l'imposition de la retraite obligatoire à un âge déterminé et établit des recours particuliers à l'encontre d'une pratique interdite ou d'un congédiement sans cause juste et suffisante. Ces normes peuvent être améliorées dans des conventions collectives dans un sens plus favorable au salarié (art. 93 et 94, L.n.t.).

---

33. Cette obligation d'accommodement s'impose à l'employeur et au syndicat : *Central Okanagan School District no. 23* c. *Renaud*, [1992] 2 R.C.S. 970.

34. *Loi sur la protection des renseignements personnels dans le secteur privé*, L.R.Q., c. P-39.1.

35. L.R.Q., c. N-1.1. [ci-après citée : L.n.t.].

Mentionnons toutefois que, pour certaines normes, l'application de la loi est écartée lorsqu'une norme de même nature est prévue dans la convention collective, et ce sans qu'il soit nécessaire d'évaluer son caractère plus favorable pour le salarié. Il en est ainsi pour l'étalement des heures de travail (art. 53, al. 2, L.n.t.) ou la rémunération des heures supplémentaires (art. 55, al. 2, L.n.t.). Dans ces cas, c'est la prééminence de la convention collective, et non le principe de l'application de la disposition la plus favorable au salarié, qui permet de comprendre le rapport entre la loi et la convention collective (Verge et Vallée, 1997 : 168).

La *Loi sur la santé et la sécurité du travail*[36], adoptée elle aussi en 1979, impose aux employeurs et aux travailleurs plusieurs dispositions sur des matières dont traitent aussi les conventions collectives. Parmi ces dispositions, mentionnons le droit de refuser d'effectuer un travail dangereux (art. 12-31, L.s.s.t.), le retrait préventif (art. 32-48, L.s.s.t), la formation et l'information en matière de santé et de sécurité (art. 58-62.21, L.s.s.t), l'équipement de sécurité obligatoire (art. 3, 51 (11) et 78 (4), L.s.s.t.,) et les comités de santé et de sécurité (art. 68 à 86, L.s.s.t). Dans le cas présent comme dans le précédent, les dispositions de la loi sont obligatoires et constituent des dispositions minimales que la convention collective peut améliorer (art. 4, L.s.s.t.).

Même si elle est principalement une loi d'indemnisation, la *Loi sur les accidents du travail et les maladies professionnelles*[37] contient un certain nombre de dispositions qui s'apparentent à des normes et qui établissent des droits pour le travailleur victime d'un accident du travail ou d'une maladie professionnelle. Le travailleur a le droit de choisir son médecin et son établissement de santé (art. 192 et 193, L.a.t.m.p.) ; il a libre accès à son dossier médical (art. 36, L.a.t.m.p.) ; il a le droit à la réadaptation physique, sociale ou professionnelle (art. 145-178, L.a.t.m.p.), le droit à l'assistance médicale et aux absences requises

à cette fin (art. 61, 188-198, L.a.t.m.p.) et surtout, il a le droit strict de retrouver son emploi ou un emploi équivalent s'il revient au travail dans une période de temps donnée (art. 234-264, L.a.t.m.p.). De plus, il est interdit à l'employeur de refuser d'embaucher une personne parce qu'elle a été victime d'un accident de travail ou d'une maladie professionnelle (art. 243, L.a.t.m.p.). La période d'absence du travailleur accidenté est prise en compte dans le cumul de son ancienneté et de son service continu au sens de la convention collective ; il continue aussi de participer à certains avantages sociaux (art. 235, L.a.t.m.p.). Ces normes sont aussi des minimums que les parties peuvent modifier dans la convention collective dans un sens plus favorable au salarié (art. 4, L.a.t.m.p.).

La *Loi sur les régimes complémentaires de retraite*[38] définit les règles minimales relatives au contenu et à l'administration des régimes privés de retraite qui peuvent être établis, notamment, par les parties dans le cadre d'une convention collective. Cette loi est aussi d'ordre public social, l'article 5 précisant qu'il est possible d'établir dans le régime de retraite des conditions plus avantageuses pour le participant ou le bénéficiaire.

Enfin, d'autres lois comportent des dispositions qui sont réputées faire partie du contenu de la convention collective de travail comme si elles y étaient écrites. Il en est ainsi des dispositions sur la langue de travail, lesquelles sont réputées, en vertu de la *Charte de la langue française,* faire partie intégrante de toute convention collective (art. 50, C.l.f.). De même, les ajustements salariaux résultant de la démarche prescrite par la *Loi sur l'équité salariale*[39] sont réputés faire partie intégrante de la convention collective des salariés visés par ces catégories d'emploi (art. 74, L.e.s.).

---

36. L.R.Q., c. S-2.1 [ci-après citée : L.s.s.t.].
37. L.R.Q., c. A-3.001 [ci-après citée : L.a.t.m.p.].

38. L.R.Q., c. R-15.1.
39. L.R.Q., c. E-12.001 [ci-après citée : L.e.s.].

Dispositions législatives supplétives

Certaines lois comprennent des dispositions qui s'appliquent à titre supplétif lorsque les parties à la convention collective n'ont pas prévu d'autres modalités. Autrement dit, elles s'appliquent en l'absence de dispositions sur un sujet donné dans la convention collective. Les parties qui sont visées par une loi ou une disposition supplétive peuvent en éluder l'application en y dérogeant dans la convention collective. Par exemple, l'article 66 du *Code du travail*, qui fixe à une année la durée d'une convention collective dont les parties n'auraient pas prévu le terme, est une disposition supplétive. Les dispositions supplétives n'ont pas pour effet de limiter la liberté des parties à l'égard du contenu de la convention collective.

Les dispositions supplétives sont beaucoup moins courantes que les dispositions d'ordre public dans les lois du travail. Ces lois cherchent à protéger les salariés: les dispositions d'ordre public, qui limitent ce qu'un contrat de travail ou une convention collective peut contenir, sont un moyen plus approprié pour atteindre cet objectif. Ce sont les rapports entre le *Code civil du Québec* et la convention collective qui soulèvent actuellement la question du caractère supplétif du droit civil. Le *Code civil du Québec* régit, à titre de source de droit commun, les rapports individuels de travail. Il définit les règles applicables à l'ensemble des contrats (dont le contrat de travail), précise leurs conditions de formation (capacité, validité du consentement, objet et cause), leur contenu explicite et implicite, ainsi que leurs effets. Doit-on considérer le *Code civil du Québec* comme une source de droit supplétif lorsqu'il existe une convention collective?

Il n'est pas simple de répondre à cette question. Les rapports entre le droit du travail et le droit civil donnent lieu depuis toujours à des débats importants, lesquels se reflètent dans les thèses traitant de l'articulation entre le droit civil et la convention collective. Pour certains, le droit du travail ne fait pas disparaître le droit commun, qui reste applicable à titre supplétif pour les matières dont la convention collective ne traite pas. Pour d'autres, cependant, le droit du travail, en particulier le droit des rapports collectifs du travail, est venu corriger les effets du droit civil en proposant une lecture radicalement différente des rapports sociaux de travail. Il reconnaît les milieux de travail comme des systèmes autonomes dotés d'instances conjointes d'élaboration, d'application et d'interprétation des règles (Arthurs, 1967). C'est par l'exécution d'un travail subordonné dans une entreprise considérée comme une institution ou un système autonome, et non par l'existence d'un contrat de travail, que le travailleur acquiert un statut comportant un ensemble de droits et obligations (Durand, 1944: 200; Mockle, 1992: 997). En ce sens, le droit du travail n'est pas complémentaire au droit commun: il le remplace. Il y substitue d'autres principes et d'autres logiques.

Au Québec, le droit du travail se caractérise par son ambivalence quant à l'héritage du droit commun (Verge et Vallée, 1997: 85). Toutefois, dans le domaine du droit des rapports collectifs du travail, de nombreuses décisions de la Cour suprême du Canada ont consacré l'inapplicabilité des principes du droit commun, donc du droit civil, lorsque existent un syndicat accrédité et une convention collective de travail[40]. La Cour suprême du Canada n'a-t-elle pas écrit, dans un extrait souvent cité, que «[l]e droit commun applicable aux contrats individuels de travail ne vaut plus quand les relations employeur-employé sont régies par une convention collective [...]»[41]? Cette exclusion des principes de droit commun régissant les rapports individuels de travail lorsqu'il existe une relation collective de travail semblait bien établie par ces décisions

---

40. *Syndicat catholique des employés de magasins de Québec inc.* c. *La Compagnie Paquet Ltée*, précitée, note 23; *McGavin Toastmaster Ltd.* c. *Ainscough*, [1976] 1 R.C.S. 718; *St. Anne Nackawic Pulp & Paper Co.* c. *Section locale 219 du Syndicat canadien des travailleurs du papier*, [1986] 1 R.C.S. 704; *Caimaw* c. *Paccar of Canada Ltd.*, [1989] 2 R.C.S. 983; *Hémond* c. *Coopérative fédérée du Québec*, [1989] 2 R.C.S. 962.

41. *McGavin Toastmaster Ltd.* c. *Ainscough*, précitée, note 40, 725.

(Carter et autres, 2002 : 366) et niait le caractère supplétif du droit civil en contexte de rapports collectifs du travail.

Cette solution paraissait s'imposer, mais les débats doctrinaux ont trouvé une nouvelle pertinence avec l'entrée en vigueur, en 1994, du *Code civil du Québec*, dont la disposition préliminaire se lit ainsi :

> Le *Code civil du Québec* régit, en harmonie avec la *Charte des droits et libertés de la personne* et les principes généraux du droit, les personnes, les rapports entre les personnes ainsi que les biens.
>
> Le Code est constitué d'un ensemble de règles qui, en toutes matières auxquelles se rapportent la lettre, l'esprit ou l'objet de ses dispositions, établit, en termes exprès ou de façon implicite, le droit commun. En ces matières, il constitue le fondement des autres lois qui peuvent elles-mêmes ajouter au code ou y déroger.

Cette disposition préliminaire situe le *Code civil du Québec* dans la hiérarchie des sources du droit. Pour certains, elle renforce l'idée que le *Code civil du Québec* est une source de droit supplétif lorsque existe une convention collective. N'y est-il pas affirmé que le Code civil est le fondement des autres lois ? Si elles peuvent y déroger, cette dérogation doit être explicite et non équivoque (Morin et Brière, 1998 : 42). Elle ne saurait être implicite ou se dégager de l'interprétation d'une loi. Le *Code du travail* n'a jamais expressément retenu la thèse abolitionniste (Morin et Brière, 1998 : 1001), laquelle conduit à l'anéantissement du contrat de travail par la convention collective. Il y a donc lieu de considérer que le *Code civil du Québec* demeure une source de droit supplétif et que les dispositions se rapportant au contrat de travail établies aux articles 2085 à 2097 du *Code civil du Québec* constituent le « régime de droit commun en matière d'emploi » (Bich, 1993 : 743).

D'autres auteurs, se fondant sur la disposition préliminaire du *Code civil du Québec* et sur les arrêts de la Cour suprême du Canada, avancent une tout autre interprétation. Le régime établi par le *Code du travail* a pour effet de corriger le droit commun qui autrement prévaudrait.

Il y déroge, comme le permet la disposition préliminaire. Une loi qui, à des fins particulières, corrige ainsi le droit commun doit, conformément à la *Loi d'interprétation*[42] « recevoir une interprétation libérale qui lui fasse atteindre pleinement son objet » (Verge et Vallée, 1997 : 129). C'est cette interprétation large de l'objet des lois régissant les rapports collectifs du travail qui a conduit la Cour suprême du Canada, dans de nombreuses décisions, à affirmer que le régime des rapports collectifs du travail ne laisse aucune place à l'application des principes de droit commun. La Cour suprême du Canada ne s'est toutefois pas prononcée sur l'impact que pourrait avoir la disposition préliminaire du *Code civil du Québec*.

Pour les tenants de la première thèse, le *Code civil du Québec* doit donc être considéré comme une source de droit supplétif alors que, pour les tenants de la seconde, il n'a pas cette portée lorsque existent des rapports collectifs. Cela conduit, par exemple, à une analyse très différente du fondement des obligations traditionnelles de l'employeur et de l'employé, obligations que la convention collective n'explicite généralement pas. Pour les tenants de la première thèse, ces obligations traditionnelles de l'employeur et des salariés s'imposeraient aux parties en vertu du caractère supplétif, complémentaire ou subsidiaire du *Code civil du Québec* (Morin et Brière, 1998 : 253-256 ; Bich, 1993 : 747-748). Le *Code civil du Québec* dispose en effet de ces obligations. D'une part, l'employeur doit permettre l'exécution du travail convenu dans des conditions qui respectent la santé, la sécurité et la dignité du salarié, et payer la rémunération fixée (art. 2086, C.c.Q.). D'autre part, le salarié doit exécuter son travail avec prudence et diligence, agir avec loyauté et ne pas faire usage d'informations à caractère confidentiel acquises dans le cadre de son travail (art. 2087, C.c.Q.). Pour les tenants de la deuxième thèse, ces obligations traditionnelles découleraient des usages que la convention collective véhicule et feraient partie

---

42. L.R.Q., c. I-16, art. 41.

du contenu implicite de la convention collective (Verge, 1993 : 251 ; Verge et Vallée, 1997 : 129).

Bref, ce débat est relié aux différentes thèses qui s'affrontent quant aux rapports entre le contrat de travail et la convention collective. C'est pourquoi nous y reviendrons dans la section consacrée aux effets de la convention collective.

1.2.4 Annexes, ajouts ou modifications

Seules les ententes collectives correspondant à ces conditions d'existence peuvent produire les effets contraignants d'une convention collective. Celle-ci est unique, le *Code du travail* prévoyant que « [l]'association accréditée et l'employeur ne doivent conclure qu'une seule convention collective à l'égard du groupe de salariés visé par l'accréditation » (art. 67, al. 2, C.t.). Qu'en est-il alors des pièces qui, couramment, se rattachent à la convention collective ou s'y ajoutent, et dont on se demande souvent si elles en font véritablement partie ? Il peut s'agir d'annexes négociées en même temps que la convention collective dans lesquelles les parties reportent certaines conditions de travail, par exemple les échelles de salaires, à cause de la complexité de leur présentation ou de leur longueur. Les annexes permettent aussi de consigner des accords nouveaux négociés à titre expérimental ou temporaire, qu'il sera plus facile de retirer au besoin lors du renouvellement de la convention collective. Il peut aussi s'agir de protocoles de retour au travail, dans lesquels les parties négocient les conditions de reprise du travail à la suite d'une grève ou d'un lock-out. Il peut enfin s'agir de lettres d'ententes conclues alors que la convention collective est en vigueur et qui visent à l'amender, la modifier ou y apporter des ajouts. Ces pièces visent soit tous les salariés de l'unité de négociation, soit certains d'entre eux.

La règle d'unicité n'empêche pas les parties de compléter la convention collective par voie d'annexes, d'ententes ou de protocoles. Ces arrangements parallèles sont réputés faire partie intégrante de la convention collective s'ils en respectent les conditions d'existence. Ils doivent être conclus par le syndicat accrédité et l'employeur, être écrits en langue française et déposés, contenir des dispositions portant sur des conditions de travail qui ne sont pas contraires à l'ordre public, ni prohibées par la loi.

La négociation de plus en plus fréquente d'ententes parallèles à la convention collective au cours des dernières années montre bien que rien ne s'oppose, en droit, à ce qu'un syndicat accrédité et un employeur poursuivent des négociations, même pendant la durée de la convention collective, et à ce que le résultat de ces négociations puisse entraîner des modifications à la convention collective existante. À moins qu'une clause de la convention collective ne prévoie la réouverture des négociations pendant la durée d'une convention collective (art. 107, C.t.), aucune obligation de négocier ne s'impose toutefois aux parties pendant la durée de la convention collective, et celles-ci ne peuvent avoir recours aux moyens de pression que sont la grève et le lock-out. Ces négociations sont purement volontaires, mais elles peuvent conduire à la conclusion d'ententes susceptibles de modifier, amender ou ajouter à la convention collective.

1.3 Effets de la convention collective

Une fois conclue, la convention collective impose des obligations et crée des droits. Mais à qui et pour qui ? Le *Code canadien du travail* et plusieurs lois provinciales de relations ouvrières spécifient que la convention collective lie l'employeur, le syndicat signataire et tous les employés visés dans le certificat d'accréditation. Le *Code du travail* du Québec ne dit pas explicitement que la convention lie le syndicat signataire et l'employeur : il le suppose puisque l'un et l'autre sont tenus de négocier et qu'ils ont effectivement signé la convention collective.

La convention collective s'impose, bien sûr, aux deux parties qui l'ont conclue, l'employeur et le syndicat accrédité. Il s'agit de ce qu'on a appelé l'*effet contractuel* de la convention collective (Adell, 1970 : 166 et suiv. ; Carter et autres, 2002 : 364). Mais la convention collective lie aussi tous les salariés appartenant à l'unité de négociation, que ceux-ci soient membres ou non du syndicat accrédité. Il s'agit de l'effet réglementaire de la convention collective (Adell, 1970 : 166 ; Carter et autres, 2002 : 364), qui sera étudié à la section 2.3.2.

1.3.1 Effet contractuel de la convention collective sur les parties signataires

Une fois la convention collective conclue, les rapports collectifs de travail entre le syndicat accrédité et l'employeur ne disparaissent pas ; ils entrent dans une nouvelle phase. L'obligation de négocier disparaît et le recours aux moyens de pression que sont la grève et le lock-out est prohibé. De la négociation, voire l'affrontement, on passe à l'application et à l'interprétation de la convention collective de travail. Les conflits susceptibles de survenir à ce sujet, les griefs, sont visés par une procédure pouvant éventuellement conduire à l'intervention d'un arbitre de griefs, dont la sentence est exécutoire.

Dans notre système de relations du travail, la convention collective permet donc d'introduire une période de stabilité, de paix industrielle. En pratique, cette période s'étend à toute la durée de la convention collective, soit depuis sa date d'entrée en vigueur, sous réserve au Québec des dispositions de l'article 72 du *Code du travail* relatives au dépôt, jusqu'à sa date d'expiration puisque la période de négociation et l'acquisition des droits de grève et de lock-out sont liés à la date d'expiration de la convention collective (art. 52, al. 2 et 58, C.t.).

C'est dans ce cadre de stabilité que l'on doit étudier les effets d'une convention collective sur les parties signataires que sont le syndicat accrédité et l'employeur. Ces effets peuvent aussi survivre aux modifications qui affecteraient ces parties signataires.

A. Effets sur le syndicat accrédité

Lorsqu'une convention collective est conclue, le rôle du syndicat accrédité change. Il n'est plus appelé à négocier et à user, au besoin, de moyens de pression (art. 107 et 108, C.t.). Il doit plutôt veiller à l'application et à l'interprétation de la convention collective conclue : il en devient en quelque sorte le gardien. C'est à lui qu'appartient le pouvoir d'exercer tous les recours que la convention collective accorde aux salariés sans qu'il soit nécessaire d'obtenir d'eux une cession de créance (art. 69, C.t.). Le syndicat accrédité dispose d'un pouvoir autonome de veiller au respect de la convention collective qu'il a négociée.

Bien sûr, pendant cette période, le syndicat accrédité continue aussi d'être visé par les droits et obligations qui découlent de son accréditation. Il a ainsi l'obligation de représenter équitablement tous les salariés de l'unité de négociation (art. 47.2, C.t.), tant en ce qui concerne la négociation que l'application de la convention collective. Son financement est aussi assuré au moyen de la retenue à la source des cotisations syndicales ou de leur équivalent (art. 47, C.t.).

De fait, c'est la stabilité de son existence qui constitue le principal effet de la conclusion d'une convention collective sur un syndicat accrédité. Pendant la durée d'une convention collective, l'accréditation que détient le syndicat ne peut être remise en cause que dans des périodes bien précises. Au Québec comme dans le *Code canadien du travail*, cette période est établie en fonction de la durée de la convention collective négociée ainsi que de sa date d'expiration (art. 22 et 41, C.t. ; art. 24 (2) et 38 (2), C.c.t.).

Au Québec, pour les conventions collectives d'une durée de trois ans ou moins, le *Code du travail* prévoit que l'accréditation peut être remise en cause uniquement entre le 90e et le 60e jour qui précèdent la date d'expiration de cette convention collective (art. 22 (d), C.t.) alors que, pour les conventions collectives de plus de trois ans, la période de remise en cause possible de l'accréditation s'étend du 180e au 150e jour précédant la date d'expiration de la convention. Dans ce dernier cas, le *Code du travail* établit de plus des périodes où l'accréditation du syndicat peut être remise en cause pendant la durée de la convention. Cette période s'étend du 180e au

150ᵉ jour précédant le sixième anniversaire de la signature d'une convention collective, puis revient ainsi à chaque deuxième anniversaire subséquent, le cas échéant (art. 22 (e), C.t.).

Pendant ces périodes, l'accréditation peut être demandée par un syndicat concurrent (art. 22 (d) et 22 (e), C.t.) et elle lui est octroyée s'il jouit de l'appui de la majorité absolue des salariés. Cette majorité est appréciée par le calcul des effectifs ou à la suite de la tenue d'un vote au scrutin secret (art 21, 32 et 37, C.t.). L'accréditation octroyée à un syndicat annule de plein droit l'accréditation auparavant détenue par un autre syndicat (art. 43, C.t.). L'accréditation peut aussi être révoquée par la Commission des relations du travail, si le syndicat a cessé d'exister ou s'il ne réunit plus la majorité des salariés qui font partie de l'unité de négociation pour laquelle il a été accrédité (art. 41, C.t.). La révocation de l'accréditation pour l'un ou l'autre de ces motifs peut être demandée notamment par l'employeur (art. 41 et 32, al. 3, C.t.).

Il existe un rapport important entre la conclusion d'une convention collective et la stabilité de l'existence du syndicat accrédité. C'est pourquoi, dans ce même esprit, l'existence d'un syndicat accrédité dont l'activité de négociation est inefficace parce qu'elle n'aboutit pas à la conclusion d'une convention collective peut aussi être remise en cause. Une demande en accréditation ou en révocation de l'accréditation est aussi recevable si, neuf mois après l'expiration d'une convention collective ou douze mois après l'accréditation d'un syndicat, aucune convention collective n'a été conclue, si aucun différend n'a été soumis à l'arbitrage et s'il n'y a ni grève ni lock-out (art. 22 (b. 1), art. 22 (b. 2) et 22 (c), C.t.).

B. Effets sur l'employeur

Bien sûr, l'employeur est lié par les termes de la convention collective et il peut être contraint d'en respecter le contenu par l'arbitre de griefs. Est-ce là le seul effet de la convention collective sur les droits et obligations de l'employeur? L'arrivée d'un syndicat accrédité lui impose-t-il

d'autres contraintes dans la gestion de son entreprise? Limite-t-elle son pouvoir d'édicter unilatéralement des normes applicables aux salariés dans un règlement intérieur, un code de conduite ou des politiques d'entreprises sur des matières dont la convention collective ne traite pas? Peut-il, enfin, imposer des sanctions disciplinaires ou prendre unilatéralement des décisions qui affectent le fonctionnement ou le devenir de l'entreprise, et par conséquent la nature et le maintien des emplois?

Nous aborderons, dans le chapitre 4, les différentes thèses qui sont formulées dans la doctrine pour fonder juridiquement l'existence des droits de direction de l'employeur. En l'absence de convention collective, le droit commun reconnaît pleinement les droits de direction de l'employeur à l'égard des salariés, sous réserve du respect des lois et du contenu du contrat de travail qu'il a conclu avec chacun d'eux. L'arrivée d'un syndicat accrédité et la conclusion d'une convention collective dans l'entreprise changent-elles cette situation? Imposent-elles un certain partage du pouvoir de décision concernant les conditions de travail et d'emploi? Autorisent-elles un tiers, en l'occurrence l'arbitre de griefs, à apprécier l'exercice par l'employeur de ses droits de direction, même sur des matières dont la convention ne traite pas, du seul fait de son impact sur les conditions de travail et l'emploi? Deux thèses diamétralement opposées répondent à ces questions.

Thèse des droits résiduaires de la direction

Selon la thèse dominante, celle des *droits résiduaires*, l'employeur possède tous les droits reliés à la direction de l'entreprise, sous réserve seulement de ceux qu'il a cédés dans la négociation collective et dont les limites sont expressément consignées dans la convention collective en vigueur. Selon cette théorie, les droits de direction de l'employeur, tels qu'ils existent en droit commun, subsistent pareillement en contexte de convention collective (Gagnon, LeBel et Verge, 1991: 532; Blouin et Morin, 2000: 51). Ceux dont ne traite pas la convention collective relèvent de l'employeur seul. Il n'est pas tenu d'en négocier l'exercice avec le syndicat accrédité, même s'il en résulte des effets sur des conditions de travail; de même, leur exercice n'est soumis à aucun contrôle arbitral puisque la convention collective n'en traite pas.

Au Québec, on a pu penser que cette thèse découlait de l'application à la convention collective des règles d'interprétation en matière contractuelle qui prévalaient, jusqu'en 1994, dans le *Code civil du Bas-Canada* (Hébert, 1992: 142). L'une de ces règles précisait qu'en cas de doute le contrat s'interprétait contre celui qui a stipulé et en faveur de celui qui a contracté l'obligation (art. 1019, C.c.B.-C.). Appliquée à la convention collective, cette règle conduisait à une interprétation favorable à l'employeur. Le *Code civil du Québec* a toutefois complété cette règle d'interprétation de manière que, en cas de doute dans un contrat d'adhésion ou de consommation, l'interprétation soit favorable à la partie faible de ces contrats, soit à l'adhérent ou au consommateur (art. 1432, C.c.Q.). Blouin et Morin (2000: 490) estiment que, compte tenu de la finalité protectrice de la convention collective et par analogie, la convention collective devrait aussi être interprétée en faveur des travailleurs en cas de doute réel.

Il est certain qu'une telle règle refléterait davantage la fonction protectrice de la convention collective, mais elle ne saurait suffire, à elle seule, à modifier substantiellement l'approche dominante concernant les droits de direction sur des sujets dont la convention collective ne traite pas. La thèse des droits résiduaires de la direction ne résulte pas, en effet, simplement de l'application d'une règle d'interprétation inadaptée. Plus fondamentalement, elle repose, ainsi que le démontrent Blouin et Morin (2000: 502), sur le fait que le droit québécois, incluant le droit du travail, confond toujours la qualité d'employeur et celle de propriétaire des moyens de production ou des services offerts:

> [I]l n'existe pas encore de notion juridique d'entreprise suffisamment bien circonscrite pour servir d'assiette aux droits respectifs des apporteurs du «capital» et du «travail» relatifs à la gestion de l'entreprise. La timide définition

de l'entreprise que l'on retrouve maintenant au *Code civil du Québec* (art. 1525) ne modifie guère cette toile de fond juridique, du moins pour les fins des relations du travail. L'employeur peut, en sa qualité de maître des biens et d'entrepreneur, procéder d'autorité à des changements de structure, à des réorganisations administratives, ou encore reconsidérer les procédés de production ou le «coût» qu'il entend verser en contrepartie du travail. Ainsi, en l'absence de disposition à la convention collective limitant la liberté des droits de la gérance ou encadrant l'exercice de ces droits, on reconnaît que l'arbitre d'un grief n'est pas habilité à intervenir directement dans la gestion. (Blouin et Morin, 2000: 502.)

Cette insuffisance n'est pas propre au droit québécois. Pour certains, elle contredit ceux qui associaient la négociation collective dans les systèmes nord-américains à une mini-démocratie (Stone, 1981: 1544-1559). L'évolution de la notion d'entreprise en droit du travail pourrait toutefois conduire à fonder autrement le pouvoir de direction (Mockle, 1992: 998).

Thèse des limitations implicites

Quoique minoritaire, une autre thèse s'est toujours opposée à celle des droits résiduaires. Selon la théorie des *limitations implicites,* dès qu'une association syndicale a été accréditée et que la négociation collective est engagée dans une entreprise ou un établissement, il s'y est produit, de ce fait, un changement de nature – et non seulement un changement de degré – dans les rapports de travail. La substance même des droits de direction est transformée. Ce changement de nature correspond à ce que plusieurs appellent l'introduction de la démocratie industrielle. L'employeur n'a plus seul le droit de tout décider dans son établissement. Un autre collaborateur, représentant un important facteur de production, s'est constitué en un groupe identifié, le syndicat. Il a par le fait même imposé des limites au pouvoir de l'employeur. De par ces limites, celui-ci ne peut plus prendre de décisions majeures sans consulter le syndicat, sinon sans obtenir son assentiment explicite. L'énoncé le plus célèbre de cette position a été présenté, il y a déjà fort longtemps, par un arbitre qui deviendra plus tard juge en chef de la Cour suprême du Canada, Bora Laskin :

> Selon l'opinion du présent tribunal, c'est une généralisation superficielle que de prétendre qu'une convention collective doit être interprétée comme limitant les prérogatives antérieures de l'employeur seulement dans la mesure où ces limites sont expressément stipulées dans l'entente elle-même. Une telle interprétation ignore complètement le climat des relations patronales-syndicales en régime de convention collective. Le passage de rapports individuels à une telle situation constitue un changement de nature et non pas simplement de degré. L'introduction d'un régime de négociation implique l'acceptation par les parties de certains postulats qui sont complètement étrangers à la période de négociation individuelle. De ce fait, tout effort pour mesurer les droits et les devoirs des parties, dans les relations patronales-syndicales, en se référant aux normes d'avant la négociation constitue une tentative de retourner dans un monde qui a complètement cessé d'exister. Tout comme la période de négociation individuelle avait sa *common law* qui s'est développée au cours de nombreuses années, ainsi un régime de négociation collective a-t-il sa propre *common law* qu'il peut invoquer pour interpréter correctement la convention collective qui établit ce régime[43]. (Hébert, 1992 : 143 ; notre traduction.)

Malgré le prestige incontestable de Bora Laskin, cette seconde théorie, également défendue aux États-Unis (Hébert, 1992 : 143), n'a jamais eu grand succès. La principale raison tient sans doute au fait que les arbitres de griefs hésitent à décider d'un problème d'une façon qui équivaudrait à modifier la convention ou à ajouter quelque chose à son contenu. Certaines décisions de la Cour suprême du Canada ont imposé cette attitude de retenue aux arbitres. Des arbitres renommés ont ainsi été blâmés pour avoir interprété largement le pouvoir de contrôle qu'ils

détenaient et qui les avait conduits, dans un cas, à substituer au congédiement imposé par l'employeur une sanction moindre alors que la convention ne lui donnait pas ce pouvoir[44] et, dans l'autre, à avoir entendu un grief malgré un avis tardif de recours à l'arbitrage[45]. À ces occasions, la Cour suprême du Canada a rappelé l'importance prépondérante du texte de la convention collective. C'était indirectement apporter un appui majeur à la thèse des droits résiduaires contre celle des limitations implicites.

C. Effets lors de changements affectant les parties signataires

L'effet contractuel de la convention collective au sens où nous venons de le définir ne se limite pas aux parties qui l'ont conclue. La convention collective survit en effet à un changement d'employeur ou à un changement de syndicat accrédité qui pourrait survenir pendant sa durée. En ce sens, la convention collective échappe au principe de droit commun voulant qu'un contrat n'a d'effet qu'entre les parties qui l'ont conclu.

La convention collective s'impose ainsi à une nouvelle association qui serait accréditée pendant sa durée. Le *Code du travail* du Québec dispose que celle-ci est « subrogée de plein droit dans tous les droits et obligations résultant d'une convention collective en vigueur conclue par une autre association » (art. 61, C.t.). Cette association peut cependant décider d'y « mettre fin ou la déclarer non avenue par un avis écrit transmis à l'employeur et à la commission » (art. 61, C.t.). Cette situation, assez rare jusqu'à récemment, risque de survenir plus fréquemment, car la durée des conventions collectives tend à s'allonger. Nous avons vu que la remise en cause de l'accréditation détenue par un syndicat est possible pendant la durée d'une convention collective lorsque celle-ci est de longue durée (art. 22 (e), C.t.). Si un nouveau syndicat

---

43. *United Electrical, Radio & Machine Workers of America, Local 527* c. *Peterboro Lock Mfg. Co. Ltd.*, 4 L.A.C 1499-1506, p. 1502, le 27 février 1954, B. Laskin.

44. *Port Arthur Shipbuilding Company* c. *Arthurs*, [1969] R.C.S. 85.

45. *Union Carbide Canada Limited* c. *Weiler*, [1968] R.C.S. 966.

était accrédité, la convention collective en vigueur ne disparaîtrait pas automatiquement. Ce nouveau syndicat accrédité serait, par l'effet de l'article 61, subrogé de plein droit à cette convention collective qu'il n'a pas négociée. Il devrait, par exemple, donner suite aux griefs déjà engagés et veiller à leur application. Il pourrait toutefois, par un avis écrit, se dégager de cette convention collective afin de pouvoir en négocier une nouvelle.

La convention collective peut aussi s'imposer à un employeur qui n'y était pas partie lors de sa conclusion. En effet, en vertu de l'article 45 du *Code du travail*, l'aliénation ou la concession totale ou partielle d'une entreprise, c'est-à-dire la vente ou la cession du droit d'exploitation d'une partie ou de la totalité de l'entreprise, par sous-traitance par exemple, n'a pas pour effet de mettre automatiquement fin à la convention collective applicable (art. 45, al. 1, C.t.). La convention collective, tout comme l'accréditation dont elle dépend, est reliée à l'entreprise et non à son propriétaire, et un nouvel employeur y est lié comme s'il en était partie.

Toutefois, cet effet n'est plus automatique au Québec depuis l'entrée en vigueur de la *Loi modifiant le Code du travail, instituant la Commission des relations du travail et modifiant d'autres dispositions législatives*[46]. D'une part, en vertu des amendements que cette loi a apportés à l'article 45 du *Code du travail*, le syndicat accrédité doit demander à la Commission des relations du travail de déterminer l'application de l'article 45 (*Loi modificative*, art. 32, créant le nouvel art. 45.1 du C.t.). Cette requête devra être déposée dans les 90 jours de la réception de l'avis émis par l'employeur indiquant la date de l'aliénation ou de la concession d'une partie ou de la totalité de l'entreprise ou dans les 270 jours de la connaissance de cette aliénation ou concession en l'absence d'avis de l'employeur. En l'absence d'une telle demande, on doit conclure que le nouvel employeur ne serait lié ni par l'accréditation ni par la conven-

tion collective à l'issue de ce délai. D'autre part, lorsqu'il s'agit d'une concession partielle d'entreprise, comme le sont les cas classiques de recours à la sous-traitance[47], les parties peuvent convenir de la non-application de l'article 45 au nouvel employeur concessionnaire (art. 45.2, C.t.). Un flou persiste quant à l'identité des parties qui pourront conclure cette entente; s'agit-il du syndicat accrédité et du concessionnaire, comme le soutiennent Morin et Brière (2001 : 38), ou du syndicat accrédité et de l'employeur cédant? Quoi qu'il en soit, en l'absence de cette entente particulière, la convention collective peut s'imposer au concessionnaire, mais elle expirera au plus tard 12 mois après la date de la concession partielle, sauf si la Commission juge que la «concession a été faite dans le but principal de fragmenter une unité de négociation ou de porter atteinte au pouvoir de représentation d'une association de salariés» (art. 45.2, C.t.), auquel cas la convention collective pourra s'appliquer jusqu'à la date prévue pour son expiration.

Bref, le principe voulant que les modifications des parties signataires – qu'il s'agisse d'un nouvel employeur (art. 45, al. 1, C.t.) ou d'un nouveau syndicat accrédité (art. 61, C.t.) – n'aient pas pour effet de mettre fin automatiquement à la convention collective prévaut toujours. Toutefois, dans le cas de l'aliénation ou de la concession totale ou partielle de l'entreprise, la survie des rapports collectifs lors d'un transfert d'entreprise est assujettie à des modalités préalables et, dans le cas de la concession partielle d'une entreprise, elle est devenue un objet de négociation.

1.3.2. Effet réglementaire de la convention collective

Tant le *Code du travail* du Québec (art. 67, C.t.) que le *Code canadien du travail* (art. 56, C.c.t.)

---

46. L.Q. 2001, c. 26.

47. *Ivanhoe inc.* c. TUAC, *Section locale 500*, [2001] C.S.C. 47 ; *Sept-Îles (Ville de)* c. *Québec (Tribunal du travail)*, [2001] C.S.C. 48.

précisent que la convention collective lie automatiquement tous les salariés faisant partie de l'unité de négociation, qu'ils soient membres ou non du syndicat accrédité. Les conditions de travail qu'elle contient leur sont automatiquement applicables sans qu'ils aient à y consentir individuellement. Le *Code du travail* du Québec accentue cet effet automatique en précisant que la convention s'applique à tous les salariés, actuels et futurs, appartenant au groupe visé par l'accréditation (art. 67, C.t.). La convention collective s'impose aux salariés dès leur entrée dans un poste couvert par l'unité de négociation, même s'ils n'en faisaient pas partie au moment où la convention collective a été négociée : il peut s'agir de salariés nouvellement embauchés ou de personnes qui étaient déjà au service de l'employeur, mais qui occupaient des fonctions situées hors de l'unité de négociation, soit comme salariés, soit comme cadres[48]. La convention collective a pour ces salariés un effet comparable à celui d'une norme législative impérative. En vertu de cet effet impératif, il ne fait aucun doute que les salariés ne peuvent renoncer à la convention collective en acceptant individuellement des conditions de travail moins avantageuses que celles qu'elle prévoit. Une entente individuelle qui aurait cet effet serait nulle (Gagnon, LeBel et Verge, 1991 : 542 ; Morin et Brière, 1998 : 999)[49].

Mais qu'en est-il d'une entente individuelle plus favorable pour le salarié que la convention collective ? Ou encore d'une entente individuelle entre un salarié et un employeur sur une matière dont la convention collective ne traite pas et qui, on l'a vu, relève des droits résiduaires de l'employeur ? De telles ententes entre l'employeur et un salarié qui est, par ailleurs, assujetti à la con-

vention collective, porteraient-elles atteinte à l'effet réglementaire de la convention collective ?

Ces questions soulèvent à nouveau le problème de l'effet de l'existence des rapports collectifs de travail – c'est-à-dire d'un monopole de représentation octroyé à un syndicat accrédité et d'une convention collective – sur le contrat individuel de travail. Avant d'être compris dans une unité de négociation représentée par un syndicat accrédité, chaque salarié d'un employeur était lié à lui par un contrat individuel de travail. Chacun possédait une liberté individuelle de contracter, c'est-à-dire de convenir avec l'employeur des conditions dans lesquelles il exécuterait sa prestation de travail. Quel est l'effet de l'arrivée d'un syndicat accrédité et d'une convention collective sur cette liberté individuelle de contracter et sur l'existence même de ce contrat de travail ? Disparaissent-elles lorsqu'un syndicat est accrédité et qu'une convention collective est négociée ? Sont-elles complètement anéanties ou simplement encadrées par l'existence d'une convention collective ? Les réponses sont différentes suivant les thèses en cause.

La thèse dominante qui se dégage d'arrêts de la Cour suprême du Canada et de la doctrine canadienne et québécoise conduit à affirmer la nullité de ces ententes. Cette thèse, dite de l'effet réglementaire absolu de la convention collective, est toutefois combattue au Québec par un courant doctrinal prônant la coexistence du contrat de travail et de la convention collective.

A. Effet réglementaire absolu de la convention collective

La thèse de l'effet réglementaire absolu de la convention collective, aussi qualifiée de « thèse abolitionniste », conclut à l'anéantissement du contrat de travail et de la liberté contractuelle individuelle lorsque des rapports collectifs de travail existent. Toute entente individuelle, qu'elle soit plus ou moins favorable au salarié ou encore qu'elle traite d'un sujet sur lequel la convention collective est silencieuse, est donc nulle, peu importe qu'elle soit antérieure ou postérieure à la conclusion de la convention collective.

---

48. Par exemple, la situation de contremaîtres qui, tout en étant au service de l'employeur, ne sont pas considérés comme des salariés au sens du *Code du travail* : *Hémond* c. *Coopérative fédérée du Québec*, précitée, note 40.

49. Effet rappelé par une décision récente de la Cour d'appel du Québec : *Syndicat des travailleurs de la maison-mère des sœurs des S.N.J.M.* c. *Larouche*, C.A. Montréal, QCCA 500-09-005633-979, 30 mai 2001.

Deux séries d'arguments différents soutiennent cette thèse. Les premiers tiennent à l'unicité de la convention collective elle-même. La loi prévoit qu'une seule convention collective lie l'ensemble de l'unité de négociation (art. 67, C.t.; art. 56, C.c.t.). En vertu de ce principe, la Cour suprême du Canada a estimé que d'anciens salariés devenus contremaîtres, puis à nouveau salariés compris dans l'unité de négociation, ne pouvaient exiger que leur ancienneté soit calculée en fonction de la clause d'ancienneté qui existait au moment de leur nomination comme contremaîtres. Cette clause avait été renégociée et celle qui existait au moment de leur retour dans l'unité leur était défavorable. La Cour suprême a rappelé la règle de l'unicité de la convention collective et l'inexistence de droits individuels découlant d'un contrat de travail lorsque existe une convention collective[50].

Le second fondement de cette thèse se trouve bien davantage dans l'effet du monopole de représentation octroyé à un syndicat par l'accréditation sur les autres formes de détermination bilatérale des conditions de travail. L'accréditation confère au syndicat l'exclusivité du pouvoir de représentation. Il devient le seul habilité à négocier avec l'employeur les conditions de travail des salariés appartenant à l'unité de négociation. Cette exclusivité supprime tout autre mode de négociation des conditions de travail de ces salariés, qu'il s'agisse de négociations entre l'employeur et une association de salariés non accréditée, ou encore de négociations individuelles entre l'employeur et ses salariés. L'arrivée d'un syndicat accrédité dans une entreprise change la nature des rapports de travail; il devient l'interlocuteur unique de l'employeur qui a l'obligation de ne négocier qu'avec lui. La seule existence de rapports collectifs de travail entre le syndicat accrédité et l'employeur, même en l'absence d'une convention collective applicable, fait obstacle à l'application du droit commun du contrat individuel de travail.

Ce sont à tout le moins les principes qui découlent de différents arrêts de la Cour suprême du Canada et de la Cour d'appel du Québec sur lesquels il convient maintenant de revenir. Dans l'affaire *McGavin Toastmaster Ltd.* c. *Ainscough*[51], la Cour a ainsi estimé qu'une grève illégale, parce que déclenchée pendant la durée de la convention collective, n'invalidait pas la convention collective et ne dispensait pas l'employeur, qui avait décidé de fermer son entreprise pendant cette période, de verser les indemnités de cessation d'emploi prévues dans la convention collective. Cette grève illégale, rappelle la Cour, n'avait pas mis fin aux rapports collectifs du travail entre l'employeur et le syndicat accrédité. L'employeur ne pouvait avoir recours au principe de l'exception d'inexécution, lequel justifie, en droit commun, qu'une partie à un contrat le résilie parce que l'autre partie en a violé une des dispositions. Dans l'affaire *Caimaw* c. *Paccar of Canada Ltd.*[52], largement commentée au Québec (Morin, 1990; Carrothers, 1990), la Cour suprême a eu l'occasion de rappeler que, même lorsqu'une convention collective n'est plus en vigueur, l'existence d'un syndicat accrédité représentant les salariés et l'obligation de négocier collectivement et de bonne foi font en sorte que les principes de la *common law* applicables aux contrats individuels de travail sont supplantés. Enfin, en 1992, la Cour d'appel du Québec, opérant un revirement important, s'est fondée sur le principe de l'anéantissement du contrat de travail lorsque existe une convention collective et sur le principe de l'unicité de la convention collective pour décider que le congédiement d'une salariée à la suite de fausses déclarations à l'embauche devait être traité conformément aux recours que prévoit la convention collective et non suivant les règles du droit commun des contrats qui en prévoient la nullité pour vice de consentement[53] (D'Aoust, 1992).

---

50. *Hémond* c. *Coopérative fédérée du Québec*, précitée, note 40.

51. *McGavin Toastmaster Ltd.* c. *Ainscough*, précitée, note 40.
52. *Caimaw* c. *Paccar of Canada Ltd.*, précitée, note 40.
53. *Maribro Inc.* c. *L'Union des Employés(ées) de service, local 298 – F.T.Q.*, [1992] R.J.Q. 572.

Cette thèse, représentant l'état du droit actuellement applicable au Canada, conduit à répondre négativement aux deux questions qui ouvraient cette section. Les ententes individuelles plus favorables pour le salarié que la convention collective sont nulles, de même que les ententes individuelles qui porteraient sur des sujets dont la convention ne traite pas (Gagnon, LeBel et Verge, 1991: 541-545). Certes, la convention collective peut toujours prévoir des conditions particulières plus favorables pour certains groupes de salariés ou prévoir, sur certaines matières, le maintien de droits individuels acquis avant l'arrivée du syndicat accrédité et l'entrée en vigueur d'une convention collective par une clause de droits acquis[54]. En effet, ces conditions particulières résulteraient d'une négociation avec le syndicat accrédité et ne heurteraient pas l'exclusivité de son monopole de représentation. La convention collective pourrait même prévoir certaines formes de négociations individualisées, par exemple, la détermination de primes dont les montants sont établis entre les employeurs et les salariés.

Cette thèse conduit à l'anéantissement des négociations individuelles entre un salarié compris dans une unité de négociation et l'employeur, mais elle ne supprime pas la faculté qu'ont les parties syndicales et patronales de négocier pendant la durée de la convention collective. L'employeur et le syndicat accrédité peuvent toujours, d'un commun accord, convenir d'ententes sur

des matières que la convention collective initiale ne traitait pas ou encore négocier une clause prévoyant la réouverture de la négociation en cours de convention collective (art. 107, C.t.); à défaut de telles ententes ou d'une telle clause, l'employeur conserve, on l'a vu, son pouvoir résiduaire de direction. Cette reconnaissance des droits résiduaires de direction de l'employeur sur des matières dont la convention collective ne traite pas s'accorde mal avec le principe de la représentation légale des salariés par un syndicat accrédité (Gagnon, LeBel et Verge, 1991: 544). Elle montre bien que les grands postulats de la thèse de l'effet réglementaire absolu de la convention collective n'ont été qu'imparfaitement reçus en droit.

Rappelons que cette thèse postule que la formation de rapports collectifs du travail transforme radicalement les rapports de travail dans l'entreprise, qui ne peuvent être cernés juridiquement par le recours au droit commun. Si cette exclusion du droit commun a été largement consacrée par la Cour suprême du Canada en ce qui concerne le droit du contrat individuel de travail, elle ne l'a pas été en ce qui concerne le fondement des droits de direction, toujours appréhendés par une approche fondée sur le droit commun. Sur les matières dont la convention ne traite pas, l'employeur peut décider unilatéralement. Il conserve aussi la liberté d'en négocier les termes, mais il ne peut le faire avec chacun des salariés individuellement. Il doit alors le faire avec le syndicat accrédité, mais rien ne lui impose de négocier. C'est en ce sens que le projet de démocratisation de l'entreprise que porte cette approche n'est pas pleinement réalisé en droit canadien et québécois.

B. Coexistence de la convention collective et du contrat de travail

La seconde thèse propose plutôt la coexistence du contrat de travail et de la convention collective. L'arrivée d'un syndicat accrédité et la conclusion d'une convention collective ne font pas disparaître le contrat de travail. Ces deux sources coexistent et entretiennent des rapports de complémentarité qui n'altèrent pas l'existence propre

---

54. L'article 87.1 de la *Loi sur les normes du Travail*, adopté en 1999, interdit «d'accorder à un salarié visé par une norme, uniquement en fonction de sa date d'embauche [...] une condition de travail moins avantageuse que celle accordée à d'autres salariés qui effectuent les mêmes tâches dans le même établissement» (L.n.t., art. 87.1). J.-Y. Brière et R.P. Gagnon soulèvent la question de la conformité des clauses de droits acquis à cette nouvelle interdiction, considérant «qu'il est de la nature même d'une clause de droits acquis de conserver aux salariés déjà en emploi au moment de la mise en application d'une nouvelle règle un avantage qui demeurera inaccessible aux salariés embauchés après cette date» (Brière et Gagnon, 2001: 175).

de la convention collective et sa profonde originalité comme acte collectif.

Le contrat de travail et la convention collective existent indépendamment l'un de l'autre. Ils sont autonomes. C'est pourquoi la convention collective ne saurait être considérée comme un agrégat de contrats individuels de travail et le syndicat accrédité comme un simple intermédiaire entre les salariés de l'unité de négociation et l'employeur. Le *Code du travail* confie au syndicat accrédité une mission propre de représentation des intérêts collectifs qui ne peuvent être saisis comme une somme des intérêts individuels des salariés. Le syndicat accrédité incarne cette collectivité et la convention collective est le lieu de détermination des règles qui la reconnaissent, l'organisent et la protègent. Ni le syndicat accrédité ni la convention collective ne peuvent être conçus comme des relais entre l'employeur et chacun des salariés. À l'inverse, on ne peut non plus concevoir les rapports entre ces deux sources sous l'angle de la théorie dite de l'incorporation, qui ferait du contrat de travail le réceptacle passif des dispositions négociées dans une convention collective. Cette thèse ferait du contrat de travail le cadre fondamental du lien d'emploi tout en le confinant passivement à être un instrument d'incorporation des dispositions d'une convention collective (Morin et Brière, 1998: 1002). Le contrat de travail, pas plus que la convention collective, ne peut être conçu comme un relais, ce qui nierait le rôle particulier et unique de la convention collective dans l'organisation des intérêts d'une communauté de travail.

La particularité de cette approche doctrinale est donc de postuler la *coexistence* de deux sources égales, autonomes et de même niveau hiérarchique, puisqu'elles trouvent toutes deux leur fondement dans des lois, le *Code du travail* et le *Code civil du Québec* (Morin, 1994: 227). Ces deux actes sont autonomes et entretiennent des rapports de *complémentarité* plutôt que d'interdépendance. Suivant cette thèse, seule cette complémentarité permet véritablement de cerner juridiquement les modes de détermination des conditions de travail des travailleurs qui sont représentés par un syndicat accrédité et régis par une convention collective.

Ainsi, la convention collective réglemente le contenu possible du contrat de travail. Le contrat individuel de travail existe toujours, mais il ne peut comprendre des conditions de travail moins favorables pour le salarié que celles que prévoit la convention. Se trouve ainsi pleinement affirmé le caractère impératif de la convention collective (art. 67, C.t.). L'existence d'une convention collective n'a pas d'effet sur l'existence du contrat, mais elle en a sur son contenu, qui doit se conformer à cette «loi du lieu collectivement négociée» (Morin et Brière, 1998: 1004).

Toutefois, la convention collective ne comprend pas tout et ne se greffe pas sur du vide; elle n'existe pas dans un vide juridique (Bich, 1993: 747). C'est le contrat de travail qui permet de concevoir juridiquement la nature du rapport qui lie le salarié et l'employeur lors de l'embauche, les fondements juridiques de la subordination de l'un et du pouvoir de direction de l'autre (art. 2085, C.c.Q.). La convention collective, en effet, n'est pas un acte collectif d'embauche. C'est aussi le contrat de travail qui véhicule les obligations implicites de l'employeur et du salarié dont la convention collective ne traite généralement pas (art. 2087 et 2088, C.c.Q.). C'est enfin par le contrat de travail que peut se comprendre l'insertion des salariés et de l'employeur régis par une convention collective dans le droit commun applicable à tous et dans le droit commun de l'emploi (art. 2085 à 2097, C.c.Q.). C'est par lui que le *Code civil du Québec* supplée à la convention collective et la complète.

Ces deux sources complémentaires sont aussi des sources actives et dynamiques de détermination des règles professionnelles. Si la situation est claire pour ce qui est de la convention collective, c'est aussi vrai du contrat de travail. En effet, l'existence d'une convention collective et d'un syndicat accrédité ne peut supprimer la liberté contractuelle individuelle du salarié et de l'employeur (Morin et Brière, 1998: 1003), qui est une liberté fondamentale (D'Aoust, 1992: 589); elle ne fait que l'encadrer. Cette liberté contractuelle peut valablement s'exercer au sujet d'éléments dont la convention collective ne traite pas. Elle pourrait s'exercer pour la conclusion de clauses objectivement plus favorables pour le salarié que le contenu de la convention collective (Morin et Brière, 1998 : 1008). Elle pourrait enfin permettre l'application concrète, dans des clauses du contrat de travail, de lignes directrices que la convention traite sommairement (Morin et Brière, 1998 : 1004). Ni l'employeur ni le salarié n'ont renoncé à la liberté contractuelle parce qu'un syndicat accrédité et une convention collective existent. Cette liberté peut s'exprimer sur des matières qui n'entrent pas en conflit avec le contenu de la convention collective ou encore dans un sens qui est plus favorable au salarié.

Bref, cette approche permet de répondre dans un sens diamétralement opposé aux questions qui ouvraient cette section. Les tenants de cette seconde thèse soutiennent la validité d'ententes individuelles convenues entre un salarié et un employeur régis par une convention collective qui portent sur une matière dont la convention collective ne traite pas, ou encore qui sont plus favorables au salarié. Rappelons que la thèse abolitionniste rejette absolument la validité de telles ententes, incompatibles avec l'exclusivité de représentation du syndicat accrédité.

Mais la thèse de la coexistence n'est pas elle-même exempte de limites, en dépit de sa rigueur et de sa cohérence logique. Elle accepte implicitement de considérer que la détermination conjointe des conditions de travail entre un employeur et un syndicat accrédité ne vaut pleinement que pendant la période des négociations. La simple présence d'un rapport collectif du travail ne transforme que pour un temps la nature des pouvoirs dans cette collectivité de travail, les salariés et l'employeur demeurant totalement libres de s'entendre sur des matières qui n'ont pas été traitées dans la convention collective ou qui y ajoutent.

1.4 Conclusion

D'abord phénomène social, la convention collective est aussi un instrument au cœur de la régulation juridique du travail. Elle constitue l'aboutissement du cadre mis en place au Québec par le *Code du travail*. Son insertion dans l'ensemble juridique n'est toutefois pas totalement fixée puisque le droit du travail est toujours traversé par deux thèses proposant des lectures radicalement différentes de ses effets sur les droits de direction de l'employeur et sur le contrat individuel de travail. Fondamentalement, ces thèses divergent sur les rapports d'autonomie ou de complémentarité entre la convention collective et le droit commun.

Ces thèses convergent cependant pour reconnaître la profonde originalité de la convention collective comme source de droit dans l'ensemble juridique. Cette particularité ressort dès qu'on tente de situer la convention collective à l'intérieur des catégories traditionnelles que sont « la loi, œuvre de l'État, et le contrat, acte des particuliers » (Morin et Brière, 1998 : 1007). Le mode de conclusion de la convention collective la rapproche certes du contrat. Comme lui, elle est le fruit d'un accord entre deux parties, d'un échange de consentements. Comme lui, elle contient des règles que les parties ont élaborées conjointement et qu'elles s'engagent à respecter. Les effets de la convention collective, toutefois, s'apparentent bien davantage à ceux d'une loi ; pour les salariés qu'elle vise, la convention collective apparaît, au même titre que la loi, « comme un ensemble de règles fixes et prédéterminées dont l'existence et l'application ne dépendent pas de leur consentement personnel » (Gagnon, LeBel et Verge, 1991 : 521). Ces effets de la convention collective ne résultent pas simplement d'un engagement des parties signataires, mais bien d'un régime institué par les lois du travail qui confère à la convention collective un rayonnement allant au-delà des parties signataires.

On dit de la convention collective qu'elle est la *loi des parties*. Cette expression traduit bien sa nature dualiste (Gagnon, LeBel et Verge, 1991 : 520), rassemblant à la fois des caractéristiques de la loi et du contrat. Ce constat n'est pas purement théorique dans la mesure où il conduit les arbitres de griefs à s'inspirer, dans l'interprétation de la convention collective, tant des règles du *Code civil du Québec* élaborées pour l'interprétation des contrats[55] que des règles d'interprétation des lois[56]. La pleine reconnaissance du caractère unique de la convention collective dans l'ensemble juridique justifie d'ailleurs l'élaboration de règles d'interprétation qui lui sont spécifiques et qui tiennent compte de l'originalité profonde de cet acte collectif (Blouin et Morin, 2000 : 465-491).

Mais l'encadrement juridique actuel de la convention collective et le débat doctrinal auquel elle donne lieu sur ses rapports avec le droit commun laissent dans l'ombre un enjeu plus fondamental. Rappelons que lorsqu'une matière n'est pas traitée par la convention collective, l'employeur reste libre d'en fixer les termes. Ce droit lui appartient en vertu des pouvoirs résiduaires de direction qui lui sont reconnus. Il peut le

faire unilatéralement, mais il peut aussi choisir la voie de la négociation. En vertu de la thèse de l'effet réglementaire absolu de la convention collective actuellement retenue par les tribunaux, la décision de négocier sur ces matières lui appartient et seul lui est imposé son interlocuteur, c'est-à-dire le syndicat accrédité représentant exclusif des salariés de l'unité de négociation. L'approche dite de la coexistence du contrat de travail et de la convention collective permettrait à l'employeur qui souhaite négocier sur des matières relevant de ses droits résiduaires de choisir son interlocuteur et de s'entendre individuellement avec chacun de ses salariés plutôt qu'avec le syndicat accrédité. Dans l'un et l'autre cas, la liberté contractuelle de l'employeur n'est pas supprimée, la décision même de négocier ou non lui appartenant pleinement. Dans le contexte mouvant dans lequel évoluent les rapports collectifs et compte tenu des fonctions de protection et de démocratisation du droit du travail, n'est-ce pas là le véritable problème auquel le droit des rapports collectifs devrait s'attaquer ?

---

55. C.c.Q., art. 1425 à 1432.
56. *Loi d'interprétation*, précitée, note 42.

références bibliographiques

ADELL, B. (1970). *The Legal Status of Collective Agreements in England, the United States and Canada*, Kingston, Queen's University, Industrial Relations Centre.

ARTHURS, H.W. (1967). « Developing Industrial Citizenship : A Challenge for Canada's Second Century », *The Canadian Bar Review*, vol. XLV, n° 786, p. 786-830.

BICH, M.-F. (1988). « Le pouvoir disciplinaire de l'employeur – fondements civils », *Revue juridique Thémis*, vol. 22, p. 85.

BICH, M.-F. (1993). « Droit du travail québécois : genèse et génération », dans H.P. Glenn (dir.), *Droit québécois et droit français : communauté, autonomie, concordance*, Cowansville, Les Éditions Yvon Blais.

BICH, M.-F. (1993). « Le contrat de travail, Code civil du Québec, Livre cinquième, titre deuxième, chapitre septième (articles 2085-2097, C.c.Q) », *La réforme du Code civil*, vol. 2, Québec, Presses de l'Université Laval.

BLOUIN, R. et F. MORIN (2000). *Droit de l'arbitrage de grief*, 5e éd., Cowansville, Les Éditions Yvon Blais.

BRIÈRE, J.-Y. et R.P. GAGNON (2001). *Droit du travail*, École du Barreau du Québec, Cowansville, Les Éditions Yvon Blais, coll. « Cahiers de droit 2001-2002 ».

CARROTHERS, A.W.R. (1990). « Labour Law Through the Prism of *Paccar* », *Relations industrielles/Industrial Relations*, vol. 45, p. 585.

CARTER, D.D., G. ENGLAND, B. ETHERINGTON et G. TRUDEAU (2002). *Labour Law in Canada*, The Hague – London – New York, Kluwer Law International Butterworths.

D'AOUST, C. (1992). « L'arrêt *Maribro* : un changement de cap de la Cour d'appel », *Revue générale de droit*, vol. 23, p. 583.

D'AOUST, C., L. LECLERC et G. TRUDEAU (1982). *Les mesures disciplinaires: étude jurisprudentielle et doctrinale*, monographie 13, Montréal, Université de Montréal, École de relations industrielles.

DURAND, P. (1944). «Aux frontières du contrat et de l'institution – la relation de travail», *J.C.P. (La Semaine Juridique)*, vol. I, p. 387.

GAGNON, R.P. (1999). *Le droit du travail du Québec. Pratiques et théories*, 4ᵉ éd., Cowansville, Les Éditions Yvon Blais.

GAGNON, R.P., L. LEBEL et P. VERGE (1991). *Droit du travail*, 2ᵉ éd., Sainte-Foy, Presses de l'Université Laval.

HÉBERT, G. (1992). *Traité de négociation collective*, Boucherville, Gaëtan Morin Éditeur.

HÉBERT, G. (1995). «La législation sur les relations du travail au Canada et le C.P. 1003», *Relations industrielles/Industrial Relations*, vol. 50, p. 85.

LAJOIE, A. (1995). *Pouvoir disciplinaire et tests de dépistage de drogues en milieu de travail: illégalité ou pluralisme*, Cowansville, Les Éditions Yvon Blais, coll. «Relations industrielles», vol. 27.

LEMELIN, M. (1984). *Les négociations collectives dans les secteurs public et parapublic*, Ottawa, Éditions Agence D'Arc.

MOCKLE, D. (1992). «Ordre normatif interne et organisations», *Les Cahiers de droit*, vol. 33, nᵒ 4, p. 965.

MORIN, F. (1990). «Modification unilatérale des conditions de travail (commentaires sur l'arrêt *Paccar*)», *Relations industrielles/Industrial Relations*, vol. 45, nᵒ 3, p. 566.

MORIN, F. (1993). «Liberté des parties à la négociation collective», *Relations industrielles/Industrial Relations*, vol. 48, nᵒ 3, p. 461.

MORIN, F. (1994). «Effets combinatoires de deux codes: Code du travail et Code civil du Québec», *Relations industrielles/Industrial Relations*, vol. 49, nᵒ 2, p. 227.

MORIN, F. et J.-Y. BRIÈRE (1998). *Le droit de l'emploi au Québec*, Montréal, Wilson & Lafleur.

MORIN, F. et J.-Y. BRIÈRE (2001). *Réforme du Code du travail. Analyse critique*, Brossard, Publications CCH.

MORTON, D. (1984). *Working People. An Illustrated History of the Canadian Labour Movement*, Ottawa, Deneau.

STONE, K. (1981). «The Post-War Paradigm in American Labor Law», *Yale Law Journal*, vol. 90, p. 1511.

VALLÉE, G. et J. CHAREST (2001). «Globalization and the Transformation of State Regulation of Labour: The Case of Recent Amendments to the Quebec *Collective Agreement Decrees Act*», *International Journal of Comparative Labour Law and Industrial Relations (IJCLLIR)*, vol. 17, nᵒ 1, p. 79.

VERGE, P. (1979). «Faut-il "nommer" le contrat de travail?», *Les Cahiers de droit*, vol. 20, p. 977.

VERGE, P. (1979). «Vision d'une révision du Code du travail», *Les Cahiers de droit*, vol. 20, p. 901.

VERGE, P. (1993). «Le contrat de travail selon le Code civil du Québec: pertinence ou impertinence?», *Revue générale de droit*, vol. 24, p. 237.

VERGE, P. et G. VALLÉE (1997). *Un droit du travail? Essai sur la spécificité du droit du travail*, Cowansville, Les Éditions Yvon Blais, coll. «Le droit aussi...».

Durée et renouvellement des conventions collectives

Au Canada et au Québec, la plupart des conventions collectives se terminent par une clause qui en spécifie les dates d'entrée en vigueur et d'échéance. Nous abordons pourtant ces questions au début de notre ouvrage, car les dispositions relatives à l'entrée en vigueur et au renouvellement constituent des clauses contractuelles qui fixent les engagements mutuels des parties quant à la durée de l'entente et aux modalités de renégociation. Par ailleurs, la durée de la convention collective est une disposition d'ordre public, car les parties qui l'ont négociée ne peuvent la modifier. En effet, des changements risquent de porter préjudice à des tiers, comme cela se produirait, par exemple, si une association de salariés rivale voulait déposer une demande d'accréditation (Gagnon, 1999: 438). De plus, les dispositions relatives aux renouvellements de la convention collective déterminent la période légale d'acquisition et d'exercice du droit de grève ou de lock-out. Les dispositions sur la durée et le renouvellement de la convention collective sont donc très importantes pour les parties, puisqu'elles garantissent les conditions de travail et la paix industrielle durant une période déterminée. Ces dispositions soulèvent toutefois plusieurs problèmes juridiques et pratiques que nous discutons dans ce chapitre.

L'analyse de la durée et du renouvellement d'une convention collective comporte plusieurs volets, notamment: les durées minimale et maximale, l'entrée en vigueur et l'échéance, les modalités de prolongation, de révision et de renouvellement. Dans la première partie, nous dressons un inventaire des règles juridiques inhérentes à la durée et au renouvellement de la convention collective au Canada et au Québec. Nous soulignons aussi les principales modifications apportées au cours des dernières décennies et les dispositions légales actuelles relatives à ces questions. La deuxième partie décrit l'allongement progressif des conventions collectives au Canada et au Québec de 1940 à aujourd'hui; elle examine aussi les principaux facteurs responsables de cette prolongation. La troisième partie présente quelques exemples de clauses concernant différents aspects de la durée des conventions collectives. Enfin, le

chapitre s'achève avec l'étude de plusieurs problèmes particuliers reliés au renouvellement des conventions.

2.1 Cadre juridique de la durée des conventions collectives

Nous examinons dans cette section les règles juridiques fixant la durée des conventions collectives dans les législations fédérale et québécoise. En Amérique du Nord, cet encadrement légal est un corollaire du régime de monopole syndical institué par le *Wagner Act* adopté aux États-Unis en 1935, repris en 1944 au Canada dans l'arrêté CP 1003, puis au Québec par la *Loi sur les relations ouvrières*[1]. Ce régime confère au syndicat majoritaire dans une unité de négociation particulière des droits exclusifs de représentation et de négociation collectives. Tout au long de son évolution, la législation canadienne a tenté de concilier la liberté syndicale et la paix industrielle en restreignant l'exercice du droit de grève et de lock-out durant la convention collective, et en limitant les changements d'allégeance syndicale à la période de renouvellement de la convention.

2.1.1 Durées minimale et maximale

Lors de l'adoption, en 1944, de l'arrêté CP 1003 par le gouvernement fédéral et de la *Loi sur les relations ouvrières* au Québec, la durée légale minimale des conventions collectives au Canada et au Québec est fixée à un an. Cette norme se maintient alors que de nombreuses modifications sont apportées aux dispositions législatives et réglementaires en ce domaine (Hébert, 1992: 553). De plus, l'arrêté CP 1003 stipule qu'une convention dont la durée est supérieure à un an peut être dénoncée à tout moment après ce délai sur avis de l'une ou l'autre des parties. De son côté, la loi québécoise prévoit que les conventions collectives sont automatiquement

---

1. S.Q. 1944, c. 30.

reconduites pour un an, à moins que ce renouvellement ne soit dénoncé par l'une ou l'autre des parties. Les procédures de dénonciation initialement prévues dans l'arrêté fédéral sont modifiées, sans toutefois imposer une durée maximale à la convention collective. Quant à la loi québécoise, dès 1950, elle limite à trois ans la durée d'une convention collective. Avec les amendements au *Code du travail*[2] introduits en 1994, le législateur a fait disparaître cette particularité du régime québécois en déréglementant la durée légale des conventions collectives et en fixant de nouvelles règles (art. 22 (e), C.t.) permettant même le changement d'allégeance syndicale avant l'échéance en cas de très longue durée (Trudeau, 1995).

Les codes du travail fédéral et québécois ont actuellement un régime juridique identique quant à la durée minimale d'un an de la convention collective (art. 65 et 66, C.t.; art. 67.1, C.c.t.). Depuis la réforme de 1994 au Québec, le *Code du travail* ne fixe plus de durée maximale, à l'instar du *Code canadien du travail*[3], sauf dans certains cas particuliers. Ainsi, ne peuvent durer plus de trois ans: les conventions collectives du secteur public et parapublic (art. 111.1, C.t.), une première convention (art. 65, C.t.), une convention imposée par un médiateur-arbitre dans le cas des policiers et pompiers au service d'une municipalité ou d'une régie intermunicipale (art. 99.8, C.t.), et une convention découlant d'une sentence rendue par un arbitre de différends (art. 92, C.t.).

2.1.2 Dépôt et entrée en vigueur

Le *Code canadien du travail* ne prévoit pas de sanctions si les parties ne déposent pas une copie de la convention collective auprès du ministre du Travail. Au Québec, depuis l'adoption de la *Loi des relations ouvrières,* en 1944, l'entrée en vigueur des conventions collectives est assujet

tie à leur dépôt légal auprès des autorités administratives compétentes. Le *Code du travail*, adopté en 1964, contient sensiblement la même disposition, mais une précision relative à l'effet rétroactif du dépôt de la convention a été introduite en 1977. De plus, l'article 72 (art. 72, C.t.) contient une sanction qui oblige les parties à déposer la convention dans les délais prescrits. En effet, si la convention n'est pas déposée dans les 60 jours suivant sa signature, une autre association peut demander l'accréditation et déloger le syndicat qui l'a négociée. Voici le texte actuel de cet article, dont plusieurs points exigent des précisions:

> 72.   Une convention collective ne prend effet qu'à compter du dépôt, à l'un des bureaux de la Commission, de deux exemplaires ou copies conformes à l'original, de cette convention collective et de ses annexes. Il en est de même de toute modification qui est apportée par la suite à cette convention collective.
>
> Ce dépôt a un effet rétroactif à la date prévue dans la convention collective pour son entrée en vigueur ou, à défaut, à la date de la signature de la convention collective.
>
> À défaut d'un tel dépôt dans les soixante jours de la signature de la convention collective ou de ses modifications, le droit à l'accréditation est dès lors acquis, à l'égard du groupe de salariés pour lesquels cette convention collective ou ces modifications ont été conclues, en faveur de toute autre association, pourvu qu'elle en fasse la demande après l'expiration de ces 60 jours mais avant qu'un dépôt ait été fait, et pourvu que l'accréditation lui soit accordée par la suite.
>
> La partie qui fait ce dépôt doit indiquer le nombre de salariés régis par la convention collective et se conformer aux autres dispositions réglementaires établies à cet effet en vertu de l'article 138.

Le premier paragraphe de l'article 72 déclare qu'une convention collective ne prend effet qu'au moment de son dépôt. Mais le paragraphe suivant ajoute que ce dépôt a un effet rétroactif et que la date d'entrée en vigueur de la convention est celle que les parties ont fixée. À défaut

2. L.R.Q., c. C-27 [ci-après cité: C.t.].

3. L.R.C. (1985), c. L-2 [ci-après cité: C.c.t.].

d'une telle date, la convention entre en vigueur le jour où elle a été signée. Il s'écoule générale- ment quelques semaines entre la signature de la convention et son dépôt. En effet, il faut prendre le temps de faire recopier les textes, de les vérifier, de les imprimer en nombre suffisant et de les expédier pour le dépôt.

Même si le second paragraphe de l'article 72 admet et consacre la rétroactivité, toutes les clau- ses de la convention ne s'appliquent pas rétroac- tivement, comme nous le verrons plus loin. Une partie de la convention entre donc en vigueur à l'échéance de l'ancienne et l'autre à la signature. Cette ambiguïté n'est pas sans conséquences, tant sur la durée réelle de la convention que sur un éventuel changement d'accréditation. En cas de litige quant à la durée exacte d'une conven- tion collective, la Commission des relations du travail a le pouvoir de rendre toute ordonnance qu'il estime propre à sauvegarder les droits des parties (art. 118 (3), C.t.).

Doit-on calculer la durée minimale d'un an et les périodes légales de changement d'allé- geance syndicale en tenant compte de la rétro- activité ou non ? Dans l'affirmative, bon nombre de conventions collectives du secteur public négociées depuis 1970 ont dépassé largement le maximum prévu par la loi, qui est de trois ans (art. 111.1, C.t.). Dans le cas contraire, si on ne tient pas compte de la rétroactivité, il se peut que l'on n'atteigne pas la durée minimale d'une année. Dans le premier cas, il vaut peut-être mieux comprendre la rétroactivité comme une compensation pour le passé, établie en vertu d'une décision prise à la signature de la conven- tion. Cependant, on devrait faire l'inverse, c'est- à-dire inclure la période de rétroactivité, lorsque la durée minimale est en cause. Dans les deux cas, on respecterait le principe fondamental de notre régime de négociation collective, soit la liberté contractuelle des parties.

2.1.3 Révision et réouverture

Il faut faire une distinction entre la révision et la réouverture d'une convention collective. La convention collective est la propriété des parties

et, à ce titre, ces dernières ont toute la latitude pour la réviser et y apporter les changements désirés, à condition qu'elles soient d'accord. Ainsi, l'article 67, al. 2, du *Code canadien du travail* accorde aux parties le droit de modifier toutes les dispositions d'une convention collective, sauf celles qui se rapportent à sa durée. Au Québec, la révision est assimilée à une modification de la convention. Pour que cette révision ait la même valeur que la convention elle-même, il suffit que le texte révisé soit déposé auprès de la Commis- sion des relations du travail (art. 72, C.t.).

Quant à la réouverture, elle découle plutôt d'une disposition de la convention collective dans laquelle il est précisé que, à la demande de l'une des parties, les négociations reprendront sur un sujet déterminé (les salaires la plupart du temps). Une clause de réouverture permet donc à l'une des deux parties d'exiger que l'autre reprenne les négociations sur un point particu- lier. L'article 49 (2) du *Code canadien du travail* et l'article 107 du *Code du travail* du Québec pré- voient cette éventualité même si, dans les deux cas, le texte fait référence à la révision. Au Qué- bec, le *Code du travail* établit clairement que les règles relatives au règlement des conflits s'appli- quent à la réouverture de la convention, tout comme à une négociation régulière, y compris le droit de grève :

> 107.   La grève est prohibée pendant la durée d'une convention collective à moins que celle- ci ne renferme une clause en permettant la ré- vision par les parties et que les conditions prescrites à l'article 106 n'aient été observées.

Les conditions prescrites à l'article 106 visent le délai de 90 jours qui doit s'écouler entre l'avis de négocier et le déclenchement légal de la grève. En somme, la réouverture de la convention équi- vaut à une nouvelle négociation et les mêmes règles s'appliquent dans les deux cas.

2.1.4 Expiration d'une convention et maintien des conditions de travail

La date d'expiration de la convention collective joue un rôle décisif dans le régime de relations du travail au Canada et au Québec, car elle sert à la fois à calculer les délais de changement d'allégeance syndicale et d'acquisition du droit de grève ou de lock-out, et à déterminer la période d'ouverture de la négociation. À l'instar du pouvoir reconnu au Conseil canadien des relations du travail dans la loi fédérale (art. 16 (p), al. viii, C.c.t.), le *Code du travail* du Québec stipule que, si la date d'expiration d'une convention collective n'est pas clairement indiquée, elle peut être déterminée par la Commission des relations du travail à la demande d'une des parties (art. 52.2, al. 3, C.t.). Au Québec, la suppression de toute disposition quant à la durée maximale légale des conventions collectives entraîne des problèmes pour déterminer la date à laquelle elles prennent fin. En effet, la Commission ne peut plus baser son calcul sur la durée maximale de trois ans pour fixer la date d'expiration d'une convention, advenant que les parties n'aient mentionné que la date d'entrée en vigueur.

La loi fédérale et la plupart des lois provinciales canadiennes contiennent des dispositions visant à prolonger les conventions échues jusqu'à l'acquisition du droit de grève ou de lock-out. De ce fait, un employeur ne peut modifier les conditions de travail à l'expiration d'une convention.

Introduite dans la loi fédérale en 1948, cette mesure est actuellement fixée par l'article 50 (b) du *Code canadien du travail*. Au Québec, une mesure semblable est incluse dans la *Loi des relations ouvrières* en 1961 et est reprise dans le *Code du travail* de 1964. Le texte de cette mesure est modifié en 1977 à la suite d'une controverse juridique au sujet de la période de maintien des conditions de travail (après le dépôt d'une requête en accréditation ou également à l'occasion du renouvellement d'une convention collective). En 1994, cette mesure est modifiée de nouveau afin de prolonger la période légale de maintien des conditions de travail jusqu'à l'exercice du droit de grève ou de lock-out. Par ailleurs, le maintien des conditions de travail est obligatoire dans les secteurs public et parapublic assujettis aux dispositions du *Code du travail* sur les services essentiels (art. 111.0.23, C.t.). Voici le texte actuel de la disposition qui s'applique dans les autres secteurs :

> 59. À compter du dépôt d'une requête en accréditation et tant que le droit au lock-out ou à la grève n'est pas exercé ou qu'une sentence arbitrale n'est pas intervenue, l'employeur ne doit pas modifier les conditions de travail de ses salariés sans le consentement écrit de chaque association requérante et, le cas échéant, de l'association accréditée.
>
> Il en est de même à compter de l'expiration de la convention collective et tant que le droit au lock-out ou à la grève n'est pas exercé ou qu'une sentence arbitrale n'est pas intervenue.
>
> Les parties peuvent prévoir dans une convention collective que les conditions de travail contenues dans cette dernière vont continuer de s'appliquer jusqu'à la signature d'une nouvelle convention.

À cet égard, la situation est différente aux États-Unis où, en l'absence de règles juridiques prolongeant les effets d'une convention collective, la date d'expiration tient lieu d'échéance véritable. Le syndicat qui décide de recourir à la grève déclenche généralement ce moyen de pression le lendemain de la date d'échéance de la convention collective. Le même principe s'applique du côté patronal, car dès que la convention est échue, l'employeur n'est plus lié par aucune clause et il peut modifier les conditions de travail à la baisse. Si les parties pensent en arriver à un règlement dans les jours qui suivent l'expiration d'une convention collective, elles peuvent signer une entente de prolongation. Généralement, elles s'accordent une semaine supplémentaire pour conclure les négociations.

Selon les lois fédérales et provinciales canadiennes établies depuis plusieurs décennies, une convention collective échue continue de s'appliquer. Ces dispositions protègent les travailleurs contre les employeurs qui chercheraient à profiter de l'échéance d'une convention collective pour modifier les conditions de travail en vigueur. Mais, en même temps, cette disposition risque d'avoir un impact sur la négociation. En effet, comme les nouvelles clauses salariales sont probablement pleinement rétroactives, la prolongation n'incite pas toujours les parties à conclure rapidement leurs négociations.

2.1.5 Renouvellement de la convention collective

Dès leur adoption, les premières lois de relations ouvrières au Canada contiennent des dispositions sur le renouvellement automatique de la convention collective. Fixé à 60 jours avant l'expiration de la convention dans l'arrêté CP 1003 de 1944, le délai de dénonciation est demeuré inchangé jusqu'en 1972. Ce délai a alors été porté à 90 jours dans le *Code canadien du travail* et il est toujours en vigueur (art. 49, C.c.t.).

Au Québec, le *Code du travail* contient une disposition analogue (art. 52, C.t.) qui prévoit qu'un avis de négociation peut être transmis par l'une ou l'autre des parties dans les 90 jours précédant l'expiration d'une convention collective ou d'une sentence arbitrale qui en tient lieu.

> 52.   L'association accréditée donne à l'employeur, ou celui-ci donne à l'association accréditée, un avis écrit d'au moins huit jours de la date, de l'heure et du lieu où ses représentants seront prêts à rencontrer l'autre partie ou ses représentants pour la conclusion d'une convention collective.
>
> L'association accréditée ou l'employeur peut donner cet avis dans les quatre-vingt-dix jours précédant l'expiration de la convention collective à moins qu'un autre délai n'y soit prévu.
>
> L'association accréditée ou l'employeur peut donner cet avis dans les quatre-vingt-dix jours précédant l'expiration d'une sentence arbitrale tenant lieu de convention collective.

Les formalités touchant la transmission de l'avis écrit de rencontre sont importantes, car la date à laquelle il est reçu par l'autre partie marque le début de la période de 90 jours au terme de laquelle le droit de grève et de lock-out est acquis (art. 58, al. 1, C.t.). Ainsi, l'article 52.1 du *Code du travail* stipule que l'avis doit être transmis à son destinataire par télécopieur, par messagerie, par courrier recommandé ou certifié, ou encore par l'intermédiaire d'un huissier. L'article 52.2 ajoute que, si aucun avis n'est transmis, il est réputé avoir été donné et reçu le jour de l'expiration de la convention collective ou de la sentence arbitrale en tenant lieu, ou le 90e jour suivant une nouvelle accréditation syndicale.

C'est aussi au cours de cette période de renouvellement qu'un syndicat peut en remplacer un autre, en obtenant l'accréditation à sa place. Le *Code du travail* du Québec fixe le délai du dépôt d'une demande de changement d'accréditation en fonction de la durée des conventions collectives. Il va du 90e jour au 60e jour précédant l'expiration d'une convention collective de trois ans (art. 22 (d), C.t.). Si la durée de la convention est supérieure à trois ans, ce délai va du 180e au 150e jour. Dans ce cas, une demande de changement d'accréditation peut aussi être déposée avant le sixième anniversaire et chaque deuxième anniversaire subséquent, le cas échéant, sauf si une telle période prend fin 12 mois avant la date d'expiration de la convention collective (art. 22 (e), C.t.). Le *Code canadien du travail* contient une disposition semblable, la demande étant déposée au cours des trois derniers mois de la dernière année d'application de la convention collective d'une durée maximale de trois ans. Si la durée est supérieure à trois ans, la demande doit être déposée dans les trois derniers mois précédant l'expiration de la convention collective ou chaque année suivante d'application (art. 24 al. 2 (d), C.c.t.). C'est d'ailleurs au cours de la même période qu'un employeur peut demander à la Commission des relations du travail ou au Conseil canadien des relations du travail de vérifier si l'association existe toujours, si elle représente encore la majorité absolue des salariés de l'unité de négociation, ou encore de révoquer l'accréditation (art. 41, C.t.; art. 38-40, C.c.t.).

2.1.6 Ratification et signature

Au Québec, la loi régit également la signature d'une convention collective, du moins indirectement. En effet, le *Code du travail* prescrit un vote de ratification par l'assemblée générale syndicale (art. 20.3, C.t.). Par ce vote, l'assemblée autorise ainsi ses représentants à signer en son nom l'entente intervenue.

20.3 La signature d'une convention collective ne peut avoir lieu qu'après avoir été autorisée au scrutin secret par un vote majoritaire des membres de l'association accréditée qui sont compris dans l'unité de négociation et qui exercent leur droit de vote.

Avant la consultation de l'assemblée générale du syndicat, les négociateurs ne peuvent donc aller plus loin que de signer un accord de principe qui témoigne de l'entente à laquelle ils sont parvenus. Ensuite, l'accord de principe est ratifié par l'assemblée syndicale, puis la convention est officiellement signée. Si la partie patronale est constituée d'une association d'employeurs, celle-ci procède de la même manière, même si le Code n'en fait aucune mention, sauf dans le cas d'une commission scolaire. En effet, une commission scolaire peut donner un mandat exclusif de négociation, par exemple à une commission scolaire régionale, mais elle n'a pas le droit de le retirer par la suite (art. 11 et 68, C.t.). En règle générale, la question de la ratification ne se pose que pour la partie syndicale, car les dernières offres patronales ont déjà été approuvées par la haute direction de l'entreprise avant d'avoir été présentées à la table de négociation.

La ratification de l'accord de principe par l'assemblée syndicale ne signifie pas nécessairement que la convention collective est prête à être signée immédiatement. En effet, si la négociation a été longue et difficile et si une entente a été conclue à la hâte, pour mettre fin à un arrêt de travail par exemple, il se peut que les négociateurs n'aient pas rédigé en détail toutes les clauses sur lesquelles ils se sont entendus. Il reste alors un assez long travail de rédaction, travail d'autant plus ardu que les détails n'ont pas été réglés à la table de négociation. La plupart du temps, le comité de négociation de chaque partie délègue un ou deux représentants pour accomplir cette tâche difficile, mais en se gardant un droit de regard sur les textes définitifs.

2.2 Évolution de la durée des conventions collectives

Nous examinons dans cette deuxième partie l'évolution de la durée des conventions collectives au Canada et au Québec, ainsi que les facteurs qui influent sur la durée des conventions collectives. Nous présentons l'évolution de la durée des conventions collectives en deux périodes afin de faire ressortir la tendance à l'allongement de la durée des conventions collectives au cours des années 1990, au Canada comme au Québec.

2.2.1 Évolution de la durée des conventions collectives de 1940 à 1990

Dans les années 1930 et 1940, au Canada et au Québec, on négocie habituellement des conventions collectives d'un an. Toutefois, la plupart des conventions contiennent une clause de renouvellement annuel automatique, ce qui n'empêche pas l'une ou l'autre des parties de demander une reprise des négociations afin d'en arriver à une nouvelle entente. Les conventions collectives de deux ou trois ans n'apparaissent qu'à la fin des années 1940. Les Travailleurs unis de l'automobile sont les premiers à signer avec General Motors, en 1948, une convention collective de deux ans s'appliquant aux usines américaines et canadiennes. Tout au long des années 1950, la proportion des conventions collectives d'un an diminue et celle de deux ans ou plus augmente (Hébert, 1992 : 558-559).

Au Canada, la durée des conventions collectives des industries manufacturières est généralement plus longue que dans les autres secteurs. Dans les années 1960 et jusqu'au milieu des années 1970, la prédominance va aux conventions de trois ans dans les établissements manufacturiers et aux conventions de deux ans dans les autres secteurs. Le choc pétrolier et l'inflation qui s'ensuit, tout autant que le contrôle des prix et des salaires de 1975 à 1978, ont pour effet de raccourcir considérablement la durée des grandes conventions collectives. En 1978, dans le secteur manufacturier, les conventions de deux ans sont la règle, tandis que les conventions collectives d'un an dominent dans le secteur non manufacturier. Les conventions de trois ans s'imposent de nouveau dans le secteur manufacturier au milieu des années 1980, sous l'influence de la récession économique et de la baisse des taux d'inflation. En 1990, plus de 80 % des conventions de l'industrie manufacturière ont une durée de trois ans, alors que les conventions de deux ans prédominent dans le secteur non manufacturier (Hébert, 1992 : 561, tableau 15-2).

Au Québec, on observe sensiblement les mêmes tendances : la durée des conventions collectives diminue durant les années 1960 et 1970, puis elle commence à s'allonger au début des années 1980. Ainsi, en 1984, on trouve davantage de conventions de deux ans dans les petites unités d'accréditation et une majorité de conventions de trois ans dans les grandes unités. En 1989, la prédominance des conventions de trois ans s'impose nettement dans les unités de 50 salariés et plus, mais pas nécessairement dans les plus grandes unités. Dans les unités de moins de 50 salariés, les proportions sont sensiblement les mêmes pour les conventions de deux ans et de trois ans. Pour ces deux années (1984 et 1989), les données mettent en évidence la relation positive entre la taille de l'unité d'accréditation et la durée moyenne des conventions collectives (Hébert, 1992 : 562, tableau 15-3).

2.2.2 Prédominance des conventions collectives de longue durée dans les années 1990

Au cours des années 1990, on note une forte progression des conventions collectives de plus de trois ans au Canada et au Québec. Une analyse de la banque des conventions collectives s'appliquant à des unités de 500 salariés et plus au Canada révèle que, de 1990 à 1999, la proportion de conventions de plus de 36 mois passe de 1,1 % à 22,1 %. La durée moyenne des conventions est passée de 25,5 mois à 34,1 mois au cours de la même période (Lacroix et autres, 1999 : 46,

graphiques B et C). L'allongement de la durée de ces conventions est plus marqué dans le secteur privé que dans le secteur public. Dans le secteur privé, on note une durée moyenne plus longue et une proportion plus élevée de conventions collectives d'une durée supérieure à 36 mois. Une analyse plus fine révèle que le secteur de la fabrication, particulièrement le sous-secteur des pâtes et papier, enregistre la plus forte proportion de conventions collectives de longue durée au Canada. Enfin, sur l'ensemble de la période étudiée, la proportion de conventions collectives de longue durée par rapport à l'ensemble des conventions ratifiées est plus élevée dans les provinces de l'Atlantique et au Québec que dans les autres provinces. Les conventions de longue durée se distinguent des conventions de trois ans ou moins par la fréquence plus élevée de clauses permettant de renégocier les salaires en cours de convention, particulièrement au Québec et en Ontario.

La déréglementation de la durée maximale des conventions collectives dans le secteur privé intervenue en mai 1994 au Québec a un effet évident sur l'allongement global de la durée des conventions. Ainsi, la durée moyenne de l'ensemble des conventions collectives ratifiées annuellement au Québec, qui est de 31,1 mois en 1993, passe à 36,6 mois en 1994 et à 42,6 mois en 1995, pour se stabiliser autour de 43 mois en 1998 et 1999 (ministère du Travail du Québec, 2000 : 23). Comme le montre le tableau 2.1, la proportion des conventions de plus de 36 mois a progressé régulièrement depuis la réforme de 1994, passant de 12,5 % en 1994-1995 à 39 % en 1998-1999. Ce tableau confirme également que la proportion des conventions de 60 mois et plus par rapport à l'ensemble des conventions ratifiées annuellement depuis mai 1994 a augmenté continuellement. En effet, cette proportion passe de 6,5 % en 1994-1995 à 18 % en 1998-1999, tandis que la part des conventions allant de 37 à 59 mois se stabilise autour de 20 % de 1996 à 1999.

Une étude portant sur les conventions collectives de plus de 36 mois négociées entre le 11 mai 1994 et le 10 mai 1998 au Québec (Bourque, 1999) montre qu'elles se concentrent

tableau 2.1 Durée des conventions collectives négociées au Québec de 1994 à 1999

Durée	11 mai 1994-10 mai 1995[a]		11 mai 1995-10 mai 1996[a]		11 mai 1996-10 mai 1997[b]		11 mai 1997-10 mai 1998[b]		11 mai 1998-10 mai 1999[b]	
	Nombre	%	Nombre	%	Nombre	%	Nombre	%	Nombre	%
36 mois et moins	1 807	7,4	1 281	77,4	1 251	6,1	1 291	64,4	1 140	61
de 37 mois à 59 mois	126	6,1	231	13,9	383	20,3	396	19,8	392	21
60 mois et plus	133	6,4	144	8,7	258	13,6	317	15,8	337	18
Total	2 066	100	1 656	100	1 892	100	2 004	100	1 869	100

a. Données tirées de Roger Shawl, *Le marché du travail,* 1996, vol. 17, n°s 7-8, p. 10.
b. Données fournies par la Direction des études politiques, ministère du Travail du Québec.

dans trois secteurs d'activité économique : le secteur manufacturier (40 %), le commerce de détail (23 %) et les services aux particuliers et aux entreprises (13 %). Il faut rappeler que la loi de 1994 a maintenu la durée maximale de trois ans des conventions collectives dans les secteurs public et parapublic. La même étude établit que les conventions de longue durée s'appliquent à des unités de négociation dont la taille moyenne est plus élevée que celles qui sont couvertes par les conventions collectives de trois ans ou moins (Bourque, 1999 : 53, tableau 1). Une autre étude portant sur un échantillon représentatif de conventions de plus de trois ans négociées au Québec entre le 11 mai 1994 et le 10 mai 1996 (Mayer et Bourque, 1999) établit la fréquence élevée de nouvelles clauses permettant de rouvrir les négociations sur les salaires (24 %) et sur la formation professionnelle (11 %). La fréquence de ces clauses semble cependant avoir diminué au cours des années suivantes, puisque la fréquence de telles clauses dans un échantillon de conventions en vigueur le 1er janvier 1999 au Québec est d'environ 5 % (Ministère du Travail du Québec, 2000). Ce renversement de tendance s'expliquerait par le fait qu'après s'être rapidement imposées et institutionnalisées depuis 1996, ces conventions de longue durée ont perdu leur caractère novateur.

2.2.3 Facteurs influant sur la durée des conventions collectives

Plusieurs facteurs conjoncturels et structurels influent sur la décision des parties quant à la durée des conventions collectives. Ainsi, l'incertitude économique engendrée par une poussée inflationniste ou par un contrôle des prix et des salaires, auxquels on souhaite se soustraire le plus tôt possible, peut convaincre les parties d'opter pour des conventions de plus courte durée. C'est ce qui s'est produit au Canada et au Québec vers 1975 et, de façon moins prononcée, au début des années 1980. La récession économique qui a débuté en 1982 a cependant favorisé l'allongement de la durée des conventions. L'intensification de la concurrence à l'échelle mondiale dans les années 1990, conjuguée à une faible inflation, semble avoir incité les employeurs et les syndicats à négocier des conventions encore plus longues qu'auparavant.

L'encadrement légal constitue un autre facteur important de la durée des conventions, dont la tendance à l'allongement a été amplifiée, au Québec, depuis 1994, à la suite de la déréglementation de leur durée maximale.

La taille des unités de négociation et l'industrie de rattachement influent également sur la durée des conventions. Les petites unités de négociation ont tendance à négocier des conventions plus courtes, sans doute parce qu'elles ne peuvent se payer le luxe de toutes les garanties présentes dans les conventions de longue durée des grandes unités. Cependant, même dans ce cas, les coûts de la négociation poussent parfois employeurs et syndicats à signer des conventions de trois ans ou plus. Ainsi, dans les services privés et le commerce de détail, les parties ont toujours eu tendance à signer des conventions plus longues que dans les industries manufacturières, le transport et les services d'utilité publique, où la planification budgétaire à long terme est importante, voire essentielle.

Il va de soi que, dans les conventions de plus longue durée, chacune des parties cherche à obtenir une forme de protection contre des variations subites de l'économie. Ainsi, les conventions qui comportent une clause d'indexation sont en moyenne plus longues que celles qui n'en ont pas, et il en va de même pour les conventions qui contiennent une clause de réouverture (Hébert, 1992 : 563). Mais les cas de réouverture restent rares, malgré la recrudescence de ces dernières années. Ils ne visent généralement que les salaires, parfois aussi les autres clauses pécuniaires, comme le montrent les données sur les conventions collectives en vigueur en 1984 et 1989 au Québec (Hébert, 1992 : 564, tableau 15-4) Au cours des années 1990, au Canada et au Québec, on note une augmentation simultanée de la fréquence des clauses de réouverture et de la durée des conventions collectives (Lacroix et autres, 1999 ; Mayer et Bourque, 1999).

Une étude économétrique portant sur la durée des conventions collectives au Canada (Christofides, 1985) aboutit sensiblement aux mêmes résultats que les analyses précédentes, même si elle porte sur une période moins récente. Elle établit que l'incertitude par rapport à l'inflation et à la poursuite des contrôles des prix et des salaires influe de façon déterminante sur la durée des conventions collectives au Canada durant les années 1960 et 1970. Selon cette étude, le secteur industriel de rattachement joue également un rôle non négligeable car il influe sur les coûts des négociations et, par conséquent, sur la durée des conventions. En effet, celle-ci s'allonge avec l'augmentation des coûts. Toujours selon cette étude, la taille de l'unité d'accréditation n'aurait pas une influence déterminante sur la durée des conventions collectives. Cette observation doit cependant être considérée avec réserve, à la lumière de données plus récentes sur les banques de conventions collectives au Canada et au Québec présentées dans cette partie.

2.3 Exemples de clauses relatives à la durée et au renouvellement des conventions collectives

Les exemples de clauses relatives à la durée et au renouvellement couvrent plusieurs aspects des conventions collectives : l'entrée en vigueur et la rétroactivité, l'expiration, la prolongation et le renouvellement de la convention.

2.3.1 Entrée en vigueur et rétroactivité

L'article 72 du *Code du travail* fait du dépôt de la convention collective à la Commission des relations du travail une condition stricte de la valeur légale de la convention elle-même. On ne peut donc invoquer une convention avant le moment de son dépôt, celle-ci n'ayant alors pas d'effet. Mais la convention peut entrer en vigueur à une autre date, prévue par les parties et consignée dans la convention elle-même. La loi dit clairement que le dépôt « a un effet rétroactif » à la date d'entrée en vigueur déterminée par les parties et la convention. Si cette date n'est pas mentionnée dans la convention, celle-ci entre en vigueur au moment de sa signature.

Bon nombre de conventions collectives contiennent une disposition selon laquelle la nouvelle convention entre en vigueur le lendemain de l'échéance de l'ancienne, quelle que soit la date de la signature de la nouvelle. Sous une apparence d'ordre et de continuité, cette pratique comporte de sérieuses difficultés, car elle met en cause toute la question de la rétroactivité. Quand il s'agit de salaires ou de toute autre question pécuniaire, y compris les congés, on comprend que ces avantages soient monnayables après la signature de la convention. Mais il n'en est pas de même de la procédure de griefs et des droits des personnes. Ces clauses ne sauraient être rétroactives sans entraîner de sérieuses difficultés sur les plans juridique et pratique. Par exemple, si la nouvelle convention modifie les règles et la procédure des différents mouvements de personnel, l'employé qui a obtenu un poste avant la signature de la nouvelle convention sera-t-il rétrogradé pour que le poste soit accordé à un autre employé conformément aux nouvelles règles ? Un grief déposé sous l'ancienne convention, avant son échéance ou pendant sa période de prolongation, sera-t-il résolu selon des règles qui n'existaient pas à ce moment ?

Selon un principe fondamental, le droit doit être appliqué d'après les règles en vigueur au moment où les gestes sont accomplis ou, du moins, lorsque la plainte a été déposée. Par souci de rigueur, il est préférable de respecter, dans la convention, une formulation conforme à ce principe juridique. Il vaut donc mieux écrire que la convention collective entre en vigueur le jour de sa signature ou, mieux encore, le jour de son dépôt, et que sont rétroactives uniquement les clauses dont il est fait expressément mention dans la convention collective. Ce principe correspond pour l'essentiel à la pratique, car les parties limitent habituellement la rétroactivité aux dispositions pécuniaires, lesquelles ne soulèvent pas de problèmes juridiques majeurs. Les changements touchant les règles de promotion ou de mise à pied, par exemple, n'ont habituellement pas d'effet rétroactif, sauf s'il s'agit de régler un problème particulier. De même, les parties respectent généralement la règle de droit selon laquelle un grief est réglé selon le régime de la convention collective en vigueur au moment de son dépôt. Cependant, les parties peuvent aussi se mettre d'accord pour que les dispositions de la nouvelle convention collective s'appliquent dans le cas d'un grief déposé avant que celle-ci ne soit signée.

Dans les conventions collectives qui contiennent une clause de rétroactivité, celle-ci porte habituellement sur les salaires, comme le confirment les exemples qui suivent.

Article 12   Portée et durée de la convention

12.01 La présente convention vient à échéance le 31 décembre 2003.

12.02 Sauf pour les salaires, il n'y a aucune rétroactivité aux avantages prévus à la convention.

(Convention collective entre *Le Soleil,* division de la compagnie Unimédia, et le Syndicat de la rédaction du *Soleil* [C.S.N.], 2000-2003.)

Cette convention signée le 22 juin 2000 ne prévoit pas d'effet rétroactif, sauf pour les salaires dont l'augmentation au 1er janvier 2000 est prévue à l'article 10.01. Par conséquent, toutes les dispositions de cette convention entrent en vigueur à la date du dépôt et ont un effet rétroactif à la date de la signature, sauf en ce qui concerne les salaires, qui ont un effet rétroactif au 1er janvier 2000.

La rétroactivité sur les salaires peut aussi comporter différents volets, comme l'illustre cet autre exemple :

Article 28   Durée de la convention

28.01 La présente convention collective prend effet à la date de sa signature et se termine le 10 septembre 2000.

Les taux de salaire apparaissant à l'annexe « B » sont en vigueur à compter du 2 juin 1996 et l'Employeur verse une rétroactivité équivalente à deux pour cent (2 %) du salaire gagné entre le 10 septembre 1995 et le 1er juin 1996. Cette rétroactivité est versée dans les trois semaines de la ratification de la présente convention en autant qu'elle soit signée.

(Convention collective de travail entre Épiciers Métro-Richelieu Inc., Division Épicerie Centre Mérite 1 et Travailleurs et Travailleuses Unis de l'alimentation et du commerce, Section locale 501, 1996-2000.)

Cette convention signée le 7 juin 1996 prend effet après son dépôt à la date de sa signature, mais les parties ont prévu au deuxième paragraphe de l'article 28.01 un effet rétroactif de l'annexe « B » portant sur les taux de salaire applicables à compter du 2 juin 1996. La rétroactivité est versée sous forme d'un montant forfaitaire équivalant à 2 % du salaire gagné entre le 10 septembre 1995 et le 1er juin 1996, c'est-à-dire du lendemain de l'échéance de l'ancienne convention jusqu'à l'entrée en vigueur de la nouvelle échelle salariale.

2.3.2 Expiration et prolongation

Nous avons déjà noté que, selon la pratique américaine, une convention collective se termine effectivement à sa date d'échéance, alors qu'au Canada et au Québec une disposition de la loi stipule que toute convention se prolonge au-delà de son expiration. Au Québec, la loi établit qu'un employeur ne peut modifier les conditions de travail de ses salariés sans le consentement écrit de l'association qui les représente, tant que le droit de grève ou de lock-out n'est pas exercé. De plus, les parties peuvent prolonger l'ancienne convention jusqu'à la signature de la nouvelle (art. 59, C.t.). En 1989, environ 30 % des conventions collectives contiennent une telle disposition, tandis que près de 25 % des conventions ne comportent aucune disposition à ce sujet, la prolongation étant de ce fait soumise aux règles légales. Les « autres » dispositions (terme fixe, renouvellement automatique, etc.) sont présentes dans environ 35 % des conventions collectives (Hébert, 1992 : 568, tableau 15-5). Nous ne disposons pas de données plus récentes sur ce sujet.

La plupart des conventions collectives contiennent des dispositions qui en suspendent l'application durant une grève ou un lock-out. Cependant, une clause spéciale peut stipuler que la convention demeure en vigueur jusqu'à son renouvellement, ce qui implique que les effets de la convention collective seraient maintenus pendant la grève ou le lock-out. Deux des conventions collectives citées précédemment contiennent des dispositions sur ces différents aspects, avec certaines variantes. Dans la première, on remarque les clauses suivantes :

Article 11   Procédure de règlement des griefs et d'arbitrage

[...]

11.25   La grève et le lock-out sont interdits pendant la durée de la convention.

Article 12   Portée et durée de la convention

12.01   La convention demeure en vigueur pendant que les parties discutent de son renouvellement conformément au *Code du travail.*

(Convention collective entre *Le Soleil,* division de la compagnie Unimédia, et le Syndicat de la rédaction du *Soleil* [C.S.N.], 2000-2003.)

Le libellé de cet article stipulant que la convention collective demeure en vigueur « pendant que les parties discutent de son renouvellement conformément au *Code du travail* » est ambigu, car ces discussions peuvent inclure ou exclure les périodes de grève ou de lock-out. Cependant le libellé de l'article 11.25 suggère que le maintien des effets de la convention est interrompu par la grève ou le lock-out. La seconde convention renferme des dispositions plus explicites quant au maintien de ses effets jusqu'à son renouvellement.

Article 5   Grève et lock-out

[...]

5.01   Il est convenu aux présentes que la Direction n'imposera pas de lock-out et qu'il n'y aura ni grève, ni refus de travail, ni journée d'étude, ni ralentissement de travail, ni aucune intervention similaire de la part des employés ou du Syndicat pendant que la convention collective est en vigueur.

Article 42   Durée et renouvellement

[...]

42.04   Nonobstant ce qui précède, la présente convention demeure en vigueur tout le temps des négociations en vue de son renouvellement et jusqu'à l'entrée en vigueur d'une nouvelle convention collective.

(Convention collective de travail entre Hydro-Québec et le Syndicat des employé(e)s techniques, professionnel(le)s et de bureau d'Hydro-Québec, Section locale 2000, Syndicat canadien de la fonction publique [F.T.Q.], 1995-2000.)

Ces deux conventions contiennent un article qui renvoie à l'interdiction du droit de grève et de lock-out pendant la durée de la convention, conformément à l'article 107 du *Code du travail* du Québec. La convention collective d'Hydro-Québec (art. 5.01) renvoie également à divers moyens de pression interdits par l'article 108 du *Code du travail*. Compte tenu du caractère d'ordre public de ces dispositions légales, cette interdiction s'applique également aux salariés et au syndicat du journal *Le Soleil*, malgré le libellé moins spécifique de l'article 11.25 de la convention qui les régit. Dans le cas d'Hydro-Québec, les parties ont prévu que la convention collective négociée continuait de s'appliquer jusqu'à son renouvellement, conformément au droit que leur reconnaît le *Code du travail* (art. 59, al. 3, C.t.). Une telle disposition peut cependant susciter des controverses juridiques relativement au maintien des conditions de travail durant une période de grève ou de lock-out. Quelles sont les conditions de travail qui sont maintenues, et selon quelles modalités ? Pour éviter de tels conflits juridiques, les parties peuvent préciser dans une lettre d'entente ou dans un protocole de retour au travail les dispositions de la convention collective applicables durant l'arrêt de travail.

2.3.3 Renouvellement et réouverture des conventions collectives

Au Québec, le *Code du travail* contient plusieurs dispositions sur ces questions. L'avis donné en vue d'entreprendre les négociations doit être transmis dans les 90 jours précédant l'expiration de la convention, à moins qu'un autre délai n'ait été prévu (art. 52, C.t.). De plus, si cet avis n'est pas transmis, il est réputé avoir été donné le jour de l'expiration de la convention (art. 52.2, C.t.). Sauf dans les secteurs public et parapublic, où les délais sont beaucoup plus longs (art. 111.7, C.t.), la plupart des conventions du secteur privé reprennent le délai inscrit dans la loi. Nous présentons quelques exemples de clauses relatives à l'avis de renouvellement de la convention.

Article 28 Durée de la convention

[...]

28.02 L'une ou l'autre des parties qui désire négocier une nouvelle convention doit donner un avis écrit à l'autre partie pas plus de quatre-vingt-dix (90) jours avant la date d'échéance de la convention.

28.03 L'Union fait parvenir à l'Employeur le projet de toute nouvelle convention proposée ou des modifications ou amendements proposés à la présente convention dans les délais prescrits dans le *Code du travail* du Québec.

(Convention collective de travail entre Épiciers Unis Métro-Richelieu inc., Division Épicerie Centre Mérite 1 et Travailleurs et Travailleuses Unis de l'alimentation et du commerce, Section locale 501, 1996-2000.)

Cette convention reprend à l'article 28.02 l'avis et les délais de renouvellement prévus à l'article 52 du *Code du travail*. De plus, dans l'article suivant, le syndicat s'engage à transmettre à l'employeur dans le même délai le projet de convention ou des amendements proposés, ce qui n'est pas spécifié dans la loi.

Dans certains cas, la convention collective prévoit un délai plus restrictif, conformément au deuxième paragraphe de l'article 52 du *Code du travail* du Québec, comme l'illustre l'exemple qui suit.

Article 26 Durée et modification

[...]

26.02 L'une ou l'autre des parties à cette convention peut demander à l'autre partie d'entrer en négociation pour le renouvellement ou la révision de cette convention et ce, pendant la période comprise entre le 90e et le 60e jour avant la date d'expiration de cette convention. Sur réception d'un tel avis, les deux parties entreront en négociation de bonne foi et feront tous les efforts raisonnables pour en arriver à tel renouvellement ou révision.

(Convention collective de travail entre Société aurifère Barrick-La mine Doyon, et le Syndicat des Métallurgistes unis d'Amérique, Section locale 9291, 1995-2000.)

Cette convention limite la période d'avis de renouvellement ou de révision de la convention entre le 90e jour et le 60e jour précédant son expiration. Toutefois, si une partie transmet l'avis après le 60e jour ou si aucun avis n'est donné, le délai légal d'acquisition du droit de grève ou de lock-out est calculé selon les dispositions du *Code du travail*, qui sont d'ordre public.

Enfin, voici le texte d'une clause de réouverture de la convention sur les salaires, qui aménage une procédure permettant de renouveler partiellement la convention sur ce point.

Article 42 Durée et renouvellement

42.01   Les parties conviennent de procéder à une réouverture de la convention collective visant exclusivement les salaires et les échelles de salaires pour les années 1999 et 2000 avec mise en application le 4 janvier 1999. Elle se fera conformément aux dispositions prévues au *Code du travail*.

(Convention collective de travail entre Hydro-Québec et Le Syndicat des employé(e)s techniques, professionnel(le)s et de bureau d'Hydro-Québec, Section locale 2000, Syndicat canadien de la fonction publique [F.T.Q.], 1995-2000.)

Cette convention comporte une clause de réouverture sur les salaires pour les années 1999 et 2000 qui doit s'appliquer «conformément aux dispositions du *Code du travail*». Il faut sans doute comprendre que cette clause donne aux parties la possibilité de recourir à la grève ou au lock-out lorsque ce droit a été acquis aux termes des articles 106 et 107 du *Code du travail*. D'autres conventions prévoient une réouverture des négociations sur les salaires pendant laquelle, en cas de différend, les offres finales sont soumises à un arbitrage obligatoire qui se substitue au droit de grève ou de lock-out. Une telle procédure, qui est prévue à l'annexe «T» de la convention collective précitée des Épiciers Unis Métro-Richelieu inc. pour la négociation des salaires applicables du 13 septembre 1998 au 10 septembre 2000, a été intégrée dans la plupart des contrats sociaux négociés au Québec de 1990 à 1993. Ces contrats sociaux ont ouvert la voie à la déréglementation de la durée des conventions instituée en mai 1994 (Bourque et Vallée, 1994).

2.4 Problèmes particuliers liés au renouvellement des conventions collectives

Nous examinons ici deux problèmes pratiques qui se posent aux négociateurs patronaux et syndicaux lors du renouvellement d'une convention collective: l'effet rétroactif de certaines clauses et le vide juridique qui peut exister entre deux conventions.

2.4.1 Problèmes de rétroactivité

Nous avons mentionné dans la section précédente le problème que soulève l'effet rétroactif des clauses non pécuniaires, et nous avons souligné que les parties limitent généralement la rétroactivité aux clauses salariales et aux autres clauses pécuniaires. Même dans ce cas, les difficultés ne manquent pas.

La rétroactivité s'applique-t-elle à toutes les clauses pécuniaires ou seulement à certaines d'entre elles? Par exemple, si la convention prévoit une augmentation d'un dollar de l'heure aux différents taux du barème général des salaires, l'augmentation rétroactive se limite-t-elle aux heures effectivement travaillées et payées? Ou bien se répercute-t-elle sur les différentes primes et même sur les avantages sociaux, si ceux-ci sont reliés directement aux taux de salaires? Par ailleurs, qu'en est-il des employés qui bénéficient de l'augmentation rétroactive? Est-elle versée également aux employés qui ont quitté leur emploi (licenciement, démission ou congédiement) ou qui se sont absentés (congé sans solde ou autres congés) depuis l'échéance de l'ancienne convention? Si l'employé n'est plus au service de l'entreprise, quelle obligation l'employeur a-t-il de le rechercher pour lui verser la rétroactivité à laquelle il aurait droit?

Toutes ces questions expliquent pourquoi certaines clauses de rétroactivité sont très longues et très détaillées : elles veulent prévoir tous les cas possibles. Lors du renouvellement de la convention, les parties doivent tenir compte du fait qu'en raison de son caractère restrictif, la rétroactivité ne s'applique pas, à moins d'une disposition explicite à cet effet, inscrite dans la convention, dans une lettre d'entente ou dans un protocole de retour au travail. À défaut d'une telle disposition, l'employeur refusera probablement d'accorder aux salariés la rétroactivité de certains avantages prévus par la convention à une date antérieure à sa signature, et ceux-ci ne disposent alors d'aucun recours juridique pour contester cette décision.

2.4.2 Vide juridique et renouvellement des conventions collectives

À moins que l'ancienne convention collective ne stipule expressément qu'elle demeure en vigueur jusqu'à la nouvelle, il se peut qu'il y ait une période pendant laquelle aucune convention n'existe juridiquement. Il s'ensuit une période de vide juridique qui débute à l'expiration de la période légale de maintien des conditions de travail (art. 59, C.t.) et qui prend fin avec le dépôt de la nouvelle convention collective (art. 72, C.t.). Un tel vide juridique n'affecte pas les salaires ou les autres avantages accordés aux salariés si la future convention contient une clause de rétroactivité. Mais au moment où aucune convention n'est en vigueur, à la suite d'un lock-out par exemple, l'employeur peut modifier unilatéralement toutes les conditions de travail et aviser les salariés qu'il entend baisser les salaires ou combler les postes vacants sans affichage et sans égard à l'ancienneté. L'employeur qui agit ainsi risque de s'exposer à de sérieuses difficultés, mais il a le droit strict d'agir de la sorte puisque, par hypothèse, il n'y a plus de convention en vigueur à ce moment (Morin, 1985).

La question de la validité d'un grief déposé pendant la période de vide juridique a suscité beaucoup de débats dans les années 1980. Si un tel grief était porté en arbitrage, serait-il arbitrable ?

En 1980, un tribunal d'arbitrage a répondu à cette question par la négative. Constatant que la nouvelle convention n'existait pas encore au moment du dépôt du grief, malgré un effet rétroactif à une date antérieure au dépôt du grief, le tribunal a conclu qu'il n'avait pas le pouvoir d'entendre ce grief et d'en disposer[4]. Par la suite, la jurisprudence arbitrale et les tribunaux supérieurs ont confirmé cette décision (Gagnon, 1999 : 440). Aujourd'hui, cette question juridique a perdu de son importance pratique car, depuis la modification du *Code du travail* du Québec en 1994, les effets des conventions collectives sont maintenus jusqu'à l'exercice du droit de grève ou de lock-out par les parties (art. 59, C.t.). Dans les faits, le vide juridique ne concerne désormais que la période allant de l'exercice du droit de grève ou de lock-out à la signature de la nouvelle convention. Les griefs pouvant survenir durant cette période, par exemple à l'occasion du congédiement d'un salarié, sont généralement traités dans un protocole de retour au travail annexé à la convention.

2.5 Conclusion

L'analyse des conventions collectives au Canada et au Québec depuis le début des années 1950 révèle un allongement progressif de leur durée, sauf dans la décennie 1970, caractérisée par une forte inflation. Cette tendance s'accélère au cours des années 1990, tant au Québec que dans les autres provinces canadiennes. De plus, l'évolution des règles juridiques touchant le renouvellement des conventions collectives depuis 1944 favorise la paix industrielle en maintenant leurs effets au-delà de la date d'échéance. La réforme du *Code du travail* du Québec en 1994 prolonge la période légale de maintien des conditions de travail jusqu'à l'exercice du droit de grève ou de lock-out. Cette réforme a également favorisé l'allongement de la durée des conventions par

---

4. *Compagnie Wilburcolt inc.* c. *Syndicat international des travailleurs de l'industrie du bois d'Amérique, local 2-205* [1980], Sentences Arbitrales de Griefs (S.A.G.) 838.

une déréglementation de leur durée maximale, auparavant fixée à trois ans depuis 1950. L'allongement des conventions risque cependant d'entraîner des problèmes, car les syndicats et les salariés doivent ainsi aliéner leur droit à la négociation collective pour des périodes de plus en plus longues. De même, les changements d'allégeance syndicale deviennent plus difficiles dans ce contexte, malgré les règles introduites dans le *Code du travail* afin de permettre l'exercice réel de ce droit dans le cas des conventions de longue durée.

L'allongement de la durée des conventions collectives au Québec dans les années 1990 ne peut être attribué uniquement à la déréglementation de 1994, car la même tendance s'est manifestée dans l'ensemble des provinces canadiennes dont la législation, dans la plupart des cas, n'imposait pas de durée maximale aux conventions collectives. De fait, l'analyse des principales études sur le sujet révèle que la durée d'une convention est influencée principalement par des facteurs économiques. On peut donc avancer l'hypothèse que l'augmentation du nombre de conventions de longue durée au cours des années 1990 est liée à la mondialisation économique qui s'est intensifiée au cours de cette période (Moreau et Trudeau, 1998). La mondialisation de l'économie génère à la fois une concurrence et une incertitude plus grandes qui incitent les employeurs à réduire leurs coûts d'opération et à accroître la productivité. Or, la baisse des coûts passe notamment par un allongement de la durée des conventions, lequel a pour effet de prolonger la paix industrielle et de réduire les dépenses afférentes au renouvellement et à la gestion des conventions. De plus, des conventions plus longues permettent une meilleure planification des opérations tout en assurant un service continu à la clientèle. Ces changements dans la gestion des entreprises s'accompagnent de mesures de flexibilité organisationnelle et salariale qui visent à accroître la productivité, comme nous le verrons dans d'autres chapitres de cet ouvrage.

On peut aussi établir un lien entre la mondialisation et la déréglementation de la durée des conventions collectives intervenue au Québec en 1994 avec la réforme du *Code du travail*. Cette réforme législative, appuyée par les organisations patronales et dénoncée par les organisations syndicales, s'inscrit dans la volonté du gouvernement du Québec de s'adapter au nouveau contexte économique découlant de la mise en œuvre de l'Accord de libre-échange nord-américain (ALENA) en 1992 (Mayer et Bourque, 1999). La mobilité accrue du capital et des investissements inhérente au libre-échange influence le gouvernement du Québec dans sa décision d'alléger les contraintes légales touchant la durée des conventions, afin de les ajuster à celles en vigueur sur le reste du continent nord-américain. Cette décision politique vise tout autant à attirer de nouveaux investissements qu'à empêcher le déplacement des capitaux et des emplois vers d'autres régions du continent où les entreprises bénéficient d'une réglementation du travail moins contraignante. La déréglementation de la durée des conventions peut donc être considérée à la fois comme une cause et une conséquence de la baisse du pouvoir de négociation des syndicats dans le contexte de la mondialisation et du libre-échange (Moreau et Trudeau, 1998).

références bibliographiques

BOURQUE, R. (1999). «Les conventions collectives de longue durée au Québec: bilan de la période 1994-1998», *Effectif*, vol. 2, n° 4 (septembre-octobre), p. 52-56.

BOURQUE, R. et G. VALLÉE (1994). «Contrats sociaux: ententes de partenariat ou ententes de longue durée?», *Info Ressources humaines*, vol. 17, n° 6 (février-mars), p. 16-20.

CHRISTOFIDES, L. (1985). *Les déterminants de la durée des conventions*, Ottawa, Travail Canada.

GAGNON, R.P. (1999). *Le droit du travail du Québec*, 4e éd., Cowansville, Les Éditions Yvon Blais.

HÉBERT, G. (1992). *Traité de négociation collective*, Boucherville, Gaëtan Morin Éditeur.

LACROIX M., M. HÉBERT, N. AMYOT, A. CHARBONNEAU et T. PLANTE (1999). «Dispositions particulières des principales conventions collectives. Conventions collectives de longue durée et réouverture des négociations», *La Gazette du travail*, vol. 2, n° 3, p. 42-58.

MAYER, D. et R. BOURQUE (1999). «Le contenu des conventions collectives de longue durée au Québec de 1994 à 1996», dans C. Bernier et autres (dir.), *Nouvelles formes d'emploi et diversification de la main-d'œuvre*, Actes du 36e Congrès de l'Association canadienne de relations industrielles, Québec, 1999, p. 169-185.

MINISTÈRE DU TRAVAIL DU QUÉBEC (2000). *La durée des conventions collectives. Rapport sur l'application des articles 2 et 12 de la Loi modifiant le Code du travail adoptée par l'Assemblée nationale le 11 mai 1994*, Bibliothèque nationale du Québec.

MOREAU, M. et G. TRUDEAU (1998). «Le droit du travail face à la mondialisation de l'économie», *Relations industrielles/Industrial Relations*, vol. 53, n° 1, p. 55-89.

MORIN, F. (1985). «Les tenants et les aboutissants de la convention collective», *Relations industrielles/Industrial Relations*, vol. 40, n° 2, p. 371-378.

TRUDEAU, G. (1995). «Les récents amendements au Code du travail et les contrats sociaux», *L'Écriteau*, Bulletin de l'Ordre des conseillers en relations industrielles du Québec, vol. 2, n° 8, supplément, p. 1-3.

Droits de direction

La clause portant sur les droits de direction de l'employeur fait partie des clauses contractuelles d'une convention collective qui procurent des avantages aux parties signataires. C'est pourquoi, à première vue, elle paraît être la contrepartie de la clause sur les droits syndicaux. Mais ce n'est qu'une apparence.

En réalité, la clause portant sur les droits de direction occupe une place à part dans la convention collective. Elle ne ressemble à aucune autre. Toutes les autres clauses de la convention, ou presque, créent des droits en faveur des employés ou de leur syndicat et, par le fait même, imposent des obligations à l'employeur. La clause portant sur les droits de direction affirme, quant à elle, l'existence de droits appartenant à la direction de l'entreprise. Mais elle ne crée pas ces droits; elle ne fait que les exprimer, les déclarer.

Comme nous l'avons vu dans le chapitre consacré au cadre juridique de la convention collective, les droits de direction existent dans toute entreprise, qu'elle soit syndiquée ou non. La convention collective ne les crée pas, mais elle peut les reconnaître, en aménager l'exercice ou les limiter. En vertu de la thèse des droits résiduaires de la direction, l'employeur conserve ses droits de direction sur toutes les matières dont la convention ne traite pas[1]. En ce sens, toute la convention collective peut être considérée comme une tentative d'encadrer et de limiter les droits de direction de l'employeur. Mais il est courant que les conventions collectives comportent en plus des clauses portant spécifiquement sur les droits de direction. Ces clauses sont l'objet du présent chapitre.

Pour en comprendre la portée, il faut pouvoir les situer par rapport à l'étendue des droits de direction dont dispose un employeur. C'est pourquoi il est nécessaire de définir et de classifier

les droits de direction d'un employeur et d'en préciser les fondements juridiques. Il sera ensuite possible d'étudier les types de clauses portant spécifiquement sur ces droits dans les conventions collectives et d'analyser leur portée.

3.1 Définition et classifications des droits de direction

Une précision terminologique s'impose d'abord. Il est d'usage dans le domaine des relations du travail d'utiliser comme synonymes les expressions «droits de gérance» ou «droits de direction». Ces expressions recouvrent toutefois des décisions et des opérations de nature différente (Hébert, 1992: 139). Les droits de gérance concernent la *gestion* d'une entreprise, laquelle relève de l'ensemble des cadres, du président-directeur général aux divers contremaîtres, qui se partagent la direction des salariés. La responsabilité de ces cadres qui composent la gérance d'une entreprise est de diriger, de surveiller et de contrôler les opérations courantes effectuées dans un établissement ou une entreprise. La gérance vise les activités individuelles et quotidiennes des employés de l'entreprise.

Les droits de gérance, ainsi entendus, ne comprennent pas les décisions relevant de l'*administration* d'une entreprise, par exemple celles d'un conseil d'administration, qui consistent à fixer les grandes orientations et objectifs de l'entreprise, à faire valoir les biens et les ressources de l'entreprise en vue de réaliser ces objectifs et à approuver les décisions dont l'impact sur l'entreprise est considérable. Les droits de gérance n'englobent pas, non plus, les décisions reliées à la *direction* de l'entreprise par lesquelles les cadres supérieurs traduisent les décisions et les objectifs déterminés par l'administration en établissant et en surveillant les responsabilités et les fonctions propres de chacune des grandes divisions de l'entreprise.

Traditionnellement, ce sont surtout les décisions de l'employeur concernant les droits de gérance qui ont été visées et limitées par les clauses des conventions collectives ainsi que par les lois du travail. C'est toujours le cas aujourd'hui, comme nous le constaterons dans la suite de cet

---

1. La section 1.3.1 du chapitre consacré au cadre juridique de la convention collective expose les deux thèses existantes pour cerner l'effet de l'existence d'une convention collective sur les droits de direction de l'employeur: la thèse des droits résiduaires de la direction et la thèse des limitations implicites.

ouvrage. Mais les décisions de l'employeur relevant de ses droits de gérance ne sont pas prises isolément des orientations de l'administration et de la direction d'une entreprise. L'actualité récente ne pullule-t-elle pas d'exemples de décisions concernant les salariés qui se concrétisent à l'échelon de la gérance, mais qui sont le fruit de grandes orientations et restructurations décidées à d'autres niveaux? Cette interrelation n'est pas à sens unique: certaines décisions de gérance – par exemple des licenciements «préventifs» – ne se justifient-elles pas par leur effet sur la valeur du capital-actions, donc sur la capacité de financement de l'entreprise? D'ailleurs, des initiatives comme les fonds d'investissement de travailleurs (Fonds de solidarité de la F.T.Q. ou Fondation de la C.S.N.) ou la négociation d'ententes collectives au sein d'entreprises multinationales ne représentent-elles pas des tentatives permettant aux travailleurs de participer aux décisions qui se prennent au-delà de la gérance? Ne témoignent-elles pas aussi du fait que les organisations syndicales sont conscientes de cette interaction entre les décisions de nature différente qui concourent à la direction d'une entreprise?

Voilà pourquoi le présent chapitre retient au départ une conception large, générique, des droits de direction. Ces droits englobent l'ensemble des orientations, décisions et actes qui concernent l'administration, la direction ou la gestion d'une entreprise. Suivant le degré de complexité, la taille ou la structure juridique de l'entreprise, ces droits sont exercés par des personnes ou des organes différents, ou encore se concentrent entre les mains d'une seule personne, l'entrepreneur.

Ces droits de direction portent sur des objets étendus, qu'il est nécessaire de présenter afin de cerner ceux qui sont visés, pour être reconnus ou limités, par une convention collective. Ils se manifestent concrètement par des pouvoirs de nature différente conférés à l'employeur, et leur exercice est limité ou encadré par différentes lois de portée générale ou par des lois du travail. Ces caractéristiques constituent la toile de fond qui permettra de cerner la portée des clauses portant sur les droits de direction dans les conventions collectives.

3.1.1 Objets des droits de direction

On distingue trois catégories parmi les droits de direction, selon la nature de leur objet: la direction des affaires, la direction de la production et la direction du travail.

De la *direction des affaires* relèvent les décisions de nature économique et stratégique, par exemple le choix des produits à manufacturer ou des services à offrir au public. De ces décisions fondamentales dépendent plusieurs choix, comme la localisation des différents établissements, la décision d'en ouvrir de nouveaux ou d'en fermer certains. En somme, cette première catégorie inclut toutes les décisions importantes relatives à la détermination des produits et services, et du lieu de fabrication ou de mise en œuvre. De la direction des affaires dépendent aussi les décisions financières: les politiques et les modes de financement, les investissements, les prix à établir, les marchés à pénétrer, les profits à réaliser, à réinvestir ou à distribuer.

La deuxième catégorie se rapporte à la *direction de la production* dont les décisions touchent le mode de production. Cela inclut tout ce qui concerne les aspects techniques de la fabrication et les changements technologiques. La décision de tout produire soi-même ou de confier une partie de la production à des sous-traitants fait également partie de cette catégorie de décisions.

La troisième catégorie concerne la *direction du travail*, dont relève tout ce qui concerne la main-d'œuvre: le nombre d'employés, la détermination et la description des tâches, la sélection du personnel, son assignation aux différents postes, la supervision et la discipline à maintenir par des règlements d'atelier ou d'autres moyens pertinents. Font également partie de cette catégorie les décisions relatives aux promotions, aux mutations et aux mises à pied, ainsi que l'exercice du pouvoir disciplinaire par l'imposition de sanctions appropriées.

Cette classification des droits de direction en trois catégories, suivant leur objet, a un double intérêt. Elle permet d'abord de situer le contenu usuel des conventions collectives par rapport à l'étendue des droits de direction. On constate ainsi que peu de conventions collectives parviennent véritablement à imposer des limites aux droits de l'employeur quant à la direction des affaires et de la production. La plupart des conventions collectives se limitent à élaborer des règles régissant la direction du travail. En ce sens, la convention collective ne peut être perçue comme un véritable instrument de cogestion dans la mesure où elle n'aborde pas l'ensemble des droits de direction. Au-delà de la résistance des employeurs à négocier l'ensemble des droits de direction, il faut noter que plusieurs syndicats ne souhaitent pas prendre part aux décisions qui concernent la direction des affaires. Certains d'entre eux sont même par principe farouchement opposés à toute forme de participation syndicale de cette nature (Quarter et autres, 2001: 110; Grant, 2001). Par contre, les syndicats souhaitent que les décisions relevant de la direction du travail soient limitées par certaines clauses de la convention collective, qu'elles puissent être contestées au moyen de griefs et éventuellement soumises à l'arbitrage.

La deuxième vertu de cette classification des droits de direction suivant leur objet est de faciliter l'identification des conventions collectives qui représentent de véritables innovations par rapport aux objets classiques de négociation collective en matière de droits de direction. Les décisions qui concernent la direction des affaires ou de la production ont souvent des impacts sur l'emploi, et c'est pourquoi certains syndicats tentent d'intervenir sur ces plans. Par exemple, les clauses relatives à la sous-traitance, aux changements technologiques et à l'organisation de la production sont un objet de plus en plus courant de négociation collective; un chapitre leur est d'ailleurs consacré dans cet ouvrage. On a aussi pu constater au cours des dernières années que les syndicats peuvent participer à des négociations qui portent sur les perspectives de développement et d'investissement des entreprises, objets relevant de la direction des affaires; cela a notamment été le cas de ce que l'on a appelé les contrats sociaux (Dugas, Bourque et Vallée, 1996).

3.1.2 Pouvoirs de direction

Les personnes qui exercent les droits de direction sur les affaires, la production ou le travail ont la capacité, unilatéralement, d'orienter la destinée et le fonctionnement de l'entreprise. Cette capacité se manifeste par l'exercice de pouvoirs de décision, de réglementation et de contrôle.

L'entrepreneur prend des décisions sur le type de produits et de services livrés, sur les procédés de fabrication, l'organisation des lieux de production et du travail, sur l'embauche ou le licenciement du personnel, ou encore sur la mise en marché du produit. Ce pouvoir de décision a des effets juridiques concrets: il se traduit par l'acquisition de droits sur des biens (des droits de propriété, par exemple) ou de droits à l'égard de personnes, qu'il s'agisse de clients, de sous-traitants, de fournisseurs ou de salariés. L'entreprise naît de la réunion de ces différents rapports juridiques dans l'intention de produire un bien ou un service: elle en est le point de rencontre.

Mais les droits de direction ne se traduisent pas uniquement dans ce pouvoir de décision. Ils se manifestent aussi par la capacité de formuler des normes qui s'appliquent à l'ensemble des composantes réunies pour constituer l'entreprise. Ce pouvoir de réglementation se définit comme la capacité de l'entrepreneur à édicter des normes et des règles de conduite qui s'imposent à toute personne intégrée à l'activité de l'entreprise. De portée générale, ces normes «touchent tous les aspects du fonctionnement d'une organisation à titre d'unité de production: hygiène et salubrité, sécurité, organisation du travail, police interne de l'établissement, conduite du personnel et discipline» (Mockle, 1992: 985). Le résultat le plus courant de ce pouvoir unilatéral de réglementation s'exprime dans les politiques d'entreprise ou les règlements susceptibles de porter sur de multiples sujets. À titre d'exemple, mentionnons la tenue vestimentaire et l'apparence personnelle des salariés, l'hygiène et la sécurité des lieux de travail, la violence et le harcèlement au travail, la consommation de drogues ou d'alcool, la fouille, les conflits d'intérêts ou le lieu de résidence des salariés. Ce pouvoir de réglementation peut aussi conduire à l'adoption de codes d'éthique qui régissent les rapports entre les salariés et les clients de l'entreprise ou de codes de conduite par lesquels l'entreprise s'engage à respecter des normes en matière d'environnement ou de travail et à en imposer le respect à ses sous-traitants et à ses fournisseurs.

Les droits de direction se manifestent enfin dans les pouvoirs de contrôle du travail. Contrairement au pouvoir de réglementation, ce pouvoir s'impose spécifiquement aux salariés de l'entreprise. Un employeur a le pouvoir de formuler des ordres, des directives et des consignes particulières à l'égard des salariés et celui de surveiller l'exécution du travail. Il possède aussi à leur endroit un pouvoir disciplinaire, c'est-à-dire le « droit d'imposer certaines sanctions à un employé qui n'exécute pas ou exécute mal ses tâches ou dont le comportement au travail n'est pas acceptable » (Bich, 1988: 85-86). Comme nous le verrons dans le chapitre consacré aux mesures disciplinaires, plusieurs conventions collectives encadrent différemment le pouvoir disciplinaire de l'employeur envers un salarié selon que les mesures qu'il impose résultent d'un manquement involontaire (par exemple, l'invalidité) ou volontaire (par exemple, le refus d'obéir à un ordre de l'employeur) (D'Aoust, Leclerc et Trudeau, 1982: 67-77).

Dans l'exercice de ces pouvoirs, l'employeur a le droit de recourir à des tests et à des examens dont la nature varie selon les circonstances. Certains tests et examens peuvent être exigés lors de l'embauche. Il arrive aussi qu'une personne au service de l'entreprise doive se soumettre à des examens médicaux fixés par la politique de santé et de sécurité du travail de l'entreprise, ou encore à des tests destinés à mesurer les habiletés ou les aptitudes requises préalablement à l'attribution d'un poste vacant. D'autres enfin peuvent être utilisés au moment du retour d'un salarié dans l'entreprise à la suite d'une maladie ayant entraîné une absence du travail, par exemple. L'employeur a le droit de déterminer les aptitudes physiques et mentales qu'il considère comme nécessaires pour s'acquitter des tâches à accom-

plir dans tel ou tel poste et de recourir aux instruments adéquats pour mesurer ces aptitudes. Ces tests et examens ne doivent pas être déraisonnables, abusifs ou discriminatoires (D'Aoust, Leclerc et Trudeau, 1982: 294-298; Bernier et autres, 2000: III/4.3).

L'exercice de ces pouvoirs, évidemment, doit être conforme aux lois d'ordre public.

3.1.3 Limites des droits de direction

Les droits de direction ne sont pas absolus; leur exercice est balisé, notamment, par les lois d'ordre public. Toutes les lois du travail encadrent ou limitent les droits de direction de l'employeur (Verge et Vallée, 1997: 17-18 et 37-38)[2]: elles fixent notamment les conditions d'hygiène et de sécurité dans lesquelles le travail doit être exécuté[3], le niveau minimal de certaines conditions de travail des salariés[4], les renseignements que l'employeur a le droit de demander au moment de l'embauche[5], les motifs pour lesquels un employeur peut mettre fin ou non au rapport de travail[6]. Ces lois régissent aussi le déroulement des rapports collectifs du travail[7] ou l'effet sur les travailleurs, le syndicat ou la convention collective des modifications apportées

---

2. La section du chapitre 1 intitulée « Subordination du contenu à l'ordre public et à la loi » donne un aperçu rapide de l'objet de ces lois.

3. *Loi sur la santé et la sécurité du travail*, L.R.Q., c. S-2.1 [ci-après citée: L.s.s.t.]. Notons que cette loi, tout comme la *Loi sur les accidents du travail et les maladies professionnelles*, L.R.Q., c. A-3.001 [ci-après citée: L.a.t.m.p.], traitent des examens de santé exigés par la loi ou dans le cadre du programme de santé d'une entreprise et des examens imposés aux travailleurs victimes d'une lésion professionnelle.

4. *Loi sur les normes du travail*, L.R.Q., c. N-1.1 [ci-après citée: L.n.t.].

5. *Charte des droits et libertés de la personne*, L.R.Q., c. C-12, art. 18.1 [ci-après citée: C.d.l.p.].

6. *Code civil du Québec*, art. 2094 [ci-après cité: C.c.Q.]; C.d.l.p., art. 10 et 16; L.n.t., art. 122 et 124; *Code du travail*, L.R.Q., c. C-27, art. 15 [ci-après cité: C.t.]; L.a.t.m.p., art. 32.

7. C.t.

par l'employeur au mode d'exploitation ou à la structure juridique de l'entreprise[8].

Certaines lois de portée générale, dont l'objet dépasse les seuls rapports d'emploi, ont aussi des effets importants sur les droits de direction de l'employeur. Ainsi en est-il de la *Charte canadienne des droits et libertés*[9] et de la *Charte des droits et libertés de la personne* qui définissent des libertés et droits fondamentaux de la personne. Les normes définies par un employeur relativement aux habiletés ou aptitudes requises pour un poste, par exemple la force physique, la taille ou la capacité cardiovasculaire, peuvent être discriminatoires, à moins de constituer une exigence professionnelle justifiée[10]. Un employeur qui impose à ses salariés un lieu de résidence[11], qui a recours à des moyens électroniques de surveillance sur les lieux de travail ou à la filature à l'extérieur du travail[12], ou qui utilise l'enregistrement de conversations téléphoniques au domicile du salarié[13] porte atteinte à la vie privée de ces personnes protégée par l'article 5 de la *Charte des droits et libertés de la personne*. Cette atteinte n'est justifiée, conformément à l'article 9.1 de la Charte, que si l'objectif poursuivi par l'employeur est légitime et que si les moyens employés pour y parvenir sont proportionnels à l'atteinte de cet objectif.

---

8. C.c.Q., art 2097 ; L.n.t., art. 97 ; C.t., art. 45. Par ailleurs, en vertu du nouvel article 20.0.1 du *Code du travail*, ajouté par la *Loi modifiant le Code du travail, instituant la Commission des relations du travail et modifiant d'autres dispositions législatives*, L.Q. 2001, c. 26, l'employeur doit prévenir le syndicat des changements au mode d'exploitation de l'entreprise qui auraient pour effet de modifier le statut de salarié en celui de non-salarié ; cet effet sur le statut de salarié peut faire l'objet d'une contestation du syndicat visé et d'une décision de la Commission des relations du travail.

9. L.R.C. (1985), App. II, n° 44 [ci-après citée : C.c.d.l.].

10. C.d.l.p., art. 20 ; *British Columbia Government and Service Employees' Union* c. *Le gouvernement de la province de la Colombie-Britannique et autres,* [1999] 3 R.C.S. 3.

11. *Godbout* c. *Ville de Longueuil,* [1997] 3 R.C.S. 844.

12. *Syndicat des travailleuses et travailleurs de Bridgestone/Firestone de Joliette (C.S.N.)* c. *Trudeau,* [1999] R.J.D.T. 1075 ; [1999] R.J.Q. 2229 (C.A.).

13. *Mascouche (Ville de)* c. *Houle,* [1999] R.J.Q. 1894 (C.A.).

3.2 Fondements juridiques des droits de direction

Ces droits de direction, dont nous venons de voir la définition, les objets et les manifestations, ne naissent pas de la convention collective. D'où viennent-ils ? Différentes thèses retracent l'origine des droits de direction de l'employeur. Comme le font les lois d'ordre public, ces différentes thèses fixent aussi les limites dans lesquelles ces droits doivent être exercés.

3.2.1 Thèses en présence

Quatre thèses expliquent juridiquement l'existence des droits de direction. Elles se fondent respectivement sur le droit de propriété, le contrat de travail, l'aptitude des personnes physiques ou morales et, enfin, l'entreprise elle-même.

A. Droit de propriété

Le droit de propriété constitue la justification la plus ancienne et peut-être la plus répandue des droits que peut avoir la direction des entreprises. Le droit civil français comme la *common law* britannique reconnaissent au propriétaire d'un bien le droit d'en disposer selon sa libre volonté : *jus utendi et abutendi*, selon le vieil adage romain (le droit d'user et de disposer librement). Comme, à l'origine, le propriétaire de l'entreprise en assumait la direction, on a conclu qu'il avait le droit – et peut-être la responsabilité – de diriger son entreprise de manière à en tirer profit, lui et ses collaborateurs.

Cette interprétation soulève plusieurs difficultés. La première tient à la distinction de plus en plus fréquente, surtout depuis le début du XXe siècle, entre le propriétaire et la direction des entreprises. En effet, les dirigeants administrent une entreprise en tant que mandataires. Par exemple, les cadres supérieurs doivent rendre compte de leur gestion à l'assemblée des actionnaires et, s'ils n'ont pas réalisé un profit ou le profit escompté, ils risquent d'en subir les conséquences. L'assemblée des actionnaires-propriétaires ou le conseil d'administration agissant en leur nom a le pouvoir de les relever de leurs fonctions (Dion, 1960 : 34-36 ; D'Aoust, Leclerc et Trudeau, 1982 : 47).

Une seconde objection tient à l'objet de la propriété. En effet, l'actionnaire, ou même le propriétaire-gérant, est propriétaire du capital qu'il a investi pour acquérir quelque chose ou une part de l'entreprise, mais il n'est pas propriétaire des personnes qui travaillent dans l'entreprise. Il est donc difficile de justifier l'autorité dans l'entreprise, puisque c'est finalement ce dont il est question, en invoquant le droit de propriété. Le droit de propriété est un droit réel, qui porte sur des objets ou des biens. Il ne peut expliquer pleinement un droit personnel, qui s'exerce à l'égard des personnes (Dion, 1960 : 43). Si le droit de propriété explique le pouvoir de décision à l'endroit de l'usage des biens qui composent l'entreprise (terrain, installations, technologies), il fonde difficilement l'autorité exercée à l'égard des personnes qui travaillent dans cette entreprise. Le droit civil reconnaît au propriétaire d'un bien le droit de « s'opposer à tout empiète-ment ou à tout usage que la loi ou lui-même n'a pas autorisé » (art. 953, C.c.Q.), mais ce pouvoir d'imposer des normes de comportement à d'autres personnes est limité par l'objectif de protection de la chose qu'il possède. Par exemple, comme l'écrit Mockle (1992 : 979), si le proprié-taire d'un vaste domaine peut interdire, par des panneaux, le droit de chasser sur sa propriété, il ne pourrait s'arroger le droit de réglementer la tenue vestimentaire des chasseurs qu'il consen-tirait à admettre. Ces normes « ne peuvent se rattacher de toute évidence à la préservation et à la conservation de la chose puisqu'il n'existe pas de lien direct et immédiat entre ces normes et la matérialité de la chose » (Mockle, 1992 : 979). On pourrait faire la même analyse en ce qui concerne les droits de direction. En quoi le droit de propriété du terrain, des installations ou de la technologie permet-il à un employeur d'élaborer des normes réglementant la tenue vestimentaire ou le comportement du personnel ? Le droit de propriété peut légitimer l'existence de normes « primaires » s'imposant à des personnes dans le but de préserver des biens, mais il ne peut fon-der juridiquement un pouvoir dont les manifes-tations dépassent largement ces objectifs.

Enfin, le droit de propriété ne permet pas de comprendre l'imposition, par l'employeur, de normes qui contraignent « les employés dans leur vie privée en fonction d'un espace normatif qui n'est pas forcément limité à l'entreprise » (Mockle, 1992 : 988) comme le sont les normes imposant des tests de dépistage de drogue. Ces normes dépassent les limites spatiales de l'entre-prise ; elles ne s'imposent pas aux salariés parce qu'ils se trouvent sur les lieux dont l'employeur est propriétaire.

B. Contrat de travail

Il est aussi possible de considérer le contrat de travail comme la source des pouvoirs de direc-tion qui s'exercent à l'égard des travailleurs.

Pour certains, il en est ainsi à cause de la subordination inhérente au contrat de travail (D'Aoust, Leclerc et Trudeau, 1982 : 57). La notion de subordination permet de déterminer, parmi les personnes qui exécutent une prestation de travail en échange d'une rémunération, celles qui le font dans le cadre d'un contrat de travail. Par le contrat de travail, le salarié met sa force de travail à la disposition de l'employeur, qui l'uti-lise et qui est ainsi fondé à donner au travailleur des consignes et des ordres en vue de la bonne marche de l'entreprise (Brun et Galland, 1978 : 212-213). Le *Code civil du Québec* reconnaît d'ail-leurs que le contrat de travail est celui par lequel « une personne, le salarié, s'oblige [...] à effectuer un travail sous la direction ou le contrôle d'une autre personne, l'employeur » (art. 2085, C.c.Q.). Ainsi pourrait-on considérer que les droits de direction sont des droits auxquels chaque salarié a consenti par son contrat de travail. Ces droits trouvent leur source dans le contrat ; ils sont créés par le consentement des deux parties à ce contrat.

C'est ainsi qu'a été expliquée l'obligation du salarié d'obéir aux ordres de l'employeur (D'Aoust et Trudeau, 1979 : 15) ainsi que le fondement du pouvoir qu'a l'employeur de sanctionner un salarié qui manque à ce devoir ou aux autres obligations de son contrat de travail. Le pouvoir disciplinaire de l'employeur « n'est que l'acces-soire de la subordination juridique, clause essentielle du contrat de travail, qui consacre le pouvoir d'une partie sur l'autre dans l'exécution de certaines obligations » (D'Aoust, Leclerc et Trudeau, 1982 : 57). Si cette explication peut être valable en matière disciplinaire, elle ne permet toutefois pas, comme l'écrivent ces auteurs, d'expliquer de manière satisfaisante toutes les manifestations des droits de direction. Par exemple, comment interpréter une sanction imposée à un salarié qui aurait manqué à « [...] un règlement édicté *après* son embauchage ? La seule issue logique sera alors la preuve de la connaissance de ce règlement par le salarié laissant présumer son acceptation tacite », ce qui « conduit à des résultats éloignés de la réalité du travail » (D'Aoust, Leclerc et Trudeau, 1982 : 49). Cette interprétation, « qui suppose le consentement tacite ou exprès de l'employé, est assez peu compatible avec l'affirmation du principe général voulant que l'employeur puisse imposer à l'employé toute mesure propre à sauvegarder le pouvoir de direction du premier et la subordination du second et ce, *sans égard au consentement de ce dernier* » (Bich, 1988 : 95).

C'est pourquoi d'autres voient dans l'usage le fondement de ce pouvoir unilatéral que détient l'employeur à l'égard des salariés (Bich, 1988 : 99-103). L'usage peut se définir comme une pratique ancienne, constante et habituelle, connue et admise par tous dans un milieu donné, même si elle n'est pas consignée par écrit. Le contenu d'un contrat de travail ne se limite pas aux obligations spécifiées par le *Code civil du Québec* (art. 2087 et 2088, C.c.Q.), ni au contenu explicite tel que l'ont voulu les parties ; s'y ajoute le contenu implicite, c'est-à-dire « tout ce qui en découle d'après sa nature et suivant les usages, l'équité ou la loi » (art. 1434, C.c.Q.). Pour Bich, ce sont les usages qui permettent d'intégrer au contenu du contrat de travail un pouvoir dont l'exercice est quotidien dans les milieux de travail et qui possède les caractéristiques d'ancienneté, de fréquence, de généralité, de publicité et d'uniformité qui en feraient un usage (Bich, 1988 : 99-103). Cette explication permet de réintégrer, dans le giron du contenu du contrat de travail, des normes édictées unilatéralement par l'employeur qui possèdent les caractéristiques d'un usage.

Globalement, cette explication contractuelle, qu'elle soit fondée sur la subordination ou sur l'usage, ne permet pas de comprendre le pouvoir de direction qui s'exerce à l'égard de personnes qui ne sont pas des salariés de l'entreprise. Comment expliquer que, dans une entreprise, des normes en matière d'hygiène et de sécurité comprises dans un règlement intérieur s'imposent à toute personne se trouvant sur les lieux de l'entreprise, qu'il s'agisse de salariés, de clients, d'inspecteurs ou de consultants (Mockle, 1992 : 996) ? Comment expliquer le pouvoir de l'employeur à l'égard de personnes qui ne sont pas encore ses salariés, par exemple l'imposition de différents tests à l'embauche, qu'il s'agisse de tests de dépistage de drogue ou d'autres tests (Lajoie, 1995 : 41-43) ? Ces exemples ont conduit certains auteurs à proposer un autre fondement aux droits de direction de l'employeur.

C. Aptitude des personnes physiques ou morales à détenir ou à exercer des droits

Dans une étude sur la légalité des tests de dépistage de drogue en milieu de travail, Lajoie propose de situer les fondements du pouvoir de l'employeur de recourir à ces tests au-delà du contrat de travail. Selon elle, ce pouvoir résiderait dans les règles qui établissent la capacité des personnes, c'est-à-dire l'aptitude des personnes physiques (art. 1 et 4, C.c.Q.) ou morales (art. 298, 301 et 303, C.c.Q.) à détenir et à exercer des droits. Il faudrait donc rechercher les fondements des droits de direction dans la loi qui confère la capacité juridique aux personnes morales, lorsqu'une entreprise est incorporée, ou aux personnes physiques, lorsqu'il s'agit d'un employeur individuel.

> Les corporations ne poussent pas [...] dans la nature, et sont créées par ou en vertu de la loi ; les personnes physiques, fussent-elles employeurs, doivent aussi leur capacité juridique au législateur, et ni les unes ni les autres n'ont par elles-mêmes de pouvoir de contrainte sur les tiers : elles ne peuvent en détenir qu'en vertu de leur texte constitutif ou d'une délégation de la loi. (Lajoie, 1995 : 6.)

Prenons le cas le plus courant d'une entreprise incorporée, comme le sont la plupart des grandes entreprises. Cette entreprise a une personnalité morale, c'est-à-dire une personnalité juridique distincte de celle de ses membres (art. 309, C.c.Q.), par exemple ses propriétaires. Cette personne morale a été créée selon les formes juridiques prévues par la loi, et parfois directement par la loi (art. 299, C.c.Q.). C'est dans son acte constitutif que sont déterminées ses finalités. En vertu de son statut corporatif, elle dispose «de pouvoirs – exprès ou implicites – visant les moyens de mise en œuvre» de ces finalités (Lajoie, 1995: 8). Le pouvoir d'un employeur d'édicter des normes dans un règlement intérieur ou de sanctionner les manquements d'un salarié doit être considéré comme un moyen de mise en œuvre de ces finalités corporatives. C'est ainsi qu'on peut concevoir le fondement de ces pouvoirs, de même que leurs limites, comme nous le verrons plus loin.

Contrairement à la seconde thèse, Lajoie propose de rechercher dans la loi, et non dans le contrat, le fondement des droits de direction de l'employeur. Ces droits de direction ne sont pas de nature consensuelle; ils peuvent s'imposer unilatéralement dans les limites des pouvoirs conférés par la loi aux personnes qui les exercent. C'est ainsi que l'on pourrait fonder juridiquement le pouvoir de l'employeur à l'égard de personnes qui ne sont pas ses salariés, par exemple dans le cadre d'une procédure d'embauche. Cette approche ne rejette pas l'utilité du contrat de travail, qui est une condition nécessaire à l'exercice des droits de direction à l'égard des salariés. Mais le rapport de subordination inhérent au contrat de travail ne crée pas le droit de l'employeur de diriger les salariés: il en délimite l'exercice[14].

Comme la première approche axée sur le droit de propriété, celle de Lajoie situe le fondement des droits de direction en amont du contrat de travail. Toutefois, à la différence de cette perspective, ces droits ne découlent pas du droit de propriété sur des biens, mais plutôt des capacités reconnues en droit aux personnes, qu'il s'agisse de personnes physiques ou morales. En particulier, cette approche conduit à considérer les pouvoirs de réglementation de l'employeur comme le fruit d'une délégation du pouvoir réglementaire de l'État.

D. Approche institutionnelle de l'entreprise

La précédente approche est contestée par des auteurs qui ne situent les fondements des droits de direction de l'employeur ni dans la loi ni dans le contrat, mais bien dans l'entreprise elle-même. Pour ces auteurs, les entreprises sont comparables aux organismes vivants: elles sécrètent leur propre régulation et fonctionnent selon leur propre normativité interne (Mockle, 1992: 968). Cette approche propose donc de considérer l'entreprise comme un phénomène institutionnel autonome que ni le droit public ni le droit privé n'expliquent convenablement, «[d]'où la nécessité de proposer une véritable alternative à ces carences du droit public et du droit privé pour parvenir à une compréhension satisfaisante de la normativité au sein des organisations, peu importe qu'il s'agisse d'un organisme public ou d'une entreprise privée» (Mockle, 1992: 97).

En droit du travail, plusieurs dispositions législatives admettent déjà que l'entreprise est une entité distincte de l'employeur. C'est pourquoi on considère que se rattachent à l'entreprise, et non à l'employeur, le contrat de travail (art. 2097, C.c.Q.), l'accréditation et la convention collective (art. 45, C.t.), la durée de service du salarié (art. 124, L.n.t.) ou l'application des normes du travail (art. 96 et 97, L.n.t.). L'approche institutionnelle de l'entreprise, appliquée aux droits de direction de l'employeur, pousse cette logique dans ses derniers retranchements. C'est dans l'entreprise, conçue comme un entité autonome, et non dans le statut juridique de l'employeur,

---

14. «Pour qu'un employeur puisse émettre des normes à l'égard d'une conduite de ses employés, il faut qu'existe un lien permettant de relier la conduite visée à la tâche de l'employé, cette dernière devant elle-même faire partie des moyens nécessaires à la réalisation des finalités assignées à l'entreprise par l'instrument juridique de sa création. C'est ce que l'on désigne comme le *nexus*, cette condition essentielle de la validité des normes et des sanctions imposées par un employeur à la conduite de ses employés» (Lajoie, 1995: 11).

que se trouvent les fondements et les raisons d'être des droits de direction. Le chef d'entreprise, qui n'en est pas nécessairement le propriétaire, dispose des pouvoirs nécessaires pour assurer la bonne marche de l'entreprise de manière qu'elle réalise les objectifs pour lesquels elle existe. C'est pourquoi «les prérogatives du chef d'entreprise sont-elles inhérentes à sa qualité et n'ont-elles pas à être expressément reconnues par un statut» (Durand et Jaussaut, 1947: 422).

Cette approche n'est pas nouvelle dans la doctrine. En droit du travail, l'approche institutionnelle de l'entreprise a été proposée pour expliquer la relation de travail autrement que par le recours au contrat (Verge et Vallée, 1997: 81-82). En droit québécois, elle a aussi été retenue pour fonder l'autorité de l'employeur ou la nature des règlements d'entreprise (Dion, 1960: 47-51; Cardin, 1964: 126). Enfin, il y a une filiation indéniable entre cette approche et la thèse des limitations implicites que nous avons exposée au premier chapitre[15]. La thèse des limitations implicites prend appui sur le caractère unique et autonome de l'entreprise pour proposer une vision différente de l'exercice des droits de direction dans l'entreprise lorsqu'un syndicat y est accrédité. Ces deux thèses considèrent que l'entreprise échappe, par la nature particulière des rapports qui s'y nouent, aux catégories usuelles du droit commun.

L'approche institutionnelle a été l'objet de critiques. D'une part, il est difficile d'insérer une thèse inspirée d'une vision sociologique de l'entreprise dans le cadre juridique existant (Bich, 1988: 88). D'autre part, cette thèse a pu servir à occulter les conflits et les inégalités de pouvoirs internes à l'entreprise par une vision unitariste de ses finalités et une vision présentant comme «naturels» les pouvoirs du chef d'entreprise. Une telle représentation de l'entreprise n'est pas sans risque, du point de vue démo-

cratique, dans le contexte d'un affaiblissement du rôle protecteur de l'État (Lajoie, 1995: 66). Ce à quoi Mockle semble rétorquer que l'inadaptation des catégories du droit privé et public à la réalité du pouvoir unilatéral tel qu'il se manifeste dans l'entreprise fait en sorte que le droit, incapable de prendre la pleine mesure du phénomène, ne peut en limiter les effets et assurer une pénétration des libertés publiques dans l'entreprise (Mockle, 1992: 990 et 995, note 62).

3.2.2 Limites tenant aux fondements des droits de direction

Il n'est pas facile, actuellement, de départager le fondement des droits de direction de l'employeur en droit du travail québécois, cette question n'ayant pas fait l'objet de larges débats (Mockle, 1992). L'état de la jurisprudence, notamment les décisions rendues par les arbitres de griefs, permet d'affirmer que les troisième et quatrième approches n'y sont pas vraiment considérées: elles résultent bien davantage de travaux juridiques de nature critique. Tous les auteurs qui se sont intéressés à l'état de la jurisprudence de droit du travail sur des sujets reliés aux droits de direction (D'Aoust et Trudeau, 1979; D'Aoust, Leclerc et Trudeau, 1982; Mockle, 1992; Lajoie, 1995; Bernier et autres, 2000) font le même constat: c'est par le recours au droit commun que la jurisprudence du droit du travail justifie les droits de direction de l'employeur. En effet, les décisions retiennent, plus ou moins explicitement, le droit de propriété ou la subordination inhérente au contrat de travail.

Dans la jurisprudence, la subordination inhérente au contrat de travail est utilisée pour fonder le pouvoir qu'a l'employeur d'émettre des ordres et des directives (D'Aoust et Trudeau, 1979), d'évaluer la compétence des salariés par divers tests et examens (D'Aoust, Leclerc et Trudeau, 1982: 294 et suiv.), d'imposer des mesures disciplinaires (D'Aoust, Leclerc et Trudeau, 1982: 56-58) ou même d'élaborer un règlement lui permettant de mieux gérer son entreprise (D'Aoust, Leclerc et Trudeau, 1982: 48; Bernier et autres,

---

15. Thèse exposée par Bora Laskin, alors arbitre, dans: *United Electrical, Radio & Machine Workers of America, Local 527* c. *Peterboro Lock Mfg. Co. Ltd.*, 4 L.A.C 1499-1506, p. 1502, le 27 février 1954, B. Laskin.

2000 : II/3-1). Les conditions de validité d'un règlement intérieur élaborées au fil du temps par la jurisprudence reflètent d'ailleurs cette vision contractuelle, bilatérale, des règlements d'entreprise. Pour être valide et s'imposer au salarié, on considère qu'une règle définie par l'employeur ne doit pas être en contradiction avec la convention collective. Il faut aussi qu'elle soit claire, raisonnable et qu'elle soit portée à la connaissance de l'employé avant sa mise en vigueur. Ce dernier doit également connaître les conséquences qui découleraient de la violation de cette règle. Enfin, elle doit être appliquée de manière constante et uniforme (Bernier et autres, 2000 : II/3-1). Derrière ces principes se profile l'influence d'une lecture contractuelle du règlement intérieur, le salarié ne pouvant être valablement assujetti qu'à une règle qu'il connaît et à laquelle il a implicitement consenti en poursuivant son travail.

Par ailleurs, la jurisprudence fait aussi fréquemment référence au droit de propriété pour justifier l'exercice des droits de direction par l'«intérêt légitime de l'entreprise». Aux yeux de Lajoie (1995 : 14-15), le droit de propriété de l'employeur est alors utilisé pour fonder le pouvoir de l'employeur d'imposer des règles de comportement, même lorsque celui-ci n'a aucun effet sur les biens dont l'employeur est propriétaire. Cette conception, dans laquelle «la propriété du sol emporte métaphoriquement la propriété de ceux qui y posent le pied, ou du moins le droit de les réglementer [...]», que ceux-ci soient ou non salariés (Lajoie, 1995 : 15), favorise une interprétation élargie des droits de direction de l'employeur (Lajoie, 1995 : 64-65).

L'ancrage des droits de direction dans le droit commun, qu'il s'agisse du droit de propriété ou de la subordination inhérente au contrat de travail, devrait logiquement conduire les tribunaux à affirmer plus nettement leur caractère relatif. Il existe bel et bien des limites aux droits de direction, limites intrinsèquement reliées aux fondements retenus (exercice des droits de direction relié soit à la protection des biens, soit à la nature du travail). De plus, depuis la révision du *Code civil du Québec*, l'exercice des droits civils

est explicitement assujetti à une exigence de bonne foi (art. 6, C.c.Q.) et «aucun droit ne peut être exercé en vue de nuire à autrui d'une manière excessive et déraisonnable, allant ainsi à l'encontre des exigences de la bonne foi» (art. 7, C.c.Q.). Ces articles consacrent la réception en droit commun québécois de la théorie de l'abus de droit, en vertu de laquelle un juge peut contrôler l'usage d'un droit et en sanctionner l'exercice abusif. À quelques occasions, la jurisprudence de droit du travail a eu recours à cette théorie pour justifier un certain contrôle des droits de direction de l'employeur (Vallée et Naufal-Martinez, 1995 : 333-338). Elle pourrait surtout conduire à légitimer, *a posteriori*, un contrôle qu'exercent déjà les arbitres de griefs sans toujours en préciser les fondements, pour s'assurer que l'employeur n'a pas agi de façon abusive, discriminatoire ou déraisonnable dans l'exercice de ses droits de direction (Vallée et Naufal-Martinez, 1995 : 338).

On peut approuver ces ancrages des droits de direction dans le droit commun (D'Aoust, Leclerc et Trudeau, 1982 ; Morin et Brière, 1998 : 298) ou remettre en cause leur pertinence (Mockle, 1992 ; Lajoie, 1995), en particulier lorsque existent des rapports collectifs de travail (Gagnon, Lebel et Verge, 1991 : 544 ; Vallée et Naufal-Martinez, 1995 : 308 et 341-342). Au-delà du fondement juridique retenu, celui-ci doit contribuer à clarifier les limites des droits de direction, et par conséquent leur caractère relatif.

3.3 Clauses portant sur les droits de direction

Les droits de direction, avant même d'être reconnus ou limités par une convention collective, sont donc l'objet d'une reconnaissance et d'un encadrement juridique à partir desquels on peut cerner la véritable portée des clauses portant spécifiquement sur eux dans les conventions collectives et comprendre les raisons d'être de leur négociation.

3.3.1 Raisons d'être des clauses de droits de direction

Quelle que soit l'approche considérée, le fondement des droits de direction se trouve hors de la convention collective. On peut donc se demander pourquoi certaines parties tiennent à inclure une clause de droits de direction dans leur convention. À première vue, en effet, la clause semble n'avoir qu'un caractère déclaratoire. D'ailleurs, le fait qu'une proportion importante de conventions collectives, environ 15 %, ne contient pas de clause de cette nature[16] confirme *a posteriori* un semblable statut. Évidemment, l'absence d'une telle clause ne fait pas obstacle à l'existence de droits de direction dans ces entreprises.

On peut considérer que la clause a une valeur « psychologique » pour l'employeur, rassuré de voir le syndicat reconnaître par écrit ses droits de direction. Elle a aussi une valeur éducative pour les employés et les parties. Bien que ces clauses répètent souvent des règles qui prévaudraient de toute façon, on ne peut nier l'intérêt de les écrire dans la convention afin qu'elles soient connues et admises de tous. Dans certains cas, la clause permet d'éclaircir une autre clause qui paraîtrait ambiguë ; ce qui peut s'avérer utile en cas d'arbitrage. Enfin, une dernière considération peut jouer dans la négociation de ces clauses de droits de direction. En effet, comme nous le verrons plus loin, certaines clauses ne sont pas purement déclaratoires, car elles ne se contentent pas d'intégrer dans une convention collective des règles qui existent déjà. Elles assujettissent les droits de direction qu'elles reconnaissent à des conditions de forme et de fond qui ajoutent aux limites qui découlent des règles préexistantes.

3.3.2 Typologie des clauses de droits de direction

À cause de la complexité du sujet, la classification des clauses de droits de direction est beaucoup moins rigoureuse que celle des clauses de sécurité syndicale. Les clauses de droit de direction prennent la forme de clauses générales ou détaillées. Cette distinction porte d'abord et avant tout sur leur aspect formel : leur longueur et leur niveau de détail. Pour comprendre la portée véritable d'une clause de droits de direction, qu'elle soit générale ou détaillée, il faut toutefois en analyser le contenu en se posant d'autres questions :

– Quels droits et pouvoirs reconnaît-elle à l'employeur ? Pour répondre à cette question, il faut situer le contenu de la clause du point de vue de la définition des droits de direction qu'elle semble contenir, de l'objet de ces droits, et des pouvoirs qui en découlent pour l'employeur.

– La clause assujettit-elle les droits de direction qu'elle reconnaît à certaines limites ? Si oui, il ne s'agit pas, au sens strict, d'une simple clause de reconnaissance des droits de direction. Certaines clauses se limitent à la reconnaissance des droits de direction, mais ce n'est pas toujours le cas. En effet, on peut fixer dans cette clause certaines modalités procédurales et substantives qui se rattachent à l'exercice de ces droits, au lieu de les placer ailleurs dans la convention. Il s'agit généralement de modalités préalables (préavis, information ou consultation obligatoire du syndicat), de conditions de forme (exigences d'écrit, affichage), ou encore d'une exigence de fond quant au caractère raisonnable, non discriminatoire ou objectif de l'exercice des droits de direction. Enfin, il peut s'agir d'une clause permettant aux salariés ou au syndicat de contester par voie de grief la décision prise par l'employeur en vertu des droits de direction qui lui sont reconnus.

---

16. Vers 1970, la proportion des conventions collectives comprenant une telle clause était d'environ 85 % (Hébert, 1992 : 145). Les sources principales de données sur les conventions collectives au Québec et au Canada ne contiennent plus d'informations sur la fréquence de cette clause, mais rien ne laisse croire que la proportion a beaucoup changé depuis.

– La clause a-t-elle une portée purement déclaratoire ? Dans ce cas, elle reprend des règles qui s'imposent déjà aux parties en vertu de sources extérieures à la convention collective. Elle est de portée plus étendue si elle comprend des obligations et des droits nouveaux pour les parties, et qui ne se trouvent pas dans le droit préexistant.

A. Clause générale : exemples et analyse

Dans certaines conventions collectives, les parties préfèrent que la reconnaissance des droits de direction soit énoncée de manière succincte et en termes généraux. C'est ce qu'on appelle la « clause générale ». En voici un exemple classique :

Section 5   Droit de gérance

5.01   Le syndicat reconnaît le droit exclusif de l'employeur à l'exercice de gérer, diriger et administrer ses biens, ses opérations et son personnel. L'exercice de ces droits doit cependant se faire de façon compatible avec les dispositions de cette convention.

(Convention collective entre le Syndicat des salariés de la Boulangerie Weston [C.S.D.] et les Boulangeries Weston Québec Corp., 1996-2000.)

En dépit de ce que laisse entendre son intitulé, cette clause générale va bien au-delà de la reconnaissance des seuls droits de gérance. Elle porte sur l'administration, la direction ou la gestion de l'entreprise et correspond à une définition large des droits de direction. L'emploi de ces termes montre la portée très vaste d'une clause aussi courte et générale. Cette clause est assortie d'une limite, à savoir que l'employeur doit exercer les droits que lui reconnaît la clause de manière compatible avec la convention collective. Toutes les clauses de droits de direction contiennent généralement une telle réserve ou limite. La clause générale de l'exemple ci-dessus est purement déclaratoire, dans la mesure où les droits qu'elle reconnaît et la réserve qu'elle comporte s'imposeraient de toute façon même en l'absence de cette clause.

La rédaction d'une clause générale peut varier d'une convention à l'autre :

Article 2   Droits et obligations de l'employeur

2.01   Sous réserve des dispositions contenues dans la convention, le Syndicat reconnaît le droit à l'Employeur de diriger et d'administrer *Le Soleil*.

2.02   Les règlements de régie interne et leur application ne doivent en aucun temps contrevenir à la convention qui a préséance sur ces règlements.

(Convention collective entre *Le Soleil*, Division de Compagnie Unimédia et Syndicat de la rédaction du *Soleil* [C.S.N.], 2000-2003.)

Cette clause générale reconnaît aussi les droits de l'employeur au-delà des seuls droits de gérance ; elle porte sur l'administration et la direction de l'entreprise, fonctions qui doivent être exercées, suivant la limite classique formulée ici différemment, conformément à la convention. Contrairement au premier exemple, cette clause aborde toutefois nommément le pouvoir de réglementation de l'employeur non pour le nier, mais pour rappeler la préséance de la convention sur les règlements qui découleraient de ce pouvoir. Cet ajout est également déclaratoire puisqu'en vertu de l'effet réglementaire de la convention (voir le chapitre 2), cette préséance s'imposerait de toute façon.

B. Clause détaillée : exemples et analyse

La clause détaillée, au contraire, identifie et énumère les droits que la direction veut faire reconnaître par le syndicat. Généralement, la clause détaillée mentionne aussi explicitement que cette énumération n'est pas limitative mais simplement descriptive. Ainsi, il est clair que les droits énumérés relèvent de la direction, mais que celle-ci se réserve aussi d'autres droits. En voici un premier exemple :

Article 4   Droits de la direction

4.01   Principe général

a)   Sous réserve des dispositions de la présente convention, le Syndicat reconnaît que la gestion de l'entreprise et la direction du personnel, y compris le droit d'embaucher, de classifier, de promouvoir, de transférer, de rétrograder, de suspendre, de mettre à pied ou de congédier tout salarié sont du ressort de l'Employeur.

b) Sans limiter la généralité de ce qui précède, les droits de l'Employeur comprennent, sous réserve des dispositions de la convention collective, le droit de maintenir l'ordre, la discipline et l'efficacité de l'entreprise, de déterminer le lieu des opérations, leur expansion ou leur limitation, les cédules d'opération, les périodes d'ouverture ou de fermeture, les heures de travail, les méthodes, les procédés et moyens à être utilisés dans le travail.

4.02   Limitation

L'Employeur s'engage à exercer ses droits de direction de façon compatible avec la présente convention, à défaut de quoi, un grief peut être soumis.

4.03   Règlement

L'Employeur a le droit de faire et de modifier de temps à autre des règlements raisonnables que les salariés doivent observer, lesquels règlements ne doivent pas être en contradiction avec les dispositions de cette convention. Tout nouveau règlement n'entrera en vigueur que cinq (5) jours après avoir été affiché.

Copie du règlement est envoyée au Syndicat.

(Convention collective de travail entre Syndicat des travailleuses et travailleurs de l'Hôtel du Parc [C.S.N.] et Renaissance Hôtel du Parc, 1999-2002.)

La longueur de la clause et le style de rédaction (le recours aux énumérations) indiquent qu'il s'agit d'une clause détaillée. Elle l'est aussi par l'étendue des droits de direction qu'elle aborde expressément. Dans les premiers paragraphes, cette clause, comme la plupart des clauses détaillées, énumère les droits de direction se rattachant à des objets précis. Il s'agit surtout des droits de direction du travail, mais aussi des droits de direction de la production (méthodes et procédés) et des affaires (lieu et expansion des opérations). Cette clause est également détaillée en ce qu'elle reconnaît expressément l'ensemble des pouvoirs de direction de l'employeur : son pouvoir de déci-

sion sur le travail et la main-d'œuvre (embauche, mise à pied, licenciement), son pouvoir d'émettre des ordres et son pouvoir disciplinaire, ainsi que son pouvoir de réglementation. L'ensemble de ces droits et pouvoirs est visé par la réserve que l'on relève habituellement dans les clauses de droits de direction, quant à leur exercice conforme à la convention collective.

Le pouvoir de réglementation est toutefois assujetti par cette clause à des limites supplémentaires qui tiennent à la procédure – affichage, délai d'entrée en vigueur, copie au syndicat –, mais aussi à des conditions de fond : les règlements doivent être raisonnables et ne pas entrer en contradiction avec la convention collective. Certaines de ces limites vont au-delà des règles qui seraient autrement applicables ; c'est pourquoi cette clause ne peut être considérée comme purement déclaratoire.

Comme deuxième exemple, voici un extrait d'une clause détaillée :

Article 3   Fonctions réservées à la direction

3.01   Le Syndicat reconnaît que c'est la fonction de la Compagnie de :

a) Maintenir l'ordre, la discipline et le rendement ;

b) Être juge des qualifications des salariés pour accomplir les exigences normales d'une classification. Toutefois, lorsque la Compagnie exerce son jugement, elle le fera de façon objective et sans discrimination. Si le salarié croit que le jugement de la Compagnie concernant sa classification est injuste, il pourra se servir de la procédure des griefs ;

c) Engager, congédier, établir des classifications, diriger, permuter, promouvoir, démettre, mettre à pied, et suspendre les salariés ou leur imposer quelque autre mesure disciplinaire pour une cause juste et suffisante ; il est par ailleurs convenu que la prétention d'un salarié qui a été discipliné ou congédié peut devenir à bon droit le sujet d'un grief ;

d) Établir, réviser et amender les règlements régissant la conduite des salariés et les méthodes de procéder des salariés, pourvu que ces règlements soient raisonnables et appliqués de façon raisonnable. La Compagnie avise le Syndicat, par écrit, de tout changement ou addition au règlement actuel ;

e) De façon générale, gérer l'entreprise industrielle dans laquelle la Compagnie est engagée et, sans restreindre la généralité de ce qui précède, déterminer le genre et le site des ses mines, moulins, puits d'exploration, ateliers, endroits de travail, méthodes de production, machines et outils à être utilisés, le nombre de salariés requis, en tout temps, pour quelque opération que ce soit ou pour l'ensemble des opérations, l'attribution des équipes, l'agencement de la production, le prolongement, la limitation, la réduction ou la cessation des opérations, sujet à l'article 22, et toutes autres matières concernant les opérations de la Compagnie et dont il n'est pas spécifiquement traité dans la présente convention ;

f) Dans le cas de manquement, les avertissements écrits datant de quatre (4) mois et plus ne seront pas utilisés dans le but de discipliner un salarié à nouveau pourvu qu'une infraction de même nature, telle que définie ci-après, ne soit commise de nouveau pendant cette période. Si aucune autre infraction de même nature n'est commise durant cette période, l'avis d'infraction sera retiré du dossier du salarié. L'avis ainsi retiré ne peut être invoqué en arbitrage. Une copie de tous avertissements écrits, donnés à un salarié, sera envoyée au Syndicat.

Les infractions de même nature doivent se regrouper dans l'une des catégories suivantes :

1. Sécurité au travail.

2. Exécution du travail.

3. Présence au travail.

4. Conduite relative à des personnes.

5. Conduite relative à la propriété.

(Convention collective entre Société aurifère Barrick-La mine Doyon et le Syndicat des Métallurgistes unis d'Amérique, Section locale 9291, 1995-2000.)

Compte tenu de sa longueur, cette clause n'est pas reproduite entièrement ici, car son contenu excède largement les propos du présent chapitre. L'objet du paragraphe 3.02 limitant le recours par l'employeur au travail à forfait (sous-traitance),

est traité dans le chapitre 9, consacré à l'organisation de la production et du travail. Quant au sous-paragraphe 3.03, reconnaissant au syndicat le droit de représenter les salariés sans obtenir d'eux un consentement préalable, il est abordé dans le chapitre 5 portant sur le règlement et l'arbitrage des griefs.

La clause détaillée de cet exemple énumère plusieurs droits qui se rattachent à la direction du travail et de la production, tout en précisant que cette énumération n'est pas limitative. Le pouvoir de réglementation de l'employeur reconnu par le sous-paragraphe d) porte sur des matières précises – la conduite des salariés et les méthodes – et il est limité par des conditions de forme et par des conditions de fond tenant au caractère raisonnable du contenu du règlement et de ses modes d'application. Le pouvoir de contrôler le travail par des ordres et des directives ainsi que le pouvoir disciplinaire de l'employeur sont aussi reconnus par les sous-paragraphes a) et c), mais les sous-paragraphes c) et f) viennent ensuite limiter ce pouvoir disciplinaire. Enfin, dans le sous-paragraphe b), la clause reconnaît expressément qu'il revient à l'employeur d'évaluer les qualifications des salariés tout en assujettissant ce pouvoir à d'importantes limites concernant les critères (objectivité, absence de discrimination) et en permettant la contestation, par voie de griefs, de toute décision qu'un salarié estimerait injuste. Bref, cette clause n'a pas un caractère purement déclaratoire.

Il y a de grandes différences de forme entre une clause générale et une clause détaillée. Rappelons cependant qu'il faut lire la clause de droits de direction en ayant à l'esprit l'ensemble de la convention et qu'une telle lecture permet souvent d'en expliquer la forme. Certaines parties conviennent d'une clause de droits de direction générale courte, préférant aborder en détail certaines dimensions particulières des droits de direction, comme le pouvoir disciplinaire ou le recours à la sous-traitance, dans d'autres clauses de la convention. D'autres préfèrent élaborer une clause détaillée qui dépasse largement la stricte reconnaissance des droits de l'employeur pour établir avec précision les limites de certains d'entre eux afin de ne pas avoir à le faire dans d'autres clauses de la convention. Dans les deux cas, seule une lecture de l'ensemble de la convention permet véritablement de comprendre la portée de la convention collective sur les droits de direction de l'employeur.

C. Clause résiduelle : exemple et analyse

Une clause résiduelle peut accompagner une clause générale ou une clause détaillée. Elle vient préciser que tous les droits que l'employeur n'a pas cédés ou partagés avec le syndicat dans la convention lui reviennent en exclusivité. La clause résiduelle est en quelque sorte l'expression, dans la convention, de la thèse des droits résiduaires en vertu de laquelle les matières non traitées dans la convention appartiennent à l'employeur[17]. Voici un exemple d'une clause générale et résiduelle :

Article 4   Droits et obligations de l'employeur

4.01   Droits de la direction

L'Employeur a le droit exclusif d'assurer l'efficacité et la rentabilité de ses opérations, de gérer et d'opérer son établissement et de conduire son entreprise, sujet aux seules restrictions imposées par la loi ou par la présente convention, *l'Employeur conservant les droits et privilèges qui ne sont pas spécifiquement abandonnés ou restreints par la présente convention.* [Nous soulignons.]

(Convention collective entre le Syndicat des travailleuses(eurs) du Ritz Carlton [C.S.N.] et le Ritz-Carlton, 1999-2002.)

Cette clause est générale de par son mode de rédaction. Les droits de direction reconnus dépassent le seul droit de gérance pour toucher, en termes généraux, l'ensemble des droits nécessaires à la conduite de l'entreprise. La clause est assortie de la limite habituelle suivant laquelle ces droits doivent être exercés de manière compatible avec la convention. Toutefois, la rédaction de cette réserve classique est différente des

autres exemples que nous avons vus, car elle mentionne explicitement les restrictions apportées par la loi. S'y ajoute une clause résiduelle, qui précise ce qu'il advient des droits de direction dont la convention ne traite pas ; nous avons souligné la clause résiduelle.

Cette clause a aussi une portée déclaratoire, les droits reconnus, les limites auxquelles ils sont assujettis et les droits résiduaires de l'employeur étant tous des principes qui se seraient imposés en l'absence de cette clause.

D. La portée de la mention d'exclusivité

Certaines clauses que nous venons d'étudier reconnaissent à l'employeur des droits « exclusifs ». Quelle est la portée de ce qualificatif ?

Bien sûr, cela ne conduit pas à faire de ces droits des droits absolus. Rappelons le substrat juridique de ces droits, étudié précédemment : les droits de l'employeur sont limités par les lois d'ordre public, mais aussi par les limites intrinsèques reliées à leurs fondements juridiques. Reconnaître l'exclusivité des droits de direction dans une convention collective n'équivaut évidemment pas à en faire des droits absolus, hors de tout contrôle. Le droit québécois impose des limites aux droits de direction de l'employeur, même lorsque ceux-ci sont déclarés, par une clause de convention collective, relever exclusivement de l'employeur.

L'effet de cette mention d'exclusivité peut cependant avoir une incidence sur la juridiction compétente pour contrôler l'exercice de ces droits exclusifs par l'employeur. On a pu penser que la mention d'exclusivité impliquait qu'un désaccord en la matière ne pouvait faire l'objet d'un grief, ou du moins qu'un tel grief ne pouvait être soumis à l'arbitrage, ni tranché de façon définitive par un arbitre (Hébert, 1992 : 148). On peut toutefois soutenir, à l'inverse, qu'une clause portant sur les droits de direction permettrait d'asseoir la compétence de l'arbitre qui serait alors justifié d'interpréter la convention collective, mais aussi la loi, dans la mesure où il est nécessaire de le faire pour disposer du grief, con-

---

17. La thèse des droits résiduaires de la direction est présentée dans la section du chapitre 1 consacrée aux effets de la convention collective sur l'employeur.

formément aux pouvoirs qu'il détient en vertu de la convention collective et de l'article 100.12 du *Code du travail*[18].

Concrètement, il est rare qu'un grief ne soit fondé que sur cette seule clause. Dans la pratique des relations du travail, le problème des droits de direction se pose le plus souvent à l'occasion d'enjeux particuliers traités dans d'autres clauses de la convention collective. Mentionnons, par exemple, le recours à la sous-traitance, l'introduction de changements technologiques, l'imposition d'examens médicaux dans le cadre de politiques de santé et sécurité du travail, les tests et examens imposés dans le contexte de la gestion des problèmes d'incapacité au travail ou l'évaluation des aptitudes et des compétences d'un salarié aux fins de l'attribution d'un poste. La clause de droits de direction éclaire l'interprétation des clauses qui portent sur ces aspects, clauses qui seront étudiées dans des chapitres subséquents.

3.4 Conclusion

La clause portant sur les droits de direction existe depuis longtemps dans les conventions collectives et elle y est très répandue. Elle fait partie des clauses que l'on place au début des conventions, avec celles qui portent sur les droits syndicaux, pour bien rappeler le rôle respectif de chaque partie. Ce rôle varie peu ; c'est pourquoi il s'agit en général d'une clause stable, dont la rédaction est sujette à peu de changements d'une négociation à l'autre.

Cela dit, au-delà de la clause elle-même, les droits de direction sont au cœur des enjeux actuels des relations du travail. Les innombrables nouvelles méthodes d'organisation de la production et du travail, ainsi que le raffinement des méthodes de contrôle du travail et de surveillance des salariés, sont de nouveaux outils à la disposition des employeurs qui interpellent les syndicats et les salariés. Les décisions stratégiques de l'entreprise concernant le développement de nouveaux produits ou de nouveaux marchés ont des effets sur l'emploi et les conditions de travail. On peut donc s'attendre à ce que la négociation collective prenne ces questions en considération, ce qui représenterait un élargissement évident du contenu des conventions vers des objets non traditionnels.

Ces négociations pourront se traduire par l'ajout de clauses nouvelles dans les conventions collectives. Dans d'autres cas, il s'agira simplement de renforcer la double fonction des clauses de droits de direction : ce sont certes des clauses de reconnaissance des droits de direction, mais aussi des clauses qui peuvent en délimiter les domaines et en préciser les conditions d'exercice et les limites.

---

18. Le chapitre portant sur le règlement et l'arbitrage des griefs traite des pouvoirs reconnus dans le *Code du travail* à l'arbitre de griefs.

références bibliographiques

BERNIER, L., G. BLANCHET, L. GRANOSIK et É. SÉGUIN (2000). *Les mesures disciplinaires et non disciplinaires dans les rapports collectifs du travail*, Cowansville, Les Éditions Yvon Blais.

BICH, M-F. (1988). « Le pouvoir disciplinaire de l'employeur – fondements civils », *Revue juridique Thémis*, vol. 22, p. 85.

BLOUIN, R. et F. MORIN (2000). *Droit de l'arbitrage de grief*, 5e éd., Cowansville, Les Éditions Yvon Blais.

BRUN, A. et H. GALLAND (1978). *Droit du travail*, 2e éd., Paris, Sirey.

CARDIN, J.-R. (1964). « Le règlement des différends touchant l'exercice du pouvoir disciplinaire de l'employeur, y compris le renvoi », *Revue du Barreau,* vol. 24, p. 121.

D'Aoust, C. et G. Trudeau (1979). *L'obligation d'obéir et ses limites dans la jurisprudence arbitrale québécoise,* monographie n° 4, Montréal, Université de Montréal, École de relations industrielles.

D'Aoust, C., L. Leclerc et G. Trudeau (1982). *Les mesures disciplinaires : étude jurisprudentielle et doctrinale,* monographie n° 13, Montréal, Université de Montréal, École de relations industrielles.

Dion, G. (1960). « Propriété, responsabilité et droits de gérance », Congrès des relations industrielles de l'Université Laval, *Droits de gérance et changements technologiques,* Québec, Presses de l'Université Laval.

Dion, G. (1961). « La propriété et le fondement de l'autorité dans l'entreprise », *Relations industrielles/Industrial Relations,* vol. 16, p. 48.

Dugas, N., R. Bourque et G. Vallée (1996). « L'élaboration et la mise en œuvre du contrat social chez Sammi-Atlas au Québec : une analyse stratégique », dans A. Giles, A.E. Smith et G. Trudeau (dir.), Sélection de textes du 32e Congrès de l'Association canadienne de relations industrielles, *The Globalization of the Economy and the Worker/La mondialisation de l'économie et le travailleur,* Québec, Université Laval, Département des relations industrielles.

Durand, P. et R. Jaussaut (1947). *Traité du droit du travail,* t. I, Paris, Dalloz.

Gagnon, R.P., L. LeBel et P. Verge (1991). *Droit du travail,* 2e éd., Sainte-Foy, Presses de l'Université Laval.

Grant, M. (2001). « La FTQ et la nouvelle organisation du travail : de la menace au défi », dans Y. Bélanger, R. Comeau et C. Métivier (dir.), *La FTQ, ses syndicats et la société québécoise,* Montréal, Comeau et Nadeau, p. 67-82.

Hébert, G. (1992). *Traité de négociation collective,* Boucherville, Gaëtan Morin Éditeur.

Lajoie, A. (1995). *Pouvoir disciplinaire et tests de dépistage de drogues en milieu de travail : illégalité ou pluralisme,* Cowansville, Les Éditions Yvon Blais, coll. « Relations industrielles », vol. 27.

Mockle, D. (1992). « Ordre normatif interne et organisations », *Les Cahiers de droit,* vol. 33, p. 965.

Morin, F. et J.Y. Brière (1998). *Le droit de l'emploi au Québec,* Montréal, Wilson & Lafleur.

Morin, F. et J.Y. Brière (2001). *Réforme du Code du travail. Analyse critique,* Brossard, Publications CCH ltée.

Quarter, J., I. Carmichael, J. Sousa et S. Elgie (2001). « Social Investment by Union-Based Pension Funds and Labour-Sponsored Investment Funds in Canada », *Relations industrielles/Industrial Relations,* vol. 56, p. 92.

Vallée, G. et E. Naufal-Martinez (1995). « La théorie de l'abus de droit dans le domaine du travail », dans G. Trudeau, G. Vallée et D. Veilleux (dir.), *Études en droit du travail à la mémoire de Claude D'Aoust,* Cowansville, Les Éditions Yvon Blais, p. 303-342.

Verge, P. et G. Vallée (1997). *Un droit du travail ? Essai sur la spécificité du droit du travail,* Cowansville, Les Éditions Yvon Blais, coll. « Le droit aussi... ».

Régime syndical

Plan

En plus de déterminer un certain nombre de droits pour les salariés, les conventions collectives contiennent des dispositions qui protègent la sécurité syndicale. En d'autres termes, ces clauses garantissent au syndicat le pouvoir d'exister et d'exercer son rôle efficacement et de façon permanente.

Consacrée par la loi, certifiée par l'employeur, la sécurité syndicale procède aussi de la capacité d'un syndicat de réunir les travailleurs d'une entreprise et de les garder dans ses rangs.

Ce chapitre aborde deux aspects fondamentaux de la vie syndicale et de la sécurité syndicale. Le premier concerne le régime syndical, qui garantit la sécurité juridique et financière du syndicat, et qui s'appuie sur des clauses d'adhésion syndicales et des clauses financières. Les premières déterminent les différentes formes de recrutement et d'adhésion syndicale ; elles sont qualifiées d'« ateliers » et nous en dresserons plus loin une typologie. De nature financière, les secondes garantissent la retenue à la source des cotisations syndicales, permettant ainsi au syndicat de disposer de fonds suffisants pour représenter ses membres efficacement.

Le lecteur notera que plusieurs questions comme celles des droits syndicaux relatifs à la protection de l'accréditation, du statut du syndicat en tant qu'unique mandataire des salariés chargé de déterminer des conditions de travail ainsi que certaines clauses contractuelles sont abordées ailleurs dans ce volume. Nous ne traitons ici que du régime syndical et de la représentation syndicale.

Après avoir décrit les clauses de sécurité syndicale, les différents modes de recrutement, et après avoir étudié leurs conséquences sur la vie syndicale, nous traiterons des dispositions des conventions collectives relatives à la représentation syndicale. Nous étudierons les clauses de la représentation syndicale proprement dite à l'intérieur et à l'extérieur du milieu du travail, ainsi que les clauses concernant les libérations syndicales et leur financement. Enfin, nous traiterons des obligations de l'employeur relativement aux moyens et aux ressources qu'il doit mettre à la disposition du syndicat afin qu'il puisse jouer adéquatement son rôle de défense et de promotion des intérêts de ses membres. À ce propos, nous aborderons tout particulièrement les questions de l'accès à l'information et de la communication entre les membres du syndicat sur les lieux de travail.

4.1 Reconnaissance syndicale et accréditation

La négociation et l'application de la convention collective par un syndicat constituent la forme la plus importante de représentation des travailleurs au sein de l'entreprise. Cette convention contribue, dans une certaine mesure, à équilibrer la relation de subordination qui caractérise habituellement l'organisation du travail dans l'entreprise. Outre cette fonction primordiale de représentation des salariés, les syndicats défendent les intérêts de leurs membres à d'autres niveaux. Les objectifs et les stratégies des syndicats dépassent le cadre du milieu de travail puisque certains enjeux susceptibles d'affecter les conditions de travail et de vie des syndiqués ne relèvent pas exclusivement de l'employeur immédiat, comme dans le cas des mesures d'assurance-emploi ou de la langue de travail. Ainsi, la représentation syndicale ne se limite pas à la défense des conditions de travail des salariés ; elle se préoccupe de leurs conditions de vie en tant que citoyens (Murray et Verge, 1999 : 66-67 et 86-87). La poursuite de ces objectifs amène parfois les syndicats à intervenir dans la vie politique et à appuyer un parti ou une option constitutionnelle, comme la souveraineté du Québec. Ainsi, la Cour suprême du Canada a reconnu dans l'arrêt Lavigne[1] que les

---

1. *Lavigne* c. *Syndicat des employés de la fonction publique de l'Ontario*, [1991] 2 R.C.S. 211. Ce jugement aborde aussi la délicate question de l'inclusion du droit de refuser d'adhérer à un syndicat dans la liberté d'association garantie dans la *Charte canadienne des droits et libertés*. Cette question est reprise dans une décision récente de la Cour suprême où une majorité de juges reconnaît un droit limité de refuser d'adhérer à un syndicat. Malgré cela, la Cour suprême confirme la validité constitutionnelle de l'obligation d'adhérer à un syndicat que la loi québécoise impose à tous les salariés de la construction. Voir *R.* c. *Advance Cutting & Coring Ltd.*, [2001] CSC 70 (19 octobre 2001).

cotisations peuvent servir à financer des activités syndicales externes, dont l'appui à une formation politique engagée dans la défense des intérêts des travailleurs.

Toutefois, dans le contexte du régime nord-américain de relations du travail, le milieu de travail immédiat est au cœur de l'action et de la vie syndicale. Il est le «lieu primordial de la représentation» (Murray, 1994 : 23), la négociation et l'application de la convention collective en étant l'expression et la condition prépondérantes.

Les conventions collectives débutent d'ailleurs par un énoncé de principe traitant du certificat d'accréditation détenu par le syndicat à titre de représentant exclusif des salariés. Cette clause contractuelle (voir le chapitre 1) constitue un rappel des dispositions législatives relatives aux droits syndicaux. C'est dans la convention collective que les parties définissent concrètement les droits du syndicat concernant le financement de ses activités et les différentes activités autorisées et reconnues qu'il assume en tant que représentant des salariés. Nous verrons aussi dans quelle mesure la convention collective, par ses moyens et ses ressources, dynamise la présence et l'influence du syndicat au sein de l'entreprise, tant dans ses relations avec les salariés qu'avec les mandataires de l'employeur.

De par le statut d'association accréditée qui lui est octroyé, le syndicat détient un ensemble de droits et d'obligations. Les articles de la convention relatifs à la vie syndicale renvoient aux moyens dont l'association accréditée dispose pour remplir au mieux son rôle de représentation auprès de l'employeur. Ainsi, le *Code du travail*[2] garantit le financement du syndicat en obligeant l'employeur à prélever sur le salaire de tous les salariés couverts par l'accréditation syndicale un montant déterminé par l'association. Le monopole syndical sanctionné par la législation du travail consacre le droit de représentation exclusif des salariés en ce qui concerne la négociation et l'application de la convention collective, qu'ils soient membres ou non du syndicat. Nous verrons d'ailleurs plus loin comment, en fonction du type d'atelier syndical, un salarié est membre du syndicat ou non, tout en demeurant obligatoirement couvert par la convention collective. Ce monopole ne doit pas s'exercer arbitrairement ou de mauvaise foi. Toutes les personnes couvertes par la convention collective doivent être traitées également, sans discrimination.

La vie syndicale ne se réduit cependant pas à la perception d'une cotisation et aux conditions d'adhésion à un syndicat. Le syndicat cherche aussi à négocier une convention qui facilite son rôle de représentation en accordant, par exemple, des congés spéciaux à des dirigeants syndicaux. Ces congés, ou libérations, facilitent le travail des représentants syndicaux sur place et à l'extérieur de l'entreprise. Les conditions de vie syndicale concernent également d'autres ressources qui contribuent à faciliter ce travail de représentation. Ces ressources concernent notamment l'octroi d'un local sur les lieux de travail ou le droit de communiquer de l'information aux membres par un tableau d'affichage ou par l'intranet. Examinons d'abord le régime syndical qui détermine les conditions de financement et d'adhésion au syndicat.

4.2 Fondements du régime syndical : financement et sécurité

Le régime syndical assure la sécurité du syndicat par deux moyens : le maintien d'une majorité de membres parmi les salariés de l'accréditation et la garantie de revenus réguliers. La première mesure oblige tous les travailleurs concernés, ou seulement certains d'entre eux, à adhérer au syndicat accrédité. On parle alors du régime syndical. Le financement du syndicat repose généralement sur la retenue à la source des cotisations syndicales ou de leur équivalent. Autrement dit, l'employeur déduit ces cotisations de la paye des employés visés. Cette pratique est qualifiée de «retenue des cotisations syndicales» ou de «précompte syndical». Ces fonds servent notamment aux syndicats affiliés à une centrale syndicale ou à d'autres

---

2. L.R.Q., c. C-27, [ci-après cité : C.t.], art. 47.

regroupements, à payer les services professionnels et d'autres formes d'aide destinées à défendre et à promouvoir les intérêts des membres (les fonds de grève, par exemple). Après un bref rappel des origines des clauses de sécurité syndicale de même qu'une courte présentation du cadre juridique de la sécurité syndicale, nous examinerons les différents types de clauses traitant de la sécurité syndicale.

4.2.1 Origine des clauses de sécurité syndicale

Selon Gérard Dion (1986, 85), la clause de sécurité syndicale est une disposition qui «oblige les travailleurs soit à adhérer au syndicat, soit à en demeurer membres, soit à le soutenir financièrement».

Cette clause n'est pas nouvelle puisqu'elle remonte aux corporations de métiers du Moyen Âge dont le but était de limiter l'entrée de nouveaux membres dans les différentes professions. Les principes de cette clause – l'obligation d'appartenir à un syndicat et le refus de travailler avec des personnes qui n'en sont pas membres – ont été repris dans le syndicalisme moderne. Au XIXe siècle, les membres des premiers syndicats s'engagent à ne pas travailler à un salaire moindre que celui de la liste insérée dans la Bible sur laquelle ils doivent prêter serment avant d'être engagés. Dans le contexte de l'idéologie libérale accompagnant l'industrialisation au XIXe siècle, la sécurité syndicale n'est pas une fantaisie, mais une condition vitale pour le syndicat et ses membres.

Ni les gouvernements ni les entreprises ne reconnaissent spontanément et facilement les syndicats et le droit à la négociation. Au Canada, ce n'est qu'en 1872 que les syndicats ne sont plus considérés comme des associations criminelles. Les syndicats sont nés dans l'illégalité et l'histoire de leur reconnaissance est marquée d'affrontements avec les forces policières et militaires.

Quand les unions ouvrières commencent à négocier et à signer des conventions collectives,

elles cherchent en premier lieu à obtenir la reconnaissance de l'employeur qui accepte ainsi de discuter de conditions de travail. Ces syndicats n'ont alors aucune protection légale; ils doivent survivre par eux-mêmes dans un milieu hostile au syndicalisme et à la négociation. Il est essentiel pour chaque union d'être reconnue par l'employeur comme le représentant exclusif des travailleurs. C'est à partir de ce moment qu'on peut retracer l'origine de la clause relative à l'appartenance à un syndicat.

L'adoption du *Wagner Act*[3] aux États-Unis en 1935 et des lois de relations ouvrières au Canada en 1944 règle pratiquement le problème de la reconnaissance syndicale. Du moment que les syndicats sont officiellement reconnus par un organisme gouvernemental, les employeurs n'ont plus le pouvoir de les récuser. Mais il faut toutefois que le groupe en cause compte parmi ses membres la majorité absolue des salariés qui seront couverts par la future convention collective. Une fois reconnu, le principe de l'accréditation a pour effet de supprimer complètement, ou presque, la grève de reconnaissance syndicale. En fait, ce genre de grève est désormais prohibé par les lois canadiennes.

4.2.2 Cadre juridique de la sécurité syndicale

C'est dans ce cadre juridique et institutionnel que naissent les différents types de clauses de sécurité syndicale. Elles visent principalement le prélèvement sur la paye et le versement par l'employeur du montant fixé par le syndicat, c'est-à-dire le précompte syndical, ainsi que les conditions d'appartenance au syndicat. Cette obligation faite aux employeurs de prélever les cotisations syndicales est d'ailleurs consacrée par notre législation du travail. Par exemple, l'article 47 du *Code du travail* du Québec prévoit qu'un employeur doit retenir sur le salaire de tout salarié couvert par l'accréditation, qu'il soit membre ou non du

---

3. *National Labor Relations Act (Wagner Act)*, 1935.

syndicat, le montant indiqué par le syndicat à titre de cotisation :

> 47. Un employeur doit retenir sur le salaire de tout salarié qui est membre d'une association accréditée le montant spécifié par cette association à titre de cotisation.
>
> L'employeur doit, de plus, retenir sur le salaire de tout autre salarié faisant partie de l'unité de négociation pour laquelle cette association a été accréditée, un montant égal à celui prévu au premier alinéa.
>
> L'employeur est tenu de remettre mensuellement à l'association accréditée les montants ainsi retenus avec un état indiquant le montant prélevé de chaque salarié et le nom de celui-ci.

Même s'il s'agit du même montant, le premier et le second alinéa distinguent la cotisation du salarié membre du syndicat de la contribution du salarié non membre. C'est le principe de la *formule Rand*. Cette formule a été établie dans une sentence arbitrale rendue par le juge Ivan C. Rand en 1946 (Dion, 1986 : 223). D'abord imaginée pour régler un cas particulier, cette formule connaît un grand succès. La *formule Rand* repose sur le principe suivant : comme tous les salariés profitent de la convention collective, ils doivent tous payer la cotisation établie par le syndicat, qu'ils en soient membres ou non. Le salarié qui n'est pas membre du syndicat bénéficie intégralement des conditions de travail négociées qui s'appliquent à sa situation. Toutefois, il n'a pas le droit de voter durant les assemblées syndicales, ni de participer à un vote de grève par exemple, ou encore de se présenter à un poste de direction au sein de l'association accréditée.

Du monopole de représentation et de cette obligation faite à tous de payer une cotisation découle à l'article 47.2 du *Code du travail* le devoir du syndicat de représenter toutes les personnes appartenant à l'unité de négociation, qu'elles fassent ou non partie du syndicat.

Par ailleurs, le législateur reconnaît implicitement la légalité des clauses obligeant les salariés à devenir et à demeurer membres d'une association accréditée. En effet, l'article 63 du *Code du travail* du Québec interdit à tout employeur de congédier un salarié que le syndicat a refusé d'admettre dans ses rangs ou qui l'en a exclu.

4.2.3 Typologie des clauses de sécurité syndicale

Les clauses d'appartenance ou d'adhésion syndicale sont des dispositions selon lesquelles l'employeur impose, comme condition d'emploi, à tous ses salariés ou à une partie d'entre eux, l'obligation de devenir et de demeurer membres du syndicat signataire de la convention collective. L'obligation est soit très contraignante, comme dans le cas de l'atelier fermé, soit minimale, comme dans le cas du maintien d'adhésion. Dans quelle mesure une convention collective peut-elle forcer, comme condition d'emploi, un salarié à payer la cotisation syndicale, voire à devenir et à demeurer membre du syndicat[4]? Soulignons d'abord qu'une convention collective ne peut empêcher des travailleurs de démissionner de leur syndicat, de révoquer leur adhésion ou encore d'adhérer à un syndicat rival, pourvu que ces démarches soient effectuées dans des délais prescrits par l'article 22 du *Code du travail* (voir la section 2.1.5).

Classées selon un ordre croissant d'obligation d'appartenance, les différentes clauses d'adhésion syndicale sont : l'atelier ouvert, le maintien d'adhésion, l'atelier syndical imparfait, l'atelier syndical parfait et l'atelier fermé. Nous présenterons successivement chacune de ces clauses après avoir expliqué comment la notion de précompte syndical peut faire partie d'une convention collective.

A. Précompte syndical

Rappelons que le précompte syndical représente la retenue des cotisations syndicales ou d'un

---

4. Sur le lien entre cette obligation et la liberté d'association garantie par le droit canadien et québécois, voir les références à la note 1, *supra*.

montant équivalent effectuée par l'employeur sur le salaire afin de le remettre au syndicat (Dion, 1986 : 360). Quel que soit le type d'atelier syndical retenu, les parties négociantes inscrivent la plupart du temps dans le contrat collectif les conditions du précompte syndical en précisant, par exemple, le mode de versement. Ainsi dans la convention suivante :

Article 5   Retenue syndicale

5.01   Dès sa première semaine d'embauche, tout employé couvert par le certificat de reconnaissance syndicale, qu'il soit membre ou non du Syndicat, est tenu de verser un montant égal à la cotisation syndicale, lequel montant est déduit hebdomadairement de son salaire jusqu'à concurrence du montant de cotisation fixé par le Syndicat et remis mensuellement par la Ville au Trésorier du Syndicat.

(Convention collective entre Ville de Sherbrooke et Syndicat des fonctionnaires municipaux [F.I.S.A.], 1998-2002.)

Cette clause reprend l'essentiel de l'article 47 du *Code du travail* cité précédemment. Les clauses relatives à la retenue des cotisations syndicales présentes dans la quasi-totalité des conventions contiennent les précisions requises pour une application rapide et efficace. Il faut d'abord déterminer le type de cotisations à prélever. En règle générale, la déduction vise toujours la cotisation courante et régulière, assez fréquemment les frais d'adhésion au syndicat, et, très rarement, les cotisations spéciales et occasionnelles. Des questions de principe et de commodité administrative expliquent et justifient ces dispositions.

Habituellement, les clauses de retenue automatique renferment d'autres conditions. On y mentionne, par exemple, l'obligation pour le syndicat de faire connaître le montant de la cotisation, accompagné de la résolution adoptée à cette fin, le moment et la fréquence de la remise des cotisations avec la liste des noms des cotisants. Par cette disposition, le syndicat dégage la direction de toute responsabilité en cas de réclamation sur la retenue des cotisations, à moins que celle-ci n'ait pas été effectuée correctement par l'employeur.

B. Atelier syndical ouvert

Une convention collective qui ne comporte aucune clause relative à l'adhésion syndicale est qualifiée d'atelier ouvert. Dans ce type de régime, l'adhésion est facultative. Autrement dit, le salarié n'est pas obligé de devenir ou de rester membre du syndicat, même s'il est soumis au précompte syndical. Il a pour seule obligation de payer la cotisation syndicale. Toutefois, cette liberté ne signifie pas que le syndicat perd son accréditation dès qu'il n'emporte plus l'adhésion de la majorité des salariés couverts par la convention. En règle générale, à moins de disparition de l'entreprise, la révocation d'accréditation ne survient qu'après l'expiration de la convention collective.

C. Maintien d'adhésion

Même si le salarié est soumis au précompte syndical, le maintien d'adhésion n'oblige pas un salarié à devenir membre du syndicat s'il veut conserver son emploi. Toutefois, un salarié devenu membre du syndicat doit le demeurer. La clause d'appartenance syndicale qui comporte cette obligation minimale est dite « du maintien d'adhésion ». En voici un exemple :

Article 5   Droits syndicaux

[...]

5.10   Comme condition d'emploi, tous les salariés qui sont membres ou qui deviendront plus tard membres du Syndicat doivent maintenir leur affiliation pour la durée de cette convention, à moins d'être refusés ou expulsés par le Syndicat ; dans ce cas, ils peuvent conserver leur emploi mais doivent payer, chaque semaine, un montant égal à la cotisation syndicale.

(Convention collective entre QIT-Fer et Titane et Syndicat des ouvriers du fer et titane [C.S.N.], 1995-2001.)

L'article de cette convention, tout en obligeant le salarié à rester membre du syndicat une fois qu'il a adhéré librement, reprend les conditions de l'article 63 du *Code du travail* sur la protection de l'emploi du salarié qui n'est pas admis dans le syndicat ou qui en a été expulsé.

Par cette clause, le syndicat s'assure de conserver la majorité qu'il possède au moment de la négociation et de la signature de la convention. Il ne risque de perdre sa majorité que si le nombre d'employés augmente considérablement pendant que la convention est en vigueur. Mais, même dans cette hypothèse, il demeure le représentant syndical des salariés. En effet, la requête en révocation d'accréditation ne peut être déposée que durant la période précédant l'expiration de la convention collective, telle qu'elle est définie à l'article 22 du *Code du travail*. De plus, la révocation de l'accréditation ne peut survenir qu'à la suite de la décision de la Commission des relations du travail.

D. Atelier syndical imparfait

Ce type de clause présente une double exigence : les salariés membres du syndicat doivent le demeurer, et l'employeur s'engage à obliger les nouveaux salariés, embauchés durant la convention, à devenir membres du syndicat et à le demeurer. Par exemple :

Article 4   Sécurité syndicale

[...]

4.13 (a) 1.   Tout employé, à la fin de sa période de probation et comme condition de maintien de son emploi, doit devenir et demeurer membre en bons termes.

2.   Tous les membres actuels doivent demeurer membres en bons termes pour la durée de la convention.

3.   Tous les autres employés sont libres de se joindre, ou de s'abstenir de se joindre, mais dans le dernier cas, seront sujets à la formule « Rand » pour la durée du contrat.

(Convention collective entre Consoltex inc. et Conseil conjoint du Québec, Syndicat du vêtement, du textile et autres industries, 2000-2002.)

Le premier paragraphe de cette clause concerne les salariés embauchés après la signature de la convention puisqu'on y mentionne que les nouveaux employés doivent adhérer au syndicat après avoir terminé leur période de probation. Le second paragraphe renvoie au maintien d'adhésion pour les salariés devenus membres avant la signature de la convention. Le troisième paragraphe établit que tous les autres salariés embauchés avant la signature ont le choix d'être membres ou non, mais que tous sans exception doivent payer la cotisation syndicale ou son équivalent, car ils sont sujets à la *formule Rand*.

E. Atelier syndical parfait

Avec le temps et en pratique, il arrive qu'une clause d'atelier syndical imparfait se transforme en une clause d'atelier syndical parfait. Cela survient quand tous les salariés se sont syndiqués, parce que ceux qui avaient refusé de l'être au moment de leur embauche ont quitté l'entreprise. L'atelier syndical parfait stipule que tous les salariés actuels et futurs doivent, comme condition d'emploi, devenir et rester membres du syndicat. Par ailleurs, si un syndicat réussit à remplacer dans sa convention une clause d'atelier syndical imparfait par une clause d'atelier syndical parfait, les salariés qui refusaient de devenir membres du syndicat doivent le devenir. Voici un exemple d'atelier parfait :

Article 5   Sécurité syndicale

5.1   Tout employé doit, comme condition au maintien de son emploi, faire partie de l'union et en demeurer membre en règle pendant toute la durée de la présente convention collective.

5.2   Tout nouvel employé doit, comme condition au maintien de son emploi, devenir et demeurer membre en règle de l'Union après avoir complété sa période de probation. Il doit, par contre, payer la cotisation syndicale établie par l'union à compter de sa première paie.

(Convention collective entre Union des chauffeurs de camion, hommes d'entrepôts et autres ouvriers, Teamsters Québec, Section locale 106 [F.T.Q.], et Transport Robert [1973] Ltée, 1996-2000.)

Le premier article reprend la formulation classique de l'atelier syndical parfait. Le second prévoit que le nouveau salarié ne devient membre que lorsqu'il a achevé sa période de probation, mais, puisqu'il se trouve couvert par la convention collective et qu'il a droit au grief sur les matières applicables, il doit payer la cotisation syndicale.

F. Atelier fermé

L'atelier fermé est la clause d'appartenance syndicale la plus contraignante. Par cette clause, l'employeur s'engage à n'embaucher que des travailleurs déjà syndiqués: l'appartenance syndicale précède l'embauche par l'employeur. En pratique, cela signifie que l'employeur doit s'adresser à un bureau d'embauche syndical pour obtenir les travailleurs qu'il désire. En contrepartie, ce bureau d'embauche s'engage à fournir à l'employeur les travailleurs qualifiés dont il a besoin. En effet, la clause ne s'applique le plus souvent qu'à des travailleurs de métier ou à des groupes particuliers d'employés, comme les musiciens et les débardeurs. Peu répandue, cette clause caractérise principalement les secteurs d'activité à forte mobilité d'emploi. Ainsi les techniciens de la scène peuvent travailler une soirée pour la Société de la Place des Arts à l'occasion d'un concert de l'Orchestre symphonique de Montréal et, le lendemain soir, se déplacer au Centre Bell pour un spectacle rock.

Comme l'illustrent les dispositions suivantes, l'atelier syndical fermé renvoie au contrôle syndical sur l'admissibilité à l'emploi. Ainsi le premier paragraphe de l'article 1.09 stipule:

Article 1   Reconnaissance

[...]

1.09   Tous les vérificateurs, vérificateurs-en-chef, tonneliers, hommes de plancher et arrimeurs doivent être membres de l'A.I.D.

(Convention collective entre Association des employeurs maritimes et Association internationale des débardeurs [A.I.D.], Section locale 1657, vérificateurs et tonneliers – Montréal, 1998-2002.)

Selon cet article, seuls les membres du syndicat peuvent remplir les postes couverts par la convention collective. D'après un autre article

de cette même convention, la section locale de l'A.I.D. fournit la main-d'œuvre.

Article 1   Reconnaissance

[...]

1.08   Tout travail couvert par la présente convention sera assigné aux membres de l'A.I.D., Section locale 57 de la manière suivante:

– Lorsque tous les employés disponibles inclus aux annexes «E» et «F» auront été assignés, les employés disponibles dans la réserve de soutien seront ensuite assignés.

– Il y aura une liste supplémentaire fournie et mise à jour par le syndicat. Lorsque toute la main-d'œuvre disponible aura été utilisée, l'employeur en informera le syndicat et le *syndicat fournira la main-d'œuvre additionnelle nécessaire.* [Nous soulignons.]

(Convention collective entre Association des employeurs maritimes et Association internationale des débardeurs [A.I.D.], Section locale 1657, vérificateurs et tonneliers – Montréal, 1998-2002.)

G. Répartition des types de clauses de sécurité syndicale

Depuis plusieurs années, l'atelier syndical parfait constitue le type de clause d'adhésion syndicale le plus répandu. Ainsi, en 1989, une clause d'atelier syndical parfait figure dans 53,9 % des conventions collectives couvrant 50 salariés et plus[5], lesquelles concernent 25,3 % des salariés couverts (Hébert, 1992: 105). Bien qu'elles proviennent de deux fois moins de conventions collectives, les

---

5. Ces données provenaient de l'examen de 2 577 conventions collectives s'appliquant à 920 207 salariés, alors que, pour 2001, les informations portent sur un échantillon de conventions collectives réduit à 1 220 et couvrant 291 654 salariés. Il faut donc que, compte tenu des différences dans le mode de collecte des données, le lecteur traite ces informations avec prudence et réserve. Ainsi, il est assez étonnant que, sur les 1 220 conventions collectives de la banque de données, on ne retrouve que deux conventions collectives (soit 0,2 %) dans la catégorie maintien d'adhésion alors qu'en 1989 on en dénombrait 103 (soit 2,2 %).

données recueillies en 2001 (tableau 4.1) indiquent que près des deux tiers des conventions – et 63,9 % salariés – sont désormais assujettis à une clause d'atelier syndical parfait.

En 2001, l'atelier syndical imparfait arrive toujours au deuxième rang, mais il ne rejoint plus que 20,5 % des salariés assujettis, comparativement à 26,5 % en 1989. Par ailleurs, les données fournies par le ministère du Travail indiquent que, si en 1989 la clause d'atelier syndical imparfait rejoint 34,8 % des salariés couverts par une convention collective et occupe la première place, ce pourcentage baisse à 17,4 % en 2001 et relègue cette clause au second rang des clauses de sécurité syndicale.

4.3 Représentation syndicale

Bien qu'il soit affilié à une centrale syndicale, c'est le syndicat local qui représente les salariés couverts par l'accréditation auprès de l'employeur. Quelle que soit la taille du syndicat, un certain nombre de dirigeants ou de délégués syndicaux locaux doivent pouvoir se libérer de leur travail pour négocier la convention et, ensuite, pour en assurer l'application.

Cette section traite de la représentation syndicale au sein de l'entreprise. Nous abordons d'abord la question des conditions de libération des salariés appelés à représenter leurs collègues à l'intérieur comme à l'extérieur de l'entreprise, puis celle des privilèges d'ancienneté susceptibles d'être accordés aux représentants syndicaux. Ensuite, nous verrons par quelles dispositions la convention collective balise le droit du syndicat de recevoir de l'information et de communiquer avec ses membres de façon à assumer son mandat.

Le droit exclusif de représentation des salariés accordé à l'association accréditée ainsi que le droit de prélever la cotisation syndicale à la source constituent des assises légales sur lesquelles le syndicat s'appuie pour défendre et promouvoir l'intérêt des travailleurs. Par ailleurs, c'est dans la convention collective, et non en vertu d'une disposition spécifique de la loi, que le syndicat définit, avec l'employeur, les conditions qui lui permettent d'assumer son rôle. Les conventions collectives confèrent généralement un certain nombre de droits aux salariés et à leur syndicat. Pour garantir le respect de ces droits et

tableau 4.1 Répartition des conventions collectives et des salariés par types de clauses d'appartenance syndicale, 2001

Type de clause	Conventions collectives		Salariés	
	Nombre	%	Nombre	%
Atelier syndical imparfait	250	20,5	507 774	17,4
Atelier syndical parfait	779	63,8	199 316	68,3
Aucune disposition	113	9,3	26 920	9,2
Autres dispositions	76	6,2	14 352	5,0
Maintien d'affiliation	2	0,2	292	0,1
Total	1 220	100	291 654	100

Source: Ministère du Travail du Québec (2001).

pour assurer une présence et une vie syndicales, les syndicats cherchent à renforcer les conditions et les formes de la représentation syndicale, particulièrement au sein de l'entreprise.

Ainsi, la présence et la vie syndicales s'expriment dans la mesure où certains membres du syndicat sont libérés de leur travail pour rencontrer les représentants de l'employeur. En bénéficiant de libérations, les membres du syndicat sont en mesure de négocier la convention collective, de régler les plaintes ou les griefs, de discuter et de tenter de régler divers problèmes surgissant dans le milieu de travail. Comme on le verra plus loin, certaines conventions octroient des années supplémentaires d'ancienneté à des délégués syndicaux. En évitant la mise à pied, ils peuvent assurer la continuité syndicale. D'un autre côté, le syndicat cherche à faire inclure dans la convention des dispositions consacrant son droit à l'information sur des questions jugées pertinentes à son mandat; il veut aussi être en mesure de communiquer avec ses membres ou de les rencontrer pendant les heures de travail. Au-delà de ses fonctions immédiates, le syndicat participe à des activités à l'extérieur de l'entreprise. C'est le cas, notamment, des programmes de formation syndicale et de plusieurs activités proposées par les organisations ou les centrales syndicales dont il fait partie.

4.3.1 Congés spéciaux pour activités syndicales

La plupart des conventions collectives permettent à certains salariés de se libérer de leur travail habituel, avec ou sans rémunération de leur employeur ou de leur syndicat, pour différentes activités syndicales sur place ou à l'extérieur de l'établissement. Les délégués syndicaux sont rémunérés quand ils assument leurs tâches syndicales pendant l'horaire normal de travail. Ils sont aussi rétribués quand ils effectuent un travail syndical que l'employeur considère comme du travail rémunéré, même s'il est effectué en dehors de l'horaire habituel de travail (Sack et Poskanzer, 1996 : 7-42).

Ces activités sont multiples : elles vont du règlement des griefs à la négociation de la convention collective et à des séjours plus ou moins longs à l'extérieur de l'entreprise (un congrès syndical, par exemple). Ces libérations permettent aux représentants syndicaux de rencontrer leurs membres pendant les heures de travail. Elles permettent aussi aux salariés de rencontrer leurs dirigeants syndicaux pour s'informer de leurs droits ou leur poser certaines questions, surtout s'ils accompagnent ensuite leurs membres quand ils rencontrent des gestionnaires de l'entreprise.

A. Congés pour postes syndicaux

Les conventions prévoient généralement un congé de longue durée pour certains salariés élus à différents postes syndicaux (ex. : présidence du syndicat ou d'un comité), mais il arrive parfois qu'elles soient muettes sur la question. Selon la convention, les personnes libérées ont le droit de cumuler de l'ancienneté dans leur unité de négociation pendant qu'elles occupent des postes électifs. Ces personnes bénéficient également des régimes d'avantages sociaux, mais il faut vérifier si tous les frais sont pris en charge par le syndicat qui rembourse l'employeur ou si ce dernier les assume directement. Voici les dispositions contenues dans une convention collective d'Hydro-Québec relativement aux congés dont bénéficient des salariés libérés de leurs fonctions habituelles afin d'assumer une fonction élective dans leur syndicat.

Lettre d'entente n° 1   Congés spéciaux

[...]

2. Un maximum de quatre (4) employés-officiers détenant un poste électif peuvent obtenir un congé spécial, d'une durée égale à leur mandat, lequel congé peut être renouvelé dans le cas d'une réélection.

[...]

4. Dans le cas de l'employé-officier détenant un poste électif [...], il est convenu que :

a) la Direction lui paie le salaire régulier qu'il avait au moment de son départ, sauf qu'il bénéficie, durant son congé, des ajustements des échelles de salaire prévus par la convention collective et qui s'appliquent pour la classe de salaire qu'il occupait au moment de son départ. Le Syndicat remet à la Direction, sur réception d'une facture à cet effet, le montant total du salaire, de même que les contributions monétaires versées par la Direction au bénéfice de cet employé [...].

(Convention entre Hydro-Québec et le Syndicat des employé-e-s de techniques professionnelles et de bureau d'Hydro-Québec, Section locale 2000, Syndicat canadien de la fonction publique [F.T.Q.], 1995-2000.)

Généralement, seules les unités de négociation de grande taille peuvent se permettre de libérer à temps plein un dirigeant syndical. En effet, ce responsable étant rémunéré par le syndicat, celui-ci doit être en mesure d'en payer les coûts. Il arrive toutefois que des conventions collectives spécifient que l'employeur assume la libération d'un représentant syndical. Dans le cas d'unités plus petites, la convention prévoit parfois une libération partielle, de quelques jours par semaine ou répartis sur l'année. Les coûts de cette libération sont assumés ou non par l'employeur.

Enfin, d'autres conventions prévoient des libérations ponctuelles, avec ou sans rémunération, pour des activités syndicales qui n'incluent pas de rencontres directes avec l'employeur :

Article 1   Droits et obligations du syndicat

Chapitre 1   Reconnaissance et compétence du syndicat

[...]

1.13   L'exécutif du Syndicat peut tenir des réunions durant les heures normales de travail, pourvu que de telles réunions ne surviennent pas plus de deux (2) fois par mois, durant une (1) heure maximum chaque fois et qu'un avis a été donné à la direction de la Rédaction au moins trois (3) heures avant la tenue d'une telle réunion. D'autres réunions peuvent être tenues après entente avec la direction de la Rédaction.

(Convention collective entre *Le Soleil* et le Syndicat de la rédaction du *Soleil* [C.S.N.], 2000-2003.)

La plupart des conventions collectives contiennent des clauses relatives à la participation à certaines activités syndicales qui se tiennent hors de l'entreprise : congrès, journées d'étude ou de formation, etc. Dans certains cas, le congé est payé par l'employeur. La convention limite alors le nombre de jours de congé ou le nombre de personnes qui peuvent ainsi s'absenter du travail, comme l'illustre l'extrait de la convention suivante :

Article 6   Prérogatives et conditions applicables aux capitaines d'atelier, délégués syndicaux et officiers

[...]

6.12   L'employeur accepte d'accorder dix (10) jours de congé payés par année civile aux employés désignés par l'Union pour fin de formation syndicale. Ces congés ne seront accordés que sur demande de l'agent d'affaires ou du président de l'Union.

(Convention collective entre Union des chauffeurs de camion, hommes d'entrepôts et autres ouvriers, Teamsters Québec, Section locale 106 [F.T.Q.] et Transport Robert [1973] Ltée, 1996-2000.)

La convention peut également reconnaître d'autres types d'activités qui se tiennent à l'extérieur de l'entreprise, mais qui découlent de l'affiliation de l'association accréditée à un regroupement syndical plus large, telle une centrale syndicale :

Article 13   Permis d'absence

[...]

13.02   Congrès syndicaux et colloques

a)   Tout employé choisi pour représenter le Syndicat au congrès du Syndicat canadien de la fonction publique, de la Fédération des travailleurs et travailleuses du Québec, du Congrès du travail du Canada, ou aux colloques organisés par ces dits organismes, et tout employé choisi pour représenter ces dits organismes aux dits congrès ou colloques peut s'absenter, à la condition que la direction Relations du travail reçoive, au moins sept (7) jours à l'avance, une demande écrite du Syndicat à cet effet.

b)   Aucun salaire ne lui est payé pour la durée de son absence. La durée maximale du permis d'absence est normalement d'une (1) semaine par congrès ou colloque. Il est entendu que la désignation des délégués est faite selon les dispositions de la présente et leur nombre est conforme aux dispositions contenues dans les statuts ou règlements de ces organismes. Le Syndicat remet à la direction Relations du travail une copie de ces statuts ou règlements.

c) La Direction convient aussi d'accorder à un nombre limite d'employés un permis d'absence sans paie d'un maximum d'une (1) semaine pour assister ou participer à des congrès non prévus plus haut, à des cours d'éducation syndicale, aux réunions du Comité exécutif provincial du Syndicat et aux réunions du Conseil régional à condition que la direction Relations du travail reçoive au moins quatorze (14) jours à l'avance une demande écrite du Syndicat à cet effet.

d) À l'exception des réunions du Comité exécutif provincial et des réunions du Conseil régional, la Direction se réserve le droit de refuser toute demande de congé lorsque les circonstances ne permettent pas de se dispenser des services du ou des employés concernés.

(Convention collective entre Hydro-Québec et le Syndicat des employé-e-s de techniques professionnelles et de bureau d'Hydro-Québec, section locale 2000, Syndicat canadien de la fonction publique [F.T.Q.], 1995-2000.)

B. Relations avec l'employeur

Les relations avec l'employeur englobent surtout les activités relatives à la négociation de la convention collective et à son application. Les trois quarts des conventions collectives contiennent une disposition concernant la participation des salariés aux séances de négociation de la future convention collective. Parfois, le texte de la convention prévoit aussi une libération, avec ou sans perte de salaire, pour les membres du comité syndical de négociation chargés de préparer leur cahier de revendications.

Dans la majorité des cas, l'absence du travail n'entraîne pas de perte de salaire ; la participation des membres du comité syndical aux séances de négociation est rémunérée par l'employeur.

Les employés qui participent à la négociation de la convention collective reçoivent leur salaire habituel, mais les primes diverses, pour les heures supplémentaires, etc., ne sont généralement pas versées. Certaines conventions distinguent les rencontres directes de négociation et les séances qui se déroulent en présence d'un conciliateur. Le nombre de salariés qui bénéficient de ce privilège est généralement indiqué dans la convention collective ; il varie selon la taille de l'unité de négociation et celle de l'entreprise.

Article 1   Droits et obligations du syndicat

Chapitre 1   Reconnaissance et compétence du syndicat

[...]

1.14   Les employés, membres du comité syndical de négociations au nombre de quatre (4), sont libérés sans perte de salaire à l'occasion des séances de négociations pour le renouvellement de la convention. Le Syndicat peut ajouter un maximum de deux (2) membres libérés à ses frais.

(Convention collective entre *Le Soleil* et le Syndicat de la Rédaction du *Soleil* [C.S.N.], 2000-2003.)

Dans cette convention, le syndicat obtient la libération de six salariés à son comité de négociation, mais l'employeur en rémunère seulement quatre.

Les clauses de libération accordées aux fins de règlement des griefs sont, d'une certaine façon, plus larges mais aussi plus précises. Tout en reconnaissant le droit du syndicat de désigner ses dirigeants et ses délégués, et compte tenu des droits qui peuvent leur être accordés, une convention collective délimite généralement le cadre d'intervention de ces délégués. Ainsi, dans la convention suivante, l'employeur reconnaît au syndicat le droit de désigner des délégués de section pour des départements particuliers : garage ; entretien mécanique ; centre de distribution ; production et emballage du pain et réception ; production et emballage des petits pains ; salubrité ; autre (salariés à temps partiel) (art. 7.02,4). Ces délégués interviennent dans la procédure de grief en accompagnant ou en représentant le plaignant, durant les heures de travail et sans perte de salaire :

Section 7   Représentants syndicaux

[...]

7.02   Délégué de section

7.02,4   Dans l'exercice de sa fonction, le délégué de section peut assister, accompagner ou représenter tout salarié ou tout groupe de salariés de sa section ou d'une autre section, le cas échéant, à l'occasion de la soumission écrite d'un grief, à l'occasion de l'imposition d'une mesure disciplinaire à un salarié ou lors de discussion sur l'imposition d'une telle mesure ou à l'occasion de la discussion avec le supérieur immédiat d'un salarié ou d'un groupe de salariés à la suite d'un litige ou d'une mésentente relative aux conditions de travail prévues ou non prévues à la convention collective.

(Convention collective entre Syndicat des salariés de la Boulangerie Weston [C.S.D.] et Les Boulangeries Weston Québec Corp., 1996-2000.)

Voici un extrait d'une autre convention collective s'appliquant dans le secteur du textile où l'on spécifie, à l'article 4.06, le champ et les conditions d'intervention des délégués syndicaux ainsi que leurs fonctions, tout en prévoyant le maintien de leur salaire (art. 4.07) :

Article 4   Régime syndical

[...]

4.06   Délégué départemental :

Pour fins d'application de la convention collective, les délégués départementaux, élus ou autrement nommés par les membres, peuvent accompagner les employés dans leurs sphères d'activités respectives et présenteront leurs plaintes aux représentants autorisés de la Compagnie, conformément à la Procédure de Règlement des Griefs. Le nombre de délégués départementaux sera comme suit :

Préparation du fil et expédition	1 délégué par équipe
Tissage	1 délégué par équipe
Teinturerie	1 délégué par équipe
Finition	1 délégué par équipe
Inspection finale	1 délégué par équipe
Entrepôt et réception	1 délégué par équipe
Entretien et magasin général	1 délégué par équipe
Équipes de fin de semaine	1 délégué par équipe

Par entente mutuelle des parties, le nombre de délégués et leur juridiction peut changer de temps en temps.

4.07   Fonctions du délégué départemental :

Il est entendu que chaque délégué départemental doit effectuer son travail régulier pour la Compagnie. S'il est nécessaire qu'il s'occupe d'un grief pendant ses heures de travail, il pourra le faire sans perte de salaire. Il n'a pas le droit de quitter son travail avant d'avoir obtenu la permission de son contremaître, laquelle ne lui sera pas refusée arbitrairement. Si des exigences urgentes de travail obligent le contremaître à retarder cette permission, elle sera accordée aussitôt que possible après. Lorsqu'il reprend son travail régulier, le délégué départemental doit aviser son contremaître de son retour. Il en sera ainsi pour l'employé qui désire consulter son délégué départemental.

(Convention collective entre Consoltex inc. et Conseil conjoint du Québec, Syndicat du vêtement, du textile et autres industries, 2000-2002.)

Il appartient au syndicat et à ses membres de désigner les délégués qui agissent en leur nom auprès de l'employeur, mais c'est la convention collective qui définit quand et à quelles conditions les représentants et les délégués syndicaux peuvent se libérer de leur travail. Comme dans la clause précédente, le délégué ne subit pas de perte de salaire quand il participe au dépôt ou au règlement d'un grief. Cependant, il doit obtenir préalablement une permission que son contremaître ne peut lui refuser arbitrairement. Cette libération doit même lui être octroyée le plus tôt possible, en tenant compte de la bonne marche de la production.

Toutefois, c'est le nombre de griefs, et plus généralement le climat de travail, qui détermine le volume de libérations dont l'employeur assume les coûts. En règle générale, les conventions collectives précisent si le plaignant, le délégué syndical et les témoins sont libérés sans perte de salaire. La plupart du temps, la convention distingue entre le temps que prend le représentant syndical pour préparer son dossier et le temps qu'il passe à discuter avec la direction, et ce, sans limite de temps. Ensuite, le plaignant et le représentant syndical peuvent être libérés conjointement. En effet, compte tenu de son devoir de juste représentation, le syndicat préfère que le plaignant assiste aux rencontres patronales-syndicales lorsqu'on discute de son dossier pendant les heures de travail, surtout quand il s'agit d'une mesure disciplinaire. Ainsi, dès la première étape de la procédure de grief, il est précisé que l'employé qui soumet un grief a le droit de se faire accompagner par son délégué syndical:

Article 8   Procédure de griefs et d'arbitrage

[...]

8.03   Première étape: chef de service

a)   Tout grief devra être soumis par écrit par le syndicat ou par le salarié concerné, accompagné, s'il le désire, du délégué qui le représente, à son chef de service dans les trente (30) jours de calendrier de la date où l'incident est survenu ou de la date de sa connaissance. Le chef de service remet sa réponse par écrit dans les sept (7) jours de calendrier suivants au syndicat et au salarié.

(Convention collective entre Syndicat des travailleuses et travailleurs de l'Hôtel du Parc [C.S.N.] et Renaissance Hôtel du Parc, 1999-2002.)

L'article 3 du *Code du travail* consacre le droit d'association et stipule que tout salarié a droit de participer aux activités et à l'administration de son syndicat. Les délégués syndicaux bénéficient d'une certaine immunité dans l'exercice de leurs activités, particulièrement au cours de leurs discussions avec les représentants de l'employeur. En effet, si la relation habituelle employeur-employé suit la voie hiérarchique, ce n'est plus le cas lorsque le même salarié agit comme représentant du syndicat; ce dernier, au cours d'une discussion à propos d'un grief déposé par un collègue, ne peut être sanctionné pour les propos critiques, voire acerbes tenus devant l'employeur.

Parfois, la convention prévoit également la constitution de comités conjoints dont le mandat déborde la stricte application de la convention et la discussion des griefs. Ainsi, dans l'industrie des pâtes et papier:

Article 8   Assemblées conjointes

8.01   Les réunions au niveau du Directeur général peuvent être convoquées par l'une ou l'autre des parties dans le but de discuter de questions d'intérêt mutuel mais qui ne font pas l'objet d'un grief. Chaque partie distribuera à l'avance un ordre du jour des sujets à être discutés.

(Convention collective entre Abitibi-Consolidated Inc., division Laurentide, et Syndicat canadien des communications, de l'énergie et de la chimie, Section locale 139, 1998-2004.)

Ces comités paritaires permettent souvent aux syndicats de donner leur avis sur des sujets qui ne sont pas couverts par la convention et, parfois, d'améliorer les conditions de travail des salariés. Communément appelés «comités de relations de travail», ces forums patronaux-syndicaux permettent aux parties de discuter de sujets qui ne relèvent pas directement du contrat de travail. Généralement large, le mandat de ces comités paritaires se limite parfois à des sujets très précis, tels la santé et la sécurité du travail, la francisation, les employés temporaires, etc.

4.3.2   Ancienneté privilégiée

Afin d'assurer la stabilité syndicale au sein de l'entreprise, il arrive que certaines conventions accordent plus d'ancienneté aux dirigeants et aux délégués syndicaux qu'ils n'en ont réellement. Cette ancienneté privilégiée ou «préférentielle» (Pétrin, 1991: 25) permet aux représentants syndicaux d'être les derniers employés mis à pied et les premiers rappelés au travail, contribuant ainsi à favoriser la pérennité syndicale. La convention détermine si l'utilisation de cette ancienneté privilégiée s'applique par département ou à l'ensemble de l'établissement. Pour Gérard Dion (1986: 24), «[c]ette pratique [...] permet [...] à l'employeur de conserver [...] des employés dont, autrement, il devrait se départir et au syndicat d'assurer la présence de délégués d'atelier dûment choisis ou élus, quelle que soit leur ancienneté réelle ». Cette clause contribue donc à assurer une vie et une présence syndicales tant que l'entreprise continue de fonctionner. Voici un extrait d'une clause reconnaissant l'ancienneté privilégiée :

Article 6 Prérogatives et conditions applicables aux capitaines d'atelier, délégués syndicaux et officiers

[...]

6.3 Lors de la distribution du travail, du choix des vacances et/ou advenant une mise à pied due à un manque de travail, le capitaine d'atelier syndical bénéficiera de la préférence quant à l'ancienneté dans les limites de sa classification. Lorsqu'un capitaine choisira ses vacances annuelles, cela ne devra pas affecter le choix de vacances des autres employés. Ceci s'appliquera seulement dans les classifications où il y a plus de deux employés.

(Convention collective entre Union des chauffeurs de camion, hommes d'entrepôts et autres ouvriers, Teamsters Québec, Section locale 106 [F.T.Q.], et Transport Robert [1973] Ltée, 1996-2000.)

Comme on le voit, l'employeur accepte de majorer l'ancienneté de certains représentants syndicaux. Toutefois, ce privilège s'applique uniquement à l'assignation des tâches, aux mises à pied et, moins clairement, au choix de vacances. De plus, son aire d'application s'inscrit seulement à l'intérieur de la classification du délégué syndical et dans la mesure où elle regroupe au moins trois employés.

Le tableau 4.2 indique les données pour 2001 sur l'ancienneté privilégiée tirées d'un échantillon de 1 191 conventions collectives de la banque de données du ministère du Travail du Québec.

Sans être présente dans la majorité des conventions collectives, l'ancienneté privilégiée trouve quand même une place dans plus du tiers d'entre elles.

4.3.3 Droit à l'information

Afin de s'acquitter efficacement de son mandat, le syndicat a besoin de recevoir certaines infor-

| tableau 4.2 | Fréquence des clauses d'ancienneté privilégiée dans les conventions collectives |

Dispositions et groupes visés	Pourcentage
Délégués syndicaux et salariés affectés à des fonctions essentielles	0,67
Salariés affectés à des fonctions essentielles	0,84
Délégués syndicaux	33,25
Aucune disposition	64,99
Autre disposition	0,25

mations détenues et compilées par l'employeur. Par exemple, les restructurations d'entreprise et les pertes d'emploi qui surviennent dans le contexte de la globalisation des marchés incitent les syndicats à demander à l'employeur, avec plus ou moins de succès d'ailleurs, des informations sur les résultats économiques et commerciaux de l'entreprise. L'examen des conventions collectives indique toutefois que les clauses relatives au droit d'information portent surtout sur des informations de base comme la liste des employés, leur classification, leur salaire, leur âge et leur ancienneté. S'y ajoutent parfois les informations relatives aux affichages de postes, aux mouvements de personnel et au choix des périodes de vacances annuelles. Généralement, un employeur ne s'engage à fournir cette information que s'il y est obligé par la convention. Par exemple, si la convention prévoit que les mises à pied se font par ancienneté, le syndicat peut s'assurer que cette procédure a été suivie consciencieusement en vérifiant la liste d'ancienneté permanente dont il a été en mesure de valider la conformité :

Article 6 Droits et obligations des parties

[...]

6.04 L'employeur informe le Syndicat à l'avance et dans la mesure du possible au plus tard en même temps que les personnes salariées, de tout règlement, mémo, avis, directive ou communiqué émis par le vice-recteur s'adressant à un groupe ou à l'ensemble des personnes salariées. Le Syndicat peut lui formuler des observations à ce sujet.

Le Syndicat est informé de la même façon de tout règlement, mémo, avis, directive ou communiqué émis par les unités administratives s'adressant à un groupe ou à l'ensemble des personnes salariées de l'unité administrative et traitant des conditions de travail prévues dans la convention collective. Le Syndicat peut formuler des observations au vice-recteur à ce sujet.

(Convention collective entre Université Laval et Syndicat des employés et employées de l'Université Laval [S.C.F.P. - F.T.Q.], 1999-2002.)

Les termes de cette clause cernent la nature de l'information à diffuser aux membres. Ainsi, le premier paragraphe parle d'informations concernant les conditions de travail et s'adressant à un groupe de salariés ou à l'ensemble de ces personnes. Le second paragraphe apparaît plus limitatif puisqu'il renvoie à de l'information traitant de conditions prévues à la convention collective. La plupart des conventions prévoient que le syndicat doit détenir les renseignements relatifs aux salariés qu'il représente, particulièrement des données comme l'ancienneté, car plusieurs droits y sont rattachés :

Article 4   Régime syndical

[...]

4.04   Liste des employés

Dès la signature de la convention collective, la Compagnie fournira au Syndicat une liste de tous les employés couverts par la convention, en indiquant leur adresse, leur date d'ancienneté et leur occupation.

4.05   Information

La Compagnie fournira chaque mois au Syndicat :

a)   une liste de tous les nouveaux employés, avec leur adresse, leur date d'entrée et leur occupation ;

b)   une liste de départs ;

c)   une liste des transferts des employés mentionnant leur nouvelle occupation et leur nouveau département.

(Convention collective entre Consoltex inc. et le Conseil conjoint du Québec, Syndicat du vêtement, du textile et autres industries, 2000-2002.)

4.3.4   Communication avec les membres

Les conventions collectives accordent fréquemment au syndicat le droit de placer un ou plusieurs tableaux d'affichage aux endroits les plus accessibles, compte tenu de la taille de l'établissement et de l'aménagement des lieux de travail. Dans la convention ci-dessous, le libellé de l'article balise le contenu des messages affichés et les conditions auxquelles le syndicat doit se plier :

Article 6   Liberté d'action syndicale

6.01   Affichage

a)   L'employeur met à la disposition du Syndicat trois (3) tableaux d'affichage fermés à clé dont l'un est situé à l'arrière de la réception, un deuxième à l'entrée des salariés au niveau B et l'autre à l'Escale ainsi qu'une boîte de distribution à l'Escale.

b)   Le Syndicat peut y afficher ou y déposer pour fins de distribution, tout avis relatif à ses activités ou d'autres documents d'informations syndicales signés par un représentant officiel du Syndicat à la condition qu'une copie en soit remise au préalable au directeur des ressources humaines ou à son remplaçant. Il est entendu entre les parties que lesdits documents ne devraient contenir aucun propos injurieux dirigé contre les parties signataires de la présente convention, de propos à caractère politique ou contraires à la convention collective.

(Convention collective entre Syndicat des travailleuses et travailleurs de l'Hôtel du Parc [C.S.N.] et Renaissance Hôtel du Parc, 1999-2002.)

En règle générale, le syndicat a le droit d'afficher toute information qu'il juge pertinente, à condition toutefois qu'elle ne soit pas illégale, abusive, diffamatoire ou frauduleuse (Sack et Poskanzer, 1996 : 7-35). Avec l'utilisation de plus en plus répandue des boîtes vocales et des communications électroniques, il ne serait pas étonnant de voir qu'à l'avenir des conventions collectives contiennent des dispositions permettant au syndicat de recourir à de tels moyens pour correspondre avec ses membres.

La communication avec les membres ne se limite pas nécessairement au courrier électronique. Dans les entreprises d'une certaine taille, l'employeur s'engage parfois à aménager un endroit dans lequel le syndicat peut établir un bureau afin de rencontrer ses membres et administrer ses affaires :

Article 6   Liberté d'action syndicale

[...]

6.02   Local Syndical

a) L'Employeur met gratuitement à la disposition du Syndicat un local fermé à clé à l'intérieur de l'hôtel ainsi que le téléphone. Il est expressément entendu que les frais d'interurbains seront à la charge du Syndicat ;

b) Il est convenu que les membres du Syndicat ont accès au local syndical pendant les pauses et en dehors de leurs heures régulières de travail. Toutefois, lors des journées pendant lesquelles un salarié n'est pas cédulé pour travailler, il devra préalablement en avertir le directeur des ressources humaines ou toute autre personne désignée à cet effet.

(Convention collective entre Syndicat des travailleuses et travailleurs de l'Hôtel du Parc [C.S.N.] et Renaissance Hôtel du Parc, 1999-2002.)

Ce droit de rencontrer les employés au bureau du syndicat sur les lieux de travail s'étend aussi à des personnes qui ne travaillent pas dans l'établissement. Ainsi, la convention collective reconnaît parfois aux dirigeants ou à des conseillers syndicaux de l'extérieur le droit de pénétrer sur les lieux de travail, tout en fixant certaines conditions à leur visite.

Article 4   Affaires syndicales

4.01   Les représentants permanents de l'Union peuvent, après avoir signalé leur présence au représentant de l'Employeur alors présent, visiter l'établissement pour s'assurer du respect de la présente convention. Si le représentant syndical doit parler à un ou des salariés au travail, mais pas plus d'un à la fois avec ou sans le délégué, il doit en faire la demande au supérieur immédiat du salarié concerné et du délégué qui font le nécessaire pour permettre cette entrevue dans les plus brefs délais.

Pour le délégué de l'entretien ainsi que pour les salariés de l'entretien, s'ils ne peuvent pas être remplacés à cause d'une urgence, la permission de s'absenter peut être retardée jusqu'à ce que l'urgence ait pris fin.

(Convention collective entre Épiciers Unis Métro-Richelieu, Division Épicerie, Centre Mérite 1 et Travailleurs et Travailleuses Unis de l'Alimentation et du Commerce, Section locale 501, 1996-2000.)

Il ne s'agit pas à proprement parler de rencontre avec l'employeur dans un processus de règlement d'un grief. Par exemple, un syndicat peut vouloir enquêter et se renseigner avant d'intervenir auprès de l'employeur, voire de ses propres membres, afin de prévenir ou régler un problème.

Dans certains milieux de travail dont la configuration des lieux le permet, tels les hôtels et les universités, les assemblées syndicales se déroulent parfois sur les lieux de travail, et ce droit peut même être consacré par la convention collective :

Article 6   Liberté d'action syndicale

[...]

6.04   Assemblées générales du Syndicat

Le Syndicat peut tenir un maximum de trois (3) assemblées générales par année de convention collective et un maximum de quatre (4) assemblées générales au cours de la dernière année de la convention collective en vigueur, sur les lieux de travail et, à cette fin, l'Employeur met gratuitement une salle de dimensions convenables à la disposition du Syndicat. Il est convenu que de telles assemblées auront lieu entre 14 h 30 et 17 h 00 à moins que les parties en conviennent autrement. Les salariés cédulés pour travailler pendant cette période pourront y assister sans perte de salaire régulier.

Toutefois, la date de la tenue de ces assemblées devra faire l'objet d'une entente entre l'Employeur et le Syndicat et un nombre suffisant de salariés sera maintenu en fonction afin d'affecter le moins possible les opérations normales de l'établissement.

(Convention collective entre Syndicat des travailleuses et travailleurs de l'Hôtel du Parc [C.S.N.] et Renaissance Hôtel du Parc, 1999-2002.)

Dans cette convention, les parties s'entendent pour faciliter la communication entre le syndicat et ses membres, d'une part en lui fournissant un local et, d'autre part, en permettant aux employés au travail d'assister aux assemblées sans perte de salaire.

4.4 Conclusion

Le principal but des clauses relatives au régime syndical est d'assurer la pérennité de l'organisation. En effet, ces clauses garantissent au syndicat la représentativité syndicale, les moyens de défendre les intérêts de ses membres et des fonds pour financer ses activités. Ces clauses n'apportent aucun avantage personnel aux représentants syndicaux, si ce n'est des libérations qui les aident à représenter leurs collègues salariés auprès de l'employeur.

Le législateur a voulu garantir une certaine sécurité à l'institution syndicale, moyennant certaines conditions, par l'octroi du droit de représentation exclusif et par l'interdiction de certaines pratiques mentionnées dans la législation. Cette sécurité comporte des avantages indéniables pour l'association accréditée. Avec le précompte obligatoire, qui retient les cotisations à la source, le syndicat dispose des fonds nécessaires pour assurer une représentation adéquate des salariés et un partage plus équilibré du pouvoir au sein de l'entreprise.

Les clauses relatives au régime syndical procurent aussi au syndicat les moyens d'une intervention efficace dans le milieu de travail, notamment par le biais de libérations syndicales et par la mise en œuvre de moyens efficaces de communication à l'intérieur comme à l'intérieur de l'entreprise.

références bibliographiques

DION, G. (1986). *Dictionnaire canadien des relations du travail*, 2e éd., Sainte-Foy, Presses de l'Université Laval.

HÉBERT, G. (1992). *Traité de négociation collective*, Boucherville, Gaëtan Morin Éditeur.

MURRAY, G. (1994). « La représentation en relations industrielles : perspectives et propective », dans M. Audet, E. Déom, A. Giles et A. Larocque (dir.), *La représentation : miroir ou mirage de la démocratie au travail ?*, Sainte-Foy, Presses de l'Université Laval.

MURRAY, G. et P. VERGE (1999). *La représentation syndicale : visage juridique actuel et futur*, Sainte-Foy, Presses de l'Université Laval.

PÉTRIN, H. (1991). *Vocabulaire des conventions collectives*, Québec, Les Publications du Québec.

SACK, J. et E. POSKANZER (1996). *Contract Clauses*, 3e éd., Toronto, Lancaster House.

Chapitre 5

Règlement et arbitrage des griefs

Ce chapitre aborde l'importante question du règlement des conflits qui découlent de l'interprétation et de l'application de la convention collective. Elle fait généralement l'objet de la clause de règlement des griefs, une clause à caractère contractuel puisqu'elle détermine une procédure qui engage les deux parties contractantes. Toutefois, elle a aussi valeur de clause de fond, car elle donne un droit véritable aux employés concernés : celui de contester, selon une procédure définie, une décision de l'employeur qui semble ne pas respecter les dispositions de la convention.

Au cours des premières étapes de la procédure, que nous appelons « internes », toute la discussion se déroule entre les parties intéressées, c'est-à-dire entre les signataires de la convention collective. S'il n'y a pas de règlement à cette étape, le *Code du travail*[1] impose que le problème soit porté devant un arbitre qui doit trancher le grief.

La procédure de règlement des griefs fournit aux intéressés un moyen efficace d'assurer le respect de l'ensemble des clauses de fond de la convention. On qualifie parfois la clause relative à cette procédure de clause « chien de garde », car elle établit des mécanismes destinés à redresser les manquements ou les contraventions aux dispositions de la convention collective.

Le présent chapitre étudie tout d'abord la procédure interne sur laquelle s'appuient les parties pour régler les difficultés ou les griefs qui surgissent durant la convention collective. Par la suite, nous présenterons les clauses relatives à l'arbitrage des griefs et nous décrirons le déroulement de cette étape. Mais il nous faut tout d'abord définir les concepts et le cadre juridique de ce mode particulièrement original de règlement des conflits.

5.1 Nature, historique et concepts

Pour comprendre ce phénomène complexe qu'est la procédure de règlement et d'arbitrage des griefs, il est nécessaire d'en retracer brièvement l'historique et de définir les principaux concepts qui s'y rattachent. C'est l'objet de cette section.

5.1.1 Nature

Le règlement des griefs tel qu'il se pratique en Amérique du Nord est un phénomène unique au monde. C'est en quelque sorte un instrument de justice privée, sanctionné par la loi. La convention collective constitue la loi des parties, que les intéressés ont le loisir d'établir selon leurs préférences et dans laquelle ils ont inclus un mécanisme qui permet d'en assurer le respect. Ce mécanisme constitue un régime de recours facile à comprendre et à utiliser. Il s'agit d'un élément de la convention qui en garantit l'exécution. À cette fin, le règlement des griefs doit établir une forme de justice accessible, rapide et peu coûteuse. Tel est l'idéal ; avec le temps, la réalité s'en est considérablement éloignée.

5.1.2 Historique

La distinction aujourd'hui très nette entre conflit de négociation et conflit d'interprétation ou d'application de la convention collective n'a pas toujours été aussi claire. Au début du syndicalisme, la reconnaissance syndicale, la négociation d'une entente collective et la contestation pour violation de la convention sont indistinctement invoquées comme causes des différents conflits industriels. Aussi ne faut-il pas s'étonner que la *Loi des différends ouvriers* du Québec, adoptée en 1901, traite sans distinction et simultanément des conflits de négociation et des conflits d'application de la convention[2]. Elle établit que tout conflit peut être soumis à un conseil de

---

1. L.R.Q., c. C-27 [ci-après cité : C.t.].

2. *Loi des différends ouvriers de Québec*, S.Q. 1901, c. 31, art. 4.

conciliation ou à un conseil d'arbitrage, mais elle n'oblige pas les parties à accepter la sentence de ce conseil, à moins qu'elles n'en aient convenu, d'avance et par écrit, suivant une formule déterminée.

La situation concernant les modes de règlement des différends industriels demeure ainsi libre et confuse jusqu'à l'adoption du CP 1003 par le gouvernement fédéral le 17 février 1944. Comme les nécessités de la production de guerre interdisent tout arrêt de travail, le document – qui équivaut à la première loi de relations ouvrières – impose le règlement final des griefs, tel que nous le connaissons aujourd'hui[3], c'est-à-dire par voie de discussion interne puis d'arbitrage.

Au Québec, la *Loi des relations ouvrières*, adoptée également en 1944, n'impose aucune obligation de cette nature[4]. En fait, cette loi ne traite que du droit d'association et de la négociation collective, ainsi que des questions qui s'y rapportent directement. Les conflits, de quelque nature que ce soit, sont régis par la *Loi des différends ouvriers*[5], légèrement modifiée depuis son adoption en 1901. Quant au droit de faire la grève à la suite d'un désaccord sur un grief, il demeure en vigueur jusqu'en 1961. C'est à ce moment que, imitant la plupart des autres provinces canadiennes et les interventions fédérales de 1944 et de 1948, le législateur québécois retire le droit de faire la grève et le remplace par l'arbitrage obligatoire et exécutoire pour tout grief non réglé par voie de discussions internes[6]. D'ailleurs, à cette époque, la plupart des conventions collectives contiennent déjà une telle disposition, imitant en cela les pratiques en vigueur aux États-Unis, où l'interdiction de faire la grève

durant la convention est inscrite dans la plupart des conventions collectives plutôt que dans la loi.

5.1.3 Concepts

Le règlement des griefs étant un domaine qui possède sa propre terminologie, voici les principaux concepts qu'il importe de connaître avant d'aller plus loin.

A. Conflit de droits et conflit d'intérêts

En premier lieu, il faut distinguer les expressions « conflit de droits » et « conflit d'intérêts ». Il y a « conflit de droits » quand deux ou plusieurs personnes attribuent un sens différent au texte qui établit un droit, ou quand elles soutiennent que le droit en question s'applique ou non à telle ou telle situation, ou qu'il n'a pas été respecté. La source du droit peut être une loi, une convention collective ou même, dans certains cas, une coutume bien établie. Un grief est un conflit de droits puisqu'il découle, en principe, d'une clause de convention collective en vigueur. Nous verrons plus loin que certaines conventions collectives donnent un sens légèrement plus large au mot grief.

Le « conflit d'intérêts », au contraire, découle de l'affrontement de deux ou de plusieurs parties aux intérêts divergents et qui cherchent à exploiter au maximum une situation ou une négociation. Les parties en présence invoquent des notions d'équité et de justice sociale, mais ne peuvent s'appuyer sur un texte ayant valeur péremptoire. Les parties cherchent plutôt à démontrer le bien-fondé de leurs positions. Il s'agit littéralement d'un conflit d'intérêts entre les intervenants. Ce type de conflit survient fréquemment quand les parties s'affrontent au moment de l'élaboration de la future convention collective. Elles ne peuvent en appeler à un droit existant, puisque celui-ci procède de l'entente à laquelle elles tentent d'arriver et qu'il s'exprimera dans les clauses de la future convention collective. D'un autre côté, des conflits d'intérêts peuvent surgir même pendant qu'une convention est

---

3. *Arrêté en conseil concernant les relations ouvrières en temps de guerre*, CP 1003, art. 17-18. Voir *La Gazette du travail*, vol. 44, n° 2, février 1944, p. 151.

4. S.Q. 1944, c. 30.

5. *Loi des différends ouvriers de Québec*, S.R.Q., 1941, c. 167.

6. *Loi modifiant la loi des relations ouvrières*, S.Q. 1961, c. 73, art. 6, modifiant l'article 24, paragraphes 4, 5 et 6 de la L.R.O.

en vigueur. De tels conflits surviennent généralement sur des questions dont ne traite pas la convention. C'est ce qui peut survenir, par exemple, à la suite de la création par l'employeur d'un nouvel emploi pour lequel aucun taux de salaire n'a encore été fixé.

B. Différend, grief et mésentente

Les termes *différend*, *grief* et *mésentente* sont étroitement liés à la distinction qui précède. Le « différend » consiste en un désaccord qui existe entre les parties au cours de la négociation d'une convention collective, de son renouvellement ou de la réouverture de ladite convention. En bref, il s'agit d'un conflit de négociation (conflit d'intérêts). Le « grief » désigne plutôt un désaccord entre les parties sur un point dont traite la convention collective (conflit de droit), même si le sens du mot grief peut être élargi, comme nous le verrons plus loin. Enfin, la « mésentente » tient un peu des deux : elle porte sur une question dont la convention collective ne traite pas (conflit d'intérêts), mais elle survient pendant que celle-ci est en vigueur. Ces trois termes ont un sens légal technique bien défini dans le *Code du travail*[7].

Par ailleurs, nous distinguerons et définirons trois classes de griefs fondées respectivement sur le sens donné au terme « grief », la qualité des personnes qui déposent un grief et l'objectif recherché. Dans le groupe des griefs définis selon le sens accordé au terme lui-même, on oppose à l'occasion le grief au sens restreint, qui correspond à la définition établie dans le *Code du travail*, au grief élargi auquel plusieurs conventions collectives font référence. Nous verrons en effet qu'il est loisible aux parties d'introduire dans leur convention une définition du grief qui inclut des litiges qui ne portent pas strictement sur une disposition conventionnelle. De même, on rencontre parfois l'expression « grief assimilé » par laquelle on désigne des litiges particuliers qui,

selon le *Code du travail*, se règlent par l'arbitrage, comme s'il s'agissait de véritables griefs[8].

Le second groupe comprend les griefs individuels et collectifs, selon qu'ils sont déposés par un individu ou par un groupe de personnes. On distingue aussi les griefs syndicaux et les griefs patronaux.

La très grande majorité des griefs sont des griefs individuels. Chaque grief est déposé par un salarié de l'unité de négociation, avec l'appui du syndicat. Aux yeux de la plupart des salariés visés par une convention collective, le grief est l'instrument de redressement mis à leur disposition. Quand plusieurs salariés déposent simultanément un grief à titre individuel, on parle de « grief de groupe ». Visant une partie de la main-d'œuvre en cause, il représente en quelque sorte l'addition d'un certain nombre de griefs individuels portant exactement sur le même problème. Si la solution du grief repose sur l'interprétation d'une clause de la convention, susceptible d'affecter tous les salariés se trouvant dans la même situation, on dit parfois qu'il s'agit d'un grief d'interprétation ou d'un « grief collectif », voire d'un grief syndical, même si cette expression a normalement un sens différent. Au sens strict, le « grief syndical » est déposé par le syndicat lui-même, soit qu'il touche un point qui vise le syndicat en tant que tel, et non pas les employés, soit qu'il s'agisse d'une question de principe, comme l'interprétation d'un article ou d'un paragraphe de la convention. Un grief syndical portant sur une question d'interprétation de la convention collective affecte généralement un nombre plus ou moins important d'employés, selon les circonstances.

Même s'il s'agit d'un droit qui découle directement du *Code du travail*, certaines conventions collectives prévoient explicitement le « grief patronal ». Une telle clause permet à l'employeur

---

7. Art. 1 et 102, C.t.

8. Il en va ainsi, par exemple, des litiges portant sur le maintien des conditions de travail en période de négociation (art. 59 et 100.10, *Code du travail*) ou sur le non-rappel au travail d'un salarié qui a participé à une grève (art. 110.1, C.t.).

de déposer un grief s'il considère que la convention collective n'est pas respectée par le syndicat ou par un groupe important d'employés, appuyés ou non par le syndicat. Il est plutôt rare qu'un employeur dépose un grief : généralement, l'employeur applique la convention collective comme il l'entend et le syndicat conteste cette façon de faire par grief, le cas échéant. Les griefs patronaux les plus fréquents portent sur différentes violations de l'obligation de fournir un travail normal, comme dans le cas de ralentissement de travail, d'arrêts de travail illégaux, de prolongations indues de la pause-café, par exemple pour tenir une assemblée syndicale. Dans de tels cas, l'employeur peut même réclamer des dommages et intérêts ; nous verrons plus loin que la compétence de l'arbitre lui permet d'accorder une telle réparation.

Le troisième groupe de griefs a pour critère l'objectif recherché, et on en distingue deux types principaux. Lorsque le syndicat dépose lui-même un grief, on parle généralement d'un « grief d'interprétation » ou d'un « grief de principe ». Le syndicat veut alors clarifier une disposition de la convention qu'il considère comme obscure ; il peut également chercher, par ce moyen, à bloquer une pratique ou une politique de l'entreprise qu'il juge incompatible avec le texte de la convention. Certains griefs patronaux poursuivent le même objectif. Notons ici, comme nous le verrons plus loin, que les griefs patronaux et syndicaux sont abordés, le plus souvent, à une étape relativement avancée de la procédure interne des griefs. La grande majorité des griefs proviennent de salariés individuels qui désirent corriger une situation désavantageuse ou à obtenir réparation d'une injustice ; d'où leur nom de « grief correctif ». C'est le cas, par exemple, du grief déposé par un salarié qui conteste une sanction disciplinaire.

De plus, un grief d'interprétation peut être, dans certains cas, qualifié de « grief préventif ». On demande alors à l'arbitre de décider quelle conduite adopter pour se conformer à la convention collective. Généralement, l'arbitre ne considère ce genre de grief que s'il est soumis par les deux parties. Dans le cas contraire, il faut attendre qu'une des deux parties aille de l'avant, après quoi l'autre dépose un grief de principe ou d'interprétation ; l'arbitre est alors tenu de le considérer.

La différence entre les types de griefs que nous venons de mentionner est parfois ténue. Par exemple, l'objet du grief peut déterminer l'objectif recherché. C'est ainsi qu'un salarié considérant que le classement de son emploi est inadéquat – par exemple à la suite de la réorganisation du contenu de son poste de travail – peut déposer un « grief de classification ».

C. Procédure interne de règlement des griefs

Maintenant que nous avons défini les concepts relevant de la nature des conflits soumis à la procédure de règlement des griefs, nous pouvons aborder et approfondir l'étude du mécanisme de résolution des conflits. Ce mécanisme comprend deux parties bien distinctes. La première, appelée « procédure interne », est en fait une démarche de négociation que se donnent les parties pour discuter et régler les griefs dont nous venons de définir la nature. Cette procédure, elle-même subdivisée en plusieurs étapes, identifie les interlocuteurs qui tentent de résoudre le problème soulevé par le grief. Généralement, la première étape met en présence les personnes directement concernées par le litige, notamment le salarié et son représentant syndical, d'un côté, et le supérieur immédiat du salarié, de l'autre. À défaut d'obtenir un règlement à l'issue de cette rencontre, les étapes ultérieures de la procédure interne font intervenir des mandataires de plus haut niveau patronal et syndical. Si, après l'intervention de ces mandataires, le grief persiste, la seconde étape du processus, celle de l'arbitrage, est enclenchée.

D. Arbitrage des griefs

L'arbitrage est une formule de règlement des conflits de travail qui fait appel à l'intervention d'une tierce partie, neutre et distincte des deux parties contractantes. Contrairement au conciliateur et au médiateur, dont le mandat est d'obtenir le rapprochement des parties, sans nécessairement se préoccuper de la teneur de l'accord conclu, l'arbitre doit trouver une solution au conflit. Il doit trancher, parmi des opinions différentes et généralement opposées, le point qui lui est soumis. Bref, il doit rendre un jugement sur le problème en cause. C'est là sa fonction propre et essentielle. Aussi qualifie-t-on souvent l'arbitrage d'intervention quasi judiciaire. Bien qu'elle ne relève pas de la magistrature officielle et de la branche judiciaire de l'État, la fonction arbitrale consiste à trancher un litige en rendant une décision qui détermine ou affecte les droits des parties. En cela, l'arbitre remplit une fonction comparable à celle d'un juge.

Avant d'aborder les étapes du règlement interne des griefs, il est nécessaire d'étudier les dispositions légales qui s'y appliquent.

5.2 Cadre légal du règlement et de l'arbitrage des griefs

L'interdiction de recourir à la grève durant la convention collective constitue l'élément fondamental du modèle canadien de règlement des griefs. La grève est remplacée par un règlement obligatoire, découlant d'une sentence exécutoire rendue par un arbitre, pour tout litige résultant de l'application ou de l'interprétation de différentes clauses de la convention collective. Les articles du *Code du travail* du Québec qui établissent cette politique sont les suivants:

> 107. La grève est prohibée pendant la durée d'une convention collective, à moins que celle-ci ne renferme une clause en permettant la révision par les parties et que les conditions prescrites à l'article 106 n'aient été observées.

> 100. Tout grief doit être soumis à l'arbitrage en la manière prévue dans la convention collective si elle y pourvoit et si l'association accréditée et l'employeur y donnent suite; sinon il est déféré à un arbitre choisi par l'association accréditée et l'employeur ou, à défaut d'accord, nommé par le ministre.
>
> [...]

> Sauf disposition contraire, les dispositions de la présente section prévalent, en cas d'incompatibilité, sur les dispositions de toute convention collective.

> 101. La sentence arbitrale est sans appel, lie les parties et, le cas échéant, tout salarié concerné. L'article 129 s'applique à la sentence arbitrale, compte tenu des adaptations nécessaires; l'autorisation de la Commission prévue à cet article n'est toutefois pas requise.

> 102. Pendant la durée d'une convention collective, toute mésentente autre qu'un grief au sens de l'article 1 ou autre qu'un différend pouvant résulter de l'application de l'article 107, ne peut être réglée que de la façon prévue dans la convention et dans la mesure où elle y pourvoit. Si une telle mésentente est soumise à l'arbitrage, les articles 100 à 101.10 s'appliquent.

Il est à noter que l'interdiction de la grève, formulée par l'article 107, est absolue puisque l'exception mentionnée est assimilable à une véritable négociation. En effet, les dispositions de la convention qui font l'objet de la réouverture sont sur le point de devenir caduques. Par ailleurs, l'article 102 établit en quelque sorte la primauté de la convention collective. Une question dont ne traite pas la convention collective ne peut faire l'objet de discussions obligatoires, à moins que la convention ne le prévoie expressément; c'est le cas du grief élargi que nous avons défini plus haut.

Quant à la procédure interne de règlement des griefs, le *Code du travail* en traite peu; seul l'article 100 y fait directement allusion. Les parties sont libres d'adopter la procédure de leur choix, mais l'arbitrage final et exécutoire doit obligatoirement en constituer la dernière étape. Là encore, les parties peuvent négocier et définir elles-mêmes certains principes importants de l'étape de l'arbitrage des griefs. Toutefois, le *Code du travail* établit en détail les règles de base de son fonctionnement[9].

---

9. Le dernier alinéa de l'article 100 du *Code du travail*, reproduit plus haut, précise que, sauf indication contraire, les dispositions du Code prévalent, en cas d'incompatibilité, sur les dispositions de toute convention collective.

L'existence et le contenu d'une procédure interne de griefs soulèvent quelques questions juridiques d'importance, particulièrement celle de son effet obligatoire, dont nous traitons dans la section suivante.

5.2.1 Effets juridiques rattachés aux étapes internes de la procédure de règlement des griefs

Faut-il obligatoirement respecter les étapes internes du règlement des griefs pour qu'un grief soit éventuellement porté en arbitrage? Autrement dit, l'arbitre accepte-t-il d'entendre un grief qui n'a pas franchi les étapes indiquées dans la convention? La réponse dépend de la convention collective, selon qu'elle stipule, ou non, qu'un grief ne peut être soumis à l'arbitrage avant d'avoir franchi toutes les étapes internes. Si tel est le cas, l'arbitre doit donner effet à une telle prescription, donc déclarer le grief invalide (Gagnon, 1999: 458-459; Blouin et Morin, 2000: 302-307). Dans la clause ci-dessous, les parties contractantes indiquent clairement que les étapes internes doivent obligatoirement être respectées pour qu'un grief soit soumis à l'arbitrage.

Article 14   Procédures de griefs

[...]

14.02   Procédure de grief

[...]

i)   Délai

Aucun grief ne peut être soumis à l'arbitrage avant d'avoir franchi, dans les délais prescrits, toutes les étapes de la procédure de griefs (à l'exception de l'étape préalable).

À l'une ou l'autre des étapes de la procédure, les parties peuvent convenir par écrit d'un délai additionnel.

(Convention collective entre Les Brasseries Molson et Union des routiers, brasseries, liqueurs douces et ouvriers de diverses industries, local 1999 [Teamsters] [F.T.Q.-C.T.C.], 1999-2003.)

Il est dans l'intérêt des parties de rédiger une clause de règlement interne qui spécifie clairement le caractère facultatif ou impératif de la procédure et les conséquences à défaut de s'y conformer. En l'absence de clause précise, l'arbitre doit interpréter le texte conventionnel pour en dégager l'intention des parties, mais les résultats de cette opération sont souvent aléatoires. Ce faisant, l'arbitre doit tenir compte de l'article 100.2.1 du *Code du travail* qui déclare qu'aucun grief ne doit être rejeté pour vice de forme ou irrégularité de procédure. Ainsi, quand un arbitre décide de rejeter un grief, il n'invoque jamais un vice de forme – quand bien même il en existerait un –, par exemple une procédure interne qui n'aurait pas été suivie à la lettre. Sa décision est plutôt fondée sur la présence d'un véritable vice de fond dans ce grief.

En un sens, la question est relativement théorique puisqu'en pratique les personnes directement concernées ont tout intérêt à discuter entre elles du problème. D'ailleurs, c'est au cours de ces discussions que les preuves s'établissent, dans un sens ou dans l'autre. De plus, si les parties ont établi une procédure rigoureuse et détaillée pour les étapes internes de la démarche de règlement, c'est qu'elles souhaitent les respecter avant qu'un grief soit porté en arbitrage.

Les mêmes précautions s'appliquent lorsqu'il s'agit de déterminer si les délais indiqués dans une convention relativement au dépôt d'un grief ont ou non valeur de prescription. Le *Code du travail* fixe deux dates limites pour ce dépôt. Il indique d'abord qu'un grief soumis dans les 15 jours suivant la date où la cause de l'action s'est produite ne peut être rejeté, même s'il est déposé hors des délais prévus par la convention collective (art. 100.0.1, C.t.). De plus, l'article 71 du Code précise que les droits et recours issus d'une convention collective se prescrivent par six mois, toujours à compter du jour où la cause de l'action a pris naissance. Aussi la grande majorité des conventions collectives fixent-elles leur délai pour le dépôt initial du grief entre ces deux extrêmes. La règle la plus fréquente, que contiennent 40 % des conventions, est de trois semaines ou 15 jours ouvrables, suivie de la règle de quatre semaines qui vise aussi 40 % des salariés (Hébert, 1992 : 188). S'il y a objection sur le délai, il appartient à l'arbitre de décider si le grief est recevable ou non en appliquant le raisonnement exposé précédemment[10].

Bien que fort technique, la façon de computer les délais risque d'avoir des conséquences déterminantes pour le sort d'un grief. Aussi importe-t-il pour les parties de décrire avec précision, dans la convention, la méthode retenue pour calculer les délais. Par exemple, doit-on computer les délais en quantièmes ou en jours ouvrables ? À quel moment ces délais commencent-ils à courir ? Quels événements sont susceptibles d'en interrompre ou d'en suspendre le décompte ? Si la convention est muette sur ce point, les parties, et l'arbitre, doivent se référer au cadre supplétif établi par les articles 151.1 à 151.4 du *Code du travail*.

Une autre question d'importance concerne la valeur juridique des ententes intervenues à l'une ou l'autre des étapes internes du règlement des griefs. Les parties peuvent régler définitivement leur grief en tout temps, jusqu'au moment où l'arbitre rend sa décision finale. Le règlement est valide et définitif pourvu qu'il dispose clairement du grief et qu'il n'enfreigne aucune disposition légale d'ordre public. Il est important qu'il soit constaté par écrit afin d'établir la preuve de son contenu, si nécessaire (Blouin et Morin, 2000 : 295). De plus, l'entente intervenue ne doit pas violer les droits d'un salarié, par exemple par défaut de représentation loyale par le syndicat[11]. Si le règlement intervient avant qu'un arbitre ne soit nommé, c'est le régime de l'article 100.0.2 du Code qui s'applique :

> 100.0.2 Lorsque les parties ont réglé un grief avant qu'il ne soit déféré à l'arbitrage et qu'une des parties refuse de donner suite au règlement

intervenu, l'autre partie peut déférer le grief à l'arbitrage malgré toute entente à l'effet contraire et malgré l'expiration des délais prévus aux articles 71 et 100.0.1 ou à la convention collective.

Il est clair qu'à défaut, pour une partie, de respecter l'entente, l'autre partie peut faire valoir le grief en arbitrage malgré les dispositions du règlement. L'arbitre tranche alors le grief initial même si, en le faisant, il ne peut ignorer les éléments du règlement qui auraient déjà fait l'objet d'une exécution (Blouin et Morin, 2000 : 297)[12]. Par ailleurs, si le règlement survient une fois l'arbitre nommé, c'est le mécanisme de l'article 100.3 du Code qui doit entrer en fonction :

> 100.3 Si l'arbitre est informé par écrit du règlement total ou partiel ou du désistement d'un grief dont il a été saisi, il en donne acte et dépose sa sentence conformément à l'article 101.6.

Si l'arbitre donne acte du règlement et le reproduit dans sa sentence, le règlement devient de ce fait susceptible d'exécution forcée. Il y a alors chose jugée entre les parties (Blouin et Morin, 2000 : 299).

5.2.2 Règles juridiques applicables à l'arbitrage de griefs

L'accès même à la procédure constitue la première question d'ordre juridique qui se pose relativement à l'arbitrage de griefs. C'est tout le débat sur la propriété du grief, un débat que le législateur a réglé en 1977 en modifiant l'article 100 du *Code du travail*. Cette disposition n'a pas été retouchée depuis et elle apparaît aujourd'hui telle qu'elle est reproduite plus haut (Hébert, 1992 : 184-186). Non seulement l'article 100 ne mentionne-t-il aucunement le salarié intéressé, mais il désigne explicitement « l'association accré-

---

10. Cette question relève de la compétence exclusive de l'arbitre et ne peut donner ouverture à révision judiciaire, sauf erreur manifestement déraisonnable de sa part. Voir : *Syndicat des professeurs du Collège de Lévis-Lauzon* c. *Cégep de Lévis-Lauzon*, [1985] 1 R.C.S. 596.

11. *Centre hospitalier Régina* c. *Tribunal du travail*, [1990] 1 R.C.S. 1330.

12. R.P. Gagnon affirme plutôt que la compétence de l'arbitre, dans le cadre de l'article 100.0.2, est plutôt d'assurer l'exécution du règlement qu'une des deux parties est en défaut total ou partiel d'appliquer (Gagnon, 1999 : 457). Une telle interprétation nous apparaît plus difficile à soutenir face au libellé de la disposition législative.

ditée et l'employeur», plutôt que les parties, comme ceux qui doivent donner suite au grief et, s'il y a lieu, le mener à l'arbitrage. Le salarié a le droit de déposer lui-même un grief et, le cas échéant, de décider de le soumettre à un arbitre, mais seulement si la convention lui accorde expressément ce pouvoir. S'il est fréquent qu'un salarié puisse agir seul aux premières étapes de la procédure interne, il est plus rare qu'une convention collective lui confère un libre accès à l'arbitrage. Par ailleurs, l'article 69 du *Code du travail* établit clairement le droit du syndicat accrédité de déposer et de porter à l'arbitrage un grief sans le consentement du salarié concerné. Le texte explicite de la convention peut toutefois soumettre ce pouvoir au consentement exprès du salarié, par exemple en exigeant qu'il signe le grief (Gagnon, 1999 : 460).

À moins de dispositions contraires dans la convention collective, les articles 100 et 69 du *Code du travail* confèrent un pouvoir de contrôle presque absolu au syndicat accrédité sur l'accès à la procédure interne et à l'arbitrage des griefs. Un tel pouvoir est lui-même le corollaire du monopole de représentation syndicale que détient l'agent négociateur dans notre régime de rapports collectifs de travail. Pour faire contrepoids à ce monopole et éviter les abus qui pourraient en découler, le législateur québécois a, en 1977, adopté des dispositions explicites sur cette question. Elles constituent aujourd'hui les articles 47.2 à 47.6 du *Code du travail* du Québec. Le premier de ces articles établit le principe et impose au syndicat accrédité un devoir de représentation juste et loyale, alors que les suivants traitent des recours accordés aux salariés en la matière.

> 47.2 Une association accréditée ne doit pas agir de mauvaise foi ou de manière arbitraire ou discriminatoire, ni faire preuve de négligence grave à l'endroit des salariés compris dans une unité de négociation qu'elle représente, peu importe qu'ils soient ses membres ou non.

Si ce devoir légal est rattaché à l'accréditation et s'impose dans tous les actes de représentation, y compris durant la négociation du contenu de la convention collective, il se manifeste de façon particulière dans le cadre de la procédure de règlement des griefs. En effet, les intérêts individuels d'un salarié engagé dans un grief ne correspondent pas nécessairement à ceux de la majorité des salariés de l'unité de négociation. De plus, les enjeux sont parfois très importants pour ce salarié, par exemple s'il s'agit d'un congédiement ou d'une mise à pied. Il appartient alors au syndicat de soupeser les intérêts qui s'affrontent et de décider s'il va de l'avant ou non dans la procédure de griefs. Son pouvoir est largement discrétionnaire, mais celui-ci doit être exercé «de bonne foi, de façon objective et honnête, après une étude sérieuse du grief et du dossier, tout en tenant compte de l'importance du grief et des conséquences pour le salarié, d'une part, et des intérêts légitimes du syndicat d'autre part[13]».

Si, à l'occasion d'une sanction disciplinaire ou d'un renvoi[14], un salarié croit que l'association accréditée n'a pas respecté son devoir de représentation juste et loyale, il peut porter plainte auprès de la Commission des relations du travail. Si celle-ci conclut que le syndicat a effectivement violé son devoir légal de représentation, la réclamation est déférée à l'arbitrage. Inutile de souligner que l'existence de ce recours a rendu certains représentants syndicaux d'une prudence extrême, au point de décider de mener à terme, et donc jusqu'à l'échec, des griefs qui sont manifestement destinés à être rejetés.

Outre l'article 100 du *Code du travail*, qui rend obligatoire l'arbitrage de tout grief non réglé dans le cadre de la procédure interne, l'autre pierre angulaire du cadre juridique de l'arbitrage

---

13. *Guilde de la marine marchande du Canada* c. *Gagnon*, [1984] 1 R.C.S. 509, 527 ; *Centre hospitalier Régina ltée.* c. *Tribunal du travail*, [1990] 1 R.C.S. 1330 ; *Noël* c. *Société d'énergie de la Baie-James*, [2001] 2 R.C.S. 207.

14. *Code du travail*, art. 47.3 à 47.6. Il est à noter qu'à compter du 1er janvier 2004 ce recours visera tous les sujets que touche le devoir de représentation, puisque à ce moment la totalité des modifications apportées au *Code du travail* par la loi adoptée en juin 2001 entrera en vigueur. Voir la *Loi modifiant le Code du travail, instituant la Commission des relations du travail et modifiant d'autres dispositions législatives*, L.Q. 2001, c. 26.

des griefs réside dans l'article 101 du *Code du travail*, dont nous rappelons le contenu:

> 101. La sentence arbitrale est sans appel, lie les parties et, le cas échéant, tout salarié concerné. L'article 129 s'applique à la sentence arbitrale, compte tenu des adaptations nécessaires; l'autorisation de la Commission prévue à cet article n'est toutefois pas requise.

Le renvoi à l'article 129 indique qu'en en déposant une copie conforme au bureau du greffier de la Cour supérieure, la décision arbitrale devient exécutoire, exactement comme s'il s'agissait d'un jugement de cette cour. On peut donc obtenir l'exécution forcée de la décision arbitrale par une démarche simple qui lui confère la force d'un ordre de la Cour supérieure.

Toutefois, l'aspect essentiel de l'article 101 réside dans la détermination du législateur de rendre la décision de l'arbitre finale et sans appel. Il y a là l'expression d'un choix manifeste de la part du législateur qui estime préférable d'apporter rapidement une solution, quitte à ce qu'elle soit parfois imparfaite. Cette orientation législative rejoint la préoccupation largement partagée selon laquelle, en relations du travail, une décision définitive rendue dans les plus brefs délais est éminemment souhaitable.

Les tribunaux supérieurs respectent le choix du législateur. D'une part, ils ont reconnu au fil des ans la compétence exclusive de l'arbitre de griefs sur tout litige dont l'essence relève de la convention collective. Ils refusent ainsi de maintenir une compétence parallèle des tribunaux ordinaires, même lorsqu'un grief soulève des questions qu'abordent aussi le droit commun ou les lois d'ordre public. C'est à l'arbitre seul de décider de tous les aspects du grief, même si certains points relèvent de la loi, des chartes des droits de la personne par exemple, plutôt que de la convention collective[15].

D'autre part, les tribunaux supérieurs, respectant en cela l'article 139 du *Code du travail*[16], limitent le recours à la révision judiciaire afin de préserver le caractère exclusif de la compétence arbitrale. Comme tout tribunal spécialisé, l'arbitre de griefs est soumis au pouvoir de contrôle et de surveillance des tribunaux supérieurs, dont voici les grands principes. Le contrôle judiciaire est exercé en première instance par la Cour supérieure du Québec et il est mis en œuvre par la requête en révision judiciaire présentée devant cette cour par une partie intéressée (généralement la partie qui a perdu devant l'arbitre de griefs). La Cour supérieure peut confirmer ou annuler la décision arbitrale, mais ne peut jamais substituer son appréciation à celle de l'arbitre quant au bien-fondé du grief. Il s'agit d'un contrôle de légalité, non d'opportunité: le pouvoir de surveillance ne doit pas être confondu avec l'appel. La Cour supérieure intervient et annule la décision arbitrale si l'arbitre a agi sans compétence ou s'il l'a outrepassée. L'arbitre n'a pas compétence lorsqu'il décide de se prononcer sur un litige qui ne constitue pas un grief ou encore, lorsque le processus obligatoire de renvoi du grief en arbitrage n'a pas été respecté. Toute erreur de sa part sur une telle question attributive de compétence est susceptible de révision judiciaire. L'arbitre perd sa compétence lorsqu'il viole un principe fondamental de justice, comme le droit de chaque partie d'être pleinement entendue ou encore celui d'être entendue par un arbitre impartial. Il la perd aussi lorsqu'il commet une erreur manifestement déraisonnable sur une question de fait ou de droit qui relève de sa compétence initiale[17].

---

15. Parmi les nombreuses décisions de la Cour suprême du Canada sur cette question, consulter *St. Anne Nackawic Pulp & Paper Co.* c. *Section locale 219 du Syndicat canadien des travailleurs du papier*, [1986] 1 R.C.S. 704 et *Weber* c. *Ontario Hydro*, [1995] 2 R.C.S. 967.

16. L'article 139 se lit ainsi: «Sauf sur une question de compétence, aucun des recours extraordinaires prévus aux article 834 à 846 du Code de procédure civile (L.R.Q., c. C-25) ne peut être exercé ni aucune injonction accordée contre un arbitre [...].»

17. Toutefois, puisqu'il détient une compétence exclusive, l'arbitre peut se tromper à l'intérieur de celle-ci. Il ne la perdra que dans le cas de l'erreur manifestement déraisonnable.

Depuis 1961, et particulièrement en 1977 et 1983, le législateur a précisé, souvent en détail, le fonctionnement des différentes étapes de l'arbitrage de griefs. Ce faisant, il a éclipsé d'autant le rôle de la convention collective en ce domaine. D'ailleurs, la plupart des dispositions du *Code du travail* en matière d'arbitrage de griefs sont d'ordre public, le dernier paragraphe de l'article 100 indiquant que, «sauf disposition contraire, les dispositions de la présente section [la section portant sur l'arbitrage de griefs] prévalent, en cas d'incompatibilité, sur les dispositions de toute convention collective». Il importe maintenant de présenter ces règles juridiques qui précisent notamment la façon dont l'arbitre est nommé, la protection dont il jouit dans l'exercice de ses fonctions, les pouvoirs dont il dispose et les règles de conduite qu'il doit observer.

L'article 100 du Code indique que les parties sont libres de choisir l'arbitre qu'elles désirent, soit en insérant une disposition à cet effet dans la convention collective, soit par un accord ponctuel à l'occasion de chaque grief. Aucune qualification ou expérience particulière n'est alors exigée, le simple accord des parties suffit. Toutefois, en cas de désaccord, l'une des parties peut demander au ministre du Travail de nommer un arbitre. Celui-ci le choisit à partir d'une liste qu'il établit lui-même chaque année, sur recommandation du Conseil consultatif du travail et de la main-d'œuvre (art. 77 et 100, C.t.)[18]; le Conseil publie cette liste qui contient, en 2001-2002, le nom de 109 arbitres.

Depuis 1983, le *Code du travail* ne permet plus aux parties d'instituer un tribunal d'arbitrage formé de trois membres. Aujourd'hui, il ne reste que la possibilité d'adjoindre deux assesseurs chargés d'assister l'arbitre et de représenter les parties lors de l'audience du grief et du délibéré (art. 100.1.1, C.t.). S'il y a entente à cet effet, le Code indique que chaque partie doit nommer

son assesseur dans les 15 jours de la nomination de l'arbitre. Les assesseurs ne jouissent pas du statut d'arbitre, ne participent pas à la décision arbitrale et n'ont pas à présenter les mêmes garanties d'impartialité et d'indépendance (Gagnon, 1999: 453). En pratique, les parties ne recourent aux services d'assesseurs que dans moins de 10 % des décisions arbitrales rendues (Conseil consultatif du travail et de la main-d'œuvre, 2001-2002: 134)

Quant à l'immunité de l'arbitre, elle est assurée par l'article 100.1 du Code: «L'arbitre ne peut être poursuivi en justice en raison d'actes accomplis de bonne foi dans l'exercice de ses fonctions.» L'article accorde aux arbitres une immunité totale pour tout acte accompli de bonne foi dans l'exercice de leurs fonctions. Ils ne peuvent être poursuivis personnellement, ni en dommages et intérêts ni pour responsabilité pénale, en raison de leurs interventions ou de leurs décisions arbitrales.

Il faut par ailleurs souligner qu'il est interdit à un arbitre d'entendre un grief dans lequel il aurait un intérêt quelconque, ou même une apparence d'intérêt. Comme le *Code du travail* est muet à ce sujet dans la section concernant l'arbitre de griefs, on applique par analogie le principe énoncé au sujet de l'arbitre de différends (art. 76, C.t.). Du reste, il s'agit d'une règle de justice naturelle qui vaut pour tout organisme exerçant une fonction quasi judiciaire:

> 76. Un arbitre ne doit avoir aucun intérêt pécuniaire dans le différend qui lui est soumis ni avoir agi dans ce différend à titre d'agent d'affaires, de procureur, de conseiller ou de représentant d'une partie.

Le *Code du travail* et la jurisprudence attribuent plusieurs pouvoirs à l'arbitre de griefs pour s'acquitter du mandat qui lui est confié. Nous ne présenterons ici que les trois plus importants.

En premier lieu, l'arbitre est «maître de la procédure» et du mode de preuve. Ce droit lui est confirmé par l'article 100.2 du Code:

> 100.2 L'arbitre doit procéder en toute diligence à l'instruction du grief et, sauf disposition contraire de la convention collective, selon la

---

18. Le Conseil consultatif établit la liste d'arbitres qu'il recommande au ministre selon les principes arrêtés dans la politique qu'il a établie à cet effet (Conseil consultatif du travail et de la main-d'œuvre, 2001-2002: 81-92).

procédure et le mode de preuve qu'il juge approprié.

Notons au passage qu'en matière de preuve et de procédure à suivre, la loi donne préséance à toute disposition de la convention collective. Les parties peuvent donc définir elles-mêmes dans la convention la façon dont se déroulera l'arbitrage de leurs griefs, et ainsi exercer un contrôle direct sur le système. Il appartient à l'arbitre d'assurer le bon déroulement de l'arbitrage. Il n'est pas tenu de s'astreindre aux règles strictes de procédure et de preuve généralement observées par les tribunaux de droit commun. Mais il doit s'assurer que chacune des deux parties a le loisir de présenter la preuve qu'elle désire, dans les limites raisonnables de temps exigées par la nature du sujet. Il doit respecter le principe fondamental de justice naturelle selon lequel chaque partie peut être entendue et répondre aux allégations de l'autre, comme l'indique la maxime bien connue : *audi alteram partem*[19]. Généralement, les arbitres cherchent à suivre les règles de procédure habituelles, dépouillées de leurs aspects formalistes.

Par ailleurs, le *Code du travail* donne à l'arbitre plusieurs pouvoirs d'ordre procédural qui lui permettent de conduire l'audience efficacement et équitablement, tout en obtenant l'information nécessaire. Ainsi, même si l'audience est publique, l'arbitre peut ordonner le huis clos (art. 100.4, C.t.). Il a aussi le pouvoir de convoquer d'office les parties pour instruire le grief (art. 100.2, C.t.), assigner des témoins (art. 100.6, C.t.), recevoir leur serment (art. 100.6, C.t.) et les interroger (art. 100.7, C.t.). S'il le juge pertinent, l'arbitre peut décider de visiter les lieux qui se rapportent au grief dont il est saisi (art. 100.9, C.t.). L'arbitre a même le pouvoir d'ordonner l'application de mesures provisoires susceptibles d'assurer la sauvegarde des droits d'une partie en attendant l'émission de la décision finale (art. 100.12 (g), C.t.).

Une deuxième question relative aux pouvoirs généraux de l'arbitre vise « l'interprétation d'une loi ». On a longtemps discuté du pouvoir de l'arbitre de griefs de rendre une décision concernant l'application d'une loi dans le cas qui lui était soumis et de l'influence que la loi en question pouvait avoir sur sa décision. Le débat est aujourd'hui tranché par l'article 100.12 (a) du *Code du travail* qui affirme :

> 100.12　Dans l'exercice de ses fonctions l'arbitre peut
>
> *a)* interpréter et appliquer une loi ou un règlement dans la mesure où il est nécessaire de le faire pour décider d'un grief.

Pour pouvoir décider d'un grief, il arrive que l'arbitre doive déterminer, par exemple, si l'employé est bien un salarié au sens du Code – ce qui relève normalement du commissaire du travail – ou si telle disposition de la convention doit être complétée ou modifiée par la *Loi sur les normes du travail*[20] ou la *Charte des droits et libertés de la personne*[21]. S'il y a lieu, l'arbitre interprète toute loi à laquelle le grief lui-même est lié peu ou prou. De plus, il est clair désormais que l'arbitre a le devoir d'interpréter la convention collective conformément à la législation d'ordre public. D'ailleurs, en cas d'incompatibilité entre une disposition législative d'ordre public et le texte de la convention collective, l'arbitre doit nécessairement donner préséance à la première et déclarer la seconde inopérante (Gagnon, 1999 : 469-471).

Le pouvoir des arbitres s'est heurté dans le passé à une troisième difficulté, relative celle-là aux sanctions disciplinaires. Depuis toujours, les arbitres considèrent avoir le pouvoir, quand ils le jugent à propos, de réduire, donc de modifier, la sanction imposée par l'employeur. En 1969, la Cour suprême est venue rappeler aux arbitres qu'ils n'ont pas ce pouvoir, à moins qu'il

---

19. Le principe est d'ailleurs explicitement énoncé dans le *Code du travail* à l'article 100.5.

20. L.R.Q. c. N-1.1 [ci-après citée : L.n.t.].

21. L.R.Q. c. C-12 [ci-après citée : C.d.l.p.]. La Cour d'appel a récemment jugé que seul un arbitre de griefs peut décider d'une telle question et que le tribunal des droits de la personne n'a pas compétence lorsqu'il s'agit d'une convention collective. Voir : *Québec (Procureure générale)* c. *Commission des droits de la personne et des droits de la jeunesse*, [2002] R.J.D.T. S 55 (CA). La décision de la Cour d'appel a été portée en appel devant la Cour suprême du Canada.

ne leur soit explicitement attribué par la convention collective en cause[22]. Ce pouvoir, le *Code du travail* l'a lui-même accordé aux arbitres en 1977; il fait maintenant partie de la liste des attributs de l'arbitre contenus dans l'article 100.12:

100.12 Dans l'exercice de ses fonctions l'arbitre peut:

f) en matière disciplinaire, confirmer, modifier ou annuler la décision de l'employeur et, le cas échéant, y substituer la décision qui lui paraît juste et raisonnable, compte tenu de toutes les circonstances de l'affaire. Toutefois, lorsque la convention collective prévoit une sanction déterminée pour la faute reprochée au salarié dans le cas soumis à l'arbitrage, l'arbitre ne peut que confirmer ou annuler la décision de l'employeur ou, le cas échéant, la modifier pour la rendre conforme à la sanction prévue à la convention collective.

La modification a eu pour effet de légitimer une pratique courante, le plus souvent appuyée par une disposition de la convention collective elle-même. Ce pouvoir arbitral est d'ailleurs une composante essentielle du droit de la discipline fondé sur les dispositions des conventions collectives de travail. Nous y reviendrons en détail dans le prochain chapitre.

La loi, quelques règlements et un code de déontologie établi par le Conseil consultatif du travail et de la main-d'œuvre encadrent le comportement de l'arbitre dans l'exercice de ses fonctions. Voici les obligations générales qui lui incombent.

L'arbitre doit rendre sa décision à partir des faits établis par la preuve recueillie au moment de l'audience du grief (art. 100.11, C.t.). Cette règle rejoint celle qui l'oblige à entendre les parties intéressées avant de rendre sa décision. De plus, l'arbitre est lié par les dispositions de la convention collective qu'il ne doit en aucun cas modifier ou refuser d'appliquer. Sa décision doit être rendue par écrit et motivée (art. 101.2, C.t.).

Le *Code du travail* se préoccupe de la célérité du processus arbitral. Ainsi, il oblige d'abord l'arbitre à «procéder en toute diligence à l'instruction du grief» (art. 100.2, C.t.). Plus loin, il lui impose un délai de 90 jours suivant la fin de la dernière séance d'arbitrage pour rendre la sentence, à moins qu'un délai différent ne soit établi dans la convention (art. 101.5, C.t.). Les parties ont aussi la possibilité de consentir par écrit à une prolongation de ce délai.

Du point de vue procédural, le *Code du travail* oblige l'arbitre à déposer deux exemplaires de sa sentence à l'un des bureaux de la Commission des relations du travail. De plus, il doit en remettre copie à chacune des parties (art. 101.6, C.t.). L'article suivant (101.7, C.t.) permet à la Commission des relations du travail d'émettre l'ordonnance qu'elle juge nécessaire si la sentence n'a pas été rendue, déposée et transmise dans le délai mentionné à l'article 101.5. Cependant, l'efficacité de la mesure est pour le moins douteuse, puisque la Commission n'a aucun pouvoir réel: elle ne peut que presser l'arbitre d'exécuter l'obligation que le Code lui impose. Il serait impensable de transférer le dossier à un autre arbitre, ce qui obligerait les parties à reprendre le processus au point de départ et les exposerait à se retrouver devant le même problème plusieurs mois plus tard. L'article 101.8 constitue sans doute un stimulant plus efficace: l'arbitre ne peut exiger ses honoraires ni ses frais s'il ne rend pas sa sentence dans le délai prescrit à l'article 101.5.

Deux règlements ont été adoptés conformément aux dispositions de l'article 103 du *Code du travail*, portant respectivement sur le dépôt des sentences arbitrales et sur la rémunération des arbitres[23]. Le premier règlement énumère les renseignements qui doivent accompagner le dépôt de la sentence arbitrale, tels le nom et l'adresse des parties, le mode de nomination de l'arbitre, etc.

---

22. *Port-Arthur Shipbuilding Co* c. *Arthurs*, [1969] R.C.S. 85.

23. *Règlement sur le dépôt d'une sentence arbitrale et les renseignements relatifs à la durée des étapes de la procédure suivie pour l'arbitrage*, R.R.Q., 1981, c. C-27, r. 2, et *Règlement sur la rémunération des arbitres*, R.R.Q., c. C-27, r. 4.2.

Le règlement sur la rémunération fixe à 120 $ le tarif horaire des arbitres. L'arbitre a le droit de facturer le temps consacré à l'enquête, à l'audition, au délibéré et à la rédaction de la sentence. Toutefois, le nombre d'heures facturables pour le délibéré et la rédaction de la sentence est plafonné. Le règlement précise que, pour une audience d'une journée, on ne peut facturer plus de 14 heures. Ce nombre passe à 22 heures pour deux jours d'audience et on ajoute 5 heures de plus pour chaque journée subséquente d'audience. Par ailleurs, un arbitre peut réclamer un tarif supérieur aux 120 $ réglementaires, pourvu qu'il en ait averti le ministre du Travail, conformément aux dispositions du règlement. C'est ce que font plusieurs arbitres.

Quant au code de déontologie applicable aux arbitres de griefs, il est établi par le Conseil consultatif du travail et de la main-d'œuvre à partir des pouvoirs que lui confère sa loi constitutive[24]. Tous les arbitres inscrits sur la liste du Conseil doivent s'y conformer. Rappelons que le ministre du Travail se base sur cette liste pour nommer un arbitre à la demande d'une partie. Ce code définit les grandes obligations des arbitres, parmi lesquelles le devoir de maintenir sa compétence professionnelle et de demeurer impartial dans les litiges qu'il est appelé à trancher. C'est le Conseil qui entend toute plainte formulée à partir du code de déontologie et qui en dispose. S'il juge la plainte fondée, le Conseil peut recommander au ministre du Travail de retirer le nom de l'arbitre en question de la *Liste annotée*.

---

24. *Loi sur le Conseil consultatif du travail et de la main-d'œuvre*, L.R.Q., c. C-55, art. 2.1. Le code de déontologie est inclus dans la *Politique générale du Conseil concernant la confection et la gestion de la Liste annotée d'arbitres de griefs* et reproduit à l'annexe A de la *Liste annotée d'arbitres de griefs* publiée annuellement par le Conseil (C.C.T.M., 2001-2002).

5.3 Clauses de la procédure interne du règlement des griefs

Dans cette section, nous décrirons, en les expliquant et en discutant certaines modalités, les étapes successives de la procédure de règlement des griefs telles qu'elles figurent dans les conventions collectives. Elles vont de l'événement lui-même à sa solution, à un stade plus ou moins avancé de la procédure, ou à son renvoi à l'étape finale, c'est-à-dire à l'arbitrage.

5.3.1 Définition du grief

En matière de règlement des griefs, le point le plus important à établir est sans contredit la définition du grief, telle qu'on la trouve dans la convention collective en cause. Comment le grief est-il défini dans la convention ? De cette réponse découle, en grande partie, la recevabilité du grief, même dans les premières étapes de la procédure.

La majorité des conventions collectives s'en tiennent à la définition que donne le *Code du travail* (art. 1 (f)) :

1. Dans le présent Code, à moins que le contexte ne s'y oppose, les termes suivants signifient :

[...]

f) « grief » – toute mésentente relative à l'interprétation ou à l'application d'une convention collective.

Dans le Code, le terme est pris dans son sens restreint : seuls une plainte ou un désaccord qui portent sur une matière dont traite la convention collective constituent un grief. En effet, le texte du Code dit bien qu'il s'agit d'une mésentente « relative à l'interprétation ou à l'application d'une convention collective ». Si le désaccord ne porte pas sur un point de la convention, il ne saurait s'agir d'un grief au sens du Code. On rejoint ici les principes déjà énoncés à propos de la théorie des droits résiduaires de l'employeur (voir le chapitre 3). La plupart des conventions collectives reprennent cette définition, explicitement ou implicitement, en renvoyant parfois au *Code du travail* qui détermine la portée minimale du terme *grief*, portée qu'aucune convention ne peut restreindre.

Dans l'exemple suivant, la convention collective définit explicitement ce qu'elle entend par grief, en paraphrasant la définition du *Code du travail*. Selon cette convention, on ne peut donc soulever qu'un grief au sens strict ou restreint du terme.

Article 8   Procédure de griefs et d'arbitrage

8.01   Définition

Pour les fins de la présente convention collective, un grief est défini comme étant toute mésentente relative à l'interprétation ou à l'application de la présente convention collective.

(Convention collective entre Syndicat des travailleuses et travailleurs de l'Hôtel du Parc [C.S.N.] et Renaissance Hôtel du Parc, 1999-2002.)

Toutefois, la portée du terme grief peut être élargie selon la volonté des parties contractantes. Dans certains cas, les parties s'entendent pour donner un sens plus large à cette expression de manière à y inclure des litiges qui ne portent pas sur des sujets de la convention collective, mais qui n'en constituent pas moins des mésententes au sens propre du terme.

Il faut noter, de plus, que la définition du grief peut varier selon les étapes du règlement. Certains employeurs sont prêts à discuter de n'importe quelle plainte ou mésentente avec les représentants syndicaux – donc pendant les étapes internes de la procédure de règlement –, mais ne sont pas prêts à remettre la décision finale et exécutoire du problème à un tiers, dans la personne de l'arbitre. Dans ce cas, le grief est défini au sens large durant les étapes internes et au sens strict au moment de l'arbitrage. C'est ce que l'on observe dans la convention collective ci-dessous. La clause de procédure de griefs débute ainsi :

Article 27   Procédure de griefs

27.01   Tout point en litige, grief, plainte ou mésentente (ci-après appelé «grief») qu'un employé ou un groupe d'employés pourraient

désirer discuter avec la direction de l'usine, sera traité comme suit [...].

(Convention collective entre Abitibi-Consolidated Inc. Division Belgo et S.C.E.P., Sections locales 1256-1455, 1998-2004.)

Plus loin dans la description de la procédure, la même convention restreint la définition du grief de la façon suivante :

[...]

27.05   Tout grief concernant l'interprétation ou une violation alléguée de cette convention, peut être référé à l'arbitrage par l'une ou l'autre des parties, de la manière ci-après établie, mais pas plus tard que quatorze (14) jours après réception par le Syndicat de la décision du directeur de l'usine ou, quand le grief a été référé au directeur de la fabrication papier journal, dans les quatorze (14) jours qui suivent la réception de sa décision par le Syndicat.

Enfin, la convention suivante retient une définition élargie du grief qui vaut pour toutes les étapes de la procédure, arbitrage compris :

Article 7   Procédure de griefs

7.1 *a)*   La différence d'interprétation ou la violation de n'importe laquelle des stipulations de cette convention par l'employeur ou par tout ou tous employé(s) couvert(s) par cette convention aussi bien que toute autre plainte ayant rapport aux conditions de travail, seront considérées un grief pourvu que cela soit soumis par écrit, en dedans de quinze (15) jours de calendrier, excepté là où il est spécifiquement établi le contraire dans cette convention.

(Convention collective entre Union des chauffeurs de camion, hommes d'entrepôts et autres ouvriers Teamsters Québec, Section locale 106 [F.T.Q.], et Transport Robert [1973] Ltée, 1996-2000.)

Au-delà des désaccords portant sur une clause de la convention collective, il y a éventuellement matière à grief lorsque le litige porte sur «une condition de travail». Ce terme, *a priori* très large, peut lui-même être matière à litige quant à son étendue réelle.

Selon Hébert (1992: 177), plus de 90 % des conventions collectives du Québec se réclament, implicitement ou explicitement, de la définition stricte du terme grief. Cette observation corrobore l'importance grandissante de la théorie des droits résiduaires exposée dans le chapitre 3.

5.3.2 Début de la procédure

Quoique le syndicat accrédité et l'employeur puissent eux-mêmes formuler un grief, la plupart des griefs proviennent de salariés qui s'estiment lésés par un traitement injuste. Par exemple, un salarié voit échapper le poste auquel il pensait avoir droit, compte tenu de son ancienneté; un autre écope d'une suspension d'une journée de travail sans salaire pour avoir tenu des propos déplacés au contremaître qui l'a réprimandé; enfin, en recevant sa paye, un employé constate qu'il n'a pas reçu le montant supplémentaire auquel il s'attendait pour avoir remplacé le contremaître absent pendant quelques jours. Chaque fois, il s'agit d'un événement qui porte un salarié de l'unité de négociation à croire qu'il a été lésé parce que les dispositions d'un article de la convention collective n'ont pas été respectées.

Comme les délais sont très importants dans l'ensemble du processus, il importe de savoir qu'ils commencent à courir soit à partir du moment où se produit l'incident lui-même, soit à compter du moment où le salarié en prend connaissance. C'est ainsi que, dans le dernier exemple, même si l'événement s'est produit antérieurement, ce n'est qu'au moment où il reçoit son bulletin de paye que l'employé s'aperçoit qu'il n'est pas payé comme il croyait devoir l'être. Dans certains cas, le délai entre l'événement et sa connaissance est beaucoup plus long.

Il revient aux parties de préciser dans la convention à quel moment le temps commence à courir. Elles doivent indiquer si le décompte commence à partir du moment où se produit l'événement ou s'il ne commence qu'au moment où il est porté à la connaissance du salarié. L'absence d'indications précises risque d'entraîner des difficultés. Même si, en toute justice pour le salarié, il semble préférable de faire courir le temps seulement à partir du moment où il a pris connaissance de l'événement ou de l'effet qu'il veut contester, il reste que le temps écoulé depuis l'événement lui-même n'est pas sans importance. Supposons qu'il s'écoule plusieurs mois avant que l'événement parvienne à la connaissance du salarié, par exemple à la suite d'une absence prolongée, quelle qu'en soit la raison. Le dépôt d'un grief dans de telles circonstances pourrait perturber considérablement le fonctionnement de l'entreprise. Il revient donc aux parties de choisir la formule qui leur convient le mieux. Environ la moitié des conventions collectives en vigueur au Québec font courir le délai à partir de l'événement lui-même; l'autre moitié contient toutes les autres formules possibles (Hébert, 1992: 190-191).

Il est primordial de savoir à qui revient l'initiative d'entreprendre le grief. C'est déjà la question de la propriété du grief qui se pose. Revient-elle à l'employé, au représentant syndical ou aux deux? Y aurait-il une autre formule? Une autre question, reliée à la précédente, amène à faire une distinction entre les démarches informelles et la première étape de la procédure officielle. Nous dirons d'abord un mot sur ce dernier point.

Il est normal que le processus s'engage d'abord par une discussion informelle. Même si la convention collective n'en fait pas mention, il est tout naturel que l'employé qui se sent lésé discute immédiatement du problème avec son supérieur immédiat. D'ailleurs, le conflit survient souvent à la suite d'un ordre que l'employé considère comme inadéquat, irréalisable ou encore dangereux. Tout naturellement, il engage la discussion avec son supérieur immédiat, ce qui constitue pour certaines conventions collectives une condition préalable au dépôt d'un grief.

La plupart du temps, dans le cas d'un grief individuel, les conventions collectives stipulent que la procédure est amorcée par l'employé, qui peut choisir d'être accompagné du représentant syndical. En effet, l'employé est généralement libre de se présenter seul à la première étape ou de se faire accompagner par un délégué syndical (Hébert, 1992: 191). En règle générale, l'employé demande l'appui de son délégué et celui-ci se fait un devoir de participer à la procédure depuis le début, surtout s'il soupçonne que le grief peut avoir des répercussions importantes. C'est la seule étape où il existe une telle liberté de choix et il n'est généralement pas nécessaire que le grief soit formulé par écrit à ce moment. Certaines conventions considèrent que cette discussion constitue la première étape du grief. En voici un exemple intéressant :

Article 6   Méthode de règlement des griefs

6.01   Toute mésentente relative à l'interprétation ou à l'application de la présente convention est considérée comme un grief et réglée selon la méthode suivante :

a)   Première étape

Étant donné l'importance d'une bonne explication entre le superviseur et le salarié pour dissiper tout malentendu, le salarié et son superviseur doivent se rencontrer de façon à ne pas ménager les efforts mutuels pour tenter de régler la plainte du salarié. Cependant, il est entendu qu'à cette rencontre le salarié, s'il le désire, est accompagné de son délégué.

La plainte est soumise au plus tard quinze (15) jours ouvrables à compter de la date de l'incident qui y donne lieu ou de la connaissance de celui-ci. La décision du superviseur doit être rendue dans les trois (3) jours ouvrables suivant la rencontre. Si le salarié estime que sa plainte n'est pas réglée à sa satisfaction, il présente son grief par écrit et son superviseur confirme le rejet du grief. Le grief indique le règlement désiré et la ou les clause(s) de la convention collective concernée.

(Convention collective entre QIT-Fer et Titane Inc. et le Syndicat des ouvriers du fer et du titane [C.S.N.], 1995-2001.)

Cette clause illustre l'importance que les parties accordent à l'explication immédiate entre le salarié et son supérieur immédiat. Cette discussion fait partie de la procédure formelle de règlements des griefs et elle est obligatoire. Toutefois, le salarié n'est pas obligé de formuler sa plainte par écrit et il lui appartient de décider d'être accompagné ou non par son représentant syndical. Ce n'est que si cette première discus-

sion est infructueuse que le salarié doit formuler son grief par écrit.

Dans d'autres conventions, la discussion entre le salarié plaignant et le supérieur immédiat constitue une démarche préalable, ainsi qu'en témoigne l'exemple suivant :

Article 5   Procédure de règlement de griefs et d'arbitrage

5.01 *a)*   Règlement des mésententes et procédure de griefs :

Les deux parties aux présentes désirent que les plaintes des employés soient ajustées aussi vite que possible. Si une plainte se présente, elle doit être soumise verbalement par l'employé à son contremaître, avec ou sans son délégué départemental, pour une tentative d'ajustement. Une telle plainte non réglée deviendra le sujet d'un grief au sens de cet article et doit passer par la Procédure des Griefs ci-après décrite [...].

(Convention collective entre Consoltex Inc. et Le conseil conjoint du Québec, syndicat du vêtement, du textile et autres industries, Section locale 1693, 2000-2002.)

Dans cette convention, la discussion entre l'employé et son contremaître constitue une démarche préalable au grief proprement dit. À noter que la présence du délégué syndical y est facultative, mais le salarié peut l'exiger.

Il importe ici de souligner la règle selon laquelle la formulation d'un grief destiné à contester une décision ou un ordre de l'employeur ne libère pas le salarié de son devoir d'obéissance. Cette règle, qui connaît certes plusieurs exceptions aujourd'hui, s'exprime ainsi : « Obéir d'abord, se plaindre ensuite ». Elle est mieux connue dans sa forme anglaise : *Obey now, grieve later*. Le principe s'applique de façon si générale et si impérieuse qu'un refus d'obéir, sans raison grave, est considéré comme un acte d'insubordination et risque d'entraîner de graves sanctions disciplinaires (D'Aoust et Trudeau, 1979). Toutefois, il arrive que la convention collective suspende cette règle en spécifiant qu'on doit surseoir à l'application de la décision faisant l'objet du grief jusqu'à la solution définitive du litige. On désigne cette pratique par l'expression latine *statu quo ante*, qui signifie que l'on revient à la situation antérieure à la décision qui a justifié le dépôt du grief. Cette disposition vise généralement les sanctions disciplinaires : on y spécifie que l'employeur ne peut imposer une nouvelle sanction pour un refus subséquent avant qu'un arbitre n'ait décidé de la validité du premier refus. Environ 2 % seulement des conventions comportent une telle clause et ce sont des conventions de moindre envergure (Hébert, 1992 : 195).

5.3.3 Conditions d'accès à la procédure officielle

Pour que le grief puisse cheminer normalement, une fois la procédure officiellement entamée, il doit nécessairement être soumis par écrit. Tant mieux s'il est réglé verbalement à l'étape préliminaire ; mais s'il doit franchir les étapes suivantes pour aboutir éventuellement à l'arbitrage, on comprend que le grief doit être consigné dès le début de la procédure.

Le document écrit doit contenir d'abord un résumé des faits qui rappelle l'événement ou l'action qui marque le point de départ de la plainte. Il peut aussi récapituler les premières discussions et les conclusions qui en découlent. Il importe tout autant de savoir si l'employé a un droit et sur quelle base repose ce droit. Concrètement, cela signifie qu'il faut préciser à quelle clause de la convention collective se rapporte le grief. Le document doit également mentionner quel correctif réclame le plaignant ou, en son nom, le représentant syndical, pour en arriver à un règlement. Pour s'assurer que tous ces éléments sont consignés et que rien n'est oublié, la plupart des syndicats ont établi une sorte de formulaire que leurs représentants et les salariés en cause sont invités à utiliser. Le document doit évidemment inclure le nom, la fonction, le matricule et les autres coordonnées de l'employé, ainsi que le nom et les qualités de son supérieur immédiat. Le grief ainsi rédigé, dans les délais prévus, est déposé auprès du représentant patronal désigné à cette fin dans la convention.

5.3.4 Étapes principales

La plupart des conventions collectives prévoient une procédure de règlement interne en une, deux ou trois étapes, mais il arrive, quoique beaucoup plus rarement, qu'il y en ait quatre ou cinq, voire six. Ces différences reflètent la diversité et la complexité des structures administratives des établissements où les conventions s'appliquent.

Nous décrirons maintenant un mode de règlement comportant trois étapes internes ; il suffira de supprimer certaines étapes pour comprendre les procédures de règlement qui ne comptent qu'une ou deux étapes.

La première étape comporte une discussion entre le délégué syndical, accompagné ou non du salarié, et le supérieur immédiat ou le chef d'atelier. Si le grief ne se règle pas à cette étape ou, ce qui revient au même, si la réponse du représentant patronal ne satisfait pas à leurs attentes, le salarié et le représentant syndical passent à la deuxième étape. La convention collective prévoit généralement les délais impartis pour répondre au grief et pour décider s'il doit aller à l'étape suivante.

Il est important de savoir qui détermine si la réponse patronale est satisfaisante ou si le grief passe à l'étape suivante. La réponse à cette question révèle qui a la propriété du grief. Cette propriété peut changer d'une étape à l'autre. Nous avons déjà vu que, sauf dispositions contraires dans la convention collective, la décision finale d'aller en arbitrage revient toujours au syndicat.

La deuxième étape marque le passage à un échelon hiérarchique supérieur, tant du côté syndical que patronal. Du côté syndical, il s'agit souvent du comité de griefs, dont la composition et les fonctions doivent être clairement identifiées dans la convention, ou encore du comité local de direction ou d'un dirigeant syndical. Du côté patronal, cette étape repose sur l'intervention de la direction locale de l'usine, représentée par le gérant ou le principal chef d'atelier, ou celle de la direction des ressources humaines de l'entreprise. Ce dernier point exige une précision, car il met en lumière les tiraillements qui risquent de survenir, du côté patronal, entre les cadres dirigeants et les cadres conseils. Les différentes étapes du grief peuvent n'engager que ces paliers d'autorité, mais il est rare que le service des ressources humaines ou des relations de travail n'intervienne pas à un moment donné durant la procédure. Généralement, cette intervention survient plutôt à la deuxième ou à la troisième étape, quand il faut concilier des objectifs parfois divergents mais également importants : ne pas affaiblir l'autorité de la chaîne hiérarchique, tout en profitant de la compétence de la direction des ressources humaines. En effet, il faut éviter les erreurs coûteuses, d'une part, et assurer la nécessaire uniformité des décisions dans l'application de la convention dans l'ensemble de l'établissement, d'autre part.

En somme, la deuxième étape correspond généralement à l'intervention d'un groupe-conseil, tant du côté syndical (comité, dirigeants locaux, permanent) que du côté patronal (ressources humaines ou relations de travail). Tous ces acteurs doivent être clairement identifiés dans la convention, mais, surtout, celle-ci doit indiquer qui présente le grief et qui le reçoit. La convention doit également mentionner les trois délais à respecter dans le déroulement de la procédure : le délai pour la rencontre entre les représentants des deux parties, le délai de réponse du représentant patronal et le délai accordé à la partie syndicale pour aviser l'employeur qu'elle n'accepte pas la réponse donnée et que le grief passe à l'étape suivante.

La troisième étape se caractérise par l'intervention des représentants du niveau hiérarchique le plus élevé. Du côté syndical, on fait généralement appel à un représentant de l'union ou de la fédération, c'est-à-dire un permanent syndical venant de l'extérieur de l'établissement, voire un haut dirigeant élu, comme le président de la fédération, ou le président du syndicat s'il s'agit d'un syndicat indépendant. Du côté patronal, c'est la haute direction de l'établissement, voire de l'entreprise – car la décision risque d'avoir des répercussions sur les différents établissements –, qui engage les discussions pour trouver une solution au problème. De nouveau, la convention

doit préciser le délai de rencontre, le délai de réponse et le délai d'acceptation ou de refus. S'il y a refus, la partie syndicale décide de mener le grief à l'arbitrage.

Entre ces trois étapes principales, il peut s'intercaler des étapes intermédiaires que nous évoquerons plus loin. Ces étapes représentent des tentatives de règlement par des voies détournées, en dehors de la procédure officielle et normale. Par ailleurs, les parties peuvent décider de sauter la première étape et de porter certains griefs directement à la deuxième ou même à la troisième étape, comme cela se produit pour un grief de congédiement ou un grief syndical ou patronal.

Seulement 20 % des conventions collectives offrent une procédure en trois étapes (Hébert, 1992 : 201). Quand il n'y a que deux étapes, on conserve la première étape pratiquement telle quelle, au début de la procédure, alors que la seconde correspond soit à la deuxième ou à la troisième étape décrite plus haut, soit à une étape mixte. La procédure interne à une seule étape se rencontre généralement dans de petites entreprises où la direction est très proche de ses employés ; elle intervient tout naturellement dès qu'une affaire n'a pu être réglée par le chef de service.

Voici l'exemple d'une procédure interne de règlement en deux étapes, en plus de l'étape préalable ou informelle dont nous avons parlé dans une section précédente.

Article 14   Procédures de griefs

[...]

14.02   Procédure de grief

a)   Étape préalable

Tout litige sur une prétendue violation ou mauvaise interprétation de la présente convention, peut être préalablement soumis verbalement par l'employé à son supérieur immédiat ou son remplaçant.

b)   Première étape

L'employé ou un représentant du Syndicat doit déposer le grief de l'employé par écrit au supérieur immédiat dans les quinze (15) jours suivant la connaissance de l'événement faisant l'objet du grief.

L'employé, le délégué et le supérieur immédiat se rencontreront dans les dix (10) jours ouvrables de la soumission du grief. Une décision est rendue dans les cinq jours ouvrables qui suivent la dernière rencontre.

c) Deuxième étape

Si une décision satisfaisante n'est pas obtenue, ou si aucune décision n'est rendue à l'étape précédente, l'employé ou un représentant du Syndicat peut soumettre le grief de l'employé au deuxième (2e) niveau de supervision tel que désigné par la Compagnie dans les cinq (5) jours ouvrables qui suivent la réception de la réponse de première étape ou l'expiration des délais prévus pour la première étape.

Le directeur syndical ou son remplaçant, l'employé, le coordonnateur et le représentant de la compagnie du service concerné se rencontreront dans les dix (10) jours ouvrables de la soumission du grief à cette étape. Si l'employé est dans l'impossibilité d'assister à la rencontre prévue, cette dernière a lieu en son absence.

Une décision est rendue dans les cinq (5) jours ouvrables qui suivent la dernière rencontre.

d) Soumission à l'arbitrage

Si une décision satisfaisante n'est pas obtenue, ou si aucune décision n'est rendue à l'étape précédente, le syndicat peut soumettre le grief à la procédure d'arbitrage dans les 60 jours qui suivent la réception de la réponse de deuxième étape ou l'expiration des délais prévus pour la deuxième étape.

e) Grief de suspension et de congédiement

Dans le cas de suspension ou congédiement, la procédure de griefs débute à la deuxième (2e) étape dans les quinze (15) jours qui suivent l'avis de suspension ou de congédiement.

f) Grief collectif

Dans les situations suivantes, la procédure de griefs débute à la deuxième (2e) étape dans les quinze (15) jours qui suivent la connaissance de l'événement ayant donné naissance au grief :

–   Grief collectif, c'est-à-dire alors qu'un même événement affecte deux (2) employés et

plus (excluant le cas d'un grief collectif où les requérants relèvent tous de la même personne désignée pour entendre les griefs à la première (1re) étape auquel cas le grief sera alors présenté en première (1re) étape)

–   Grief du syndicat qui touche un service.

–   Grief du syndicat qui touche plusieurs services. Le grief est déposé aux relations industrielles.

(Convention collective entre Les Brasseries Molson et l'Union des routiers, brasseries, liqueurs douces et ouvriers de diverses industries, local 1999 [Teamsters] [F.T.Q.-C.T.C.], 1999-2003.)

Il est intéressant de noter que, dans cette clause, certains types de griefs doivent être soumis directement à la deuxième étape. Il s'agit des griefs contestant une sanction disciplinaire grave, des griefs collectifs et des griefs syndicaux. La portée des enjeux que ces griefs risquent de soulever exige qu'ils soient promptement discutés par les personnes qui, de part et d'autre, ont l'autorité requise pour les régler.

Il faut une raison sérieuse pour décider de porter un grief au-delà de la première étape. Il faut que ce grief soit important pour qu'on aille de l'avant. L'importance peut prendre notamment sa source dans la nature du grief, même s'il s'agit d'un grief individuel. En effet, un tel grief peut avoir des répercussions aussi importantes que celles d'un grief de principe. Par ailleurs, la crainte d'être accusé de faillir au devoir de représentation loyale peut, comme nous l'avons mentionné plus haut, amener un syndicat à défendre un ou des griefs pour lesquels il a peu de considération. De plus, on comprend facilement que le fait d'obtenir justice pour tel salarié, même s'il demeure un objectif primordial, s'accompagne souvent de nombreux autres mobiles. Ainsi, le syndicat peut voir dans tel ou tel grief l'occasion d'établir un rapport de forces vis-à-vis de l'employeur. Dans le cas d'un grief important, la victoire peut influencer la prochaine négociation ou encore donner un coup de pouce à la réélection des dirigeants syndicaux. Il faut donc voir dans la procédure de règlement des griefs un instrument de pouvoir tout autant qu'un instrument de justice.

5.3.5 Variantes possibles de la procédure

Partant du principe qu'une démarche ne reposant que sur des étapes strictement officielles ne constitue pas toujours la meilleure manière de régler un problème, certaines conventions collectives prévoient d'autres formules moins pointilleuses et légalistes, orientées davantage vers le compromis et la conciliation. La seule règle péremptoire est celle que les parties veulent bien se donner en inscrivant de telles démarches dans leur convention. On peut ainsi identifier deux sortes de démarches spéciales : celles qui recourent à un comité de griefs et celles qui font appel à un comité d'enquête.

Il existe plusieurs types de comité de griefs et il importe de bien les distinguer. Il y a d'abord le comité syndical, qui fait souvent partie de la procédure normale et habituelle. Il y a aussi des comités de griefs paritaires, qui ont évidemment un caractère complètement différent. Le comité de griefs paritaire est soit permanent, soit spécial, auquel cas il est mis en place chaque fois qu'un cas particulier l'exige. Voici l'exemple d'un comité de relations de travail qui exerce une double fonction à l'égard des griefs : une fonction de discussion et une fonction d'intervention dans la procédure formelle de règlement interne des griefs.

Article 11   Relations entre les parties

Chapitre 1   Comité paritaire

11.01   Le Comité paritaire est composé de six (6) membres dont trois (3) représentants de l'Employeur et trois (3) employés choisis par le Syndicat.

11.02   Le comité paritaire a pour rôle de discuter et de conclure des ententes sur toute question soumise par l'une ou l'autre des parties, qui est susceptible de faire l'objet d'un grief défini aux clauses 11.07 et 11.15 de la convention.

Il agit alors comme tel ou en tant que comité de griefs prévu aux clauses 11.11, 11.12 et 11.15.

En cas de désaccord au comité paritaire sur une question soumise suivant les dispositions de la présente clause, le Syndicat peut recourir à la procédure de règlement des griefs ou procéder aux étapes subséquentes de cette procédure, le cas échéant.

11.03   Le comité paritaire a aussi pour rôle de discuter de toute autre question qui est soumise par l'une ou l'autre des parties.

(Convention collective entre *Le Soleil*, division de la compagnie Unimédia et Syndicat de la rédaction du *Soleil* [C.S.N.], 2000-2003.)

Au sein de ce comité paritaire, les parties sont donc libres de discuter toute question susceptible de faire l'objet d'un grief. Il s'agit d'un véritable comité de discussion ; la consultation y est volontaire et il permet de résoudre des problèmes sans les soumettre à la procédure formelle de règlement des griefs. Toutefois, le même comité constitue une étape obligatoire et décisive de la procédure interne de règlement des griefs telle que l'établissent les clauses 11.11, 11.12 et 11.15 auxquelles se réfère la disposition reproduite plus haut. Dans les cas qui ne sont pas matière à grief, le comité, sans être décisionnel, fait des recommandations que l'employeur s'engage à considérer, sinon à mettre en œuvre.

Le comité d'enquête est un autre type de comité de griefs. Comme l'explique l'exemple suivant, il est constitué à la demande de l'employé plaignant ou de son supérieur immédiat ; ce comité intervient généralement entre les deux étapes officielles de la procédure normale.

Section XV   Procédures des griefs

15.1

[...]

a) L'employé qui se croit lésé peut d'abord rencontrer personnellement son supérieur immédiat et lui soumettre son grief. Il pourra, s'il le désire, être accompagné de son représentant mandaté des employés ou d'un officier supérieur du Syndicat. Le supérieur immédiat de l'employé doit, dans les cinq (5) prochains jours, rendre sa décision ou décider de convoquer un comité d'enquête suivant les modalités prévues au paragraphe *b)*, et ce, après en avoir informé l'employé.

b)   Si la décision du supérieur immédiat ne satisfait pas l'employé ou qu'une telle décision ne lui est pas connue dans les 5 jours de la soumission du grief, un comité sera formé selon les modalités suivantes :

– Le contremaître et l'employé ont cinq (5) jours à partir de la décision du contremaître ou de l'absence de décision du contremaître pour nommer leur représentant respectif ;

– ces deux (2) représentants doivent se rencontrer et examiner ensemble le dossier de l'employé, étudier soigneusement le cas ensemble et peuvent le discuter complètement avec le personnel de direction du département dans le but d'en arriver à une solution satisfaisante. Le comité d'enquête doit, dans les cinq (5) jours suivant sa nomination, faire une recommandation ou des recommandations en cas d'opinions divisées au sein du comité, sur le grief au contremaître, qui dans les cinq (5) jours suivant la ou les recommandation(s) doit rendre sa décision à l'employé.

(Convention collective entre Société d'électrolyse et de chimie Alcan et Syndicat national des employés de l'aluminium d'Arvida inc., 1998-2003.)

Certaines conventions collectives prévoient un mécanisme de conciliation des griefs. Même si elle n'est pas fréquente, cette démarche s'inscrit dans une logique de négociation collective permanente. La conciliation des griefs étant toutefois plus fréquemment utilisée comme substitut ou préalable à l'arbitrage – on parle en ce sens de médiation préarbitrale –, nous en reportons l'étude plus loin dans ce chapitre.

5.4 Clauses d'arbitrage des griefs

Il nous reste à étudier quelques clauses de convention collective portant sur l'arbitrage. Nous avons déjà démontré à quel point le régime est fortement encadré par le *Code du travail,* mais les parties doivent convenir de plusieurs points. Généralement, une clause d'arbitrage est double, car elle contient à la fois les dispositions légales et les précisions apportées par les parties. De plus, les dispositions de l'article suivent généralement l'ordre dans lequel se déroule l'arbitrage.

5.4.1 Éléments spécifiques de la loi et discrétion des parties

La clause d'arbitrage des griefs est placée soit à la fin de l'article qui établit les étapes internes de la procédure, soit dans un article distinct, étant donné les caractéristiques particulières de cette étape finale du règlement.

La clause doit préciser si la définition du grief change à l'étape de l'arbitrage. À défaut d'indication, on présume que la définition donnée au début de la clause de règlement des griefs – ou dans un article qui définit les termes génériques – s'applique également à l'arbitrage du grief. Il reste que la définition du grief arbitrable est toujours le premier point à vérifier (voir la section 5.3.1).

Toutes les conventions collectives indiquent les délais que les parties conviennent de respecter au cours des différentes étapes de la procédure interne de règlement des griefs (voir la section 5.3.2). Pour éviter toute ambiguïté, les parties ont aussi intérêt à bien définir le délai au cours duquel un grief peut être porté à l'arbitrage une fois franchies les étapes de la procédure interne. À défaut d'un tel délai, on applique le délai supplétif de six mois établi à l'article 71 du *Code du travail.* Toutefois, une fois le grief déféré à l'arbitrage, il semble que le délai de l'article 71 ne s'applique pas à la désignation de l'arbitre. Si la convention ne mentionne pas de délai particulier, un fort courant arbitral impose plutôt à la partie plaignante d'agir dans un délai raisonnable (Gagnon, 1999 : 456). Enfin, pour éviter que l'arbitrage ne s'éternise, il est possible d'inclure dans la convention des délais qui fixent le déroulement du processus arbitral. Ces délais visent non seulement l'avis d'arbitrage et la désignation de l'arbitre, mais aussi les étapes de l'audience, du délibéré et de la décision comme telle.

La clause d'arbitrage établit habituellement le mode de nomination de l'arbitre. Les parties peuvent décider qu'elles s'entendront sur le nom d'un arbitre chaque fois qu'un grief est porté à l'arbitrage. Cette formule est commode, en particulier quand les arbitrages sont rares. Les parties peuvent aussi inscrire le nom d'un ou de plusieurs arbitres dans leur convention pour qu'ils agissent de façon permanente, et à tour de rôle si la convention mentionne plusieurs arbitres. Comme l'indique le tableau 5.1, 60 % des griefs arbitrés au Québec sont confiés à des arbitres nommés directement par les parties selon les besoins[25], 13 % à des arbitres désignés nommément par les parties dans la convention collective, et près de 15 % à des arbitres nommés par le ministre.

Éventuellement, la clause d'arbitrage prévoit de plus que l'arbitre est assisté d'assesseurs, soit pour tous les griefs portés en arbitrage, soit pour les plus importants. Il s'agit toutefois d'une pratique relativement rare, celle-ci touchant moins de 9 % des décisions rendues au Québec en 2000 (Conseil consultatif du travail et de la main-d'œuvre, 2001-2002 : 134).

Les conventions collectives établissent aussi la répartition du paiement des honoraires de l'ar-

bitre et des frais afférents à l'arbitrage. La plupart du temps, ce paiement est divisé en deux sommes égales. Quelques conventions seulement mentionnent que les frais et les honoraires sont à la charge de la partie perdante. Les conventions collectives qui imputent à l'employeur tous les frais et honoraires de l'arbitre sont toutes des conventions collectives du secteur public québécois (Hébert, 1992 : 225).

Voici un exemple de clause d'arbitrage des griefs relativement simple. On trouve l'équivalent dans de nombreuses conventions collectives.

Article 12   Arbitrage

12.01   Tout grief ou mésentente est soumis à un arbitre unique. Dans les quatre (4) mois du dépôt du grief ou de la mésentente, les parties tentent de s'entendre sur le choix d'un arbitre et, à défaut d'une telle entente dans ce délai, l'une ou l'autre des parties peut demander au ministre du Travail de désigner l'arbitre.

12.02   En matière de grief, la compétence de l'arbitre se limite strictement à l'application et à l'interprétation du texte de la convention collective sans rien y ajouter, y supprimer, sans

---

25. Souvent d'ailleurs à partir de la liste du ministre du Travail. Ainsi, les arbitres de la liste écrivent 90 % des décisions formulées annuellement (Blouin, 1996 : 90).

tableau 5.1	Répartition numérique et fréquence des décisions arbitrales selon le mode de nomination de l'arbitre du 1er avril 1998 au 31 mars 2001					
Mode de nomination	**1998-1999**		**1999-2000**		**2000-2001**	
	Nombre de décisions (SAG)	**%**	**Nombre de décisions (SAG)**	**%**	**Nombre de décisions (SAG)**	**%**
L'arbitre est choisi par les parties à la convention	964	60,0	857	60,3	838	60,4
L'arbitre est désigné dans la convention	218	13,6	197	13,9	192	13,8
L'arbitre est nommé par la Fédération des affaires sociales ou par le greffier de l'Éducation	32	2,0	25	1,8	23	1,7
L'arbitre est nommé par le ministre du Travail	268	16,7	209	14,7	197	14,2
Mode de nomination non identifié	124	7,7	133	9,4	137	9,9
Nombre total de décisions (SAG)	**1 606**		**1 421**		**1 387**	

Source : Données fournies par la Direction de la planification stratégique, de la recherche et des politiques du ministère du Travail du Québec.

y suppléer ou le modifier. En matière de mésentente l'arbitre peut rendre toute décision en tenant compte de l'équité et de la bonne conscience.

En matière de grief et en matière de mésentente, lorsque la décision de l'arbitre implique une indemnité, il peut ordonner que l'intérêt au taux légal s'ajoute au montant réel dû et ce, à compter du dépôt du grief.

Dans un tel cas, l'Employeur doit verser ce montant à la personne salariée dans les trente (30) jours ouvrables suivant la réception de la décision de l'arbitre.

12.03 Dans le cas d'arbitrage concernant des mesures disciplinaires, l'arbitre peut :

a) rétablir les droits de la personne salariée visée avec pleine indemnité ;

b) maintenir la mesure disciplinaire ;

c) réduire la sanction imposée en y substituant une mesure moindre qu'il juge plus juste ou plus équitable et déterminer, s'il y a lieu, le montant de l'indemnité auquel une personne salariée permanente ou une personne salariée temporaire inscrite sur la liste de disponibilité injustement traitée pourrait avoir droit, suivant les termes de la convention, en tenant compte du salaire et de toute indemnité que la personne salariée a pu recevoir entre temps.

12.04 Une personne salariée appelée à témoigner ou à représenter l'une ou l'autre des parties à un arbitrage prévu au présent article est libérée sans perte de salaire habituel, pendant la durée requise par ce témoignage ou cette représentation.

12.05 Dans la mesure du possible, l'arbitre doit tenir la première séance d'enquête dans les vingt-huit (28) jours de la date à laquelle le grief ou la mésentente lui a été déféré et il doit, autant que possible, rendre sa décision écrite et motivée dans les trente (30) jours suivant la date de la fin de l'audition. Cette décision est exécutoire et lie les parties. Les frais et honoraires de l'arbitre sont payés à parts égales entre les parties.

(Convention collective entre Université Laval et Syndicat des employés et employées de l'Université Laval, 1999-2002.)

Cet article a la particularité de rendre arbitrables non seulement les griefs au sens du Code, mais aussi toute mésentente susceptible de survenir entre les parties. En effet, nulle part on ne définit les mots grief et mésentente. Cela signifie que le mot grief vise les conflits découlant de l'interprétation et de l'application de la convention collective tel que le définit le Code. En ce qui concerne les mésententes, les parties ont saisi l'occasion que leur donne l'article 102 du Code de déterminer le processus de règlement. Puisque, par définition, les mésententes ne portent pas sur le texte de la convention, les parties donnent à l'arbitre le pouvoir d'en disposer à partir du critère très large de l'équité et de la bonne conscience. Toutefois, les parties rappellent à l'arbitre qu'il doit trancher les griefs en se basant uniquement sur la convention et qu'il n'a aucune compétence pour écarter ou modifier cette convention. Pour le reste, l'article s'en tient essentiellement aux dispositions du *Code du travail*, tout en souhaitant que l'arbitre procède très rapidement pour entendre les parties et rendre sa décision. Comme dans la quasi-totalité des conventions[26], on indique que les frais sont payés à parts égales entre les parties. L'exemple suivant contient plusieurs particularités sur lesquelles nous reviendrons en analysant le texte.

Section XV   Procédure des griefs

[...]

15.6 Tout grief qui n'a pas été réglé en conformité de la procédure s'y rattachant peut être référé à l'arbitrage privé par la Société ou le syndicat en observant les conditions stipulées ci-après :

a) la partie qui soumet un grief à l'arbitrage doit en donner avis par écrit à l'autre partie dans les dix (10) jours de l'épuisement de la procédure des griefs s'y rattachant. Cet avis doit contenir un exposé sommaire du grief et copie de cet avis doit être transmise à l'arbitre choisi ;

---

26. Selon les données du ministère du Travail (2001, échantillon de 1 191 conventions collectives), 95 % des conventions collectives comportent une clause indiquant que les parties se partagent les frais également.

b) un comité permanent de conciliation est formé dans chaque installation et doit se réunir à tous les trois (3) mois ou au besoin afin de revoir les griefs appelés à l'arbitrage et tenter de trouver une solution avant qu'ils ne soient entendus par un arbitre.

Dans le cas où une partie renonce à la conciliation, le grief est entendu par un arbitre dans les meilleurs délais ;

c) tous les griefs soulevés en vertu de la présente convention doivent être entendus par un arbitre choisi par les parties ;

Un grief ayant trait essentiellement à un conflit de droits ou à une description ou à une évaluation de tâche doit être soumis à l'arbitre des conflits de droits ; un grief ayant trait essentiellement à une charge de travail doit être soumis à l'arbitre des conflits d'intérêts ;

d) les parties peuvent désigner des assesseurs dont le rôle est d'aviser l'arbitre qui doit décider d'un grief et de délibérer avec lui. Un (1) seul assesseur de chaque partie sera présent avec l'arbitre. Ce dernier doit aviser les parties de lui communiquer dans les cinq (5) jours où il est saisi d'un grief les noms des assesseurs qui doivent agir ;

e) l'arbitre doit fixer sans délai la date de la première séance d'arbitrage. Si l'un ou l'autre des assesseurs est absent, ou si les deux assesseurs sont absents, l'arbitre doit procéder quand même à l'arbitrage. Les assesseurs peuvent n'assister qu'au délibéré s'ils le jugent à propos. L'arbitre doit rendre seul la sentence arbitrale sur le mérite du grief dans les trente (30) jours de la date où la preuve est terminée ;

f) toute sentence arbitrale doit être communiquée par écrit à chacune des parties ;

g) la sentence arbitrale est finale et lie les parties, mais la juridiction de l'arbitre est limitée à décider des griefs soumis suivant les dispositions et l'esprit de cette convention. L'arbitre n'a autorité, dans aucun cas, pour ajouter, soustraire, modifier ou amender quoi que ce soit dans cette convention. Cependant, les parties lui reconnaissent le privilège de modifier les sanctions qui ont trait aux mesures disciplinaires, s'il le juge approprié ;

h) chacune des parties concernées doit défrayer les frais, honoraires et dépenses de son assesseur, de ses témoins et représentants, et doit défrayer, à part égale, les honoraires et les dépenses de l'arbitre, ainsi que les autres dépenses communes de l'arbitrage. Les honoraires de l'arbitre seront déterminés d'avance.

15.8 Les délais mentionnés dans cette section doivent se calculer en jours de calendrier, à l'exclusion des samedis, des dimanches, des jours de repos prévus entre les changements d'équipes rotatives, des jours de congé statutaire et des vacances annuelles des employés concernés et des absences autorisées jusqu'à concurrence de cinq (5) jours de travail. Les parties à cette convention peuvent d'un commun accord, pour cause, prolonger tout délai.

(Convention collective entre Société d'électrolyse et de chimie Alcan ltée et le Syndicat national des employés de l'aluminium d'Arvida inc., 1998-2003.)

Les articles qui précèdent comportent de nombreuses particularités. La première établit que les parties distinguent deux catégories de griefs : les griefs portant sur un conflit d'intérêts, qui ont trait à une charge de travail, et les griefs portant sur un conflit de droits. Deuxième particularité, la convention prévoit un arbitre permanent pour chaque catégorie de griefs ; le nom n'apparaît pas dans la convention, mais les parties ont identifié deux arbitres. Troisième particularité (ce devrait être la première, logiquement), les parties conviennent que tous les griefs sont entendus par un arbitre choisi par les parties et non par le ministre. Finalement, le rôle des assesseurs semble très important ; leur présence paraît plus fréquente que dans la plupart des autres conventions collectives. Il est possible que la nature complexe des opérations régies par la convention entraîne de nombreux griefs à caractère relativement technique. Pour le reste, ces articles reproduisent sensiblement la procédure habituelle : les délais sont précisés et ils sont relativement courts ; la sentence arbitrale doit être communiquée aux parties, et l'arbitre ne doit en rien modifier le texte de la convention collective. Enfin, chaque partie paie les dépenses reliées à sa preuve ; quant aux frais et aux honoraires de l'arbitre, ils sont partagés également. Cette convention contient aussi une disposition assez rare : les horaires doivent être déterminés d'avance. Le nouveau règlement sur la rémunération des arbitres rend moins nécessaire une telle exigence.

Malgré des différences importantes, les deux conventions citées incluent à la fois des références à des articles du *Code du travail* et des dispositions propres à l'entreprise et à l'établissement visés. C'est l'aspect principal que nous voulions souligner.

5.4.2 Arbitrages particuliers

Plusieurs conventions collectives établissent des dispositions particulières pour certains cas précis, notamment les congédiements. Elles prévoient une procédure accélérée qui démarre généralement à la deuxième ou à la troisième étape. Il arrive aussi qu'on prévoie qu'à l'arbitrage ces griefs auront préséance sur les autres. Ainsi, le tiers environ des conventions collectives contiennent des dispositions particulières pour les cas de congédiement (Hébert, 1992 : 239).

Dans 30 % des conventions, les griefs collectifs, syndicaux ou patronaux font également l'objet de procédures accélérées (Hébert, 1992 : 239).

Quelques conventions collectives établissent un ou deux autres régimes d'arbitrage parallèles pour traiter des sujets particuliers, surtout l'évaluation des emplois et les questions médicales. C'est le cas, notamment, des différentes conventions en vigueur chez Hydro-Québec. Nous reviendrons sur la question de l'évaluation des emplois au chapitre 12, et nous étudierons alors cette clause d'arbitrage établie par Hydro-Québec et un de ses syndicats affiliés au Syndicat canadien de la fonction publique (S.C.F.P.).

Quant à l'arbitrage médical, il a pour but de résoudre les conflits mettant en cause une décision fondée sur des raisons médicales. Auparavant, les conventions collectives d'Hydro-Québec prévoyaient un tel arbitrage. La décision de la direction d'Hydro-Québec de muter un employé, de lui refuser une promotion ou de lui imposer une rétrogradation à la suite d'un examen médi-

cal pouvait faire l'objet d'un grief. Faute de règlement, ce grief était soumis à un arbitre médecin choisi d'un commun accord par le médecin d'Hydro-Québec et celui de l'employé. À défaut d'entente, l'arbitre médecin devait être nommé par le ministre du Travail (Hébert, 1992 : 239).

Les conventions collectives en vigueur aujourd'hui chez Hydro-Québec ne contiennent plus ce type d'arbitrage. Elles se bornent à souligner que la décision patronale de retirer l'employé de ses fonctions habituelles à la suite d'un examen médical peut faire l'objet d'un grief assujetti à la procédure régulière de règlement. S'il n'est pas réglé par entente entre les parties, le grief médical est soumis à l'arbitrage régulier :

Article 17   Arbitrage médical

[...]

17.03   Dans le cas où, à la suite d'un examen médical, la Direction décide de ne plus permettre à un employé de remplir ses fonctions habituelles, de ne pas lui accorder une promotion, une mutation, un transfert, une rétrogradation, de lui imposer une rétrogradation, de le mettre prématurément à la retraite ou de le congédier, celui-ci pourra déposer un grief arbitrable conformément à la procédure prévue aux articles 15 – « Règlement des griefs et mésententes » et 16 – « Arbitrage », de la convention collective et le fardeau de la preuve incombe à la Direction.

(Convention collective entre Hydro-Québec et Syndicat des employés de métiers, Section locale 1500 [S.C.F.P.], 1995-2000.)

Ces formes particulières d'arbitrage sont régies par des principes identiques à ceux de l'arbitrage courant. En fait, ces griefs ne se distinguent des autres que par leurs aspects techniques, de nature médicale ou liés à la tâche accomplie ; la plupart du temps, la procédure est abrégée. Les conventions collectives qui traitent de ce type de grief proposent des conditions favorisant un règlement objectif et juste.

5.4.3 Libérations syndicales

Le règlement d'un grief demande souvent à l'employé et à son représentant syndical de s'absenter du travail. En effet, il faut préparer le grief, en discuter durant les étapes internes et, le cas échéant, le soumettre à l'arbitre. La plupart des conventions collectives contiennent des dispositions explicites sur ce sujet. Dans les unités de petite taille, la convention accorde cette libération surtout au représentant syndical, moins souvent au plaignant, sans limite de temps. Les grandes conventions tendent à accorder ce privilège au représentant syndical et au plaignant (Hébert, 1992 : 240). Les dispositions relatives aux libérations syndicales ont été abordées dans le chapitre 4 sur la vie syndicale.

Malgré tous ses aspects positifs, le régime d'arbitrage comporte suffisamment de difficultés pour qu'on ait cherché à lui substituer d'autres formules, qui font l'objet de la section suivante.

5.5 Autres formules

Les longs délais constituent depuis longtemps le plus gros problème de l'arbitrage des griefs ; aussi, bien des efforts ont été tentés pour y trouver une solution. Nous nous arrêterons successivement sur quelques essais d'arbitrage accéléré et sur la médiation préarbitrale.

5.5.1 Arbitrage accéléré

Il y a plusieurs formes d'arbitrage accéléré, qu'on pourrait classifier sommairement en deux groupes, selon qu'elles relèvent des parties privées ou de l'État. Les formules expérimentées par les parties privées ont connu un certain succès. Quant aux expériences tentées par l'État, surtout au Québec, elles n'ont guère obtenu la faveur des intéressés.

Parmi les tentatives privées d'arbitrage accéléré, retenons celle des Métallurgistes unis d'Amérique. D'abord expérimentée aux États-Unis au début des années 1970, cette formule d'arbitrage accéléré a fait l'objet d'un premier essai dans les mines de nickel de la région de Sudbury, au Canada, en vertu d'une entente signée le 1er mars 1973. C'est cet essai d'arbitrage accéléré que nous résumerons en raison de son importance et de son caractère historique (Hébert, 1992 : 240-243).

Pour commencer, le représentant patronal et le représentant syndical doivent s'entendre pour soumettre un grief à la procédure accélérée plutôt que de suivre la procédure normale, et pour choisir un commissaire aux griefs. Tous les mois, cet arbitre doit réserver un certain nombre de jours, advenant l'audience de griefs. Les parties s'engagent à remettre d'avance à cet arbitre tous les documents pertinents : un résumé des faits, accepté ou non par chaque partie, leurs positions, le texte du grief, ainsi que la décision rendue par l'employeur à la deuxième ou à la troisième étape, selon le cas. Les parties peuvent également ajouter de brefs commentaires écrits pour éclairer la situation. L'audience, qui a lieu l'un des jours réservés, sert à clarifier les questions ou les faits en cause ; à moins d'avoir obtenu l'autorisation de l'arbitre, les parties ne peuvent présenter de nouveaux faits ou de nouveaux arguments. Le commissaire aux griefs s'engage à donner sa réponse, sans justification, dans les sept jours qui suivent l'audience. À la demande des parties, ce commissaire peut être tenu de présenter brièvement les motifs de sa décision. Les parties conviennent qu'aucune décision rendue selon la procédure accélérée ne peut ultérieurement être invoquée comme précédent par la suite. Durant les premières années d'application de ce régime, environ la moitié des griefs furent réglés par arbitrage accéléré (Gouvernement du Canada, 1977 : 21-25). Les principaux griefs ainsi résolus portaient sur des cas mineurs de sanctions disciplinaires, des promotions temporaires et des réclamations de primes d'heures supplémentaires. Ces griefs de faible portée sont sans conséquences sur le règlement d'autres griefs.

Au début des années 1970, le Conseil consultatif du travail et de la main-d'œuvre (C.C.T.M.) tente d'introduire au Québec une formule semi-officielle d'arbitrage accéléré des griefs. En 1981, le ministère du Travail prend la responsabilité administrative de ce service, mais il ne connaît pas le succès escompté. En 1999, une nouvelle formule est mise en place par le Conseil consultatif et gérée par le ministère du Travail du

Québec: elle repose sur l'intervention du Tribunal d'arbitrage procédure allégée (T.A.P.A.).

Le T.A.P.A. s'occupe des griefs que les parties conviennent de référer à cette instance et les griefs mentionnés dans la procédure du Conseil consultatif du travail et de la main-d'œuvre (2001). Les parties peuvent d'ailleurs inclure une clause à cet effet dans la convention. Les délais sont beaucoup plus serrés: il s'écoule seulement 28 jours entre la demande d'arbitrage au T.A.P.A. et le prononcé de la décision. Pour respecter ce délai, les parties doivent échanger leurs points de vue respectifs avant l'audience. Celle-ci se tient à la date choisie par les parties dans les 21 jours suivant la demande d'arbitrage et elle ne peut durer plus de trois heures et demie. L'arbitre doit rendre une décision sommaire par écrit dans les sept jours qui suivent l'audience. La sentence arbitrale ne doit jamais servir de précédent dans un autre litige. Le Conseil consultatif a établi une liste de 20 arbitres, dont un est arbitre en chef. Ce dernier désigne les arbitres qui entendront les griefs soumis à la procédure. Assumés à parts égales par les parties, les frais d'arbitrage sont fixes: 100 $ pour la demande d'arbitrage, auxquels s'ajoutent des honoraires de 750 $ pour l'arbitre en rémunération du temps consacré à l'audience et au prononcé de la sentence. Il est encore trop tôt pour juger de la popularité de cette formule.

5.5.2 Médiation préarbitrale

La médiation préarbitrale est un processus par lequel les parties font appel à une tierce personne neutre pour les aider à résoudre certains griefs. La formule connaît une certaine vogue depuis le début des années 1980 (Hébert, 1992: 244).

Les parties recourent à la médiation préarbitrale selon les besoins du moment. Il arrive aussi que les parties négocient une procédure de médiation préarbitrale qu'elles appliquent plus systématiquement. Les formules sont très variables et ne font généralement pas partie du texte des conventions collectives. Ces procédures établissent notamment le mode de sélection des griefs soumis à la médiation; elles fixent aussi les échanges préalables entre les parties, le choix et le rôle du médiateur ainsi que le statut des ententes conclues. Il importe aussi de déterminer si le médiateur se transforme en arbitre quand la médiation n'aboutit pas au règlement du grief. Il s'agit alors d'une médiation arbitrale.

La médiation préarbitrale se superpose à la procédure régulière de règlement des griefs, elle ne la supplante pas. Cette procédure vise principalement à amener les parties à régler leur litige entre elles, sans décision arbitrale. Un grief qui n'est pas réglé par la médiation préarbitrale est soumis à la procédure habituelle de règlement des griefs, à moins que les délais ne soient dépassés, et elle peut faire l'objet d'un arbitrage. En effet, une procédure de médiation préarbitrale ne peut jamais nier le caractère obligatoire de l'arbitrage des griefs tel qu'il est établi par le *Code du travail*. De plus, la médiation préarbitrale est absolument volontaire: aucun mécanisme juridique ne permet de l'imposer aux parties (Blouin et Morin, 2000: 313-320).

Les recherches démontrent que le recours à la médiation préarbitrale s'avère fort utile. En effet, le processus permet de résoudre économiquement et rapidement un nombre élevé de griefs, diminuant d'autant le recours à l'arbitrage. De plus, non seulement les solutions aux griefs sont-elles négociées à la satisfaction des deux parties, mais le processus lui-même est susceptible de contribuer à l'amélioration du climat général des relations de travail (Elkiss, 1997: 685).

Soulignons enfin que le ministère du Travail du Québec offre un service de médiation préarbitrale de grief.

5.6 Bilan

En rendant obligatoire l'arbitrage pour résoudre les conflits découlant de l'application des conventions collectives, les différents législateurs canadiens entendent permettre aux parties d'élaborer un système de justice qu'elles contrôlent entièrement et qu'elles définissent selon leurs besoins. Il s'agit là d'une institution originale qui offre toutes les garanties d'accessibilité, de célérité et d'expertise, caractéristiques essentielles à un système de justice du travail efficace (Blouin, 1996 : 35-38 ; Dufour, 1999). Cette dernière section présente un court bilan de l'expérience québécoise en matière de résolution des griefs à partir de ces trois éléments d'analyse.

5.6.1 Accessibilité

Du point de vue de l'accessibilité, la plus grande vertu de la procédure de règlement des griefs réside dans le fait que les parties peuvent en définir et en contrôler le fonctionnement. C'est la convention collective qui détermine les modalités de l'administration des griefs et de leur résolution par l'arbitre. En somme, le système appartient aux parties.

C'est avant tout par la procédure interne de règlement des griefs que l'objectif d'accessibilité se matérialise. Aucun formalisme ne préside à son accès, et elle met en présence les personnes immédiatement concernées par le problème. Le mécanisme est d'ailleurs efficace : on estime que plus de 95 % des griefs sont réglés par les parties elles-mêmes, sans l'intervention d'un tiers (Hébert, 1992 : 204). Il s'agit là d'une réalisation considérable qu'on oublie trop souvent d'attribuer au système.

La simplicité de la procédure de nomination de l'arbitre ainsi que la possibilité laissée aux parties de le choisir contribuent aussi à rendre ce système de justice accessible. Le fait que l'audience se tienne à l'extérieur du palais de justice, souvent à proximité du milieu de travail d'où, en principe du moins, sont absents les effets de toge, va dans le même sens.

Toutefois, plusieurs facteurs inhérents au système rendent aujourd'hui l'arbitrage beaucoup moins accessible qu'on ne l'avait imaginé initialement. Ceux-ci relèvent autant des règles en usage durant l'audience que d'une complexification évidente du droit que l'arbitre doit prendre en compte pour décider d'un grief.

Il arrive régulièrement qu'en début d'audience les procureurs des parties, plus souvent celui de la partie patronale, soulèvent des objections préliminaires par lesquelles ils contestent la compétence de l'arbitre de se prononcer sur le litige dont il est saisi. On invoque par exemple qu'il ne s'agit pas d'un véritable grief ou encore qu'il n'a pas été formulé selon les prescriptions de la convention collective. À l'occasion, de telles objections requièrent une preuve en soi, suivie d'une argumentation. Il arrive même que l'arbitre doive rendre une décision interlocutoire pour en disposer. Ces objections, quoiqu'elles soient parfois bien fondées, retardent considérablement les débats. Par ailleurs, les règles de preuve habituellement suivies en arbitrage alourdissent aussi le déroulement de l'audience. Les parties présentent généralement une preuve substantielle, souvent ponctuée de rapports et de témoignages d'experts. Chaque témoin est longuement interrogé, puis contre-interrogé par le procureur de la partie adverse. On met souvent en doute la pertinence des questions de la partie adverse ou on critique leur formulation, jugée trop suggestive par exemple. Bien qu'il en ait le pouvoir, l'arbitre hésite à limiter les débats, jugeant que chaque partie a le droit de présenter sa preuve et ses arguments comme elle l'entend. De plus, comme ils ne sont pas obligés de divulguer la preuve avant de se présenter devant l'arbitre, les procureurs sont fréquemment pris au dépourvu, en cours d'audience, par la teneur de la preuve de la partie adverse et demandant un temps d'arrêt pour y réagir. Tout cela contribue à éloigner le débat des préoccupations des parties prenantes au grief et même parfois à les intimider.

En rendant sa décision, l'arbitre doit aussi tenir compte des lois d'ordre public qui risquent d'influencer l'issue du grief[27]. Le droit que l'arbitre doit appliquer est donc beaucoup plus large et complexe que les seules dispositions de la convention collective.

---

27. Voir art. 100.12 (a) du *Code du travail* et la section 5.2.2 *supra*.

Il faut souligner aussi l'importance et la difficulté des enjeux débattus devant l'arbitre de griefs. En raison de la procédure interne de règlement et des coûts inhérents au système, seuls les dossiers les plus délicats et les plus significatifs pour les parties se rendent habituellement en arbitrage. Il en est ainsi des mesures disciplinaires les plus graves ou encore des décisions d'affaires qui ont d'importantes répercussions sur les conditions de travail des salariés, par exemple celle d'impartir certaines activités liées à la production. Dans de tels dossiers, chaque partie n'hésite pas à travailler avec ardeur et à invoquer tous les arguments susceptibles de faire prévaloir son point de vue. Dans ce contexte, la simplicité et la rapidité des débats deviennent souvent des considérations de second ordre.

L'accessibilité du système ne peut être indépendante de ses coûts. À cet égard, il faut convenir que ceux-ci ne sont pas négligeables, puisque les parties doivent rémunérer leur procureur et l'arbitre. Ces frais sont d'autant plus élevés que l'audience est longue et que la cause présentée en arbitrage est complexe. Cette complexité détermine d'ailleurs la longueur de la préparation des procureurs et celle du délibéré de l'arbitre.

5.6.2. Célérité

Depuis longtemps, le système d'arbitrage est vivement critiqué pour sa lenteur. Les chiffres suivants permettent d'en juger.

Pour les 1 421 décisions arbitrales rendues en 1999-2000, il s'est écoulé, en moyenne, 558,3 jours, soit près d'un an et sept mois entre le dépôt du grief et le prononcé de la décision (Blouin, 2001). Il s'agit d'une période considérable, compte tenu des objectifs de célérité du système. Pour mieux comprendre ce long délai, il faut en considérer les composantes. Ainsi, il s'écoule en moyenne 246 jours entre le dépôt du grief et la nomination de l'arbitre. Il faut donc huit mois pour franchir les différentes étapes de la procédure interne de règlement des griefs, s'entendre sur le nom de l'arbitre et le saisir du

dossier. La phase judiciaire du processus débute avec la nomination de l'arbitre. Du début de cette étape au prononcé de la décision, il faut 303 jours en moyenne, soit près de 10 mois, dont les deux tiers s'écoulent entre la nomination de l'arbitre et le début de l'enquête (203 jours en moyenne en 1999-2000). Ce délai considérable s'explique par le temps que prend l'arbitre pour administrer le dossier et trouver une date d'audience qui convient aux deux parties et à leur procureur. Il se passe, en moyenne, 53 jours entre la première et la dernière séance de l'audience. Enfin, seule période qui relève exclusivement de l'arbitre de griefs, le délibéré exige en moyenne 47 jours.

Quelques remarques s'imposent quant à ces données. Tout d'abord, les parties sont largement responsables de la longueur de ces délais pour obtenir une décision arbitrale. Elles sont en mesure de les réduire. C'est pourquoi il ne faut pas blâmer le système sans avoir analysé les véritables causes de cette lenteur. Les données présentées plus haut ne sont que des moyennes. Elles ne permettent pas de distinguer entre les dossiers prioritaires, pour lesquels les parties disposent de moyens de règlement rapide, et les dossiers non prioritaires, que les parties ne poussent pas, et dont les longs délais font partie de la stratégie qui conduit à un règlement à l'amiable. Par ailleurs, on doit se demander si les longs délais qui séparent la nomination de l'arbitre et la première audience n'est pas en partie explicable par une certaine complaisance de la part des acteurs immédiats de l'arbitrage, les arbitres et les procureurs, et une tolérance des parties à leur égard. Par exemple, jusqu'à quel point les parties sont-elles prêtes à attendre avant d'obtenir les services de l'arbitre ou des procureurs de leur choix? Les données présentées dans la section 5.6.3 sur les acteurs de l'arbitrage sont éloquentes. Enfin, il faut noter un net allongement des délais au cours des années. En 1978-1979, il s'écoule 155 jours entre la nomination de l'arbitre et le prononcé de la décision. Ce délai passe à 229 jours en 1988-1989 (Hébert, 1992: 232), puis à 303 jours en 1999-2000. Il a donc pratiquement doublé en 20 ans. La question demeure: quelle part de ces délais est attribuable aux parties et jusqu'à quel point sont-elles prêtes à attendre ?

5.6.3 Composition du tribunal d'arbitrage et qualification des arbitres

En confiant à des arbitres la compétence exclusive de décider des griefs, le législateur fait appel à des experts issus du milieu des relations du travail, plutôt qu'à des juges professionnels. Toutefois, le *Code du travail* n'exige aucune qualification ou compétence particulière pour occuper la fonction d'arbitre. En donnant aux parties le pouvoir de choisir leur arbitre, on privilégie plutôt la confiance des justiciables envers le tribunal que son expertise. De toute façon, le choix de l'arbitre par les parties relève directement de sa compétence dans le domaine.

Par ailleurs, l'impartialité est une règle essentielle que doit respecter toute instance juridictionnelle. Celle de l'arbitre de griefs est assurée, en principe, par le fait qu'il est nommé conjointement par les parties[28]. Mais, concrètement, la situation de l'arbitre n'est pas sans créer quelque ambiguïté.

Ainsi, l'arbitre de griefs est un professionnel autonome, à son compte. Il n'est ni juge de carrière ni fonctionnaire de l'État. L'importance de sa pratique arbitrale dépend du nombre de mandats qu'il reçoit des parties et du ministre du Travail. Il est toujours rémunéré par les parties concernées par le grief. La carrière de l'arbitre dépend donc directement de l'appréciation de ses qualités professionnelles par les parties, ce qui explique une certaine forme de tolérance, d'aucuns diraient de laxisme, face aux parties dans le déroulement de l'arbitrage. Ainsi, on accueille et accepte plus facilement les demandes de remise qui reculent d'autant la date de l'audience. De même, bien qu'il dispose de ce pouvoir, il est très rare qu'un arbitre convoque d'office les parties à l'audience. On préfère fixer une date qui convient à l'ensemble des intervenants, ce qui n'est pas sans contribuer à la prolongation des délais. Enfin, l'arbitre hésite parfois à interrompre une preuve qu'il juge moins pertinente.

Il faut ajouter qu'au Québec le monde de l'arbitrage est relativement fermé. Nous avons déjà souligné que la centaine d'arbitres inscrits sur la liste du ministre du Travail rendent 90 % de toutes les décisions. Qui plus est, un petit groupe très actif, formant moins de 10 % de ces arbitres, rend 25 % de toutes les décisions. À l'opposé, près de la moitié des arbitres de cette liste signent à peine 10 % des décisions rendues (Hébert, 1992 : 216-217). C'est dire que les parties ne veulent pas courir de risques quand elles choisissent un arbitre, et que la confiance qu'elles portent au tribunal est prioritaire. Elles préfèrent donc recourir aux services d'un arbitre qu'elles connaissent, quitte à s'accommoder d'une disponibilité limitée et d'honoraires plus élevés. Par ailleurs, les parties sont représentées par des procureurs eux-mêmes fortement sollicités, et dont les disponibilités sont aussi réduites, du moins à court terme. Tous ces professionnels de l'arbitrage connaissent bien le système et ses acteurs. Ils adhèrent généralement à un code implicite de conduite qui favorise la consultation et le consentement mutuel plutôt que la contrainte dans l'organisation des séances d'arbitrage.

Une vaste majorité des arbitres, environ 70 %, ont une formation juridique. Parmi les autres, entre 15 à 20 % détiennent une formation universitaire en relations industrielles. Seule une minorité d'arbitres exercent leur fonction à temps plein. Certains d'entre eux occupent d'autres fonctions, comme avocat de pratique générale, juge municipal ou professeur d'université (Blouin, 1996 : 98). Par ailleurs, il n'est pas nécessaire d'être membre du Barreau pour agir comme procureur devant un arbitre[29]. Du côté syndical, les

---

28. Même ceux inscrits sur la liste du ministre du Travail ont reçu l'assentiment des parties par l'intervention du Conseil consultatif du travail et de la main-d'œuvre dans sa confection. Voir *supra*, section 5.2.2.

---

29. La *Loi sur le Barreau* (L.R.Q. c. B-1, art. 128) le permet explicitement.

procureurs sont soit des avocats provenant de cabinets-conseils spécialisés en droit du travail, soit des conseillers salariés des fédérations syndicales concernées. Du côté patronal, les procureurs sont généralement des avocats spécialisés en droit du travail ; il est très rare que le directeur ou la directrice des ressources humaines d'une entreprise joue ce rôle. Somme toute, dans la majorité des dossiers d'arbitrage, les procureurs sont des avocats. Une étude révèle que, de 1970 à 1994, les procureurs d'au moins une des deux parties étaient avocats dans 89,9 % des cas, et ce nombre est actuellement en augmentation (Blouin, 1996 : 294-297). Cette forte représentation des juristes, tant chez les arbitres que chez les procureurs, n'est pas sans influencer le déroulement de l'arbitrage.

5.7 Conclusion

En conclusion, le système de règlement interne et d'arbitrage des griefs au Québec remplit généralement bien son rôle et participe efficacement à l'administration de la justice du travail. Son principal avantage est certes cette capacité d'amener les parties à régler à l'amiable la plupart des litiges qui découlent de l'application ou de l'interprétation de la convention collective. De plus, le contrôle direct que les parties à la convention collective exercent sur l'ensemble de ses composantes assure à l'arbitrage une pérennité enviable comme institution du travail. En effet, depuis qu'il constitue un mécanisme obligatoire de résolution des griefs, en 1961, l'arbitrage n'a jamais été sérieusement remis en cause au Québec, contrairement à d'autres juridictions du travail qui, durant la même période, ont été régulièrement modifiées, voire carrément remplacées. Voilà un signe évident de la satisfaction et de la confiance que portent les parties à l'arbitrage.

Toutefois, au fil des ans, le système d'arbitrage a perdu de son efficacité. Parmi les raisons invoquées, retenons l'évolution du droit du travail et la judiciarisation du processus arbitral. Aujourd'hui, le droit est devenu très complexe, principalement par suite de l'évolution des lois d'ordre public qui, dans les milieux de travail, s'appliquent parallèlement à la convention collective. C'est particulièrement le cas des instruments législatifs visant le respect des droits fondamentaux. Ceux-ci représentent un défi de taille pour les arbitres, car l'application de ces droits en milieu de travail vient parfois heurter certaines valeurs propres aux rapports collectifs du travail. L'autre caractéristique, c'est la lenteur du processus arbitral : l'arbitrage de griefs n'est plus aujourd'hui ce système simple, rapide et économique d'administration de la justice qu'on avait imaginé initialement. Les causes de cette dérive sont multiples, mais il faut souligner la trop grande « judiciarisation » du processus. La présence massive d'avocats dans le système, de même que l'existence d'un contrôle judiciaire, n'est pas étrangère à ce dérapage. Enfin, une certaine complaisance de la part des acteurs de l'« industrie de l'arbitrage », c'est-à-dire les arbitres et les procureurs, à l'égard des délais contribue aussi au phénomène.

L'avantage du système d'arbitrage, c'est que les parties elles-mêmes peuvent réagir à ces problèmes et qu'à plusieurs égards elles en détiennent la solution. Encore aujourd'hui, lorsque les parties veulent qu'un grief soit rapidement entendu, elles disposent de tous les moyens pour y arriver. Elles ont toute la latitude pour retenir les services d'un arbitre susceptible de se libérer promptement et pour imposer à leurs procureurs qu'ils s'occupent de ce grief en priorité. De façon plus générale, les parties peuvent négocier des procédures accélérées et plus courtes pour traiter les griefs, du moins certains types d'entre eux, comme cela arrive fréquemment. C'est pourquoi il est permis de penser que, somme toute, les parties s'accommodent ou, du moins, tolèrent la lenteur et la lourdeur du système, même si, officiellement, elles en dénoncent les inconvénients et les imperfections.

références bibliographiques

BLOUIN, R. (1996). *La juridiciarisation de l'arbitrage de griefs,* Cowansville, Les Éditions Yvon Blais.

BLOUIN, R. (2001). Données non publiées présentées au Congrès annuel de l'Association canadienne des relations industrielles, tenu du 26 au 28 mai 2001 à l'Université Laval à Québec.

BLOUIN, R. et F. MORIN (2000). *Droit de l'arbitrage des griefs,* Cowansville, Les Éditions Yvon Blais.

CONSEIL CONSULTATIF DU TRAVAIL ET DE LA MAIN-D'ŒUVRE (2001). *Le Tribunal d'arbitrage procédure accélérée (TAPA).* Brochure d'information disponible sur le site *www.cctm.gouv.qc.ca.*

CONSEIL CONSULTATIF DU TRAVAIL ET DE LA MAIN-D'ŒUVRE (2001-2002). *Liste annotée d'arbitres de griefs.*

D'AOUST, C. et G. TRUDEAU (1979). *L'obligation d'obéir et ses limites dans la jurisprudence arbitrale québécoise,* monographie n° 4, Montréal, Université de Montréal, École de relations industrielles.

DUFOUR, J.L. (1999). «Synergie des fondements historiques internationaux et nationaux de l'instauration des tribunaux du travail», *Revue de droit de l'Université de Sherbrooke*, vol. 30, p. 33-155.

ELKISS, H. (1997). «Alternatives to Arbitration: Are Unions Ready for Change?», *Labor Law Journal,* vol. 48, n° 11, p. 675-758.

GAGNON, R.P. (1999). *Le droit du travail au Québec,* 4e éd., Cowansville, Les Éditions Yvon Blais.

GOUVERNEMENT DU CANADA (1977). *L'arbitrage par secteurs industriels et l'arbitrage accéléré des griefs: des alternatives aux méthodes traditionnelles,* Travail Canada, Service de médiation et de conciliation, Ottawa.

HÉBERT, G. (1992). *Traité de négociation collective,* Boucherville, Gaëtan Morin Éditeur.

Mesures disciplinaires

La clause portant sur les mesures disciplinaires présente des affinités avec celles des droits de gérance et de la procédure de résolution des griefs. C'est pourquoi nous en traitons immédiatement après les chapitres qui ont abordé ces deux questions.

Il ne s'agit pas d'une clause contractuelle, mais bien d'une clause de fond: elle a pour but de protéger les salariés contre des sanctions disciplinaires abusives ou arbitraires. Les conventions collectives qui contiennent une telle clause veulent en effet assurer les salariés que des mesures disciplinaires ne leur sont imposées que pour une cause juste et suffisante, dans le respect de certaines règles d'équité. La clause des mesures disciplinaires établit donc les droits des salariés au regard de la question délicate, mais qu'on ne peut ignorer, des sanctions disciplinaires.

La question des mesures disciplinaires déborde la clause qui les régit. Aussi, nous essaierons d'abord de cerner la nature de ces mesures et de préciser le cadre juridique et les concepts qui s'y rapportent. Nous dégagerons ensuite les principes essentiels sur lesquels un employeur doit s'appuyer pour choisir la sanction disciplinaire appropriée et nous décrirons la procédure à suivre pour respecter intégralement ces principes. Enfin, nous présenterons quelques exemples de clauses sur ce sujet.

6.1 Fondement, cadre juridique et concepts

Tout comme dans le cas des droits de gérance, on reconnaît aux directions d'entreprise le droit d'imposer des sanctions disciplinaires, mais on ne s'entend pas sur l'origine et le fondement de ce droit. Après avoir brièvement rappelé les différents points de vue, nous décrirons d'abord le cadre juridique de la discipline industrielle, du moins lorsqu'elle devient un objet de négociation entre les parties. Par la suite, nous définirons les principales mesures ou sanctions disciplinaires. Enfin, nous différencierons les mesures disciplinaires des mesures non disciplinaires ou administratives.

6.1.1 Fondement du pouvoir disciplinaire et cadre juridique

Dans notre régime économique, on tient souvent pour acquis le droit de l'employeur de sanctionner un salarié qui commet une faute disciplinaire dans le cadre de son travail. Toutefois, en y regardant de plus près, on peut s'étonner qu'une partie à la relation de travail jouisse d'un droit de sanction à l'égard de l'autre partie: notre droit civil, qui s'applique au contrat individuel de travail, ne postule-t-il pas l'égalité juridique des parties à tout contrat? Comment expliquer alors que l'employeur détienne ce pouvoir disciplinaire unilatéral que, dans la pratique, nul ne semble lui contester? Traditionnellement, deux thèses s'affrontent: celle du contrat de travail et celle fondée sur une conception institutionnelle des droits de direction.

La première établit dans le contrat de travail lui-même le fondement du droit d'imposer des mesures disciplinaires. Cependant, l'explication que fournit cette thèse contractuelle pour justifier l'origine du pouvoir disciplinaire de l'employeur est très sommaire: à moins que ce pouvoir n'ait été explicitement inscrit dans le contrat de travail, le seul argument que l'employeur pourrait invoquer est son droit de congédier un salarié pour l'inexécution ou l'exécution fautive d'une obligation contractuelle. D'ailleurs, depuis 1994, le *Code civil du Québec* reconnaît explicitement ce droit de résiliation unilatérale pour un motif sérieux à l'article 2094[1]. Pour le reste, l'employeur n'aurait le droit d'imposer des sanctions disciplinaires intermédiaires – une suspension sans salaire, par exemple – que si le contrat de travail lui en donne explicitement le pouvoir.

La thèse contractuelle ne peut expliquer la pratique moderne en matière de mesures disciplinaires. Aussi a-t-on mis de l'avant une seconde thèse qui s'apparente à celle de la nécessaire

---

1. L'article 2094 se lit ainsi: « 2094. Une partie peut, pour un motif sérieux, résilier unilatéralement et sans préavis, le contrat de travail. »

coordination des opérations de l'entreprise et qui découle des droits de direction. La direction aurait le devoir d'établir une discipline industrielle qui permet à l'entreprise d'atteindre ses objectifs ; elle aurait du même coup la possibilité d'en assurer l'application au moyen de sanctions appropriées. Certains appellent cette théorie la thèse institutionnelle, puisque le pouvoir disciplinaire découle des responsabilités de la direction de l'entreprise.

Au Québec, l'explication la plus satisfaisante de l'origine du pouvoir disciplinaire de l'employeur semble bien résider dans le contrat de travail lui-même. En effet, ce pouvoir serait le nécessaire corollaire de la subordination juridique du salarié. Comme le contrat de travail confère à l'employeur le pouvoir de diriger le travail du salarié et de lui donner les directives nécessaires, il en découle logiquement que l'employeur détient les outils disciplinaires pour exercer son pouvoir de direction avec efficacité. À cet égard, le pouvoir disciplinaire de l'employeur relève de la nature même du contrat de travail. De plus, il est possible d'affirmer que ce même pouvoir relève de l'usage et qu'à ce titre il doit être inscrit dans tout contrat de travail (Bich, 1988 ; D'Aoust, Leclerc et Trudeau, 1982 : 51-58)[2].

La convention collective reconnaît généralement à l'employeur le pouvoir d'imposer des sanctions disciplinaires, y compris le congédiement. Cette reconnaissance est généralement incluse dans la clause des droits de la direction. Il arrive aussi que la convention contienne un article portant explicitement sur le pouvoir disciplinaire patronal. Par ailleurs, si la convention collective est muette à cet égard, l'employeur jouit tout de même du pouvoir disciplinaire en raison de son origine contractuelle. Toutefois, comme nous le verrons plus loin, le véritable rôle de la convention collective est d'encadrer et

de limiter l'exercice de ce pouvoir pour obliger les employeurs à respecter à la fois une procédure équitable et une approche « corrective » de la discipline.

À cet égard d'ailleurs, le *Code du travail*[3] joue un rôle prépondérant. En effet, s'il est silencieux sur l'origine du pouvoir disciplinaire de l'employeur, l'article 100.12 (f) de ce code confère de très larges pouvoirs à l'arbitre saisi d'un grief contestant une sanction disciplinaire. Cette disposition se lit ainsi :

> 100.12   Dans l'exercice de ses fonctions l'arbitre peut :
>
> *f)*   en matière disciplinaire, confirmer, modifier ou annuler la décision de l'employeur et, le cas échéant, y substituer la décision qui lui paraît juste et raisonnable, compte tenu de toutes les circonstances de l'affaire. Toutefois, lorsque la convention collective prévoit une sanction déterminée pour la faute reprochée au salarié dans le cas soumis à l'arbitrage, l'arbitre ne peut que confirmer ou annuler la décision de l'employeur ou, le cas échéant, la modifier pour la rendre conforme à la sanction prévue à la convention collective.

Cet article confirme tout d'abord la préséance de la volonté des parties en matière disciplinaire. En effet, si les parties en décident ainsi, elles ont toute latitude, dans leur convention collective, pour prévoir des sanctions précises pour différents manquements. Par exemple, les conventions indiquent souvent qu'après un certain nombre de jours d'absence non motivée, un salarié s'expose à la perte de son ancienneté ou au congédiement. Quand un arbitre est saisi d'un grief contestant une telle sanction disciplinaire, sa compétence lui permet seulement de vérifier si le manquement en question est bien survenu. Dans l'affirmative, il doit nécessairement confirmer la validité de la sanction et rejeter le grief. C'est ce que prescrit la dernière partie de l'article 100.12 (f) du *Code du travail*.

Si les parties se contentent plutôt d'encadrer le pouvoir disciplinaire patronal de façon générale,

---

2. L'article 1434 du *Code civil du Québec* se lit en effet comme suit : « 1434. Le contrat valablement formé oblige ceux qui l'ont conclu non seulement pour ce qu'ils y ont exprimé, mais aussi pour tout ce qui en découle d'après sa nature et suivant les usages, l'équité ou la loi. »

---

3.   L.R.Q., c. C-27 [ci-après cité : C.t.].

par exemple en l'assujettissant au respect de la norme de la «cause juste et suffisante», l'arbitre dispose de plus de latitude. Il possède alors le pouvoir d'évaluer l'intervention disciplinaire de l'employeur, d'annuler la sanction déjà imposée et de la remplacer par une autre qu'il estime juste et raisonnable dans les circonstances. C'est ce que décrit la première partie de l'article 100.12 (f). Les principes qui guident alors l'intervention de l'arbitre ont été élaborés dans une volumineuse jurisprudence arbitrale et sont expliqués plus loin dans ce chapitre.

Mentionnons toutefois ici l'existence de deux points de vue divergents dans la jurisprudence arbitrale quant au degré d'intervention qu'un arbitre doit exercer à l'égard d'une sanction disciplinaire imposée par l'employeur. Certains arbitres n'interviennent que lorsqu'un employeur exerce son pouvoir disciplinaire de façon abusive, discriminatoire, déraisonnable, arbitraire ou de mauvaise foi. En d'autres termes, ces arbitres n'annulent la sanction patronale et ne la remplacent par une autre moins sévère que s'ils ont préalablement noté une disproportion flagrante entre la faute du salarié et la sanction imposée. Pour ces arbitres, il appartient à l'employeur d'apprécier la gravité de la faute commise et de choisir en conséquence la sanction à imposer. En revanche, d'autres arbitres sont nettement plus interventionnistes et préconisent une révision pleine et entière de la décision de l'employeur. Ces derniers examinent toutes les circonstances de l'affaire et interviennent dès qu'ils observent une disproportion, même légère, entre la faute et la sanction (D'Aoust, Dubé et Trudeau, 1995: 27-32; Bernier et autres, 2001: I/1-92 et I/1-93). Mais, en toutes circonstances, un arbitre ne saurait intervenir pour retenir une sanction plus sévère que celle initialement imposée par l'employeur[4].

Par ailleurs, le contenu de la convention collective et l'autorité patronale en matière disciplinaire doivent respecter le droit en vigueur. Or, à ce chapitre, des lois d'ordre public inter-

disent d'invoquer certains motifs pour justifier une sanction disciplinaire, une mesure de représailles ou un congédiement. Tel est le cas, par exemple, des activités et des droits syndicaux protégés par le *Code du travail* (L.R.Q., c. C-27, art. 14), de l'état de grossesse ou de l'exercice d'un droit ou d'une activité reconnus par la *Loi sur les normes du travail* (L.R.Q., c. N-1.1, art. 122 à 122.2). Il en est de même des droits protégés par d'autres lois comme la *Loi sur la santé et la sécurité du travail* (L.R.Q., c. S-2.1, art. 30, 81, 97, 227 et 228), la *Loi sur les accidents du travail et les maladies professionnelles* (L.R.Q., c. A-3.001, art. 32) et la *Charte de la langue française* (L.R.Q., c. C-11, art. 45). De plus, toute sanction disciplinaire ou mesure administrative discriminatoire au sens de la *Charte des droits et libertés de la personne du Québec* (L.R.Q., c. C-12) serait nécessairement illégale. L'analyse de l'influence de la Charte sur le pouvoir disciplinaire patronal dépasse l'objet de ce chapitre. Soulignons simplement l'étendue de la notion et des critères de discrimination, ainsi que la rigueur et la complexité des règles à respecter lorsque l'employeur veut justifier une mesure, autrement discriminatoire, par le concept de l'exigence professionnelle normale comprise dans l'article 20 de la Charte[5].

6.1.2 Définition et exemples

Il est périlleux de proposer une définition et une analyse uniques de la discipline industrielle, puisque le phénomène peut être perçu par l'entremise de cadres d'analyse fort différents. Par exemple, il est possible de considérer la discipline industrielle du point de vue de la gestion des ressources humaines et de l'analyser comme une fonction de gestion exercée par l'employeur (Dolan et autres, 2002: 481-488). Toutefois, dans les pages qui suivent, nous avons adopté plutôt le cadre d'analyse élaboré par les arbitres de griefs dans leur jurisprudence à propos de la dis-

---

4. *Audette* c. *Lauzon*, [1995] R.J.Q. 393 (C.A.).

5. Dont l'obligation d'accommodement jusqu'à contrainte excessive. Voir *Colombie-Britannique (Public Service Employee Relations Commission)* c. *B.C.G.S.E.U.*, [1999] 3 R.C.S. 3. Consulter aussi Brunelle, 2001.

cipline industrielle. En effet, depuis plusieurs décennies, la jurisprudence arbitrale propose une conception bien étayée de la discipline industrielle, de son contenu et de ses conditions d'exercice. Cette jurisprudence repose sur deux principes. D'abord, la grande majorité des conventions collectives utilise le critère général de la «cause juste et suffisante» pour encadrer le pouvoir disciplinaire patronal. Ensuite, les arbitres détiennent de vastes pouvoirs directement de la loi en matière disciplinaire (voir la section précédente). En analysant systématiquement cette jurisprudence arbitrale, des auteurs en sont arrivés à développer une véritable théorie de la discipline industrielle (D'Aoust, Leclerc et Trudeau, 1982; Brown et Beatty, 2001: chap. 7; Palmer et Palmer, 1991: 225-422). Aujourd'hui, quand les parties incluent dans leur convention collective une clause permettant à l'employeur d'imposer une sanction disciplinaire pour «une cause juste et suffisante», elles se réfèrent nécessairement à l'ensemble des règles comprises dans cette théorie jurisprudentielle de la discipline industrielle. C'est à celle-ci que fait appel le reste de ce chapitre.

Dans cette perspective, une mesure disciplinaire est une sanction ou une peine imposée par l'employeur à la suite d'une faute commise par l'employé. Deux éléments de cette définition doivent être analysés: ce qu'on entend par faute et la nature des peines susceptibles d'être imposées.

La faute est un manquement commis par un salarié à l'égard des obligations que lui impose son devoir de salarié. Cette faute est plus ou moins grave, et elle est commise consciemment ou non. Par exemple, l'employé fautif enfreint un règlement de l'entreprise, ne remplit pas une obligation dans l'exécution de son travail ou désobéit à un ordre donné. Parfois, le manquement relève d'une attitude malveillante du salarié à l'égard des représentants de l'employeur, des collègues de travail ou de la clientèle. Il arrive aussi que la faute survienne à l'extérieur des lieux ou des heures de travail. Mais, quoi qu'il en soit, le geste fautif doit avoir un effet négatif sur le travail ou sur l'entreprise. En voici quel-ques exemples: des absences sans motif et sans préavis, des retards répétés également sans motif valable, un travail sciemment bâclé, une insubordination ou un refus d'obéir injustifié, la violation d'un règlement de l'usine, l'usage d'alcool ou de drogue sur les lieux de travail, des gestes criminels comme le vol de matériel, des voies de fait sur un contremaître ou un autre supérieur, etc. Cette liste pourrait s'allonger indéfiniment (D'Aoust, Leclerc et Trudeau, 1982: 308-400; Sirard et Gazaille, 1989: 145-154).

La sanction disciplinaire répond à un manquement volontaire du salarié. Si ce dernier commet plutôt un manquement involontaire parce qu'il est incompétent ou incapable d'effectuer la tâche requise, et ne répond plus aux exigences de son poste, l'employeur recourt plutôt à une mesure non disciplinaire ou administrative. Nous reviendrons sur cette distinction un peu plus loin. Retenons seulement que la conduite qui entraîne une mesure disciplinaire doit être volontaire ou, à tout le moins, fautive. Conséquemment, la sanction a généralement un double caractère: elle est à la fois punitive et corrective. L'aspect punitif ne doit pas découler d'un esprit de vengeance; il doit viser à corriger une situation et à servir d'exemple pour empêcher que la faute ne se répète. En d'autres mots, la mesure doit être corrective tout autant, sinon plus, que punitive.

C'est pourquoi la jurisprudence arbitrale n'autorise pas l'employeur à imposer n'importe quelle sanction disciplinaire. Celle-ci doit être adaptée à la gravité de la faute et viser avant tout à modifier un comportement inadéquat. La liste suivante mentionne d'abord les sanctions disciplinaires les plus fréquentes et qui se conforment aux principes de la jurisprudence arbitrale:

– réprimande verbale;

– avis disciplinaire écrit;

– suspension du travail sans salaire pour une courte durée;

– suspension du travail sans salaire pour une longue durée;

– congédiement.

Certaines sanctions inhabituelles soulèvent souvent des problèmes de validité. En fait, elles ne peuvent être appliquées que si elles sont expressément prévues dans la convention ou qu'elles sont imposées dans le cas de manquements bien particuliers. Voici quelques exemples de ce type de sanctions :

– amende ou coupure de salaire ;
– rétrogradation ;
– perte d'ancienneté.

Si la faute est très grave, l'employeur a le droit de congédier le salarié immédiatement. Cependant, la plupart du temps, comme nous le verrons plus loin, l'employeur accentue progressivement les sanctions. Il commence par un avis verbal destiné à éviter que ne se reproduise le geste fautif. S'il y a récidive, il porte un avis disciplinaire au dossier de l'employé. À l'étape suivante, l'employeur impose une suspension de courte durée, puis, au besoin, une suspension plus longue. Le congédiement constitue donc la sanction disciplinaire ultime. Un employeur ne l'impose pas d'emblée, sauf si le manquement est très grave ou si la convention collective en dispose ainsi.

Les trois autres sanctions sont rarement utilisées. La coupure de salaire pour du travail déjà effectué est inappropriée, car elle équivaut à une amende : l'employeur ne peut s'arroger le droit de couper ou de diminuer unilatéralement le montant de la créance salariale pour punir le salarié (Blouin et Morin, 2000 : 544 ; Bernier et autres, 2001 : I/2-138)[6]. Quant à la perte d'ancienneté, elle n'est permise que si la convention collective est explicite à cet égard. Autrement, le caractère définitif de ses effets sur le statut du salarié affecté dans l'entreprise en fait une sanction inappropriée (D'Aoust, Leclerc et Trudeau, 1982 : 113-114 ; Bernier et autres, 2001 : I/2-191–I/2-195). Pour les mêmes raisons, les arbitres

sont très réticents à confirmer la validité d'une rétrogradation, sauf quand la faute du salarié démontre qu'il est devenu incapable d'occuper le même poste. D'ailleurs, on a davantage recours à la rétrogradation dans le cas des mesures non disciplinaires dont nous parlerons plus loin.

Certaines démissions, exigées ou suggérées, équivalent à des congédiements. Pour qu'une démission soit valide, elle doit être donnée librement, volontairement et en toute connaissance de cause. Dès que le consentement est vicié d'une manière ou d'une autre, même par l'état d'ébriété du salarié, les arbitres tendent à considérer que cette démission n'est pas le fruit d'une décision éclairée et qu'elle est invalide. Cependant, une fois déclarée valide, la démission entraîne immédiatement tous ses effets : elle est irrévocable et le salarié ne peut plus déposer de grief, puisqu'il n'est plus salarié dès que sa démission entre en vigueur (D'Aoust, Leclerc et Trudeau, 1982 : 143-154).

Les cas de démission implicite sont plus délicats. Il y a souvent démission implicite quand un salarié ne se présente pas au travail au moment prévu et que l'employeur considère qu'il a abandonné volontairement son emploi, donc qu'il a démissionné. Normalement, une démission doit être exprimée par un acte positif, comme une déclaration verbale ou un document écrit et signé. En cas de doute, on tend à maintenir le lien d'emploi en faveur du salarié plutôt que d'admettre la démission implicite. Toutefois, on considère de façon générale que le refus d'accepter une mutation et le départ subit des lieux du travail, sans explication rapide de la part de l'employé, constituent un geste de démission. Les arbitres agissent généralement avec circonspection quand ils se penchent sur le cas d'un employé obligé de choisir entre la démission et une éventuelle poursuite par l'employeur.

6.1.3 Mesures disciplinaires et mesures non disciplinaires

Jusqu'ici, nous avons traité des mesures disciplinaires proprement dites. Il existe cependant une

---

6. La coupure salariale complète est de plus illégale, puisqu'elle viole l'obligation de verser le salaire minimum au sens de la *Loi sur les normes du travail*, L.R.Q., c. N-1.1. Voir *Syndicat des cols blancs de Gatineau* c. *Gatineau (Ville de)*, D.T.E. 85T-592 (C.S.).

autre catégorie de mesures, dites non disciplinaires, que l'employeur peut appliquer pour sanctionner un salarié. Nous allons maintenant caractériser ce second type de mesures, déterminer dans quelles circonstances elles s'appliquent et constater que les règles applicables à chaque type de mesures diffèrent sensiblement (D'Aoust et Trudeau, 1981).

Nous avons souligné, dès le début, qu'une sanction disciplinaire n'est imposée qu'à la suite d'une faute commise intentionnellement. Il s'agit alors d'un manquement volontaire. En imposant au salarié une sanction disciplinaire, l'employeur entend l'amener à modifier son comportement fautif. Il arrive aussi que l'employeur doive sanctionner le salarié qui ne rend plus la prestation de travail pour laquelle il a été embauché, sans pour autant commettre une faute intentionnelle. De tels manquements non disciplinaires surviennent assez fréquemment; ils entraînent des mesures non disciplinaires, souvent appelées « mesures administratives ».

Voici deux cas d'absentéisme qui nous permettront de distinguer entre ces deux types d'intervention patronale. Dans le premier cas, un salarié s'absente intentionnellement du travail, pour poursuivre des activités personnelles extérieures, par exemple. Le salarié reçoit d'abord un avertissement; il est suspendu à quelques reprises et, s'il persiste dans son attitude, il est finalement congédié. Dans le second cas, le salarié s'absente fréquemment et longuement de son travail pour cause de maladie. Si les soins médicaux ordinaires ne lui permettent pas de recouvrer la santé et la capacité d'effectuer son travail, l'employeur lui recommande de prendre un congé de maladie et de demander une rente d'invalidité. Si le salarié ne bénéficie pas de tels avantages, il est susceptible d'être congédié[7]. Il s'agit ici d'une mesure non disciplinaire, même

si, finalement, cela peut peut revenir au même pour les deux employés.

Les manquements non disciplinaires, sanctionnés par des mesures administratives, découlent généralement de l'incapacité du salarié à effectuer son travail ou à le faire correctement. Les causes de ces manquements sont multiples : maladie physique ou psychiatrique, alcoolisme, toxicomanie, incompétence, perte d'un permis pour l'exercice d'une activité, etc. Dans tous ces cas, comme le manquement n'est pas intentionnel, le salarié est incapable de corriger lui-même la situation. C'est pourquoi la sanction disciplinaire, celle qui vise à amener le salarié à amender son comportement, est inefficace et inappropriée, donc inutile. Toutefois, l'employeur a le droit d'écarter un salarié du poste qu'il n'est plus en mesure d'occuper adéquatement en se prévalant de ses pouvoirs généraux de gestion ou de dispositions particulières de la convention collective.

Les règles qui s'appliquent dans chaque situation diffèrent à plusieurs égards. Ainsi, certaines mesures sont acceptables quand il s'agit de répondre à des manquements non disciplinaires, mais elles sont inappropriées dans le cas de sanctions disciplinaires. C'est le cas, par exemple, de la rétrogradation et de la coupure de salaire (Bernier et autres, 2001 : I/2-101 et I/2-135). Inversement, on ne peut transposer certaines règles du domaine disciplinaire au domaine administratif. Il serait bien inutile, par exemple, de recourir au principe des sanctions progressives lorsque l'employeur réagit à l'incapacité physique permanente d'un salarié. Les différences entre les mesures disciplinaires et non disciplinaires sont particulièrement importantes dans les recours par voie de grief, particulièrement en ce qui a trait à l'arbitrage. En effet, dans un cas de mesure disciplinaire, même si la convention collective est muette sur ce sujet, le *Code du travail* confère à l'arbitre le droit de confirmer, de modifier ou d'annuler la sanction imposée par l'employeur (art. 100.12 (f) C.t.). Le pouvoir de révision arbitrale est donc très large. S'il s'agit d'une mesure administrative, à moins que la convention collective ne lui accorde des pouvoirs

---

7. Si la cause des absences et de l'incapacité d'effectuer un travail est un handicap au sens de la *Charte de droits et libertés de la personne*, l'employeur doit tenter d'accommoder le salarié et de le conserver à son service, malgré son handicap, à moins que cela ne lui impose une contrainte excessive.

particuliers, l'arbitre ne peut se prononcer de la même façon sur le bien-fondé de la décision puisque celle-ci résulte de l'exercice d'un droit exclusif de la direction. Si le grief lui est soumis, l'arbitre doit vérifier si les dispositions de la convention collective sont respectées et si la décision patronale n'est pas abusive, discriminatoire ou déraisonnable (D'Aoust, Dubé et Trudeau, 1995: 39-51; Blouin et Morin, 2000: 550). Si l'arbitre considère que la décision est raisonnable, il ne peut s'interroger sur l'opportunité de la décision de l'employeur: il outrepasserait alors sa compétence. C'est pourquoi, en général, l'arbitre ne peut que confirmer ou annuler une mesure administrative et non pas la remplacer par une autre mesure qu'il jugerait plus appropriée (Blouin et Morin, 2000: 552).

Quand un grief conteste une sanction imposée à un salarié, il appartient à l'arbitre de décider s'il s'agit d'une mesure disciplinaire ou administrative. De cette distinction dépendent la nature et l'étendue de son intervention, celles-ci devant s'effectuer conformément aux dispositions de la convention collective à laquelle est assujetti ce salarié. Cette opération de qualification des genres de mesures et les conséquences qui en découlent soulèvent toutefois des difficultés que les parties à la convention collective ne peuvent ignorer.

Une première difficulté provient du fondement même de la distinction entre les deux types de mesure. Ce fondement, rappelons-le, s'appuie sur le caractère volontaire ou non du manquement reproché au salarié. Or, cette distinction n'est pas toujours facile à établir, notamment en cas d'insuffisance professionnelle où le rendement du salarié au travail est en cause. Quelle est alors la véritable nature du problème: une incapacité intellectuelle, un manque de formation, une perte de motivation, de la négligence, ou un peu de tout cela? Dès lors, quelle approche doit-on privilégier, d'abord dans l'intervention patronale, puis dans la révision arbitrale? Certains privilégient l'approche disciplinaire, plus protectrice du salarié, et qui devrait prévaloir chaque fois qu'un doute existe sur la nature véritable de la mesure patronale, particulièrement

quand il s'agit d'insuffisance professionnelle (Blouin, 1985; Blouin et Morin, 2000: 542-543). D'autres qualifient de mixtes les manquements où le rôle de la volonté ou de l'intention du salarié est difficile à départager. S'ajoutent à cette dernière catégorie les manquements liés à l'alcoolisme et à la toxicomanie (Bernier et autres, 2001: I/1-4; III/3-2 et 3-3, III/4-2).

Une seconde difficulté découle des incertitudes et des tendances diverses à l'égard de la distinction entre mesures disciplinaires et non disciplinaires et de ses conséquences, que contiennent tant la jurisprudence arbitrale que celle des tribunaux de droit commun. À une époque pas si lointaine, la distinction entre ces deux sortes de mesures n'était pas unanimement reconnue et des courants divergents s'opposaient dans la jurisprudence, notamment celle de la Cour d'appel du Québec (Hébert, 1992: 260-261; Bernier et autres, 2001: I/1-3). Même si ces divergences fondamentales ont aujourd'hui disparu, les arbitres ne sont pas unanimes quant au degré d'intervention à tenir à l'égard d'une mesure non disciplinaire. Si le courant prépondérant encourage la retenue dans la révision arbitrale, comme nous venons de le voir, certains arbitres favorisent une intervention plus profonde et accompagnée de pouvoirs réparateurs plus larges (D'Aoust, Dubé et Trudeau, 1995: 42-51).

Une certaine imprécision quant aux règles applicables aux mesures non disciplinaires découle de ces opinions divergentes. C'est pourquoi les parties ont tout avantage à clarifier cette question dans leur convention collective.

Dans les pages qui suivent, nous traiterons des mesures disciplinaires seulement, à moins de mention contraire.

6.2 Cause juste et suffisante: notion et composantes

Comme on l'a dit plus haut, les conventions collectives astreignent généralement l'exercice du pouvoir disciplinaire patronal à l'existence d'une «cause juste et suffisante». La pratique et la jurisprudence ont fait de cette norme l'unique critère de référence en matière disciplinaire, à moins que la convention collective se réfère explicitement à un autre principe. Au caractère général de cette norme se rattache tout un ensemble de règles plus spécifiques que l'employeur doit respecter quand il prétend imposer une sanction disciplinaire pour une cause juste et suffisante. Ce sont ces mêmes règles que l'arbitre utilise pour disposer d'un grief contestant une sanction disciplinaire. La présente section expose les principales composantes de la «notion de cause juste et suffisante».

6.2.1 Cause juste et suffisante

Les trois mots de l'expression sont importants. Pour imposer une mesure disciplinaire à un employé, le représentant de l'employeur doit avoir une cause véritable, un vrai motif, et non un prétexte. Cette cause doit être juste, ce qui exclut tout exercice déraisonnable, arbitraire, capricieux ou discriminatoire du pouvoir disciplinaire. En plus d'être juste, la cause invoquée par l'employeur doit être suffisante, c'est-à-dire proportionnelle à la sanction infligée. Nous reviendrons sur cet aspect de la proportionnalité dans la section suivante.

La notion même de cause juste et suffisante est conçue pour tenir compte des circonstances propres à chaque situation. Malgré tout, ce concept fournit aux parties à la convention collective un cadre de référence, souple mais précis, pour guider ou analyser l'intervention disciplinaire patronale. Le premier élément du concept de cause juste et suffisante renvoie à la notion de faute ou de manquement de la part du salarié. Nous avons déjà esquissé la distinction entre les manquements disciplinaires et non disciplinaires. Mais au-delà de cette distinction, il y a manquement lorsque le salarié ne respecte pas ou ne s'acquitte pas complètement de ses obligations de salarié. Les fondements de ces devoirs ont déjà été discutés au chapitre 1. Nous nous

attarderons plutôt ici aux grandes catégories de manquements (D'Aoust, Leclerc et Trudeau, 1982: 40-45).

Les manquements non disciplinaires surviennent lorsque le salarié, sans motif intentionnel, devient incapable d'exécuter correctement son travail. La réaction de l'employeur ne revêt alors pas un caractère disciplinaire même si, dans les faits, les conséquences de la mesure patronale sur le salarié peuvent être très sérieuses. Comme toute mesure relevant des droits de la direction, la mesure non disciplinaire ou administrative ne doit pas être capricieuse, discriminatoire, déraisonnable ou abusive. Toutefois, à moins que la convention collective n'en dispose autrement, les règles inhérentes à la notion de cause juste et suffisante en matière disciplinaire ne s'appliquent pas à la mesure non disciplinaire. De la même façon, la révision que fait l'arbitre de la mesure non disciplinaire est généralement moins approfondie qu'en matière disciplinaire, alors que, dans ce dernier cas, l'article 100.12 (f) du *Code du travail* s'applique.

Pour ces motifs, il est dans l'intérêt des parties d'élaborer une clause explicite sur les mesures administratives dans leur convention collective. Cette clause définit notamment les règles concernant les modalités d'application de telles mesures, le type de mesures disponibles et les pouvoirs de révision de l'arbitre.

Les manquements disciplinaires se subdivisent en quatre catégories. La première comprend les fautes reliées à des activités collectives, tels les actes relatifs à une grève illégale ou à un ralentissement de travail, les manquements survenant au cours d'un piquet de grève ou encore les actes fautifs commis par des représentants syndicaux. La seconde catégorie comporte les fautes relevant de la conduite personnelle du salarié, notamment les manquements dus à la malhonnêteté ou à la violence. Ces derniers comportements, contrairement aux autres, ne sont pas caractéristiques du milieu de travail: ils seraient tout aussi répréhensibles dans d'autres milieux. La troisième catégorie de manquements a trait aux mauvaises attitudes au travail ou vis-à-vis de l'emploi. Ces fautes, tels les actes d'insubordination et l'insolence à l'égard des représentants de l'autorité patronale, les absences injustifiées, ou encore les retards et la négligence quant à l'horaire de travail, sont plus directement reliées au milieu de travail. Enfin, la quatrième catégorie de manquements renvoie aux fautes liées à l'exécution proprement dite d'un travail. Contrairement aux manquements non disciplinaires, le manque d'intérêt, voire l'intention malveillante, contribuent à la faute. On pense alors à la négligence du salarié, à sa nonchalance ou à sa distraction. Or, toutes ces attitudes risquent d'entraîner une baisse de la productivité ou encore une augmentation du nombre d'accidents.

Lorsque l'employeur constate qu'un salarié vient de commettre un manquement disciplinaire, il peut lui imposer une sanction disciplinaire. Toutefois, les exigences du critère conventionnel de la « cause juste et suffisante » obligent l'employeur à considérer plusieurs facteurs dans son choix de la sanction appropriée. Ces facteurs sont décrits dans les sections suivantes. Tous répondent à une même logique : la sanction doit être élaborée en tenant compte de toutes les circonstances de l'affaire pour amener le salarié à réaliser que son comportement est répréhensible et qu'il doit s'amender. Autrement dit, la sanction doit être « suffisante ». C'est là le second aspect du concept de la cause « juste et suffisante ».

En terminant cette section, il nous faut soulever une hypothèse : que se passerait-il si la convention collective ne contenait aucune référence explicite à l'autorité disciplinaire de l'employeur ? Est-il alors tenu de respecter le critère de la « cause juste et suffisante » et l'arbitre a-t-il compétence pour entendre un grief contestant une sanction disciplinaire ? Deux courants de pensée se sont affrontés (Hébert, 1992 : 263-264). Limitons-nous à mentionner qu'aujourd'hui, compte tenu de la jurisprudence récente de la Cour suprême du Canada, il est difficile d'imaginer qu'un arbitre soit incapable de trouver une disposition dans la convention collective lui permettant, même implicitement, de disposer d'un

grief contestant une sanction disciplinaire[8]. Dès que l'arbitre réussit à trouver un tel lien avec la convention collective, l'article 100.12 (f) du *Code du travail* lui donne compétence pour réviser l'usage que fait l'employeur de son pouvoir disciplinaire. Or, la révision arbitrale, même effectuée à partir du seul libellé de cette disposition de la loi, respectera les canons du droit disciplinaire élaboré à partir de la notion de cause juste et suffisante[9].

6.2.2 Proportionnalité de la sanction

La proportion entre le geste et la sanction est le principal critère utilisé pour décider si l'employeur a une cause non seulement juste, mais aussi suffisante pour justifier la peine qu'il a imposée. Ainsi, le vol d'un bien appartenant à l'employeur vaut au salarié fautif une sanction plus sévère que celle qu'il aurait encourue pour quelques retards.

La proportionnalité de la sanction s'évalue principalement en comparant le geste qui a entraîné la peine et la peine elle-même. Elle suppose également qu'on tienne compte des circonstances, atténuantes ou aggravantes, comme la nature des fonctions du salarié, l'éventuelle provocation d'un supérieur ou, à l'inverse, la préméditation du geste.

Le principe de l'incident culminant, lorsqu'il s'applique, peut aussi justifier une mesure disciplinaire plus sévère que celle que l'action elle-même ne suggérerait normalement. Il s'applique au cas du salarié qui commet de façon récurrente plusieurs manquements qui ne sont pas nécessairement liés les uns aux autres. Parce

---

8. L'arbitre a compétence exclusive sur tout litige qui découle implicitement ou explicitement de son contenu : *Nouveau-Brunswick* c. *O'Leary*, [1995] 2 R.C.S. 967 ; *Weber* c. *Ontario Hydro*, [1995] 2 R.C.S. 929 ; Gagnon, 1999 : 445-451.

9. *Union internationale des travailleurs et travailleuses unis de l'alimentation et du commerce, Section locale 503* c. *Gendreau*, [1998] R.J.D.T. 38 (C.A.).

qu'il y a eu d'autres fautes, commises antérieurement par le même employé, la faute actuelle peut devenir l'incident culminant – la goutte qui fait déborder le vase – par lequel l'employeur est justifié d'imposer une sanction plus sévère. L'incident lui-même doit être suffisamment grave pour justifier une sanction, de même que les manquements antérieurs doivent normalement avoir fait l'objet d'une mesure disciplinaire, au moins d'un avis, qu'il soit verbal ou écrit.

Des conventions collectives déterminent des sanctions particulières pour différents genres de faute. Il va de soi que l'employeur et l'arbitre sont alors tenus de se conformer à la disposition contenue dans la convention collective. D'ailleurs, le dernier alinéa de l'article 100.12 (f) du *Code du travail* précise que, dans un tel cas, la compétence de l'arbitre se limite à « [...] confirmer ou annuler la décision de l'employeur ou, le cas échéant, la modifier pour la rendre conforme à la sanction prévue à la convention collective ». L'arbitre ne peut alors appliquer le principe de la proportionnalité entre la faute et la sanction, ce lien ayant en quelque sorte été établi au préalable par les parties elles-mêmes. Cependant, d'autres conventions contiennent une formulation générale qui laisse à l'employeur et à l'arbitre le soin de juger de la gravité de chaque faute. C'est le cas de la disposition suivante :

Article VIII – Mesures disciplinaires

8.01   La réprimande écrite, la suspension ou le congédiement sont les mesures disciplinaires susceptibles d'être appliquées suivant la gravité et la fréquence des infractions.

(Convention collective entre Épiciers Unis Métro-Richelieu inc., Division Épicerie, Centre Mérite I, et Travailleurs et Travailleuses unis de l'alimentation et du commerce, Section locale 501, 1996-2000.)

À son tour, la proportionnalité entre la faute et la sanction sera déterminée à l'aide des autres principes liés à la notion de cause juste et suffisante qui sont présentés dans les sections suivantes.

6.2.3   Progressivité de la sanction

La discipline industrielle établit que la sanction doit avant tout être corrective, et non punitive. La mesure doit principalement chercher à améliorer la conduite du salarié. De ce principe découle la gradation ou la progressivité des sanctions, un principe généralement reconnu dans la doctrine comme dans la jurisprudence (D'Aoust, Leclerc et Trudeau, 1982 : 190-194 ; Bernier et autres, 2001 : I/3-1–I/3-5). Sous réserve des exceptions que nous mentionnerons plus loin, la gradation des sanctions suppose que l'employeur impose une sanction moins sévère pour une première faute que pour toute récidive. La récidive constitue une faute plus grave et elle exige une sanction également plus sévère. Aucune règle ne fixe la progression des sanctions, car elle dépend autant des circonstances qui entourent chaque faute que de la faute elle-même. Cependant, les sanctions s'appliquent généralement dans l'ordre suivant : un avis verbal, un avis écrit, une suspension de courte durée, une ou plusieurs suspensions plus longues et, finalement, le congédiement. Mesure disciplinaire ultime, ce dernier ne peut évidemment pas se réclamer du principe de correction mentionné plus haut. Toutefois, la crainte du congédiement peut avoir l'effet correctif recherché.

Certaines conventions collectives mentionnent une progression rigoureuse à laquelle l'employeur est tenu de se conformer :

Article 7   Discipline

7.01   La Compagnie a le droit d'imposer soit un congédiement, soit une suspension, selon les circonstances. Dans le cas d'offense mineure, la Compagnie avise le Syndicat par le présent article qu'elle adoptera la procédure suivante. Cependant, toute mesure disciplinaire doit être imposée dans un délai raisonnable suivant l'événement.

a)   dans le cas d'une première offense mineure : avertissement écrit à l'employé par le surintendant, son assistant ou le contremaître, selon que la situation l'exige ;

b)   dans le cas d'une deuxième offense mineure : suspension sans paie pour une période d'une (1) journée ;

c) dans le cas d'une troisième offense mineure : suspension sans paie pour une période de un (1) à trois (3) jours, selon la gravité de l'offense ;

d) si les offenses se continuent ; alors la Compagnie pourra, à sa discrétion, adopter les mesures disciplinaires qu'elle jugera désirables ou propres aux circonstances.

(Convention collective entre Consoltex Inc. et Le Conseil conjoint du Québec, Syndicat du vêtement, du textile et autres industries, 2000-2002.)

Des dispositions aussi claires ne laissent guère de choix à l'employeur : à moins de juger qu'il s'agisse d'une faute sérieuse, il doit suivre l'ordre des sanctions établi dans la convention. Il faut toutefois remarquer qu'après la troisième faute mineure l'employeur jouit d'une certaine marge de manœuvre. Dans le cas d'une faute sérieuse, cette progression ne s'applique pas et l'employeur a le droit d'imposer une sanction sévère dès le premier manquement. D'autres conventions collectives laissent plus de liberté d'action à l'employeur, quitte à ce que le syndicat conteste la décision patronale s'il juge qu'elle ne répond pas aux critères fondamentaux de la discipline industrielle. Dans le cas de la clause très détaillée du dernier exemple, l'arbitre est également lié par la gradation inscrite dans la convention collective. En somme, les parties doivent choisir au moment de la négociation le type de clause qu'elles privilégient. Veulent-elles une progression strictement définie dans les sanctions, pour réduire les risques de décision arbitraire et pour rendre prédictible l'administration de la discipline, ou bien une clause générale qui laisse plus de souplesse à l'employeur.

Il y a cependant des exceptions à la règle de la progressivité des sanctions. La faute commise peut être si grave qu'elle rompe irrémédiablement le lien de confiance entre l'employeur et son salarié, et justifie un congédiement immédiat. Tel serait le cas, par exemple, d'un salarié occupant un poste de confiance qui aurait falsifié des documents durant son travail. L'employeur, qui ne veut pas laisser cette personne continuer d'occuper un emploi qui exige un rapport de confiance mutuelle, n'a pas à appliquer le principe de la gradation des sanctions[10]. Même si leur évaluation varie souvent d'un cas à l'autre, les arbitres reconnaissent le droit de l'employeur de congédier sur-le-champ un salarié qui vient de commettre une faute très grave. De la même façon, dans un cas le justifiant, l'employeur peut imposer une première sanction plus grave qu'une simple réprimande puisque la sanction doit toujours être proportionnelle à la gravité du manquement.

Le principe de l'incident culminant est une autre exception. Dans ce cas, en effet, même si une faute est commise pour la première fois, elle peut être jugée plus sévèrement en raison des antécédents disciplinaires d'un salarié et justifier une sanction plus grave (Bernier et autres, 2001 : I/3-265).

6.2.4 Prohibition de la double sanction et de la discrimination

Quelques règles rattachées à la notion de cause juste et suffisante élaborée par la jurisprudence arbitrale s'inspirent d'un souci d'équité dans l'administration de la discipline industrielle. Il en va ainsi de l'interdiction de la double sanction et de la discrimination dans les sanctions imposées.

La première règle interdit de punir une seconde fois un salarié pour la même faute ou d'imposer une mesure plus sévère. Il y va de l'intérêt général que la sanction infligée soit considérée comme définitive, à la fois par l'employeur et par le salarié. Cela permet au salarié et au syndicat de savoir exactement dans quels délais contester la sanction et à l'employeur d'invoquer la prescription, s'il y a lieu. De plus, la modification d'une sanction risque de compromettre la stabilité des relations de travail et

---

10. Même dans les cas de vol et de fraude, les arbitres ne décident toutefois pas que le congédiement est automatiquement justifié. Avant d'en arriver à cette conclusion, ils analysent toutes les circonstances propres à chaque cas (Dubé et Trudeau, 1995 : 66-70).

l'efficacité de la procédure de règlement des griefs.

Le principe d'interdiction de la double sanction ne s'applique que lorsque l'on veut imposer une seconde sanction pour la même infraction. Des sanctions successives ne constituent pas nécessairement une double sanction. C'est ce qui se passe quand un employeur inflige une nouvelle sanction disciplinaire à l'employé qui refait la même faute. De plus, comme il s'agit d'une récidive, cet employeur est justifié d'imposer une sanction chaque fois plus sévère. Tout comme dans le cas de l'incident culminant, ce n'est pas la même infraction qui est sanctionnée, mais une nouvelle ; et la sanction tient compte de la conduite antérieure de l'employé, non pas pour l'excuser, mais bien pour lui faire sentir la gravité croissante des incidents qui se répètent.

Il arrive qu'une sanction soit temporaire, comme cela se produit pendant une enquête qui vise à évaluer exactement la gravité d'une infraction. L'employeur juge souvent préférable de suspendre le salarié ou de le relever provisoirement de ses fonctions pour faciliter le déroulement de l'enquête ou par simple mesure de prudence. La sanction qui lui est imposée après coup ne constitue pas une deuxième sanction, mais la sanction définitive. Celle-ci fait suite à la suspension, qui n'était que provisoire. On se trouve dans une situation analogue quand une sanction doit être prise ou entérinée par différents niveaux d'autorité. Pour bien comprendre ce dernier cas, pensons à la sanction qu'un directeur des services municipaux impose à un cadre, même s'il ne s'agit pas ici d'un salarié au sens du *Code du travail*, en attendant que le conseil municipal prenne une décision. Enfin, la même sanction peut avoir plusieurs effets : une suspension disciplinaire s'accompagne nécessairement d'un arrêt de la rémunération ; il ne s'agit pas là de deux sanctions distinctes. De la même façon, il arrive qu'une sanction disciplinaire soit accompagnée d'une mesure administrative sans qu'intervienne la règle de l'interdiction de la double sanction (Bernier et autres, 2001 : I/3-36–I/3-38). Par exemple, dans le cas d'une absence injustifiée, l'employeur impose une sanction disciplinaire et coupe le salaire correspondant à la période d'absence. Cette coupure de salaire n'est que la mesure administrative de l'adage : *No work no pay.*

En dehors de ces cas exceptionnels, l'interdiction de la double sanction constitue une règle à ce point admise qu'un arbitre est légitimé d'annuler une sanction additionnelle imposée à un salarié pour la même infraction, à moins que l'employeur ne puisse démontrer l'existence de faits nouveaux, survenus ou découverts après l'imposition de la première mesure.

L'employeur doit respecter le droit en vigueur, et notamment les prescriptions de la *Charte des droits et libertés de la personne,* lorsqu'il impose une sanction disciplinaire. Mais, de plus, l'employeur est tenu d'administrer son système disciplinaire avec constance et cohérence. C'est la règle doctrinale selon laquelle il est interdit de faire de la discrimination quand on impose une sanction (Bernier et autres, 2001 : I/3-265–I/3-268). Ainsi, pour des fautes identiques, l'employeur doit imposer les mêmes sanctions disciplinaires. Néanmoins, des circonstances particulières relatives aux fautes commises ou aux fautifs peuvent conduire l'employeur à imposer des sanctions différentes. C'est le cas, par exemple, de deux salariés qui commettent la même faute : l'employeur devrait, en principe, imposer une sanction disciplinaire plus sévère au salarié dont le dossier disciplinaire est le plus lourd.

6.2.5 Circonstances atténuantes ou aggravantes

Quand il impose une sanction disciplinaire, l'employeur doit éventuellement tenir compte de circonstances atténuantes ou aggravantes. L'arbitre de griefs chargé de réviser la sanction imposée par l'employeur doit en faire autant, que ce soit dans l'application du principe de la « cause juste et suffisante » inséré dans la convention collective ou simplement en exerçant les pouvoirs que lui confère l'article 100.12 (f) du *Code du travail*. On ne peut donc déterminer la sévérité d'une sanction sans tenir compte de ces circonstances. Les circonstances susceptibles d'être considérées sont très variées; les auteurs en proposent différentes classifications qu'il n'est pas utile de reprendre ici (D'Aoust, Leclerc et Trudeau, 1982: 259-269; Bernier et autres, 2001: I/3-315–I/3-367). Soulignons uniquement que les circonstances se rattachent généralement à la faute elle-même ou à la personne du salarié. On parlera alors des facteurs qui affectent la gravité objective ou la gravité subjective de la faute.

La première catégorie réunit tous les facteurs, aggravants ou atténuants, qui ont trait à la faute elle-même. Mentionnons les facteurs relevant du milieu de travail, comme la nature de l'entreprise, les fonctions du salarié, le climat de travail dans l'entreprise et l'atteinte à la réputation de l'employeur entraînée par l'infraction. Certains arbitres tiennent même compte de la conjoncture économique et des problèmes de chômage quand ils évaluent la sévérité de la sanction imposée; une telle attention est particulièrement importante quand l'employeur en cause est le seul de sa région.

Les circonstances dans lesquelles est survenu le manquement affectent aussi sa gravité objective. Par exemple, un geste prémédité est généralement considéré comme plus sérieux qu'une faute commise par inadvertance, sans réelle intention coupable. Si l'attitude du supérieur immédiat ou d'un collègue de travail est à l'origine de la faute du salarié, la gravité en est atténuée. L'attitude de l'employeur influe également sur la gravité objective d'un manquement: une attitude intransigeante à l'égard du manquement en accentue la gravité alors qu'une attitude tolérante l'atténue.

La gravité subjective d'un manquement dépend d'un certain nombre de facteurs qui relèvent de la personne salariée: son âge, son degré d'instruction ou son état de santé physique et mentale. Mais le dossier disciplinaire du salarié et son ancienneté constituent deux autres facteurs déterminants. En effet, l'employeur peut tenir compte d'un dossier déjà très lourd pour invo-

quer l'incident culminant et imposer une mesure draconienne. D'un autre côté, l'absence d'antécédents disciplinaires et de nombreuses années de loyaux services constituent une circonstance atténuante souvent décisive. À cet égard, les clauses d'amnistie inscrites dans plusieurs conventions collectives ont souvent une influence considérable. Quand elle est décrétée, l'amnistie annule le contenu du dossier disciplinaire. De ce fait, l'employeur ne peut pas s'appuyer sur ce dossier pour infliger une sanction disciplinaire plus grave. La théorie de l'incident culminant devient ainsi beaucoup plus difficile à appliquer. Mais les parties ont toujours le choix d'exclure les cas de récidives de la clause d'amnistie afin de laisser la règle de la progression dans les sanctions jouer plus librement. Par ailleurs, il devient difficile de considérer adéquatement le facteur atténuant que constitue un dossier disciplinaire vierge si la convention collective stipule que toute mention disciplinaire doit être retirée du dossier d'un employé après un certain laps de temps. C'est pourquoi certains arbitres considèrent le passé disciplinaire seulement pour la période couverte par la clause d'amnistie.

Tels sont les principaux critères que les employeurs utilisent généralement en matière de mesures disciplinaires, et auxquels les arbitres se réfèrent pour évaluer les griefs relatifs aux mesures disciplinaires qui leur sont soumis. En fait, le principe de la cause juste et suffisante constitue le fondement de toute sanction disciplinaire. Toutefois, d'autres règles interviennent, à des degrés divers, en matière disciplinaire, même si elles relèvent plus de la forme que du fond. C'est ce que nous allons voir dans la section suivante.

6.3 Règles relatives à l'imposition d'une sanction disciplinaire

La section précédente traite du principe et des critères qu'un employeur doit appliquer pour décider d'intervenir sur le plan disciplinaire et, le cas échéant, pour choisir la sanction appropriée. L'employeur doit également respecter certaines étapes au moment de l'application de la sanction. Après avoir décrit les démarches préalables à l'imposition d'une sanction disciplinaire, nous expliquerons successivement les points suivants : les avis et les délais, l'amnistie des sanctions et, enfin, les droits des salariés de consulter leur dossier disciplinaire.

Soulignons tout d'abord que la source et le fondement de la procédure à suivre en matière de discipline prêtent encore plus à controverse que les critères fondamentaux que nous venons d'exposer. Si la convention collective contient des dispositions à cet effet, elles doivent être suivies et respectées. En revanche, quand la convention est muette sur tel ou tel aspect de la procédure ou ne comporte aucune disposition en la matière, les arbitres peuvent invoquer l'équité, un principe dont l'employeur doit toujours se préoccuper quand il impose une sanction disciplinaire.

6.3.1 Démarches préalables

Il est parfois nécessaire d'effectuer certaines démarches avant d'imposer une sanction disciplinaire. Ces démarches sont dictées soit par la convention collective, soit par les circonstances elles-mêmes. En effet, l'employeur ne peut imposer une sanction avant de bien connaître l'événement ou l'ensemble des gestes qui justifient son intervention. Les circonstances peuvent exiger une enquête ou, du moins, une rencontre préalable avec le salarié présumé fautif.

Il est normal et prudent que le ou les représentants de l'employeur entendent les personnes concernées avant de prendre une décision. En effet, l'expérience montre que l'employé donne généralement la même version des faits à l'employeur et à l'arbitre, pour autant qu'il dépose un grief et que celui-ci se rende jusqu'en arbitrage. Même à l'étape de l'enquête, il est conseillé de s'assurer de la présence d'un représentant patronal et d'un représentant syndical pour que ces derniers comprennent l'événement et, si jamais il y a grief et arbitrage, qu'ils puissent témoigner de ce qu'ils ont vu et entendu.

Si l'acte reproché au salarié est grave, il arrive qu'il soit préférable de le relever de ses fonctions

pour la durée de l'enquête. Toutefois, comme ce geste équivaut à une suspension, il faut décider s'il doit être accompagné ou non d'une suspension de salaire. Certaines conventions collectives contiennent des dispositions à ce sujet.

Toutes les sanctions disciplinaires n'exigent pas une enquête interne en bonne et due forme. Une simple rencontre entre les personnes concernées suffit souvent à éclaircir la situation et permet à l'employeur de prendre une décision en toute connaissance de cause. Le cas échéant, le représentant de l'employeur doit convoquer les personnes intéressées, ce qui inclut normalement le représentant syndical. Sur ce dernier point, le consentement du salarié n'est pas toujours requis : certaines conventions stipulent que le salarié peut se faire accompagner, d'autres précisent que le représentant syndical doit être présent. La convocation doit indiquer l'objet de la rencontre et l'événement ou les actes reprochés afin que le salarié ait le temps de préparer une défense raisonnable. Les renseignements fournis dans la convocation n'empêchent pas le salarié d'obtenir par la suite des renseignements qu'il juge nécessaires. Toutes ces démarches précèdent normalement l'imposition de la sanction.

Si les parties désirent préciser dans la convention collective l'obligation pour l'employeur, avant l'imposition d'une sanction disciplinaire, de tenir une rencontre avec le salarié, accompagné ou non de son représentant syndical, ou encore avec le syndicat qui le représente, elles ont aussi intérêt à indiquer si la procédure est facultative ou impérative. Dans le cas d'une procédure impérative, elles devraient aussi indiquer explicitement les conséquences de la violation de cette procédure quant à la validité de la sanction disciplinaire. En effet, la jurisprudence arbitrale n'est pas unanime sur ces conséquences lorsque la convention collective n'est pas claire à cet égard (Bernier et autres, 2001 : I/3-225–I/3-227).

6.3.2 Avis et délai d'imposition d'une sanction disciplinaire

Si, à la suite de son enquête, l'employeur conclut qu'il doit imposer au salarié une sanction disciplinaire, il doit l'en informer officiellement. Cet avis est souvent donné au cours d'une deuxième rencontre, qui n'a plus le caractère exploratoire de la première. Il est transmis au salarié dans une lettre qui précise la nature de la sanction disciplinaire imposée, les motifs qui justifient la décision de l'employeur et le moment où cette sanction entre en vigueur.

La convention stipule parfois qu'un employeur doit faire connaître le motif et les faits qui fondent la sanction. L'employeur ajoute alors à l'avis le motif de sa décision – laquelle découle de son interprétation des événements –, et un exposé des faits reprochés à l'employé sur lesquels repose cette sanction (D'Aoust, Leclerc et Trudeau, 1982: 222-237; Bernier et autres, 2001: I/3-161–I/3-167). L'exposé des motifs de la sanction a une très grande importance, surtout s'il s'agit d'une mesure disciplinaire sévère. En effet, si le litige est porté en arbitrage, l'employeur n'a pas le droit d'invoquer d'autres motifs que ceux qu'il a transmis à l'employé dans son avis disciplinaire. Il est libre d'ajouter certains faits, qu'il connaissait au moment de sa décision ou dont il a eu connaissance par la suite, sans toutefois invoquer des motifs différents de ceux qui apparaissent dans l'avis de sanction disciplinaire. En règle générale, l'avis doit être transmis au salarié en présence du délégué ou d'un autre représentant syndical, et une copie doit être remise au syndicat. Là encore, les parties ont intérêt à préciser clairement dans la convention ce qui arrive si l'employeur omet de transmettre un avis conforme au salarié à qui il impose une sanction disciplinaire.

L'avis disciplinaire doit être donné dans un délai raisonnable. Ce délai court soit depuis la date du manquement reproché à l'employé, soit à partir du moment où l'employeur en a eu connaissance (Bernier et autres, 2001: I/3-125–I/3-130). La convention collective précise parfois la longueur de ce délai. Ce délai doit être raisonnable, selon les circonstances. S'il s'écoule plusieurs mois entre le moment où une faute a été commise et la décision de la sanctionner, l'arbitre risque fort de juger ce délai abusif, d'accueillir le grief et d'annuler la sanction disciplinaire.

Enfin, l'employeur demande souvent au salarié visé de signer l'avis disciplinaire qu'il reçoit. La signature de l'employé ne constitue alors qu'un accusé de réception et, en aucun cas, un aveu de culpabilité. Certaines conventions collectives font état de cette distinction capitale. Mais même si la convention est muette à ce sujet, une telle signature ne peut être présentée en preuve comme un aveu de l'employé.

6.3.3 Amnistie des sanctions

La plupart des conventions collectives contiennent une clause d'amnistie qui prévoit le retrait des sanctions disciplinaires du dossier des salariés. Généralement, cette clause précise la période à l'issue de laquelle les sanctions disciplinaires sont retirées du dossier (D'Aoust, 1988). Il n'est alors plus possible de les invoquer contre le salarié. Les clauses d'amnistie ont des conséquences importantes sur l'administration de la discipline.

Une première question se pose au sujet des éléments à retirer du dossier. Généralement, toutes les mesures disciplinaires sont enlevées, y compris les simples avis, mais quelques conventions sont plus exigeantes et demandent plutôt le retrait de tout rapport défavorable. Il arrive aussi que la convention contienne une liste de documents susceptibles d'apparaître dans le dossier disciplinaire d'un employé: seuls ces documents doivent s'y trouver. Selon les conventions, les sanctions disciplinaires sont retirées au bout de six mois ou d'un an (Hébert, 1992: 272-273). Dans quelques cas, le délai est un peu plus long s'il y a récidive. On pourrait imaginer que le retrait des documents soit assujetti à d'autres conditions, mais on n'en trouve guère d'autres que les délais établis par les parties (Hébert, 1992: 270).

Nous avons déjà souligné l'influence d'une clause d'amnistie sur l'administration de la discipline. En effet, il est plus difficile pour l'employeur d'invoquer l'incident culminant et la gradation des sanctions puisque les mentions disciplinaires disparaissent assez rapidement du dossier de l'employé. Cette contrainte est particulièrement importante lorsque l'employeur doit discipliner un salarié dont la mauvaise attitude récurrente exige l'application de sanctions de plus en plus sévères. Tel est aussi le cas d'un employeur aux prises avec un salarié responsable de divers incidents, de nature variable mais sans grande gravité objective.

L'arbitre Courtemanche exprime bien les conséquences d'une clause d'amnistie dans les termes suivants :

> La clause limitant la durée du passé disciplinaire subsistant au dossier est toujours à double tranchant. Elle impose d'apprécier le comportement d'un salarié dans le cadre de la durée convenue, soit une année dans le cas présent, et donc d'ignorer tant les incidents qui ont pu survenir auparavant que l'excellence du dossier antérieur. Or il est certains gestes qui peuvent être excusés lorsqu'ils sont uniques dans une longue carrière mais qui ne peuvent l'être lorsqu'une seule année est considérée. Un passé si court ne peut être garant d'un aussi bref avenir[11].

6.3.4 Droit de consultation du dossier disciplinaire

Traditionnellement, bon nombre de conventions collectives permettent et encadrent la consultation du dossier disciplinaire par le salarié (Hébert, 1992 : 270). Outre qu'elle épargne des surprises de part et d'autre à l'étape de l'arbitrage, cette pratique contribue généralement à une administration équitable de la discipline industrielle.

Dans le secteur privé[12], les conventions collectives sont désormais assujetties aux dispositions de la *Loi sur la protection des renseignements personnels dans le secteur privé* adoptée en 1993[13]. Cette loi d'ordre public, qui traite de tout renseignement de nature personnelle qu'un individu recueille sur autrui dans le cadre de l'exploitation d'une entreprise, s'applique aux dossiers disciplinaires des salariés. Aucune convention collective ne peut déroger à cette loi : elle ne peut qu'y rajouter pour la compléter. Si la convention collective est muette à ce sujet, le contenu de la loi s'applique intégralement.

Sans entrer dans le détail, mentionnons d'abord que cette loi contient des dispositions qui affectent la collecte des renseignements personnels qu'un employeur peut détenir sur ses salariés. Ces renseignements doivent être nécessaires à l'objet déclaré du dossier et obtenus de façon licite (art. 5). Ils doivent être recueillis avant tout auprès du salarié même si, pour en assurer l'exactitude, l'employeur peut aussi obtenir certains renseignements auprès d'un tiers (art. 6).

La Loi vise aussi à assurer la confidentialité des renseignements personnels, ce qui inclut les informations de nature disciplinaire détenues par un employeur sur ses salariés. Ainsi, l'employeur ne saurait communiquer à des tiers le contenu du dossier disciplinaire du salarié sans son consentement explicite (art. 13). Bien sûr, la Loi prévoit des exceptions à cette règle, notamment dans le cadre de l'administration de la convention collective (art. 18). Même au sein de sa propre entreprise, l'employeur doit limiter l'accès au dossier disciplinaire des salariés aux seuls employés autorisés ; généralement, les employés du service des relations de travail ou des ressources humaines.

Enfin, en vertu de la Loi, un salarié a le droit de consulter son dossier disciplinaire (art. 27). De plus, il peut y faire supprimer un renseignement si sa collecte n'est pas autorisée par la Loi (art. 28).

---

11. *Hôpital Saint-Charles-Borromée* c. *Syndicat des travailleurs (euses) du Centre hospitalier Saint-Charles-Borromée*, Association des hôpitaux du Québec, dossier 328-03-07.
12. Dans le cas d'un organisme public, ce qui inclut les employeurs des secteurs public et parapublic au Québec, c'est la *Loi sur l'accès aux documents des organismes publics et sur la protection des renseignements personnels* (L.R.Q., c. A-2.1) qui s'applique.

---

13. L.R.Q., c. P-39.1.

6.4 Exemples de clauses disciplinaires

On devine, par l'exposé qui précède, l'infinie variété des clauses relatives aux mesures disciplinaires. La majorité des conventions traite du sujet : en 1989, environ 80 % des conventions visant 85 % des salariés abordent déjà la question d'une manière ou de l'autre (Hébert, 1992 : 270). Selon les circonstances, les clauses sont courtes ou relativement complexes. Les deux exemples suivants rappellent un certain nombre de principes énoncés dans les sections précédentes.

6.4.1 Clause succincte

En règle générale, une clause sur les mesures disciplinaires impose à l'employeur un cadre à l'intérieur duquel il doit procéder pour imposer des mesures disciplinaires. La procédure doit être empreinte d'équité : elle fixe des délais, des formalités, des règles d'exonération ou d'amnistie. La clause évoque aussi des principes fondamentaux comme la progressivité des sanctions. Le premier exemple reproduit des dispositions relativement générales concernant les mesures disciplinaires. Comme dans bien des cas, ces dispositions sont contenues dans la clause des droits de la direction. Le principe fondamental de la cause juste et suffisante y est reconnu et une clause d'amnistie est incluse. Toutefois, cet article est muet sur les modalités d'application.

Article 3   Fonctions réservées à la direction

3.01   Le Syndicat reconnaît que c'est la fonction de la Compagnie de :

(*a*)   Maintenir l'ordre, la discipline et le rendement ;

[...]

(*c*)   Engager, congédier, établir des classifications, diriger, permuter, promouvoir, démettre, mettre à pied et suspendre les salariés ou leur imposer quelque autre mesure disciplinaire pour une cause juste et suffisante ; il est par ailleurs convenu que la prétention d'un salarié qui a été discipliné ou congédié injustement peut devenir à bon droit le sujet d'un grief ;

[...]

(*f*)   Dans les cas de manquements, les avertissements datant de quatre (4) mois et plus ne seront pas utilisés dans le but de discipliner un salarié à nouveau pourvu qu'une infraction de même nature, telle que définie ci-après, ne soit commise de nouveau pendant cette période. Si aucune autre infraction de même nature n'est commise durant cette période, l'avis d'infraction sera retiré du dossier du salarié. L'avis ainsi retiré ne peut être invoqué en arbitrage. Une autre copie de tout avertissement écrit, donné à un salarié, sera envoyée au Syndicat.

Les infractions de même nature doivent se regrouper dans l'une des catégories suivantes :

1-   Sécurité au travail.

2-   Exécution du travail.

3-   Présence au travail.

4-   Conduite relative aux personnes.

5-   Conduite relative à la propriété.

La même convention contient des dispositions particulières dans la clause sur la procédure de grief concernant les cas de congédiement. Il s'agit des trois paragraphes suivants :

Article 6   Procédure de grief

[...]

Cas de congédiement

6.15   Sujet au cas d'exception prévu au paragraphe 9.01, la prétention d'un salarié à l'effet qu'il a été congédié injustement sera traitée comme un grief si une déclaration écrite de tel grief est remise au représentant de la gérance dans les quinze (15) jours ouvrables qui suivent la date où le salarié a été avisé par écrit de son congédiement. Dans un tel cas, l'étape numéro 1 et l'étape numéro 2 de la procédure des griefs seront omises.

6.16   Un grief de cette nature peut se régler sous la Procédure des griefs y compris l'arbitrage de la manière suivante :

(*a*)   Le maintien de la décision de la Direction relative au congédiement du salarié permanent, ou

(*b*)   La réinstallation du salarié sans perte d'ancienneté et avec pleine compensation pour le temps perdu selon le salaire du salarié, moins les montants qu'il a gagnés pendant la période de son congédiement;

(*c*)   Toute autre décision qui serait jugée équitable en raison des circonstances.

6.17   Dans l'intérêt des salariés, la Compagnie et le Syndicat consentent à réviser tous les aspects dans le but de venir en aide aux salariés qui seront ou pourraient être sujets à renvoi dû à un problème de santé provenant de l'alcoolisme et/ou de la drogue.

Un Comité à cette fin sera formé et sera composé de deux (2) salariés choisis par le Syndicat et de deux (2) personnes choisies par la Compagnie. Ce Comité se réunira au besoin lorsqu'il sera nécessaire d'agir aux termes du paragraphe ci-dessus.

(Convention collective entre Société aurifère Barrick/La mine Doyon et Syndicat des Métallurgistes unis d'Amérique, Section locale 9291, 1995-2000.)

Ces derniers paragraphes reprennent sensiblement les mêmes termes que ceux de l'article 100.12 (f) du *Code du travail* quant aux pouvoirs de l'arbitre en matière disciplinaire. Fait intéressant toutefois, vu l'absence de distinction entre congédiement disciplinaire et non disciplinaire, l'arbitre peut exercer les pouvoirs du paragraphe 6.16 dans tous les cas de congédiement. Notons finalement la sensibilité des parties aux problèmes liés à la drogue et à l'alcool telle qu'elle ressort du paragraphe 6.17. Elles y reconnaissent notamment que ces problèmes relèvent de la santé des travailleurs affectés.

6.4.2   Clause détaillée

Le second exemple reconnaît explicitement le rôle correctif de la discipline et la nécessité de recourir au principe de la progression dans les sanctions. La clause admet implicitement le critère de la «cause juste et suffisante» et le droit de l'employeur à choisir les sanctions appropriées. Toutefois, il ne peut recourir qu'à l'avertissement écrit, à la suspension, dont la durée variera selon les circonstances, et au congédiement. La clause contient aussi de nombreuses précisions sur différents aspects de la procédure. On y fait aussi mention du droit du salarié d'être accompagné d'un représentant syndical dans toutes les étapes du processus disciplinaire où le salarié est engagé.

Article 9   Mesures disciplinaires

9.01   Principe et définition

Sauf dans le cas de faute grave, il est convenu que l'utilisation des mesures disciplinaires vise un effet correctif plutôt que punitif et qu'en ce sens, l'Employeur favorisera l'usage d'une progression raisonnable dans la sévérité des sanctions imposées. Les mesures disciplinaires doivent être imposées avec justice et impartialité. Selon la gravité et la fréquence des offenses commises et tenant compte des circonstances, les mesures disciplinaires suivantes peuvent être prises:

- Avertissement écrit

- Suspension

- Congédiement

9.02   Rencontre préalable et avis écrit

a)   Avant d'imposer une suspension ou un congédiement, l'Employeur convoque le salarié concerné accompagné de son délégué syndical ou d'un officier du Syndicat afin de recevoir la version ou l'explication du salarié, sauf dans les cas qui nécessitent une action immédiate.

b)   Toute mesure disciplinaire devra être faite par écrit et copie de l'avis disciplinaire doit être remise au salarié et au Syndicat dans les trente (30) jours suivant la commission de la présumée infraction ou de sa connaissance, sauf dans les cas où une enquête policière est nécessaire. L'avis doit contenir les raisons de la mesure disciplinaire, une description sommaire des faits donnant lieu à la mesure disciplinaire et les dates de suspension lorsqu'il y a lieu.

9.03   Recours du salarié

Tout salarié qui est l'objet d'une mesure disciplinaire et qui croit avoir été injustement traité, peut soumettre son cas à la procédure de règlement des griefs.

9.04   Accès au dossier personnel

Le salarié, accompagné s'il le désire de son délégué syndical, ou un délégué syndical autorisé à cette fin par écrit par le salarié, a le droit de consulter son dossier pendant les heures d'ouverture du bureau des ressources humaines, à la condition qu'il ait pris un rendez-vous au préalable.

9.05   Délai de péremption

Toute mesure disciplinaire sera retirée du dossier d'un salarié et ne pourra être invoquée contre lui après douze (12) mois.

Malgré ce qui précède, un avertissement écrit sera retiré du dossier d'un salarié et ne pourra être invoqué contre lui après six (6) mois si aucune infraction de même nature n'a été commise pendant cette période de six (6) mois.

9.06   Fardeau de preuve

Dans tous les cas de mesure disciplinaire, l'employeur a le fardeau de la preuve.

9.07   Témoin syndical

a)   Un salarié qui est convoqué à une rencontre avec l'Employeur concernant toute question disciplinaire doit être accompagné d'un délégué syndical ou d'un officier du Syndicat.

b)   Aucun aveu signé par un salarié à l'Employeur ne peut lui être opposé devant un tribunal d'arbitrage à moins qu'il ne s'agisse d'un aveu signé devant un représentant du Syndicat.

c)   Si aucun délégué syndical ou officier du Syndicat n'est présent sur les lieux de travail au moment de la rencontre, le salarié doit être accompagné par un employé de son choix.

9.08   Cumul de l'ancienneté durant une suspension

L'ancienneté continue de s'accumuler pendant la suspension imposée à un salarié.

(Convention collective entre Syndicat des travailleuses et travailleurs de l'Hôtel du Parc [C.S.N.] et Renaissance Hôtel du Parc, 1999-2002.)

6.5 Conclusion

Le fait d'imposer des mesures disciplinaires met à contribution plusieurs droits fondamentaux des parties, dont le droit de gérance de l'employeur d'appliquer la discipline industrielle et le droit au respect du salarié lorsque l'employeur juge nécessaire d'imposer certaines sanctions.

Comme le droit d'imposer des sanctions disciplinaires ne découle pas de la convention collective, mais des pouvoirs généraux de la direction, la clause portant sur les mesures disciplinaires présente certaines ressemblances avec la clause des droits de gérance. Cependant, sa finalité est fondamentalement différente: alors que la clause des droits de gérance a pour but d'affirmer ces droits et de les faire reconnaître par la partie syndicale, une clause de mesures disciplinaires est là pour encadrer l'exercice du droit de l'employeur en la matière.

Le rôle de la convention collective à cet égard est névralgique. Elle assure le salarié d'être traité avec justice et équité lorsque l'employeur décide d'user de son pouvoir disciplinaire. Au-delà de la convention collective, mais à partir de celle-ci, les arbitres de griefs ont su élaborer une jurisprudence précise, nuancée et équilibrée qui est à l'origine d'un véritable droit disciplinaire. D'ailleurs, celui-ci a largement débordé le secteur des rapports collectifs du travail. Il s'applique désormais même en l'absence d'une convention collective, principalement par le truchement de la *Loi sur les normes du travail*[14] dont l'article 124 porte sur le recours que peut entreprendre un salarié congédié sans une cause juste et suffisante (Laporte, 1992).

Pour les raisons déjà mentionnées, ce droit disciplinaire ne s'applique pas intégralement aux mesures administratives imposées dans les cas de manquements non intentionnels de la part du salarié. Pourtant, les conséquences sont certainement aussi graves qu'en matière disciplinaire et exigeraient un développement semblable. Il appartient donc aux parties à la convention

---

14. L.R.Q., c. N-1.1.

collective de définir les règles nécessaires pour que le salarié à qui une telle mesure est appliquée soit traité avec toute l'équité qu'exige sa situation. Les parties doivent aussi s'assurer que de véritables efforts sont entrepris pour résoudre les difficultés d'un tel employé tout en le maintenant au service de l'entreprise.

références bibliographiques

BERNIER, L., G. BLANCHET, L. GRANOSIK et É. SÉGUIN (2001). *Les mesures disciplinaires et non disciplinaires,* mise à jour décembre 2001, Cowansville, Les Éditions Yvon Blais, édition à feuilles mobiles.

BICH, M.-F. (1988). «Le pouvoir disciplinaire de l'employeur : fondements civils», *Revue juridique Thémis,* vol. 22, n° 1, p. 85-105.

BLOUIN, R. (1985). «Le contrôle juridictionnel arbitral sur la cessation d'emploi motivée par insuffisance professionnelle», *Revue du Barreau,* vol. 45, n° 1, p. 3-31.

BLOUIN, R. et F. MORIN (2000). *Droit de l'arbitrage des griefs,* Cowansville, Les Éditions Yvon Blais.

BROWN, D. et D.M. BEATTY (2001). *Canadian Labour Arbitration,* mise à jour décembre 2001, Aurora, Canada Law Book Ltd., édition à feuilles mobiles.

BRUNELLE, C. (2001). *Discrimination et obligation d'accommodement en milieu de travail syndiqué,* Cowansville, Les Éditions Yvon Blais.

D'AOUST, C. (1988). «L'amnistie des fautes disciplinaires», *Relations industrielles/Industrial Relations,* vol. 43, n° 4, p. 909-942.

D'AOUST, C., L. DUBÉ et G. TRUDEAU (1995). *L'intervention de l'arbitre de grief en matière disciplinaire,* Cowansville, Les Éditions Yvon Blais.

D'AOUST, C., L. LECLERC et G. TRUDEAU (1982). *Les mesures disciplinaires : étude jurisprudentielle et doctrinale,* monographie n° 13, Montréal, Université de Montréal, École de relations industrielles.

D'AOUST, C. et G. TRUDEAU (1981). «La distinction entre mesures disciplinaires et non disciplinaires (administratives) en jurisprudence arbitrale québécoise», *Revue du Barreau,* vol. 41, n° 4, p. 514-564.

DOLAN, S.L., T. SABA, S.E. JACKSON et R.S. SCHULER (2002). *La gestion des ressources humaines,* 3e éd., Montréal, Les Éditions du Renouveau Pédagogique.

DUBÉ, L. et G. TRUDEAU (1995). «Les manquements du salarié à son obligation d'honnêteté et de loyauté en jurisprudence arbitrale», dans. G. Trudeau, G. Vallée et D. Veilleux (dir.), *Études en droit du travail à la mémoire de Claude D'Aoust,* Cowansville, Les Éditions Yvon Blais, p. 51-124.

GAGNON, R.P. (1999). *Le droit du travail au Québec,* 4e éd., Cowansville, Les Éditions Yvon Blais.

HÉBERT, G. (1992). *Traité de négociation collective,* Boucherville, Gaëtan Morin Éditeur.

LAPORTE, P. (1992). *Le traité du recours à l'encontre d'un congédiement sans cause juste et suffisante,* Montréal, Wilson & Lafleur.

PALMER, E.E. et B.M. PALMER (1991). *Collective Agreement Arbitration in Canada,* 3e éd., Toronto, Butterworths.

SIRARD, R. et A. GAZAILLE (1989). *Comprendre et appliquer une convention collective,* Montréal, Wilson & Lafleur.

Chapitre 7

Ancienneté

Plan

Ce chapitre porte sur le recours à l'ancienneté comme mesure de protection de l'emploi de certains salariés et de divers avantages. En ce sens, l'ancienneté proprement dite n'est pas une clause non pécuniaire comme les autres, mais plutôt un principe de base omniprésent au sein de la convention collective et qui touche à l'application de plusieurs autres clauses.

L'ancienneté a plusieurs fonctions : elle détermine, entre autres choses, la durée des vacances, le choix des quarts de travail et le droit aux heures supplémentaires. Mais surtout, elle garantit une préférence d'emploi à certains salariés au moment des promotions et des mises à pied. L'ancienneté résout alors un problème non pas seulement entre l'employeur et le syndicat, mais aussi entre les employés eux-mêmes : dans les cas de promotions ou de mises à pied, par exemple, l'ancienneté détermine quels salariés gardent ou perdent leur emploi. Au sens premier du terme, l'ancienneté est un instrument de discrimination : parce qu'elle favorise certains salariés, elle en défavorise d'autres.

Les problèmes soulevés par l'ancienneté sont complexes. Après en avoir examiné la nature, les objets et les fondements, il faudra nous arrêter à l'étude des « unités » d'ancienneté, une notion liée à l'application de ce principe. Ensuite, nous étudierons comment se calcule l'ancienneté, un point d'apparence mineure à première vue, mais qui n'en est pas moins capital pour les salariés. Il restera à considérer quelques aspects particuliers de l'ancienneté, très différents mais tout aussi importants les uns que les autres, ainsi que les implications et les orientations de la clause qui la régit. Tout au long du chapitre, nous présenterons des exemples de l'application du principe de l'ancienneté afin d'illustrer son rôle. Cela dit, c'est dans les chapitres ultérieurs – et surtout dans le chapitre suivant qui traite de l'application de l'ancienneté à des questions telles que les promotions et les mises à pied – que nous verrons plus systématiquement l'application de ce principe général.

7.1 Nature, objets et fondements

Il faut d'abord expliquer en quoi consiste l'ancienneté et ce à quoi on l'applique généralement. Ce premier point est plutôt descriptif. Mais il y a lieu de se demander aussi sur quoi repose le principe de l'ancienneté. La convention collective est-elle la seule source des droits qui en découlent ?

7.1.1 Nature et objets

Commençons par décrire l'ancienneté ; nous en chercherons ensuite les fondements. L'ancienneté est l'instrument dont on se sert pour régler un grand nombre de problèmes, très importants ou terre-à-terre. Qui obtiendra telle promotion ? Qui faudra-t-il mettre à pied ? À qui accordera-t-on les heures supplémentaires à effectuer ? Qui devrait choisir ses vacances en premier ? À qui attribuer les quelques places de stationnement disponibles ? Toutes ces questions peuvent trouver une réponse commode dans le nombre d'années de service de chaque employé.

Les expressions *ancienneté* et *durée du service* (ou *années de service*) sont souvent synonymes ; mais elles peuvent aussi avoir des sens différents (D'Aoust et Meunier, 1980 : 19-25). Avant l'adoption de la *Loi sur les normes du travail*[1], les différentes définitions de la durée du service, sans même qu'il soit question d'ancienneté, suscitent une controverse. Certains considèrent alors que le terme *service* indique qu'un travail a été effectivement accompli, moyennant rémunération. L'adoption de la *Loi sur les normes du travail*, le 22 juin 1979, met fin à cette controverse en définissant ainsi l'expression « service continu » à l'article 1, paragraphe 12 :

> « Service continu » : la durée ininterrompue pendant laquelle le salarié est lié à l'employeur

---

1. L.R.Q., c. N-1.1. [ci-après citée : L.n.t.].

par un contrat de travail, même si l'exécution du travail a été interrompue sans qu'il y ait résiliation du contrat, et la période pendant laquelle se succèdent des contrats à durée déterminée sans une interruption qui, dans les circonstances, permette de conclure à un non-renouvellement de contrat.

Il est clair maintenant que le critère déterminant du concept n'est pas le travail réellement effectué par un employé, mais l'existence du lien d'emploi avec son employeur. Bien des problèmes concrets demeurent, dont le calcul de l'ancienneté dans des circonstances particulières. Mais la controverse opposant travail et lien d'emploi est définitivement réglée. Aussi plusieurs conventions collectives ont-elles adopté et intégré la définition de la *Loi sur les normes du travail* dans leur propre texte. Par exemple :

Article 6   Ancienneté

6.01   L'ancienneté signifie la durée de service continu, les années, les mois et les jours pendant lesquels un salarié a été au service de l'Employeur.

(Convention collective entre Épiciers Unis Métro-Richelieu Inc., Division Épicerie, Centre Mérite I, et Travailleurs et travailleuses unis de l'alimentation et du commerce, Section locale 501, 1996-2000.)

Dans l'expression *service continu,* le sens du mot *continu* peut être précisé par la convention collective. En fait, il exclut habituellement le cas d'un ancien employé dont le lien d'emploi est rompu pendant une absence prolongée et qui redevient employé régulier. Pour éviter toute ambiguïté, certaines conventions précisent qu'il s'agit du service accompli « depuis la dernière date d'engagement ». Il devient clair alors que les années de service accumulées au cours d'un premier engagement sont effacées par la perte du statut d'employé. Le mot *continu* pourrait aussi exclure les employés à temps partiel; ils constituent un cas spécial, sur lequel nous reviendrons plus loin.

Bien que le texte de la *Loi sur les normes du travail* donne des définitions presque équivalentes de l'ancienneté et des années de service, ces deux termes ne sont pas employés tout à fait

dans le même sens. Dans la pratique, on les emploie différemment, surtout par rapport à l'objet de leur application. Ainsi, on utilise davantage le terme *ancienneté* quand il s'agit du critère servant à appuyer une demande d'avancement, une protection contre une mise à pied ou un droit de supplantation. Mais on parle d'*années de service continu* à propos des avantages à caractère pécuniaire, tels les congés de maladie, les vacances annuelles, etc.

Quoique l'on ait proposé diverses explications philosophiques du phénomène, la principale raison justifiant l'utilisation généralisée de l'ancienneté est probablement beaucoup moins compliquée: l'ancienneté constitue un critère simple, qui n'entraîne pas de discussions. Si on cherche à déterminer l'employé le plus fidèle à l'entreprise, ou l'employé le plus compétent pour remplir tel poste, on fait toujours face à des contestations, car ces deux facteurs sont difficilement quantifiables. L'ancienneté, elle, s'exprime par un chiffre: le nombre d'années, de mois et de jours passés au service de l'entreprise. Il n'y a qu'à invoquer l'ancienneté des salariés en cause, et, au besoin, à en faire la preuve à l'aide des documents pertinents, et il n'y a plus de discussions possibles. Le problème est réglé, tant pour l'employeur que pour le représentant syndical.

Une autre qualité exceptionnelle du critère d'ancienneté est d'éliminer toute forme de favoritisme, patronal ou syndical. Bien des syndicats se sont formés pour faire échec au favoritisme de l'employeur ou des contremaîtres. Comme la plupart des autres critères comportent des éléments subjectifs, il était tout naturel de vouloir empêcher le favoritisme par une règle simple et irréfutable: l'ancienneté.

Jusqu'ici l'ancienneté apparaît comme la réponse aux choix à effectuer parmi des employés susceptibles de réclamer le même avantage. L'ancienneté sert alors à résoudre une situation de concurrence. Le problème n'existe pas seulement lorsqu'il s'agit de promotions et de mises à pied; il se pose à l'occasion de nombreux autres choix: quarts de travail, itinéraires dans le secteur du transport, périodes de vacances, heures supplémentaires, remplacement temporaire à des postes plus attrayants, etc. Dans tous ces cas, on parle d'*ancienneté-concurrence* (ou d'*ancienneté relative*).

L'ancienneté sert également à déterminer le niveau de certains avantages consentis par l'entreprise à ses salariés. Selon les circonstances, on a droit à trois semaines de congé annuel après deux, trois ou cinq ans de service. L'ancienneté peut aussi donner droit à une pension plus élevée au moment de la retraite, à un congé plus long en cas de maladie, à des avantages supérieurs en matière de formation ou à une prime de licenciement plus importante. Il s'agit là de différentes formes d'*ancienneté-bénéfice,* ou d'*ancienneté absolue* (Slichter, Healy et Livernash, 1960: 104-141).

On voit déjà le nombre d'objets auxquels l'ancienneté peut s'appliquer, soit pour assurer aux salariés de meilleures conditions, soit pour établir un ordre de priorité dans la répartition de certains avantages ou inconvénients. En ce sens, l'ancienneté apparaît comme le moyen privilégié d'assurer une distribution équitable des inconvénients et des avantages dans un lieu de travail donné. Mais sur quels principes de telles règles se fondent-elles?

7.1.2 Historique et fondements

Le concept d'ancienneté semble remonter aux plus vieilles civilisations, qui accordent un traitement spécial et des égards particuliers aux plus âgés. La longue période d'apprentissage obligatoire qu'on trouve dans les corporations de métier constitue une autre application du principe d'ancienneté. Mais le libéralisme économique du XIXe siècle vient changer bien des choses. En effet, dans les grandes manufactures, les travailleurs sont souvent engagés et payés à la journée, sans aucune assurance de trouver du travail le lendemain. Pas question, dans un tel contexte, de quoi que ce soit qui ressemble à des années de service ou à de l'ancienneté: on n'est même pas sûr de travailler le jour suivant

(Gersuny, 1982: 518-524; Godbout, L'Écuyer et Ouellet, 1985: 134-136).

Pour contrer les abus de l'industrialisation, les unions s'engagent dans d'importantes campagnes visant à faire reconnaître l'ancienneté. Cependant, toutes ne procèdent pas de la même manière. Les employés de chemin de fer sont les premiers à faire reconnaître l'ancienneté comme instrument d'équité. En effet, l'importance du choix des itinéraires – et donc des heures et des jours de travail – constitue alors une invitation constante au favoritisme. Il n'est donc pas étonnant que les premières dispositions concernant l'ancienneté soient apparues dans ce secteur.

Chez les ouvriers de métier, aussi appelés artisans, la question de l'ancienneté est abordée différemment. Les corporations de métier insistent toujours sur l'apprentissage, sur sa durée et ses conditions. Comme la majorité des unions, à la fin du XIXe siècle et au début du XXe, sont en fait des corporations, c'est ce genre d'ancienneté qui domine alors. Aux États-Unis, l'Union des typographes mène de grandes campagnes pour obtenir une formule d'ancienneté qui garantirait l'emploi de ses membres qui ont le plus grand nombre d'années d'expérience[2].

Dans l'industrie manufacturière, quelques conventions collectives contiennent des droits d'ancienneté dès les années 1920. Mais l'élaboration des principales règles d'ancienneté coïncide avec l'essor du syndicalisme industriel, un peu avant et pendant la Deuxième Guerre mondiale. C'est aussi à cette époque que se répand la pratique d'appliquer l'ancienneté non plus aux seuls hommes de métier, mais, sauf exception, à l'ensemble des salariés d'un établissement. Les nouvelles unions affiliées au Congrès des organisations industrielles (C.I.O.) mènent des batailles épiques pour assurer à leurs membres autant la protection de la règle d'ancienneté que de meilleures conditions de travail. Les grandes réalisations dans ce domaine se situent principalement entre 1935 et 1950.

---

2. *The Typographical Journal,* septembre 1891, novembre 1892 et mars 1912.

Dans l'idée de promouvoir l'ancienneté, ses défenseurs affirment qu'elle fait obstacle au favoritisme patronal et, plus particulièrement, à celui des contremaîtres, souvent responsables de l'emploi et du licenciement. Outre cet argument fondamental – le plus souvent entendu sur le terrain –, des analystes proposent d'autres fondements à la clause d'ancienneté, plus représentatifs du principe lui-même, qui est d'assurer certaines protections et certains égards aux travailleurs avec de longs états de service dans une entreprise. Les droits reliés à l'ancienneté se fondent sur trois éléments : le droit naturel, la loi et la convention collective.

Au début des années 1960, plusieurs auteurs prônent ce qu'on pourrait appeler la théorie des «droits inhérents» ou du «droit naturel» à une certaine forme de propriété de l'emploi qu'un travailleur occupe depuis longtemps[3]. C'est en quelque sorte la contrepartie du droit de propriété alors reconnu. Certains parlent d'une nouvelle forme de propriété : la propriété traditionnelle porte sur des objets, des choses, tandis qu'on voit apparaître une propriété portant sur des droits. Cette nouvelle propriété s'exprime, par exemple, par l'acquisition de permis ou de licences autorisant le détenteur à pratiquer tel ou tel commerce ou de recevoir des allocations d'aide sociale. Alors pourquoi pas un certain droit sur l'emploi qu'on occupe depuis de nombreuses années ? En ce sens, on parle de «propriété nouvelle» (Reich, 1964). Malgré l'intérêt que présente cette théorie sur le plan philosophique, elle n'a jamais eu de conséquences concrètes, en particulier devant les tribunaux. Ceux-ci ont d'ailleurs limité les sources du droit de l'ancienneté à la loi et aux conventions collectives.

Cette théorie des droits inhérents se rapproche d'un autre concept établi plus récemment et appelé *contrat implicite* (Cornfield, 1982). Le contrat implicite repose sur une forme de stratégie de carrière adoptée par l'entreprise. Ainsi, l'employé accepte un salaire moindre au début de son emploi pour s'assurer une perspective de carrière et des gains à plus long terme. En retour, l'entreprise s'engage à favoriser les employés comptant le plus d'années de service, considérant que leur expérience profite à la compagnie ; cette formule s'apparente à l'emploi à vie qu'on trouve dans certaines usines japonaises.

L'«ancienneté institutionnelle», ainsi appelée parce qu'elle repose sur diverses dispositions légales, occupe une place de plus en plus grande dans les rapports de travail quotidiens. Les lois du travail d'application générale représentent en effet une seconde source de droit pour l'ancienneté puisqu'elles commencent à reconnaître les années de service dans certaines de leurs dispositions. C'est ainsi que, dans la *Loi sur les normes du travail*, la durée du service continu entraîne, pour l'employeur, des obligations différentes en matière de vacances annuelles, d'avis de licenciement et, surtout, de congédiement[4]. Le *Code canadien du travail* contient des dispositions analogues sur les mêmes sujets[5]. Mais la reconnaissance de l'ancienneté dans certains articles de loi demeure limitée : ces dispositions ne s'appliquent strictement qu'aux cas déterminés et inscrits dans la loi.

Tout compte fait, le seul élément solide qu'on peut invoquer comme assise de l'ancienneté est la convention collective. Une cour américaine déclare ce qui suit[6] :

> Pour appuyer l'affirmation que l'ancienneté constitue un droit inhérent au salarié, il n'existe aucun support ni appui dans la doctrine, dans la logique ou dans le contexte socio-économique des relations patronales-ouvrières. L'ancienneté est complètement et totalement une création de la convention collective ; elle n'existe pas autrement. Ainsi les caractéristiques de l'ancienneté peuvent être

---

3. Voir Aaron (1962), Barkin (1954), Kahn-Freund (1968), Meyers (1966) et Rottenberg (1962).

4. *Loi sur les normes du travail*, L.R.Q., c. N-1.1, art. 67, 68, 69, 82, 124.

5. *Code canadien du travail*, L.R.C. (1985), c. I-2, art. 183-184, 230 (1) et 240 (1).

6. *Local 1251 United Automobile Workers* c. *Robertshaw Controls Co. Federal Reporter*, (U.S.) 405 F. 2^d 29 (2^d Circuit, June 1968).

changées ou modifiées par des amendements à la convention collective.

Au Canada, un arrêt de la Cour suprême rendu en 1989 reconnaît la thèse voulant que le fondement de l'ancienneté se trouve dans la convention collective. Il s'agit de l'arrêt *Hémond*[7] qui vient clore une saga jurisprudentielle puisque la Cour d'appel du Québec avait adopté une tout autre analyse (Vallée, 1995 : 270).

Alors que tous les autres fondements proposés prêtent aux discussions, l'«ancienneté conventionnelle» ou «contractuelle» est reconnue et admise partout, du moins là où s'applique une convention collective qui reconnaît un tel principe. La convention constitue la seule base solide de l'ancienneté, comme source de bénéfices ou comme instrument de discrimination des salariés.

On peut mentionner deux autres théories de moindre importance : la théorie du marché du travail interne et la théorie du capital humain. Apparentée à l'ancienneté conventionnelle (Cornfield, 1982), cette première théorie soutient que l'ancienneté sert à minimiser les conflits entre la bureaucratie patronale et la bureaucratie syndicale, et à assurer une répartition relativement équitable des avantages et des inconvénients à l'intérieur de l'établissement. Quant à la seconde théorie, elle soutient que l'ancienneté assure à l'entreprise des employés plus compétents et qui sont vraisemblablement plus productifs, comme au Japon.

Mais, en pratique, la seule base solide et concrète des droits reliés à l'ancienneté demeure leur expression formelle dans une convention collective.

7.2 Unités d'ancienneté

Un même salarié a généralement «plusieurs anciennetés», selon qu'il a travaillé plus ou moins longtemps dans tel établissement, tel département et tel métier. Bien que la terminologie varie d'une convention à l'autre, nous pouvons distinguer quatre principaux types d'ancienneté, selon qu'elle relève de l'entreprise, de l'établissement ou du département et, enfin, du métier.

7.2.1 Complexité de la notion d'ancienneté

L'exemple suivant illustre le caractère complexe et multiple de l'ancienneté. Le jour de son engagement – ou plus précisément au moment où se termine sa période de probation –, le salarié acquiert une ancienneté d'entreprise. Cette ancienneté commence habituellement à courir, de manière rétroactive, à compter de sa première journée de travail. Si l'entreprise est constituée de plusieurs établissements et qu'après trois ans au service de la compagnie l'employé change d'établissement, il conserve ses trois années d'ancienneté d'entreprise ; mais son ancienneté d'établissement tombe à zéro. Certaines conventions collectives prévoient aussi une ancienneté de département. Si, après deux années dans sa nouvelle usine, ce même employé change de département, son ancienneté départementale retombe à zéro. Un an plus tard, cet employé cumule les trois anciennetés suivantes : 6 ans d'entreprise, 3 ans d'établissement et 1 an de département. Si, avec les années, il a acquis un métier, il bénéficie également d'une ancienneté propre à ce métier.

Chacune de ces quatre anciennetés, vraisemblablement de durées différentes, sert cet employé à diverses fins. En règle générale, son ancienneté d'entreprise détermine la durée de ses vacances, le montant de sa pension de retraite et d'autres avantages de ce genre. S'il possède un métier, son ancienneté de métier détermine ses possibilités d'avancement. Autrement, il doit recourir à son ancienneté de département ou d'établissement, selon la disposition de la convention collective qui s'applique alors. Toujours selon la règle établie par la convention, il peut peut-être recourir à son ancienneté d'usine ou d'établisse-

---

7. *Hémond c. Coopérative fédérée du Québec*, [1989] 2 R.C.S. 962.

ment pour se protéger contre une mise à pied; pour ce faire, il peut même supplanter un employé comptant moins d'ancienneté que lui. Force est de constater que l'ancienneté est une réalité complexe.

Les exemples ci-dessus illustrent bien la notion fondamentale d'unité d'ancienneté. Soulignons que celle-ci peut être utilisée selon deux sens distincts. D'abord, elle représente l'aire de calcul de l'ancienneté, comme dans le cas de l'ancienneté «départementale», calculée en fonction du temps travaillé à l'intérieur d'un département ou d'un service donné. Ensuite, l'unité d'ancienneté se réfère à l'aire d'application de l'ancienneté; elle est utilisée pour définir le territoire où peuvent se faire valoir les droits d'ancienneté (Hébert, 1992: 282). À l'usage, les deux sens sont souvent confondus. Par exemple, l'ancienneté calculée dans un département sert à obtenir une supplantation dans ce même département. Cela dit, il existe des situations où les deux sens ne sont pas confondus, comme cela se produit quand des salariés ont une ancienneté d'établissement et que les supplantations se font de manière étanche dans chaque département.

En effet, les limites «territoriales» à l'intérieur desquelles un employé peut invoquer ses années d'ancienneté varient considérablement d'une convention à une autre, voire d'un groupe d'employés à un autre. La notion d'unité d'ancienneté ressemble à celle d'unité de négociation. Dans bien des cas, les deux se confondent; une unité de négociation peut toutefois comprendre plusieurs unités d'ancienneté. Si le poste convoité exige la connaissance d'un métier, les années d'ancienneté accumulées dans une fonction d'ouvrier spécialisé ne sauraient constituer une base appropriée pour l'obtenir. Aussi, dans le cas de postes occupés par des travailleurs qualifiés, l'unité d'ancienneté est généralement définie par le métier lui-même et non pas par une sorte de territoire géographique particulier dans l'usine. Toute discussion de l'ancienneté et des droits qu'elle comporte doit se référer à un lieu d'application donné, qu'il s'agisse d'un «territoire», d'une occupation ou d'une fonction. Ce lieu constitue l'unité d'ancienneté.

7.2.2 Unités de métier ou de profession

Même si les cas sont proportionnellement moins nombreux, les «unités de métier» ou de profession constituent encore un phénomène important. Ces gens de métier ou ces professionnels représentent un groupe non négligeable d'employés. Ils forment soit un groupe minoritaire, à côté d'autres unités d'ancienneté, soit l'unité principale dans certains secteurs comme celui de l'enseignement. L'ancienneté de métier est une des plus vieilles formes de l'histoire: elle remonte au moins aux guildes du Moyen Âge. De nos jours, elle occupe encore une place privilégiée parmi les unités d'accréditation. Par exemple, en Ontario, la loi de 1995 sur les relations du travail (art. 9 (3)) mentionne explicitement qu'un groupe de salariés pratiquant un des métiers traditionnels constitue une unité appropriée.

Dans les professions, l'unité de métier présente des caractéristiques particulières. Dans certains cas, l'unité d'ancienneté professionnelle s'applique à la profession tout entière. C'est ainsi que, dans l'enseignement public, les années d'expérience déterminent le salaire des professeurs, quel que soit leur employeur immédiat, qu'ils passent d'une commission scolaire à une autre ou qu'ils soient employés directement par l'État. Comme tous les autres salariés, ils ont plusieurs anciennetés: leur ancienneté de profession, qui détermine leur salaire; leur ancienneté dans la commission scolaire, qui établit leur assignation à telle ou telle école; leur ancienneté dans l'école, de même que dans leur domaine particulier d'enseignement, leur assure certains privilèges dans le choix des cours à donner.

Quant aux membres des professions libérales traditionnelles qui sont salariés de l'État, fédéral ou provincial, leur unité d'ancienneté (professionnelle) se confond généralement avec leur unité de négociation: les médecins sont regroupés avec d'autres médecins, les avocats avec d'autres avocats, et ainsi de suite. Toutefois, la majorité des professionnels au service du gouvernement du Québec appartiennent aux professions nouvelles et sont regroupés dans une même unité constituée par le Syndicat des professionnels du gouvernement du Québec (S.P.G.Q.); cependant, les aires d'ancienneté doivent respecter les compétences professionnelles.

En ce qui concerne les métiers manuels, la situation se présente différemment et elle évolue très rapidement. En effet, des métiers aussi importants autrefois que celui des typographes sont presque disparus. Le groupe le plus important, et toujours vigoureux, est celui des unions et des syndicats des métiers du bâtiment et de la construction. Toutefois, ces syndicats ne cherchent pas à protéger l'emploi de leurs membres par des clauses d'ancienneté – elles sont presque inexistantes dans la construction. Ils tentent plutôt de protéger le marché lui-même, par le truchement des clauses d'atelier fermé, ainsi que par le contrôle de l'accès au métier et une réglementation sévère de son apprentissage[8].

Pourtant, on trouve souvent des unités de métier ou de profession regroupant un petit nombre d'employés à l'intérieur de certaines grandes industries. Elles constituent alors une sorte d'enclave dans le grand milieu syndical de l'établissement. C'est ainsi que des unités d'ingénieurs ou de scientifiques sont présentes dans certaines entreprises de haute technologie. De même, dans la majorité des grands hôpitaux du continent nord-américain, les physiothérapeutes, les infirmières ou d'autres employés paramédicaux sont regroupés dans des unités particulières. Il s'agit là d'unités de métier ; même les conventions collectives qui les régissent correspondent à l'unité de négociation définie par la pratique de la profession. Il va de soi que le droit de recourir à l'argument de l'ancienneté se limite aux frontières de ces unités. Mais la situation demeure avantageuse, car le marché est ainsi relativement fermé, tout candidat éventuel ne pouvant y pénétrer que par la porte d'accès habituelle, prévue dans la loi ou dans la convention collective.

7.2.3 Autres unités

Bien qu'elles soient importantes, les unités de métier ou de profession ne sont certes pas les plus nombreuses. Comme l'industrie manufacturière comporte de grands regroupements de salariés, occupant des fonctions et des postes divers, il ne faut pas se surprendre que l'unité d'ancienneté la plus importante et la plus fréquente y soit l'unité de négociation elle-même, englobant ainsi la majorité des salariés d'une usine, par exemple tous les salariés affectés à la production et à des fonctions connexes. On en écarte habituellement tous les cas particuliers que constituent les personnes responsables de la qualité, de la vente, parfois de la livraison, et, généralement, celles qui occupent des fonctions administratives ou font du travail de bureau. On parle surtout de l'« unité d'établissement » ou d'usine, qui correspond, rappelons-le, à l'unité de négociation définie par le certificat d'accréditation. Mais, bien souvent, la convention collective elle-même prévoit, à l'intérieur de cette grande unité, des subdivisions qui correspondent soit à des familles d'emploi, soit à des regroupements de départements comme la réception et l'expédition, l'outillage et l'entretien, la production proprement dite, etc. On parle alors d'« unité d'ancienneté départementale ».

Certaines industries vont plus loin dans le découpage des unités d'ancienneté et désignent des *lignes de promotion* (ou d'« avancement » ou encore de « progression »). Une ligne de promotion est constituée d'une série de postes comportant chacun des responsabilités de plus en plus grandes ; normalement, les salariés progressent le long de cette ligne d'avancement, échelon par échelon. La porte d'entrée est toujours la fonction située au bas de cette échelle. (Un exemple est présenté dans le chapitre suivant.) On trouve des lignes de promotion principalement dans les usines de pâtes et papiers. Tous les postes de l'établissement ne sont pas compris dans les quatre ou cinq principales lignes de progression ; pour

---

8. Ce régime particulier mis en place par la *Loi sur les relations du travail, la formation professionnelle et la gestion de la main-d'œuvre dans l'industrie de la construction* (L.R.Q., c. R-20) a été jugé constitutionnel par la Cour suprême du Canada. Ainsi, dans une décision très partagée, il fut décidé que ce régime ne violait pas la liberté d'association garantie dans la *Charte canadienne des droits et libertés*. Voir *R. c. Advance Cutting & Coring Ltd.*, 2001 CSC 70, 19 octobre 2001.

les postes qui en sont exclus, on applique les principes de sélection des employés habituellement utilisés en matière de promotions et de mises à pied, soit dans l'unité d'établissement (à l'exclusion des échelles de progression), soit dans les unités départementales qui auraient pu être déterminées dans la convention.

Poussant plus loin l'application du concept d'unité d'ancienneté, certaines conventions collectives ont établi des unités de promotion et de rétrogradation selon l'ancienneté. L'unité dite « promotionnelle » est celle dans laquelle le salarié peut exercer ses droits d'ancienneté pour obtenir de l'avancement, une promotion, comme le suggère le nom lui-même. De la même façon, l'employé peut utiliser ses droits d'ancienneté pour se protéger contre une mise à pied à l'intérieur de ce qu'on appelle l'unité dite « démotionnelle » ; c'est généralement en acceptant une certaine rétrogradation que les employés plus anciens peuvent se protéger contre une mise à pied.

Quant à l'« unité d'entreprise » – quand il s'agit d'une compagnie comptant plusieurs établissements –, il est extrêmement rare qu'un employé puisse y recourir pour autre chose que le calcul de la durée de ses vacances, du niveau de sa pension de retraite ou pour d'autres bénéfices du même genre. En pratique, quand l'entreprise compte plusieurs établissements, l'unité d'ancienneté en matière de promotions ou de mises à pied ne dépasse jamais l'unité de négociation de l'un ou l'autre des établissements ; cela implique qu'elle est plus restreinte.

On a pu remarquer, au cours des dernières décennies, une certaine évolution : les unités d'ancienneté départementale semblent faire place à une unité plus vaste qui tend à englober toute l'unité de négociation. Les représentants patronaux s'inquiètent de cette évolution, parce qu'elle risque d'entraîner une diminution de la qualification des employés (Ouellet, 1985). Il ne faut pas négliger, dans ce contexte, l'évolution inverse qu'on observe dans les industries elles-mêmes : la taille a tendance à diminuer et chaque emploi comporte des exigences professionnelles de plus en plus grandes. La nature même du travail à effectuer dans l'avenir risque de rendre impossible l'application de l'ancienneté à l'échelle des grandes unités de négociation.

7.3 Calcul de l'ancienneté

Nous examinerons ici des questions d'apparence mineure, mais qui, en fait, sont très importantes pour les travailleurs, puisqu'elles concernent le calcul ou, si l'on veut, l'arithmétique de l'ancienneté. À ce sujet, il faut considérer les conditions qui déterminent l'acquisition, la conservation, l'accumulation et la perte de l'ancienneté. Fait à noter, les notions de conservation ou de perte d'ancienneté n'interviennent que dans les cas d'absences de l'établissement ou, plus précisément, de l'unité de négociation.

7.3.1 Acquisition de l'ancienneté

Comme l'employeur a besoin d'un certain laps de temps pour évaluer les capacités d'un nouvel employé, la plupart des conventions collectives ne reconnaissent pas d'ancienneté avant la fin de la période de probation. Une fois celle-ci terminée, cependant, l'usage veut que l'ancienneté soit calculée rétroactivement, depuis la date de l'embauche ou de la première journée de travail. Ainsi, si la probation est de trois mois – et si la convention le prévoit explicitement –, le nouvel employé n'accumule pas d'ancienneté pendant ces trois mois. Mais dès le premier jour du quatrième mois, il acquiert immédiatement trois mois d'ancienneté. Pour empêcher les employés en probation de bénéficier de certaines dispositions de la convention collective – pour qu'ils n'aient pas le droit de déposer un grief, par exemple –, de nombreuses conventions utilisent, dans les clauses visées, la formule « tout employé ayant de l'ancienneté ». Cela a pour effet d'écarter d'emblée les employés en probation.

Malgré la simplicité du principe, son application soulève plusieurs questions. Ainsi, la période de probation doit-elle être calculée en semaines et en mois civils ou plutôt en jours ou en heures effectivement travaillés ? Cette dernière formule devient nécessaire quand le travail est intermittent. Dans ce cas, la durée de l'interruption devrait-elle avoir un effet? Si, par exemple, après trois semaines de travail régulier, l'employé est mis à pied et n'est rappelé qu'après six mois, ces trois premières semaines devraient-elles compter? Faut-il plutôt établir une période maximale d'interruption au-delà de laquelle il faut recommencer la période de probation? Selon des données provenant d'un échantillon représentatif de 1 190 conventions collectives en vigueur au Québec en 2001, seulement 13,5 % des conventions déterminent ainsi une limite de temps à l'intérieur de laquelle le nombre de jours de probation doit être accompli; la formule la plus fréquente (42 %) est selon les jours ouvrables.

Une autre question vise la durée normale de la période probatoire. Généralement, elle dure environ trois mois ou l'équivalent en jours ouvrables (Hébert, 1992: 286, tableaux 9-1 et 9-2). Mais l'écart va de un mois à un an, voire davantage. Dans un certain nombre de conventions, les plus importantes, la durée de la période probatoire varie selon les catégories d'employés. Le problème de la longueur de la probation est particulièrement délicat dans certaines industries saisonnières. En effet, les employés permanents ne veulent pas courir le risque qu'une période probatoire trop courte amène trop de temporaires à devenir permanents et à leur faire concurrence sur le plan de l'emploi (Slichter, Healy et Livernash, 1960: 124).

La clause suivante est assez représentative de la plupart des clauses relatives à l'acquisition de l'ancienneté.

Article 9   Période de probation

9.01 Un nouveau salarié sera considéré comme salarié à l'essai pendant les trente (30) premiers jours qu'il a effectivement travaillé alors qu'il est à l'emploi de la Compagnie. Le Syndicat ne contestera pas le congédiement d'un salarié à l'essai et un congédiement de cette nature ne pourra non plus faire l'objet d'un grief au cours des trente (30) premiers jours travaillés ou durant la période d'essai extensionnée.

La période de probation du nouveau salarié pourra être extensionnée, après entente entre la Compagnie et le Syndicat, pour les trente (30) jours travaillés qui suivent. [...]

(Convention collective entre Société Aurifère Barrick/La mine Doyon et Le Syndicat des Métallurgistes unis d'Amérique, Section locale 9291, 1995-2000.)

Même s'il s'agit d'une clause relativement simple, deux aspects méritent d'être soulignés. D'abord, la clause n'enlève pas tous les bénéfices à un salarié en probation, mais uniquement le droit de contester son congédiement. Ce salarié a le droit, par exemple, de déposer un grief concernant un autre sujet. Ensuite, bien que la période de probation soit relativement courte, la clause permet de la prolonger pourvu qu'il y ait entente entre le syndicat et l'employeur.

Une précision s'impose: si deux employés sont embauchés le même jour, certaines conventions précisent que l'ordre d'ancienneté s'établit selon l'ordre alphabétique de leur nom de famille. Une autre règle se fonde sur l'heure de la signature des formulaires d'embauche, si celle-ci est indiquée sur chaque exemplaire. Quel que soit le critère utilisé, l'important est de ne pas laisser le problème sans solution, surtout si l'entreprise embauche plusieurs employés le même jour.

7.3.2 Conservation et accumulation de l'ancienneté

Il est important de savoir si, pendant une absence, un employé conserve l'ancienneté acquise et si elle continue de s'accumuler. Pour répondre à la question, il faut examiner les différentes causes d'absence: les règles d'application varient d'un cas à l'autre.

La loi elle-même détermine qu'il y aura conservation et accumulation d'ancienneté dans deux cas: pour toute absence reliée à une lésion professionnelle, due à un accident ou à une maladie professionnelle, et pour toute absence résultant d'un congé parental ou de maternité[9].

---

9. *Loi sur les accidents de travail et les maladies professionnelles,* L.R.Q., c. A-3.001, art. 235, et *Loi sur les normes du travail,* L.R.Q., c. N-1.1, art. 81.16. Il est à noter que l'accumulation de l'ancienneté lors d'une absence pour lésions professionnelles est d'une durée limitée (un ou deux ans).

En plus de cette première catégorie d'absences expressément prévue par la loi, il existe d'autres situations, tels une mise à pied, un arrêt de travail, l'exercice d'une fonction syndicale ou une mutation hors de l'unité d'ancienneté, au cours desquelles un employé peut accumuler de l'ancienneté. Mais cela n'est pas automatique.

En règle générale, dans les cas de mises à pied, l'ancienneté cesse de s'accumuler, mais le salarié conserve l'ancienneté acquise, quoique pour une période limitée seulement. Le plus souvent, après une année ou deux de mise en disponibilité, le salarié perd son ancienneté et son droit de rappel : le lien d'emploi est alors rompu. L'employé conserve son ancienneté plus ou moins long-temps selon la taille des unités de négociation et, souvent, selon les années de service qu'il a accumulées (Hébert, 1992 : 288, tableau 9-3).

Dans les cas d'absence pour cause de maladie personnelle, c'est-à-dire une maladie qui n'est pas reliée à l'emploi, les dispositions varient selon les conventions. Ainsi, une étude effectuée en 1989 indique que 40 % des conventions analysées prévoient que le salarié conserve son ancienneté durant toute la maladie. Environ 10 % des conventions imposent une limite de temps, un an ou deux le plus souvent, après quoi le lien d'emploi est rompu[10]. Dans 25 % des conventions, pour 25 % des salariés, il n'y a aucune disposition sur la conservation de l'ancienneté en cas de maladie (Hébert, 1992 : 289, tableau 9-4).

L'arrêt de travail est une situation plus complexe. Faute de disposition dans la convention collective, l'ancienneté s'accumule, du moins pendant une grève légale. En effet, le *Code du travail*[11] déclare qu'un salarié en grève n'en demeure

pas moins un salarié (art. 110, C.t.). Mais la question n'est pas du tout certaine. Aussi, à la fin d'un arrêt de travail, les parties ont-elles intérêt à disposer elles-mêmes de cette question dans un protocole de retour au travail. Quand ils en traitent, les protocoles admettent généralement l'accumulation d'ancienneté pendant l'arrêt de travail, sauf peut-être pour certaines catégories d'employés, particulièrement les employés en probation. En effet, la période de probation étant accordée pour permettre à l'employeur de juger des aptitudes du candidat, on conçoit que cette évaluation ne saurait se poursuivre pendant un arrêt de travail (D'Aoust et Leclerc, 1980 : 27-33 ; Nadeau, 1981 : 120-126).

Les libérations syndicales constituent un autre cas particulier. Quand la convention collective contient une disposition permettant à des salariés d'être libérés afin d'occuper des postes syndicaux auxquels ils ont été élus, il y a généralement accumulation ou du moins maintien de l'ancienneté (Centre de recherche et de statistiques sur le marché du travail, 1991 : 50-51). De la même manière, les conventions collectives prévoient souvent un congé, avec ou sans accumulation d'ancienneté, pour les salariés qui deviennent jurés ou députés, ou encore qui partent exercer une fonction syndicale, car ces postes peuvent exiger de longues absences du travail.

Les mutations hors de l'unité d'ancienneté sont un autre cas délicat. Généralement, il s'agit d'un salarié qui accepte un poste de direction, le plus souvent comme contremaître, ce qui l'amène obligatoirement à quitter l'unité d'accréditation puisqu'il devient cadre et représentant de la direction (D'Aoust et Meunier, 1980 : 52-56). L'employé qui accepte un tel poste souhaite généralement garder la possibilité de revenir à son ancien emploi au cas où les choses tourneraient mal. Mais, l'opposition traditionnelle entre le syndicat et la direction pousse les représentants syndicaux à restreindre le plus possible la période pendant laquelle la convention collective permet à cet employé de revenir dans l'unité de négociation. En 1989, une proportion importante de conventions (20 %) impose la perte d'ancienneté dès la promotion. Une faible

---

10. La *Loi sur les normes du travail* (art. 122.2) défend à l'employeur de rompre le lien d'emploi du salarié en raison d'une absence causée par la maladie dont la durée n'excède pas 12 semaines au cours des 12 derniers mois. Lorsqu'ils seront en vigueur, les amendements apportés en décembre 2002 à la *Loi sur les normes du travail* (L.Q. 2002, c. 80) porteront à 26 semaines au cours des 12 derniers mois le congé autorisé pour maladie (nouvel art. 79.1 de la L.n.t.).

11. L.R.Q., c. C-27 [ci-après cité : C.t.].

proportion (10 %) permet le maintien ou l'accumulation d'ancienneté sans limite de temps. Une autre disposition relativement fréquente (20 % des conventions) consiste à maintenir le droit de retour pendant une période de temps déterminée. Le plus grand nombre de conventions (40 %) ne prévoient aucune disposition sur le sujet (Hébert, 1992 : 292-293, tableaux 9-5 et 9-6).

Très souvent, les absences qui s'accompagnent du maintien ou de l'accumulation d'ancienneté ne sont pas mentionnées explicitement dans la convention, mais elles se déduisent clairement des dispositions relatives à la perte des droits d'ancienneté. Un exemple de cette nature sera donné dans la section suivante. On trouve cependant quelques cas où la convention traite de ce type d'absences permises, comme dans le cas suivant qui distingue entre les situations où l'ancienneté continue à s'accumuler et celles où elle est conservée sans accumulation.

Article 8   Ancienneté

[...]

8.05

Une personne salariée régulière conserve et accumule l'ancienneté dans les cas suivants :

a)   mise à pied ou mise à pied cyclique, n'excédant pas dix-huit (18) mois ;

b)   absence pour maladie ou accident n'excédant pas vingt-quatre (24) mois ;

c)   absence autorisée n'excédant pas vingt-quatre (24) mois et n'excédant pas trente-six (36) mois dans le cas du congé sans traitement prévu aux paragraphes 7.12 et 7.13 ;

d)   accident du travail ou maladie professionnelle.

8.06

Une personne salariée régulière conserve son ancienneté mais cesse de l'accumuler dans les cas suivants :

a)   absence autorisée excédant vingt-quatre (24) mois et dans le cas du congé sans traitement prévu aux paragraphes 7.12 et 7.13, absence excédant trente-six (36) mois ;

b)   absence par maladie ou accident jusqu'à concurrence de douze (12) mois additionnels aux délais prévus au sous-paragraphe 8.05 b) mais n'excédant pas l'ancienneté accumulée de la personne salariée ;

c)   accident du travail ou maladie professionnelle au moment où elle est déclarée atteinte d'une invalidité totale permanente par la Commission de la santé et de la sécurité du travail.

(Convention collective entre l'Université Laval et le Syndicat des employés et employées de l'Université Laval [S.C.F.P.-F.T.Q.], 1999-2002.)

7.3.3   Perte de l'ancienneté

L'employé perd son ancienneté au moment où est rompue la relation d'emploi avec son employeur. La perte d'ancienneté survient à l'occasion d'un congédiement, d'un départ volontaire ou encore dans les cas prévus dans la sous-section précédente : quand la mise à pied dépasse une durée déterminée dans la convention collective, quand la maladie, le cas échéant, se prolonge au-delà d'une période également déterminée ou à la suite d'une mutation hors de l'unité de négociation après une période qui est aussi indiquée dans la convention[12].

L'extrait de convention collective suivant contient l'essentiel des clauses de cette nature, qu'on trouve dans la quasi-totalité des conventions.

Section 14   Ancienneté

14.05   Perte d'ancienneté

Un salarié perd son ancienneté accumulée, son nom est rayé de la liste d'ancienneté et son emploi est terminé pour l'une ou l'autre des raisons suivantes :

1.   il démissionne volontairement de son emploi ;

---

12. La Cour suprême du Canada a clairement souligné que les droits liés à l'ancienneté, y compris l'acquisition, le maintien et la perte de l'ancienneté, relèvent exclusivement de la convention collective. Voir *Hémond* c. *Coopérative fédérée du Québec*, [1989] 2 R.C.S. 962.

2. il est congédié pour une cause juste et suffisante et ce congédiement n'est pas annulé;

3. il est mis à pied pour une période de plus de vingt-quatre (24) mois consécutifs; le salarié qui est en période de formation est réputé être au travail;

4. il est reconnu invalide de façon permanente par la Régie des rentes du Québec ou par la Commission de la santé et de la sécurité du travail du Québec;

5. il s'absente sans raison valable ou sans communiquer avec l'Employeur pour donner les motifs de son absence pour plus de quatre (4) jours de travail consécutifs;

6. il fait défaut de revenir au travail dans les dix (10) jours ouvrables de son rappel ou fait défaut de donner sa réponse de son intention dans les cinq (5) jours ouvrables de la livraison de la lettre de rappel à sa dernière adresse connue. Par exception l'Employeur peut prolonger cette période pour des raisons sérieuses fournies par le salarié;

7. il prend sa retraite.

(Convention collective entre Les Boulangeries Weston, Québec Corp., et le Syndicat des salariés de la Boulangerie Weston [C.S.D.], 1996-2000.)

Voilà les principaux points relatifs au calcul de l'ancienneté. Beaucoup d'autres cas peuvent se présenter. Il suffit de dire qu'en matière d'ancienneté le texte de la convention collective établit les droits et les obligations des employés et des employeurs, à moins que ces cas ne soient couverts par des dispositions contenues dans les lois du travail qui ont naturellement préséance sur les conventions. La jurisprudence, rendant des décisions sur des cas particuliers, établit peu à peu certaines tendances, comme de considérer qu'un arrêt de travail légal, grève ou lock-out, n'interrompt pas la durée du service. Mais le texte de la convention collective a toujours le dernier mot.

7.4 Aspects particuliers de l'ancienneté

Nous regroupons ici quelques aspects relativement importants, mais particuliers, de l'ancienneté, dont il n'a pas été question plus haut. Nous traiterons successivement de certains privilèges accordés aux représentants syndicaux, de l'application de l'ancienneté aux salariés à temps partiel et, enfin, des problèmes occasionnés par les fusions d'entreprises.

7.4.1 Ancienneté privilégiée

Comme nous l'avons vu au chapitre 4, l'application stricte des principes d'ancienneté risque d'entraîner la mise à pied ou le licenciement de représentants syndicaux sur lesquels le syndicat et les employés comptent beaucoup. La même situation peut se présenter dans le cas de certains employés qui jouent un rôle clé dans l'entreprise.

Pour prévenir de tels événements, patrons et syndicats s'entendent sur une sorte de fiction juridique qui accorde une ancienneté suprême tant à des représentants syndicaux qu'à des employés occupant des fonctions stratégiques dans l'usine. On parle alors d'*ancienneté privilégiée*, aussi qualifiée de «préférentielle» ou encore de «surancienneté». Le texte de la convention est alors rédigé de telle sorte que l'on attribue au délégué d'atelier, par exemple, et aux quelques employés auxquels l'employeur tient absolument, une ancienneté supérieure à celle de l'employé le plus ancien du département ou du secteur en cause. Voici deux exemples d'ancienneté privilégiée accordée aux «capitaines d'atelier» (c'est-à-dire aux représentants syndicaux), dans le premier cas, et à certains employés jugés essentiels dans le second.

Article 6 Prérogatives et conditions applicables aux capitaines d'atelier, délégués syndicaux et officiers

[...]

6.2 Lors de la distribution du travail, du choix des vacances et/ou advenant une mise à pied due à un manque de travail, le capitaine d'atelier syndical bénéficiera de la préférence quant à l'ancienneté dans les limites de sa classification. [...]

(Convention collective entre l'Union des chauffeurs de camions, hommes d'entrepôts et autres ouvriers Teamsters, Québec, Section locale 106 et Transport Robert [1973] ltée., Transport Robert [Québec] 1973 ltée., 1996-2000.)

Les dispositions du présent alinéa – déterminant les modalités de mises à pied – pourront être modifiées dans la mesure voulue pour garder au travail le genre d'employés possédant la spécialisation et le degré de compétence nécessaires pour assurer le fonctionnement efficace de l'usine.

(Convention collective entre Compagnie de papier Québec-Ontario ltée, Baie Comeau, et le Syndicat canadien des travailleurs du papier, Section locale 352, art. 5.07 d.) (Hébert, 1992 : 320.)

Les deux tiers des conventions collectives ne contiennent aucune disposition de cette nature. Celles qui contiennent une disposition de ce genre accordent l'ancienneté privilégiée surtout aux délégués syndicaux. Environ 1,5 % seulement des conventions collectives contiennent une disposition concernant certains salariés dont les fonctions sont considérées comme essentielles en tout temps (voir le chapitre 4, section 4.3.2).

7.4.2 Ancienneté et travail à temps partiel

Jusqu'à maintenant, nous avons discuté de l'ancienneté – du moins implicitement – comme si tout le monde travaillait à temps complet. En réalité, il est clair que ce n'est pas forcément le cas, puisque de nombreux employés travaillent à temps partiel. Mais ce type de travail pose-t-il un problème particulier en ce qui concerne l'ancienneté ?

Afin d'apprécier la nature du problème, prenons un cas hypothétique (mais réaliste) de deux employés : le premier est embauché il y a deux ans comme employé à temps partiel et travaillant 15 heures par semaine, le second embauché il y a un an comme salarié à temps plein et travaillant 40 heures par semaine. Maintenant, admettons qu'un poste s'ouvre et que ces deux personnes posent leurs candidatures. Supposant que la convention collective stipule que l'employeur doit tenir compte de l'ancienneté, lequel des deux est le plus ancien ? D'une part, le premier travaille

dans l'unité de négociation depuis deux ans, mais, d'autre part, le second a effectué le plus d'heures de travail depuis son embauche.

De nombreuses conventions collectives écartent ce problème en traitant différemment les employés à temps partiel. Dans certaines conventions, les employés à temps partiel n'ont pas le droit d'accumuler d'ancienneté. Quand ils le peuvent, ils forment généralement un groupe à part, de sorte qu'il y a deux listes d'ancienneté : une pour les travailleurs à temps complet, l'autre pour les travailleurs à temps partiel. La plupart du temps, l'ancienneté des travailleurs à temps partiel s'applique pour les mises à pied, le rappel au travail et le choix de la période de vacances, mais selon des règles qui leur sont propres (Lewis et Desjardins, 1985 : 7-14). Essentiellement, ces conventions établissent des conditions de travail différentes pour les deux groupes, la plupart du temps en limitant les droits des employés à temps partiel ou en accordant aux salariés à temps plein la priorité sur les salariés à temps partiel, peu importe leur ancienneté respective. La clause suivante crée une hiérarchie entre les deux groupes d'employés en ce qui concerne les promotions :

Article VII   Postes vacants

7.01 *a)* Lorsqu'un poste devient vacant, le salarié régulier qui possède les qualifications de base pour satisfaire aux exigences normales du poste et qui a le plus d'ancienneté parmi les candidats a la priorité. [...]

b) Si aucun salarié régulier n'est choisi selon les modalités prévues en a), le même principe s'applique parmi les salariés à temps partiel.

(Convention collective entre Épiciers Unis Métro-Richelieu inc., Division épicerie, Centre mérite I, et Travailleurs et travailleuses unis de l'alimentation et du commerce, Section locale 501, 1996-2000.)

Dans cette convention, les conditions de travail des employés à temps partiel sont précisées dans une annexe qui limite leurs droits à plusieurs égards.

Cette façon de traiter les salariés à temps partiel avantage les travailleurs à temps complet, qui se voient protégés en quelque sorte par l'existence d'un groupe tampon constitué de travailleurs à temps partiel. L'employeur en bénéficie aussi, car il dispose d'un bassin de main-d'œuvre moins coûteux et plus flexible. Cependant, cette façon de traiter les employés à temps partiel peut être critiquée à cause de l'inégalité qu'elle entraîne (Bernier, Vallée et Jobin, 2003 : 171-174 ; 449-452).

L'autre façon de résoudre le problème de l'ancienneté des travailleurs à temps partiel est de les intégrer à la liste générale d'ancienneté. Dans ce cas, une formule de conversion s'impose, car les mêmes dates d'embauche pour un travailleur à temps complet et un travailleur à temps partiel ne s'équivalent pas. Par exemple, dans la clause suivante, tirée de la convention collective des enseignants et enseignantes du Québec, la formule se base sur l'année scolaire normale :

Article 5-2.00   Ancienneté

[...]

5-2.05

Pour l'enseignante ou l'enseignant à temps plein, l'ancienneté se calcule de la façon suivante :

a)   pour chaque année scolaire où la période d'emploi couvre la totalité de l'année scolaire, il est reconnu à l'enseignante ou l'enseignant une année d'ancienneté ;

[...]

Pour l'enseignante ou l'enseignant à temps partiel, l'ancienneté se calcule de la façon suivante :

Pour chaque année scolaire, il est reconnu à l'enseignante ou l'enseignant une fraction d'année établie selon la formule suivante : le nombre de jours ouvrables compris dans la période d'emploi, multiplié par la proportion de sa tâche éducative par rapport à la tâche éducative de l'enseignante ou l'enseignant à temps plein, sur 200. [...]

(Convention collective entre le Comité patronal de négociation pour les commissions scolaires francophones et la Centrale de l'enseignement du Québec, 2000-2002.)

Ainsi, une enseignante qui travaille 200 jours et qui donne un tiers des cours d'une enseignante à temps plein accumulerait un tiers d'une année d'ancienneté ($200 \times 0,33 \div 200 = 0,33$). Par contre, un enseignant qui fait la même proportion des cours, mais qui ne travaille que 100 jours durant l'année, accumulerait 0,165 d'une année d'ancienneté ($100 \times 0,33 \div 200 = 0,165$).

De façon générale, quand les conventions collectives intègrent les employés à temps plein et à temps partiel dans une seule liste d'ancienneté, il y a moins de différences entre les conditions de travail des uns et des autres. Une telle solution réduit le risque que les travailleurs à temps partiel deviennent un bassin de main-d'œuvre bon marché et favorise un esprit de solidarité entre tous les membres du syndicat, peu importe leur statut d'emploi.

7.4.3 Fusions et intégration des listes d'ancienneté

L'intégration de listes d'ancienneté est un autre problème difficile même s'il ne met pas en cause des principes fondamentaux. Le phénomène a pris de l'ampleur avec la multiplication des fusions d'entreprises et avec les fusions municipales survenues récemment au Québec.

Même si elles touchent généralement moins d'entreprises et un nombre inférieur de salariés, les difficultés sont quand même importantes. Dans bien des cas, il est possible de continuer à utiliser les listes d'ancienneté antérieures, surtout si tous les employés ne sont pas regroupés dans un même endroit. On peut aussi régler le problème en ne fusionnant pas les unités de production ou de distribution pour ne pas avoir à intégrer les listes d'ancienneté.

L'intégration des listes d'ancienneté entraîne des problèmes pratiquement insurmontables, du moins sur le plan psychologique, si on veut respecter la dignité des employés concernés. Si l'intégration vise deux entreprises de taille semblable et des employés qui ont une ancienneté comparable, la solution est facile : on fusionne les deux listes en utilisant l'ancienneté réelle des employés.

Nous prendrons comme exemple hypothétique la fusion de deux listes d'ancienneté, l'une comportant 10 noms de personnes ayant toutes une ancienneté très élevée, l'autre contenant 20 noms d'employés dont l'ancienneté est relativement faible, parce que l'entreprise a été fondée récemment. L'intégration s'effectue généralement selon un des trois principes suivants : l'ancienneté réelle, l'alternance et la proportionnalité (Beal, Wickersham et Kienast, 1976 : 387-388). Si on décide de respecter l'*ancienneté réelle* des employés dans chacune des entreprises, tous les employés de la première entreprise occupent le haut de la liste et devancent tous ceux de la seconde (voir la formule A dans la figure 7.1). L'inconvénient de cette méthode, c'est que les employés en tête de la seconde liste rétrogradent au milieu de la nouvelle liste, à partir de la onzième position. Ceux qui occupaient auparavant les toutes premières positions sont particulièrement mécontents de leur nouveau classement.

Pour éviter cet inconvénient, il est possible de fusionner les deux listes. Il y a alors deux façons de faire. On peut d'abord les intégrer selon un principe d'*alternance*. Selon ce principe, le premier salarié sur la liste de la première entreprise, le plus ancien, reste le premier ; le premier sur la liste de la deuxième entreprise devient le deuxième dans la nouvelle entreprise. Le deuxième de la première entreprise devient le troisième dans la nouvelle entreprise, et le deuxième de la deuxième liste devient le quatrième, et ainsi de suite (voir la formule B de la figure 7.1). Une fusion réalisée selon cette méthode mécontente les derniers salariés de la première entreprise : de la neuvième et dixième position, selon leur ancienne liste, ils passent respectivement au dix-septième et au dix-neuvième rang de la nouvelle liste intégrée. La seconde moitié des salariés de la deuxième entreprise sont repoussés tout au bas de cette liste ; ils risquent d'en être contrariés. C'est pourquoi d'autres proposent un autre mode d'intégration, stricte-

---

figure 7.1   **Méthodes de fusion de listes d'ancienneté**

■ employés de la première entreprise (10 salariés ayant au moins 15 ans d'ancienneté chacun)

□ employés de la deuxième entreprise (20 salariés dont le plus ancien compte six ans de service continu)

Formule A Ancienneté réelle	Formule B Fusion par alternance	Formule C Fusion proportionnelle
■	■	■
■	□	□
■	■	□
■	□	■
■	■	□
■	□	□
■	■	■
■	□	□
■	■	□
■	□	■
□	■	□
□	□	□
□	■	■
□	□	□
□	■	□
□	□	■
□	■	□
□	□	□
□	■	■
□	□	□
□	□	□
□	□	■
□	□	□
□	□	□
□	□	■
□	□	□
□	□	□
□	□	■
□	□	□
□	□	□

Source : Hébert (1992 : 325).

ment *proportionnel*. Comme la deuxième entreprise compte deux fois plus de salariés que la première, on prend d'abord le premier employé de la première entreprise, qui conserve son rang dans la nouvelle liste intégrée, puis le premier et le deuxième de la deuxième entreprise qui deviennent deuxième et troisième dans la liste intégrée, et ainsi de suite (voir la formule C de la figure 7.1). Avec une telle méthode, ce sont tous les salariés de la première entreprise qui s'estiment défavorisés ; d'autant que, selon notre hypothèse, tous comptent de longues années de service. Quel est le sentiment, par exemple, du huitième employé de la première entreprise qui se retrouve au vingt-deuxième rang de la nouvelle liste d'ancienneté ?

Quand il s'agit d'entreprises dont la main-d'œuvre diffère en nombre et en âge, la fusion des listes d'ancienneté ne peut se réaliser sans de profonds mécontentements. Dans cet exemple, ce sont les jeunes qui sont mécontents de la formule A, alors que les aînés sont irrités par l'application des formules B et C, mais surtout par cette dernière.

Un cas récent illustre de façon éloquente les enjeux en cause. Dans l'industrie aérienne, l'ancienneté d'un pilote est un facteur extrêmement important, car elle détermine non seulement le degré de sécurité d'emploi, mais aussi son choix de parcours, d'équipement, de base géographique et, par conséquent, son salaire. Ainsi, lorsque Air Canada acquiert son compétiteur, Canadien International, chaque syndicat représentant les pilotes propose une méthode d'intégration favorisant leur propres membres. Comme Canadien International embauche très peu de nouveaux pilotes pendant les années 1990, la plupart d'entre eux comptent beaucoup plus d'ancienneté que les pilotes d'Air Canada, dont l'ancienneté moyenne est plus faible puisque Air Canada a continué d'embaucher tout au long de cette période. Aux yeux des pilotes de Canadien, la solution la plus « équitable » était évidente : une intégration des listes selon l'ancienneté réelle.

Il va sans dire que les pilotes d'Air Canada voient les choses autrement. Selon eux, une intégration fondée sur la date d'embauche les pénaliserait en déplaçant de nombreux pilotes vers le bas de la liste. De plus, ils prétendent que les perspectives d'emploi des pilotes de Canadien sont presque nulles, étant donné les difficultés financières de leur employeur. Le syndicat des pilotes d'Air Canada propose donc une intégration proportionnelle basée non seulement sur la taille respective des deux groupes, mais sur un ratio reflétant la « contribution » respective de chaque groupe à la nouvelle entreprise. Alors, même s'il y avait 2 180 pilotes chez Air Canada contre 1 258 du côté de Canadien, le syndicat des pilotes d'Air Canada propose un ratio de 4:1 en guise de solution « équitable ».

L'arbitre nommé pour trancher la question, dans une décision complexe[13], rejette les propositions rivales et concocte une formule complexe basée sur la méthode proportionnelle, mais avec des ratios variant entre différents groupes de pilotes. Cet exemple illustre bien le fait qu'il n'existe jamais une solution parfaite et objective à cette question épineuse de la fusion des listes d'ancienneté.

7.5 Conclusion : problèmes et orientations

Même si la thèse du droit de propriété d'un travailleur sur l'emploi qu'il occupe depuis longtemps est encore admise par certains, il est clair qu'une clause d'ancienneté claire et précise représente le seul fondement solide et pratique auquel un salarié peut recourir pour faire valoir son droit. Seule cette clause permet au salarié de revendiquer son droit avec l'espoir d'obtenir gain

---

13. *Air Canada Pilots' Association* (A.C.P.A.) c. *Air Line Pilots' Association* (A.L.P.A.) et *Air Canada,* décision rendue par l'arbitre M.G. Mitchnick à Toronto le 31 mars 2001. Voir aussi la décision de la Cour suprême du Canada dans l'affaire *Berry et al.* c. *Pulley et al.* (2002 CSC 40) quant aux difficultés découlant de l'intégration des listes d'ancienneté des pilotes de différentes compagnies aériennes régionales qui fusionnèrent avec Air Canada au début des années 1990.

de cause. Dans cette perspective, il s'agit claire-ment d'un mécanisme de concurrence qui per-met à chaque travailleur de se protéger contre d'autres travailleurs. Historiquement, la lutte au favoritisme patronal demeure la principale justi-fication de la présence de clauses d'ancienneté dans les conventions collectives, à laquelle s'ajoute la nécessité de répartir équitablement les avantages et les inconvénients du travail dans un lieu donné.

Cependant, bien que le principe d'ancienneté et les droits qui s'y rattachent soient profondé-ment ancrés dans le système de relations indus-trielles au Québec et au Canada, ce principe est maintenant attaqué de toutes parts. Avant de conclure ce chapitre, nous discuterons brière-ment des problèmes qui touchent l'ancienneté.

Les critiques à l'égard de l'ancienneté pro-viennent, en premier lieu, des employeurs. Ils affirment depuis longtemps que l'ancienneté a des effets négatifs sur le rendement des salariés. D'après eux, l'ancienneté réduit la motivation des travailleurs et protège ceux qui se fient à leurs années de service pour obtenir des promo-tions ou d'autres avantages. Depuis quelques années, les employeurs cherchent à affaiblir les clauses d'ancienneté au profit de la flexibilité au travail. Ils prétendent, en effet, que l'économie moderne exige des entreprises qu'elles répon-dent rapidement aux changements du marché ainsi qu'aux innovations technologiques. Utili-sée notamment pour gérer les mouvements de personnel, les promotions, les transferts tempo-raires, les mises à pied ou les rappels, l'ancien-neté représente un obstacle à cette flexibilité parce qu'elle introduit des délais encombrants et parce qu'elle enlève à la direction le droit de choisir qui déplacer d'un poste à l'autre. Nous examinerons ce débat en détail dans le prochain chapitre. Pour le moment, soulignons que cette pression exercée par les employeurs a affaibli certains droits basés sur l'ancienneté dans plu-sieurs conventions collectives, surtout relative-ment aux transferts temporaires.

Sous un tout autre angle, les tenants de l'équité en matière d'emploi dénoncent l'ancien-neté en raison de son caractère discriminatoire envers les groupes de travailleurs historiquement désavantagés – comme les femmes, les handi-capés, les minorités visibles ou les homosexuels. Pour les défenseurs de cette thèse, l'ancienneté favorise les employés plus âgés au détriment des jeunes et d'autres groupes qui viennent seule-ment d'accéder à certains types d'emplois et de professions. Ces employés attendent des promo-tions qui tardent à venir et sont plus vulnérables aux mises à pied temporaires et définitives. Bien que cela soit tout à fait vrai, il est aussi possible de soutenir que ces effets sont de courte durée et sont compensés par les effets positifs de l'ancien-neté garante de l'égalité dans le milieu de travail en diminuant le favoritisme. De plus, comme certains l'affirment, l'ancienneté est la seule protection efficace contre la discrimination fon-dée sur l'âge auquel font face les travailleurs plus vieux (Lynk, 2000).

Par ailleurs, le principe d'ancienneté se heurte à de sérieuses difficultés là où les unités de négociation comprennent plusieurs unités d'ancienneté fermées, où l'ancienneté n'est pas transférable d'une unité à l'autre. C'est ce qui se produit, par exemple, lorsque voisinent une unité d'ancienneté à prédominance féminine où les emplois sont faiblement rémunérés, et une autre composée d'hommes qui occupent des postes mieux rémunérés. Les membres de la première unité ont de la difficulté à accéder à la seconde. Même si elles y arrivent, elles hésitent à le faire puisqu'à ce moment leur ancienneté tombe à zéro.

Pour résoudre ces problèmes et pour répondre à la volonté patronale d'une plus grande flexibi-lité, on tend à créer, depuis quelques années, des unités d'ancienneté plus vastes afin d'éliminer les obstacles réduisant l'égalité des chances.

Enfin, le principe d'ancienneté s'applique dif-ficilement à un nombre grandissant d'emplois atypiques. Comme plusieurs autres aspects de la convention collective traditionnelle, l'ancienneté est manifestement conçue pour protéger les employés à temps plein et permanents qui res-tent généralement très longtemps chez le même employeur. Comme nous l'avons vu précédemment en traitant de la question de l'ancienneté chez les employés à temps partiel, il est certes possible d'ajuster les conventions collectives afin d'atténuer différentes inégalités. Toutefois, un certain nombre de conventions collectives n'accordent pas aux employés à temps partiel, aux contractuels et aux autres types d'employés «périphériques» des conditions aussi avantageuses que celles des employés permanents à temps plein (Bernier, Vallée et Jobin, 2003 : 171-174). De plus, l'ancienneté n'a pratiquement aucune valeur pour un nombre croissant de quasi-employés qui n'ont pas de liens d'emploi stables et durables avec leurs employeurs. C'est le cas, notamment, des travailleurs autonomes, qui dépendent d'un petit nombre de clients, ou des jeunes travailleurs, qui changent fréquemment d'emploi durant les premières étapes de leur carrière.

Cela étant dit, le problème est difficile à résoudre au niveau local, car il trouve son origine dans la nature mouvante du marché du travail. À long terme, la seule solution valable réside dans l'élaboration de mécanismes susceptibles d'offrir à ces travailleurs des avantages et des garanties parallèles, qui pourraient ressembler à ceux du modèle original de négociation collective des syndicats de métiers.

Malgré ces critiques et ces problèmes, l'ancienneté demeure un principe clé dans la plupart des conventions. Elle affecte de nombreuses décisions touchant à l'application de plusieurs autres dans la convention collective. Nous verrons d'ailleurs dans d'autres chapitres combien les droits des travailleurs et les décisions des gestionnaires sont souvent influencés par le principe de l'ancienneté.

références bibliographiques

AARON, B. (1962). «Reflections on the Legal Nature and Enforceability of Seniority Rights», *Harvard Law Review*, vol. 75, n° 8, p. 1532-1564.

BARKIN, S. (1954). «Labor Unions and Workers' Rights in Jobs», dans A. Kornhauser, R. Dubin et A.M. Ross (dir.), *Industrial Conflict*, New York, McGraw-Hill, p. 121-131.

BEAL, E.F., E.D. WICKERSHAM et P.D. KIENAST (1976). *The Practice of Collective Bargaining*, 5e éd., Homewood (Ill.), Richard D. Irwin.

BERNIER, J., G. VALLÉE et C. JOBIN (2003). *Les besoins de protection sociale des personnes en situation de travail non traditionnelle*, Québec, Ministère du Travail, Gouvernement du Québec.

CENTRE DE RECHERCHE ET DE STATISTIQUES SUR LE MARCHÉ DU TRAVAIL (1991). *Conditions de travail contenues dans les conventions collectives au Québec, 1989*, Québec, Centre de recherche et de statistiques sur le marché du travail.

CORNFIELD, D.B. (1982). «Seniority, Human Capital, and Layoffs : A Case Study», *Relations industrielles/ Industrial Relations*, vol. 21, n° 3, p. 352-363.

D'AOUST, C. et L. LECLERC (1980). *Les protocoles de retour au travail : une analyse juridique*, monographie n° 6, Montréal, Université de Montréal, École de relations industrielles.

D'AOUST, C. et F. MEUNIER (1980). *La jurisprudence arbitrale québécoise en matière d'ancienneté*, monographie n° 9, Montréal, Université de Montréal, École de relations industrielles.

FOX, M.J., Jr. et A.R. NELSON (1985). «Defining a "Bona Fide" Seniority System Under Title VII of the Civil Rights Act of 1964», *Journal of Collective Negotiations*, vol. 14, n° 2, p. 111-125.

GERSUNY, C. (1982). «Origins of Seniority Provisions in Collective Bargaining», *Labor Law Journal*, vol. 33, n° 8, p. 518-524.

GODBOUT, C., R. L'ÉCUYER et J. OUELLET (1985). «Les règles d'ancienneté sont-elles encore fonctionnelles ?», *Entreprises et syndicats face à la transformation du travail et de la main-d'œuvre*, Actes du 16e Colloque de relations industrielles, Université de Montréal, École de relations industrielles, p. 134-144.

HÉBERT, G. (1992). *Traité de négociation collective*, Boucherville, Gaëtan Morin Éditeur.

KAHN-FREUND, O. (1968). *Labour Law : Old Traditions and New Developments*, Toronto, Clarke, Irwin and Co.

KEATON, P.N. et B. LARSON (1989). «Age Discrimination in Employment: Case Law and Implications for Employers», *Labor Law Journal,* vol. 40, n° 9, p. 575-581.

LEWIS, N. et A. DESJARDINS (1985). *Le travail à temps partiel, le partage du travail comme mesure de sécurité d'emploi et la sous-traitance. Recueil de clauses types,* Québec, Centre de recherche et de statistiques sur le marché du travail.

LYNK, M. (2000). «Two Cheers for Seniority: Equality, Seniority and the Law in the Canadian Workplace», Communication présentée à la réunion annuelle de l'Association canadienne des relations industrielles, Edmonton, 27 mai 2000.

MEYERS, F. (1966). «The Analytic Meaning of Seniority», *Proceedings of the 18th Annual Winter Meeting,* New York, décembre 1965, Madison, Industrial Relations Research Association (I.R.R.A.), p. 194-202.

MORIN, F. (1985). «La survie de droits subjectifs à la convention collective», *Relations industrielles/ Industrial Relations,* vol. 40, n° 4, p. 847-855.

NADEAU, G. (1981). *Le statut juridique du salarié-gréviste en droit québécois,* Québec, Presses de l'Université Laval.

OUELLET, J.E. (1985). «Les règles d'ancienneté sont-elles encore praticables?», *Entreprises et syndicats face à la transformation du travail et de la main-d'œuvre,* Actes du 16e Colloque de relations industrielles, Université de Montréal, École de relations industrielles, p. 140-141.

REICH, C. (1964). «The New Property», *Yale Law Journal,* vol. 73, n° 5, p. 733-787.

ROTTENBERG, S. (1962). «Property in Work», *Industrial and Labor Relations Review,* vol. 15, n° 3, p. 402.

SHEPPARD, C. (1984). «Affirmative Action in Times of Recession: The Dilemma of Seniority-Based Layoffs», *University of Toronto Faculty of Law Review,* vol. 42, n° 1, p. 1-25.

SLICHTER, S.H., J.J. HEALY et E.R. LIVERNASH (1960). *The Impact of Collective Bargaining on Management,* Washington (D.C.), The Brookings Institution.

VALLÉE, G. (1995). «La nature juridique de l'ancienneté en droit du travail: une comparaison des droits québécois et français», *Relations industrielles/ Industrial Relations,* vol. 50, n° 2, p. 259-296.

Gestion et protection de l'emploi

En l'absence de convention collective, l'employeur prend unilatéralement les décisions relatives au *marché du travail interne*. Par cette expression, on désigne l'ensemble des règles et des procédures élaborées en vue d'assurer une gestion efficace du personnel d'une entreprise. Elles guident les nombreuses décisions à prendre dans différents domaines. À titre d'exemple, mentionnons : le nombre de salariés à employer, le recrutement du personnel, les différents postes à pourvoir, l'affectation des employés aux différents postes, les promotions et les mutations, la gestion des mises à pied, etc. D'un point de vue patronal, les décisions relevant de ces questions sont largement influencées par le souci de minimiser les coûts de main-d'œuvre et de maximiser la productivité. En pratique, cela signifie que l'employeur souhaite généralement conserver la plus grande marge de manœuvre en ces domaines et gérer le marché du travail interne avec un maximum de flexibilité.

On se doute que les travailleurs et les syndicats ne considèrent pas les choses sous le même angle. Ils craignent qu'une gestion du marché du travail interne trop flexible ne compromette la sécurité d'emploi des salariés ou entraîne des décisions patronales arbitraires. Autrement dit, les salariés valorisent davantage l'équité et la sécurité alors que l'employeur cherche plutôt à promouvoir l'efficacité et la flexibilité. C'est pourquoi les syndicats tentent par différents moyens de prendre part aux décisions entourant l'emploi. Les clauses qui traitent de ces questions constituent donc un enjeu important de la négociation et un objet essentiel de la convention collective.

Dans ce chapitre, nous examinerons les clauses conventionnelles traitant de la régulation du marché du travail interne. Après avoir défini les concepts fondamentaux qui se rapportent à cette question, nous aborderons trois aspects du marché du travail interne : l'entrée dans le marché interne, les divers mouvements qui s'y produisent et la sortie de ce marché. Dans d'autres chapitres de cet ouvrage, nous verrons comment ce marché interne influe sur des points aussi importants que la structure salariale ou l'organisation du travail. Ce chapitre porte plutôt sur les normes et les règles qui déterminent comment on devient employé d'une organisation, comment on s'y déplace d'un poste à un autre et comment éventuellement on la quitte.

8.1 Concepts fondamentaux

Rappelons tout d'abord qu'au sein d'une organisation, les conditions de travail telles les politiques salariales, les règles d'embauche, les pratiques de promotion, de protection de l'emploi, etc., ne sont pas simplement déterminées par le jeu de l'offre et de la demande sur le marché du travail extérieur à l'entreprise. Elles le sont aussi par les règles et les pratiques internes établies conjointement par l'employeur, le syndicat et les salariés pour réglementer leurs obligations et leurs droits respectifs. Souvent uniques à l'entreprise dans laquelle elles ont été élaborées, ces règles et ces procédures organisent le marché du travail interne (Doeringer et Piore, 1976 : ch. 1), et elles font généralement l'objet de clauses particulières.

Si les conventions collectives contiennent de telles dispositions, c'est que les conditions qu'elles fixent donnent souvent lieu à des conflits entre l'employeur et ses salariés. Ces désaccords naissent généralement de l'opposition des parties sur les questions de la flexibilité et de la protection de l'emploi.

Afin de promouvoir l'efficacité de l'entreprise, l'employeur cherche à maximiser sa capacité de s'adapter aux circonstances. Il peut jouer à la fois sur la flexibilité *numérique* et la flexibilité *fonctionnelle* (Grenier, Giles et Bélanger, 1997). La flexibilité numérique se définit comme la capacité d'ajuster le nombre des salariés, principalement par l'embauche et le licenciement, aux besoins du moment, aux fluctuations économiques, aux changements technologiques, à de nouvelles façons d'organiser le travail, etc. Il est important que les règles applicables au marché interne permettent à l'employeur d'adapter rapidement le nombre de ses salariés aux fluctuations de l'environnement dans lequel évolue son organisation. Pour obtenir une telle flexibilité, l'employeur préfère conserver l'exclusivité des décisions concernant l'embauche et le licenciement. C'est aussi dans cette perspective que plusieurs employeurs embauchent plus de travailleurs au statut précaire, généralement temporaires, ou provenant d'agences de placement, dont ils peuvent se départir plus facilement afin d'assurer une meilleure flexibilité (Carré et autres, 2000).

Les employeurs recherchent aussi la flexibilité fonctionnelle, qui réside dans la capacité d'assigner les salariés à des tâches spécifiques et, plus généralement, d'optimiser l'organisation et la distribution du travail. À cet égard, les employeurs s'intéressent tout particulièrement aux règles entourant le mouvement des salariés d'une fonction à une autre au sein du marché interne du travail. Ce mouvement s'effectue par le jeu des promotions, des mutations, des rétrogradations, etc. Dans ce domaine aussi, les employeurs préfèrent généralement avoir l'entière liberté d'affecter un salarié à une tâche donnée.

Toutefois, cette préoccupation patronale à l'égard de l'efficacité et de la flexibilité s'oppose aux aspirations des salariés en matière de sécurité d'emploi et d'équité dans l'administration du marché au sein de l'entreprise.

Le terme *sécurité d'emploi* a plusieurs significations. Dans son acception première, il signifie qu'une personne est assurée de conserver la fonction qu'elle occupe aussi longtemps qu'elle le veut (Meltz, 1989: 151). Dans un sens un peu plus large, la sécurité d'emploi désigne le maintien dans un poste de même catégorie ou de même genre et, plus largement encore, la garantie que le salarié garde un emploi dans la même entreprise, mais qu'il peut être appelé à changer de fonction ou de poste. C'est cette dernière définition que nous retiendrons, mais, à la limite, la sécurité d'emploi pourrait se réduire au fait d'avoir un poste dans une entreprise quelle qu'elle soit.

Outre la sécurité d'emploi, les salariés cherchent généralement à s'assurer de l'équité des règles applicables au marché interne du travail. La notion d'équité peut être considérée sous deux aspects. D'une part, du point de vue des travailleurs, des abus de pouvoir, du favoritisme ou de la discrimination risquent de survenir si la direction prend seule les décisions relatives à la gestion de ce marché. Aussi les travailleurs cherchent-ils à mettre en place un ensemble impartial de règles. D'autre part, les travailleurs associent souvent les principes d'ancienneté et d'équité. Plus précisément, on affirme généralement du côté syndical que les salariés qui ont consacré la plus grande partie de leur vie active à une organisation devraient en retour obtenir de meilleures conditions de sécurité d'emploi et de promotion. De plus, d'un point de vue collectif, l'ancienneté est perçue comme un moyen important de décourager une concurrence susceptible de nuire à la solidarité entre les travailleurs.

Il serait inexact, cependant, de soutenir que les employeurs s'opposent d'emblée à toute forme d'équité ou de sécurité d'emploi. Car, après tout, la sécurité d'emploi et l'équité peuvent influer positivement sur la productivité. En effet, de telles politiques engendrent un sentiment de loyauté de la part des employés; de plus, les perspectives d'avenir offertes aux salariés incitent au perfectionnement ou à l'acquisition de nouvelles compétences. De la même façon, les salariés ne sont pas non plus nécessairement opposés à toute forme de flexibilité et à tout effort visant l'amélioration de la productivité.

Toutefois, les tensions sont souvent considérables entre l'employeur qui privilégie des aménagements toujours plus flexibles et les salariés et leur syndicat qui cherchent à renforcer la sécurité et la protection de leurs emplois. Dans ce contexte, il n'est pas surprenant que les conventions collectives contiennent un grand nombre de dispositions destinées à réglementer la gestion de l'emploi dans le marché interne du travail. De plus, on s'entend généralement pour affirmer que ces dispositions figurent parmi les clauses les plus difficiles à négocier et les plus complexes à appliquer.

8.2 Accession au marché du travail interne

Avant qu'un emploi puisse être «géré», un lien d'emploi doit être établi. C'est pourquoi nous abordons maintenant les dispositions de la convention collective traitant de l'accession au marché du travail interne. En d'autres termes, comment les conventions collectives encadrent-elles les processus par lesquels des travailleurs deviennent salariés d'une entreprise? Nous examinerons d'abord les dispositions de la convention collective entourant le recrutement, la sélection et l'embauche de nouveaux employés. Ensuite, nous examinerons le statut accordé au nouvel employé.

8.2.1 Recrutement, sélection et embauche

Très peu de conventions collectives touchent directement au processus de recrutement, de sélection et d'embauche des nouveaux employés (Giles et Starkman, 2001). Il arrive, bien sûr, qu'une convention collective limite considérablement le droit de l'employeur de choisir ses nouveaux employés, notamment par l'entremise de l'atelier fermé. Néanmoins, dans l'ensemble, les dispositions de la convention collective typique n'imposent guère de contraintes relativement à l'engagement des salariés.

L'atelier fermé est sans doute la disposition la plus contraignante que doit assumer un employeur au moment de recruter du personnel. Comme nous l'avons vu au chapitre 5, par cette clause, l'employeur s'engage à n'embaucher que des travailleurs déjà membres du syndicat. En pratique, cela signifie que le syndicat fournit des travailleurs qualifiés à l'employeur, inversant en quelque sorte la relation habituelle entre l'employeur, le salarié et le syndicat. Cependant, on se rappellera que l'atelier fermé est peu répandu. Il ne s'applique en fait qu'à certains travailleurs ou à quelques groupes particuliers d'employés, tels les musiciens et les débardeurs.

D'autres dispositions des conventions limitent parfois le droit de libre embauche de l'employeur, quoique de façon moins draconienne. Cette fois, la convention ne va pas jusqu'à imposer à l'employeur les travailleurs dont il a besoin, mais elle accorde une priorité d'embauche à différentes personnes, par exemple les candidats déjà au service de l'entreprise ou les salariés mis à pied. Certaines conventions collectives vont même jusqu'à préciser que si l'on embauche des étudiants pour l'été, les enfants des employés ont préséance sur les autres. La légalité d'une telle préférence doit aujourd'hui être sérieusement mise en doute à la lumière des dispositions de la *Charte des droits et libertés de la personne*[1] du Québec. Il s'agit là d'un cas de discrimination fondée sur l'état civil qui ne saurait être justifiée que dans la mesure où cette prescription équivaut à une exigence requise normalement par l'emploi en cause au sens de l'article 20 de la Charte[2].

Il arrive plus fréquemment qu'une disposition conventionnelle oblige l'employeur à informer le syndicat de l'engagement d'un nouvel employé et à lui fournir des renseignements sur cet employé et le poste qui lui est destiné. De plus, dans certaines conventions collectives, l'employeur est tenu de remettre une copie de la convention collective à tout nouvel employé et, parfois, d'organiser une rencontre entre la personne nouvellement embauchée et un représentant syndical. Ce genre de disposition ne limite pas le droit de l'employeur à embaucher la personne de son choix. La raison d'être d'une telle disposition est plutôt de donner au syndicat l'occasion de rencontrer les nouveaux employés afin de les introduire à la vie syndicale. Voici deux exemples de telles clauses:

Article 4   Sécurité syndicale

4.01 [...]

b)   Le service de la paie fournira au Syndicat concerné sur le formulaire n° 1036, l'adresse,

---

1. L.R.Q., c. C-12.
2. Voir *Commission des droits de la personne du Québec* c. *Brossard (Ville de)*, [1988] 2 R.C.S. 279, où la Cour suprême du Canada annule la prohibition de n'embaucher aucun candidat ou candidate proche parent d'un fonctionnaire municipal. Rappelons que la discrimination au sens de l'article 10 de la Charte inclut non seulement l'exclusion ou la distinction, mais aussi la préférence fondée sur un des critères qui y sont énumérés.

le numéro de téléphone et la date de naissance de chacun des nouveaux employés. De plus, un nouvel employé sera aussi avisé sur ce formulaire que s'il n'appartient pas au Syndicat, il doit en devenir membre lorsqu'il a complété sa période d'essai. Une copie de la Convention collective de travail lui sera remise.

(Convention collective entre Abitibi-Consolidated Inc., Division Laurentide, et S.C.E.P., Section locale 139, 1998-2004.)

Article 4   Pas de discrimination ou d'intimidation

4.01 [...]

c)   La Compagnie remettra à tout nouveau salarié un livret de la convention collective et lui présentera le délégué de son département ou si celui-ci est absent, le président du Syndicat et ce, lors de la procédure d'accueil.

(Convention collective entre Société aurifère Barrick La mine Doyon et Le Syndicat des Métallurgistes Unis d'Amérique, Section locale 9291, 1995-2000.)

La plupart des conventions collectives contiennent des dispositions particulières relatives aux employés nouvellement embauchés. Comme nous l'avons vu dans le chapitre 7, on impose habituellement aux nouveaux employés une période d'essai, souvent qualifiée de «probation», pendant laquelle ils n'ont pas nécessairement droit à tous les avantages de la convention collective, en particulier celui d'être protégés contre un congédiement.

Tout compte fait, à l'exception de l'atelier fermé, ces diverses dispositions touchant la manière dont les personnes accèdent au marché du travail interne ne sont pas très contraignantes pour l'employeur. Dans ce domaine du moins, la convention collective ne constitue pas une limite sérieuse au pouvoir discrétionnaire de l'employeur dans la gestion de la main-d'œuvre.

8.2.2 Statut d'emploi

Comme nous venons de le voir, sauf de rares exceptions, la convention collective n'empêche pas l'employeur de choisir ses employés à partir de ses seuls critères. Mais il n'en est pas de même du statut des nouveaux employés, qui fait l'objet d'un certain nombre de clauses. Plus précisément, certaines conventions collectives établissent une distinction marquée entre les salariés permanents (improprement qualifiés de «réguliers»), travaillant habituellement à temps plein, d'une part, et les salariés à statut précaire, comme les employés à temps partiel, ou encore les travailleurs temporaires, occasionnels, saisonniers, etc., d'autre part.

Il s'établit donc une hiérarchie des statuts d'emploi. Nous analyserons plus en détail le traitement particulier que peut établir une convention collective pour certains statuts d'emploi au chapitre suivant (section 9.3.2). Limitons-nous pour l'instant à l'analyse du contenu des conventions collectives quant à la possibilité, pour l'employeur, d'embaucher des salariés à statut précaire.

Par exemple, au quotidien *Le Soleil*, la convention collective des salariés de la rédaction établit cinq catégories de journalistes : le journaliste à temps plein, le journaliste à temps partiel, le journaliste surnuméraire, le pigiste et le collaborateur. Ces quatre derniers statuts sont définis comme suit :

Article III   Recrutement des employés

[...]

3.08   L'employé à temps partiel est tout employé dont la semaine normale de travail, répartie sur un maximum de quatre (4) jours ou cinq (5) jours, selon qu'il s'agit d'un journaliste ou d'un employé de soutien, entre le dimanche et le samedi, ne peut être inférieure à seize (16) heures ni supérieure à vingt-quatre (24) heures, à moins d'entente au comité paritaire, sauf pour les employés de soutien qui peuvent effectuer moins de seize (16) heures.

[...]

3.11   L'employé surnuméraire est un employé embauché :

– pour remplacer un employé absent pour maladie, accident, congés syndicaux, formation, congé prévu à la convention ou en raison de congé de maternité ;

– à l'occasion d'un surcroît de travail; dans ce cas il ne peut y avoir plus de quatre journalistes surnuméraires à la fois;

[...]

– pour combler un poste affiché jusqu'à ce qu'il soit comblé.

[...]

3.16   Un pigiste est une personne qui, sans être un employé et sans le devenir pour autant, fournit occasionnellement des textes, illustrations ou dessins pour lesquels elle est rémunérée à la pièce ou pour lesquels elle ne reçoit aucune rémunération.

Un collaborateur est une personne qui, sans être un employé et sans le devenir pour autant, fournit des textes, illustrations ou dessins pour lesquels elle est rémunérée à la pièce ou sur une base périodique ou pour lesquels elle ne reçoit aucune rémunération.

(Convention collective entre *Le Soleil*, Division de la Compagnie Unimédia et Syndicat de la rédaction du *Soleil* [C.S.N.], 2000-2003.)

Dans cette même convention collective, bien que le journaliste à temps partiel «bénéficie des avantages prévus à la convention au prorata des heures effectuées [...]», les surnuméraires n'ont pas droit à tous les avantages:

3.12   L'embauche et le travail des employés surnuméraires sont soumis aux conditions suivantes:

[...]

d)   l'employé surnuméraire a droit à une indemnité de huit pour cent (8 %) représentant les avantages suivants prévus à la convention pour les employés permanents: jours fériés et congés mobiles, familiaux, de maladie et allocation de documentation.

e)   Il est régi par la convention quant au salaire, à l'accumulation des crédits de vacances ainsi que par les clauses professionnelles. L'employé surnuméraire, qui a travaillé 12 mois consécutifs, bénéficie, à son choix, au lieu de l'indemnité prévue à l'alinéa *d*), des avantages mentionnés aux articles suivants: article VIII, ch. I et II (vacances), article VIII, ch. IV (congés fériés et mobiles), article VIII, ch. V (congés fa-

miliaux), article VIII, ch. XII (congés de maladie) et article VIII, ch. XIII (régimes d'avantages sociaux).

En plus de hiérarchiser l'accès aux droits et aux avantages, il arrive que la convention collective limite le nombre d'employés dans chaque catégorie. Ainsi, certaines conventions contiennent une disposition empêchant l'employeur d'embaucher des salariés à temps partiel ou des travailleurs temporaires si cela a pour effet d'éviter la création de postes à temps plein ou permanents. Une autre façon, plus stricte, consiste à déterminer un nombre absolu ou un ratio. Par exemple, la même convention au journal *Le Soleil* établit les limites suivantes:

3.09   L'embauche et le travail des employés à temps partiel sont soumis aux conditions suivantes:

a)   l'Employeur doit aviser le Syndicat au moins deux (2) semaines à l'avance de l'embauche d'un employé à temps partiel.

Cet avis doit contenir toutes les précisions relatives à la nature et à la fréquence du travail qui sera demandé à cet employé;

b)   l'Employeur ne doit pas créer des postes à temps partiel dans le but d'éviter la création d'un poste à plein temps;

c)   l'Employeur ne peut confier à un employé à temps partiel des fonctions de coordination;

d)   à moins d'entente au comité paritaire, le nombre de journalistes à temps partiel ne doit en aucun temps dépasser six (6).

[...]

3.17   La participation de collaborateurs et pigistes est assujettie aux conditions suivantes:

[...]

b)   au cours d'une année, les sommes versées aux pigistes et aux collaborateurs spécialisés ne peuvent excéder cinq pour cent (5 %) du total de la masse salariale des employés régis par la convention. Par ailleurs, les sommes versées aux pigistes et aux collaborateurs en régions ne peuvent excéder 285 000 $ pour la première année du contrat. Ce montant sera ensuite indexé annuellement sur la base des hausses annuelles accordées aux employés syndiqués. [...]

Ici, l'objectif est clair : il s'agit de limiter la capacité de l'employeur de supprimer de bons emplois à plein temps et permanents en les remplaçant par des emplois précaires.

8.3 Mouvements internes

Après avoir été embauchés, les employés changent souvent de poste à l'intérieur de l'unité de négociation. Les raisons sont innombrables : remplacement d'un collègue absent ou en congé, promotion, transfert dans un autre service, supplantation consécutive à une suppression de postes dans une classe d'emplois, etc. Bref, le marché interne est rarement immuable, et la façon dont les mouvements internes sont gérés constitue un élément crucial de la convention collective[3].

Il existe plusieurs sortes de mouvements internes. En premier lieu, il faut préciser que l'on distingue différents types de mouvements suivant le niveau hiérarchique du poste visé. Ainsi, une nomination à un poste supérieur constitue une *promotion* ; un mouvement latéral, vers un poste équivalent, est appelé *mutation* (ou encore *déplacement, transfert,* etc.), tandis qu'un mouvement vers le bas représente un déclassement professionnel qualifié de *rétrogradation*. Il faut noter cependant que tous ces termes ne sont pas toujours définis de la même façon ; comme toujours, il faut donc se référer à la convention collective en question pour obtenir la définition exacte.

En second lieu, il faut faire une distinction entre les mouvements permanents et ceux qui sont temporaires : généralement les conventions collectives contiennent des dispositions propres pour ces deux catégories de mouvement.

Les deux types de mouvement interne les plus fréquents – et les plus fréquemment contestés –

sont les promotions et les affectations temporaires. Nous aborderons les promotions dans la prochaine section, puis, dans la section suivante, nous examinerons comment les principes appliqués aux promotions sont aussi adaptés aux mouvements temporaires.

8.3.1 Promotion

On pourrait définir la promotion comme l'affectation permanente d'un salarié à un poste qui représente une amélioration par rapport à son poste précédent ou qui est perçue comme telle. Cette nouvelle affectation s'accompagne de plus amples responsabilités ou d'un plus grand pouvoir, de prestige ainsi que d'un salaire plus élevé, la plupart du temps. Nous nous intéresserons d'abord aux modalités de la promotion proprement dite et, par la suite, aux critères de sélection des candidats : l'ancienneté et les aptitudes.

A. Affichage des postes vacants

Un système de promotion comporte de nombreux éléments. Le premier est l'obligation d'afficher les postes vacants, pour une période généralement brève – de trois à cinq jours par exemple –, pour permettre aux salariés intéressés de poser leur candidature. On a toujours considéré que le droit de créer des postes et d'y pourvoir en sélectionnant les employés fait partie des droits de gérance. Faute de règles explicites dans la convention collective, il n'y a guère de recours possible contre une décision de l'employeur en la matière, à moins qu'elle ne viole une disposition légale ou qu'elle constitue un abus de droit (voir le chapitre 3). Cependant, la plupart des conventions collectives contiennent des règles que l'employeur s'engage à respecter quand il pourvoit à un poste, qu'il s'agisse d'un nouveau poste ou d'un poste libéré par le départ d'un employé.

L'exemple ci-dessous est caractéristique :

Article 19   Promotions et mutations

19.01 *a*) Lorsqu'un poste vacant doit être comblé ou qu'une nouvelle fonction ou un

---

3. Dans ce chapitre, nous examinons les mouvements de main-d'œuvre entre les postes établis à un moment donné. Toutefois, des problèmes semblables risquent de survenir à l'occasion d'une réorganisation du travail ou de changements technologiques. Ces situations sont traitées dans le chapitre 9.

nouveau poste doit être créé, la Ville procède à un affichage pendant une période d'au moins dix (10) jours ouvrables qui fait part de la classe, de la nature du travail, des attributions caractéristiques, des qualifications requises et, s'il y a lieu, des équivalents de qualifications requises ou du lieu du travail. L'affichage doit préciser si une procédure d'examen écrit est prévue dans le cadre du processus d'évaluation des candidats. Cet affichage est fait dans les trente (30) jours ouvrables à compter de la vacance du poste ou fonction à moins que pendant ce délai de trente (30) jours il est décidé de l'abolir. En cas d'abolition, le Syndicat est informé par écrit.

b)   Le Service des ressources humaines informera le Syndicat de l'affichage en lui transmettant copie le jour où il paraîtra sur les tableaux prévus à cet effet.

c)   Tout employé intéressé devra poser sa candidature par écrit et la faire parvenir au Service des ressources humaines dans le délai prescrit. La fiche de candidature doit être complétée afin que la candidature soit considérée. Si la fiche est incomplète, il est demandé à l'employé de fournir les données manquantes dans les deux (2) jours qui suivent la demande.

d)   L'employé qui s'absente pour un motif prévu à la convention peut de lui-même ou par l'entremise du Syndicat poser sa candidature sur tout poste affiché au moyen de la formule qui apparaît à l'annexe B. La fiche de candidature dûment complétée doit parvenir à la Ville dans les meilleurs délais.

(Convention collective entre La Ville de Sherbrooke et Le Syndicat des fonctionnaires municipaux [Cols blancs], 1998-2002.)

Au moment d'afficher un poste, il importe de savoir si le poste est réellement nouveau ou s'il s'agit d'une simple modification. Ainsi, le changement de désignation et la reclassification d'un poste ne sont pas considérés comme une création de poste et n'entraînent pas l'obligation de l'afficher. Dans un tel cas, l'employé qui se croit lésé peut disposer d'autres recours, mais il ne peut obliger l'employeur à se conformer à la procédure inscrite dans la convention collective relativement à la création d'un poste. On considère également que la nomination d'un chef d'équipe, tant qu'elle ne change pas substantiellement le contenu habituel de la tâche de son titulaire, ne constitue pas une création de poste et que l'affichage n'est pas obligatoire. Tous ces points ont été portés devant les arbitres qui n'ont d'autre solution que de se reporter au texte de la convention collective pour trouver une solution au problème soulevé.

Une fois que l'on a déterminé que le poste doit être affiché, il faut s'assurer que l'avis relatif au poste à pourvoir est porté à la connaissance des employés susceptibles de se porter candidats. Si la convention prévoit que seuls les employés du département concerné ont le droit de postuler, il suffit que l'affichage rejoigne ce groupe de salariés. Si l'unité d'ancienneté et de promotion correspond à l'unité de négociation, l'affichage doit être destiné à tous les salariés de l'unité de négociation.

La durée de l'affichage est généralement brève, dépassant rarement quelques jours. Ainsi, au Québec, en 1989, près de 60 % des conventions collectives prévoient que l'affichage dure une semaine ; environ 10 % des conventions exigent une période de deux semaines, et 5 % des conventions un affichage plus long (Hébert, 1992 : 302, tableau 9-9). Lorsqu'un poste est affiché, la convention prévoit parfois que les employés absents pour cause de maladie, d'accident, ou en vacances, doivent être prévenus par courrier ou autrement, ou encore qu'ils doivent bénéficier d'un délai supplémentaire. De plus, la convention collective exige généralement qu'une copie de chaque annonce d'ouverture de poste soit transmise au syndicat.

Conformément à ses droits de gérance, l'employeur peut, même après affichage, décider de ne pas pourvoir à un poste, à moins qu'une disposition de la convention collective ne l'y oblige explicitement. Il peut aussi décider d'abolir un poste.

Parfois, l'affichage des postes est remplacé par un registre de candidatures, dans lequel tout employé qui désire changer d'emploi peut, au moment de son choix, faire savoir son intention de postuler (Slichter, Healy et Livernash, 1960 : ch. 7). Il a généralement le droit de manifester son intérêt à l'égard de trois ou quatre postes qu'il se croit capable d'occuper. Lorsqu'il y a un poste à pourvoir, l'employeur choisit parmi les candidatures qu'il a reçues. Les modalités de cette seconde formule doivent également être déterminées par la convention collective, de la même manière que l'affichage des postes.

B. Critères de sélection

Les critères de sélection des candidats sont généralement précisés dans la convention collective et se rapportent principalement à l'ancienneté et aux compétences. La portée de l'ancienneté se limite toujours à l'unité déterminée dans la convention. Il faut toutefois distinguer l'*ancienneté stricte* de l'*ancienneté modifiée* et des diverses variantes de cette dernière.

L'ancienneté stricte ne tient compte que des années de service au moment de l'attribution du poste à pourvoir. En fait, rares sont les conventions collectives qui se fondent sur l'ancienneté stricte. Elles ne représentent qu'environ 3 % de l'échantillon de 1 191 conventions collectives en vigueur au Québec en 2001. On observe généralement de telles dispositions dans les organisations où l'ensemble des salariés d'une unité sont pratiquement interchangeables, soit à cause de connaissances approfondies que tous doivent posséder, soit, au contraire, parce que les exigences du poste sont minimales. Dans un cas comme dans l'autre, il n'est pas vraiment nécessaire de considérer la compétence des candidats, puisqu'ils sont tous compétents.

On rencontre bien plus souvent l'ancienneté modifiée, qui n'est pas uniquement fondée sur les années de service du candidat. En effet, l'ancienneté modifiée tient aussi compte des aptitudes et de la compétence, et parfois de critères moins importants. Quand l'ancienneté et les aptitudes sont considérées dans la décision, il faut normalement qu'un critère prévale sur l'autre. Dans le cas où l'ancienneté reçoit la priorité, on dit que, « à aptitudes suffisantes, l'ancienneté prime ». L'expression signifie qu'on considère d'abord l'ancienneté. Si le candidat le

plus ancien démontre des « aptitudes suffisantes », le poste lui est octroyé automatiquement. Toutefois, l'ancienneté n'est pas respectée si le candidat le plus ancien se montre clairement incapable de satisfaire aux exigences du poste à pourvoir. Le critère des aptitudes suffisantes est alors déterminant et justifie la décision de passer au candidat suivant sur la liste d'ancienneté. Dans les conventions collectives, tout cela s'exprime généralement par la formule suivante : le poste est accordé au candidat possédant le plus d'ancienneté « à la condition qu'il ait les aptitudes suffisantes pour remplir le poste ».

Quoique plus rarement, la situation inverse peut aussi se présenter. On dit alors : « À aptitudes équivalentes, l'ancienneté prime. » Dans ce cas, on considère en premier lieu les aptitudes des candidats, l'ancienneté ne servant qu'à départager les candidats présentant sensiblement les mêmes qualifications professionnelles. La priorité est alors clairement accordée aux aptitudes et l'ancienneté n'est considérée qu'en second lieu. La formule est généralement retenue pour les postes ou les départements essentiels au fonctionnement de l'entreprise. L'employeur conserve alors le droit de choisir le candidat qu'il juge le plus compétent. Les deux formules sont illustrées par les clauses ci-dessous, tirées toutes deux de la même convention. On notera que les aptitudes l'emportent sur l'ancienneté dans le cas des fonctions plus exigeantes, tandis que l'ancienneté prime dans le cas de postes exigeant moins de qualifications, tels le travail à la chaîne ou la manutention.

Section 15   Mouvements de main-d'œuvre

[...]

15.03 1.   Critères de sélection

A) i) Pour les fonctions de mécanicien, d'électro-technicien, de mécanicien en garage, de mécanicien-graisseur, de maintenance préventive, de mécanicien de salubrité, l'Employeur prend en considération la compétence, l'habileté et l'expérience des salariés réguliers. Lorsque ces facteurs sont relativement égaux entre les postulants, l'ancienneté est utilisée comme critère déterminant.

[...]

B) ii) Pour les autres fonctions, l'Employeur accorde le poste au postulant qui a le plus d'ancienneté parmi ceux qui possèdent les exigences normales pour accomplir la fonction.

(Convention collective entre les Boulangeries Weston, Québec Corp., et Syndicat des salariés de la Boulangerie Weston [C.S.D.], 1996-2000.)

Il est donc possible que, dans une seule entreprise, les règles de promotion varient selon les groupes d'employés, autrement dit, qu'il existe des règles propres à chaque unité d'ancienneté. Une telle situation risque cependant de provoquer de l'animosité chez les employés puisqu'ils ne sont pas tous soumis aux mêmes règles.

En 1989, au Québec, seulement 20 % des conventions collectives donnent priorité aux qualifications professionnelles comme critère de promotion, l'ancienneté n'intervenant que si les compétences sont vraiment équivalentes. En revanche, 60 % des conventions privilégient l'ancienneté, à condition toutefois que le candidat démontre les compétences suffisantes pour occuper le poste à pourvoir (Hébert, 1992 : 304, tableau 9-10). La prédominance des clauses privilégiant l'ancienneté s'explique principalement par l'insistance syndicale à exiger des clauses où l'ancienneté joue un rôle de plus en plus grand, voire prépondérant. Selon un échantillon de 1 191 conventions collectives en vigueur au Québec en 2001, échantillon qui n'est pas tout à fait comparable aux données précitées, on constate que 72 % des conventions invoquent la règle selon laquelle « l'ancienneté prévaut à qualifications suffisantes ». Celles où « l'ancienneté prime lorsque les qualifications sont équivalents » ne comptent que pour 14,5 %.

Il se peut aussi que l'ancienneté ne soit pas considérée dans la décision, ou même que les promotions ne soient pas assujetties à la convention collective. Par exemple, les promotions des fonctionnaires québécois sont régies par des règles propres à la fonction publique et non par la convention.

Quant à l'aire d'application de l'ancienneté, la majorité des conventions prévoit une unité d'ancienneté équivalant à l'unité d'accréditation, ce qui correspond, concrètement, à l'ancienneté d'établissement. D'autres aménagements sont évidemment possibles (Hébert, 1992 : 303 -306).

Enfin, comme pour l'application de toute autre disposition de la convention collective, les salariés ont le droit de contester par voie de grief l'évaluation des compétences effectuée par l'employeur. Bien qu'elle ne constitue pas l'objet le plus fréquent de griefs, la contestation des décisions patronales en la matière se produit tout de même assez souvent. Il arrive même que ces griefs se rendent en arbitrage.

Une question importante se pose alors: l'arbitre peut-il, ou doit-il, évaluer les qualifications professionnelles des postulants – puisque généralement c'est un employé qui n'a pas eu la promotion qui dépose le grief – et ainsi substituer son jugement à celui de l'employeur pour confirmer ou renverser sa décision ? L'opinion généralement admise comporte deux éléments : l'arbitre doit vérifier et évaluer la manière dont l'employeur a effectué son choix parmi les candidats, mais il ne doit pas substituer sa propre évaluation à celle de l'employeur. Donc, l'arbitre ne cassera la décision de l'employeur que s'il conclut que le choix est fait d'une manière manifestement injuste, arbitraire ou discriminatoire.

C. Modalités de la promotion

Généralement, lorsqu'un employé change de poste, on lui accorde une période pour démontrer qu'il est capable d'accomplir le travail du nouveau poste. Dans certains cas, l'employeur va plus loin et s'engage à fournir au salarié une formation lui permettant d'acquérir les connaissances nécessaires à ses nouvelles fonctions. Comme toujours, l'expression utilisée dans la convention a une importance capitale.

Si la convention parle d'une *période de formation* (ou d'entraînement, d'initiation ou de recyclage), l'employeur est obligé d'offrir au salarié concerné les moyens appropriés pour qu'il acquière les connaissances théoriques et pratiques nécessaires à l'exercice de ses nouvelles fonctions. En revanche, lorsque la convention utilise l'expression *période d'essai* (ou de probation, ou de familiarisation), les obligations de l'employeur sont beaucoup moins strictes, car il « s'agit surtout d'une période pendant laquelle l'employeur évalue le salarié qui a obtenu une nouvelle fonction pendant que celui-ci s'initie à cette nouvelle fonction (Tremblay, 2000 : 53).

Les clauses suivantes, tirées de la même convention que les exemples précédents, illustrent ces deux procédures. D'abord, pour les postes de mécanicien et de technicien, la convention ne mentionne qu'une période d'essai :

Section 15   Mouvements de main-d'œuvre

[...]

15.03 1) *A) ii)* Le postulant qui a obtenu le poste a droit à une période d'essai de trente (30) jours ouvrables dans le cas où il s'agit d'un poste vacant d'une durée permanente.

Mais pour les autres postes, la clause varie légèrement :

15.03 1) *B) ii)* Le postulant qui a obtenu le poste a droit à une période d'essai dans les cas où il s'agit d'un poste vacant de durée permanente. La durée de cette période est établie selon les bases suivantes :

– fonction à la production – ligne à pains : vingt (20) jours ouvrables par poste ;

– fonction à la production – ligne à petits pains : vingt (20) jours ouvrables par poste ;

[Et ainsi de suite, toujours 20 jours.]

Au cours de cette période d'essai, l'Employeur doit s'assurer que le salarié reçoit l'aide et l'entraînement nécessaires afin de se familiariser avec le travail du poste de la fonction concernée.

(Convention collective entre les Boulangeries Weston, Québec Corp., et Syndicat des salariés de la Boulangerie Weston [C.S.D.], 1996-2000.)

Ici encore, les deux groupes de salariés ne sont pas traités de façon identique. Les ouvriers

visés par le premier paragraphe de la clause profitent d'une plus longue période d'essai pour démontrer leurs compétences, tandis que les autres, tout en disposant de moins de temps, bénéficient d'un droit explicite à une formation.

Que la convention indique une période d'essai ou une période de formation, la durée doit en être déterminée. Les conventions stipulent habituellement, par la même occasion, que l'employé qui ne convient pas a le droit de réintégrer le poste qu'il occupait antérieurement. Si la convention ne mentionne pas explicitement le délai accordé à l'employeur pour évaluer le candidat, il devient difficile de résoudre les griefs à ce sujet. Éventuellement, l'arbitre doit décider ce qui constitue une période raisonnable. Avant la fin de cette période, l'employeur doit vérifier systématiquement que le candidat possède les aptitudes requises pour remplir la fonction à laquelle il a postulé.

D. Lignes d'avancement

Dans le chapitre précédent, nous avons discuté des lignes d'avancement (souvent appelées *lignes de promotion*), c'est-à-dire d'unités d'ancienneté constituées d'une série de postes comportant des niveaux croissants de responsabilités. Normalement, les salariés progressent le long de cette ligne d'avancement échelon par échelon, à partir de la « porte d'entrée » qui est toujours la fonction de moindre responsabilité située en bas de cette échelle. Les clauses suivantes proviennent d'une convention collective en vigueur dans une usine de pâtes et papiers. (Voir aussi l'exemple d'une ligne d'avancement, tiré de la même convention, à la figure 8.1.)

Article 11   Mouvements de main-d'œuvre

11.01   Ligne d'avancement

a) On doit établir mutuellement des lignes d'avancement incluant des équipes volantes (*swing*) et des listes de services et la Compagnie fournira au syndicat une liste révisée au mois de mars de chaque année.

b) « Ligne d'avancement » devra signifier ces lignes d'avancement des occupations, d'un

figure 8.1 Ligne d'avancement

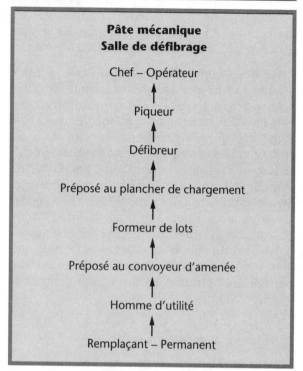

**Pâte mécanique
Salle de défibrage**

Chef – Opérateur

↑

Piqueur

↑

Défibreur

↑

Préposé au plancher de chargement

↑

Formeur de lots

↑

Préposé au convoyeur d'amenée

↑

Homme d'utilité

↑

Remplaçant – Permanent

Source: Convention collective entre Abitibi-Consolidated Inc., Division Laurentide, et S.C.E.P., Section locale 139, 1998-2004, Annexe K.

degré à un autre, tel qu'établi dans chaque département.

11.02 Affichage

a) Il est convenu que lors de vacances survenant dans les emplois réguliers à l'échelon inférieur d'une ligne d'avancement et/ou dans les emplois rémunérés au salaire de base et/ou toute autre tâche d'une ligne d'avancement devenue vacante par suite de l'incapacité ou du refus des titulaires assignés à tous les postes inférieurs de progresser au-delà de leur niveau actuel, ces débouchés seront affichés durant une période de trois semaines de calendrier dans les quinze (15) jours suivants.

b) La Compagnie comblera le poste dans les quinze (15) jours ouvrables suivant la fin de l'affichage ou aussitôt que le candidat choisi est disponible. Parmi les employés possédant

la compétence normale requise pour avancer dans cette ligne, la Compagnie choisira celui qui a le plus d'ancienneté à l'usine et qui aura fait application sous la juridiction de la section locale concernée; toutefois, il pourra y avoir entente entre les sections locales. Une liste des applicants et leurs qualifications ainsi que le choix du candidat sera fournie à la section locale concernée.

[...]

11.04 Promotion

a) Advenant une promotion d'un degré quelconque à un degré supérieur dans une ligne d'avancement, la Compagnie choisira l'employé ayant le plus long service dans l'ordre suivant: service d'occupation, service départemental, service à l'usine. Les employés en tête de liste de l'échelon précédent recevront une période d'entraînement au travail et à la sécurité, payés à leur taux régulier au moment jugé opportun par leurs supérieurs qui en détermineront la nature et la durée.

b) Lorsque la Compagnie exige d'un employé une formation supplémentaire pour occuper un poste supérieur dans sa ligne d'avancement et que cette formation n'est pas offerte par une institution d'enseignement publique ou privée, cette formation est défrayée par la Compagnie.

(Convention collective entre Abitibi-Consolidated Inc., Division Laurentide, et S.C.E.P., Section locale 139, 1998-2004.)

Cette convention affirme explicitement l'existence de trois aires d'ancienneté: le poste (ou l'occupation), le département et l'usine. On y distingue aussi clairement l'application de l'ancienneté dans les lignes d'avancement (11.04) et dans le reste de l'usine (11.02). L'ancienneté d'usine s'applique à tous les emplois qui ne font pas partie des lignes d'avancement et au poste d'entrée des lignes. La convention qualifie ce poste d'entrée «[d']échelon inférieur d'une ligne d'avancement». Pour accéder à cet échelon initial, c'est l'ancienneté générale de l'usine qui s'applique. Cependant, il faut bien noter que le salarié qui se porte candidat au premier échelon d'une ligne d'avancement doit avoir «la compétence normale requise pour avancer dans cette ligne», et non seulement pour occuper le premier poste de la ligne.

Par conséquent, pour progresser dans chaque ligne d'avancement, l'ancienneté devient presque le facteur unique et automatique. L'employé doit évidemment posséder la «compétence normale requise», mais compte tenu de la condition imposée pour accéder à une ligne d'avancement, il est probable que tous les employés d'une même ligne ont déjà la qualification nécessaire. Le critère de sélection devient alors l'une des trois anciennetés, dans l'ordre indiqué au paragraphe 11.04. La première ancienneté considérée s'appelle le service d'occupation, c'est-à-dire le temps passé à occuper un poste dans une ligne d'avancement. Au besoin, les employés ayant le même service d'occupation sont départagés par l'ancienneté départementale. Finalement, si nécessaire, le service à l'usine permet de prendre une décision quand plusieurs employés ont une ancienneté de département équivalente. L'employé ainsi promu a droit à une période d'«entraînement» – on ne dit pas de formation – dont la durée et la nature sont déterminées par ses supérieurs. Le texte semble bien donner toute liberté à l'employeur en la matière, quoiqu'une décision déraisonnable puisse faire l'objet d'un grief.

Il faut ajouter que chaque ligne d'avancement constitue en quelque sorte une unité d'ancienneté distincte. Les annexes de la convention collective citée en exemple mentionnent 11 lignes d'avancement: la centrale thermique, la cour, la voie ferrée, l'expédition/salle d'apprêt, les graisseurs, le magasin, la pâte chimique et le tamisage, la pâte mécanique, la préparation du bois, la salle des mandrins et les services techniques. À ces différentes lignes d'avancement s'ajoute l'unité d'ancienneté d'établissement.

8.3.2 Mouvements temporaires

Généralement, les conventions collectives prévoient deux procédures de nomination, selon que les affectations sont permanentes ou temporaires. Certaines conventions distinguent même les postes temporaires de courte durée et de longue durée, ces derniers correspondant aux postes à combler pour trois mois, six mois, ou davantage.

Pourquoi faire de telles distinctions? Après tout, au-delà de la durée de l'assignation, les deux types de mouvements ne sont-ils pas identiques? De fait, il est peut-être intéressant pour un salarié d'être assigné temporairement, pour une longue durée toutefois, à un poste plus élevé ou de même niveau, mais comportant des tâches ou des responsabilités différentes en raison des nouvelles aptitudes et de l'expérience qu'il a l'occasion d'acquérir. Il n'est donc pas surprenant que bien des conventions collectives appliquent des procédures, des modalités et des critères identiques pour les promotions permanentes, les promotions et les autres mouvements temporaires de longue durée.

Cependant, les mouvements de courte durée ne sont pas toujours accueillis de la même manière par les employeurs et par les salariés. D'abord, parce qu'il est souvent nécessaire d'affecter rapidement un employé à un poste temporaire, sans respecter les délais inhérents aux processus d'affichage et de sélection. Ces affectations surviennent souvent sans préavis, pour remédier à une situation urgente. De plus, aux yeux du salarié, il ne paraît pas toujours avantageux d'être affecté au pied levé à un autre poste sans avoir d'expérience, surtout si l'affectation ne dure que quelques jours, voire quelques heures. Pour ces raisons, les mutations de courte durée ne sont pas toujours bienvenues. Aussi la plupart des conventions collectives autorisent-elles l'employeur à affecter unilatéralement et sans délai un salarié à un autre poste pour un temps limité.

L'exemple suivant illustre cette distinction, ainsi que d'autres caractéristiques des clauses portant sur les mouvements temporaires.

Article 11   Promotions et transferts

[...]

11.02   Affichage de poste

a) Un poste vacant, nouvellement créé ou temporairement dépourvu de son titulaire, est affiché par l'Employeur au tableau d'affichage de l'Escale pendant sept (7) jours consécutifs et copie de l'avis est transmise au syndicat;

b) Aux fins d'application du paragraphe a) qui précède, lorsqu'un salarié titulaire d'un poste à temps plein ou à temps partiel est absent à cause de maladie, accident ou congé prévu à la présente convention pour une période de plus de six (6) semaines et que l'Employeur désire combler le poste ou lorsqu'un poste temporaire est créé pour plus de six (6) semaines, ledit poste est considéré comme étant dépourvu de son titulaire et doit être affiché. Cependant, à son retour, le titulaire reprend le poste qu'il détenait sous réserve de l'application des dispositions de l'article 12 de la présente convention.

[...]

11.08   Transferts temporaires

Lorsqu'il est nécessaire d'effectuer un transfert temporaire d'une classification à une autre ou d'un département à un autre pour une durée de moins de six (6) semaines, la procédure suivante s'applique:

a) Dans les cas d'absence d'un salarié titulaire d'un poste pour vacances, congé de maladie ou d'accident ou tout autre congé prévu à la présente convention, la procédure suivante s'applique:

1.   L'Employeur offre le poste au salarié de la même classification et qui fait partie de la même division où il y a un poste à combler, ayant le plus d'ancienneté, à moins qu'il ne puisse remplir les exigences normales du poste;

2.   L'Employeur offre le poste au salarié d'une autre classification et qui fait partie du même département où il y a un poste à combler, ayant le plus d'ancienneté, à moins qu'il ne puisse remplir les exigences normales du poste;

3.   L'Employeur offre le poste au salarié d'une autre classification et qui fait partie de la même division où il y a un poste à combler, ayant le plus d'ancienneté, à moins qu'il ne puisse remplir les exigences normales du poste;

4.   Le poste dégagé par un salarié en transfert temporaire est comblé à la discrétion de l'Em-

ployeur, en appliquant la procédure prévue aux paragraphes 1, 2 et 3 qui précèdent;

5.   Si aucun salarié n'est disponible, l'Employeur peut alors procéder à l'embauche d'un nouveau salarié pour la durée du remplacement ou du surcroît de travail et celui-ci obtient alors le statut de surnuméraire.

b) Dans les cas de retard et/ou d'absence imprévue d'un salarié pour une (1) journée ou moins, lorsque l'Employeur juge nécessaire de procéder à un transfert temporaire la procédure suivante s'applique:

1.   Le poste est offert par ordre d'ancienneté parmi les salariés à temps plein ou temps partiel de la classification et du département d'où l'Employeur entend effectuer le transfert qui sont disponibles sur les lieux de travail et qui satisfont aux exigences normales de la classification concernée;

2.   À défaut d'obtenir ainsi le nombre de salariés nécessaires, l'Employeur peut alors les assigner au transfert temporaire en procédant par ordre inverse d'ancienneté.

c) La durée maximum d'un transfert temporaire est de six (6) semaines et son utilisation ne doit pas être la cause de mises à pied, ni avoir pour but d'empêcher le rappel de salariés en mise à pied, ni être la cause de la réduction des heures de travail de salariés ou encore empêcher la création d'un poste.

d) Si le taux horaire régulier de la classification à laquelle il est transféré est supérieur au sien, il recevra le taux de cette classification pour le nombre d'heures effectivement travaillées dans la nouvelle classification.

e) Si le taux horaire régulier de la classification à laquelle il est transféré est inférieur à son taux horaire, il conservera alors son taux horaire pour le nombre d'heures effectivement travaillées dans la nouvelle classification.

(Convention collective entre Syndicat des travailleuses et travailleurs de l'Hôtel du Parc [C.S.N.] et Renaissance Hôtel du Parc, 1999-2002.)

On aura noté que les dispositions de cette convention distinguent trois types de mouvements temporaires. Il y a tout d'abord les assignations d'une durée de plus de six semaines, qui, selon la clause 11.02, sont traitées exactement comme des promotions. Quant aux assignations de moins de six semaines et de plus d'une journée, elles sont l'objet d'un processus moins formel (il n'y a pas d'affichage, par exemple), mais le poste doit être offert d'abord aux salariés de la même classification, ensuite du même département et enfin de la même division. À chaque étape, le critère de l'ancienneté s'applique, à la condition toutefois que le salarié possède les compétences requises. Enfin, il y a les assignations d'une journée ou moins, pour lesquelles la procédure est encore plus flexible, l'employeur pouvant, en dernier ressort, imposer l'affectation temporaire au salarié de son choix. Par ailleurs, la clause ne pénalise pas le salarié ainsi déplacé sur le plan salarial : il est rémunéré soit à son taux habituel, soit au taux du poste auquel il est affecté, si celui-ci est plus avantageux.

Toutes les conventions ne font pas une distinction aussi claire entre les différents types de mouvements temporaires. Cela dit, la plupart contiennent des règles qui cherchent à concilier équité et efficacité.

8.4 Sortie du marché du travail interne

Tout comme il y a des « portes » pour entrer dans le marché du travail interne, il en existe d'autres pour le quitter. Les travailleurs sortent, définitivement ou temporairement, de l'unité de négociation pour différentes raisons. Comme on l'a vu au chapitre 6, certains salariés sont suspendus ou congédiés pour des motifs disciplinaires, parce qu'ils changent de comportement ou d'attitude ou encore parce qu'ils deviennent incapables d'effectuer leur travail[4]. Cette section s'intéresse aux autres raisons susceptibles d'entraîner le départ du salarié de l'organisation qui l'emploie ou du poste qu'il occupe.

Il existe deux types de départs : les départs décidés unilatéralement et volontairement par le salarié, et les fins d'emploi ou les abolitions de postes déterminées unilatéralement par l'employeur pour des motifs liés à la gestion de son organisation.

Nous ne traiterons pas ici des départs volontaires, car les problèmes qu'ils soulèvent sont mineurs. Ces départs comprennent les mises à la retraite, les mutations hors de l'unité de négociation, les démissions pour raisons personnelles, etc. Certains d'entre eux font l'objet de dispositions de la convention collective. Par exemple, dans le chapitre précédent, nous avons examiné les dispositions visant les salariés promus hors de l'unité de négociation.

La situation est bien différente lorsque les départs résultent de la décision unilatérale de l'employeur puisqu'ils affectent la sécurité d'emploi et, par conséquent, la sécurité financière. C'est pourquoi cette partie du chapitre est consacrée à l'examen des dispositions conventionnelles concernant les décisions de l'employeur qui menacent la sécurité d'emploi des salariés. Nous examinons d'abord les dispositions destinées à prévenir les pertes d'emplois ou, autrement dit, à offrir une certaine protection d'emploi. Ensuite, nous nous attarderons aux règles relatives aux pertes d'emploi et aux réductions d'effectifs décidées par l'employeur, qu'elles soient temporaires ou définitives. Généralement, les conventions collectives définissent alors les procédures à suivre et les mécanismes de compensation ou de protection du revenu des salariés affectés.

8.4.1 Protection de l'emploi

Certaines conventions collectives protègent les emplois de différentes façons. Nous verrons dans cette section qu'il est possible de promouvoir la sécurité d'emploi en déterminant le nombre d'emplois à l'intérieur de l'unité de négociation d'une part, et de protéger les emplois des salariés en place (du moins certains d'entre eux) d'autre part, sans pour autant que le nombre total des emplois soit déterminé.

---

4. Dans ce cas, on parle de congédiement administratif ou non disciplinaire. Voir le chapitre 6 à ce sujet.

A. Protection du nombre d'emplois

Le moyen de protection le plus direct est le *plancher d'emploi*. Par cette disposition, l'employeur s'engage à maintenir un nombre minimum d'employés ou de postes dans l'unité de négociation. Ainsi, les départs à la retraite ou pour toute autre raison doivent être compensés par un nombre équivalent d'engagements.

C'est ce qui s'est passé, par exemple, au début des années 1980, quand des syndicats, craignant des coupures de postes dans les services municipaux, ont réussi à faire inclure un plancher d'emploi dans leur convention collective. Toutefois, plusieurs de ces clauses n'ont pas été renouvelées par la suite. Quelques sociétés d'État ont également concédé des planchers d'emplois.

La convention collective entre l'Université Laval et ses professeurs contient une clause de ce genre. L'extrait ci-dessous illustre à la fois la notion essentielle de plancher d'emploi ainsi que certaines particularités propres à l'institution en question :

Chapitre 3.1   Ressources professorales

[...]

Évolution du plancher d'emploi

3.1.04   L'Employeur garantit le maintien d'un plancher d'emploi, c'est-à-dire un nombre minimum de postes de professeure ou de professeur à plein temps ou équivalent plein temps [...]

3.1.05   Le plancher d'emploi au 30 octobre 2001 est de 1 156.

3.1.06   Le plancher d'emploi au 30 octobre 2002 est de 1 176.

3.1.07   Au 15 mars de chacune des deux années suivant le 15 mars 2002, le plancher d'emploi est d'abord réduit de 25 postes puis recalculé en tenant compte des variations de la population étudiante.

(Convention collective entre Université Laval et Syndicat des professeurs et des professeures de l'Université Laval, 1999-2004.)

On constate que ce plancher varie au cours de la convention collective. Il change d'une année à l'autre, d'abord selon les dispositions des articles 3.1.05 et 3.1.06, et ensuite en fonction de la population étudiante. Dans ce même article, d'autres clauses (non reproduites ici) précisent la définition de la population étudiante, la façon de calculer l'effet de celle-ci sur le plancher d'emploi, ainsi que la compensation que l'employeur est tenu de verser aux professeurs si le plancher d'emploi n'est pas atteint.

Deux autres types de clauses, discutées au chapitre 9, limitent indirectement le pouvoir de l'employeur de réduire le nombre d'emplois dans l'unité de négociation. D'abord, les clauses portant sur la sous-traitance empêchent parfois les fournisseurs externes de remplacer des emplois dans l'unité de négociation. Ensuite, plusieurs conventions collectives contiennent des dispositions destinées à s'assurer que d'autres employés, notamment les contremaîtres ou d'autres cadres, n'effectuent pas le travail des salariés syndiqués. Ainsi, même si ces clauses n'établissent pas un nombre minimal de postes dans l'unité de négociation, comme le fait un plancher d'emploi, elles sont poussées par la même logique de protection de postes.

Alors que les clauses discutées jusqu'ici visent à maintenir le nombre total d'emplois dans l'unité de négociation, d'autres formes de protection poursuivent un autre objectif : la sécurité d'emploi des individus déjà en place, appelée *garantie d'emploi*.

B. Garantie d'emploi

Au sens strict du terme, la garantie d'emploi signifie que l'employeur s'engage à fournir du travail à tous les salariés (généralement les salariés à son service au moment de la signature de la convention et non pas les salariés futurs). Mais, comme la quantité de travail à accomplir varie inévitablement, l'engagement de l'employeur constitue plutôt une garantie de rémunération. La garantie d'emploi ou de rémunération contrebalance donc une réduction de travail ou de revenu. Plusieurs facteurs très différents sont à l'origine d'une telle réduction ; les conditions météorologiques, des activités saisonnières, un cycle économique ou toute autre cause subite ou inattendue, régulière ou récurrente.

Les conventions collectives qui garantissent le salaire le font généralement sur une base hebdomadaire plutôt qu'annuelle. Relativement rares, ces conventions ne représentent que 5 % à 10 % de toutes celles en vigueur au Québec en 1989 (Hébert, 1992 : 343, tableau 10-1). Il y a cependant une distinction importante à faire entre le secteur public et le secteur privé à cet égard : la garantie d'emploi et de revenu est répandue dans le secteur public, mais elle est pratiquement inexistante dans le secteur privé. Il convient donc d'examiner ces deux situations séparément.

Les employés de l'État bénéficient d'une sécurité d'emploi bien avant leur syndicalisation. Il faut voir dans cette situation particulière les conséquences de l'arbitraire des élus dont sont victimes les fonctionnaires. À l'époque, dès qu'un nouveau parti prend le pouvoir, ceux qui ont contribué à son élection réclament immédiatement un signe tangible de reconnaissance de la part de leur candidat. Cette forme de favoritisme disparaît, officiellement du moins, avec l'adoption, au fédéral, de la *Loi du service civil*, en 1918, et avec l'entrée en vigueur de lois similaires dans les différentes provinces au cours des années 1920[5]. Par la suite, les fonctionnaires des gouvernements fédéraux et provinciaux connaissent une sécurité d'emploi remarquable. Pour certains, cet avantage justifie les salaires modestes et, dans certains cas, les conditions de travail difficiles que doivent endurer les employés de l'État. Pour éliminer le favoritisme autour des promotions et des mutations, les hommes politiques sont déchargés de la tâche d'embaucher et d'évaluer les fonctionnaires.

Ces fonctions sont alors assurées par la Commission du service civil, qui devient plus tard la Commission de la fonction publique. Même les municipalités d'une certaine importance appliquent les mêmes principes.

Adoptée en 1965, la *Loi de la fonction publique*[6] vient encadrer la négociation des conditions de travail entre le gouvernement du Québec et le Syndicat des fonctionnaires provinciaux. La première convention collective ne traite pas de la sécurité d'emploi, déjà garantie par les mécanismes en place. Mais en 1968, le Syndicat des fonctionnaires provinciaux du Québec négocie avec le gouvernement une clause formelle de sécurité d'emploi (art. 39). Cette clause est renforcée dans les conventions suivantes. Depuis 1978, par exemple, l'employeur s'engage à relocaliser le fonctionnaire en disponibilité d'abord dans la région immédiate, puis dans un rayon de 50 kilomètres et, en dernier ressort, à l'extérieur de cette zone.

Toujours présentes dans cette convention, ces dispositions ressemblent beaucoup à celles que contiennent les conventions collectives du secteur parapublic, c'est-à-dire l'éducation et les services de santé. Ces dispositions se résument comme suit. Le régime de sécurité d'emploi s'applique aux salariés qui ont deux ans d'ancienneté et plus. Ceux qui ont entre un an et deux ans de service et qui détiennent un poste sont relocalisés, sans toutefois recevoir d'indemnité. Le salarié mis en disponibilité, selon l'expression consacrée, reçoit son salaire habituel tant qu'il n'est pas replacé et il continue d'accumuler de l'ancienneté comme s'il travaillait. Il ne perd son salaire, son droit de rappel et son titre d'employé que s'il refuse une offre raisonnable du Service de placement. Il peut d'ailleurs en appeler de toute décision rendue par ce service. Il s'adresse au comité paritaire, qui agit en quelque sorte comme le conseil d'administration du service et, parfois, il soumet son cas à un arbitre spécialement désigné. Voici les principales

---

5. *Loi du service civil,* S.C. 1918, c. 12 ; *Loi concernant les officiers et les employés de la province,* S.Q. 1926, c. 14 ; *Loi instituant une commission du service civil,* S.Q. 1943, c. 9. Voir Gow (1986).

6. S.Q. 1965, c. 14.

dispositions de ce très long article qui se trouve, avec quelques modifications mineures, dans toutes les conventions collectives du secteur de la santé et des services sociaux.

Article 15   Sécurité d'emploi

15.01   La personne salariée visée au paragraphe 15.02 ou 15.03 qui subit une mise à pied suite à l'application de la procédure de supplantation et/ou de mise à pied ou suite à la fermeture totale de son établissement ou destruction totale de son établissement par le feu ou autrement bénéficie des dispositions prévues au présent article.

[15.02 :   dispositions particulières pour les personnes salariées ayant entre un an à deux ans de service]

15.03   La personne salariée ayant deux (2) ans et plus d'ancienneté et qui est mise à pied est inscrite au S.P.S.S.S. et bénéficie du régime de sécurité d'emploi tant qu'elle n'aura pas été replacée dans un autre emploi dans le secteur de la Santé et des Services sociaux suivant les procédures prévues au présent article.

Le régime de sécurité d'emploi comprend exclusivement les bénéfices suivants :

1. une indemnité de mise à pied ;

2. la continuité des avantages suivants :

a) régime uniforme d'assurance-vie ;

b) régime de base d'assurance-maladie ;

c) régime d'assurance-salaire ;

d) régime de retraite ;

e) accumulation de l'ancienneté selon les termes de la présente convention et du présent article ;

f) régime de vacances ;

g) transfert, le cas échéant, de sa banque de congés-maladie et des jours de vacances accumulés au moment de son replacement chez le nouvel employeur moins les jours utilisés pendant sa période d'attente ;

h) droits parentaux contenus aux paragraphes 22.01 à 22.30 E.

La cotisation syndicale continue d'être déduite.

L'indemnité de mise à pied doit être équivalente au salaire prévu au titre d'emploi de la personne salariée ou à son salaire hors échelle, s'il y a lieu, au moment de sa mise à pied. Les primes de soir, de nuit, d'heures brisées, d'ancienneté, de responsabilité et d'inconvénients non subis sont exclues de la base de calcul de l'indemnité de mise à pied.

L'indemnité est ajustée à la date d'augmentation statutaire et à la date de changement d'échelle.

[...]

15.05   Procédure de replacement

Le replacement se fait en tenant compte de l'ancienneté, laquelle s'applique dans la localité, dans un poste pour lequel la personne salariée rencontre les exigences normales de la tâche. Les exigences doivent être pertinentes et en relation avec la nature des fonctions. Le replacement se fait selon la procédure suivante :

[...]

Localité

La personne salariée bénéficiant du paragraphe 15.03 est tenue d'accepter tout poste disponible et comparable qui lui est offert dans la localité.

Aux fins d'application de cet article, on entend généralement par localité : une aire géographique délimitée par un rayon de cinquante (50) kilomètres par voie routière (étant l'itinéraire normal) en prenant comme centre l'établissement où travaille la personne salariée ou son domicile.

[...]

15.13   Service de placement du secteur de la Santé et des Services sociaux

1. Le S.P.S.S.S. [Service de placement du secteur de la Santé et des Services sociaux] actuellement existant continue d'opérer le service de placement.

2. Ce service de placement est composé de : une (1) personne désignée par le M.S.S.S. et six (6) personnes désignées par les associations suivantes : A.C.J.Q., A.C.L.S.C.C.H.S.L.D.Q., A.E.P.C., A.H.Q., F.Q.C.R.P.A.T. et A.E.R.D.P.Q.

3. Le S.P.S.S.S. a comme fin spécifique le replacement des personnes salariées mises à pied bénéficiant du paragraphe 15.02 ou 15.03, le tout en conformité avec les dispositions du présent article.

[...]

15.16 Règlement des litiges

À défaut d'unanimité au niveau du comité paritaire ou si le comité paritaire ne s'est pas réuni dans les délais prévus au paragraphe 15.15-5, la personne salariée non satisfaite de la décision rendue par le S.P.S.S.S. peut en appeler devant un arbitre.

La personne salariée devra se prévaloir de ce droit d'appel de la décision prise à son sujet par le S.P.S.S.S. dans les dix (10) jours de l'avis par le directeur général lui indiquant les conclusions de l'étude de son cas au niveau du comité paritaire sur la sécurité d'emploi, en envoyant à cet effet un avis écrit au directeur général du S.P.S.S.S.

Sur réception de cet avis, le directeur général du S.P.S.S.S. communique avec la partie syndicale afin de s'entendre sur le choix d'un arbitre. À défaut d'entente, il est choisi à même la liste des arbitres du greffe.

(Convention collective entre Le Comité patronal de négociation du secteur de la santé et des services sociaux, le sous-comité patronal de négociation des centres hospitaliers publics et la Fédération de la santé et des services sociaux [C.S.N.], 2000-2002.)

Comme tel, l'article est beaucoup plus long, car il contient de nombreuses précisions sur la procédure à suivre et tous les termes utilisés sont définis : poste disponible, poste comparable, établissement et localité.

Dans le secteur de l'éducation, les conventions collectives contiennent des clauses comparables, compte tenu des particularités du secteur.

Enfin, quelques municipalités accordent une garantie complète d'emploi ou de salaire à certains de leurs employés. Les clauses suivantes visent les cols bleus de la municipalité de Sherbrooke :

Article 3   Définitions des termes

[...]

3.02 *c*)   Les employés qui sont permanents à la date de la signature de la présente convention bénéficient d'un emploi garanti de cinquante-deux (52) semaines par année.

Article 21   Promotion, mise à pied et réembauchage

[...]

21.03 *a*)   Les mises à pied se font d'abord dans le groupe des employés temporaires qui n'ont pas acquis d'ancienneté, puis dans l'ordre inverse d'ancienneté générale parmi le groupe des employés temporaires qui ont acquis de l'ancienneté et, par la suite, parmi le groupe des employés permanents qui ont acquis ce statut après la date de la signature de la présente convention.

(Convention collective de travail entre Ville de Sherbrooke et Syndicat canadien de la fonction publique, Section locale 2729 [Cols bleus], 1998-2002.)

Il est important de souligner que, selon cette convention, la garantie d'emploi n'existe que pour les salariés permanents à la date de la signature (art. 3.02 (c)). Les autres salariés permanents peuvent être mis à pied (art. 21.03) : voilà un bel exemple de disparité de traitement fondé sur le statut d'emploi ! Par ailleurs, étant établie par la convention collective, cette garantie d'emploi ne vaut que pour la durée de la convention et devra être renégociée à son échéance.

Dans le secteur privé, la garantie d'emploi au sens strict est beaucoup plus rare. La raison est simple : aucune entreprise privée n'est assurée de sa survie. Il existe quand même certaines dispositions qui, sans offrir une garantie d'emploi comme on trouve dans le secteur public, donnent une certaine protection du revenu. Avant d'examiner ce type de protection, attardons-nous à une importante question préalable : le processus de compression du personnel.

8.4.2 Compression de personnel

Les dispositions examinées dans la section précédente visent la protection de l'emploi. Cela dit, cet objectif n'est pas toujours accessible. C'est pourquoi presque toutes les conventions collectives indiquent comment procéder advenant une réduction d'effectifs.

La compression du personnel, qui entraîne une ou plusieurs mises à pied, est temporaire ou permanente, subite ou planifiée. Généralement, les conventions collectives prévoient un processus légèrement différent en cas de compression temporaire, mais, dans l'ensemble, les principes sont les mêmes. Une réduction permanente de l'effectif comporte généralement des licenciements (pertes définitives de l'emploi) et non pas seulement des mises à pied, c'est-à-dire une perte temporaire de travail avec droit de rappel prioritaire. Dans les pages qui suivent, nous aborderons globalement la question des compressions de personnel de façon générale, sans faire nécessairement de distinction entre les réductions temporaires et les réductions définitives.

A. Avis de mise à pied

La *Loi sur les normes du travail*[7] impose un préavis pour les licenciements ou les mises à pied d'une durée de six mois et plus. La règle contenue dans la loi représente un minimum que toutes les conventions collectives doivent respecter. Ce préavis varie de une à huit semaines selon l'ancienneté du salarié (art. 82, L.n.t.). Tous les salariés y ont droit, qu'ils soient syndiqués ou non. Pour les salariés syndiqués, les conventions contiennent généralement des règles de préavis plus avantageuses. Il faut noter cependant qu'en 1989 plus de 30 % des conventions collectives québécoises ne contiennent pas de dispositions particulières à ce sujet : le minimum imposé par la loi s'applique alors. La durée de l'avis est d'une semaine dans 25 % des conventions, de deux semaines ou plus dans environ 15 % d'entre elles. Par ailleurs, ce délai varie selon l'ancienneté et selon la durée de la mise à pied dans environ 15 % et 8 % des conventions analysées (Hébert, 1992 : 313, ta-

bleau 9-12). Dans l'exemple suivant, qui ne s'applique qu'aux licenciements et non à des mises à pied, c'est l'ancienneté qui détermine la durée de l'avis :

Article VI   Ancienneté

[...]

6.07   Un salarié licencié a droit à un préavis de :

a)   une (1) semaine, s'il compte de trois (3) mois à un (1) an d'ancienneté de compagnie ;

b)   deux (2) semaines, s'il compte de un (1) an à deux (2) ans d'ancienneté de compagnie ;

c)   trois (3) semaines, s'il compte de deux (2) ans à cinq (5) ans d'ancienneté de compagnie ;

d)   quatre (4) semaines, s'il compte de cinq (5) ans à dix (10) ans d'ancienneté de compagnie ;

e)   huit (8) semaines, s'il compte de dix (10) ans et plus d'ancienneté de compagnie.

Advenant que l'Employeur n'accorde pas à un salarié licencié l'opportunité de travailler la durée complète du préavis auquel il a droit, il lui verse au moment de son départ une indemnité compensatrice égale au salaire du salarié licencié pour la durée du préavis dont il a été privé.

[...]

(Convention collective entre Épiciers Unis Métro-Richelieu inc., Division Épicerie, Centre Mérite I, et Travailleurs et travailleuses unis de l'alimentation et du commerce, Section locale 501, 1996-2000.)

Habituellement, la convention collective prévoit que l'avis de mise à pied est transmis au syndicat et aux salariés concernés. Certaines conventions collectives imposent qu'un avis soit transmis au syndicat, mais elles n'imposent pas de le remettre au salarié[8]. En général, le délai

---

7. L.R.Q., c. N-1.1 [ci-après citée : L.n.t.].

8. Les amendements apportés à la L.n.t. en décembre 2002 (L.Q. 2002, c. 80) imposent à l'employeur l'obligation de transmettre un avis de licenciement collectif au ministère de l'Emploi et de la Solidarité sociale et au syndicat accrédité. Un licenciement est collectif lorsqu'il touche au minimum 10 salariés. Lorsqu'ils seront en vigueur, ces amendements seront intégrés aux articles 84.0.1 à 84.0.15 de la L.n.t.

de transmission est relativement court, par exemple deux semaines avant la mise à pied, ou moins encore dans le cas d'un déplacement dû à une supplantation.

B. Modalités d'application de la procédure de mise à pied

Les modalités d'application varient considérablement d'une entreprise à l'autre, voire d'un établissement à l'autre. Tout dépend de la nature des opérations qui y sont effectuées, autrement dit du degré de complexité de la structure organisationnelle.

Dans les organisations qui emploient un nombre important de salariés, il arrive souvent qu'il faille procéder par secteur, selon les différentes divisions qui composent l'établissement ou l'institution. Le salarié visé par une suppression ou une suspension de poste peut réclamer la place d'un employé moins ancien que lui, d'abord dans la même occupation ou classification, puis à l'intérieur de son secteur et enfin dans toute l'unité de négociation. Cette procédure porte le nom de *supplantation*. L'objectif est évidemment de réduire au minimum d'éventuelles perturbations dans le groupe de travail.

Toutefois, la plupart des syndicats cherchent à obtenir pour leurs membres une protection maximale contre d'éventuels licenciements ou mises à pied. C'est la raison pour laquelle la zone dite «démotionnelle» d'ancienneté que prévoient les conventions collectives en cas de rétrogradation du salarié est souvent plus étendue que la zone «promotionnelle» qui lui est accessible en cas de promotion. On veut donner à l'employé touché le maximum de possibilités de demeurer au service de l'entreprise, en lui trouvant un travail qu'il soit capable d'effectuer. Comme son nouveau poste peut exiger des qualifications professionnelles différentes de celles qu'il possède, il n'est pas sûr que cet employé puisse d'emblée remplir efficacement les tâches associées au poste qu'il réclame. C'est pourquoi la clause de mise à pied prévoit souvent une période d'essai ou même de formation, tout comme dans les cas de promotion.

C. Critères de décision

La grande majorité des conventions collectives se fondent sur l'ancienneté pour protéger les salariés contre les licenciements et les mises à pied. Ainsi, selon un échantillon représentatif de 1 191 conventions collectives en vigueur au Québec en 2001, 47 % d'entre elles reconnaissaient l'ancienneté stricte comme seul critère de licenciement ou de mise à pied. La règle des compétences minimales – c'est-à-dire que l'ancienneté prime si le salarié possède les compétences suffisantes – s'applique dans 37 % des cas. Quelque 3 % des conventions donnent la priorité aux compétences et environ 12 % ne contiennent pas de disposition sur la question. On constate que l'importance relative des différents critères de décision n'est pas du tout la même que pour les promotions. (Voir la section 8.3.1.)

Voici un exemple de clause où prévaut l'ancienneté en cas de mise à pied, à condition que le salarié possède les compétences requises pour accomplir les exigences normales de sa classification :

Article 10   Ancienneté

[...]

10.05 *a*)   [...] les mises à pied se feront sur une base d'ancienneté d'entreprise pourvu que les salariés possédant l'ancienneté d'entreprise aient les qualifications requises pour accomplir les exigences normales de leur classification. [...] La Compagnie conserve le droit de déterminer les qualifications de ses salariés, à moins qu'il n'y ait preuve de parti pris, discrimination, favoritisme ou action arbitraire. Lorsque lors de mises à pied, l'ancienneté d'entreprise et les qualifications requises pour accomplir les exigences normales de leur classification de deux (2) ou plusieurs salariés sont à toutes fins égales, leur ancienneté d'entreprise prévaut.

[...]

(Convention collective entre Société aurifère Barrick-La mine Doyon et Syndicat des Métallurgistes Unis d'Amérique, Section locale 9291, 1995-2000.)

De plus, le statut de l'employé sert souvent à déterminer l'ordre des mises à pied. L'exemple ci-dessous illustre comment ce second facteur est jumelé à l'ancienneté :

Article 12   Mise à pied et rappel au travail

[...]

12.02   Mise à pied

Dans tous les cas de mise à pied à l'intérieur de la classification visée d'un département, le salarié ayant le moins d'ancienneté est le premier affecté par la mise à pied, le tout dans l'ordre suivant :

1. les salariés en probation ;

2. les salariés surnuméraires ;

3. les salariés à temps partiel ;

4. les salariés à temps plein.

(Convention collective entre le Syndicat des travailleuses et travailleurs de l'Hôtel du Parc [C.S.N.] et Renaissance Hôtel du Parc, 1999-2002.)

Pour ce qui est de l'unité d'ancienneté à l'intérieur de laquelle se font les mises à pied, on se fonde surtout sur l'ancienneté d'établissement (aussi appelée *ancienneté d'entreprise*, comme dans la convention collective de la Mine Doyon déjà citée), suivie par l'ancienneté de département (Hébert, 1992 : 298, tableau 9-8).

D. Droit de supplantation

Le droit de prendre la place d'un employé ayant moins d'ancienneté pour préserver son emploi en cas de réduction d'effectifs est un corollaire de la protection découlant de l'ancienneté. Autrement, la notion d'ancienneté n'aurait pas l'impact recherché. Cela dit, l'employé supplanté a-t-il le droit d'en déplacer un autre à son tour ? Généralement, les employeurs souhaitent éviter les bouleversements considérables qui découleraient d'une succession de supplantations. C'est pourquoi certaines conventions collectives limitent à deux le nombre de supplantations entraînées par une mise à pied.

Quelques conventions collectives ajoutent certaines conditions supplémentaires à l'exercice du droit de supplantation. En 1989 au Québec, environ la moitié des conventions ont pour seul critère d'avoir terminé la période de probation. Quelques-unes imposent d'avoir accumulé un ou deux ans de service continu. Par ailleurs, 45 % des conventions, régissant 23 % des salariés, ne contiennent aucune disposition relative à la supplantation (Hébert, 1992 : 315, tableau 9-13).

La supplantation évoque le déplacement d'un salarié occupant un poste ou une classification égale ou inférieure à celle du salarié qui le supplante. En ce sens, elle implique généralement soit une mutation au même niveau de classification, soit une rétrogradation. Cependant, certaines conventions collectives prévoient la possibilité d'un déplacement à un niveau hiérarchique légèrement plus élevé. Cette possibilité de supplantation ascendante, là où elle existe, est généralement assortie de conditions particulières. L'employé doit être notamment capable de remplir la fonction immédiatement et de façon adéquate.

E. Droit de rappel

Un autre élément de la sécurité d'emploi offerte par la plupart des conventions collectives oblige l'employeur à recourir à des mises à pied plutôt qu'à des licenciements si le travail vient à manquer pour certains employés. La mise à pied est temporaire, en ce sens qu'elle comporte un droit de rappel au travail : lorsque le travail reprend, l'employeur ne peut embaucher de nouveaux salariés avant d'avoir rappelé au travail tous les salariés mis à pied. Tout comme la convention détermine les salariés à mettre à pied en cas de réduction du nombre d'employés, elle fixe aussi l'ordre de leur rappel au travail, le cas échéant. En principe, les employés doivent être rappelés dans l'ordre inverse de leur mise à pied. On applique ainsi la règle du « dernier parti, premier rappelé », comme dans l'exemple suivant :

Article 12   Mise à pied et rappel au travail

[...]

12.08   Rappel au travail

Le rappel au travail s'effectue suivant les mêmes principes que les mises à pied, par ordre d'ancienneté parmi les salariés mis à pied, sous réserve du droit d'un salarié de refuser le rappel au travail à un autre poste que son ancien poste, ou sur le quart de travail de nuit s'il ne travaillait pas de nuit lors de sa mise à pied, sans perdre pour autant son droit de rappel au travail et les avantages qui s'y rattachent.

(Convention collective de travail entre le Syndicat des travailleuses et travailleurs de l'Hôtel du Parc [C.S.N.] et Renaissance Hôtel du Parc, 1999-2002.)

8.4.3 Mesures de protection du revenu

La convention collective peut offrir certaines mesures de protection du revenu à ceux et celles qui ont été mis à pied ou licenciés afin de réduire les difficultés financières découlant de la perte d'emploi. Dans la présente section, nous n'abordons que l'indemnité de fin d'emploi. La question des prestations supplémentaires d'assurance-chômage est traitée au chapitre 14.

A. Indemnités de fin d'emploi

L'indemnité de fin d'emploi dédommage l'employé licencié, qui ne peut pas être muté ou qui ne peut se recycler. Il reçoit une somme visant à l'aider à traverser cette difficile période de transition[9]. En juin 2001, selon le ministère du Travail, environ une convention collective sur cinq prévoit une telle indemnité. Pour y avoir droit, il faut généralement avoir accumulé deux ans de service continu, mais un grand nombre de conventions accordent toutefois ce droit après un an de service. Dans l'exemple suivant, la période est plus longue :

Article 22   Clause de fermeture

22.01   Seuls les salariés ayant quatre (4) ans complets et plus de service actif et qui sont

licenciés à cause de fermeture permanente complète des opérations de la mine, seront éligibles aux avantages tel que prévu au paragraphe 22.04 pourvu que le salarié remplisse une des conditions énumérées plus haut.

22.02   La Compagnie s'engage à payer à chaque salarié éligible tel que défini au paragraphe 22.01, une indemnité de 75,00 $ par année de service depuis la dernière date d'embauche du salarié.

(Convention collective entre Société aurifère Barrick-La mine Doyon et Le Syndicat des Métallurgistes unis d'Amérique, Section locale 9291, 1995-2000.)

Quant au montant de l'indemnité, il varie considérablement d'une convention à l'autre. Une formule un peu plus fréquente que les autres accorde une semaine de salaire par année de service. D'autres conventions, comme dans l'exemple ci-dessus, fixent un montant forfaitaire établi en fonction du nombre d'années de service. L'indemnité maximale varie selon les conventions. Elle peut représenter trois mois de salaire ou un certain pourcentage des gains annuels. Toutefois, plus de la moitié des conventions qui contiennent des dispositions de ce genre fixent un plafond à cette indemnité. Les autres n'en parlent pas, et quelques-unes indiquent explicitement qu'il n'y a pas de maximum dans le calcul de l'indemnité.

8.5 Conclusion

Nous affirmions au début de ce chapitre que les tensions entre flexibilité et sécurité, et entre efficacité et équité, expliquaient le grand nombre de dispositions que contiennent les conventions collectives à propos de la gestion et de la protection de l'emploi à l'intérieur du marché du travail interne. En fait, on prétend souvent que cette réglementation détaillée du marché du travail interne par l'entremise de la convention collective est une caractéristique propre au système de relations industrielles québécois, et plus généralement, au régime nord-américain. En effet, dans la plupart des pays européens,

---

9. Selon Développement des ressources humaines Canada, le fait de toucher une indemnité de départ risque de retarder la date à laquelle la personne licenciée commence à toucher des prestations d'assurance-emploi. Toutefois, la période durant laquelle sont versées les prestations d'assurance-emploi demeure la même. Elle n'est que décalée dans le temps (voir http://www.hrdc-drhc.gc.ca/ae-ei/pubs/200017x.shtml, site consulté le 31 mai 2002).

cette réglementation par le mécanisme de la convention collective et le recours à l'ancienneté n'existe pratiquement pas (Vallée, 1995).

Ce rôle particulier de la convention collective est aujourd'hui très largement critiqué par les employeurs. En effet, sous la pression d'une compétition accrue, ceux-ci cherchent à hausser la productivité de leurs entreprises afin qu'elles puissent réagir plus adéquatement et plus rapidement aux exigences du marché ou aux changements technologiques. C'est dans cette perspective que le mouvement patronal dénonce les aspects les plus restrictifs de la convention collective, en particulier les dispositions concernant les mouvements de personnel et les mises à pied. Cette critique commande deux commentaires.

Premièrement, comme nous l'avons vu dans ce chapitre, le niveau réel de contrainte qu'impose la convention collective à l'employeur semble souvent exagéré. Ainsi, le contrôle syndical sur le processus d'embauche est minimal. Le recours à l'ancienneté comme critère de sélection dans les promotions ou les mises à pied est généralement nuancé par le fait que le salarié doit posséder la compétence nécessaire à l'accomplissement adéquat de ses nouvelles fonctions. En réalité, les règles conventionnelles n'empêchent pas l'employeur de procéder à des ajustements à court terme. Par ailleurs, sauf dans les secteurs public et parapublic, la protection absolue de l'emploi à long terme est plutôt rare.

Plus largement, il faut bien souligner que la grande majorité des restrictions qu'impose la convention collective au pouvoir patronal vise à rendre les décisions en matière d'emploi justes et équitables, particulièrement en protégeant les salariés depuis longtemps au service de l'entreprise. Or, si nos conventions collectives sont si détaillées à cet égard, c'est que les États, en Amérique du Nord, ont généralement été réticents à intervenir en matière de protection de l'emploi aussi systématiquement qu'en Europe. Aussi les travailleurs et leurs syndicats n'ont-ils d'autre choix que de se tourner vers la négociation collective décentralisée, au niveau de l'établissement, pour obtenir quelque protection en la matière. Il revient donc à ceux qui revendiquent un assouplissement du contenu des conventions collectives en matière d'emploi de démontrer comment une diminution du niveau de sécurité d'emploi peut être compensée d'une autre façon. Une solution pourrait être la négociation de *contrats sociaux*, en vertu desquels les travailleurs renoncent à une partie des règles qui limitent la flexibilité de l'employeur en contrepartie d'une sécurité d'emploi à long terme dans l'entreprise. Une autre voie pourrait provenir du déploiement d'une protection sociale rattachée davantage à la citoyenneté ou à la société et qui compenserait la diminution de la sécurité découlant de l'emploi et de l'institution. D'une manière ou d'une autre, la seule solution qui s'impose est de porter attention aux tensions qui ont donné cours aux dispositions des conventions collectives qui réglementent le marché du travail interne, à savoir la recherche de l'efficacité et de la flexibilité par les employeurs et celle, tout aussi marquée, d'un niveau raisonnable de sécurité et d'équité dans l'emploi par les travailleurs.

références bibliographiques

CARRÉ, F., M.A. FERBER, L. GOLDEN et S.A. HERZENBERG (dir.) (2000). *Nonstandard Work: The Nature and Challenges of Changing Employment Arrangements*, Madison, Industrial Relations Research Association.

DOERINGER, P.B. et M.J. PIORE (1976). *Internal Labor Markets and Manpower Analysis*, Lexington (D.C.), Heath.

GILES, A. et A. STARKMAN (2001). « The Collective Agreement », dans M. Gunderson, A. Ponak et D. Taras (dir.), *Union-Management Relations in Canada*, Toronto, Addison Wesley Longman.

GOW, J.I. (1986). *Histoire de l'administration publique québécoise*, Montréal, Presses de l'Université de Montréal.

GRENIER, J.N., A. GILES et J. BÉLANGER (1997). «Internal Versus External Labour Flexibility: A Two-Plant Comparison in Canadian Manufacturing», *Relations industrielles/Industrial Relations,* vol. 52, n° 4, p. 683-711.

HÉBERT, G. (1992). *Traité de négociation collective*, Boucherville, Gaëtan Morin Éditeur.

MELTZ, N.M. (1989). «Job Security in Canada», *Relations industrielles/Industrial Relations,* vol. 44, n° 1, p. 149-161.

SLICHTER, S.H., J.J. HEALY et E.R. LIVERNASH (1960). *The Impact of Collective Bargaining on Management*, Washington (D.C.), The Brookings Institution.

TREMBLAY, S. (dir.) (2000). *Rédaction d'une convention collective: guide d'initiation,* Sainte-Foy, Presses de l'Université du Québec.

VALLÉE, G. (1995). «La nature juridique de l'ancienneté en droit du travail: une comparaison des droits québécois et français», *Relations industrielles/ Industrial Relations,* vol. 50, n° 2, p. 259-296.

Organisation de la production et du travail

Ce chapitre traite des dispositions qui règlent l'organisation de la production et du travail. Comme toutes ces questions ne peuvent être dissociées de leur contexte historique, nous commencerons par rappeler brièvement les circonstances dans lesquelles est né notre régime moderne de relations du travail. Après quoi, nous examinerons les rapports entre le contrôle de l'organisation du travail par l'employeur et le droit de gérance. Nous pourrons alors traiter de cet enjeu de l'organisation du travail que représente la flexibilité interne, des moyens dont dispose un employeur, à l'intérieur de l'entreprise, par l'intermédiaire du travail des cadres, de certains salariés, de l'engagement d'employés non permanents et à statut précaire, et, à l'extérieur, par la sous-traitance.

Nous constaterons comment les syndicats tentent d'encadrer, voire de limiter, le droit de l'employeur à organiser la production et le travail afin de protéger l'intégrité de leur accréditation, les emplois et les conditions de travail de leurs membres. À partir d'un certain nombre d'exemples, nous verrons de quelles règles les parties peuvent convenir aujourd'hui dans les conventions collectives.

Nous aborderons enfin cette question de grande actualité que constituent les changements techniques et l'innovation technologique, car ils ont d'immenses répercussions sur la compétitivité de l'entreprise, sur l'organisation du travail et sur la compétence des employés. Ici aussi, nous verrons comment, et dans quelle mesure, employeurs et syndicats peuvent convenir de dispositions encadrant l'implantation des innovations techniques, d'une part, tout en atténuant les effets négatifs sur les employés.

9.1 Taylorisme, flexibilité et régime juridique

Le régime juridique et institutionnel nord-américain des relations du travail est imprégné du taylorisme, un système d'organisation du travail essentiellement basé sur le contrôle du temps de production et la rémunération de l'ouvrier. Dans le courant des années 1920, l'essor de la syndicalisation et l'apparition concomitante des conventions collectives côtoient l'application des principes tayloristes et la mise en place des chaînes de production de masse dont Henry Ford devient le plus ardent défenseur dans le secteur de l'automobile. Encore aujourd'hui, le taylorisme exerce un rôle déterminant dans l'organisation du travail: nous lui devons cette division poussée des tâches souvent peu qualifiées, parcellisation du travail, exigences de formation minimale, interchangeabilité des travailleurs et nette distinction entre conception et exécution du travail.

Au début du XXe siècle, un ingénieur américain du nom de Frederick W. Taylor, cherche à instaurer de nouveaux modes de gestion des entreprises et de la production basés sur des principes scientifiques (Taylor, 1947; Kanigel, 1997). Pour optimiser la productivité et l'efficacité, il fallait uniformiser les procédures de travail et éliminer les temps morts. Comme l'organisation du travail repose simultanément sur la division et la coordination de diverses tâches (Mintzberg, cité dans St-Onge et autres, 1998: 539), le système productif élaboré par Taylor repose sur une hiérarchisation poussée des rapports de travail. Selon ce modèle, le travail est conçu et planifié par les membres de la direction alors que le salarié exécute les activités commandées par son supérieur.

Notre régime de relations patronales-syndicales s'inspire de ce modèle et de cette forme d'organisation des rapports de travail au sein de l'entreprise. La dichotomie conception-exécution inhérente au taylorisme s'exprime dans la dichotomie direction-salarié que traduit la notion même de salarié définie dans le *Code du travail*[1] et dans les conventions collectives. Est qualifié de salarié celui dont l'activité se déploie conformément à une procédure connue, contrôlée et encadrée par un représentant de la direction. Il n'est pas étonnant que le régime de relations du

---

1. L.R.Q., c. C-27 [ci-après cité: C.t.].

travail qui, historiquement, résulte d'un tel modèle soit caractérisé par une approche fondée sur l'antagonisme et la confrontation des rôles et des intérêts.

Depuis le milieu des années 1980, l'efficacité du taylorisme est remise en question. En effet, cette forme d'organisation du travail s'avère incapable de susciter la créativité et l'autonomie ouvrière nécessaires aux besoins de flexibilité des nouvelles technologies reposant sur l'informatisation, aux aspirations d'une main-d'œuvre de plus en plus scolarisée et aux exigences croissantes des consommateurs dans un marché extrêmement concurrentiel (Grant et Lévesque, 1997). Par ailleurs, la mondialisation de l'économie et des marchés, de même que les fluctuations de la conjoncture économique, créent des conditions d'incertitude qui poussent les entreprises à remettre en question les configurations organisationnelles et les formes d'emploi élaborées à une époque moins turbulente.

Les employeurs ont maintenant besoin de flexibilité, une notion que nous avons vue au chapitre 8. Dans ce dernier chapitre, nous insistons sur le lien qui existe entre flexibilité et équité dans les mouvements de personnel. Le présent chapitre aborde une autre problématique : l'équilibre recherché dans l'organisation du travail entre flexibilité d'un côté, et protection des salariés et de leur régime syndical de l'autre.

9.2 L'organisation du travail : un droit de gérance historique

Les débats relatifs à l'application et à l'interprétation de la convention collective soulèvent régulièrement la question des droits de gérance. En fait, selon la théorie des droits résiduaires (voir le chapitre 3), rien n'échappe aux droits de l'employeur et seules la loi, la réglementation, la jurisprudence et la convention collective en restreignent l'exercice. On les invoque, la plupart du temps, pour des conflits concernant les opérations cruciales au sein de l'entreprise, qui relèvent de l'organisation de la production et du travail, tels la fermeture d'un service, les descriptions et

l'aménagement des tâches et des activités de production à l'intérieur comme à l'extérieur de l'établissement.

Depuis une trentaine d'années, le débat sur le droit de gérance porte plutôt sur des décisions particulières que sur le principe même. Par exemple, l'employeur a-t-il le droit exclusif de recourir à la sous-traitance ou à de la main-d'œuvre provenant d'une agence de placement externe ? A-t-il le pouvoir de changer unilatéralement ses méthodes de production et d'introduire de nouveaux appareils ? A-t-il le droit de modifier, sans consultation, le contenu des tâches ? Peut-il fusionner les postes, les fractionner ou les abolir ? Peut-il créer de nouveaux statuts d'emploi ? Quelles conditions doit-il respecter et quels sont les effets de ces décisions sur les droits et les obligations des parties à la convention collective ? Pour répondre à ces questions, il nous faut examiner la portée générale des droits de la direction relatifs à la production et au travail dans les dispositions des conventions collectives.

À vrai dire, le contrôle de l'organisation de la production et du travail constitue la pierre angulaire de l'exercice du droit de gérance. Dans la mesure où il n'exerce pas ce droit de façon abusive, déraisonnable, discriminatoire ou en violation de la loi ou de la convention collective (voir le chapitre 3), l'employeur dispose d'une entière liberté pour organiser la production et le travail. Il a le droit de produire ce qu'il veut, comme il l'entend et avec les moyens techniques de son choix. Il est aussi parfaitement libre de définir les postes de travail, de les modifier, voire de les abolir. Il a le pouvoir de décider des qualifications professionnelles des salariés à embaucher, de déterminer la composition des équipes de travail ou de choisir la répartition du travail et de la production qui convient à ses objectifs.

Les extraits des conventions collectives ci-dessous illustrent l'importance du contrôle des opérations pour l'employeur. Dans le premier exemple, l'article intitulé « Droits de la direction » comporte quatre clauses. La première reconnaît le droit général de gérance. La deuxième et la troisième circonscrivent le cadre dans lequel l'employeur peut créer ou abolir des postes. Quant à la quatrième, elle porte sur une dimension particulière de l'organisation de la production, à savoir les changements technologiques dont nous traitons plus loin :

Article 2   Droits de la direction

2.01   L'Union reconnaît à l'Employeur le droit d'administrer ses affaires et de diriger son personnel selon ses obligations, le tout en conformité avec les dispositions de la présente convention.

2.02   L'Employeur informe l'Union de toute nouvelle occupation ou opération à être créée dans son établissement. L'Employeur doit négocier avec l'Union les modalités d'établissement de la nouvelle occupation en tenant compte des taux de salaires stipulés aux présentes pour des occupations similaires ou comparables. À défaut d'entente après une période d'essai de trente (30) jours, l'Union peut se prévaloir de la procédure de grief.

2.03   Si l'Employeur doit abolir une ou plusieurs tâches ou encore en transformer d'autres, l'Employeur doit rencontrer l'Union afin de discuter de l'application de ces changements.

(Convention collective entre Épiciers Unis Métro-Richelieu, Division Épicerie, Centre Mérite 1, et Travailleurs et travailleuses unis de l'alimentation et du commerce, Section locale 501, 1996-2000.)

Dans cette convention, le syndicat reconnaît le droit de l'employeur d'organiser ses opérations, mais à certaines conditions. En effet, l'employeur s'engage à discuter avec le syndicat de la création de nouvelles fonctions ou de nouvelles opérations, et de l'abolition et de la transformation d'une ou plusieurs tâches. Un employeur évite le plus souvent possible de se soumettre à des dispositions susceptibles de réduire sa liberté d'aménager les tâches et les équipes de travail. Pour lui, la recherche de la flexibilité fonctionnelle se traduit par des descriptions de tâches aussi polyvalentes que possible, le syndicat se réservant généralement la possibilité de convenir d'un rajustement salarial ou de renvoyer la

question à un arbitre de griefs, comme dans la clause 2.02 donnée plus haut en exemple.

D'autres conventions collectives sont encore plus explicites dans l'énumération des activités de production relevant du droit de gérance :

Article 3   Fonction réservées à la direction

3.01   Le Syndicat reconnaît que c'est la fonction de la Compagnie de :

a)   Maintenir l'ordre, la discipline et le rendement ;

b)   Être juge des qualifications des salariés pour accomplir les exigences normales d'une classification. Toutefois, lorsque la Compagnie exerce son jugement, elle le fera de façon objective et sans discrimination. Si le salarié croit que le jugement de la Compagnie concernant sa classification est injuste, il pourra se servir de la procédure des griefs ;

c)   Engager, congédier, établir des classifications, diriger, permuter, promouvoir, démettre, mettre à pied et suspendre les salariés ou leur imposer quelque autre mesure disciplinaire pour une cause juste et suffisante ; il est par ailleurs convenu que la prétention d'un salarié qui a été discipliné ou congédié injustement peut devenir à bon droit le sujet d'un grief ;

d)   Établir, réviser et amender les règlements régissant la conduite des salariés et les méthodes de procéder des salariés, pourvu que ces règlements soient raisonnables et appliqués de façon raisonnable. La Compagnie avise le Syndicat, par écrit, de tout changement ou addition au règlement actuel ;

e)   De façon générale, gérer l'entreprise industrielle dans laquelle la Compagnie est engagée et, sans restreindre la généralité de ce qui précède, déterminer le genre et le site de ses mines, moulins, puits d'exploration, ateliers, endroits de travail, méthodes de production, machines et outils à être utilisés, le nombre de salariés requis, en tout temps, pour quelque opération que ce soit ou pour l'ensemble des opérations, l'attribution des équipes, l'agencement de la production, le prolongement, la limitation, la réduction ou la cessation des opérations, sujet à l'article 22, et toutes autres matières concernant les opérations de la Compagnie et dont il n'est pas spécifiquement traité dans la présente convention ;

f) Dans les cas de manquement, les avertissements écrits datant de quatre (4) mois et plus ne seront pas utilisés dans le but de discipliner un salarié à nouveau pourvu qu'une infraction de même nature, telle que définie ci-après, ne soit commise de nouveau pendant cette période. Si aucune autre infraction de même nature n'est commise durant cette période, l'avis d'infraction sera retiré du dossier du salarié. L'avis ainsi retiré ne peut être invoqué en arbitrage. Une copie de tous les avertissements écrits, donnés à un salarié, sera envoyée au Syndicat. Les infractions de même nature doivent se regrouper dans l'une des catégories suivantes :

1. Sécurité au travail.

2. Exécution du travail.

3. Présence au travail.

4. Conduite relative aux personnes.

(Convention collective entre Société aurifère Barrick-La mine Doyon et Syndicat des Métallurgistes unis d'Amérique, Section locale 9291, 1995-2000.)

On voit ici combien les fonctions réservées à la direction, y compris celles qui concernent la discipline, aux alinéas *a* et *f,* s'articulent autour de l'organisation de la production. Après avoir énoncé le principe général dans le premier alinéa, cet article décrit en détail les droits de la direction. Ainsi, il appartient à l'employeur de juger des compétences des salariés, d'établir les classifications d'emploi et les méthodes de travail, d'agencer la production et de déterminer le nombre de personnes nécessaires pour assurer les opérations. On ne doit pas s'étonner que les employeurs fassent inscrire de telles dispositions dans l'article concernant les droits de gérance puisqu'ils embauchent des salariés pour travailler et produire des biens et des services. En même temps, ils veulent contrôler entièrement la direction des opérations.

En retour, les syndicats tentent d'encadrer les conditions d'organisation de la production et du travail. Le contexte économique et commercial actuel rend les parties négociantes encore plus sensibles vis-à-vis de la flexibilité dans le déploiement des personnes et des opérations. Pour l'employeur, la flexibilité dans l'organisation de ses activités permet d'améliorer la productivité et la compétitivité, de réduire les coûts et de s'ajuster rapidement aux fluctuations brutales du marché. De son côté, le syndicat tente de préserver l'emploi et les conditions de travail de ses membres, son statut de représentant collectif ainsi que son pouvoir de négociation. Il cherche, entre autres choses, à inclure dans la convention des dispositions réservant à ses seuls membres le droit d'exercer les fonctions couvertes par son accréditation.

9.3 Flexibilité et compétence syndicale

Cette section traite de deux préoccupations syndicales en rapport avec l'organisation du travail et la flexibilité recherchée par l'employeur : le travail des cadres et de certains salariés non couverts par l'accréditation et le statut des salariés membres du syndicat.

La première préoccupation concerne le droit de regard que le syndicat essaie d'obtenir sur les emplois dévolus aux salariés couverts par l'accréditation syndicale. On cherche notamment à s'assurer que les cadres ou d'autres groupes de salariés ne seront pas chargés par l'employeur d'exécuter les tâches normalement confiées aux membres de l'unité de négociation.

Quant à la seconde, elle concerne les statuts d'emploi des salariés puisque les employés à statut précaire ne bénéficient généralement pas des mêmes avantages et de la même sécurité d'emploi que les employés permanents. L'examen de la convention permet de savoir dans quelle mesure le syndicat a atteint ses objectifs.

9.3.1 Travail des cadres et des autres salariés

Les dispositions empêchant les cadres d'effectuer les tâches des salariés ne sont pas toujours placées au même endroit dans les conventions collectives. Elles font partie soit de l'article des droits de gérance, soit des dispositions d'ordre général placées au début ou à la fin de la convention. La clause visant les cadres ne soulevant généralement pas de difficulté importante, nous en traiterons brièvement.

La jurisprudence reconnaît que, sauf dispositions contraires, les cadres ont le droit d'effectuer du travail couvert par l'unité de négociation. Toutefois, cette activité doit rester limitée ou exceptionnelle de sorte qu'elle ne les transforme pas eux-mêmes en salariés (Palmer et Palmer, 1991: 439-440). Il est clair que l'interdiction faite aux contremaîtres, chefs d'atelier ou de service et autres cadres d'effectuer du travail normalement accompli par des salariés de l'unité de négociation a pour but de réserver aux salariés syndiqués tout le travail pour lequel le syndicat a été accrédité. En un sens, cette clause a exactement le même objectif qu'une clause de sous-traitance.

L'interdiction faite aux cadres d'exécuter un travail de salarié ne saurait avoir un caractère absolu, puisqu'ils doivent intervenir dans un certain nombre de circonstances, dont les situations d'urgence et les cas de formation. Dans certaines conventions, la clause vise exclusivement le travail des cadres et s'exprime en termes généraux, sans mentionner de situations particulières où les cadres seraient appelés à exécuter des tâches couvertes par l'accréditation:

Article 3   Accréditation syndicale et juridiction

[...]

3.04   Le personnel de supervision n'accomplit aucun travail pour lequel l'unité de négociation est certifiée.

(Convention collective entre Abitibi-Consolidated Inc., division Belgo, et Syndicat canadien des communications, de l'énergie et de la chimie, Sections locales 1256-1455, 1998-2004.)

Cette clause ne vise que les cadres. Dans certaines entreprises, elle s'applique aussi à tout autre employé qui n'est pas membre de l'unité de négociation. Pour qu'une telle exclusion soit respectée et puisse faire l'objet d'un grief, il faut évidemment qu'elle soit clairement exprimée

dans la convention collective, donc agréée par l'employeur. La clause contient généralement deux dispositions: le principe de l'interdiction et les exceptions. Si les parties veulent y ajouter d'autres précisions, elles doivent le faire expressément, comme dans l'exemple suivant:

Section 4   Reconnaissance syndicale

4.03   Travail du personnel hors de l'unité de négociation

Le personnel de l'employeur de l'établissement visé par le certificat d'accréditation dont la fonction est exclue de l'unité de négociation ne peut accomplir en aucun temps le travail habituellement exécuté par les salariés qui en font partie, sauf dans les cas suivants:

1.   dans les cas de force majeure;

2.   lors de l'exécution d'un travail expérimental ou de développement;

3.   lors de l'entraînement des salariés;

4.   lorsqu'un salarié est en retard ou absent du travail le temps nécessaire pour lui trouver un salarié remplaçant qualifié sans que cette période n'excède deux (2) heures. Cette dernière période peut cependant être plus longue à l'occasion de la première relève de travail de la semaine si le salarié rejoint ne se rend pas au travail dans ce délai ou s'il n'a pas été possible de rejoindre un tel salarié à l'intérieur de ce délai.

Dans les cas prévus aux sous-paragraphes 4.03.2 et 4.03.3, un tel travail doit s'accomplir de façon à ne pas déplacer le salarié titulaire du poste de la fonction concernée à un autre poste.

(Convention collective entre Les Boulangeries Weston Québec Corp. et Syndicat des salariés de la Boulangerie Weston [C.S.D.] 1996-2000.)

Cette clause, qui s'applique à tout le personnel, énumère les situations d'exception et précise bien que l'exécution de ce travail ne peut entraîner le déplacement d'un salarié permanent. Voici une autre convention collective qui illustre également comment les parties ont délimité les champs de compétence des salariés couverts par la convention et des autres membres du personnel de l'entreprise:

Article 1 Reconnaissance et juridiction

[...]

1.04 *a)* Aucune personne exclue de l'unité de négociation n'exécute de travail dans l'entrepôt et l'entretien qui est normalement effectué par des salariés faisant partie de l'unité de négociation (incluant le décompte physique lors de l'inventaire), sauf pour ce qui a trait à la formation des salariés et sauf dans les cas de sécurité relatifs au personnel, à la marchandise, à l'équipement et aux bâtiments.

b) Les marchandises livrées par les fournisseurs ou transporteurs sont déchargées et placées sur l'aire de réception par des personnes exclues. Toutefois, il est entendu que le déchargement des remorques de l'Employeur en ce qui concerne la cueillette de retour (*back hauling*) ainsi que le travail de palettisation des livraisons effectuées par la Société des Alcools du Québec sont effectués par les salariés de l'unité de négociation.

c) S'il y a violation des dispositions du présent article, l'Union réclame le temps effectué par la ou les personnes ne devant pas accomplir ce travail. L'Employeur doit payer un minimum d'une (1) heure au taux applicable selon le cas. La somme globale calculée au taux applicable de salaire est versée entre le ou les salariés qui auraient dû normalement effectuer ce travail.

d) Aux fins de l'interprétation de la présente clause, l'initiation d'un nouveau salarié dans le département de l'entrepôt ne constitue pas de la formation.

(Convention collective entre Épiciers Unis Métro-Richelieu, Division Épicerie, Centre Mérite 1, et Travailleurs et travailleuses unis de l'alimentation et du commerce, Section locale 501, 1996-2000.)

Le terme *personne* utilisé à la clause 1.04 *a)*, tout comme le mot *personnel* dans la clause précédente chez Weston, couvre non seulement les cadres, mais aussi d'autres salariés qui pourraient même être membres d'une autre unité de négociation. On y précise les cas d'exception relatifs à la formation et à la sécurité, tout en prenant soin de bien circonscrire la formation en la distinguant de l'initiation pour des fins d'interpré-

tation à la clause 1.04 *d)*. On constate que la convention prévoit à l'article 1.04 *c)* qu'une pénalité est imposée à l'employeur s'il déroge à cette disposition.

9.3.2 Statuts de travail

Le statut des salariés constitue un autre facteur de flexibilité interne. À ce propos, les préoccupations syndicales concernent surtout les emplois à statut précaire dont on a vu le nombre augmenter durant l'incertitude économique des années 1980. On observe alors l'apparition de formes d'emploi précaires qui échappent totalement ou partiellement aux dispositions des conventions collectives. Ainsi, les travailleurs autonomes ou les entrepreneurs indépendants ne sont pas couverts par les conventions collectives, tandis que les salariés à statut précaire ne bénéficient pas de certains avantages accordés aux employés permanents.

La recherche de la flexibilité numérique impose à l'employeur de pouvoir moduler le nombre de salariés en fonction des besoins immédiats et des commandes à livrer. En effet, une telle flexibilité permet de réduire les coûts fixes de main-d'œuvre et d'éliminer la rémunération pour les temps morts ou non travaillés. En recourant à une main-d'œuvre temporaire ou à temps partiel, par exemple, l'entreprise essaie de faire coïncider le rythme de la rémunération avec celui de la production effective. C'est pourquoi on parle de flexibilité numérique.

En général, les salariés à statut précaire ont de moins bonnes conditions de travail, et leur protection sociale n'est pas aussi étendue que celle des autres salariés (Bernier, Vallée et Jobin, 2003 : 179-198). Voilà pourquoi, dans le passé, les syndicats se sont battus, avec un succès plutôt mitigé, pour que de tels statuts d'emploi ne soient pas inclus dans les conventions collectives. Il faut se rappeler, en effet, que la plupart de ces conventions ont été conçues dans la perspective d'une relation d'emploi permanente et à plein temps (Palmer et Palmer, 1991 : 432). Les réticences des syndicats proviennent du fait qu'ils préfèrent la création de postes permanents à plein temps et qu'ils ont plus de difficultés à négocier pour des salariés précaires. Aussi les syndicats cherchent-ils à éviter l'engagement de salariés à statut précaire et à encourager celui de salariés permanents puisqu'ils réussissent à négocier pour ces derniers de meilleures conditions de travail[2].

Dans la convention suivante, on voit que le syndicat veut privilégier l'emploi des salariés à plein temps et éviter le recours aux salariés à temps partiel :

Article 31 Employés à temps partiel pour l'entrepôt seulement

[...]

31.1 *b)* L'employeur consent à ne pas employer des équipes successives d'employés à temps partiel à la place des employés réguliers et rien dans cet article ne sera employé pour éviter l'embauche d'employés réguliers pourvu que de tels employés soient disponibles.

[...]

31.1 *f)* Les employés à temps partiel ne seront pas employés sur une équipe de travail qui d'une façon priverait les employés réguliers de leurs heures normales de travail.

g) Si la quantité d'employés à temps partiel devait s'accroître de façon démesurée, l'employeur et l'union se rencontreront afin de discuter des raisons motivant ces embauches.

(Convention collective entre Transport Robert (1973) Ltée et Union des chauffeurs de camion, hommes d'entrepôts et autres ouvriers, Teamsters Québec, Section locale 106 [F.T.Q.], 1996-2000.)

La même convention stipule toutefois que les employés mis à pied ont la priorité pour l'attribution des postes à temps partiel :

[...]

31.1 *c)* Les employés mis à pied auront la première chance pour le travail à temps partiel, cependant la garantie journalière ne s'appliquera pas.

La convention collective poursuit en reconnaissant une forme d'ancienneté aux employés à temps partiel pour faciliter leur passage au statut de permanents à plein temps :

[...]

31.1 *i)* Les employés à temps partiel qui auront la plus ancienne date d'entrée dans la compagnie seront les premiers à être appelés au travail et les premiers considérés lors d'ouverture de postes réguliers par la compagnie.

Généralement, les statuts d'emploi sont décrits dans l'article «définitions» d'une convention collective. En plus de définir les différents statuts, on y précise parfois les droits qu'ils comportent. Ainsi, la plupart du temps, les salariés temporaires n'ont pas le droit d'accumuler de l'ancienneté, donc de bénéficier des droits qui s'y rattachent. Rappelons que, même si les parties négocient une convention collective pour l'ensemble des salariés, il ne faut pas croire qu'ils bénéficient tous des mêmes conditions de travail. Ainsi dans la convention suivante, le salarié temporaire n'accumule aucune ancienneté, tout comme l'employé nouvellement embauché et qui est encore à l'essai ou en période probatoire.

Article 8 Ancienneté

[...]

8.02 Période de probation :

c) Pendant ces périodes, l'employé n'a aucun droit d'ancienneté. La Compagnie peut à sa discrétion renvoyer un nouvel employé n'importe quel temps avant l'expiration de ces périodes; toutefois, la Compagnie consent à ne pas user de cette discrétion arbitrairement. À l'expiration de ces périodes, l'ancienneté de l'employé sera établie à compter de la date de son embauche, *à l'exception des employés temporaires qui n'accumuleront aucune ancienneté.* [Nous soulignons.]

(Convention collective entre Consoltex inc. et Conseil conjoint du Québec, Syndicat du vêtement, du textile et autres industries, 2000-2002.)

---

2. Le travail à temps partiel est généralement considéré comme un travail atypique, souvent précaire. Nous en traitons ailleurs dans l'ouvrage (sections 7.4.2 et 11.5). La présente section porte plutôt sur les autres formes de travail atypique.

Le salarié temporaire ou surnuméraire est embauché pour une durée déterminée, c'est-à-dire, par exemple, pour un remplacement ou pour l'exécution d'une tâche ou d'un mandat précis. Ce salarié temporaire peut même être engagé par l'entremise d'une agence de placement; dans la mesure où il exécute du travail couvert par l'accréditation, les termes de la convention s'appliquent à ses conditions de travail[3]. Cette notion de salarié temporaire peut s'exprimer aussi en fonction du caractère saisonnier ou occasionnel des opérations. Ainsi, à la brasserie Molson:

Article 3   Définition

[...]

3.01 *c*)   Le terme « employé temporaire » s'applique à tout employé embauché pour combler des besoins non permanents de la compagnie ou pour remplacer des employés absents.

3.01 *d*)   Le terme « employé saisonnier » s'applique à tout employé encore aux études, embauché pour un emploi saisonnier entre le début d'avril et le début de septembre et durant le mois de décembre et ce dans le but d'aider aux opérations et de subvenir à ses études.

(Convention collective entre Les Brasseries Molson et l'Union des routiers, brasseries, liqueurs douces et ouvriers de diverses industries, Local 1999, Teamsters [F.T.Q., C.T.C.], 1999-2003.)

On trouve également, à l'Université Laval, les définitions suivantes:

Article 4   Définition des termes

[...]

4.22   Personne salariée temporaire:

Personne salariée embauchée comme:

remplaçante:

• pour occuper un poste temporairement dépourvu de son titulaire ou pour combler temporairement un poste vacant;

surnuméraire:

• pour parer à un surcroît occasionnel de travail. La durée du surcroît de travail ne doit pas excéder neuf (9) mois de calendrier consécutifs;

• pour effectuer des travaux spécifiques. Dans ce cas, la durée ne peut excéder deux (2) ans avec possibilité de prolongation après entente entre les parties. L'Employeur informe le Syndicat de la nature des travaux spécifiques.

L'Employeur ne peut, par l'utilisation successive de personnes surnuméraires, éviter la création d'un poste.

Certaines personnes salariées temporaires (dites sporadiques) sont engagées par un contrat continu qui comporte une date de début et une date de fin. À l'intérieur de la période d'engagement prévue au contrat, elles sont appelées, selon les besoins des unités administratives, sans qu'il y ait interruption de contrat mais tout en demeurant inscrite sur la liste de disponibilité.

(Convention collective entre Université Laval et Syndicat des employés et employées de l'Université Laval [S.C.F.P. – F.T.Q.], 1999-2002.)

Le syndicat a visiblement tenté de limiter l'engagement de salariés temporaires, évitant ainsi que l'employeur utilise cette voie pour nuire à la création de postes permanents. En effet, la convention tente de resserrer la définition de ce statut d'emploi et limite l'embauche de salariés pourvus de ce statut de manière à ce qu'il demeure ce pour quoi il a été conçu, à savoir du remplacement de courte durée. La clause suivante illustre comment et dans quelle mesure une convention collective peut prévoir des conditions particulières pour des travailleurs précaires.

Article 3   Champ d'application

[...]

3.04   Personne salariée temporaire

Les dispositions dont bénéficie la personne salariée temporaire sont celles prévues à l'annexe A.

---

3. *La Ville de Pointe-Claire* c. *Le Syndicat des employées et employés professionnels-les et de bureau, section locale 57 (S.E.P.B.-U.I.E.P.B.-C.T.C.-F.T.Q.) et al.*, [1997] 1 R.C.S. 1015.

(Convention collective entre Université Laval et Syndicat des employés et employées de l'Université Laval [S.C.F.P.-F.T.Q.], 1999-2002.)

L'examen de cette annexe A démontre qu'il s'agit, en fait, d'une convention collective dans la convention collective. Cette annexe commence d'ailleurs par l'énoncé suivant : «Les seules dispositions de la convention collective qui s'appliquent aux personnes salariées temporaires sont les suivantes.» En vertu de cette annexe, le salarié n'accumule pas de droits d'ancienneté, sauf pour s'inscrire sur une liste de disponibilité réservée aux employés temporaires.

Il faut évidemment tenir compte des distinctions que la convention peut établir entre les personnes salariées temporaires et les autres salariés nantis d'un contrat à durée déterminée, puisque ces derniers pourraient bénéficier d'avantages plus généreux, comme dans l'exemple suivant :

3.05   Personne salariée occupant un poste annuel ou cyclique, à temps partiel

La personne salariée occupant un poste annuel ou cyclique, à temps partiel bénéficie de tous les avantages prévus à la présente convention au prorata des heures de travail contenues dans son horaire hebdomadaire normal.

On notera, par ailleurs, que la désignation des salariés temporaires peut revêtir d'autres formes. Ainsi, aux Brasseries Molson :

Article 3   Définition

[...]

3.01 *e*)   Lorsque le terme «employé» apparaît seul, on doit l'interpréter comme s'appliquant aux employés réguliers, réguliers en transition et en probation et lorsqu'il apparaît avec un astérisque «*», on doit l'interpréter comme s'appliquant aux employés réguliers, réguliers en transition, en probation, temporaires et saisonniers.

(Convention collective entre Les Brasseries Molson et l'Union des routiers, brasseries, liqueurs douces et ouvriers de diverses industries, Local 1999, Teamsters, [F.T.Q.-C.T.C.], 1999-2003.)

C'est donc en parcourant la convention collective et en notant chaque fois si le terme «em-ployé» apparaît seul que l'on peut repérer les avantages réservés aux employés permanents.

Dans cette section, nous n'avons pas cherché à analyser la problématique de la précarisation des emplois dans les milieux de travail. Plus modestement, nous avons essayé d'expliquer comment les parties négociantes tentent de concilier des champs d'intérêts contradictoires. D'un côté, la partie patronale recherche flexibilité et réduction des coûts d'opération et des coûts administratifs; de l'autre, les syndicats tentent de concilier la priorisation des emplois et des employés permanents et l'amélioration des conditions de travail des salariés à statut précaire.

9.4 Compétence syndicale et flexibilité externe : la sous-traitance

La pression concurrentielle toujours croissante conduit les entreprises à transférer et à décentraliser une partie de leur production chez des sous-traitants. De cette façon, les employeurs acquièrent le maximum de flexibilité et réduisent leurs coûts d'exploitation. Ils trouvent aussi à l'extérieur de leur établissement l'expertise et la technologie qu'ils n'ont pas besoin de se procurer; parfois, comme dans l'industrie du vêtement, ils trouvent même un réseau de travailleurs à domicile.

La décision de recourir à la sous-traitance relève des droits de gérance et la majorité des arbitres de griefs au Canada considèrent que seule une clause spécifique peut restreindre ce droit (Sack et Poskanzer, 1996 : 15-38). Outre les dispositions relatives à la sous-traitance, contenues dans la convention collective, le donneur d'ouvrage et les concessionnaires sont soumis à un certain nombre de règles prévues par les articles 45 et 46 du *Code du travail*. Les dispositions contenues dans ces articles visent précisément à protéger l'accréditation syndicale et les conditions de travail contre les effets de la décentralisation des activités de l'entreprise et, dans une certaine mesure, de son démembrement et d'autres conséquences (Hébert, 1992 : 149; Chabot, Grant et Mallette, 2001 : 167).

Toutefois, deux remarques s'imposent relativement aux rapports collectifs du travail. Premièrement, le *Code du travail* ne prohibe aucunement la sous-traitance. Il définit plutôt les conditions auxquelles l'accréditation et la convention collective continuent de lier le sous-traitant à qui le donneur d'ouvrage confie ou concède une partie des activités qu'il assumait auparavant. Nous tracerons ici de façon sommaire le cadre juridique dans lequel s'inscrivent les droits et obligations des employeurs, des donneurs d'ouvrage et des sous-traitants, lorsque ces derniers héritent de certaines activités. Deuxièmement, nous verrons comment les conventions collectives encadrent et même empêchent un employeur de recourir à la sous-traitance. Si l'employeur est attiré par la sous-traitance, le syndicat y voit généralement la source de bien des maux : pertes d'emplois et de membres, élimination de certaines unités d'accréditation et de la convention collective, affaiblissement du pouvoir de négociation et, conséquemment, détérioration des conditions de travail. Gérard Hébert considère la sous-traitance comme «un cas classique d'affrontement patronal-syndical en matière de droit de gérance» (1992: 149). Commençons par examiner la notion de sous-traitance.

9.4.1 Notion de sous-traitance

La sous-traitance est une «pratique par laquelle une organisation confie l'exécution de certains travaux à un entrepreneur spécialisé autonome» (Dion, 1986: 449). Ce travail est exécuté par le personnel du sous-traitant, soit dans les locaux du donneur d'ouvrage (l'entretien ménager, par exemple), soit à l'extérieur de l'établissement. On emploie souvent d'autres termes, tels sous-contrat, concession, impartition et travail à forfait, pour désigner la sous-traitance. Constantin et Villaran (1999: 283) proposent eux aussi leur définition :

Concession des fonctions essentielles, cession des activités périphériques, contrats portant sur des biens ou des services déjà produits à l'interne ou, l'inverse, sur des biens ou des services dont la production n'est pas ou n'est plus assurée par des salariés du donneur d'ouvrage. Les tribunaux ont considéré que le concept de sous-traitance incluait également la transmission d'un droit de gérer ou d'exploiter un service.

Cette définition recouvre les différents libellés utilisés par les praticiens et par les tribunaux pour désigner le phénomène de la cession d'une activité de production de biens ou de services, ou de ce qu'on appelle parfois le *faire-faire*. Jalette et Warrian (2002: 71-72) évoquent trois catégories de sous-traitance, selon qu'une entreprise est incapable de répondre à une demande particulière, ne possède pas l'équipement ou l'expertise requis ou, finalement, cherche à réduire ses coûts.

La sous-traitance correspond généralement à la concession partielle décrite à l'article 45 du *Code du travail* puisqu'il est assez rare qu'un employeur confie toute son entreprise à un concessionnaire. Morin et Brière (1998: 888-889) décrivent les formes multiples que prend une telle concession d'entreprise. Il peut s'agir de la cessation d'une activité et de l'attribution de son exploitation à un tiers, ou de la formation d'une société distincte chargée d'exploiter certaines activités que l'employeur devrait autrement assumer. Il arrive aussi que la concession se manifeste par l'intervention d'un tiers dans les opérations de l'entreprise à titre de soutien technique ou pour assumer une surcharge de travail, par la location de biens ou d'équipements – du personnel le fait fonctionner –, pour exploiter une activité concédée sous forme de franchise ou autrement.

9.4.2 Le *Code du travail* du Québec

Nous traitons ici des conditions d'application et des implications du *Code du travail* dans les cas de sous-traitance, autrement dit, de concession d'entreprise. Ajoutons que le *Code du travail* prévoit aussi que l'accréditation et la convention suivent et lient le nouvel employeur en cas d'aliénation totale ou partielle, de vente (même en justice), de fusion et de division de l'entreprise. Toutefois, même si le but du *Code du travail* et celui de la plupart des conventions collectives n'est pas de prohiber le recours à la sous-traitance, il n'en demeure pas moins que ces dispositions risquent de hausser les coûts et d'augmenter les contraintes pour le concessionnaire, donc de diminuer, voire éliminer l'attrait de la sous-traitance. L'article 45 se lit comme suit :

> 45. L'aliénation ou la concession totale ou partielle d'une entreprise n'invalide aucune accréditation accordée en vertu du présent code, aucune convention collective, ni aucune procédure en vue de l'obtention d'une accréditation ou de la conclusion ou de l'exécution d'une convention collective.

> Sans égard à la division, à la fusion ou au changement de structure juridique de l'entreprise, le nouvel employeur est lié par l'accréditation ou la convention collective comme s'il y était nommé et devient par le fait même partie à toute procédure s'y rapportant, aux lieu et place de l'employeur précédent.

Reprenons, pour les expliquer, les principaux termes de la disposition. D'abord, on ne parle pas ici des activités du donneur d'ouvrage déjà sous-traitées avant l'accréditation ou qui ne sont pas couvertes par celle-ci. L'aliénation vise la vente alors que la concession évoque que le donneur d'ouvrage peut retirer l'activité qu'il avait transférée au concessionnaire ; on dit qu'il y a aliénation totale si toute l'entreprise est vendue. On parle d'aliénation partielle si, par exemple, une commission scolaire ou une école vend à un traiteur le service de la cafétéria qu'elle assumait elle-même auparavant. Dans le texte de l'article, le mot « concession » évoque toute forme de cession par une personne, physique ou morale, à une autre : la prise en charge d'un établissement par une autre compagnie, qui en deviendrait la compagnie mère, peut constituer une concession totale ; l'octroi d'une partie des opérations à un sous-traitant répondrait à l'expression « concession partielle ». Rappelons que la loi n'interdit pas la sous-traitance ; elle assure seulement que, dans toute aliénation ou concession, le certificat d'accréditation et la convention collective gardent leur pleine valeur.

Des amendements apportés en 2001 prévoient maintenant à l'article 45.2 que, malgré les dispositions de l'article 45 cité plus haut, dans le cas d'une concession partielle, la convention collective ne lie pas nécessairement le nouvel employeur. En effet, les parties à la convention peuvent convenir que l'article 45 ne s'applique pas à une concession partielle. De plus, si la convention collective est transférée auprès du nouvel employeur, elle « expire, selon la première échéance prévue pour son expiration ou 12 mois après la date de la concession partielle [...] ». Les parties peuvent alors convenir de règles et de conditions différentes à l'égard du sous-traitant (Morin et Brière, 2001 : 38). Il sera intéressant de voir dans quelle mesure cette disposition entraînera des changements dans le contenu des conventions collectives.

Pour que l'article 45 s'applique, par exemple, dans les cas de sous-traitance, il faut qu'il y ait concession « d'entreprise », à savoir que celle-ci se poursuive ou survive. La négociation et l'application d'une convention collective s'inscrivent dans un cadre tripartite : un employeur, une entreprise et une association de salariés. Les éléments essentiels de ce cadre doivent demeurer pour que la convention collective se poursuive chez le concessionnaire (Chabot, Grant et Mallette, 2001 : 170). Au fil des années, la principale question de droit concerne la nécessité ou non d'un lien juridique entre les deux employeurs qui se succèdent. En 1988, la Cour suprême du Canada décide qu'il doit exister un lien juridique pour qu'il y ait transmission des droits d'accréditation et de convention collective[4]. Le cas concerne deux compagnies qui assurent l'entretien ménager pour la Commission scolaire régionale de l'Outaouais. Le deuxième employeur remplace le premier à la suite d'un appel d'offres de la Commission scolaire ; il n'a donc aucun lien direct avec l'employeur précédent. Ses employés ont d'ailleurs leur propre syndicat et leur propre convention collective. La

---

4. *Union des employés de service, local 298* c. *Bibeault et al.*, [1988] 2 R.C.S. 1048.

Cour suprême décide qu'il n'y a pas de succession au sens de la loi ni de transmission d'obligations. Elle tranche par le fait même une controverse qui dure depuis longtemps: pour qu'il y ait transmission de droits et d'obligations, il doit y avoir un lien juridique entre les deux employeurs. Cet arrêt de la Cour suprême a retenu la définition suivante de l'entreprise:

> L'entreprise consiste en un ensemble organisé suffisant de moyens qui permettent substantiellement la poursuite en tout ou en partie d'activités précises. Ces moyens, selon les circonstances, peuvent parfois être limités à des éléments juridiques ou techniques ou matériels ou incorporels. La plupart du temps, surtout lorsqu'il ne s'agit pas de concession en sous-traitance, l'entreprise exige pour sa constitution une addition valable de plusieurs composantes qui permettent de conclure que nous sommes en présence des assises mêmes qui permettent de conduire ou de poursuivre les mêmes activités; c'est ce qu'on appelle le *going concern*[5].

Si la notion d'entreprise laisse place à l'interprétation dans ses applications concrètes, la nécessité d'un lien de droit entre le donneur d'ouvrage et le concessionnaire paraît être posée et circonscrite clairement par la Cour suprême. Pour qu'il y ait transmission des droits et des obligations entre deux employeurs, cette transmission doit résulter d'un acte juridique intervenu directement entre le nouvel employeur et le précédent. L'entreprise aliénée ou concédée doit donc résulter d'un acte de volonté de l'employeur titulaire du droit de propriété. En effet, la volonté de se départir du droit de propriété ou du droit d'exploitation est une condition essentielle pour que survienne l'aliénation ou la concession. De plus, trois jugements de la Cour d'appel du Québec sont venus consolider les interprétations retenues par les cours québécoises et par le Tribunal du travail en particulier: pour qu'il y ait concession d'entreprise ou sous-traitance, il faut qu'il y ait transmission d'un

nombre suffisant d'éléments de l'entreprise, comme l'indique la citation précédente[6].

Toute difficulté d'application relative à cet article est tranchée par la Commission des relations du travail selon l'article 46 du *Code du travail*. Par exemple, cette commission doit décider comment les droits et les obligations prévus dans deux conventions collectives vont coexister au sein d'une entreprise résultant d'une fusion. Qu'on ne pense qu'aux listes d'ancienneté pour appréhender et comprendre la complexité de cette opération. (À cet égard, voir le chapitre 7.) Le lecteur comprendra dans ces circonstances qu'une solution négociée préalablement par les parties impliquées apparaît préférable à une solution imposée par un tiers ou un tribunal.

9.4.3 Convention collective et sous-traitance

Comme nous l'avons mentionné plus haut, le but de l'article 45 du *Code du travail* n'est pas de prohiber le recours à la sous-traitance, même si le cadre qu'il impose aux employeurs peut en diminuer l'attrait. En effet, en définissant les conditions selon lesquelles un concessionnaire hérite des obligations d'un donneur d'ouvrage en vertu d'une accréditation et d'une convention collective négociée, un syndicat peut réussir à restreindre ou à prohiber la sous-traitance. Les syndicats cherchent à se protéger de la sous-traitance, comme ils l'ont fait au début du XXe siècle en matière de sécurité syndicale, par l'introduction de clauses appropriées dans les conventions négociées au cours des années 1950 et 1960. Quand les représentants syndicaux constatent que la sous-traitance peut vider les conventions collectives de leur substance, ils font

---

5. *Idem*, 1106.

6. *Ivanhoe inc.* c. *T.U.A.C., section locale 5000*, [1999] R.J.Q. 32; *Syndicat des employées et employés professionnels de bureau, section locale 57 (S.I.E.P.B.-C.T.C.-F.T.Q.)* c. *Commission scolaire Laurenval*, R.J.D.T. 1 (C.A.); *Université McGill* c. *St-Georges*, D.T.E. 99T-47 (C.A.). La Cour suprême du Canada a confirmé ces décisions: *Ivanhoe inc.* c. *T.U.A.C., section locale 500*, [2001] 2 R.C.S. 565; *Sept-Îles (Ville)* c. *Québec (Tribunal du travail)*, [2001] 2 R.C.S. 670.

pression sur les employeurs pour que ceux-ci acceptent d'inclure dans la convention un article interdisant ou limitant l'octroi de contrats à des sous-traitants. Ils y réussissent dans certains cas, mais échouent dans beaucoup d'autres. Voyons maintenant, par divers exemples de clauses de sous-traitance, comment les conventions collectives encadrent la concession de certaines activités.

Rappelons d'abord que le silence de la convention collective sur cette question signifie que les seules obligations de l'employeur procèdent du *Code du travail*. Toutefois, certaines conventions abordent le droit de sous-traiter à l'article des droits de gérance. Quand elle existe, la clause de sous-traitance peut établir qu'elle est totalement interdite (à moins de circonstances particulières) ou permise, avec ou sans conditions. En pratique, plusieurs situations peuvent se présenter. Premièrement, la convention est muette ou, ce qui revient au même, elle rappelle le droit de l'employeur d'organiser la production comme il l'entend, y compris en confiant du travail à l'extérieur. Deuxièmement, la sous-traitance des activités couvertes par l'accréditation, ou d'une partie d'entre elles, est interdite. Troisièmement, le droit de sous-traiter est soumis à différentes conditions, comme la nature des travaux, le choix du sous-traitant et la disponibilité de l'équipement ou de la main-d'œuvre. Enfin, une autre condition réside dans les conséquences de l'attribution du sous-contrat sur l'emploi et les conditions de travail non seulement des salariés couverts par la convention, mais aussi, parfois, des salariés du concessionnaire.

Commençons par les cas où, dans les faits, la sous-traitance des opérations est interdite :

Article 1   Reconnaissance

[...]

1.6   Aucun contrat, autre que pour l'agrandissement de l'usine, ne sera accordé pour tout travail couvert dans l'unité de négociation et/ou sur la propriété de l'employeur, à moins d'entente entre la compagnie, le directeur syndical du département et l'assistant-agent d'affaires.

(Convention collective entre Labatt et Union des routiers, brasseries, liqueurs douces et ouvriers de diverses industries, Local 1999 [usine/livraison], 1997-2002.)

D'autres conventions, comme la suivante, interdisent à l'employeur d'accorder de nouveaux sous-contrats, sauf si ce dernier ne trouve pas parmi son personnel la main-d'œuvre spécialisée :

Article 3   Reconnaissance et juridiction

[...]

3.05 *a*)   Pendant la durée de la présente convention, sauf dans les cas de ce qui est déjà concédé à des tiers, l'Employeur convient de ne pas confier à des tiers, par sous-contrat, du travail normalement exécuté par les salariés de l'unité de négociation ;

b)   Cependant, la présente disposition ne restreint pas le droit de l'Employeur de confier à des tiers du travail d'entretien nécessitant une main-d'œuvre plus spécialisée (ascenseurs, équipements informatiques, ébénisterie, etc.) ;

c)   Aux fins de l'application des paragraphes qui précèdent, les parties reconnaissent l'existence, entre autres, des sous-contrats suivants :

1.   Nettoyage de nuit du rez-de-chaussée et du niveau «C» ;

2.   Lavage extérieur des vitres de l'hôtel ;

3.   Installation d'équipement audio-visuel simple tel que micros et rétroprojecteurs.

Dans l'éventualité où l'Employeur décidait de mettre fin à l'un ou l'autre des sous-contrats mentionnés ci-haut et de ne plus donner à sous-contrats tels travaux, il s'engage à afficher des postes conformément aux dispositions de la convention collective.

(Convention collective entre Renaissance Hôtel du Parc et Syndicat des travailleuses et travailleurs de l'Hôtel du Parc [C.S.N.], 1999-2002.)

Sous réserve de l'exception mentionnée dans la clause 3.05 *b*), ces clauses illustrent le souci syndical de baliser le droit patronal de sous-traiter en déterminant dans l'article 3.05 *c*) la nature des travaux qu'il reconnaît comme étant la sous-traitance déjà accordée pour les fins de 3.05 *a*).

Compte tenu de l'origine et de la nature des pressions de la concurrence, des caractéristiques du produit, ainsi que des possibilités de décentralisation de la production, certaines industries, comme celle du vêtement, se prêtent plus facilement que d'autres à la sous-traitance, voire au travail à domicile. La convention collective peut alors baliser le recours à la sous-traitance, y compris l'octroi préférentiel à des entrepreneurs dont le personnel est syndiqué. Ainsi, dans l'industrie du vêtement pour hommes, l'attribution des sous-traitances est soumise aux conditions de la convention collective :

Article 18   Contracteurs

18.1   Aucun employeur qui opère un atelier complet ne pourra envoyer à un contracteur de l'extérieur de l'ouvrage d'une qualité semblable à celui qu'il manufacture dans son atelier, à moins que les employés de son atelier ne soient employés à plein temps.

18.2   Quand un Employeur désire envoyer de l'ouvrage à un contracteur, l'Union doit être consultée et un contracteur syndiqué sera choisi par accord mutuel.

(Convention collective entre Bureau conjoint de Montréal, Syndicat du vêtement, textile et autres industries [F.T.Q.-C.T.C.] et les Manufacturiers associés du vêtement de la province de Québec et al., 1998-2001.)

La convention poursuit en précisant la démarche à suivre dans l'attribution et le choix des entrepreneurs sous-traitants :

Article 19   Contracteurs ou manufacturiers

19.1   Afin de protéger l'emploi et la rémunération des employés engagés par les contracteurs syndiqués, l'Union et les Employeurs consentent à ce que l'Union prépare une liste de tous les noms de contracteurs syndiqués désignés aux présentes comme «contracteurs enregistrés» auxquels du travail est ou sera envoyé par les employeurs pour la durée de cette entente.

19.2   Pour la durée de cette entente, chaque Employeur doit désigner un contracteur enregistré pour le veston, un contracteur enregistré pour le pantalon, et un contracteur enregistré pour la veste, dans chaque catégorie, chez lequel chacun de ces Employeurs enverra l'ouvrage à contrat qu'il s'agisse de vestons, pantalons et/ou vestes selon le cas, provenant de ces Employeurs.

19.3   L'Employeur n'aura le droit d'envoyer lesdits articles, directement ou indirectement, à aucun autre qu'au contracteur enregistré désigné tel que stipulé ci-devant. D'autre part, aucun contracteur ne travaillera pour une compagnie chez laquelle il n'est pas enregistré sans le consentement de l'Union. Advenant contravention à la présente disposition, le contracteur encourra l'amende prévue à la clause 19.4.

La clause 19.4 prévoit la pénalité qu'un employeur contrevenant à ses obligations négociées doit verser :

19.4   Dans le cas de violation des conditions prévues ici par n'importe quel employeur, il est convenu que cet Employeur devra verser à l'Union pour distribution aux employés de l'Union qui seront lésés, un montant égal à la moitié du coût par vêtement chargé par le contracteur enregistré, multiplié par le nombre de vêtements en cause, à titre de dédommagement déterminé d'avance.

Les clauses précédentes reflètent le souci des parties de contrôler la répartition du travail auprès des entrepreneurs choisis. Toutefois, la convention collective vise également l'objet du contrat lui-même, comme cela survient parfois pour la construction d'un bâtiment, l'entretien ou le fonctionnement de certains appareils, c'est-à-dire le travail généralement effectué par les employés compris dans l'unité de négociation.

Les conditions peuvent également viser les effets du contrat. Il est fréquent qu'une clause prévoie que la sous-traitance ne doit pas entraîner de mises à pied parmi les salariés de l'unité de négociation. Ainsi, dans la clause ci-dessous, Hydro-Québec s'engage à ne pas mettre à pied des salariés à cause d'un sous-contrat :

Article 34   Travail à forfait

34.01   Le fait de donner des contrats à forfait ne doit pas avoir pour effet des causer des mises à pied ou de déclarer des employés excédentaires.

(Convention collective entre Hydro-Québec et le Syndicat des employé-e-s de techniques professionnelles et de bureau d'Hydro-Québec, Section locale 2000, Syndicat canadien de la fonction publique [F.T.Q.], 1995-2000.)

Dans la convention suivante, l'employeur s'engage non seulement à ne pas recourir à la sous-traitance si cela a pour effet de remplacer les travailleurs qui quittent leur emploi, mais aussi à respecter d'autres conditions préalables avant de confier des travaux à un entrepreneur.

Article 4 Sous-traitance

4.01 *a)* Le travail régulier de production et d'entretien qui se rapporte à la présente convention collective est fait par les salariés de l'employeur qui sont couverts par l'unité de négociation. Bien que l'utilisation de la sous-traitance n'a pas pour objet l'exécution de travaux normalement faits par des salariés ayant quitté leur emploi et n'ayant pas été remplacés (en termes plus spécifiques, de remplacer par des entrepreneurs les salariés qui quittent leur emploi), l'employeur peut accorder des sous-contrats pour l'exécution de travaux qui se rapportent à la présente convention collective. Il peut le faire en autant que ne soit pas réduit le droit de rappel des salariés en mise à pied qui sont qualifiés pour accomplir ces travaux.

b) L'Employeur avise le Syndicat par écrit cinq (5) jours ouvrables avant le début des travaux accordés par contrat à un entrepreneur.

On entend par «contrat» du travail de construction confié à un entrepreneur tel qu'illustré à l'annexe «E».

L'expression «travail de construction» réfère au travail relevant de l'industrie de la construction au sens de la Loi et des Règlements régissant cette industrie.

c) On entend par «sous-contrat» du travail régulier de production et d'entretien confié à un entrepreneur et tel qu'illustré à l'annexe «E» pour l'entretien.

d) L'Employeur avise le Syndicat par écrit trois (3) jours ouvrables avant l'octroi d'un sous-contrat exécuté à l'extérieur de l'usine pour du travail régulier de production et d'entretien fait par ses salariés. Faisant suite à cet avis, l'Employeur consent à discuter, sur demande, de tout problème qui pourrait survenir en regard de ce nouveau sous-contrat.

La présente clause *d)* ne s'applique pas dans les cas d'urgence.

e) Relativement à l'octroi de sous-contrats, avant qu'un sous-contrat dans un secteur donné ne soit accordé à un entrepreneur, un représentant de l'employeur et un représentant du Syndicat se rencontrent dans le but d'évaluer le bien-fondé de l'octroi du sous-contrat.

Lorsque l'octroi est jugé non fondé par les parties, le travail est exécuté par les salariés de l'Employeur. À cet égard, le groupe de travail utilise comme critères les facteurs suivants:

1. urgence,

2. rentabilité,

3. expertise,

4. disponibilité de l'équipement requis pour l'exécution des travaux,

5. échéancier et

6. disponibilité de la main-d'œuvre à exécuter les travaux en temps supplémentaire.

Ces facteurs constituent, dans tous les cas d'octroi de sous-contrat, les critères qui permettent d'en établir le bien-fondé.

Seulement les salariés ayant enregistré par écrit leur disponibilité et leur volonté de faire du temps supplémentaire sont considérés. Cette liste de disponibilité est mise à jour hebdomadairement.

Lorsque le travail est confié à un entrepreneur, l'Employeur optimise l'utilisation de ses salariés en mise à pied parmi ceux qui ont manifesté par écrit leur intention de travailler avec un entrepreneur, et ce, en autant qu'ils possèdent les qualifications requises. La disponibilité de ces salariés est alors exprimée en nombre de jours dans une semaine de travail (moins de trois jours, plus de trois jours).

Dans les cas d'urgence, l'Employeur avise le représentant syndical du secteur concerné.

f) L'Employeur utilise ses équipements mobiles de préférence à celui d'entrepreneurs pour l'exécution du travail régulier d'opération et/ou d'entretien dans la mesure où il peut le faire de façon efficace et rentable.

g) L'Employeur s'engage, dans la mesure où il est possible et rentable de le faire, à louer les outils et équipements nécessaires aux travaux de production et d'entretien et à les opérer avec son personnel qualifié pour le faire.

h) Un salarié en mise à pied rappelé pour travailler avec un entrepreneur doit accomplir tout le travail qui autrement aurait été accompli par le salarié de la construction.

(Convention collective entre QIT-Fer et Titane Inc. et Syndicat des ouvriers du fer et titane [C.S.N.], 1995-2001.)

On voit ici combien on a tenté, dans la mesure du possible, de circonscrire le droit de sous-traitance de l'employeur. On y distingue les travaux de construction comme tels des travaux de production et d'entretien. La clause ne vise pas la prohibition de la sous-traitance ; elle cherche plutôt à privilégier le personnel en place et à fixer les conditions de cette pratique. L'alinéa *e)* établit un certain nombre de critères qui servent à déterminer la pertinence de recourir à la sous-traitance, compte tenu de la disponibilité de l'équipement et de la capacité de la main-d'œuvre à faire des heures supplémentaires. Dans ce contexte, un arbitre de griefs pourrait donc se prononcer sur le bien-fondé du recours à la sous-traitance.

Une autre condition, qui semble bien avoir pour objectif de limiter l'employeur dans ses projets de donner du travail à l'extérieur, exige que le sous-traitant respecte soit l'ensemble de la convention de l'employeur, soit certaines des clauses qu'elle contient. Ainsi l'extrait suivant de la convention :

Article 28   Travaux à forfait

28.01   La Ville convient, à l'avenir, de ne confier par contrat l'exécution d'une partie quelconque de son travail qu'à des personnes ou

sociétés qui s'obligeront à respecter, à l'égard de leurs employés, les dispositions de la présente convention quant aux heures de travail et aux salaires. La Ville s'engage à faire respecter la présente convention.

(Convention collective entre Ville de Sherbrooke et Syndicat canadien de la fonction publique, Section locale 2729 [cols bleus], 1998-2002.)

Par cette clause, le syndicat force le concessionnaire non seulement à payer les mêmes taux horaires que ceux versés aux syndiqués du cessionnaire, mais, de plus, le concessionnaire doit respecter les dispositions relatives aux heures de travail.

En résumé, les syndicats cherchent à dépasser la protection prévue aux articles 45 et 46 du *Code du travail*. Quoique très peu d'entre eux aient réussi à interdire la sous-traitance, on doit constater que les conditions de la production et du marché, de même que le pouvoir de négociation respectif des parties, ont conduit à l'introduction de clauses dans des textes de convention balisant à divers degrés, et de diverses façons, le droit inhérent de l'employeur de faire réaliser à l'extérieur les activités qu'il juge appropriées.

Le tableau 9.1 reprend les données émanant du ministère du Travail à partir d'un échantillon de 1 186 conventions collectives et montre la diversité des clauses de sous-traitance.

9.5 Innovations technologiques

Pour un employeur, les changements technologiques constituent un élément moteur décisif pour l'amélioration de sa position concurrentielle. Ces changements se définissent comme des modifications apportées aux processus de production par le biais de nouvelles techniques et de nouveaux procédés de fabrication, ou par l'introduction de nouvelles machines qui mettent en œuvre les applications scientifiques les plus récentes. Les techniques de pointe permettent un meilleur contrôle de la production, une meilleure productivité et une plus grande diver-

tableau 9.1	Aperçu de la diversité des conditions fixées dans les clauses de sous-traitance

Conditions	Fréquence
Aucune disposition	44,2 %
Aucune restriction	2,1 %
Pas de mise à pied et obligation d'utiliser l'équipement et la main-d'œuvre du sous-traitant	4,5 %
Pas de mise à pied	22,2 %
Pas de mise à pied et pas de réduction du nombre d'heures de travail	2,1 %
Pas de mise à pied et obligation d'appliquer les taux salaires négociés dans la convention	4,6 %
Application par le sous-traitant de l'ensemble de la convention du donneur d'ouvrage	0,8 %
Prohibition absolue	1,9 %
Autres dispositions	17,5 %

Source: Données fournies par la Direction de la planification stratégique, de la recherche et des politiques du Ministère du Travail (2001).

sification des produits (Grant, 1995 : 255). Alors que les techniques de production du début de la révolution industrielle ne constituent qu'un prolongement des bras et des muscles humains, l'automatisation prolonge le cerveau humain ; c'est d'ailleurs pourquoi on parle de technologie d'information (Whisler, 1970 : 15). Vers le milieu du XXe siècle, les sources d'énergie transforment le contexte de production industrielle : l'électricité, le pétrole et, plus récemment, l'informatique entraînent des changements considérables dans tous les domaines. Si l'automatisation de la production permet à une machine de se substituer au travailleur tout en contrôlant ses propres opérations et en corrigeant ses propres erreurs, le développement de l'informatique permet à la machine de transmettre des données sur ses propres activités. C'est pourquoi on emploie

le terme plus approprié et plus complet d'*informatisation* (*informate* en anglais) plutôt que celui d'*automatisation* (*automate* en anglais) (Zuboff, 1988 : 9).

Tout comme pour la sous-traitance, la décision de modifier les processus de production constitue un droit de gérance strict, même si, dans la clause des droits de direction ou dans une clause appropriée, les parties rappellent que ce droit patronal doit s'exercer dans l'esprit d'un certain dialogue, comme dans l'exemple suivant :

Article 18   Changements technologiques

18.01   L'Employeur a le droit d'effectuer les changements technologiques qu'il juge nécessaires aux opérations. Les parties conviennent d'étudier les conséquences des changements technologiques et de participer au développement de programmes de formation professionnelle appropriés.

(Convention collective entre QIT-Fer et Titane inc. et Syndicat des ouvriers du fer et titane [C.S.N.], 1995-2001.)

De son côté, la F.T.Q. (Fédération des travailleurs du Québec, 1985 : 12) reconnaît que l'innovation technologique représente une voie incontournable pour la survie des organisations et la sauvegarde des emplois :

Tout le monde s'entend cependant pour dire que la modernisation de notre infrastructure de production est nécessaire. C'est une condition pour empêcher des pertes d'emplois plus graves encore et pour améliorer nos conditions de travail, toujours plus mauvaises dans les secteurs économiques en déclin.

Ainsi, il y a quelques années, un syndicat affilié à cette centrale a accepté d'importantes concessions dans sa convention collective afin de rendre possible la construction d'une toute nouvelle usine chez Paccar, à Sainte-Thérèse, qui utilise une technologie de pointe.

Les principales réticences des syndicats et des salariés à l'égard des nouvelles technologies concernent l'avenir de leurs conditions de travail. Les craintes sont nombreuses : survie de l'emploi, déqualification des postes, réduction de salaires, augmentation des risques pour la santé et la sécurité du travail par suite de l'accélération des cadences (Grant, 1995 : 259). En tant que représentant des salariés, le syndicat veut éviter que son pouvoir de négociation ne soit réduit ou annihilé avec l'implantation de nouveaux modes de production. Il est possible, toutefois, de minimiser les conséquences négatives sur les salariés par la négociation. Nous présenterons un certain nombre de clauses de conventions illustrant comment les parties ont traité de cette question. Mais auparavant, rappelons le cadre légal qui s'applique en la matière.

9.5.1 Cadre légal

Contrairement à la loi fédérale[7] qui oblige les employeurs à négocier les conditions d'implantation des changements technologiques susceptibles d'avoir un effet sur l'emploi, la législation québécoise est beaucoup moins contraignante pour l'entreprise. En effet, les seules dispositions pertinentes de la loi, au Québec, se trouvent dans un article de la *Loi sur la formation et la qualification professionnelles de la main-d'œuvre*[8] et se réduisent, en fait, à exiger un préavis obligatoire dans les cas de licenciements :

45. *a)* Sauf dans le cas d'entreprises à caractère saisonnier ou intermittent, tout employeur qui, pour des raisons d'ordre technologique ou économique, prévoit devoir faire un licenciement collectif, doit en donner avis au ministre du Travail dans les délais minimaux suivants :

– deux mois lorsque le nombre de licenciements envisagés est au moins égal à dix et inférieur à 100 ;

– trois mois lorsque le nombre de licenciements envisagés est au moins égal à 100 et inférieur à 300 ;

– quatre mois lorsque le nombre de licenciements est au moins égal à 300.

[Force majeure] Dans un cas de force majeure ou lorsqu'un événement imprévu empêche l'employeur de respecter les délais ci-dessus, il

doit aviser le ministre aussitôt qu'il est en mesure de le faire.

[Transmission au ministre] Le ministre du Travail transmet aussitôt au ministre une copie de l'avis qu'il reçoit.

b) [Comité de reclassement] Tout employeur doit, à la demande du ministre et en consultation avec lui, participer sans délai à la constitution d'un comité de reclassement des salariés. Ce comité doit être formé d'un nombre égal de représentants de l'association accréditée ou, à défaut de telle association, des salariés. L'employeur y contribue financièrement dans la mesure dont les parties conviennent.

c) [Fonds collectif de reclassement] L'employeur et l'association accréditée ou, à défaut de telle association, les salariés, peuvent, avec l'assentiment du ministre et aux conditions qu'il détermine, constituer un fonds collectif aux fins de reclassement et d'indemnisation des salariés.

[Fonds collectif de reclassement] Le cas échéant, plusieurs employeurs et plusieurs associations accréditées peuvent constituer en commun un tel fonds collectif.

d) [Employeurs visés] Le présent article s'applique à un employeur qui licencie tous ses salariés ou une partie des salariés de l'un ou de plusieurs de ses établissements dans une région donnée.

[Employeurs et établissements exemptés] Il ne s'applique pas à l'employeur qui licencie des salariés pour une durée indéterminée, mais effectivement inférieure à 6 mois, ni aux établissements affectés par une grève ou un lock-out au sens du *Code du travail*.

45.1 [Délégation des pouvoirs] Le ministre peut autoriser par écrit, généralement ou spécialement, une personne à exercer tout ou partie des pouvoirs qui lui sont conférés par la présente loi.

C'est sans doute par un malheureux concours de circonstances que cette disposition apparaît dans la *Loi sur la formation et la qualification professionnelles* (Hébert, 1992 : 347). La disposition se rapproche bien davantage d'une norme à respecter, même s'il y a un lien avec le sujet de

---

7. *Code canadien du travail*, L.R.C. (1985), c. L-2, art. 51-55.
8. L.R.Q., c. F.5.

la loi[9]. En effet, pour minimiser les effets négatifs d'un licenciement collectif, praticiens et observateurs recommandent fréquemment d'encourager la formation et la qualification professionnelles. Toutefois, selon la loi, l'obligation principale, et souvent unique, de l'employeur est d'aviser de la date à laquelle il compte introduire des changements qui entraîneront des licenciements collectifs. On ne doit donc pas se surprendre que les syndicats cherchent à négocier des clauses encadrant l'introduction des changements technologiques et visant la protection des emplois et des conditions de travail de leurs membres.

9.5.2 Principales dispositions

Les dispositions des conventions collectives peuvent contenir différents éléments. Les unes définissent le changement technologique visé, alors que d'autres évoquent la mise en place des changements ou les droits du syndicat et du personnel qui se rapportent à ce processus, par exemple l'information, la formation du personnel, la création d'un comité paritaire de consultation, etc. Enfin, d'autres conventions traitent des conséquences mêmes des innovations sur l'emploi, la rémunération et les autres conditions de travail.

A. Notion de changement technologique

Gérard Dion (1986: 74) définit le changement technologique comme une

> modification apportée au processus de production par l'introduction de nouvelles techniques, de nouveaux procédés, de nouvelles machineries ou de diverses modifications prenant la place de ce qui était jusque-là utilisé. [...]

N'oublions pas que la convention collective peut elle-même définir et qualifier le changement technologique. Cette définition prévaut alors et commande les droits et les obligations des parties prévues à la convention. Ainsi, telle convention collective définit le changement technologique de façon à couvrir un très grand nombre de transformations non seulement dans les équipements de travail, mais aussi dans des processus organisationnels, alors que telle autre limite cette notion à l'introduction d'un nouvel équipement ou d'une nouvelle machine. Avec ces innovations, nous nous trouvons en plein cœur de l'organisation de la production et du travail. L'extrait suivant cerne la notion de changement technologique :

Article 18   Changements technologiques

18.02   Définition

Un changement technologique signifie l'automation de l'équipement ou d'une machine, la mécanisation ou l'automation des tâches et l'introduction d'une nouvelle technique pouvant entraîner dans un service donné, un surplus de personnel, avec ou sans mise à pied ou une rétrogradation.

(Convention collective entre QIT-Fer et Titane Inc. et Syndicat des ouvriers du fer et titane [C.S.N.], 1995-2001.)

La définition donnée ici dépasse la question de l'introduction d'une nouvelle technique ou d'un nouvel équipement, puisqu'elle évoque les conséquences de ce changement sur l'emploi, même s'il n'y a pas de mise à pied ou de rétrogradation. La clause suivante apparaît un peu plus large, puisqu'elle couvre plus spécifiquement les transformations apportées aux méthodes de travail et évoque les conséquences sur les conditions de travail en général :

Article 39   Changements techniques ou technologiques

39.02   Les termes «changements techniques ou technologiques» signifient tout changement ou évolution technique ou technologique d'équipement, matériel ou procédés différents en nature, genre ou quantité, de ce qui était précédemment utilisé ainsi que tout changement de méthode de travail qui affecte de fa-

---

9. D'ailleurs, lorsqu'ils entreront en vigueur, les amendements apportés à la *Loi sur les normes du travail* en décembre 2002 remédieront à cette situation. En effet, la *Loi modifiant la Loi sur les normes du travail et d'autres dispositions législatives* (L.Q. 2002, c. 80) adopte les articles 84.0.1 à 84.0.15 qui incorporent dans la L.n.t. l'essentiel des dispositions de l'article 45 de la *Loi sur la formation et la qualification professionnelles de la main-d'œuvre*.

çon substantielle un ou plusieurs employés dans un emploi ou les conditions de travail rattachées à cet emploi.

(Convention collective entre Hydro-Québec et le Syndicat des employé-e-s de techniques professionnelles et de bureau d'Hydro-Québec, Section locale 2000, Syndicat canadien de la fonction publique [F.T.Q.], 1995-2000.)

Les changements évoqués dans cet article ne renvoient pas seulement aux techniques de production, mais aussi aux méthodes de travail qui affectent le personnel « de façon substantielle ». Le sens et la portée concrète du caractère substantiel de ces changements dépendent de l'interprétation qu'en font les parties elles-mêmes et, éventuellement, de l'arbitre de griefs.

B. Conditions d'implantation

Les conditions d'implantation négociées par les parties dépassent généralement les dispositions prévues dans la loi. Ainsi, en plus d'indiquer le délai dans lequel il doit être donné, le préavis contient parfois d'autres informations :

Article 18   Changements technologiques

[...]

18.03   Avis

L'Employeur avise le Syndicat par écrit au moins huit (8) mois avant de tels changements. Si l'Employeur néglige de donner un tel avis, les conséquences de l'introduction du changement technologique concerné sont retardées d'autant. Cet avis comprend les informations suivantes :

a) la nature du changement

b) le calendrier d'implantation

c) les effets et les conséquences prévus

d) les éléments du plan d'action prévu pour les salariés affectés.

(Convention collective entre QIT-Fer et Titane Inc. et Syndicat des ouvriers du fer et titane [C.S.N.], 1995-2001.)

Un tel avis ne se limite pas à faire connaître le moment de l'introduction du changement dans le milieu de travail. Le syndicat et ses

membres doivent être en mesure d'en évaluer les conséquences et d'étudier le plan d'action destiné à atténuer les effets de tels changements sur les salariés. Ces plans d'action comprennent différentes mesures, comme la formation ou le recyclage des salariés afin de les affecter à un autre emploi ou dans une unité de production créée à la suite de ce changement.

Article 18   Changements technologiques

[...]

18.04   Lorsque des changements technologiques se produisent, l'Employeur s'engage à ce que les salariés affectés puissent, selon le cas, avoir l'occasion de recevoir une formation ou être transférés à un travail convenable, tout en respectant les dispositions de la convention collective.

18.05   Les salariés des services affectés par un changement technologique ont priorité dans toute nouvelle unité de production créée suite à ce changement.

(Convention collective entre QIT-Fer et Titane Inc. et Syndicat des ouvriers du fer et titane [C.S.N.], 1995-2001.)

Dans certains cas, la convention collective va encore plus loin. Parfois on y prévoit la participation du syndicat à l'implantation des changements, ou encore on y précise certaines informations relatives au mandat du comité, à la nature de la formation ou à la rémunération des salariés visés par celle-ci.

Article 39   Changements techniques ou technologiques

[...]

39.05   Ces comités ont pour mandat de recevoir, discuter et faire des recommandations sur toutes questions relatives aux changements techniques ou technologiques relevant de leur juridiction ainsi que sur tous les programmes de formation et de recyclage des employés touchés. Chaque partie peut inviter un spécialiste pour l'assister lors des réunions des comités.

39.06   Tout employé touché par un changement technique ou technologique doit être, dans la mesure où il en a besoin, formé ou recyclé pendant les heures régulières de travail et aux frais de la Direction.

(Convention collective entre Hydro-Québec et le Syndicat des employé-e-s de techniques professionnelles et de bureau d'Hydro-Québec, Section locale 2000, Syndicat canadien de la fonction publique [F.T.Q.], 1995-2000.)

Certaines clauses prévoient même la possibilité de référer à un arbitre une recommandation qui ne fait pas l'unanimité des parties. La décision de l'arbitre est évidemment exécutoire et lie les parties :

Article 39   Changements techniques ou technologiques

[...]

39.08   Lorsque les parties ne parviennent pas à s'entendre sur les recommandations des comités, à l'intérieur d'une période de soixante (60) jours, ces dernières devront être confiées à un arbitre choisi d'un commun accord entre les parties dans un délai maximum de quatorze (14) jours ou, à défaut de quoi, une partie pourra demander au ministre du Travail d'en désigner un.

39.09 *a)*   L'arbitre doit entreprendre ses travaux dans les quatorze (14) jours suivant la date de sa nomination.

b)   L'arbitre ne statue que sur les recommandations qui n'ont pas fait l'objet d'entente entre les parties. Cependant, il n'a pas de mandat pour statuer sur une recommandation qui viserait ou qui aurait pour effet d'empêcher l'introduction d'un changement technique ou technologique. Il n'a aucune juridiction pour ajouter, soustraire, modifier ou amender quoi que ce soit dans cette convention.

(Convention collective entre Hydro-Québec et le Syndicat des employé-e-s de techniques professionnelles et de bureau d'Hydro-Québec, Section locale 2000, Syndicat canadien de la fonction publique [F.T.Q.], 1995-2000.)

On remarque que les parties ont établi un calendrier des échéances à respecter pour mener à terme une démarche de consultation auprès d'un arbitre. Toutefois, cette démarche ne retarde d'aucune façon l'introduction des nouvelles techniques de pointe puisqu'elle ne concerne

que les conditions de leur implantation et ses effets sur les salariés.

Tout en consacrant le droit d'un employeur de modifier son équipement et ses techniques de production, une convention peut aussi établir un ensemble de mesures préalables. Ces mesures concernent les informations à transmettre aux salariés et à leur syndicat, et d'éventuelles consultations ou négociations sur des points particuliers, tels les programmes de formation et la relocalisation du personnel affecté. Examinons maintenant de quelle façon une convention collective atténue les conséquences des changements technologiques sur l'emploi et sur certains avantages consentis aux salariés.

C. Conséquences sur l'emploi

En premier lieu, rappelons qu'en dehors des préavis légaux aucune loi n'empêche un employeur de licencier du personnel pour des raisons économiques ou technologiques. Seule une convention collective peut restreindre ce droit et prévoir que l'introduction de nouvelles techniques n'entraînera pas de mise à pied ou de baisse de salaire.

Article 32   Sécurité d'emploi

[...]

32.02   Aucun employé permanent depuis plus de douze (12) mois (incluant la période de stage) ne sera congédié ou mis à pied, ni ne subira de baisse de classe de salaire par suite ou à l'occasion de manque de travail, d'amélioration technique ou technologique, ou de transformation ou de modification quelconque dans les structures ou le système administratif de la Direction, ainsi que dans les procédés de travail.

(Convention collective entre Hydro-Québec et le Syndicat des employé-e-s de techniques professionnelles et de bureau d'Hydro-Québec, Section locale 2000, Syndicat canadien de la fonction publique [F.T.Q.], 1995-2000.)

On voit ici que l'emploi et les salaires des employés permanents sont protégés quand ceux-ci sont confrontés à des changements techniques et technologiques et quand ils manquent de travail. On rencontre surtout ce type de clause dans les services publics où l'entreprise est en situation de quasi-monopole et moins exposée aux pressions concurrentielles et à la turbulence des marchés.

Une convention collective peut établir un certain nombre de mesures spéciales qui seront appliquées avant que l'employeur puisse procéder à des mises à pied. Par exemple, la clause suivante encourage le départ à la retraite en offrant des primes lorsque le changement technologique est la cause directe des mises à pied :

Article 17

17.01   Introduction d'un changement technologique

Si dans le cours de la convention collective, la Compagnie prévoyait l'introduction d'un changement technologique important qui allait, suivant ses prévisions, créer directement la mise à pied permanente de dix (10) employés réguliers ou plus, ce qui suit s'appliquera :

a)   La Compagnie donnera à l'Union un avis l'avisant d'un tel changement technologique soixante (60) jours avant son implantation. Après avoir donné son avis, la Compagnie identifiera par classification le nombre de postes qui doivent être abolis. Les postes à abolir seront groupés par la Compagnie pour les fins de l'application du paragraphe c) qui suit :

[...]

c)   Durant les premiers trente (30) jours suivant l'avis dont il est question au paragraphe a), et avant de faire des mises à pied, la Compagnie cherchera à identifier les employés éligibles et désireux de prendre une retraite anticipée spéciale. La Compagnie rencontrera les employés éligibles dans chaque groupe déterminé suivant le paragraphe a) et suivant l'ordre d'ancienneté. Ceux qui choisiront durant les trente (30) jours mentionnés plus haut de prendre leur retraite anticipée spéciale et qui, de fait, la prendront durant les trente (30) jours qui suivent recevront un bonus en raison d'un changement technologique (BCT).

(Convention collective entre Les Brasseries Molson et l'Union des routiers, brasseries, liqueurs douces et ouvriers de diverses industries, Local 1999 Teamsters [F.T.Q.-C.T.C.], 1999-2003.)

Dans d'autres conventions, on accorde des droits de supplantation à un salarié qui, en dépit de la formation dispensée par l'employeur ou suivie à ses frais, ne peut s'adapter aux nouvelles exigences de l'emploi :

Article 13   Changements technologiques

[...]

13.03   Modalités d'application

Il est entendu que l'Employeur offrira au salarié affecté par les changements technologiques ou administratifs une période d'entraînement ou de formation suffisante pour lui permettre de s'adapter aux dits changements. La durée de cette période sera déterminée après entente entre l'Employeur et le syndicat et sera d'une durée maximum de trente (30) jours.

13.04   Mise à pied

Si le salarié ne peut s'adapter à ces changements après la période prévue, il pourra se prévaloir de la procédure de déplacement en cas de mise à pied prévue à l'article 12 de la convention collective.

(Convention collective entre Renaissance Hôtel du Parc et Syndicat des travailleuses et travailleurs de l'Hôtel du Parc [C.S.N.], 1999-2002.)

Malgré toutes les dispositions précédentes, il arrive que l'introduction des changements cause une transformation substantielle des tâches, des responsabilités et des exigences. Il se peut même que les innovations technologiques entraînent la création de nouveaux types d'emplois. La convention collective contiendra alors des dispositions relativement à la rémunération de ces postes nouveaux ou modifiés :

Article 13   Équipements standards et nouveaux

[...]

13.4   Advenant que de nouveaux genres d'équipement et/ou d'opération soient mis en usage après la date de signature de cette convention pour lesquels les taux de salaire n'ont pas été négociés, mais qui font partie des opérations couvertes par la présente convention, il est entendu que les taux régissant ces équipements ou opérations seront sujets à être négociés par les parties. Les taux convenus ou déterminés seront mis en vigueur à compter de la date de l'entente ou au maximum trente (30) jours après la mise en opération. Advenant que les parties n'en viennent pas à une entente, le différend sera soumis à l'arbitrage tel que stipulé à l'article 8.

(Convention collective entre Transport Robert (1973) Ltée et Union des chauffeurs de camion, hommes d'entrepôts et autres ouvriers, Teamsters Québec, Section locale 106 [F.T.Q.], 1996-2000.)

Dans ce cas, les parties ont prévu non seulement un mécanisme de négociation, mais aussi un mode de résolution de différends par voie d'arbitrage exécutoire.

L'ensemble des clauses examinées ici démontrer que les syndicats ne s'opposent pas à l'introduction des innovations techniques et technologiques. Ils cherchent plutôt à en contrôler la mise en place et à atténuer les effets sur l'emploi et les conditions de travail. Au-delà des dispositions visant à restreindre les effets négatifs des innovations techniques, la convention collective permet donc, dans certains cas, d'élaborer des mécanismes de concertation patronale-syndicale sur de tels sujets.

9.6 Conclusion

L'organisation de la production et du travail s'inscrivent au cœur même des activités de l'entreprise et des relations du travail. Le volume et la qualité des produits et des services se situent à la source même de la capacité concurrentielle, financière et commerciale de l'entreprise. C'est dans un contexte de production donné que les travailleurs décident de se syndiquer, de revendiquer l'amélioration de leurs conditions de travail et d'utiliser le pouvoir qu'ils tirent de leur travail. À des degrés divers, la convention collective circonscrit le droit de l'employeur de diriger et de structurer ses opérations. Les clauses que nous avons examinées illustrent les enjeux que défendent les parties durant la négociation, compte tenu de leur pouvoir respectif : pour l'un, conserver le contrôle sur les opérations ; pour l'autre, protéger les emplois et les conditions de travail des salariés.

À une époque où les entreprises doivent continuellement réexaminer leurs modes de production, il faut s'attendre à ce que les enjeux évoqués dans ce chapitre occupent une place croissante dans les débats entre employeurs et syndicats. Au-delà de leurs effets sur la protection des emplois et sur l'institution syndicale, ces enjeux touchent au contenu même des tâches, à leurs caractéristiques et aux compétences qu'elles exigent. Les employeurs continueront de favoriser les diverses formes de flexibilité. Aussi faut-il prévoir la poursuite des débats sur la recherche de la flexibilité fonctionnelle et sur la volonté patronale de recourir aux autres formes de flexibilité qu'offrent, par exemple, la sous-traitance et les emplois à statut précaire.

références bibliographiques

BERNIER, J., G. VALLÉE et C. JOBIN (2003). *Les besoins de protection sociale des personnes en situation de travail non traditionnelle*, Québec, ministère du Travail, Gouvernement du Québec.

BOURQUE, R. (1993). « L'objet de la négociation collective : adaptation ou innovation », dans C. Bernier et autres (dir.), *La négociation collective du travail : adaptation ou disparition*, Sainte-Foy, Presses de l'Université Laval, p. 93-118.

CHABOT, M., M. GRANT et N. MALLETTE (2001). « L'aliénation d'entreprise, la sous-traitance et les relations du travail : le cadre juridique et jurisprudentiel », *Revue juridique Thémis*, vol. 35, p. 142-186.

CONSTANTIN, M.H. et G. VILLARAN (1999). « Impartition et droit du travail », dans M. Poitevin (dir.), *Impartition : fondements et analyses*, Sainte-Foy, Presses de l'Université Laval, p. 283-320.

DION, G. (1986). *Dictionnaire canadien des relations du travail*, 2ᵉ éd., Sainte-Foy, Presses de l'Université Laval.

FÉDÉRATION DES TRAVAILLEURS ET TRAVAILLEUSES DU QUÉBEC (1985). *Pour un progrès sans victime*, Montréal, F.T.Q.

GRANT, M. (1995). «Les changements technologiques et les relations patronales-syndicales : vers de nouvelles stratégies ?», dans R. Jacob et J. Ducharme (dir.), *Changements technologiques et gestion des ressources humaines*, Boucherville, Gaëtan Morin Éditeur, p. 245-277.

GRANT, M. et B. LÉVESQUE (1997). «Aperçu des principales transformations des rapports du travail dans les entreprises : le cas québécois», M. Grant, P.R. Bélanger et B. Lévesque (dir.), Paris-Montréal, L'Harmattan, p. 221-277.

HÉBERT, G. (1992). *Traité de négociation collective*, Boucherville, Gaëtan Morin Éditeur.

JALETTE, P. et P. WARRIAN (2002). «Les dispositions relatives à la sous-traitance dans les conventions collectives canadiennes : une cible en mouvement», *Gazette du travail*, vol. 5, nᵒ 1, printemps, p. 68-81.

KANIGEL, R. (1997). *The One Best Way*, New York, Viking.

MORIN, F. et J.-Y. BRIÈRE (1998). *Le droit de l'emploi au Québec*, Montréal, Wilson & Lafleur.

MORIN, F. et J.-Y. BRIÈRE (2001). *Réforme du Code du travail : analyse critique*, Brossard, Publications CCH.

PALMER, E.E. et B.M. PALMER (1991). *Collective Agreement Arbitration in Canada*, 3ᵉ éd., Toronto-Vancouver, Butterworths.

PÉTRIN, H. (1991). *Vocabulaire des conventions collectives*, Québec, Les Publications du Québec.

SACK, J. et E. POSKANZER (1996). *Contract Clauses*, 3ᵉ éd., Toronto, Lancaster House.

ST-ONGE, S., M. AUDET, V. HAINES et A. PETIT (1998). *Relever le défi de la gestion des ressources humaines*, Boucherville, Gaëtan Morin Éditeur.

TAYLOR, F.W. (1947). *Scientific Management*, New York, Harper & Brothers.

WHISLER, T.L. (1970). *Information Technology and Technological Change*, Belmont, Wadworth Publishing Company.

ZUBOFF, S. (1988). *In the Age of the Smart Machine*, New York, Basic Books.

Chapitre 10

Formation de la main-d'œuvre*

* Ce chapitre a été rédigé par Jean Charest, professeur à l'École de relations industrielles de l'Université de Montréal.

La formation continue de la main-d'œuvre re-présente un enjeu important pour le développe-ment de la main-d'œuvre, celui des entreprises et, plus généralement, pour le développement économique et social, au Québec comme dans l'ensemble des pays industrialisés.

Les changements technologiques, les nou-velles méthodes de gestion, les nouvelles formes d'organisation du travail et, plus globalement, la mondialisation des marchés sont autant de facteurs qui rendent essentielle la formation continue de la main-d'œuvre. Pourtant, la for-mation est un enjeu somme toute récent, voire sous-exploité, de la négociation collective et des conventions collectives au Québec.

Nous commencerons par décrire le contexte dans lequel évolue la problématique de la for-mation continue de la main-d'œuvre depuis quelques années. Après quoi, nous présenterons quelques données permettant de considérer la place de la formation continue dans les rapports collectifs de travail au Québec. À l'aide de clauses provenant de conventions collectives récentes, nous pourrons apprécier l'importance de cet objet de négociation collective. Enfin, nous examine-rons quelques perspectives en matière de forma-tion continue.

10.1 Contexte légal et institutionnel de la formation continue de la main-d'œuvre

Au Québec, la question de la formation continue de la main-d'œuvre dépend largement d'un en-vironnement légal et institutionnel qui a connu de profonds changements au cours des années 1990. De même en est-il de la négociation entre les parties et des clauses de conventions collec-tives concernant la formation. Dans cette sec-tion, nous présenterons successivement quelques enjeux de la formation pour les acteurs des rela-tions industrielles. Nous décrirons les fondements légaux et institutionnels qui sous-tendent la for-mation continue. Pour terminer, nous présente-rons quelques résultats atteints en regard de la formation continue et du partenariat.

10.1.1 Quelques enjeux de la formation continue pour les acteurs des relations industrielles

Il est important d'établir d'emblée certains en-jeux de la formation continue pour les différents acteurs, notamment pour bien saisir certaines particularités récentes et propres au Québec. Nous soumettons l'idée, à la lumière des déve-loppements des dernières décennies, que les concepts de *formation continue*, de *culture de la for-mation* et de *partenariat* permettent de définir un vocabulaire de base et de cerner l'évolution de la notion de formation de la main-d'œuvre au Québec depuis les années 1980[1]. Sur le plan des réflexions et des orientations gouvernementa-les, cette évolution est d'abord marquée par les travaux de la Commission d'étude sur la forma-tion des adultes, ou Commission Jean, dont les conclusions sont rendues publiques en 1982. Soulignons ensuite l'énoncé de politique inti-tulé *Partenaires pour un Québec compétent et com-pétitif* en 1991, énoncé qui a conduit à plusieurs innovations institutionnelles en place actuelle-ment au Québec, et enfin, la *Politique gouverne-mentale d'éducation des adultes et de formation continue*, lancée en 2002 (Commission d'étude sur la formation des adultes, 1982 ; Ministère de la Main-d'œuvre, de la Sécurité du revenu et de la Formation professionnelle, 1991 ; Minis-tère de l'Éducation, 2002).

De nos jours, on se réfère à la problématique de la formation de la main-d'œuvre en utilisant les termes de *formation continue de la main-d'œuvre* ou de *formation tout au long de la vie* (traduction du terme *life long learning* popularisé dans la littérature anglophone). L'idée même de formation continue révèle bien la signification de l'enjeu soulevé pour les travailleurs eux-mêmes : le marché du travail d'aujourd'hui et de demain oblige la main-d'œuvre à parfaire conti-nuellement ses compétences pour pouvoir assurer

1. Pour une analyse historique de la formation, voir *L'évolu-tion des politiques canadiennes et québécoises de formation des adultes depuis 1960* (Paquet, 1993).

son évolution sur le marché du travail. On établit ainsi souvent le lien entre la formation continue et l'employabilité de la main-d'œuvre. En d'autres termes, on considère que la simple acquisition de compétences avant d'entrer sur le marché du travail ne permet plus à un travailleur de faire face aux changements technologiques, organisationnels et économiques qui marqueront les trois ou quatre décennies de sa vie professionnelle.

Du côté de l'entreprise, la capacité concurrentielle dépend étroitement de cette nécessaire formation continue puisque les compétences de la main-d'œuvre constituent un déterminant de la productivité et de la performance de l'entreprise. En effet, la mise à profit des multiples changements évoqués plus haut suppose une main-d'œuvre capable de s'adapter continuellement. Plusieurs auteurs prétendent même que, dans le contexte de la mobilité accrue du capital, c'est la qualité de la main-d'œuvre disponible qui confère le plus grand avantage compétitif aux entreprises et aux pays dans la plupart des secteurs d'activité économique[2].

Enfin, du point de vue gouvernemental, la formation continue de la main-d'œuvre est un gage d'une meilleure mobilité des travailleurs dans le contexte des nombreux bouleversements que connaît le marché du travail. En effet, les travailleurs risquent de changer d'employeurs, voire de secteurs d'activité ou de régions, au cours de leur vie professionnelle. Dans ce contexte, la formation continue facilite le redéploiement de l'offre de main-d'œuvre en maintenant à jour les compétences et en facilitant, au besoin, une adaptation des travailleurs aux nouveaux emplois par le recyclage et la réorientation. Cette plus grande mobilité potentielle des travailleurs réduit notamment le risque de chômage ou sa durée. La pression exercée sur les régimes publics comme l'assurance-emploi s'en trouve atténuée d'autant. En outre, pour les gouvernements, la formation continue réduit les risques d'avoir à gérer les problèmes reliés à l'exclusion des travailleurs dont les compétences ne répondent plus aux besoins du marché. En définitive, pour les gouvernements, la formation continue est un facteur de développement économique et social.

Bien que la formation continue présente des avantages pour tous les acteurs du marché du travail, on constate souvent qu'elle n'est pas suffisamment soutenue par les travailleurs et par les employeurs. En d'autres termes, la formation continue n'est pas une préoccupation assez enracinée dans les milieux de travail. Aussi l'objectif d'une plus grande intégration de ce sujet dans ces milieux nécessite-t-il que l'on développe une culture de la formation dans les entreprises. Par culture, on entend une prise en charge permanente de l'enjeu de la formation, une intégration dans les valeurs, les politiques et les pratiques de l'entreprise. Concrètement, une telle culture se traduit par des efforts soutenus de la part des entreprises et des travailleurs vis-à-vis de la formation continue. Ils s'appliquent au financement de la formation, au temps qui lui est consacré et aux ressources internes nécessaires à sa gestion, aux politiques d'entreprise, aux mesures contenues dans les conventions collectives, à la planification des activités, etc.

La notion de partenariat ne peut être passée sous silence compte tenu de son importance en matière de formation continue dans le contexte québécois. Au Québec, au début des années 1990, outre la faiblesse des investissements de la part des entreprises en matière de formation continue, on observait un faible niveau de partenariat. Ces lacunes relevaient tant de l'absence de lieux pour l'exercice du partenariat que d'un manque de pratiques concrètes entre des acteurs du marché du travail davantage enracinés dans un modèle conflictuel. Par ailleurs, on constatait que les pays les plus performants en matière de formation font largement appel au partenariat.

Globalement, une culture de formation représente un défi qui ne peut reposer sur le seul rôle de l'État et sur des politiques publiques. Il faut donc sensibiliser les travailleurs, les entreprises et les différents intervenants reliés à la formation

---

2. Parmi ceux qui ont développé cette idée, mentionnons Reich (1992) ainsi que Porter (1990).

continue, afin de les amener à changer de comportement et à se responsabiliser au regard de cet enjeu contemporain. Ainsi, les politiques publiques cherchent plutôt à favoriser l'appropriation de la problématique de la formation par les acteurs des milieux de travail qu'une plus grande prise en charge par l'État. L'idée du partenariat, particulièrement soutenue par le gouvernement québécois dans les politiques de formation, occupe ainsi une place importante au Québec. Elle s'est traduite par la création d'institutions et l'instauration de différentes pratiques, au sein des entreprises, de même qu'au niveau régional, sectoriel et national.

10.1.2 Environnement légal et institutionnel de la formation continue au Québec

L'environnement légal et institutionnel de la formation continue au Québec est essentiellement circonscrit par trois lois[3] dont nous exposons ici les principales caractéristiques. La première décrit surtout les pouvoirs du gouvernement en matière de détermination des qualifications professionnelles, tandis que la seconde expose les obligations des employeurs en matière d'investissement en formation continue. Quant à la troisième, elle institue les structures de partenariat au Québec.

La *Loi sur la formation et la qualification professionnelles de la main-d'œuvre*, adoptée en 1969[4], se résume aujourd'hui principalement aux pouvoirs qu'elle confère au gouvernement pour la détermination des qualifications professionnelles. Au moment de sa promulgation, la loi ordonnait la mise en place d'une structure paritaire régionale et nationale en matière de formation professionnelle, connue sous le nom de Commission de formation professionnelle. Cette commission avait pour fonction de prévoir les besoins en main-d'œuvre et en formation dans les différents secteurs industriels et dans les régions afin de conseiller le ministre du Travail. En 1992, cette structure est abolie et remplacée par la Société québécoise de développement de la main-d'œuvre et ses sociétés régionales. Celles-ci sont remplacées par de nouvelles structures en 1997. Sans entrer dans les détails, précisons que la *Loi sur la formation et la qualification professionnelles de la main-d'œuvre* stipule que le gouvernement peut adopter des règlements visant à déterminer les qualifications professionnelles nécessaires à l'exercice d'un métier ou d'une profession ainsi que diverses modalités afférentes. Parmi celles-ci mentionnons l'apprentissage, le certificat de qualification obligatoire, les conditions d'admission à l'apprentissage, aux examens, aux métiers et professions, le ratio apprentis/salariés qualifiés, etc.

La deuxième loi régissant la formation continue est plus récente et beaucoup plus importante, notamment en ce qui concerne les obligations des employeurs. Il s'agit de la *Loi favorisant le développement de la formation de la main-d'œuvre*[5], adoptée en 1995, aussi qualifiée de *loi 90* (numéro attribué à l'étape du projet de loi) ou de *loi du 1 %*. Cette loi s'inspire de la législation française qui avait adopté un dispositif obligeant les entreprises à consacrer un pourcentage de leur masse salariale à la formation de la main-d'œuvre dès 1971. La loi du 1 % adoptée au Québec est, à ce jour, unique en Amérique du Nord[6]. L'objectif général de la loi est vaste et dépasse largement l'obligation de consacrer au moins 1 % de la masse salariale à la formation. En effet, le premier article de la loi stipule:

1. La présente loi a pour objet d'améliorer, par l'accroissement de l'investissement dans la formation et par l'action concertée des partenaires patronaux, syndicaux et communautaires et des milieux de l'enseignement,

---

3. Nous excluons ici les cas particuliers, telle l'industrie de la construction qui est régie par une loi et un régime spécifiques.
4. L.R.Q., c. F-5.

5. L.R.Q., c. D-7.1.
6. Pour une analyse plus détaillée de la logique de l'adoption de ce dispositif au Québec et pour une analyse d'autres dispositifs nationaux en la matière, voir Charest (1999).

la qualification de la main-d'œuvre et ainsi de favoriser l'emploi de même que l'adaptation, l'insertion en emploi et la mobilité des travailleurs.

Outre les mécanismes de concertation sur lesquels nous reviendrons dans la description de la prochaine loi, le dispositif retenu vise les entreprises dont la masse salariale annuelle est supérieure à 250 000 $. En effet, ces entreprises doivent consacrer 1 % de cette masse à la formation de la main-d'œuvre, dans le respect des règlements concernant les dépenses et les activités de formation admissibles. À défaut de consacrer ce pourcentage obligatoire à la formation, l'entreprise doit verser la somme correspondante (soit le 1 % ou la partie manquante pour atteindre ce seuil) au ministère du Revenu. Celui-ci dépose l'argent dans un fonds créé avec la loi, le Fonds national de formation de la main-d'œuvre (F.N.F.M.O.). L'argent sert ensuite à couvrir les coûts des activités de soutien de la formation. Des projets sont soumis annuellement à cette fin. Ils proviennent essentiellement des entreprises assujetties à la loi ou des syndicats[7]. À ce propos, soulignons un fait exceptionnel dans l'histoire des relations industrielles au Québec. Le gouvernement québécois laisse aux partenaires du marché du travail (ceux mentionnés dans l'article de la loi ci-dessus reproduit) la responsabilité de déterminer la réglementation visant l'application de la loi. En outre, cette réglementation évolue avec les années, à mesure que les acteurs prennent de l'expérience. Cette cogestion de la réglementation témoigne d'une responsabilisation des acteurs et facilite une meilleure adéquation entre les dispositifs et les besoins exprimés par les milieux de travail[8].

La troisième et dernière loi régissant la formation continue de la main-d'œuvre s'adresse plutôt aux structures responsables de la mise en place du partenariat au Québec. Il s'agit de la *Loi sur le ministère de l'Emploi et de la Solidarité et instituant la Commission des partenaires du marché du travail*[9]. Adoptée en 1997[10], cette loi est venue abroger la loi ayant conduit à la création de la Société québécoise de développement de la main-d'œuvre (S.Q.D.M.) en 1992 après que le gouvernement eut décidé de ramener au sein du ministère les fonctions attribuées à l'origine à cette société d'État. La loi de 1997 poursuit deux grands objectifs. D'abord, elle stipule les responsabilités du ministère en regard de la main-d'œuvre, de l'emploi, de la sécurité du revenu et des allocations sociales. Ensuite, elle institue la Commission des partenaires du marché du travail qui participe à l'élaboration des politiques et des mesures gouvernementales dans les domaines de la main-d'œuvre et de l'emploi. Cette commission est composée de délégués syndicaux, patronaux, et de représentants provenant des milieux communautaires et de l'enseignement. On compte une commission nationale et un conseil régional dans chacune des 17 directions régionales du ministère. Dans les faits, la composition de cette commission reprend celle du conseil d'administration de l'ancienne S.Q.D.M. La nouvelle commission doit en outre favoriser la concertation des différents partenaires du marché du travail, des milieux communautaires et de l'enseignement. Elle doit aussi favoriser la mise en place de comités de main-d'œuvre dans les entreprises et de comités sectoriels de main-d'œuvre.

La Commission des partenaires du marché du travail peut soutenir le développement du paritarisme dans les milieux de travail, bien que, dans les faits, elle ait déployé ses efforts surtout pour la mise en place de comités sectoriels de main-d'œuvre depuis les années 1990. Ainsi, à ce jour,

---

7. Pour plus de détails, voir le *Guide de présentation d'un projet dans le cadre du Programme de subvention pour la formation de la main-d'œuvre en emploi* (Emploi-Québec [2002] Fonds national de formation de la main-d'œuvre, ministère de l'Emploi et de la Solidarité sociale du Québec; publication annuelle).

8. Pour les détails de la réglementation, se rapporter au guide annuel produit par Emploi-Québec (1998): *Loi favorisant le développement de la formation de la main-d'œuvre. Investir 1 % en formation: ça vous rapporte!*

9. L.R.Q. 1997, c. 63.

10. Le nom du ministère a par la suite été changé pour ministère de l'Emploi et de la Solidarité sociale.

on compte 26 comités sectoriels de main-d'œuvre, composés pour l'essentiel de représentants syndicaux et patronaux. Ces comités représentent la plupart des secteurs primaires, secondaires et tertiaires, par exemple l'agriculture, les pêcheries, l'aérospatial, la métallurgie, la plasturgie, le commerce de détail, le transport routier, le tourisme, etc. Ces comités ont, en outre, le mandat de travailler à la promotion de la formation continue dans leur secteur respectif. Travaillant en étroite collaboration avec les milieux de travail de leur secteur, ils contribuent, notamment, à déterminer les besoins de main-d'œuvre et de formation. Ils établissent aussi les priorités d'action communes à cet égard et contribuent aux activités qui permettront d'y répondre. Ils constituent, en quelque sorte, un organisme collectif servant d'intermédiaire entre les différents milieux de travail d'un secteur, les ressources gouvernementales dédiées à la main-d'œuvre et à la formation, et les milieux de l'éducation et de la formation continue. Bien qu'ils puissent être particulièrement utiles aux nombreuses P.M.E. qui éprouvent davantage de difficultés à assumer la formation continue, les comités sectoriels rendent aussi d'importants services aux grandes entreprises dans plusieurs secteurs.

Globalement, cette législation québécoise multiforme ne limite pas le droit des parties de négocier les conditions relatives à la formation. Elle a plutôt pour fonction de définir les obligations et de créer certaines ressources institutionnelles pour les parties négociantes. En fait, la formation continue de la main-d'œuvre demeure une condition de travail comme une autre au sens du *Code du travail*[11], que les parties sont libres de négocier localement.

10.1.3 Quelques résultats concernant la formation continue au Québec

La formation continue a-t-elle donné les résultats escomptés[12]? Au cours de la période 1996-1999[13], le nombre d'employeurs assujettis à la loi est passé de 8107 à 32 605, révélant ainsi l'importance numérique des entreprises de plus petite taille qui ont été mises à contribution graduellement à compter de 1998. Globalement, le pourcentage de la masse salariale consacré aux dépenses de formation, pourcentage évalué d'après les informations fournies par les employeurs[14], est respectivement de 2,26 % la première année[15], puis de 1,48 %, 1,53 % et 1,56 %, pour les années subséquentes, avec une moyenne de 1,71 % pour la période analysée. Quant au pourcentage des employeurs ayant atteint le seuil du 1 %, il a été respectivement de 85 %, 78 %, 74 % et 76 %. Si l'on tient compte de la taille des entreprises, le pourcentage de 1 % est aussi atteint pour chaque année de l'étude et pour chaque catégorie[16]. On constate toutefois que plus la taille des entreprises est petite, plus le pourcentage atteint est faible, tant en ce qui concerne le montant des dépenses effectuées que le nombre d'employeurs cotisant à la hauteur de 1 %. Ainsi, on peut dire qu'en général au cours de la période étudiée, près de 9 grandes entreprises sur 10 atteignent au moins le 1 %

11. L.R.Q., c. C-27 [ci-après cité : C.t.].

12. Cette section reprend des extraits de « La loi 90 produit-elle les résultats escomptés ? Quelques réflexions, six ans après son entrée en vigueur » (Charest, 2002).

13. Voir le rapport quinquennal sur la mise en œuvre de la *Loi favorisant le développement de la formation de la main-d'œuvre* produit par Emploi-Québec en l'an 2000.

14. Ces données peuvent différer de la réalité dans la mesure où les employeurs n'ont pas à divulguer toutes les dépenses de formation dès lors qu'ils atteignent le 1 %.

15. Le pourcentage de la première année a pu être surestimé du fait que les employeurs ont pu y reporter aussi les dépenses engagées en 1995. En fait, cette possibilité existait aussi pour les autres catégories d'entreprises lors de leur première année d'assujettissement, mais on peut faire l'hypothèse que ce sont surtout les grandes entreprises qui s'en sont prévalues.

16. Les catégories sont fixées d'après la masse salariale, soit : 250 000 $ à 500 000 $; 500 000 $ à 1 000 000 $; 1 000 000 $ et plus.

alors que moins de 7 petites entreprises sur 10 y réussissent. Donc, une forte proportion des employeurs a atteint l'objectif du 1 % au cours des premières années, mais cette proportion diminue avec la taille des entreprises.

Les données relatives au Fonds national de formation de la main-d'œuvre appuient pour l'essentiel cette analyse de l'évolution du comportement des entreprises durant les années 1996 à 1999. En effet, on note un accroissement des contributions totales au F.N.F.M.O. au cours des trois premières années parce que le nombre d'entreprises assujetties augmente rapidement, mais lorsque ce nombre se stabilise entre 1998 et 1999, le niveau des contributions ne bouge pratiquement pas. Bien sûr, il ne s'agit que des résultats de deux années complètes et il faut attendre encore quelques années pour apprécier l'évolution des montants cotisés. Il reste que lorsqu'on considère l'évolution croissante des masses salariales au fil des années par taille d'entreprises, la proportion des contributions au F.N.F.M.O. diminue progressivement et ce, pour toutes les catégories d'entreprises. Ces résultats suggèrent l'hypothèse suivante: au fil des années, les employeurs apprendront à utiliser directement les sommes dévolues à la formation continue en regard de l'obligation du 1 %, réduisant ainsi graduellement leurs contributions au F.N.F.M.O. On peut d'ailleurs supposer que la gestion de la formation préconisée par la loi du 1 % se développera au sein des entreprises à mesure que la formation deviendra un enjeu de négociations entre les parties. Pour le moment, un constat mérite une attention particulière: ce sont surtout les entreprises de petite taille qui atteignent difficilement les objectifs de cette loi. Un tiers d'entre elles n'atteignent pas le seuil fixé (1 %) et, bien que l'ensemble des entreprises de petite taille ne représente que 6,6 % de la masse salariale totale des entreprises assujetties à la loi du 1 %, elles versaient 34 % des contributions au F.N.F.M.O. en 1999.

Sur le plan du partenariat, la Commission des partenaires du marché du travail est un lieu de concertation qui favorise les échanges de vues entre les grands acteurs du marché du travail, l'apprentissage collectif des enjeux du marché du travail, l'élaboration d'une vision commune à propos du développement de la main-d'œuvre et l'adoption d'actions conjointes par les acteurs, notamment en matière de formation continue. Il faut se rappeler des rivalités patronales-syndicales qui ont marqué les décennies passées pour bien mesurer les apports de ce partenariat, même si l'on s'accorde pour reconnaître qu'il ne s'agit pas d'une panacée. Sur le strict plan de la responsabilisation et de l'appropriation des enjeux de la formation continue, rappelons aussi que les acteurs présents au sein de la *Commission des partenaires du marché du travail* jouent un rôle clé dans la gestion du F.N.F.M.O. Ils interviennent aussi dans la mise sur pied et le suivi des comités sectoriels de main-d'œuvre et ils s'occupent de toute question relative au développement de la main-d'œuvre (à titre de conseillers du ministre). Bref, si un des objectifs fixés au début des années 1990 était la prise en charge par les responsables du développement de la main-d'œuvre et l'émergence du partenariat, on doit considérer que les résultats sont tangibles et peut-être trop souvent sous-estimés.

Par ailleurs, on peut d'ores et déjà affirmer que les comités sectoriels jouent un rôle positif dans l'essor du partenariat et de la formation continue, malgré l'expérience récente de ces comités dans certains secteurs. On estime que ces comités regroupent plus de 300 partenaires des milieux de travail (employeurs et syndicats) engagés étroitement dans leur gestion. Ils rejoignent des milliers d'entreprises au Québec auprès desquelles ils assurent différents services reliés à la formation continue. Il s'agit là aussi d'une contribution importante à la promotion du partenariat et à la prise en charge par les acteurs du marché du travail des enjeux relatifs à la main-d'œuvre, à la compétitivité et à la formation continue.

Globalement, il faut considérer l'ensemble de ces dispositifs législatifs et institutionnels propres au Québec comme les instruments de l'essor de la formation continue de la main-d'œuvre. Les données exposées précédemment permettent de juger de l'efficacité de ces dispositifs pour soutenir l'investissement en formation et le partenariat. Il reste que ce partenariat a essentiellement été structuré au-delà de l'entreprise, laissant le soin aux milieux de travail de s'organiser en fonction des rapports collectifs inhérents à notre système de relations industrielles décentralisé. Autrement dit, l'État n'a pas voulu se substituer aux choix internes des gestionnaires au regard des activités de formation. Il n'a pas voulu non plus imposer de droits spéciaux en faveur des travailleurs dans les entreprises relativement à la formation (par exemple, droit à la formation, droit à un congé pour la formation ou droit d'être consulté ou associé aux décisions de l'employeur).

10.2 Évolution des conventions collectives en matière de formation de la main-d'œuvre[17]

Pour analyser l'évolution des conventions collectives en matière de formation de la main-d'œuvre, nous avons retenu un indicateur particulier, à savoir la présence de clauses concernant directement la formation dans les conventions collectives québécoises du secteur privé, en nous basant sur les catégories de clauses recensées par le ministère du Travail. La banque des conventions collectives répertoriées par le ministère du Travail offre un échantillon important permettant d'effectuer une lecture longitudinale à partir des variables associées à la formation. Certes, un tel indicateur présente d'importantes limites. En effet, il ne porte pas sur les dépenses effectives en matière de formation et il ne se traduit pas automatiquement par des pratiques concrètes en entreprise. Par ailleurs, l'absence de clauses précises sur le sujet ne signifie pas l'absence de pratiques en matière de formation. Il faut donc considérer cet indicateur avec prudence. Il s'agit néanmoins d'une source d'information utile pour qui veut mesurer l'importance accordée à la question de la formation dans les milieux de travail syndiqués.

Pour en traiter, nous reprendrons certains résultats obtenus dans deux études s'intéressant à cet indicateur et publiées au début des années 1990, puis nous y ajouterons des données plus récentes provenant de conventions collectives du secteur privé, en vigueur en 1998. Ces conventions sont recensées par le ministère du Travail et proviennent d'entreprises de 50 salariés et plus. Le nombre de conventions collectives de notre échantillon est de 1 467, ce qui représente 237 099 salariés[18].

Les études réalisées par Voyer en 1991 et Morissette en 1993 permettent de mesurer la progression de la fréquence des clauses relatives à la formation, sur la base des données annuelles, pour les années 1980. L'étude d'Odette Voyer (1991) comprenait un volet d'analyse qualitative quant au contenu des clauses reliées à la formation, sur la base d'un échantillon de conventions comportant de telles clauses dans les entreprises de 50 salariés et plus. De plus, on y retrouvait une analyse de la répartition des types de clauses reliées à la formation selon certaines caractéristiques identitaires à la fin des années 1980. L'étude de Réal Morissette (1993) portait sur l'évolution entre 1980 et 1992 de la fréquence des clauses reliées à la formation dans les conventions couvrant 50 salariés et plus, également selon certaines caractéristiques identitaires. Les mesures recensées se rapportent à la présence d'au moins une des clauses suivantes : congé éducation, congé sabbatique, programme général de formation, recyclage ou perfectionnement, comité mixte, remboursement de frais de scolarité, formation reliée au changement technologique, formation reliée à la santé et sécurité du travail.

---

17. Cette section reprend pour l'essentiel des extraits de Charest (1998).

18. Soulignons que les conventions collectives de 50 salariés et plus dans le secteur privé représentent 30 % des conventions collectives de ce secteur, mais couvrent près de 80 % des salariés syndiqués du secteur privé (78,6 % en septembre 1998). Par rapport à l'ensemble des conventions collectives de 50 salariés et plus déposées au ministère du Travail au milieu de l'année 1998, notre échantillon représente 58,9 % du total des conventions collectives de 50 salariés et plus du secteur privé et couvre 60,4 % du total des salariés dans ces unités de 50 salariés et plus du secteur privé.

Notons cependant que le congé sabbatique n'est pas formellement relié à une activité de formation, contrairement au congé éducation. Les auteurs concluent que ces clauses sont beaucoup plus nombreuses dans le secteur public que dans le secteur privé. Plus encore, le taux de présence de ces clauses augmente avec la taille de l'unité et il est plus élevé chez les cols blancs. Par ailleurs, l'affiliation syndicale n'a pas d'effet significatif. Enfin, la fréquence des clauses dans le secteur privé est en croissance au cours de la période étudiée, bien que la progression soit lente. Au total, il ressort de ces deux études un bilan mitigé quant à l'épanouissement d'une «culture de la formation» dans les entreprises du secteur privé.

Pour notre part, plutôt que de calculer le nombre de conventions qui comportaient au moins une mesure reliée à la formation, nous indiquons la fréquence pour chacune des mesures précédemment citées. Afin de nous limiter à quelques points de comparaison dans le temps,

notamment en incluant la période au cours de laquelle des orientations politiques et institutionnelles importantes ont été adoptées en matière de formation, nous ne reproduisons que les données pour les années 1980 et 1990, auxquelles nous avons ajouté celles de l'année 1998. Le tableau 10.1 fait état de la progression de la fréquence de ces mesures dans les conventions collectives pour les trois années retenues. Il faut noter que ces mesures ne s'excluent pas mutuellement et que des conventions collectives peuvent inclure deux, trois mesures, voire davantage.

La première mesure porte sur la présence d'une clause générale de formation, recyclage et perfectionnement, sans rapport toutefois avec l'introduction de changements technologiques. Le volet formation réfère à «l'acquisition d'habiletés et de connaissances jugées essentielles pour l'exécution des tâches d'un poste de travail»; le volet recyclage réfère à «la mise à jour des connaissances et techniques nécessaires pour continuer à exercer les fonctions propres à un poste

tableau 10.1 — **Fréquence de clauses reliées à la formation dans les conventions collectives de juridiction québécoise de 50 salariés et plus, pour le secteur privé, en 1980, 1990 et 1998**

Types de clauses	1980 (%)	1990 (%)	1998 (%)
Formation, recyclage et perfectionnement (sans rapport avec des changements technologiques)	31,5	30,9	39,9
Comité bipartite de formation	6,0	5,4	9,7
Remboursement de frais de scolarité	12,0	15,6	24,3
Formation reliée à des changements technologiques	21,5	13,1	14,5
Congé éducation	11,7	24,9	36,0
Formation reliée à la santé et sécurité du travail	24,9[a]	34,5	40,0
Nombre de conventions collectives[b]	**n = 1557**	**n = 1958**	**n = 1467**

a. Données de 1982, première année pour laquelle cette information est disponible.
b. Dans l'étude de Morissette (1993), il s'agissait du nombre de conventions collectives en vigueur le 31 décembre de chacune des années, donc ici les années 1980 et 1990. Pour l'année 1998, il s'agit du nombre de conventions recensées au fichier en mai 1998, sauf pour la clause congé éducation où n = 1288 (septembre 1998).
Source: pour 1980 et 1990, nous avons établi les fréquences à partir des données fournies dans Morissette (1993); pour 1998, nous avons établi les fréquences à partir des données fournies par le ministère du Travail.

de travail»; le volet perfectionnement réfère aux activités «permettant d'améliorer les connaissances de l'employé et qui sont reliées à la poursuite de sa carrière» (Voyer, 1991: 8). On constate que la fréquence de cette clause est relativement stable entre 1980 et 1990, alors qu'elle atteint tout près de 40 % des conventions collectives du secteur privé en 1998. On note donc une progression assez forte de cette clause dans les années 1990, même s'il est surprenant de constater qu'en 1998 plus de la moitié des conventions collectives de 50 salariés et plus du secteur privé ne contiennent toujours pas une clause générale relativement à la formation.

Deux autres mesures sont parfois rattachées à la présence d'une telle clause. Il s'agit de clauses relatives à un comité bipartite de formation et au remboursement de frais de scolarité. La clause de comité bipartite demeure pratiquement stable entre 1980 et 1990, puis progresse légèrement à 9,7 % en 1998, ce qui demeure somme toute marginal. Soulignons aussi que, d'après les données analysées, seulement 30 % des comités sont décisionnels, les autres étant uniquement consultatifs. Dans le cas du remboursement de frais de scolarité, on note une forte augmentation puisque la fréquence passe de 12 % à 15,6 %, puis à 24,3 % en 1998. Mentionnons qu'il s'agit d'un type de dépense admissible dans le cadre de la loi du 1 % en matière de formation, ce qui constitue une mesure incitative importante.

Une autre clause porte spécialement sur la formation concernant les changements technologiques. Le fichier d'analyse des conventions collectives permet en effet de distinguer les clauses de formation qui visent ces besoins particuliers des clauses plus générales. Les données indiquent à cet égard un léger redressement en 1998 par rapport à la tendance identifiée par Voyer (1991) et Morissette (1993) quant à la baisse de la fréquence d'une telle clause dans les conventions du secteur privé au cours des années 1980. Toutefois, il est manifeste que le taux atteint en 1998 demeure largement inférieur à celui de l'année 1980. Seulement 14,5 % des conventions collectives prévoient des mesures

de formation en cas de changements technologiques en 1998, ce qui est étonnamment faible lorsqu'on considère l'étroite association existant généralement entre les besoins de formation et les changements technologiques. Une hypothèse que nous suggérons ici est que ce recul s'expliquerait par la décision des parties négociantes, dans un certain nombre de cas, de placer ces mesures de formation avec la clause plus générale de formation, de recyclage et de perfectionnement identifiée précédemment. Ainsi, la progression de cette dernière clause compenserait, du moins en partie, le repli apparent des mesures reliées directement aux changements technologiques.

Quant au congé éducation, il correspond à un congé, généralement sans solde[19], variant de quelques jours à une année ou plus, et permettant à un salarié d'acquérir une formation générale ou technique (Voyer, 1991: 7-8). Les données du tableau 10.1 révèlent à cet égard une progression importante de la clause congé éducation. Il s'agit en fait de la mesure dont la fréquence a augmenté le plus fortement au cours de la période considérée. De seulement 11,7 % en 1980, elle est passée à 24,9 % en 1990, pour atteindre 36 % des conventions collectives de 50 salariés et plus du secteur privé en 1998.

Enfin, une dernière mesure reliée à la formation porte sur la santé et la sécurité du travail. Dans ce cas, la progression est relativement constante avec une fréquence de 24,9 % en 1982, de 34,5 % en 1990 et de 40 % en 1998. À ce sujet, on peut supposer que l'adoption en 1979 de la loi sur la santé et la sécurité du travail a eu un effet d'entraînement en raison des obligations qu'elle comportait pour les employeurs et de la sensibilisation qu'elle a entraînée auprès des parties. Cependant, seules 40 % des conventions contiennent une clause relative aux questions de santé et de sécurité. Pourtant, cette loi adoptée il y aura bientôt 20 ans misait beaucoup sur

---

19. Selon l'étude de Morissette (1993).

la prévention, la formation et la participation des responsables au sein de l'entreprise[20].

Malgré les limites de l'indicateur utilisé (la fréquence des clauses), que suggère ce portrait sommaire en matière de formation ? En fait, le bilan est incertain. Certes, des progrès ont été réalisés quant à la fréquence des clauses permettant d'évaluer l'importance accordée à la formation, surtout entre 1990 et 1998. On pourrait y voir le signe de la détermination des syndicats à faire progresser le dossier de la formation dans les milieux de travail et, plus généralement, le signe d'une plus grande sensibilité face à cet enjeu dans l'entreprise. Toutefois, 40 % des conventions seulement contiennent une clause générale relative à la formation, au recyclage ou au perfectionnement; de plus, très peu de conventions prévoient l'existence d'un comité bipartite alors que les appels à la concertation en matière de formation se font pressants depuis de nombreuses années. Par ailleurs, les clauses relatives aux changements technologiques connaissent un net recul par rapport au début des années 1980.

À la lumière de ces données, on peut se demander dans quelle mesure cette *culture de la formation* est vraiment implantée dans les entreprises du secteur privé au Québec. Il est toutefois possible que les progrès réels soient plus importants que ce que révèlent ces indicateurs. Par exemple, des pratiques conjointes en matière de formation ne se traduisent pas forcément dans les conventions collectives, surtout si elles ont un caractère nouveau ou expérimental. Mais rappelons aussi que les données considérées ici ne visent que les entreprises syndiquées de 50 salariés et plus, ce qui représente 30 % du total des conventions collectives. Or, tout porte à croire que la fréquence des clauses relatives à la formation est encore plus faible dans les entreprises de 50 salariés et moins, si on adhère à la conclusion de Morissette (1993 : 63) suivant laquelle l'intérêt manifesté pour la formation est proportionnel

au nombre de salariés de l'entreprise, ce que corroborent d'autres études (Benoît et Rousseau, 1993 ; Statistique Canada, 2001).

10.3 Contenu des clauses liées à la formation dans les conventions collectives

Nous illustrerons maintenant les notions présentées dans les sections précédentes par des exemples de clauses provenant de conventions collectives récentes. Le choix a été fait de manière à couvrir autant que possible les différentes catégories de clauses énumérées à la section 10.2 et répertoriées par le ministère du Travail. Nous présenterons les clauses sous deux rubriques : d'abord des clauses spécifiques, puis des clauses de portée plus générale. Rappelons qu'il ne s'agit pas de présenter ici des clauses représentatives d'un grand ensemble de conventions collectives, mais plutôt de fournir des exemples de ce qu'on peut retrouver dans les conventions au Québec.

10.3.1 Clauses portant sur le remboursement des frais de formation, le congé sans solde ou la formation reliée aux changements technologiques

Cette première série de clauses porte sur le remboursement par l'employeur des frais de formation des salariés, des congés sans solde et, enfin, sur d'éventuels effets des changements technologiques.

Nous avons vu à la section précédente que le remboursement des frais de formation est de plus en plus populaire dans les conventions collectives du secteur privé. Simple et efficace, cette mesure favorise l'accès à la formation continue pour la main-d'œuvre. Néanmoins, cette modalité présente l'inconvénient de ne viser que les activités de formation données à l'extérieur de l'entreprise, ce qui ne convient pas forcément à

---

20. Cette question est discutée au chapitre 15.

toutes les catégories de personnel. La clause qui suit prévoit deux éventualités avec des modalités différentes. Dans le premier cas, un employé qui choisit de suivre une formation a le droit de demander le remboursement des frais engagés à son employeur, mais le remboursement n'est pas automatique. Dans le second cas, on stipule que si l'employeur demande à l'employé de suivre une formation, alors le remboursement des frais doit être assuré.

Article 26 Cours de perfectionnement

26.01

a) L'employé, désireux d'acquérir une plus grande compétence professionnelle pertinente à sa fonction, en poursuivant des études en dehors des heures régulières de travail, peut solliciter une aide financière de la Ville.

b) Cette demande d'aide financière devra être faite dans un délai raisonnable au directeur du service concerné (avec copie au directeur des Ressources humaines) afin de lui permettre de prévoir à son budget annuel les sommes nécessaires.

c) L'aide financière qui pourra être consentie par le directeur du service concerné, en autant que l'employé réussisse le ou les cours, couvrira les frais d'enseignement facturés par l'établissement scolaire reconnu par le ministère de l'Éducation.

26.02

Lorsqu'un directeur de service demande à un employé de participer à des cours de perfectionnement, la Ville rembourse s'il y a des frais encourus pour ces cours sur présentation de pièces justificatives appropriées et maintient le salaire. Lorsque l'employé reçoit une allocation ou toute autre somme d'argent d'une autre source, il doit remettre à la Ville tout montant ainsi reçu.

(Convention collective entre Ville de Sherbrooke et Syndicat des fonctionnaires municipaux [cols blancs] F.I.S.A., 1998-2002.)

La deuxième clause correspond à la modalité du congé éducation décrite à la section précédente. Un peu plus d'une convention collective sur trois dans le secteur privé contient une telle

disposition (pour les entreprises de 50 salariés et plus). Dans l'exemple suivant, un salarié a le droit de prendre un congé sans solde d'un an maximum, avec droit de retour au poste qu'il occupait ou à un poste équivalent ; de plus, il accumule de l'ancienneté durant son congé. Il doit s'agir d'un recyclage scolaire ou d'un perfectionnement lié aux activités de l'entreprise. Enfin, le congé n'est pas accordé automatiquement puisqu'il doit faire l'objet d'une entente avec l'employeur.

Article XVIII Congés spéciaux

[...]

18.06 Un salarié peut obtenir un congé non payé de un (1) an au maximum aux fins de recyclage scolaire ou pour poursuivre des cours de formation reliés au domaine de la distribution alimentaire. Ce salarié conclut une entente écrite avec l'Employeur et une copie de la lettre est envoyée à l'Union. Le salarié doit fournir à l'Employeur une attestation scolaire à cet effet. Ce permis d'absence peut être autorisé en autant que le salarié possède une année d'ancienneté au service de l'Employeur. À son retour au travail, le salarié est réinstallé dans son occupation ou une occupation équivalente. Le salarié maintient et accumule son ancienneté pendant son congé.

(Convention collective entre Épiciers Unis Métro-Richelieu inc., Division Épicerie, Centre Mérite I, et Travailleurs et travailleuses unis de l'alimentation et du commerce, Section locale 501, 1996-2000.)

Enfin, la troisième clause porte sur la formation prévue en cas de changements technologiques. Nous avons vu à la section précédente que ce type de clause était présent dans environ 15 % des conventions collectives du secteur privé. Reconnaissant d'abord le droit de l'employeur de procéder aux changements technologiques qu'il juge nécessaires, la clause mentionne aussi que les parties déterminent ensemble la formation que devront recevoir les travailleurs. Par ailleurs, mentionnons que la clause indique que l'employeur, au moment d'introduire des changements technologiques, doit en considérer notamment les effets sur la main-d'œuvre et établir un plan d'action visant à atténuer les effets négatifs. D'aucuns pourraient voir dans cette mesure une restriction des droits de gestion de l'employeur, mais la planification intégrée des changements technologiques et des besoins d'adaptation de la main-d'œuvre est indispensable si l'on veut que les changements technologiques se fassent promptement et avec le moins de difficultés pour la main-d'œuvre et l'entreprise. Ne pas procéder ainsi risque de compromettre le gain de productivité escompté car la main-d'œuvre doit encore acquérir les compétences nécessaires. Autrement dit, une mauvaise planification affecte inévitablement la productivité et le rendement de l'entreprise. Le fait que des mécanismes dans la convention collective prévoient cette nécessaire planification peut ainsi constituer une modalité utile pour assurer la meilleure planification possible, tant pour la main-d'œuvre que pour l'employeur.

Article XVIII Changements technologiques

18.01 L'Employeur a le droit d'effectuer les changements technologiques qu'il juge nécessaires aux opérations. Les parties conviennent d'étudier les conséquences des changements technologiques et de participer au développement de programmes de formation professionnelle appropriés.

[...]

18.03 Avis

L'Employeur avise le Syndicat par écrit au moins huit (8) mois avant de tels changements. Si l'Employeur néglige de donner un tel avis, les conséquences de l'introduction du changement technologique concerné sont retardées d'autant.

Cet avis comprend les informations suivantes :

a) la nature du changement

b) le calendrier d'implantation

c) les effets et les conséquences prévus

d) les éléments du plan d'action prévu pour les salariés affectés.

18.04 Lorsque des changements technologiques se produisent, l'Employeur s'engage à ce que les salariés affectés puissent, selon le cas, avoir l'occasion de recevoir une formation ou être transférés à un travail convenable, tout en respectant les dispositions de la convention collective.

(Convention collective entre QIT-Fer et Titane inc. et Syndicat des ouvriers du fer et du titane [C.S.N.], 1995-2001.)

10.3.2 Clauses prévoyant un congé aux fins de formation avec solde ou stipulant le rôle d'un comité paritaire

Les clauses plus détaillées que nous présentons dans cette section couvrent pour l'essentiel les autres types de clauses mentionnés dans la section 10.2 (à l'exception des clauses reliées à la santé et sécurité, traitées au chapitre 15). Ainsi, nous avons sélectionné des clauses de portée plus générale concernant la formation et le paritarisme. Ces clauses sont plus détaillées que celles de la section précédente, notamment en regard des droits et obligations des parties, des modalités de fonctionnement, etc.

La première clause que nous présentons traite des congés à des fins d'études et de perfectionnement, avec solde durant une certaine période. L'exemple est intéressant notamment parce que la clause établit une banque de congés avec solde, banque qui sera ensuite répartie entre les employés en formation. Autre aspect intéressant de cette clause : un comité paritaire gère les demandes soumises par les candidats qui désirent bénéficier de ce congé. Enfin, la clause prévoit que l'horaire de travail peut être réaménagé pour faciliter les congés d'études. On notera que la clause commence par un préambule reconnaissant l'importance de la formation. Par ailleurs, une clause (8.33) prévoit aussi la possibilité d'un congé d'études et de perfectionnement sans salaire.

Comme il s'agit d'un syndicat de journalistes, on comprend l'intérêt des dispositions favorisant la formation continue. Néanmoins, de telles modalités pourraient s'avérer intéressantes pour divers milieux de travail, en particulier la constitution d'un fonds interne. En effet, il est alors possible de connaître à l'avance les sommes disponibles pour les activités de formation, ce qui peut en faciliter la planification au sein de l'entreprise, tant pour l'employeur que les employés. Par ailleurs, la création d'un comité paritaire assure un droit de regard aux employés sur cette question.

Article VIII Congés et régimes d'avantages sociaux

Chapitre VII Congés d'études et de perfectionnement

8.26 *a*) L'Employeur reconnaît la nécessité pour les employés d'avoir accès à des congés d'études et de perfectionnement dans le but d'acquérir des connaissances, de développer des habiletés et d'améliorer les attitudes.

b) À cette fin, l'Employeur s'engage aux conditions ci-après prévues, à savoir:

1. constituer une banque annuelle de congés avec solde à des fins d'études et de perfectionnement;

2. collaborer avec les services gouvernementaux, les Écoles de journalisme, les universités et autres organismes reconnus pour obtenir l'utilisation optimale de leurs ressources pour les employés;

3. accorder des congés sans solde à des fins d'études et de perfectionnement.

Chapitre VIII Congés d'études et de perfectionnement (avec salaire)

8.27 *a*) Le 1er janvier de chaque année, une banque annuelle de vingt (20) semaines de congés avec solde est constituée à l'intention des employés. Cette banque ne peut être accumulée pour l'année suivante si elle n'est pas utilisée dans l'année.

b) Les frais d'inscription, de scolarité et les autres frais afférents préalablement approuvés sont assumés par l'Employeur.

8.28 L'employé qui désire obtenir un congé avec solde soumet sa demande par écrit, au moins trente (30) jours à l'avance, au rédacteur en chef en décrivant son projet d'études et de perfectionnement, avec copie au Syndicat. Cette demande est alors transmise au comité paritaire.

8.29 *a*) Le comité paritaire étudie les demandes soumises et les évalue en tenant compte des critères suivants:

1. les avantages du congé d'études et de perfectionnement pour l'employé dans l'exercice de sa profession de journaliste au *Soleil*;

2. la répartition la plus équitable possible de ces congés entre les employés;

3. les bourses d'études et de perfectionnement destinées aux journalistes et que l'Employeur s'engage à afficher;

4. l'ancienneté;

5. lorsque les circonstances le justifient, les programmes établis par la Rédaction pour la diversification de ses ressources et le recyclage des employés;

6. tout autre critère qui pourrait être accepté par les parties au comité paritaire, y compris les conditions d'octroi du congé.

b) Le comité paritaire formule sa recommandation au rédacteur en chef. Si la recommandation est majoritaire, elle est acceptée pourvu que la banque soit suffisante pour satisfaire à la demande. Si les parties au comité paritaire ne se sont pas entendues sur la recommandation, le rédacteur en chef prend une décision après analyse du procès-verbal et il la fait connaître par écrit au comité paritaire en indiquant ses motifs. La décision du rédacteur en chef doit être communiquée au comité paritaire au plus tard quinze (15) jours après la réception de la recommandation.

8.30 *a*) Afin de favoriser les congés d'études et de perfectionnement, les parties conviennent de réaménager, lorsque cela est possible, les horaires de travail des membres de la section dont fait partie l'employé qui formule une demande de congé.

b) Aux termes de son congé, l'employé doit produire les documents attestant la réalisation de son projet. Si l'employé utilise son congé à des fins autres que celles décrites dans son projet, il doit rembourser à l'Employeur les sommes reçues en salaire et dépenses.

Ces congés ne constituent pas une rupture de service et l'employé continue d'accumuler son ancienneté et son expérience reconnues et touche la rémunération à laquelle il a droit.

8.31 Lorsqu'un cours est suivi à la demande de l'Employeur, ce dernier paie les frais d'inscription, de matériel pédagogique, de scolarité, ainsi que les frais de déplacement et de séjour, s'il y a lieu.

Si ces cours ont lieu durant une journée de travail, le salaire est maintenu et l'employé n'est pas tenu de remettre en temps les périodes de cours.

Si ces cours ont lieu durant une journée de congé ou si l'employé est appelé à suivre des cours après une journée normale de travail, l'Employeur remet une période de temps équivalente à celle passée en cours, jusqu'à un maximum d'une journée normale de travail. La reprise s'effectue à un moment convenu entre l'Employeur et l'employé, dans les quatre-vingt-dix (90) jours suivants.

[...]

Chapitre X Congés d'études et de perfectionnement (sans salaire)

8.33 Tout employé désireux d'obtenir un congé sans salaire à des fins d'études et de perfectionnement soumet sa demande, par écrit, au rédacteur en chef, avec copie au Syndicat.

Si le rédacteur en chef refuse cette demande, il fournit au requérant les motifs de son refus. Si ce dernier n'est pas satisfait, il peut alors déposer un grief.

Ce congé est accordé pour une période maximum de cinquante-deux (52) semaines et est renouvelable jusqu'à concurrence de cinquante-deux (52) autres semaines.

L'Employeur peut refuser que plus de trois (3) employés bénéficient en même temps d'un tel congé; de plus, le nombre total cumulatif d'employés en congé d'études et de perfectionnement sans salaire, en congé sabbatique (sans salaire) et en congé sabbatique à salaire différé ne pourra être supérieur à quatre (4) à la fois.

(Convention collective entre *Le Soleil*, Division de compagnie Unimédia, et Syndicat de la rédaction du *Soleil* [C.S.N.], 2000-2003.)

Dans le même ordre d'idées, une clause provenant d'une autre convention collective reprend des modalités semblables à la clause précédente quant à la reconnaissance de l'importance de la formation, la constitution d'un budget annuel et la création d'un comité paritaire en matière de formation continue. L'extrait que nous reproduisons définit d'abord les activités de perfectionnement et les activités de recyclage; la clause établit ensuite la constitution d'un fonds destiné à financer ces activités, dans la logique de la loi du 1 % évoquée à la section 10.1.2. En effet, ici, les parties enchâssent en quelque sorte dans la convention collective le principe de la *Loi favorisant le développement de la formation de la main-d'œuvre* visant à consacrer annuellement 1 % de la masse salariale à la formation. De plus, elles fixent les modalités locales de gestion par le biais, notamment, de la création d'un comité paritaire décisionnel et par l'établissement de priorités à accorder aux demandes de perfectionnement ou de recyclage. Il s'agit d'un bon exemple de continuité entre une politique publique et la négociation de son application locale. On peut dire ici que cette loi a agi en tant que levier en instaurant au niveau de l'entreprise des modalités structurantes dans le domaine de la formation et en laissant aux parties le soin d'en disposer localement.

Article 31 Perfectionnement et recyclage

31.01 *a)* le perfectionnement désigne des activités de formation et d'apprentissage dont le but consiste à favoriser l'acquisition ou l'amélioration d'habiletés ou de connaissances qui sont reliées à une fonction existante ou prévisible à l'Université.

b) le recyclage désigne des activités de formation, d'apprentissage et d'entraînement à la tâche qui visent à permettre à une personne salariée d'acquérir les compétences jugées nécessaires en vue d'occuper un autre poste dans le cadre des modalités d'application de l'article 29. [Cet article renvoie au processus d'abolition de poste.]

31.02 Aux fins du présent article, l'Employeur consacre au perfectionnement et au recyclage une provision établie à un pour cent (1 %) de la masse salariale des personnes salariées au 1er juin de l'année courante et ce, pour chaque année financière. À la fin de l'année le solde est reporté. L'Employeur fournit périodiquement au comité un relevé budgétaire de cette caisse.

Les coûts des activités de perfectionnement ou de recyclage sont défrayés entièrement à même la caisse de perfectionnement et de recyclage selon les modalités établies et sous réserves des sommes disponibles. [...]

[...]

31.04 Les parties s'engagent à maintenir un comité paritaire décisionnel qui est constitué comme suit :

trois (3) représentants du Syndicat ;

trois (3) représentants de l'Employeur.

Le comité se réunit au besoin ou à la demande de l'une ou l'autre des parties et il établit ses propres règles de procédure.

L'Employeur libère, sans perte de salaire habituel, les représentants syndicaux selon les modalités prévues à l'article 7 Libérations syndicales.

31.05 L'ordre de priorité à accorder aux demandes de perfectionnement ou de recyclage est :

1) les activités de recyclage pour le personnel en situation de replacement en vertu de l'article 29 ;

2) les projets collectifs ou individuels visant l'acquisition ou la mise à jour de connaissances et d'habiletés contribuant à l'amélioration de la compétence dans la fonction occupée ;

3) les projets collectifs permettant l'acquisition de connaissances, d'habiletés et d'expérience qui facilitent l'accès à d'autres fonctions à l'Université pour lesquelles des postes vacants ou nouveaux sont prévisibles ;

4) les projets individuels permettant l'acquisition de connaissances qui facilitent l'accès à d'autres fonctions à l'Université pour lesquelles des postes vacants ou nouveaux sont prévisibles.

31.06 À l'intérieur des dispositions du présent article et du budget mis à sa disposition, le comité a pour mandat :

d'accepter ou de refuser les demandes de perfectionnement ou de recyclage qui lui sont soumises ;

de faire la répartition budgétaire étant entendu qu'aucune des priorités prévues au paragraphe 31.05 ne peut utiliser la totalité du budget et qu'un montant minimum doit être alloué à la priorité numéro 4 ;

d'établir et de modifier, au besoin, les règles de fonctionnement et d'en faire la diffusion.

(Convention collective entre Université Laval et Syndicat des employés et employées de l'Université Laval, 1999-2002.)

10.4 Conclusion

La formation continue de la main-d'œuvre est un enjeu somme toute très récent dans la dynamique du marché du travail. De plus, les innovations législatives et institutionnelles québécoises sont aussi fort jeunes. Néanmoins, à la lumière des données présentées dans ce chapitre, il semble bien que des progrès ont été accomplis. Les partenaires du marché du travail se sont appuyés sur les politiques publiques, sur des structures favorisant le paritarisme et sur leur propre responsabilisation face à l'enjeu de la formation, comme sur autant de leviers au regard des milieux de travail. Le législateur n'a pas retenu l'idée, largement revendiquée par les syndicats, d'obliger le partenariat dans les milieux de travail. Il a plutôt laissé agir la dynamique des rapports collectifs. Faudra-t-il éventuellement revenir sur ce point pour faciliter la mise en place de pratiques de formation dans les milieux de travail ?

Globalement, la formation continue relève exclusivement d'un droit de la direction que les travailleurs doivent conquérir et négocier. Les données quantitatives sur les clauses de conventions collectives illustrent certains résultats atteints à cet égard. Par ailleurs, les clauses présentées dans ce chapitre illustrent que les parties peuvent convenir de modalités réciproquement intéressantes, modalités qui permettent de baliser les droits et les obligations de chacun et qui favorisent l'appropriation collective d'un enjeu que plusieurs reconnaissent volontiers. Rappelons toutefois que la majorité des travailleurs ne sont pas syndiqués et qu'en définitive les dispositions prévues dans la loi du 1 % ne leur permettent pas de participer à des décisions qui les concernent pourtant directement. À cet égard, la mise en place de modalités nouvelles n'est pas incompatible avec l'évaluation et le renforcement des dispositifs déjà en place et le développement de pratiques dans les milieux de travail. Ainsi, on pourrait définir de nouveaux droits, individuels ou collectifs, ou élaborer de nouveaux dispositifs collectifs, tels des fonds de formation dans l'entreprise, régionaux ou sectoriels. En ce sens, les innovations introduites depuis les années 1990 au Québec doivent être vues comme des mécanismes en soi certes perfectibles, mais aussi comme des pièces à compléter pour assurer un développement de la main-d'œuvre dont profiteront les employeurs et les travailleurs.

références bibliographiques

Béland, P. (1992). «La formation professionnelle: les défis des années 90», *Le Marché du travail*, vol. 13, n° 3, p. 9-10 et p. 88-94.

Benoît, C. et M.D. Rousseau (1993). *La gestion des ressources humaines dans les PME au Québec*, Québec, Les Publications du Québec.

Charest, J. (1998). «Les syndicats et la formation de la main-d'œuvre dans le secteur privé au Québec au cours des années 90», *Le Marché du travail*, vol. 19, n° 10, p. 5-10 et p. 73-76.

Charest, J. (1999). «Articulation institutionnelle et orientations du système de formation professionnelle au Québec», *Relations Industrielles/Industrial Relations*, vol. 54, n° 3, p. 439-471.

Charest, J. (2002). «La loi 90 produit-elle les résultats escomptés? Quelques réflexions, six ans après son entrée en vigueur», *La minute de l'emploi, Fonds de solidarité FTQ*, vol. 5, n° 1, p. 2-7.

Commission d'étude sur la formation des adultes (1982). *Apprendre: une action volontaire et responsable*, Québec, Direction de l'édition du ministère des Communications.

Ministère de la Main-d'œuvre, de la Sécurité du revenu et de la Formation professionnelle (1991). *Partenaires pour un Québec compétent et compétitif*, Gouvernement du Québec.

Ministère de l'Éducation (2002). *Apprendre tout au long de la vie. Politique gouvernementale d'éducation des adultes et de formation continue*, Gouvernement du Québec.

Ministère de l'Emploi et de la Solidarité sociale, Emploi-Québec (1998). *Loi favorisant le développement de la formation de la main-d'œuvre. Investir 1 % en formation: ça vous rapporte!* Guide général, Gouvernement du Québec.

Ministère de l'Emploi et de la Solidarité sociale, (2000). *Loi favorisant le développement de la formation de la main-d'œuvre. Rapport quinquennal sur la mise en œuvre 1995-2000*, Emploi-Québec, Québec, Gouvernement du Québec, Direction des communications d'Emploi-Québec.

Ministère de l'Emploi et de la Solidarité sociale (2002). *Guide de présentation d'un projet dans le cadre du Programme de subvention pour la formation de la main-d'œuvre en emploi 2002-2003*, Emploi-Québec, Fonds national de formation de la main-d'œuvre, Québec, Gouvernement du Québec, Direction des affaires publiques et des communications.

Morissette, R. (1993). «Évolution de l'intérêt pour la formation dans les conventions collectives québécoises de 1980 à 1992», *Le Marché du travail*, vol. 14, n° 7, p. 5-10 et p. 63-72.

Paquet, P. (1993). «L'évolution des politiques canadiennes et québécoises de formation des adultes depuis 1960», dans P. Dandurand (dir.), *Enjeux actuels de la formation professionnelle*, Québec,

Institut québécois de recherche sur la culture, p. 225-258.

PORTER, M.E. (1990). *The Competitive Advantage of Nations,* New York, Free Press.

REICH, R.B. (1992). *The Works of Nations,* New York, Vintage Books.

STATISTIQUE CANADA (2001). *Enquête sur le milieu de travail et les employés. Compendium,* Catalogue N.71-585-XIF, Ottawa.

VOYER, O. (1991). « À l'heure de la formation, la situation des syndiqués au Québec », *Le Marché du travail,* vol. 12, n° 2, p. 5-10 et p. 85-91.

Chapitre 11

Heures de travail

Plan

La négociation de la durée du travail comporte deux éléments interdépendants : le travail à effectuer, d'une part, et la rémunération, d'autre part. Généralement, les conventions collectives traitent d'abord des heures habituelles de travail, journalières et hebdomadaires, puis des heures supplémentaires, ainsi que des jours fériés et des vacances qui constituent des jours payés non travaillés. À ce titre, ces deux dernières dispositions concernent plutôt les avantages sociaux que les heures de travail qui font l'objet du présent chapitre.

Déterminer la durée du travail constitue un choix fondamental entre deux objets également essentiels : des biens matériels nécessaires – produits par le travail et accessibles grâce à la rémunération – et le temps disponible à d'autres fins, que nous désignerons sous le terme de *loisir*. Ce compromis entre travail et loisir relève en partie des décisions d'ordre privé, mais également de normes institutionnelles fixées par les lois et les conventions collectives. L'opposition travail-loisir n'est pas nouvelle, mais elle revêt une signification différente en période de récession économique. Si, au cours des deux derniers siècles, nos ancêtres semblent avoir privilégié le travail, les deux dernières décennies du XXᵉ siècle ont été marquées par un débat de société sur le partage du travail comme mesure de réduction du chômage.

Depuis la crise économique du début des années 1980, les organisations syndicales québécoises préconisent une réduction de la durée de la semaine de travail et un contingentement légal des heures supplémentaires afin de créer des emplois et lutter contre le chômage (Confédération des syndicats nationaux, 1994 ; Fédération des travailleurs du Québec, 1995). Le débat sur la réduction de la durée du travail soulève de nombreuses questions qui débordent largement le cadre de la convention collective et que nous aborderons brièvement dans ce chapitre. Quels sont les effets d'une telle mesure sur la création d'emplois ? Les entreprises exigent-elles trop d'heures supplémentaires ? Le travail à temps partiel résulte-t-il de calculs intéressés des employeurs ou répond-il à l'émergence de nouvelles

catégories de travailleurs ? Ces questions qui se posent dans tous les pays industrialisés sont directement reliées aux heures de travail.

Nous présenterons d'abord dans ce chapitre une perspective historique de la question. Suivront les définitions des principaux concepts utilisés dans les conventions collectives en regard des heures de travail, et une présentation du cadre légal en matière de durée du travail au Canada et au Québec. Nous aborderons ensuite l'analyse des principales clauses de conventions collectives qui traitent des heures de travail. Après quoi, nous étudierons divers problèmes reliés aux heures de travail, notamment la réduction de la durée du travail.

11.1 Historique et concepts

L'analyse du contenu actuel des conventions collectives quant aux heures de travail ne peut être complète sans un bref rappel de son évolution historique. Par la suite, nous décrirons les principaux concepts reliés aux heures de travail.

11.1.1 Historique de l'évolution de la durée du travail

Au milieu du XIXᵉ siècle, la semaine de travail ne ressemble guère à celle d'aujourd'hui. On travaille alors 72 heures par semaine, les congés sont presque inexistants, et pratiquement jamais payés. Sous la pression des unions ouvrières et des réactions de l'opinion publique, la journée de travail descend à 10 heures, puis à neuf heures, et bientôt à huit heures.

Le mouvement amorcé aux États-Unis gagne assez rapidement le Canada et, sous l'influence de ces différentes campagnes, la semaine de travail diminue régulièrement, de deux ou trois heures par décennie. Au tournant du XXᵉ siècle, un salarié travaille en moyenne 55 heures par semaine, et de 1900 à 1920, la durée du travail hebdomadaire diminue de cinq heures aux États-Unis et de trois heures environ au Canada. Durant la crise économique des années 1930, le nombre d'heures de travail au Canada et aux États-Unis baisse, aux alentours de 40 heures par semaine, du moins dans le secteur manufacturier. Avec la Seconde Guerre mondiale, le nombre d'heures hebdomadaire remonte jusqu'à 50 au Canada, mais, la guerre finie, on revient à la semaine de 40 heures (Hébert, 1992: 398, tableau 12-1).

Après avoir diminué de façon spectaculaire aux États-Unis et au Canada au cours de la première moitié du XXe siècle, depuis la fin de la Seconde Guerre mondiale, la durée du travail se stabilise autour de 40 heures par semaine pour les ouvriers (cols bleus), tandis que, dans les services et le commerce, la diminution se poursuit, mais très lentement. Les légères variations observées au cours des 50 dernières années reflètent davantage les cycles économiques qu'une tendance de longue durée.

Quand la semaine est de plus de 45 heures, la réduction des heures de travail donne des résultats remarquables. On observe alors une réduction des effets physiologiques négatifs et une augmentation de la productivité, sans comparaison avec le nombre d'heures retranchées. Toutefois, il semble que ce ne soit plus le cas avec la semaine de 40 heures. Le même phénomène se produit quand la semaine passe de six jours de travail à cinq et demi, puis à cinq. Une fois passé ce cap, il n'y a plus d'amélioration. Les observations précédentes laissent croire que 40 heures de travail par semaine, distribuées en cinq journées de huit heures, constituent une formule adéquate du point de vue physiologique. D'autres arguments militent en faveur d'une réduction additionnelle de la semaine de travail. Mais, justement, il faut invoquer d'autres raisons, parce que ces motifs n'ont plus l'importance qu'ils avaient quand la semaine de travail était plus longue.

La stabilité de la semaine de travail autour de 40 heures que connaît l'Amérique du Nord depuis une cinquantaine d'années contraste avec la baisse continue de la durée du travail dans les principaux pays européens au cours de la même période (Bureau international du travail, 2000:

160-192). Il faut d'ailleurs noter que, durant les deux décennies qui suivent la Seconde Guerre mondiale, la semaine normale de travail dans ces pays est souvent de 45 et même de 48 heures, alors que la norme nord-américaine est de 40 heures. Depuis le début des années 1980, la réduction de la durée du travail s'intensifie en Europe en réponse à la montée du chômage. Ainsi, en 1995, la durée légale hebdomadaire du travail est de 37 heures au Danemark, de 38,5 heures aux Pays-Bas et de 39 heures en France (Desjardins, 1997). En 1998, le gouvernement français adopte une loi fixant la semaine de travail à 35 heures à partir de l'an 2000, et introduisant des mesures incitatives afin que cette réduction se traduise en création d'emplois (Gubian, 2000). Au Canada et au Québec, des campagnes d'information sont menées pour la réduction de la durée du travail depuis le début des années 1980, mais elles n'ont pas l'ampleur ni les résultats observés dans les pays européens.

11.1.2 Principaux concepts

Les concepts relatifs aux heures de travail sont nombreux et variés. Nous définirons les principaux, ceux que nous utiliserons ultérieurement dans ce chapitre.

L'expression *heures normales* est sans doute la plus utilisée dans les conventions collectives. Elle l'est dans deux sens, qu'il ne faut jamais confondre. Les heures normales sont donc celles qui sont déterminées par une norme fixée par une loi, une convention collective ou la coutume. On désigne aussi comme normal ce qui se produit habituellement; en ce sens, on parlera également d'heures normales pour qualifier celles qui sont généralement accomplies par la plupart des travailleurs. Sauf indication contraire, nous utiliserons l'expression heures normales dans son premier sens plutôt que dans le second.

Lorsque les heures effectivement travaillées dépassent le nombre d'heures normales prévues par jour ou par semaine, on parle alors d'*heures supplémentaires* (et non pas de «temps supplémentaire» ou de «surtemps»). Si l'employeur veut faire exécuter du travail en heures supplémentaires, il doit normalement ajouter une prime au taux horaire normal. En ce sens, les heures normales sont souvent définies tout simplement par référence au taux normalement payé.

Au concept de durée normale du travail s'oppose celui de *durée maximale*. Au sens strict, la durée maximale exprime le nombre d'heures de travail qu'aucun employeur ni aucun employé ne doit dépasser par jour ou par semaine. C'est ainsi que le *Code canadien du travail* prévoit 40 heures normales de travail par semaine (art. 169, al. 1, C.c.t.) et une durée maximale de 48 heures (art. 171, al. 1, C.c.t.). Malgré l'intention du législateur, il arrive bien souvent que le maximum d'heures doit être dépassé. Il faut alors qu'un permis soit obtenu ou qu'un avis soit donné, comme nous le verrons plus loin dans la section portant sur le cadre légal.

Dans les statistiques relatives aux heures de travail, on parle tantôt des heures effectuées (ou travaillées), tantôt des heures payées. Comme le terme l'indique, les *heures effectuées* correspondent au temps durant lequel l'employé a effectivement travaillé. Les *heures payées* incluent le temps payé mais non travaillé, comme les jours fériés et les vacances annuelles. Les heures effectuées et les heures payées représentent des données empiriques, contrairement aux heures normales et à la durée maximale qui correspondent à une donnée normative. Les heures supplémentaires sont celles qui sont effectivement travaillées, au-delà des heures normales, et qui sont habituellement payées à un taux majoré.

Enfin, il existe diverses *primes* reliées au temps de travail. Ces primes correspondent à des suppléments accordés, en plus de la rémunération normale, parce que le travail est effectué dans des circonstances temporelles particulières.

La *prime d'heures supplémentaires* est la plus fréquente. Elle consiste généralement dans le paiement d'un taux normal majoré de moitié (150 %) ou d'un taux double (200 %) que l'employeur doit payer pour les heures de travail effectuées au-delà des heures normales pour chaque jour ou pour chaque semaine de travail. On assimile parfois aux heures supplémentaires les primes accordées pour du travail effectué le samedi ou le dimanche, là où ces deux journées sont des jours non travaillés, ou lors d'un congé chômé et payé. Par ailleurs, certaines conventions collectives prévoient une *prime de rappel* pour les employés qui acceptent de travailler en dehors de leur horaire normal pour effecteur des travaux urgents. Cette prime garantit habituellement un nombre minimum d'heures payées au taux majoré, même si la prestation de travail est plus courte. Enfin, là où le travail est continu et organisé par quarts de travail successifs, une prime est habituellement accordée à ceux qui sont assignés à l'équipe (ou au quart) de soir ou à l'équipe de nuit. Ces primes s'ajoutent parfois à la prime de fin de semaine.

Certaines situations font aussi l'objet de primes liées aux heures de travail. Si les heures normales, par exemple huit heures par jour, ne sont pas travaillées de manière consécutive, on accorde souvent une prime d'amplitude, aussi qualifiée de *prime d'heures brisées* ou de *prime de fractionnement,* à l'employé qui doit travailler au-delà des huit heures normalement prévues ou dont l'horaire de travail est formé de journées entrecoupées. On trouve ce type de prime notamment dans les conventions collectives des chauffeurs d'autobus dans le transport urbain et scolaire. Il y a également la *prime de disponibilité,* accordée au travailleur qui ne demeure pas au lieu de travail, mais qui demeure à la disposition de l'employeur en vue d'effectuer un travail éventuel.

Enfin, d'autres primes dépendent de la nature du travail plutôt que du moment de son exécution. C'est le cas des primes de travail salissant ou pénible, de surveillance ou de chef d'équipe – pour celui qui doit coordonner le travail d'un certain nombre de collègues – et des primes d'éloignement ou d'ancienneté. N'étant pas liées au temps de travail, ces primes ne seront pas examinées dans ce chapitre.

Il faut signaler, en terminant, que le problème des heures de travail s'inscrit dans un ensemble beaucoup plus vaste, celui de la durée totale du travail. Même s'il est vrai que la journée et la semaine de travail n'ont pas été modifiées sensiblement depuis les années 1950 en Amérique du Nord, la durée annuelle du travail, pour sa part, a beaucoup diminué. Les vacances annuelles ont été considérablement allongées, et le nombre annuel des jours fériés, chômés et payés, est passé de 6 à 13, voire à 15 dans certains cas. Il existe également des congés de maladie et de deuil, des congés sociaux, personnels ou mêmes libres, que l'employé peut prendre, moyennant quelques contraintes, quand il le désire. Tout cela diminue les heures travaillées annuellement, mais pas nécessairement la durée de la journée ni la semaine de travail.

Avant d'aborder les dispositions des conventions collectives relatives aux heures de travail, il faut présenter le cadre légal que les conventions collectives doivent respecter.

11.2 Cadre légal de la durée du travail au Québec et au Canada

Selon que l'activité de l'entreprise est de compétence fédérale ou provinciale, les dispositions minimales à respecter sont contenues dans la partie III du *Code canadien du travail*[1] ou dans la *Loi sur les normes du travail*[2] du Québec. Nous présentons d'abord les principales dispositions sur la durée du travail, lesquelles ont subi de nombreuses modifications depuis son adoption en 1979.

11.2.1 Normes relatives aux heures de travail au Québec

Avec l'adoption de la *Loi sur les normes du travail*, en 1979, la semaine normale de travail au Québec est fixée à 44 heures. Mais en 1997, une modification apportée à la loi réduit graduellement le temps de travail hebdomadaire d'une heure par année, jusqu'à ce qu'il atteigne 40 heures en l'an

2000 (art. 52, L.n.t.). La loi donne également au gouvernement le pouvoir de fixer d'autres heures normales par voie de règlement. Ainsi, le *Règlement sur les normes de travail* établit celles-ci à 60 heures pour les gardiens – à moins que ceux-ci ne travaillent pour une compagnie qui fournit ce genre de service par contrat à d'autres entreprises –, à 55 heures pour les travaux exécutés dans un endroit isolé, et à 49 heures pour le domestique qui réside chez son employeur (art. 8, 9 et 12, *Règlement sur les normes de travail*).

Il faut noter que certains employés ne bénéficient pas de la prime de travail pour les heures effectuées au-delà de la semaine normale de travail établie dans cette partie de la *Loi sur les normes du travail*. Ce sont, par exemple, les cadres d'une entreprise, les salariés qui travaillent en dehors de l'établissement et dont les horaires sont incontrôlables, comme les voyageurs de commerce, les travailleurs agricoles et certains étudiants employés par des organismes à but non lucratif, comme les camps de vacances (art. 54, L.n.t.).

La loi ne contient pas de disposition relative à une durée normale du travail quotidien ou pour une journée de travail. Elle ne prescrit que les heures normales par semaine. Tout travail exécuté en surplus de ces heures doit comporter une prime, ou majoration, de 50 % du salaire horaire habituel de l'employé. Depuis 1990, à la demande du salarié ou dans les cas prévus par une convention collective, la loi permet de remplacer le paiement des heures supplémentaires par un congé payé d'une durée équivalente aux heures supplémentaires effectuées, avec la majoration prescrite de 50 % (art. 55, L.n.t.). Elle permet également l'étalement des heures de travail sur une période supérieure à la période hebdomadaire, avec l'autorisation de la Commission (art. 53, L.n.t.).

La loi n'impose pas la période de repos, généralement connue sous le nom de *pause-café*. Toutefois, si elle existe, elle doit être payée, puisque la loi dit que le salarié est réputé être au travail « [...] durant le temps consacré aux pauses accordées par l'employeur » (art. 57 (2), L.n.t.). En

---

1. L.R.C. (1985), c. L-2 [ci-après cité: C.c.t.].
2. L.R.Q. c. N-1.1 [ci-après citée: L.n.t.].

revanche, la loi impose la période de repos, obligatoire après cinq heures consécutives de travail; elle doit être d'au moins 30 minutes, mais l'employeur n'est pas obligé de la payer, sauf si le salarié n'a pas le droit de quitter son poste de travail durant cette période (art. 79, L.n.t.).

Enfin, la loi contient d'autres dispositions relatives à la durée du travail, notamment une indemnité de présence au travail égale à trois heures payées au taux horaire régulier, huit jours fériés, chômés et payés, des vacances annuelles de deux ou trois semaines selon le nombre d'années de service continu, et des congés sociaux (art. 58, 60, 68, 69 et 80, L.n.t.).

11.2.2 *Code canadien du travail*

Les dispositions du *Code canadien* sur la durée du travail (art. 169 à 177) sont très différentes de celles que prévoit la *Loi sur les normes de travail* au Québec. Le premier article établit une durée normale de travail de huit heures par jour et de 40 heures par semaine (art. 169, al. 1, C.c.t.). Le paiement des heures supplémentaires est donc obligatoire dès que l'employé travaille plus de huit heures par jour, même s'il n'atteint pas les 40 heures par semaine. Comme dans la *Loi sur les normes du travail du Québec*, la prime d'heures supplémentaires représente au moins la moitié de la rémunération horaire habituelle (art. 174, C.c.t.).

Quand le travail est par nature irrégulier, il est possible d'étaler le calcul des heures normales, journalières ou hebdomadaires, sur plusieurs semaines (art. 169, al. 2, C.c.t.). Des règles détaillées précisent les modes d'application de cette formule de la moyenne, qui permet l'étalement des heures à taux normal sur plusieurs semaines (art. 6, *Règlement du Canada sur les normes du travail*).

Après avoir fixé la journée normale à huit heures et la semaine normale à 40 heures, le *Code canadien* «interdit à l'employeur de faire ou de laisser travailler un employé au-delà de cette durée» (art. 169, al.1 (b), C.c.t.). Il faut sous-entendre: sans lui payer la prime alors obliga-

toire. En effet, le *Code* parle plus loin d'une durée maximale de 48 heures par semaine (art. 171 et 172, C.c.t.). De plus, le *Code* permet au ministre d'accorder diverses dérogations aux heures normales et maximales (art. 170 et 176, C.c.t.) et au gouvernement d'adopter des règlements en vue d'exempter certains employeurs de l'application des heures normales et maximales (art. 175, C.c.t.).

La loi fédérale prévoit deux types de dérogation pour des circonstances différentes (art. 170 et 176, C.c.t.). L'article 170 vise des situations à caractère permanent, tel un horaire variable ou une semaine comprimée. Il stipule que l'employeur peut modifier un horaire de travail dont la durée est supérieure aux heures normales légales, à condition que la moyenne hebdomadaire de travail au taux normal n'excède pas 40 heures. S'il existe une convention collective, la modification doit faire l'objet d'une entente écrite avec le syndicat. Là où il n'y a pas de syndicat, l'employeur doit démontrer qu'il a l'appui d'au moins 70 % des employés touchés par cette mesure (art. 170, al. 2, C.c.t.). Les dérogations autorisées par l'article 176 s'appliquent à des circonstances particulières, comme le travail en région éloignée ou l'entretien des voies ferrées dans des régions inhabitées. Il est également permis de dépasser la durée maximale du travail hebdomadaire dans tous les cas d'urgence, par exemple à l'occasion d'un bris d'outillage, de dommages au matériel ou à l'usine, ou d'accidents du travail, ainsi qu'en toute autre circonstance imprévue (art. 177, C.c.t.). De par le nombre élevé de dérogations générales et particulières prévues au *Code canadien du travail*, les parties à une convention collective arrivent à se soustraire de différentes façons aux règles sur les heures normales et maximales prévues par la loi. Dans le cas d'une demande conjointe de dérogation, avec tous les précédents qui existent, il serait difficile au ministre de refuser une telle requête.

En résumé, ces deux lois établissent les normes minimales en matière d'heures de travail et de rémunération du travail exécuté en dehors des heures normales de travail. Mais, par la négociation collective, les syndicats cherchent à assurer aux salariés des conditions supérieures aux normes minimales légales, comme nous le verrons dans la prochaine section.

11.3 Clauses relatives aux heures normales de travail

Les clauses de convention collective relatives aux heures normales de travail sont parfois courtes et simples, parfois longues et complexes, selon la nature de l'entreprise et l'organisation du temps de travail. Il va de soi qu'il est plus facile de décider des heures de travail dans une petite usine où l'on travaille cinq jours par semaine, de huit heures du matin à cinq heures de l'après-midi, que dans un supermarché où le nombre d'employés et la clientèle varient constamment, d'une heure à l'autre et d'un jour à l'autre. Il en est de même dans un hôpital où des services doivent être assurés 24 heures par jour, sept jours par semaine.

Nous présenterons une vue d'ensemble du contenu des conventions collectives sur les heures normales de travail et quelques exemples de clauses. Nous retiendrons deux aspects principaux : d'abord, la durée normale et l'horaire de travail ; ensuite, le travail posté, autrement dit le travail en équipes alternatives, et l'assignation des quarts de travail.

11.3.1 Durée normale et horaire de travail

La très grande majorité des conventions collectives contiennent des dispositions sur les heures normales de travail, par jour et par semaine. La plupart d'entre elles déterminent également l'horaire de travail, c'est-à-dire la répartition des heures de travail à l'intérieur de la journée. Il doit en être ainsi puisque les heures normales ne se définissent qu'en fonction de la prime qu'il faut accorder pour les heures travaillées en dehors des heures normales.

L'analyse du contenu des conventions collectives en vigueur au Québec en 1989 révèle qu'il existe une différence prononcée entre le secteur manufacturier et les autres secteurs quant à la durée de la journée et de la semaine normales de travail. Dans le secteur manufacturier, où les cols bleus sont très nombreux, la majorité des salariés régis par une convention collective sont assujettis à une journée normale de huit heures et une semaine normale de 40 heures. Mais, dans les plus grosses entreprises, un nombre très important de salariés bénéficient d'une journée et d'une semaine normales plus courtes, respectivement de 7,5 heures et de 37,5 heures (Hébert, 1992 : 407, tableau 12-2). En dehors du secteur manufacturier, où sont concentrés les cols blancs, les heures quotidiennes et hebdomadaires de travail sont généralement plus courtes. Au Québec, en 1989, environ 75 % des cols blancs régis par une convention collective travaillent sept heures par jour, soit 35 heures par semaine. Une mise à jour en 1996 de la même banque de données confirme le maintien de la semaine normale de 40 heures chez les cols bleus, tandis que la semaine de 35 heures prédomine toujours chez les cols blancs (Desjardins, 1997 : 7).

La majorité des conventions collectives contiennent des dispositions sur l'horaire journalier, le moment du repas et les périodes de repos. De telles précisions figurent dans les conventions qui s'appliquent à des lieux de travail où l'horaire est fixe. Si, pour une raison ou pour une autre, l'horaire est complexe, on le présente souvent dans une annexe à laquelle le texte de la convention fait référence. Enfin, comme dans les cas de production continue, il arrive que la convention définisse les principes d'aménagement des horaires des différents quarts de travail. Il y est parfois précisé également que les horaires doivent être affichés pour que tous les intéressés puissent en prendre connaissance en temps utile.

Voici deux exemples de clauses de conventions collectives concernant les heures de travail. Plus simple, la première concerne des employés de bureau répartis en deux quarts de travail (jour et soir). La seconde vise des cols bleus affectés à des opérations en continu sur trois quarts de travail. Dans les deux cas, les horaires de travail individuels sont fixes, car il n'y a pas de rotation des quarts de travail.

Article IX   Durée du travail

[...]

9.18 *a*)   La semaine de travail des employés de soutien de jour est de trente-deux (32) heures réparties sur cinq (5) jours consécutifs.

À l'exception des techniciens en information attachés au rédacteur en chef et au directeur de l'information, aux cahiers spéciaux et à l'éditorial, et au chef des nouvelles, l'Employeur convient de permettre à un employé, qui en fait la demande, de bénéficier d'un horaire variable en autant que cet horaire réponde aux besoins des opérations. Cet horaire variable, qui tient compte des besoins de l'employé, peut permettre une journée normale de travail dont l'amplitude varie entre quatre (4) heures et huit (8) heures avec des plages fixes; dans l'utilisation des plages variables, l'employé doit s'acquitter de ses responsabilités professionnelles.

b)   La semaine de travail des employés de soutien de nuit est de trente-deux (32) heures sur quatre (4) jours répartis sur cinq (5) jours consécutifs.

c)   L'amplitude de la période de travail de jour varie de quatre (4) à huit (8) heures et celle de nuit, de six (6) à dix (10) heures.

d)   Ces périodes se situent entre 7 h 00 le dimanche et 7 h 00 le dimanche suivant. Toutefois, en tenant compte des nécessités du service, l'Employeur restreint le plus possible le nombre d'employés de soutien devant travailler le samedi et/ou le dimanche.

9.19   Les périodes quotidiennes de travail sont effectuées:

a)   entre 7 h 00 et 19 h 00 pour les employés de soutien travaillant pendant les heures de jour;

b)   partiellement ou totalement à l'extérieur de cette période pour les employés de soutien travaillant pendant les heures de nuit.

9.20   Les heures de travail ne peuvent être séparées que par une période de repas non rémunérée, d'une durée minimale de trente (30) minutes et maximale de quatre-vingt-dix (90) minutes, dont le moment est déterminé par la direction.

Toutefois, les téléphonistes peuvent être appelés à prendre leur repas sur les temps de travail.

9.21   L'employé de soutien a droit, deux (2) fois par jour, à une période de repos de quinze (15) minutes sans perte de salaire.

Toutefois, l'employé de soutien a droit à trois (3) périodes de repos par jour lorsque son horaire régulier de travail est de dix (10) heures.

9.22   L'horaire régulier ne varie pas d'une semaine à l'autre. Cependant, si la direction apporte des changements à ces horaires, elle en avise le Syndicat et l'employé de soutien concerné sept (7) jours à l'avance pour le même quart de travail et quatorze (14) jours à l'avance s'il y a changement de quart de travail. Dans un cas de remplacement temporaire, la direction peut utiliser les services d'un employé de soutien consentant ou d'un employé de soutien qualifié et ayant le moins d'ancienneté.

(Convention collective entre *Le Soleil*, Division de la compagnie Unimédia, et Syndicat de la rédaction du *Soleil* [C.S.N.], 2000-2003.)

Cette convention collective fixe à 32 heures la semaine normale de travail pour les employés de soutien, en aménageant des horaires différents pour les équipes de jour et de nuit. De plus, il est possible, pour un employé, de bénéficier d'un horaire variable avec l'accord de l'employeur. La convention prévoit également des périodes de repos et de repas, et que le Syndicat et le salarié concerné seront avisés des modifications de l'horaire de travail. Dans la convention collective suivante, qui s'applique à des salariés affectés à des opérations continues sur différents quarts de travail dans le commerce de détail, l'article sur les heures de travail renvoie à une annexe de la convention collective qui prévoit les horaires de travail des quarts de jour, de soir et de nuit.

Article XI   Heures de travail

[...]

11.01   Les relèves, équipes et horaires de travail sont ceux prévus à l'Annexe D de la présente convention, laquelle fait partie intégrante de cette convention. À moins qu'il n'en soit spécifié autrement à l'Annexe D de la présente convention collective, la semaine normale de travail est de quarante (40) heures par semaine répartie en cinq (5) jours consécutifs ou non selon le cas.

11.02　Le programme quotidien et hebdomadaire des heures de travail des salariés est affiché à un endroit déterminé et ce programme n'est pas modifié.

Malgré ce qui précède, l'Employeur et l'Union peuvent convenir d'apporter certaines modifications aux horaires s'ils y consentent.

11.03　Les heures de travail de toute équipe sont consécutives.

[...]

(Convention collective entre Épiciers Unis Métro-Richelieu Inc., Division Épicerie, Centre Mérite I, et Travailleurs et travailleuses unis de l'alimentation et du commerce, Section locale 501, 1996-2000.)

Les dispositions relatives aux heures de repas et de repos se rattachent à l'horaire quotidien de travail. La deuxième convention collective citée contient des dispositions différentes, tenant compte des contraintes du travail en continu.

Article XII　Pauses

12.01　Tout salarié a droit à trois (3) périodes de repos par journée normale de travail, sans perte de salaire, d'une durée de quinze (15) minutes chacune, lui permettant de s'absenter de son poste de travail. Ces périodes sont aménagées selon les dispositions prévues à l'Annexe R.

Il n'est pas permis à un salarié de quitter les terrains de l'employeur au cours de ces périodes de repos lorsqu'il y a possibilité de s'y procurer des gâteaux et des boissons gazeuses.

(Convention collective entre Épiciers Unis Métro-Richelieu Inc., Division Épicerie, Centre Mérite I, et Travailleurs et travailleuses unis de l'alimentation et du commerce, Section locale 501, 1996-2000.)

Cette convention collective se distingue notamment par l'aménagement de trois périodes de repos par jour de travail d'une durée de 15 minutes chacune, alors que la plupart des conventions collectives en prévoient seulement deux. Toutefois, la convention stipule également que les employés ne peuvent quitter les lieux de travail durant ces périodes, pour éviter, sans doute, qu'elles ne se prolongent indûment.

11.3.2　Travail posté et quarts de travail

Dans de nombreuses entreprises du secteur manufacturier et dans certains services publics, tels les hôpitaux, les policiers et les pompiers, le travail s'effectue de manière continue, en rotation par quart de travail. Dans ce cas, la convention collective précise les modalités d'organisation de ce *travail par quarts* ou *travail posté* (Dion, 1986 : 488). Plusieurs points sont habituellement mentionnés dans la convention collective : la prime de quart, la rotation des équipes selon les quarts de travail, le mode d'assignation et l'avis pertinent à donner aux salariés concernés en cas de changement de l'horaire de travail.

Une étude sur le travail posté établit que 25 % à 30 % de la population active québécoise est concernée par ce mode d'organisation du travail (Bernier, 1979). Le travail par quarts et surtout le travail de nuit affectent sérieusement la santé des travailleurs ainsi que leur vie familiale et sociale ; il entraîne aussi des problèmes d'organisation du travail et d'encadrement. Les auteurs qui ont étudié la question recommandent la plus grande prudence en la matière ; ils proposent, par exemple, d'améliorer les conditions auxquelles sont soumis ces travailleurs en augmentant les périodes de repos et de congé, et de réduire au minimum le nombre d'employés assignés au travail de nuit (Carpentier et Cazamian, 1977). Plusieurs études sur les conséquences physiologiques du travail en continu attestent que la santé des équipes de travail fixes est moins affectée que celle des équipes qui changent continuellement de quart (Rosa et Colligan, 1989 ; Sparks et Cooper, 1997).

La stabilité des équipes ou leur rotation d'un quart de travail à l'autre dépend du contexte et des ententes intervenues dans chaque établissement. Il existe une multitude de formules à cet égard dans les conventions collectives. Quand il y a rotation des équipes, celle-ci se fait généralement toutes les deux semaines. Si les équipes sont assignées à un quart de travail fixe, on tient généralement compte de deux critères : la préférence des salariés pour un quart particulier et l'ancienneté. Les deux critères sont appliqués conjointement ; la préférence selon l'ancienneté vient en premier, mais il arrive que les exigences de la production imposent un quart de travail à des travailleurs moins anciens. Plusieurs conventions collectives déterminent le délai des préavis concernant un changement de quart de travail ou toute autre modification de leur horaire. Dans certains cas, l'employeur qui ne respecte pas ce délai doit payer une indemnité sous forme d'heures supplémentaires. Ainsi, la moitié des conventions collectives en vigueur en 1989 au Québec prévoient qu'un employé doit être avisé de toute modification à son horaire de travail. Il s'agit la plupart du temps des grandes unités de négociation où le travail en continu est plus fréquent (Hébert, 1992 : 416, tableau 12-6).

Un exemple de rotation des équipes par quarts de jour, de soir et de nuit nous est fourni par une convention collective d'une usine de pâtes et papiers fonctionnant en continu.

Article 14   Heures de travail

[...]

14.04   En général, les travailleurs de relève seront organisés en trois (3) relèves de 8 heures avec mouvement rotatif en succession chaque semaine (calendrier 6-3). La rotation des relèves se fera dans l'ordre suivant : 12-8, 4-12, 8-4.

14.05   Quand une relève commence, chaque travailleur de la relève doit être à sa place. À la fin de la relève, aucun travailleur de relève ne doit laisser sa place pour se laver ou changer d'habit avant que son remplaçant ne soit changé et prêt à assumer les responsabilités de son poste. Cependant, les mesures seront prises pour appeler un remplaçant afin qu'un travailleur de relève ne soit pas gardé au travail plus de douze (12) heures consécutives. Toute dispense de travailler moins d'une relève ne

sera tolérée qu'avec le consentement du surintendant ou de son représentant.

(Convention collective entre Abitibi-Consolidated Inc., Division Belgo, et Syndicat de la chimie, de l'énergie et du papier [S.C.E.P.], Sections locales 1256-1455, 1998-2004.)

Cette convention collective aménage une rotation des différents quarts de travail comprenant six jours de travail consécutifs suivis de trois jours de congé. Au retour, l'équipe change de quart de travail (calendrier 6-3). L'article 14.05 impose au salarié de ne pas quitter son travail avant l'arrivée à son poste de la relève, ce qui est une règle usuelle dans le cas des opérations en continu.

Dans certains cas, le texte de la convention collective est beaucoup plus complexe, par exemple quand celle-ci couvre différentes catégories d'employés, tels les travailleurs d'entrepôt, les travailleurs de magasin et les employés de bureau, qui sont soumis à des conditions de travail et des structures d'organisation du travail différentes. La convention collective prévoit alors des horaires de travail pour chaque catégorie de salariés. Les conventions collectives comportent aussi d'autres précisions se rapportant aux heures de travail effectuées ou payées : amplitude ou horaire brisé, présence au travail, rappel au travail et disponibilité. Nous avons relevé ici les dispositions les plus importantes.

Nous avons noté précédemment que le travail en soirée ou de nuit donne droit à une prime. La prime du quart de nuit est généralement un peu plus élevée que celle du quart de soir ; cependant, la différence entre les deux est généralement faible. De plus, les primes de quart varient de façon considérable d'une entreprise à l'autre et d'un secteur à l'autre ; la majoration va de 0,40 $ à plus d'un dollar de l'heure. Cet écart s'explique de plusieurs manières. Ainsi, les différences reflètent souvent les écarts caractérisant les taux de salaires, variables d'un secteur d'activité à l'autre. Par ailleurs, si les équipes de soir et de nuit ne sont constituées que d'un petit nombre de salariés, l'employeur accepte parfois d'accorder des primes élevées, sans que le total de ses coûts d'exploitation en soit considérablement augmenté. La prime de quart est parfois exprimée en pourcentage : elle varie alors de 5 % à 10 %, selon le quart et les circonstances. Le versement d'une prime pour les quarts de soir et de nuit est généralement considéré comme une indemnité accordée aux salariés assignés à des horaires qui affectent la vie sociale, les loisirs et les cycles physiologiques.

11.4 Heures supplémentaires

Nous analysons dans cette section les modalités d'attribution et de rémunération des heures supplémentaires prévues dans les conventions collectives, ainsi que les arguments invoqués à l'appui ou à l'encontre des heures supplémentaires par les organisations patronales et syndicales.

11.4.1 Attribution des heures supplémentaires

En l'absence de convention collective, l'employeur a le droit d'imposer aux employés d'effectuer du travail en heures supplémentaires, à condition toutefois de respecter les dispositions légales sur la durée maximale du travail et le paiement des primes[3]. Cependant, les conventions collectives peuvent limiter ce pouvoir de l'employeur en précisant les modalités d'attribution des heures supplémentaires et en stipulant que

ce travail supplémentaire est volontaire. Dans ce cas, un salarié a le droit de refuser.

En règle générale, l'ancienneté joue un rôle déterminant dans l'attribution des heures supplémentaires. Certaines conventions collectives prévoient que les heures supplémentaires sont offertes par l'employeur aux salariés qualifiés pour le travail à exécuter selon leur ancienneté. Une autre formule courante impose à l'employeur d'assurer une répartition équitable des heures supplémentaires entre les employés. L'employeur doit alors répartir les heures supplémentaires en les offrant aux salariés qualifiés, à tour de rôle selon leur ordre d'ancienneté, et de tenir un registre des heures supplémentaires effectuées et des heures refusées. Enfin, la plupart des conventions collectives reconnaissent à l'employeur le droit d'obliger certains salariés à faire des heures supplémentaires quand cela est nécessaire. Habituellement, lorsque les salariés les plus anciens refusent d'en effectuer, cette obligation incombe aux salariés moins anciens parmi ceux qui sont qualifiés. Les deux exemples qui suivent illustrent ces différentes situations.

Article IX   Durée du travail

[...]

9.26   Le travail supplémentaire est volontaire en autant que les employés de soutien ou des employés de soutien surnuméraires actuellement au travail et qualifiés soient disponibles pour effectuer des travaux urgents ou imprévus qui doivent être exécutés en dehors des heures régulières.

9.27   Le travail supplémentaire est en premier lieu confié à l'employé de soutien qui effectue normalement le travail concerné. Il est ensuite réparti équitablement entre les employés de soutien qualifiés pour exécuter le travail en tenant compte de leur ancienneté. Cependant, après avoir épuisé la liste des employés de soutien capables de remplir la fonction, l'Employeur peut faire effectuer le travail supplémentaire par un employé de soutien surnuméraire.

(Convention collective entre *Le Soleil*, Division de la compagnie Unimédia, et le Syndicat de la rédaction du *Soleil* [C.S.N.], 2000-2003.)

---

3. La *Loi sur les normes du travail* permet au salarié de refuser d'exécuter des heures supplémentaires pour des motifs exceptionnels liés à ses obligations familiales (art. 122 (6), L.n.t.). Les amendements apportés à la loi en 2002, lorsqu'ils seront en vigueur, établiront d'autres motifs de refus d'exécuter des heures supplémentaires. Ainsi, selon le paragraphe 59.0.1 (1), L.n.t., le salarié pourra refuser de travailler « plus de quatre heures au-delà de ses heures habituelles quotidiennes de travail ou plus de 14 heures de travail par période de 24 heures, selon la période la plus courte [...] ». En vertu du paragraphe 59.0.1 (2), L.n.t., le salarié pourra faire de même au-delà de 50 heures de travail par semaine.

Cette convention collective prévoit que les heures supplémentaires sont d'abord offertes aux employés de soutien qualifiés pour exécuter le travail, compte tenu de leur ancienneté. Toutefois, s'ils refusent, l'employeur peut les faire effectuer par un employé surnuméraire. Elle respecte donc le principe de volontariat des heures supplémentaires pour les employés permanents. La convention collective qui suit contient une procédure différente : l'obligation d'effectuer les heures supplémentaires est imposée aux salariés permanents par ordre inverse d'ancienneté en cas de refus des plus anciens.

Article 18   Temps supplémentaire

[…]

18.02   Répartition du temps supplémentaire

Le temps supplémentaire est offert par ordre d'ancienneté, d'abord aux salariés qui sont sur place de la classification et du département où le temps supplémentaire est requis. Si l'employeur ne peut ainsi obtenir le personnel suffisant dont il a besoin pour exécuter le travail à accomplir, il peut assigner les salariés dont il a besoin en procédant par ordre inverse d'ancienneté parmi les salariés de la classification et du département concerné qui sont sur place.

(Convention collective entre Renaissance-Hôtel du Parc et Syndicat des travailleuses et travailleurs de l'Hôtel du Parc [C.S.N.], 1999-2002.)

Le libellé de cette convention collective laisse croire que les heures supplémentaires représentent un bien convoité des travailleurs, puisque l'employeur est tenu de les offrir en priorité aux salariés du département et de la classification concernés, par ordre d'ancienneté. Cependant, les syndicats s'élèvent généralement contre les heures supplémentaires, car elles ne favorisent pas la création de nouveaux emplois. Quand le syndicat ne peut s'y opposer, il cherche à en contrôler l'attribution, en obligeant l'employeur à respecter l'ancienneté. Les heures supplémentaires sont alors soit offertes aux plus anciens, soit imposées aux moins anciens, comme le prévoit la dernière convention collective citée. Quant aux salariés, ils acceptent mieux les heures supplémentaires si elles sont volontaires, car

leur décision relève alors d'un choix dicté par des besoins personnels.

Le caractère volontaire des heures supplémentaires est plus souvent reconnu dans les conventions collectives au Québec que dans le reste du Canada. En 1990, dans l'ensemble du Canada, 70 % des conventions collectives couvrant au moins 500 salariés ne contiennent aucune disposition à ce sujet. Par ailleurs, 10 % des conventions reconnaissent aux salariés le droit inconditionnel de refuser les heures supplémentaires, et 20 % leur accordent ce droit, mais à certaines, conditions (Hébert, 1992 : 420). Au Québec, c'est pratiquement l'inverse. En effet, 30 % des conventions collectives en vigueur en 1989 ne contiennent pas de disposition à ce sujet, alors que 60 % d'entre elles reconnaissent le droit des travailleurs de refuser d'effectuer des heures supplémentaires, parfois à certaines conditions. Seulement 3 % des conventions imposent l'obligation, à moins de raison valable, de faire des heures supplémentaires en cas de nécessité (Hébert, 1992 : 412-422, tableaux 12-7 et 12-8).

Des données provenant de l'analyse d'un échantillon représentatif de 1 220 conventions collectives en vigueur au Québec en 2001 confirment que la reconnaissance du caractère volontaire des heures supplémentaires s'est maintenue au cours de la dernière décennie. Ainsi, 15 % des conventions collectives ne contiennent aucune disposition à ce sujet, environ 24 % des conventions stipulent que les heures supplémentaires sont volontaires en tout temps et 56 % assujettissent le volontariat à l'obligation faite au moins ancien d'accepter d'effectuer les heures supplémentaires. Environ 3 % imposent des heures supplémentaires obligatoires et 2 % prévoient d'autres dispositions à ce sujet.

11.4.2 Rémunération des heures supplémentaires

Les heures supplémentaires sont rémunérées selon diverses formules. La première et la plus fréquente – du moins pour les premières heures supplémentaires – est celle du taux normal majoré de moitié, qu'on appelle souvent *taux et demi,* ou 150 % du taux normal. Il arrive qu'après un certain nombre d'heures supplémentaires, par jour plus souvent que par semaine, la prime augmente : après deux ou quatre heures supplémentaires à un taux de 150 %, l'employé a droit à un taux double. Dans certains cas, le taux double s'applique également aux heures supplémentaires effectuées dans des circonstances particulières, par exemple le dimanche ou un jour férié.

Au Québec, en 1989, environ 85 % des conventions collectives contiennent une disposition sur la rémunération des heures supplémentaires. Plus de la moitié prévoient le taux majoré de moitié pour les heures supplémentaires quotidiennes et environ le quart combinent le taux majoré de moitié et le taux double, en fonction du nombre d'heures supplémentaires effectuées par jour ou par semaine (Hébert, 1992 : 413, tableau 12-5). Quant à la rémunération des heures supplémentaires sur une base hebdomadaire, plus du tiers des conventions collectives n'en traitent pas comme tel, mais la question est souvent réglée par les dispositions concernant le travail exécuté le samedi et le dimanche. Ainsi, environ le tiers des conventions collectives prévoient un taux de 150 % pour le travail du samedi, et la moitié accordent un taux double pour le travail du dimanche. Une étude plus récente utilisant les données de l'enquête de Statistique Canada sur la population active trace un portrait similaire de la rémunération des heures supplémentaires au Québec en 1994 (Desjardins, 1997 : 83-84).

En résumé, les heures supplémentaires sont la plupart du temps payées à un taux de 150 % lorsqu'elles sont exécutées durant les journées normales de travail. Le taux double (200 %) s'applique habituellement après les quatre premières heures supplémentaires effectuées durant une journée de travail normale et, généralement, quand l'horaire normal de travail s'étend du lundi au vendredi. Le taux double s'applique aussi au samedi, après les quatre premières heures de travail, ainsi qu'au dimanche et durant les jours chômés et payés.

Voici les dispositions relatives à la prime d'heures supplémentaires dans les deux conventions déjà citées à la section précédente.

Article IX   Durée du travail

[...]

9.23   L'employé de soutien qui, à la demande de son supérieur immédiat ou après autorisation de celui-ci exécute le travail immédiatement avant ou après les heures régulières de travail prévues à la clause 9.18 est rémunéré à raison d'une fois et demi son traitement pour les deux premières heures effectuées dans une même journée, et toutes les heures additionnelles dans cette même journée sont rémunérées à taux double.

Dans le cas où du temps supplémentaire est effectué durant la période de repas, l'employé de soutien a droit à trente (30) minutes de repas.

9.24   L'employé de soutien rappelé au travail après avoir quitté l'établissement de l'Employeur est rémunéré à taux double et est assuré d'un minimum de trois (3) heures rémunérées à ce taux.

9.25 *a)*   Tout travail effectué un jour de congé hebdomadaire, un jour de congé férié ou pendant les vacances de l'employé de soutien, est rémunéré à taux double, et celui-ci est assuré d'un minimum de trois (3) heures rémunérées à ce taux.

b)   L'employé de soutien rappelé au travail pendant ses vacances ou un congé férié peut demander, au lieu de paiement de la fête ou du jour de vacances et, en plus des dispositions du paragraphe a) de la présente clause, que l'Employeur lui remette une période de temps équivalente. Ce congé doit être pris dans les douze (12) mois de son acquisition, après entente avec la direction, en tenant compte des nécessités du service.

[...]

9.28   Le travail supplémentaire est payé ou, sur demande, est rémunéré par une période équivalente de congé, prise à un moment convenu avec l'Employeur, dans les soixante (60) jours du moment où l'employé de soutien a accumulé une (1) journée, au choix de l'employé.

S'il n'y a pas d'entente dans ce délai, le travail supplémentaire est alors payé.

9.29   L'employé à temps partiel de jour est rémunéré au taux prévu pour le travail supplémentaire pour les heures effectuées au cours d'une sixième journée de travail, ou après huit (8) heures dans la même journée, ou après trente-deux (32) heures au cours de la même semaine. L'employé de soutien à temps partiel de nuit est rémunéré au taux prévu pour le travail supplémentaire pour les heures effectuées au cours d'une cinquième journée de travail, ou après dix (10) heures dans la même journée, ou après trente-deux (32) heures de la même semaine.

(Convention collective entre *Le Soleil*, Division de la compagnie Unimédia, et le Syndicat de la rédaction du *Soleil* [C.S.N.], 2000-2003.)

Selon cette convention collective, toute heure supplémentaire est rémunérée à 150 % ou à 200 % du salaire normal, selon les périodes où elle doit être effectuée. De plus, elle autorise le salarié à reprendre les heures supplémentaires effectuées sous forme de congé. L'article 9.29 a pour but d'assurer le paiement des heures supplémentaires aux salariés à temps partiel lorsque leurs heures de travail quotidiennes ou hebdomadaires excèdent les heures normales de travail des employés permanents. L'autre convention collective renvoie à des horaires de travail adaptés aux conditions d'exécution des heures supplémentaires dans un contexte de travail continu.

Article XIV   Heures supplémentaires

14.01   Tout travail exécuté en plus des heures normales de travail quotidiennes ou en plus du total d'heures de la semaine normale de travail est rémunéré à raison du taux normal majoré de moitié. Aux fins de la présente convention, les journées de la semaine de travail sont comptées d'horaire à horaire plutôt que de minuit à minuit.

Pour fins de définition de la notion «d'horaire à horaire», les journées débutent à 07h00 et se terminent à 07h00 le lendemain pour les salariés de la relève de jour, elles débutent à 15h00 et se terminent à 15h00 le lendemain pour les salariés de la relève de soir, elles débutent à

23h00 et se terminent à 23h00 le lendemain pour les salariés de la relève de nuit.

14.02   Un salarié appelé à travailler des heures supplémentaires sur semaine pour plus de trois (3) heures avant et/ou après sa journée normale de travail est rémunéré au taux double pour toutes les heures travaillées en surplus de trois (3) heures supplémentaires au cours d'une période de vingt-quatre (24) heures.

14.03   Tout travail supplémentaire effectué la sixième (6e) journée de la semaine normale de travail du salarié est rémunéré au taux de temps et demi pour les huit (8) premières heures, et au taux de temps double pour toutes les heures effectuées en plus de huit (8) heures.

Tout travail supplémentaire effectué la septième (7e) journée de la semaine normale de travail du salarié est rémunéré au taux de temps double. [...]

14.04   Un salarié rappelé au travail en dehors de son programme de travail reçoit le paiement d'au moins trois (3) heures au taux majoré de moitié ou au taux double, selon le mode de paiement établi dans le présent article. Cependant, ces dispositions ne s'appliquent pas si le rappel précède ou suit immédiatement le programme normal de travail.

(Convention collective entre Épiciers Unis Métro-Richelieu Inc., Division Épicerie, Centre Mérite I, et Travailleurs et travailleuses unis de l'alimentation et du commerce, section locale 501, 1996-2000.)

Dans cette convention, plusieurs dispositions relatives aux heures supplémentaires sont identiques à celles de la convention précédente. Cependant, le paiement des heures supplémentaires pour le travail effectué durant la sixième journée de l'horaire de la semaine, qui correspond au premier jour de congé hebdomadaire, est rémunéré à un taux moindre que pour la septième journée de travail, qui correspond au deuxième jour de congé hebdomadaire. Dans la convention collective précédente, toutes les heures travaillées un jour de congé hebdomadaire sont payées au taux double, cette plus grande générosité s'expliquant probablement par le fait qu'elles sont sans doute moins fréquentes que dans une entreprise où le travail est continu.

11.4.3 Justification des heures supplémentaires

Les heures supplémentaires sont-elles utilisées par les employeurs pour éviter les frais inhérents à l'embauche de nouveaux salariés ou sont-elles nécessaires pour absorber la fluctuation des activités de l'entreprise ? Pour répondre à cette question il faut, en premier lieu, examiner les raisons économiques qui amènent les employeurs à recourir aux heures supplémentaires (Mabry, 1976 ; Reid, 1987).

Les employeurs demandent à leur personnel de faire des heures supplémentaires d'abord pour répondre à une demande excédentaire, qu'ils estiment momentanée ou cyclique. Deuxièmement, l'entreprise peut faire face à une pénurie de certaines catégories d'employés spécialisés. La plupart du temps, l'employeur a besoin de ces salariés au moment de l'introduction de nouvelles méthodes de production, donc de façon temporaire. Troisièmement, l'employeur se demande s'il doit embaucher de nouveaux salariés ou augmenter les heures de travail des salariés déjà en place. La décision dépend du moindre coût : il peut s'avérer plus économique de payer la prime d'heures supplémentaires que de supporter les coûts de nouveaux engagements et de la formation consécutive.

On considère généralement que la prime d'heures supplémentaires dissuade les employeurs d'exiger de leurs salariés des journées de travail trop longues. La prime devient alors une sorte de pénalité imposée à l'employeur pour l'empêcher de recourir à cette formule. La répartition très inégale des employés qui font beaucoup d'heures de travail supplémentaires, ou tout simplement de nombreuses heures de travail par semaine, peut à la fois surprendre et suggérer quelques réponses à la question posée. En général, les plus longues semaines sont le lot des travailleurs situés aux deux extrémités de l'échelle des salaires. À une extrémité, il y a ceux qui reçoivent de très faibles salaires horaires et qui doivent travailler de nombreuses heures pour recevoir un salaire décent. À l'autre extrémité se trouvent nombre de professionnels et de cadres qui travaillent de très longues heures sans toucher de prime d'heures supplémentaires, car ils sont exclus de la législation sur la durée du travail.

Les heures supplémentaires constituent un phénomène cyclique, plus souvent associé aux périodes de prospérité que de récession. Par ailleurs, elles ne sont pas également réparties entre les travailleurs. Selon l'enquête sur la population active de Statistique Canada, la part des heures supplémentaires dans le total des heures travaillées au Québec était d'environ 2,7 % en 1994, et 70 % des salariés ayant effectué des heures supplémentaires estiment en faire cinq heures ou plus par semaine (Desjardins, 1996 : 79-80). Une mise à jour plus récente de la même enquête établit que, de janvier à novembre 1997, les heures supplémentaires représentent 4,8 % des heures de travail habituelles au Canada et que 53 % de ces heures n'ont pas été rémunérées (Duchesne, 1997 : 9). L'étude révèle aussi qu'environ 17 % des travailleurs effectuent ces heures supplémentaires, ce qui représente en moyenne neuf heures par semaine. De plus, les hommes effectuent davantage d'heures supplémentaires que les femmes. Enfin, l'enquête indique que la part des heures supplémentaires rémunérées diminue avec la scolarité, et qu'elle est plus élevée parmi les salariés payés à l'heure et les salariés syndiqués. Une autre étude produite par des chercheurs de Statistique Canada montre que près de 70 % des répondants à l'enquête sur les horaires et les conditions de travail de 1995 se disent satisfaits de la durée de leur semaine de travail, mais qu'une forte majorité des insatisfaits désirent une augmentation de leurs heures de travail (Drolet et Morissette, 1997).

L'analyse des données statistiques ne nous permettra jamais de déterminer l'effet réel de la prime d'heures supplémentaires, car les individus n'ont pas les mêmes préférences à cet égard, et celles-ci varient au cours de leur vie active. L'aspect essentiel à cet égard est le caractère volontaire des heures supplémentaires. Mais à cette dimension volontaire des heures supplémentaires s'oppose le souhait des organisations syndicales de réduire le chômage en limitant les heures supplémentaires. Nous reviendrons plus loin sur cette question en présentant le débat sur la réduction de la durée du travail.

11.5   Travail à temps partiel

Le travail à temps partiel représente la forme principale de ce qu'on désigne souvent du terme péjoratif de *travail précaire* (Mayer, 1996). Ce terme recouvre en fait plusieurs cas de figures. Ainsi, il faut distinguer les employés travaillant habituellement à temps partiel de ceux qui seraient des employés temporaires ou surnuméraires. Nous utiliserons le mot *surnuméraires* pour bien les distinguer des employés permanents à temps partiel. Parmi ceux-ci, certains occupent des emplois normalement à temps partiel, tandis que d'autres répondent à un surcroît ponctuel de travail. Certaines activités ne réclament de titulaires qu'à certains moments de la journée ou de la semaine. C'est à cette catégorie qu'appartiennent, par exemple, les placiers et les préposés des grandes salles de spectacles ou des stades. Mais il y a les employés qui sont engagés pour faire face à une demande excédentaire ponctuelle, comme les soirs et les fins de semaine dans les magasins d'alimentation ou de la Société des alcools du Québec. Les employés à temps partiel qui occupent ces postes complémentaires font le même travail que les employés permanents, mais ils ne le font pas à temps plein. Quant aux surnuméraires, on peut les considérer comme des employés temporaires ou des suppléants, à qui on fait appel pour faire face à des demandes imprévues, par exemple remplacer des salariés absents ou répondre à un surcroît de travail.

La proportion des salariés à temps partiel par rapport au nombre total d'emplois au Québec est passée de 7,8 % à 14,9 % entre 1976 et 1995, tandis que la part du temps partiel non volontaire a augmenté de 1,5 % à 6, 5% (Le marché du travail, 1998: 20-21). En 2001, près de 18 % de la population active au Québec occupe des em-

plois à temps partiel, ce qui correspond sensiblement au même pourcentage que pour le Canada tout entier (Cansim II, 22 mai 2002). Le travail à temps partiel est inégalement réparti selon le genre et l'âge. De 1976 à 1995, la proportion de femmes au sein de cette catégorie d'emplois se maintient autour de 70 % au Québec et, en 1995, le temps partiel représente 26,3 % des emplois féminins et 9,9 % des emplois masculins (Le marché du travail, 1998: 35). Au cours de la même période, la part des 15-24 ans dans le total des emplois à temps partiel diminue de 41,9 % à 36,8 %, tandis qu'elle passe de 34,5 % à 39,4 % chez les 25 à 44 ans, et qu'elle se maintient autour de 23,6 % pour les 45 ans et plus (Le marché du travail, 1998: 36). Une autre étude utilisant les données de l'enquête sur l'activité de Statistique Canada 1988-1990 montre que le travail à temps partiel est générateur de précarité: en effet, il est davantage lié à la discontinuité dans l'emploi et à la perte d'emploi que ne l'est le travail à temps plein (Mayer, 1996).

Comme nous le soulignons au chapitre 7 (section 7.4.2), de nombreuses conventions collectives établissent des conditions de travail différentes pour les salariés à temps partiel, ce qui n'est pas sans poser un sérieux problème d'équité interne. C'est pourquoi les syndicats, même s'ils sont généralement opposés au travail à temps partiel, cherchent néanmoins à assurer à ces salariés des conditions de travail comparables à celles des salariés occupant des emplois à temps plein. Mais force est de constater que l'on est encore loin de l'objectif. En 1989, plus de 36 % des conventions collectives en vigueur au Québec spécifient que seules certaines dispositions de la convention s'appliquent à ces employés, et environ 10 % précisent que la convention s'applique intégralement aux travailleurs à temps partiel (Hébert, 1992: 437, tableau 12-13). Selon les données provenant d'un échantillon de 580 conventions collectives en vigueur au Québec en juin 2001, 27 % d'entre elles spécifient que toutes les dispositions s'appliquent aux salariés à temps partiel alors que 15 % prévoient l'application de certaines dispositions seulement à cette catégorie de salariés. Compte tenu du caractère non représentatif de cet échantillon, on ne peut cependant conclure que la protection conventionnelle des salariés à temps partiel s'est améliorée.

11.6 Aménagement du temps de travail

L'expression *aménagement du temps de travail* a eu beaucoup de succès au début des années 1970. Des colloques ont été organisés sur le sujet et plusieurs volumes ont été publiés (Université Laval, 1974; 1981). Les deux formules qui ont connu le plus de succès – même si ce succès est mitigé – ont été la semaine comprimée et les horaires flexibles. Nous examinerons successivement l'une et l'autre, ainsi que la formule de l'emploi partagé, moins fréquente mais qui ne manque pas d'intérêt.

11.6.1 Semaine de travail comprimée

La semaine comprimée consiste à répartir sur moins de cinq jours les heures et la semaine normales de travail (Desjardins, 1996: 77). La formule de quatre journées de 10 heures s'applique facilement quand l'usine ou le bureau ouvre le matin et ferme le soir. Aussi plusieurs bureaux ne faisant pas affaire avec le public l'ont-ils adoptée, mais la formule est plus difficile à appliquer dans les établissements commerciaux qui offrent des services au public, ou dans les établissements manufacturiers travaillant en continu.

Après une période d'engouement dans les années 1970, et quoiqu'on en ait parlé de moins en moins, la semaine comprimée s'est passablement implantée. En effet, en 1989, environ 15 % des conventions collectives des grandes entreprises privées et publiques adoptent cette forme d'aménagement du temps de travail (Hébert, 1992: 427, tableau 12-9). La situation ne semble pas avoir changé au cours des années 1990. Dans l'échantillon de 560 conventions collectives en vigueur en 2001 au Québec, la semaine de travail de moins de cinq jours ne figure que dans 17 % des cas; de plus, elle concerne surtout les petites unités de négociation.

La formule ne vise pas nécessairement tous les employés régis par la convention collective. Elle est parfois limitée à une certaine période de l'année, comme c'est le cas, par exemple, pour le personnel de bureau de la plupart des universités québécoises au cours de la période d'été. Le fait d'avoir deux formules dans la même convention collective s'appliquant à des groupes qui travaillent quotidiennement soit 8, soit 10 ou 12 heures, exige d'inclure un nombre considérable de précisions quant au calcul des heures supplémentaires et des jours fériés, ou relativement aux périodes de repas et de repos, etc. Mais son application n'en est pas moins possible. Nous reproduisons à titre d'exemple l'annexe d'une convention collective où la semaine comprimée fut mise à l'essai au cours de la période estivale 1998 et qui comporte de nombreuses précisions quant aux modalités d'application des heures supplémentaires et des congés payés.

Annexe E   Objet: Horaire comprimé

Les parties conviennent de tenter de mettre à l'essai un horaire comprimé de travail lorsque le personnel intéressé en fait la demande et que la Ville estime que l'efficacité et le bon fonctionnement du service ne sont pas entravés.

Toute demande pour un horaire comprimé doit être soumise au directeur du service concerné avec copie au directeur du Service des ressources humaines.

Un horaire comprimé de travail ne peut excéder la période comprise entre le 1er lundi de juin et le vendredi précédant la fête du Travail sauf à la division de la géomatique pour les employés qui travaillent sur les équipes d'arpentage pour lesquels l'horaire comprimé couvre la période comprise entre le 1er lundi de mai et la dernière semaine complète de septembre. Il est à noter que, pendant les semaines du 24 juin et du 1er juillet, la semaine normale de travail prévue à la convention sera en vigueur. Il est entendu que l'une ou l'autre des parties peut mettre fin à l'essai, et ce moyennant un préavis écrit de quinze (15) jours à l'autre partie.

Durant la période où un horaire comprimé est en vigueur, toute absence du travail d'une journée pour vacances, congé férié, congé mobile, congé sans solde, est calculée selon le nombre d'heures prévu pour une journée de la semaine normale prévue à la convention collective pour l'employé concerné. Dans un tel cas, l'employé concerné doit reprendre le temps nécessaire afin de compléter sa durée hebdomadaire de travail.

S'il s'agit, au contraire, d'une absence du travail pour maladie, accident de travail ou congé social, la valeur de l'absence est égale au nombre d'heures prévu selon l'horaire comprimé en vigueur.

Il est entendu qu'en aucun temps, à cause d'une absence, un employé ne se voit remettre les heures de travail accumulées qui n'ont pu être prises selon la cédule de congé en vigueur.

Le temps supplémentaire n'a lieu que lorsque toutes les heures quotidiennes ont été effectivement accomplies selon le nombre d'heures normales requis cette journée-là, sur l'horaire comprimé.

Pendant la mise à l'essai d'un horaire comprimé, les parties font les adaptations nécessaires aux articles de la convention de sorte que leur application ne confère pas d'avantages supérieurs à ceux dont un employé aurait bénéficié s'il avait travaillé selon l'horaire prévu à la convention.

(Convention collective entre la Ville de Sherbrooke et le Syndicat des fonctionnaires municipaux [cols blancs – F.I.S.A.], 1998-2002.)

Dans cet exemple, la mise à l'essai de l'horaire comprimé pour des employés de bureau est assortie de nombreux ajustements quant au calcul des heures de travail, des heures supplémentaires, des heures de congé payé et des périodes d'absence. Dans les usines où la production est continue, l'implantation de la semaine comprimée entraîne de nombreuses difficultés supplémentaires reliées au nombre d'heures par jour et de jours par semaine. Il n'est pas possible d'y implanter un régime de quatre jours de 10 heures avec les 24 heures que compte une journée et les sept jours de la semaine. Il faut passer carrément de trois équipes de huit heures à deux équipes de 12 heures. Pour maintenir le nombre d'heures le plus près possible de 40, il faut recourir à des semaines de travail de quatre jours et à des semaines de trois jours. La semaine où l'employé

travaille quatre jours, il fait 48 heures, mais, comme la semaine suivante il ne travaille que trois jours ou 36 heures, cela fait une moyenne de 42 heures par semaine. On peut diminuer le nombre moyen d'heures par semaine en ajoutant des équipes de relève.

Quant aux avantages et aux inconvénients de la semaine comprimée, ils sont relativement évidents. Oublions pour l'instant les situations de travail en continu pour penser aux travailleurs qui font trois jours de 12 heures ou bien quatre jours de 10 heures, ce qui est le cas le plus fréquent. Premier avantage, la semaine comprimée signifie trois ou quatre jours de congé par semaine. En contrepartie, les jours où les personnes sont au travail, elles ne peuvent rien faire d'autre : avec les 10 ou 12 heures de présence au travail, auxquelles s'ajoutent les déplacements, il ne reste plus que le temps nécessaire aux repas et au sommeil quotidien. Si bien que la vie familiale risque d'en souffrir. D'un autre côté, si la famille compte de jeunes enfants et si le conjoint ou la conjointe a des heures de travail normales, la présence prolongée au foyer du travailleur en question peut comporter des avantages marqués. Un autre avantage est l'économie de temps de transport : en travaillant une journée de moins, les travailleurs disposent de plus de temps pour des loisirs ou des activités familiales. Mais le principal aspect positif devrait découler de l'effet sur le moral des employés, car s'ils sont satisfaits de la formule, il est probable que leur rendement s'améliorera ou, à tout le moins, se maintiendra.

Par ailleurs, la longueur de la journée de travail risque d'entraîner une fatigue accrue, même si la semaine comprimée est généralement implantée dans des endroits où le travail comporte peu d'effort physique. Pour les entreprises, il est difficile d'établir avec certitude que la semaine comprimée peut accroître la productivité. Quand il s'agit d'une production effectuée par des machines que le salarié ne fait que contrôler, il est peu probable qu'une différence importante en résulte, à moins que le taux d'accident n'en soit augmenté. Dans les entreprises où chaque changement d'équipe amène une diminution de production, la formule devrait être bénéfique puisqu'elle supprime un changement d'équipe par jour. Notons enfin que, du côté patronal, le régime peut entraîner des problèmes administratifs. Ainsi, dans les opérations en continu, avec les absences inévitables qui se produisent, la gestion de la semaine comprimée peut présenter des difficultés considérables.

11.6.2 Horaire flexible

Alors que la semaine comprimée modifie le nombre de jours de travail hebdomadaire, l'horaire flexible vise plutôt à modifier les heures quotidiennes de travail; le calcul des heures peut se faire sur une base journalière ou hebdomadaire. Bien que certains préfèrent parler d'horaires variables et que les deux expressions puissent avoir des sens différents, nous emploierons ici les deux termes indifféremment.

L'horaire flexible veut accorder aux employés une certaine souplesse quant au choix de leur horaire quotidien de travail. Mais cette souplesse n'est pas absolue, loin de là. Trois termes résument les règles fondamentales de cette formule. L'*amplitude* désigne les heures à l'intérieur desquelles chaque employé peut situer sa période de travail; elle correspond, s'il s'agit d'un bureau, aux heures pendant lesquelles le bureau est ouvert, par exemple de 8 h à 18 h. Dans cette fourchette d'heures, il y a toujours un bloc d'heures, appelé *plage fixe,* où tous les employés doivent être au travail, incluant la période de repas, par exemple de 10 h à 16 h. Dans cette hypothèse, il y a deux *plages mobiles,* de 8 h à 10 h et de 16 h à 18 h. Chaque employé peut arriver au moment de son choix dans la plage mobile du matin et peut partir à l'heure qui lui convient dans la plage mobile de l'après-midi. Quand la journée sert de base de calcul, l'employé qui arrive à 9 h 30 ne peut quitter avant 17 h 30 si sa journée de travail est de huit heures. Quand la semaine ou le mois servent de base de calcul, l'employé a beaucoup plus de liberté: il peut faire plus d'heures par jour pendant un certain temps et en faire moins par la suite.

Certaines formules exigent un choix définitif. Pour reprendre le même exemple, un employé peut choisir de travailler de 8 h à 16 h ou de 10 h à 18 h; mais, une fois son choix arrêté, il doit être au travail aux heures choisies. D'autres formules permettent une liberté de choix quotidienne. Il faut alors toujours respecter la norme hebdomadaire ou mensuelle.

À cette forme générale d'aménagement du temps de travail, il faut ajouter des possibilités plus personnelles, souvent reconnues dans les conventions collectives. Par exemple, après entente avec son supérieur, un salarié peut bénéficier d'un horaire décalé. Lorsqu'il y a plusieurs catégories d'employés dans une entreprise, comme des employés de magasin, d'entrepôt et de bureau, la convention permet parfois des arrangements à l'intérieur de chaque groupe. Bien souvent d'ailleurs, il se fait des ententes à l'amiable, qui n'apparaissent officiellement nulle part, mais qui conviennent à tous les intéressés. Comme dans le cas de la semaine comprimée, avant d'introduire un horaire flexible, les parties conviennent généralement d'établir un comité conjoint d'implantation.

Dans les conventions collectives au Québec, les cas d'horaires flexibles officiellement reconnus sont relativement rares. Ainsi, en 1989, seulement 5 % des conventions collectives comportent une clause à cet effet, mais elles visent 30 % des salariés, dont la grande majorité travaille dans le secteur public (Hébert, 1992: 432, tableau 12-10). Une telle clause a également été recensée dans 4,5 % des cas provenant d'un échantillon de 560 conventions collectives en vigueur au Québec en 2001. En outre, 70 % des conventions de cet échantillon proviennent des services publics.

Le premier avantage de l'horaire flexible, c'est de donner à l'employé la latitude dont il a besoin pour organiser son travail quotidien et pour concilier le travail et la famille. En ce sens, on peut parler d'un horaire personnalisé. De plus, sauf exception, l'horaire flexible supprime toutes les autorisations d'absence pour les visites chez le médecin, chez le dentiste ou pour toute autre raison: l'employé doit s'organiser selon la souplesse des horaires qu'il peut utiliser. Toutefois, certains employés n'aiment pas être obligés d'enregistrer et de comptabiliser leur temps de travail. Pour l'employeur, la formule entraîne souvent la diminution du nombre d'heures supplémentaires et une mise en train accélérée. En effet, la personne qui arrive dans un bureau en pleine activité ne peut faire autrement que de se mettre au travail rapidement. En raison de sa souplesse, la formule semble aussi réduire les absences pour raison personnelles.

L'horaire flexible ne peut pas être introduit partout. Des contraintes aussi différentes que la production à la chaîne ou les contacts avec le public en réduisent considérablement la possibilité d'implantation. Les bureaux où le travail exige une communication constante entre les employés risquent eux aussi de fonctionner difficilement sans savoir exactement qui est présent et à quel moment. On craint, par ailleurs, qu'un excès de liberté dans l'établissement des horaires individuels de travail n'entraîne une sorte d'anarchie dans la vie interne du bureau ou du département. Enfin, du côté syndical généralement, on redoute que cette liberté complique la réclamation de certains droits, comme la prime pour les heures supplémentaires. Celles-ci doivent évidemment être calculées pour chaque personne, mais le contrôle en est d'autant plus difficile que les horaires sont irréguliers.

11.6.3 Emploi à temps partagé

Une troisième forme d'aménagement du temps de travail, beaucoup plus rare que les deux précédentes, est l'emploi (ou le poste) à temps partagé. Pour différentes raisons, il arrive qu'un employeur divise un poste de manière à ce que deux personnes l'occupent successivement, par exemple, deux jours et demi par semaine. Le partage du poste répond soit à une exigence de l'employeur, soit au désir de deux salariés qui ne souhaitent pas travailler à temps plein. Il ne faut pas confondre l'emploi à temps partagé avec le programme fédéral de travail partagé que nous

analyserons plus loin et qui concerne la réduction de la durée du travail.

Les cas de partage de postes sont relativement rares. Les grands syndicats sont généralement opposés à l'idée de l'emploi partagé, et même du travail partagé, parce qu'ils y voient une sorte de consécration du temps partiel. De la même manière, ils s'opposent le plus souvent à la semaine comprimée, en prétendant que la journée de huit heures est un gain syndical qui ne doit être menacé d'aucune manière. Ils craignent aussi que les horaires flexibles n'entraînent des prolongations indues de la journée de travail, sans la compensation habituellement requise pour les heures supplémentaires. Du point de vue patronal, l'inconvénient du poste partagé réside surtout dans le fait que deux personnes différentes occupent le même emploi et remplissent les mêmes tâches. La communication de l'information entre les deux titulaires du poste n'est nullement assurée, et cela peut entraîner toutes sortes de difficultés pratiques.

11.7 Réduction du temps de travail

La perspective historique, présentée au début du chapitre, montre que les arguments de santé et de sécurité, autant que ceux d'efficacité et de productivité, jouent un rôle capital dans les campagnes de réduction de la durée du travail du début du XXe siècle. Depuis que la semaine de travail s'est stabilisée autour de 40 heures, ces arguments ont perdu beaucoup d'importance. Aussi les partisans de la réduction du temps de travail depuis une vingtaine d'années invoquent-ils plutôt la création d'emplois.

La montée du chômage en Europe et en Amérique du Nord au début des années 1980 a remis cet argument au premier plan des campagnes en faveur de la réduction de la durée du travail (Jolivet, 1983). Certains lui donnent une apparence scientifique, avec les équations et les régressions obligées, mais, au fond, l'argument revient à l'idée que, si la semaine de travail était réduite à 35 heures et si toutes les heures ainsi libérées étaient converties en nouveaux emplois d'une durée hebdomadaire équivalente, le chômage serait considérablement diminué. Malheureusement, dans la réalité, les aménagements requis par une telle politique ne sont pas si simples ni, surtout, aussi souples. D'abord, lors d'une opération semblable, salariés et syndicats exigent habituellement que la réduction de la semaine normale de travail s'accompagne d'une augmentation correspondante du salaire horaire, de manière à conserver, au bout du compte, le même revenu hebdomadaire. Dans cette perspective, toute réduction des heures de travail s'accompagne d'une hausse correspondante des coûts du facteur travail.

Revenons à l'argumentation plus simple, et plus souvent utilisée, qui propose une réduction de la semaine normale de travail pour créer des emplois. Le calcul présenté plus haut repose sur deux postulats qui ne seront jamais réalisés. En effet, le raisonnement mathématique en question suppose que tous les emplois sont divisibles à volonté et que tous les travailleurs sont interchangeables. Assez curieusement, les emplois qui se prêteraient le mieux à une telle opération se situent aux deux extrémités de l'échelle des métiers et des professions, là où l'employé exécute son travail seul. C'est le cas, par exemple, de l'entretien ménager et de plusieurs travaux de services mal rémunérés, tout comme la plupart des professionnels, même s'ils sont secondés par un bataillon d'assistants et de secrétaires. Le travail relié à des machines ne peut pas se subdiviser de cette manière. On ne peut pas enlever une heure ou deux à chaque employé d'une usine hautement mécanisée pour créer quelques nouveaux emplois.

On invoque des arguments similaires pour dénoncer la réglementation légale des heures supplémentaires hebdomadaires ou annuelles. Ainsi, une étude menée par une chercheuse de Statistique Canada montre que si les heures supplémentaires étaient converties en nouveaux postes comportant des heures normales de travail, l'effet sur le chômage serait négligeable en raison des disparités entre les exigences de ces postes et les compétences des travailleurs en chômage (Galarneau, 1997). Les employeurs considè-

dèrent également, avant d'ouvrir de nouveaux postes, les frais occasionnés par l'embauche d'un nouvel employé, et reliés à la sélection, l'engagement, la formation ou les avantages sociaux. C'est sans doute pourquoi bien des employeurs préfèrent payer des heures supplémentaires, même à taux double dans certains cas, plutôt que d'engager du personnel.

Malgré ces inconvénients de nature économique ou organisationnelle, certaines lois récentes adoptées en France attestent que la réduction de la durée du travail est également une question de volonté politique. Dans la foulée de la victoire des socialistes aux élections législatives de 1981, une loi votée en 1982 fixe à 39 heures la durée normale de la semaine de travail. Adoptée en 1996 à l'initiative d'un gouvernement de droite, la loi Robien institue des incitatifs fiscaux à la réduction négociée de la durée du travail. En 1998, le gouvernement socialiste récemment élu vote une nouvelle loi incitative à la réduction négociée de la semaine de travail et une autre loi fixant à 35 heures la semaine normale du travail en 2000 ou en 2002, selon la taille de l'entreprise. Il est encore trop tôt pour évaluer l'effet de cette dernière mesure sur la performance économique de la France par rapport aux autres grands pays industrialisés. Toutefois, une étude confirme que les deux lois de 1996 et 1998 incitant à la réduction négociée de la durée du travail ont des effets positifs sur la création de nouveaux emplois (Gubian, 2000).

En comparaison, les mesures gouvernementales mises en place au Canada et au Québec pour favoriser la réduction du temps de travail sont beaucoup plus modestes. Au niveau fédéral, un programme expérimental de travail partagé mis en place en 1977 et devenu permanent en 1982, permet de compenser par des allocations d'assurance-chômage une réduction de la durée de la semaine de travail en vue de sauvegarder des emplois (Huberman et Lacroix, 1996: 105-108). Ce programme dont la popularité augmente en période de récession économique incite davantage au partage du chômage qu'au partage du travail, car il s'adresse aux entreprises qui veulent réduire les emplois (Tremblay, 1994: 148-149).

En 1994, Emploi-Québec a établi le programme Aménagement et réduction du temps de travail (A.R.T.T.) qui offre une assistance technique et financière aux entreprises qui négocient un accord de réduction du temps de travail. L'aide financière couvre 50 % des coûts de fonctionnement du comité paritaire de l'A.R.T.T. jusqu'à concurrence de 10 000 $, et 4 000 $ par emploi créé ou sauvegardé dans un établissement, jusqu'à un maximum de 400 000 $. Cette mesure s'applique à la réduction des heures normales de travail et des heures supplémentaires, à la retraite anticipée ou graduelle, au travail à temps partiel et au partage des postes de travail. Une étude interne du gouvernement du Québec de même qu'une recherche auprès de 29 établissements syndiqués à la C.S.N. ont montré que les subventions accordées dans le cadre du programme A.R.T.T. ont surtout servi à financer des préretraites (Thibault, 2001). Ce programme gouvernemental a cependant eu peu d'impact sur les conventions collectives, car, au sein d'un échantillon de 560 conventions collectives en vigueur au Québec en 2001, seulement 2,5 % font état d'une politique en matière de réduction du temps de travail et moins de 1 % prévoient un comité paritaire sur l'A.R.T.T.

11.8 Conclusion

En guise de conclusion, nous soulignerons les faits saillants qui se dégagent des données et des analyses présentées dans ce chapitre, et quelques perspectives d'avenir concernant l'aménagement du temps de travail.

Dans les années 1960, beaucoup d'auteurs prédisent l'avènement prochain d'une société des loisirs dans laquelle le travail doit occuper une place moins importante. Aujourd'hui, cette thèse fait encore de nombreux adeptes (Rifkin, 1996). Au cours des deux dernières décennies, le nombre moyen d'heures travaillées annuellement a diminué légèrement, car le nombre de jours fériés et de vacances a augmenté. Mais cette faible tendance n'autorise aucunement à parler de la société des loisirs pour un proche avenir, si jamais elle se réalise. On continue certes de dis-

cuter du choix à faire entre travail et revenu d'une part, et temps disponible et loisirs d'autre part. Mais avec le recul de l'État-providence dans la plupart des pays industrialisés, l'utopie d'une vie où le travail diminuerait constamment s'est-elle aussi envolée ? L'augmentation du travail à temps partiel involontaire et du travail autonome ne peut être considérée comme un indice de l'émergence de la société des loisirs, car ces nouvelles formes d'emploi servent souvent à pallier la carence d'emplois réguliers à plein temps (Le marché du travail, 1998).

L'insécurité économique des trois dernières décennies est sans doute un facteur qui a contribué à l'extension des emplois précaires, notamment le travail à temps partiel non volontaire et le travail autonome, et ce, dans la plupart des pays industrialisés à économie de marché. L'augmentation importante du personnel féminin dans toutes les industries relève pour une bonne part d'un besoin de revenus accrus, au détriment non seulement des loisirs, mais aussi, bien souvent, de la qualité de la vie familiale. L'analyse de la durée du travail révèle que certains employés, défavorisés ou non, fournissent de longues heures de travail et qu'un chômage élevé persiste au Canada et au Québec. La réduction du temps de travail apparaît aujourd'hui comme une mesure de lutte contre le chômage et non plus comme une avancée vers une société des loisirs.

Après avoir examiné la question de l'aménagement du temps de travail sous ses différentes facettes, les spécialistes de relations industrielles ont proposé une série de nouvelles formules. Adaptées aux besoins d'aujourd'hui, ces formules sont maintenant disponibles tant pour les employeurs que pour les salariés. Au lieu de réduire le temps de travail, on cherche plutôt à individualiser les horaires de travail, à laisser à chaque salarié la possibilité de se créer un horaire qui lui convient. Il faut d'ailleurs s'attendre à voir apparaître d'autres formes d'aménagement du temps de travail, peut-être par la combinaison de possibilités déjà existantes. Le principal facteur qui favorise cette évolution est la recherche, tant dans les familles où les deux conjoints travaillent que dans les familles monoparentales, d'un aménagement du temps de travail permettant de concilier le travail avec les exigences de la vie familiale.

La qualité du temps de travail est une autre question au centre des préoccupations. Certaines tâches demeurent et demeureront ennuyeuses, mais il est possible de rendre plus intéressantes des tâches même monotones, en laissant au salarié plus d'autonomie dans l'organisation et l'exécution de son travail. À cet égard, la souplesse dans l'aménagement du temps de travail peut améliorer la qualité de vie au travail.

Le présent chapitre a insisté sur les heures de travail ; on aurait pu en faire autant sur la question de l'année de travail. Sous cet angle, l'évolution a été plus rapide : l'augmentation du nombre des congés et l'allongement des vacances annuelles ont en quelque sorte pris la relève de la diminution des heures de travail quotidiennes ou hebdomadaires. Cette évolution devrait également conduire à une situation où le temps de travail serait à la fois plus souple tout en assurant aux salariés une vie sociale et familiale plus agréable.

références bibliographiques

BERNIER, C. (1979). *Le travail par équipes,* Montréal, Institut de recherche appliquée sur le travail (I.R.A.T.), bulletin n° 15.

BERNIER, C. (1985). « Évolution du statut du salarié en raison des nouvelles formes d'emploi. L'exemple du travail à temps partiel au Québec », *Le statut de salarié en milieu de travail,* 40e Congrès des relations industrielles de l'Université Laval, Québec, Presses de l'Université Laval, p. 137-160.

BUREAU INTERNATIONAL DU TRAVAIL (2000). *Le travail dans le monde,* Genève, Bureau international du travail.

CANSIM II (2002). *Résultats de l'enquête sur la population active,* Ottawa, Statistique Canada.

CARPENTIER, J. et P. CAZAMIAN (1977). *Le travail de nuit : effets sur la santé et la vie sociale du travailleur,* Genève, Bureau international du travail.

CONFÉDÉRATION DES SYNDICATS NATIONAUX (1994). *Le temps de travail autrement,* Montréal, Confédération des syndicats nationaux.

DESJARDINS, A. (1996). « Le temps de travail. Les résultats d'une enquête effectuée en 1994 auprès d'établissements de 200 salariés et plus », *Le marché du travail,* vol. 17, n° 11, novembre, p. 6-8 et 75-89.

DESJARDINS, A. (1997). « Le temps de travail. Les différents points de vue sur la question et les positions des partenaires sociaux », *Le marché du travail,* vol. 18, n° 11, p. 6-8 et 77-89.

DION, G. (1986). *Dictionnaire canadien des relations du travail,* Québec, Presses de l'Université Laval.

DROLET, M. et R. MORISSETTE (1997). « Travailler plus ou moins ? Que préfèrent les travailleurs ? », *L'emploi et les revenus en perspectives,* vol. 9, n° 4, p. 35-42, Ottawa, Statistique Canada.

DUCHESNE, D. (1997). « Heures supplémentaires : la situation actuelle », *L'emploi et les revenus en perspectives,* vol. 9, n° 4, p. 9-26, Ottawa, Statistique Canada.

FÉDÉRATION DES TRAVAILLEURS DU QUÉBEC (1995). *La réduction du temps de travail : un objectif syndical, un objectif social,* Montréal, Fédération des travailleurs du Québec.

GALARNEAU, D. (1997). « Redistribution des heures supplémentaires », *L'emploi et les revenus en perspectives,* vol. 9, n° 4, p. 27-36, Ottawa, Statistique Canada.

GUBIAN, A. (2000). « La réduction du temps de travail à mi-parcours : premier bilan des effets sur l'emploi », *Travail et emploi,* Paris, ministère de l'Emploi et de la Solidarité, n° 83, p. 9-25.

HÉBERT, G. (1992). *Traité de négociation collective,* Boucherville, Gaëtan Morin Éditeur.

HUBERMAN, M. et R. LACROIX (1996). *Le partage de l'emploi. Solution au chômage ou frein à l'emploi ?,* Québec, Presses de l'Université Laval.

JOLIVET, T. (1983). « La réduction de la durée du travail est-elle créatrice d'emploi ? », *Relations industrielles/ Industrial relations,* vol. 38, n° 1, p. 142-154.

LE MARCHÉ DU TRAVAIL (1998). *L'évolution de l'emploi atypique au Québec*, Québec, Gouvernement du Québec, Les Publications du Québec.

MABRY, B.D. (1976). «The Sources of Overtime: An Integrated Perspective», *Relations industrielles/Industrial Relations*, vol. 15, n° 2, p. 248-251.

MAYER, F. (1996). «Temps partiel et précarité», *Relations industrielles/Industrial Relations*, vol. 51, n° 3, p. 524-543.

REID, F., GOUVERNEMENT DE L'ONTARIO (1987). *Hours of Work and Overtime in Ontario: The Dimensions of the Issue. Background Report to the Ontario Task Force on Hours of Work and Overtime*, Toronto, Queen's Printer.

RIFKIN, J. (1996). *La fin du travail*, Montréal, Boréal.

ROSA, R.R. et M.J. COLLIGAN (1989). «Extended Workdays: Effects of 8-hour and 12-hour Rotating Shift Schedules on Performance, Subjective Alertness, Sleep Patterns, and Psychosocial Variables», *Work and Stress*, vol. 3, n° 1, p. 21-32.

SPARKS, K. et C. COOPER (1997). «The Effects of Hours of Work on Health: A Meta-analytic Review», *Journal of Occupational and Organizational Psychology*, vol. 70, n° 4, p. 341-408.

THIBAULT, J.M. (2001). «La réduction du temps de travail: l'expérience de la Confédération des syndicats nationaux», mémoire de maîtrise, Montréal, Université de Montréal, École de relations industrielles.

TREMBLAY, D.G. (1994). «Le partage de l'emploi: panacée ou pis-aller?», *Interventions économiques*, n° 25, p. 143-161.

UNIVERSITÉ LAVAL, DÉPARTEMENT DE RELATIONS INDUSTRIELLES (1974). *L'aménagement des temps de travail: l'horaire variable et la semaine comprimée*, 29e Congrès des relations industrielles, Québec, Presses de l'Université Laval.

UNIVERSITÉ LAVAL, DÉPARTEMENT DE RELATIONS INDUSTRIELLES (1981). *La réduction de la durée de travail*, 36e Congrès des relations industrielles, Québec, Presses de l'Université Laval.

Contenu et évaluation des emplois

La définition et la classification des tâches des salariés font généralement partie des droits de gérance de l'employeur. Toutefois, la convention collective circonscrit ces droits dans plusieurs domaines, tels ceux de la santé et la sécurité du travail ou de la sous-traitance. Par ailleurs, c'est au cours de la négociation qu'on attribue aux différentes tâches une valeur pécuniaire, autrement dit qu'on fixe les salaires.

Selon les formules négociées par les parties, cette valeur s'exprime par un salaire ou par une échelle salariale rattachés au titre d'emploi lui-même ou à une classe d'emploi. Ainsi, telle convention collective classe les emplois les uns par rapport aux autres et prévoit le salaire du mécanicien, par exemple, alors que telle autre convention contient une structure salariale organisée en classes d'emplois (classes 1, 2, 3, 4, etc.) avec un taux ou une échelle salariale propre à chacune de ces classes (voir le chapitre 13).

Il ne s'agit donc pas d'étudier ici la détermination des salaires ou des échelles salariales, mais plutôt les modes d'évaluation, de classification ou de rangement des différents emplois à l'intérieur de la structure salariale. La convention collective traduit les augmentations et les ajustements salariaux à partir d'un ensemble de considérations externes comme l'inflation, les comparaisons salariales avec le marché, etc. Il s'agit plutôt d'examiner les moyens auxquels les parties ont recours pour hiérarchiser à l'interne les emplois actuels, nouveaux ou modifiés, à partir de critères tels que les responsabilités, les qualifications et les conditions de travail qui servent à évaluer les différentes tâches composant un emploi.

Le présent chapitre est consacré à l'étude des clauses de convention collective qui traitent de la définition des tâches, de leur évaluation et de leur hiérarchisation afin de rémunérer de façon juste et équitable les différentes catégories d'employés d'une entreprise. Après avoir présenté les concepts fondamentaux, nous verrons comment les parties à la convention collective encadrent le processus d'évaluation. Nous décrirons aussi les mécanismes permettant de procéder à des ajustements en cours de convention occasionnés par des modifications de l'organisation de la production et du travail. Nous présenterons les principales méthodes d'évaluation des emplois: le simple rangement, le regroupement par classes d'emplois et l'évaluation par la méthode des facteurs-points. Ensuite, nous examinerons comment des conventions collectives encadrent la démarche d'évaluation au moment de la création, de la modification ou de l'abolition d'emplois. Pour finir, nous aborderons la question du règlement des mésententes.

12.1 Concepts fondamentaux, étapes et méthodes d'évaluation des emplois

Dans cette section, nous définissons les concepts fondamentaux et nous décrivons brièvement les principales méthodes d'évaluation des emplois.

12.1.1 Définitions

Les tâches à effectuer par les salariés constituent l'objet premier de la convention négociée. Toutefois, les fonctions à remplir sont habituellement si nombreuses que la convention ne peut les décrire de façon détaillée. En général, la description des tâches d'un salarié ne précise pas toutes les activités associées à un emploi donné. Elle ne fait qu'en identifier les tâches caractéristiques, de même que les exigences ou les compétences nécessaires. Conséquemment, les conventions collectives qui traitent de la description des tâches ne le font qu'en termes généraux. Ainsi, dans l'annexe E de la convention suivante, les parties ont senti le besoin de définir les termes:

Chapitre 1   Dispositions générales

1.1   Définitions des termes

Assignation

Reconnaissance que le rôle principal et les tâches caractéristiques, effectuées par une personne salariée dans un poste correspondant à une description de fonction en vigueur à l'Université.

Attributions caractéristiques

Énumération des principales tâches caractéristiques de la fonction. Elle comporte des éléments clés visant à faciliter l'identification et l'évaluation de la fonction.

[...]

Description de fonction

Document mentionnant le titre, le rôle principal, une énumération des attributions caractéristiques ainsi que les qualifications requises.

[...]

Fonction

Énumération des attributions caractéristiques décrites et regroupées dans une description de fonction.

Fonction nouvelle

Fonction créée, non prévue dans la nomenclature des fonctions.

[...]

Rôle principal

Énoncé général qui situe la fonction quant à ses activités principales et habituelles et à son niveau de responsabilité.

(Convention collective entre Université Laval et Syndicat des employés et employées de l'Université Laval [S.C.F.P.-F.T.Q.], 1999-2002.)

On note que cette convention utilise le terme *fonction* alors que d'autres conventions emploient plutôt les termes *occupation* ou *emploi* pour désigner et regrouper les différentes activités ou tâches effectuées. Dans la même clause, le terme *tâche* renvoie aux composantes de la fonction :

Tâche

Une tâche est une activité afférente à une fonction qui requiert un effort physique ou mental, ou les deux, en vue d'atteindre un but déterminé.

Pour rappeler que la description de tâches ne peut être exhaustive, on parle de tâches connexes :

Tâche connexe

Tâche qui découle normalement du rôle principal de la fonction.

Cet exemple est un cas particulier, car les parties ne définissent pas toujours les termes avec autant de précision. Mais, même en l'absence de telles définitions, ces termes ont un sens et une portée pratique dans le domaine des relations du travail. Il faut donc distinguer cinq termes souvent pris dans le même sens : *emploi, occupation, fonction, poste* et *tâche*. Les termes *emploi, occupation* et *fonction* sont le plus souvent utilisés comme synonymes (Dion, 1986 : 183). Ils désignent un ensemble de tâches et d'activités assignées par l'employeur à un salarié affecté à un poste déterminé en vertu des dispositions de la convention collective. On a vu plus haut comment la notion de *tâche* renvoie aux composantes d'un emploi.

Le *poste* évoque le travail précis confié à un salarié ou le lieu physique où cette personne exécute la tâche dont elle a la responsabilité. Plus précisément, un poste correspond à un « ensemble des tâches, obligations et responsabilités régulièrement confiées à un seul individu et accomplies par lui dans la réalisation d'un travail à l'intérieur d'une organisation. Le poste de travail subsiste, même lorsqu'il est sans occupant. On dit alors qu'un poste est vacant » (Dion, 1986 : 353-354). L'existence d'un emploi s'exprime à travers au moins un poste, sinon plusieurs. Ainsi, on peut ne trouver dans une convention collective qu'un seul emploi d'enseignant, mais il correspond à des dizaines de milliers de postes au sein du réseau des commissions scolaires du Québec.

Les emplois peuvent donc être regroupés dans des classes correspondant chacune à des taux de salaire ou des échelles de salaire. Tout dépend évidemment du mode d'évaluation des emplois retenu. Ainsi à l'Université Laval, on a choisi la méthode facteurs-points pour évaluer les emplois ; la définition de classe d'emplois réfère donc à cette condition de la convention collective :

1.1   Définitions des termes

[...]

Classe

Regroupement de différentes fonctions qui s'insèrent à l'intérieur d'un écart d'évaluation déterminé par la table de conversion présentée au chapitre 2.7 du présent manuel.

(Convention collective entre Université Laval et Syndicat des employés et employées de l'Université Laval [S.C.F.P.-F.T.Q.], 1999-2002.)

Ainsi, des emplois très différents mais de valeur équivalente figureront dans la même classe (par exemple, la classe 4) et correspondront au même salaire ou à la même échelle. Examinons maintenant les principaux modes d'évaluation des emplois négociés par les parties.

12.1.2 Étapes de l'évaluation des emplois

Même après avoir établi les niveaux de salaire, les pratiques de gestion visent généralement à rendre la rémunération cohérente et équitable à l'intérieur de l'entreprise. Thériault et St-Onge (2000 : 191) proposent une démarche en cinq étapes pour parvenir à l'équité interne de la structure salariale : analyse des emplois, description des emplois, évaluation des emplois, établissement d'une structure des emplois et, enfin, élaboration et mise à jour d'une structure salariale visant à déterminer et à gérer les salaires. Avant d'attribuer une valeur à un emploi, il faut avoir une idée aussi précise que possible des tâches effectuées afin d'appliquer ultérieurement la même échelle salariale à ceux qui font le même travail. En effet, puisque les salaires varient en fonction des emplois, le recours à une description d'emploi demeure le meilleur moyen d'assurer aux employés le salaire qui correspond aux tâches qu'ils effectuent, créant ainsi une rémunération équitable et uniforme (Palmer et Palmer, 1991 : 464-465).

La *Charte des droits et libertés de la personne*[1] va même plus loin que la simple similitude du travail puisqu'elle oblige l'employeur à accorder, sans discrimination, un traitement ou un salaire égal aux membres de son personnel qui accomplissent un travail équivalent dans le même lieu. Ce n'est donc pas la *Loi sur l'équité salariale*[2] qui

a introduit cette notion d'équivalence ; cette loi a élargi la portée de ce principe en obligeant les employeurs de 10 salariés ou plus à mettre en place des programmes ou des mesures destinés à ajuster les salaires des catégories d'emploi à prédominance féminine par rapport à des emplois à prédominance masculine de valeur équivalente. Nous traiterons de la *Loi sur l'équité salariale* plus en détail au prochain chapitre (section 13.6.3). Pour l'instant, il suffit de souligner que cette loi évoque le recours à des méthodes d'évaluation des emplois pour réaliser l'équité salariale entre des emplois différents, mais de valeur égale. Il sera intéressant de faire le bilan d'application de cette loi et de vérifier dans quelle mesure les employeurs ont modifié et systématisé leurs modes d'évaluation des fonctions. La clause introductive du manuel d'évaluation des emplois de la convention suivante qualifie d'ailleurs le mode d'évaluation des emplois retenu d'un instrument de gestion et de réalisation de l'équité salariale :

> *Annexe E   Manuel d'évaluation des fonctions et fonctions repères*
>
> But du manuel
>
> Le présent manuel sert à décrire les fonctions, à déterminer leur valeur relative et à les classer. Il est rédigé pour aider l'Employeur et le Syndicat à atteindre et à maintenir l'équité salariale. Il répond aux impératifs de fonctionnement de l'Employeur et constitue un outil de gestion cohérent avec les principes de l'organisation du travail. Il assure le plus possible de flexibilité en accord avec les impératifs de la saine gestion. Il répond dans la mesure du possible aux aspirations du personnel et favorise la gestion de la carrière et la mise en place d'une reconnaissance des acquis.

(Convention collective entre Université Laval et Syndicat des employés et employées de l'Université Laval [S.C.F.P.-F.T.Q.], 1999-2002.)

A. Description des emplois

L'étude du contenu des tâches et de leur évaluation est un phénomène typiquement nord-

---

1. L.R.Q., c. C-12, art. 19 [ci-après citée : C.d.l.p.].
2. L.R.Q., c. E-12.001.

américain, associé au taylorisme (Taylor, 1947), et consacré et consolidé par les parties négociantes.

Lors de l'analyse des emplois, on collecte les données sur les tâches puis on rédige un document décrivant le contenu de l'emploi, ses exigences, ses caractéristiques, etc. Une modification significative des tâches peut entraîner une modification de la description de l'emploi et, éventuellement, un changement de classement dans la structure salariale. La description de tâches énumère les travaux particuliers qu'effectue l'employé assigné à un poste déterminé. Elle peut résulter soit d'une simple observation, soit d'une décision de l'employeur. La détermination des tâches est une prérogative patronale qui procède de son droit de gérance (voir le chapitre 3). Le résultat final, écrit, peut être le même que celui de la pure description de tâches, mais il comporte alors un élément d'obligation parce qu'il émane de la direction. Si un employeur remet un document à un employé en lui disant: «Voici ta description de tâches», il s'agit à la fois de la description et de la détermination de ses tâches.

Toutes les entreprises ne tiennent pas un inventaire descriptif complet des tâches et ne se livrent pas nécessairement à cette opération. Compte tenu des obligations découlant de la *Loi sur l'équité salariale*, un nombre croissant d'employeurs ont dû procéder à cette opération, sans quoi on ne peut pas comparer les emplois à prédominance féminine aux emplois équivalents à prédominance masculine afin de déterminer si des ajustements salariaux s'imposent ou non. Cette loi prévoit d'ailleurs que la méthode d'évaluation doit tenir compte, pour chaque catégorie d'emplois, des compétences exigées, des responsabilités assumées, des efforts physiques et intellectuels requis et des conditions dans lesquelles le travail est effectué[3].

D'autres entreprises, surtout les plus petites, ne produisent pas de document décrivant les emplois. Celles qui entreprennent ce travail suivent généralement le même modèle. Le document contient les éléments suivants: le nom du groupe et du sous-groupe auquel le poste se rattache, avec les numéros assignés à chaque élément s'il y a lieu, ainsi que le titre du poste en question. Viennent ensuite un résumé des tâches à accomplir et une description détaillée de chaque élément de chaque tâche. Cette description détaillée indique parfois le pourcentage normal du temps exigé par la tâche et, s'il y a lieu, une évaluation en points. Enfin, la description mentionne les compétences requises, c'est-à-dire les exigences fondamentales, comme les années de scolarité et la connaissance des langues, ainsi que les exigences propres à la fonction elle-même (Hébert, 1992: 362-363).

Faisant partie de l'annexe E de la convention collective, la clause suivante indique comment les parties prévoient les règles relatives aux descriptions de tâches:

Chapitre 3   Formule de description de fonction

La présentation et la phraséologie ci-dessous sont uniformes sur toutes les descriptions de fonction.

DATE:

CODE:

CLASSE:

I. TITRE:

II. RÔLE PRINCIPAL:

III. ATTRIBUTIONS CARACTÉRISTIQUES:

1.

2.

3.

4.

5.

6.

7.

Les tâches mentionnées reflètent les éléments caractéristiques de la fonction identifiée et ne doivent pas être considérées comme une énu-

---

3. *Ibid.*, art. 57.

mération exhaustive de toutes les exigences occupationnelles inhérentes.

IV. QUALIFICATIONS REQUISES:

1. Scolarité:

2. Expérience pertinente:

3. Autres:

(Convention collective entre Université Laval et Syndicat des employés et employées de l'Université Laval [S.C.F.P.–F.T.Q.], 1999-2002.)

B. Modes d'évaluation des emplois: classe, méthode des facteurs-points et rangement

L'évaluation des tâches s'appuie sur quelques principes fondamentaux et elle s'effectue selon différentes méthodes. Selon Dion (1986: 202), elle constitue:

[un] ensemble des principes et des méthodes destinés à déterminer la valeur relative de chacun des postes de travail d'une organisation (entreprise, établissement ou département) dans une optique prévisionnelle (administration des salaires, promotion, formation, etc.) principalement en vue d'établir une échelle de salaire rationnelle, respectant la valeur relative de chacun des emplois. L'évaluation des emplois ne considère que le poste lui-même, sans tenir compte des capacités de rendement de chaque travailleur en particulier.

Cette approche cherche à établir une classification des emplois et le classement salarial sur des fondements objectifs, voire scientifiques. Mais, en réalité, elle n'est pas exempte de subjectivité, de stratégie de la part des parties et d'arbitraire dans le choix et l'application des critères ou facteurs d'évaluation.

Une fois les emplois décrits, on peut procéder à leur hiérarchisation ou à la classification des emplois en fonction de leurs exigences respectives. À l'issue de cette opération, chaque emploi est placé dans une classe. La classification constitue donc une première méthode, sommaire, d'évaluation comparative des différents postes. Il ne s'agit pas d'évaluer le titulaire du poste mais plutôt le poste lui-même afin de le situer dans la hiérarchie de la structure salariale.

Cette classification conduit finalement à l'élaboration ou à la mise à jour d'une structure salariale indiquant les taux de salaire pour les divers emplois. La classification des tâches désigne leur regroupement par catégories, chaque tâche occupant une place déterminée par rapport aux autres. Quant au classement, il se rapporte au fait de mettre dans une classe telle tâche ou tel poste de travail. L'ordre établi par la classification se reflète normalement dans les différents niveaux de salaire attribués à chaque classe. Toutefois, les tâches décrites, ainsi que les exigences et les compétences correspondantes, peuvent éventuellement servir de critère d'évaluation du rendement d'un salarié.

Par ailleurs, il est possible de recourir à une autre méthode d'évaluation des tâches dite par facteurs et par points. Plus complexe et plus détaillée, cette méthode permet d'établir la valeur relative de chaque poste de travail dans un établissement donné. Elle risque d'ailleurs d'être adoptée de plus en plus largement puisque, depuis le 21 novembre 2001, les employeurs sont légalement tenus d'élaborer des programmes d'équité salariale (voir la section 13.6.3). Pour évaluer les tâches et opérationaliser l'application des facteurs, dont les plus fréquents sont les qualifications professionnelles, l'effort, la responsabilité et les conditions de travail, on peut utiliser la méthode qui consiste à déterminer un nombre maximum de points attribuables à chacun des facteurs à partir des tâches comprises dans chaque description. Selon le total des points obtenus, l'emploi à évaluer est placé dans une classe d'emplois.

Une autre méthode d'évaluation, par *comparaison des facteurs,* élaborée vers 1930, utilise à la fois l'établissement de quelques postes repères et certains aspects de la méthode des points. On commence par choisir un petit nombre de postes repères. On identifie quelques caractéristiques servant de critères pour l'évaluation des autres emplois. On procède ensuite au classement des fonctions repères selon les facteurs retenus. La convention collective du personnel de soutien de l'Université Laval reproduit à titre informatif à l'annexe E les recommandations des commissions canadienne et québécoise des droits de la personne sur les critères d'évaluation à employer :

Chapitre 4 Plan d'évaluation des fonctions à douze (12) sous-facteurs sans égard au sexe

L'ensemble des sous-facteurs vise à couvrir chacun des quatre (4) critères d'évaluation recommandés par les Commissions des droits de la personne canadienne et québécoise. À titre d'information, nous reproduisons ci-dessous la définition que la Commission canadienne des droits de la personne a publiée pour chacun de ces critères d'évaluation.

Qualifications

« Les QUALIFICATIONS requises pour l'exécution du travail d'un employé comprennent les aptitudes physiques ou intellectuelles nécessaires à l'exécution de ce travail et acquises par l'expérience, la formation, les études, ou attribuables à l'habileté naturelle ; la nature et l'importance de ces qualifications chez les employés qui travaillent dans le même établissement doivent être évaluées sans tenir compte de la manière dont elles ont été acquises. »

Effort

« L'EFFORT requis pour l'exécution du travail d'un employé comprend tout effort physique ou intellectuel normalement nécessaire à ce travail ; lorsqu'on compare les fonctions des employés d'un même établissement. À cet égard,

i) l'effort déployé par un employé peut être équivalent à celui déployé par un autre employé, que ces efforts soient exercés de la même façon ou non ; et

ii) l'effort nécessaire à l'exécution du travail d'employé ne doit pas normalement être considéré comme différent sous prétexte que l'employé accomplit de temps à autre une tâche exigeant un effort supplémentaire. »

Responsabilités

« Les RESPONSABILITÉS liées à l'exécution du travail d'un employé doivent être évaluées en déterminant dans quelle mesure l'Employeur compte sur l'employé pour accomplir son travail, compte tenu de l'importance des exigences du poste et de toutes les ressources techniques financières et humaines dont l'employé a la responsabilité. »

Conditions de travail

« Les CONDITIONS dans lesquelles l'employé exécute ses fonctions comprennent le bruit, la chaleur, le froid, l'isolement, le danger physique, les risques pour la santé, le stress et toutes les autres conditions liées à l'environnement physique et au climat psychologique ; elles ne comprennent pas, cependant, l'obligation de faire des heures supplémentaires ou du travail par poste, lorsque l'employé reçoit une prime à cet égard. »

(Convention collective entre Université Laval et Syndicat des employés et employées de l'Université Laval [S.C.F.P.-F.T.Q.], 1999-2002.)

La plupart du temps, on utilise la *méthode par facteurs et par points*. Le programme d'évaluation détermine un certain nombre de critères, ou facteurs, et attribue à chacun d'eux une importance relative, que l'on exprime par un certain nombre de points. Quand les emplois repères et les critères sont peu nombreux, le classement est facile. Le programme d'évaluation présenté dans l'exemple provenant de l'Annexe de la convention collective suivante comporte une table de conversion permettant de situer chaque classe de salaire selon un minimum et un maximum de points :

Chapitre 2 Mécanismes d'évaluation des fonctions

[...]

2.7 Lors de l'évaluation d'une fonction, l'évaluation totale est déterminée en additionnant les points obtenus à chacun des sous-facteurs. De plus, la classe de salaire est établie selon la table de conversion suivante :

Classe	Points minimums	Points maximums
1	193	238
2	239	285
3	266	292
4	293	319
5	320	346
6	347	373

7	374	400
8	401	427
9	428	454
10	455	481
11	482	508
12	509	535
13	536	562
14	563	589
15	590	616
16	617	643
17	644	870

2.8.   Structure salariale

L'échelle de classification appropriée pour une fonction est déterminée en utilisant la table de conversion prévue au paragraphe 2.7.

Les échelles de classification prévues à l'Annexe F s'appliquent à l'ensemble des fonctions.

(Convention collective entre Université Laval et Syndicat des employés et employées de l'Université Laval [S.C.F.P.-F.T.Q.], 1999-2002.)

Dès qu'on détermine la classe obtenue pour l'emploi, on lui associe le salaire prévu pour cette classe dans la convention collective. Toutefois, cette méthode d'évaluation des emplois par facteurs et par points n'est pas la seule utilisée pour déterminer les salaires des différentes classes d'emplois au moment de la négociation. Les parties peuvent aussi appliquer la méthode qui consiste à ranger les emplois « les uns par rapport aux autres selon l'importance relative de leurs exigences considérées de façon globale (à partir des descriptions, s'il y a lieu) » (Thériault et St-Onge, 2000 : 233). Cette méthode est plus simple et, comme la précédente, elle engage la participation du syndicat en raison des effets évidents sur la répartition de ses membres au sein de la structure salariale. Les petites entreprises utilisent généralement la méthode du rangement des fonctions. Si les fonctions sont peu nombreuses, bien identifiées et suffisamment différenciées les unes des autres, il est relativement facile pour la direction de l'entreprise d'en faire

une évaluation directe et spontanée, puis de les classer par ordre de complexité. Les salaires de chacune refléteront leur degré respectif d'importance (Hébert, 1992 : 373).

12.2 Modalités de la démarche d'évaluation des emplois

De nombreux facteurs influent sur le choix d'une méthode d'évaluation des emplois : le rapport de forces entre les parties, la taille et la nature de l'entreprise, les caractéristiques de la production et du travail, le profil de la main-d'œuvre et, plus généralement, tous les éléments susceptibles d'influencer l'issue des négociations. Contrairement à une institution universitaire ou à une grande entreprise sidérurgique, il est plutôt rare qu'une petite entreprise choisisse d'évaluer les emplois par une méthode complexe comme l'évaluation par facteurs et par points. Il est plus probable que l'employeur et le syndicat s'entendront pour classer les emplois, au moment de la négociation des salaires, en convenant d'une valeur donnée pour chaque emploi. Sauf quand les parties optent pour des systèmes d'évaluation plus complexes, dont l'implantation nécessite de multiples ressources, les syndicats cherchent plutôt à s'assurer d'un droit de regard au moment de l'évaluation et du classement des emplois créés ou modifiés par l'employeur pendant que la convention est en vigueur. Après avoir brièvement évoqué les choix des parties quant au mode d'évaluation des tâches et de son implantation, nous examinerons surtout les clauses relatives à l'évaluation des emplois ainsi que les dispositions destinées à régler les mésententes afférentes à cette question.

12.2.1 Processus conjoint ou unilatéral d'évaluation

L'évaluation des emplois vise avant tout à réaliser une équité interne globale. Autrement dit, elle s'applique à l'ensemble des emplois au sein de l'établissement ou de l'entreprise, et non pas uniquement à un groupe particulier de salariés, comme les femmes, dont le droit à un salaire équitable est reconnu dans la *Loi sur l'équité salariale*. Quand une entreprise s'engage unilatéralement ou conjointement avec le syndicat dans une évaluation des tâches, c'est toujours pour fixer la rémunération appropriée. La *Loi sur l'équité salariale* exige d'ailleurs dans les entreprises de 100 salariés et plus – qu'ils soient syndiqués ou non – que le programme d'équité salariale soit établi conjointement avec les représentants des salariés.

On évalue une tâche pour en déterminer la valeur et le salaire correspondant. La complexité de l'exercice est proportionnelle à celle de l'entreprise et à la nature des activités qu'on y exécute. Quant aux méthodes utilisées, elles dépendent surtout du degré d'hétérogénéité des fonctions et de la complexité de la grille des salaires.

Rappelons que l'objectif n'est pas de déterminer le niveau des salaires. Il s'agit plutôt d'établir un certain rapport entre les différentes fonctions afin d'échelonner les salaires. Or, évaluer et classer les différentes fonctions par ordre d'importance relative est une opération difficile. Si le rapport d'évaluation entre les différents emplois est établi avec précision et exprimé quantitativement, il n'est plus nécessaire de négocier le taux de salaire attribué à chaque fonction. On ne négocie que deux éléments essentiels : le taux de base et l'écart monétaire ; cet écart se traduit en pourcentage ou par montant égal entre chaque groupe ou catégorie d'emplois dans l'ensemble de la structure salariale. En somme, il faut évaluer le rapport entre les différents emplois pour déterminer quelle fonction mérite une rémunération supérieure à une autre, et dans quelle proportion (Hébert, 1992 : 373).

Comme les syndicats reconnaissent depuis longtemps le droit exclusif de l'employeur de définir le contenu des tâches, ils ont surtout concentré leurs efforts sur une répartition équitable de la masse salariale entre les différents groupes de travailleurs. Alors qu'ils sont relativement accommodants sur le contenu des tâches, les syndicats tiennent à participer à l'évaluation

des tâches d'une manière ou d'une autre en raison de l'étroite relation qui existe entre l'évaluation, la classification et le salaire. La fonction publique québécoise constitue une exception sur ce point, compte tenu du statut et du caractère particulier de l'État-employeur. En effet, la *Loi sur la fonction publique* prévoit qu'une convention collective ne peut restreindre celui-ci à l'égard « de la classification des emplois y compris la définition des conditions d'admission et la détermination du niveau des emplois en relation avec la classification[4] ». Autrement dit, la loi permet au syndicat de négocier les taux de salaire, mais pas la classification des emplois dans la structure salariale.

La plupart des conventions comportent une forme de participation syndicale à l'évaluation des tâches, soit au moment du classement des emplois lors de la négociation de la rémunération, soit à l'occasion de l'implantation et de l'administration d'un programme d'évaluation par facteurs et par points. Dans ce dernier cas, les parties peuvent le faire par le truchement d'un comité conjoint. Une fois l'opération terminée, les parties entérinent, telles quelles ou après modifications, les conclusions du comité. Le résultat final devient le programme d'évaluation des tâches de l'entreprise ou de l'établissement. Ainsi, dans l'exemple suivant, les parties conviennent d'une démarche conjointe de description et de classification des emplois :

Article XII   Description et classification et classification des occupations

12.01   Les clauses suivantes établissent les dispositions nécessaires pour permettre la mise en marche, par l'Employeur et le Syndicat, de leur convention pour décrire et classifier toutes les occupations accomplies par les salariés et pour déterminer les classifications des occupations.

12.02   Toutes les occupations accomplies par les salariés sont classifiées, payées et régies par les dispositions de cette convention. Le Manuel d'étude conjointe des salaires (E.C.S.) pour la

---

4. L.R.Q., c. F-3.1.1, art. 70, al. 2.

description et la classification des occupations et l'administration des salaires (ci-après appelé « Le Manuel ») est incorporé à cette convention et son contenu s'applique comme s'il y était énoncé au long. Le texte français du Manuel est le texte officiel.

(Convention collective entre QIT-Fer et Titane et Syndicat des ouvriers du fer et titane [C.S.N.], 1995-2001.)

Dans la convention ci-dessous, toute la démarche d'évaluation et de classification des emplois est conjointe. Les représentants du syndicat sont libérés de leurs activités habituelles et reçoivent une formation, puis ils participent à la rédaction des descriptions; on les appelle d'ailleurs *rédacteurs* et ils sont rémunérés. Ils décrivent les tâches conjointement avec les représentants patronaux; les descriptions sont ensuite transmises à un autre comité conjoint chargé de classifier les emplois. Les désaccords sur la classification des emplois sont confiés à un comité dit *supérieur* qui tente d'en arriver à une entente. À défaut de règlement, la mésentente est reportée à la prochaine négociation. Toutefois, dans d'autres conventions, les désaccords sont confiés à l'arbitrage. Finalement, la démarche de reclassification prévoit la possibilité d'un rajustement à la hausse; afin d'éviter une baisse salariale pour le titulaire d'un emploi reclassifié à la baisse, la convention prévoit le maintien du salaire hors échelle.

Annexe C   Procédures administratives du régime de classification des emplois

1.   Un ou des rédacteurs à l'usine sera(ont) entraîné(s) ainsi que les membres de chaque comité local.

2.   Le travail effectué par les rédacteurs sera fait entre 8 h et 16 h et ils seront rémunérés au taux tel qu'établi entre les parties. Les assemblées du comité local auront lieu entre 8 h et 16 h et les membres seront rémunérés à leur taux régulier pour assister à ces réunions.

3.   Les rédacteurs des descriptions des tâches accumuleront le service d'occupation et départemental de leur poste actuel. Quand les descriptions des tâches seront terminées, les rédacteurs retourneront à leur poste régulier et auront les droits de service à toute promotion qui se sera présentée pendant la période passée comme rédacteur de descriptions de tâches.

4.   Le comité local

Le comité local sera composé de deux (2) membres de la section locale concernée et de deux (2) membres de la Direction de l'usine, et aura pour fonctions :

a)   de choisir le titulaire qui fera la description de la tâche avec le rédacteur ;

b)   de se mettre d'accord sur l'exactitude et la justesse des descriptions ;

c)   de recommander certains emplois à la considération du comité de classification ;

d)   d'aider le comité de classification à classifier les emplois équitablement ;

e)   d'établir la priorité de révision par le comité de classification ;

f)   de s'élire un président et un secrétaire et de maintenir en bon ordre les dossiers de tout travail accompli par le comité.

5.   Le comité de classification

Le comité de classification sera composé de deux (2) représentants de la section locale concernée, et de deux (2) représentants de la Compagnie et se réunira périodiquement afin de :

a)   classifier les emplois ;

b)   faire rapport des résultats au comité local ;

c)   les décisions unanimes de ce comité lieront toutes les parties ;

d)   garder en bon ordre les dossiers de tout travail accompli.

6.   Les comités supérieurs

Les comités supérieurs seront composés d'un (1) représentant senior, du Syndicat et d'un (1) représentant de la Compagnie et leur fonction sera de régler les cas de classification que le comité de classification n'a pas acceptés unanimement. Les cas non réglés par ce comité seront reportés aux prochaines négociations.

7. Description de la tâche

La description de la tâche doit être faite par le titulaire accompagné du rédacteur et doit faire l'objet d'une entente mutuelle à l'usine concernée; soit le titulaire, son Surintendant et le comité local.

Le choix du rédacteur doit être accepté conjointement.

Le titulaire sera payé au taux régulier pour le temps passé avec le rédacteur de descriptions des tâches.

8. Reclassification

Le titulaire d'une tâche reçoit le salaire horaire applicable à la catégorie déterminée pour ladite tâche. Tout rajustement à la hausse, le cas échéant, devient en vigueur à compter de la date à laquelle la révision de la description de la tâche a été créée ou de la date à laquelle la révision de la description de la tâche a été demandée. Lorsqu'une évaluation ou une réévaluation donne lieu à un taux inférieur à celui qui était en vigueur antérieurement, le taux plus élevé est maintenu comme taux hors barème. Les taux hors barème s'appliquent seulement aux titulaires du poste (ou aux employés titulaires d'une occupation régulière qui, au cours des douze (12) derniers mois, ont travaillé au poste à titre d'employé de relève) faisant l'objet d'une évaluation ou d'une réévaluation avant la réception de l'avis du comité mixte de classification concernant cette réévaluation à la baisse. Ces taux hors barème disparaîtront soit par attrition, soit suite aux promotions ou aux rajustements effectués à l'échelle de classification des tâches. Les augmentations générales de salaire continuent cependant à s'appliquer à ces taux hors barème.

9. Nouvel emploi

Lors de la création d'un nouvel emploi, cette tâche sera classifiée et le nouveau taux sera rétroactif à la date convenue par le comité local.

(Convention collective entre Abitibi-Consolidated Inc., Division Belgo, et Syndicat canadien des communications, de l'énergie et de la chimie, Sections locales 1256-1455, 1998-2004.)

Ainsi, lorsqu'un programme conjoint d'évaluation des tâches est instauré, un comité est créé avec le mandat de procéder à cette évaluation, laquelle est ensuite adoptée par les parties. Une fois la négociation achevée, on inclut dans la convention une référence au programme d'évaluation des tâches pour indiquer qu'il devient partie intégrante de la convention. Il arrive parfois que ce programme constitue une des annexes de la convention.

12.2.2 Création et modification des emplois et règlement des mésententes

Les conventions collectives imposent parfois que le syndicat soit consulté avant que l'évaluation d'un nouveau poste soit appliquée, et reconnaissent aussi que les mésententes peuvent être portées en arbitrage. De nombreuses conventions collectives traitent simultanément de la question des postes nouvellement créés et des modifications apportées aux postes existants, si celles-ci ont pour effet de modifier l'évaluation. La procédure est alors généralement la même. La formule la plus simple comporte trois éléments : la compagnie doit aviser le syndicat de la création d'une tâche ou d'une modification importante et en même temps fournir la nouvelle évaluation et la nouvelle description. En cas de désaccord, le syndicat ou un employé peuvent demander une révision, ce à quoi la compagnie doit obtempérer dans un délai donné. Si le désaccord persiste, celui-ci peut faire l'objet d'un grief et d'un arbitrage, selon les conditions et les modalités déterminées dans la convention.

Un certain nombre de conventions collectives prévoient donc la formation d'un comité conjoint pour discuter de l'évaluation des tâches nouvelles. Dans ce dernier cas, le syndicat doit être consulté, par exemple avant que l'évaluation d'un nouveau poste n'entre en vigueur. Si le comité ne joue qu'un rôle consultatif, le syndicat conserve généralement le droit de déposer un grief en cas de désaccord et de le mener jusqu'à l'arbitrage. De plus, si le programme d'évaluation des tâches n'est pas élaboré et adopté conjointement, le syndicat peut en contester l'application en vertu de la clause de griefs. C'est pourquoi, la plupart du temps, il essaie de faire introduire dans la convention une clause particulière à cette fin. Par exemple :

Article 1.4   Rôle et fonction du comité conjoint

[...]

1.4.4   Toute entente au niveau du comité conjoint est sans appel et exécutoire.

L'Employeur fait parvenir au Syndicat la description, l'évaluation et, s'il y a lieu, l'assignation finale.

Article 1.5   Procédure d'arbitrage

1.5.1   Si, après avoir franchi l'étape du comité conjoint, un cas pouvant entraîner un changement de classe de salaire demeure litigieux, le Syndicat doit, sous peine de déchéance, faire parvenir dans les trente-cinq (35) jours de l'envoi de la réponse écrite de la partie patronale concernant le cas en litige à l'arbitre (copie à l'Employeur) une demande d'arbitrage précisant les points sur lesquels le désaccord persiste, avec mention des corrections demandées. Toute demande d'arbitrage pour laquelle aucune procédure de fixation d'audition n'a été entreprise dans les douze (12) mois suivant son dépôt est considérée nulle et de nul effet.

(Convention collective entre Université Laval et Syndicat des employés et employées de l'Université Laval [S.C.F.P.-F.T.Q.], 1999-2002.)

Examinons de plus près comment la convention collective encadre le droit de l'employeur de créer ou de modifier le contenu et les exigences des emplois. Sous la seule réserve des restrictions de la convention collective, la jurisprudence arbitrale reconnaît depuis longtemps le droit de l'entreprise de créer, de modifier et d'abolir des emplois. Toutefois, ce droit ne suppose pas celui de classer ou de reclasser un emploi sans droit de regard syndical. Si la question est portée en arbitrage, l'arbitre doit d'abord apprécier si la description de tâches est fidèle aux tâches effectuées. Ensuite, en s'appuyant sur le mode de classification et sur les critères ou facteurs en vigueur, il détermine si le classement retenu par l'employeur pour l'emploi visé doit être maintenu ou révisé. Les arbitres ont donc le droit d'ordon-

ner à l'employeur de reclassifier les employés, même en l'absence de document décrivant les emplois (Palmer et Palmer, 1991 : 471-472 ; Sack et Poskanzer, 1996 : 16-4 à 16-6.2).

Palmer et Palmer (1991 : 467-471) énoncent deux principes sur lesquels se fonde la jurisprudence arbitrale pour déterminer le classement d'un emploi. Premièrement, un emploi est classifié d'après le travail effectivement accompli par son titulaire, et non en fonction du potentiel de ce dernier ou de son emploi antérieur. Deuxièmement, la classification porte sur les activités essentielles de l'emploi et non sur des activités mineures ; elle se détermine à partir des tâches exécutées couramment et non de façon occasionnelle. Ce principe signifie que le processus d'évaluation repose sur les composantes de l'emploi et non sur la performance de son titulaire ou la somme de travail accompli. Ainsi, un salarié ne pourrait demander une reclassification de son emploi sur la base de son rendement ; seules des modifications substantielles des tâches, par exemple le degré de responsabilité ou de compétence exigé, permettent d'envisager une reclassification.

La convention suivante consacre le droit de l'employeur de déterminer le contenu des tâches, voire de le modifier. On remarque dans l'exemple suivant qu'on énumère les titres d'emploi de même que leur classe respective à laquelle correspond le salaire indiqué dans la clause rémunération. Les clauses suivantes sont d'ailleurs regroupées sous le titre de *Classification* puisqu'il s'agit de répartir et de hiérarchiser les emplois dans des classes distinctes :

Article 4   Mouvement des employés

Chapitre 2   Classification (employés de soutien)

4.03 *a*)   À la signature de la convention, les classifications et les titres d'emploi du personnel de soutien sont les suivants :

CLASSE EMPLOI

III   Téléphoniste

V   Technicien en information, chef des nouvelles spécialisées et éditorial

Technicien en information, rédacteur en chef et directeur de l'information

Technicien en information, chef des nouvelles locales et régionales

Technicien en information, rubriques récréatives

Technicien en information, sports et loisirs

Technicien en information, «Votre Agenda»

Technicien en information, Télé-Magazine

Technicien en information, correction rédactionnelle

Documentaliste, Parlement d'Ottawa

Documentaliste, Parlement de Québec

Responsable de la documentation

b) Le Syndicat reconnaît qu'il est du ressort exclusif de l'Employeur de définir le contenu des emplois visés au paragraphe a).

L'Employeur reconnaît aussi qu'il doit définir le contenu de ces emplois conformément au travail qu'il demande.

L'Employeur transmet, dans les trois (3) mois de la signature de la convention, les descriptions de tâches selon les titres d'emploi prévus au paragraphe a).

c) Lorsque l'Employeur crée un nouveau titre d'emploi ou modifie substantiellement un emploi de façon à affecter son évaluation, il fait parvenir au Syndicat dans les 14 jours de la création ou de la modification copie de la nouvelle définition d'emploi.

d) Un employé peut également demander une révision de sa définition et de son évaluation lorsqu'une modification substantielle à son travail, apportée par l'Employeur, le justifie.

Le représentant syndical doit alors présenter à la direction une demande écrite à cet effet.

Cette demande ne peut avoir d'effet rétroactif.

(Convention collective entre *Le Soleil* (Division de la compagnie Unimédia) et le Syndicat de la Rédaction du *Soleil* [C.S.N.], 2000-2003.)

Cette convention prévoit un droit de regard syndical en cas de création ou de modification d'emploi. D'autres conventions collectives sont toutefois plus explicites sur le pouvoir de l'arbitre et indiquent dans le texte le pouvoir généralement reconnu aux arbitres de reclassifier les emplois dont le contenu a été modifié de façon significative ou substantielle :

Article 12   Maintien du statut de salarié régulier, changements techniques et technologiques et nouvelles fonctions

[....]

12.04   Modification substantielle d'une fonction ou création d'une nouvelle fonction

Advenant que l'employeur décide de modifier substantiellement une fonction ou d'introduire une nouvelle fonction pendant la durée de la convention, il doit établir un taux de salaire régulier compatible avec les taux de salaires réguliers existants. Si le syndicat prétend que ce taux n'est pas compatible avec les taux de salaires réguliers, il peut soumettre un grief tel que prévu aux sections 10 et 11 de la convention ; un tel taux ne peut être inférieur au taux le plus bas du préposé à l'expédition.

De plus, le syndicat sera consulté lors de l'élaboration des descriptions de tâches, et ce à compter de la signature de la présente convention.

(Convention collective entre Les Boulangeries Weston Québec Corp. et Syndicat des salariés de la Boulangerie Weston [C.S.D.], 1996-2000.)

C'est à partir de la description de l'emploi évalué que ce dernier est classifié, et c'est aussi à partir d'une modification significative que l'emploi peut être reclassifié. Si la détermination des tâches à accomplir relève du droit de gérance, le syndicat a généralement le droit de vérifier l'adéquation entre la description de l'emploi et les tâches effectivement accomplies par le salarié. Comme l'évaluation des tâches est étroitement reliée aux salaires par la répartition des emplois dans la structure salariale, le syndicat cherche la plupart du temps à participer à la définition des conditions dans lesquelles l'évaluation des emplois s'effectue. Par ailleurs, la reclassification d'un emploi s'articule sur le mode d'évaluation en place :

Article 15   Salaire

15.01 *a)*   Les lignes d'avancement et l'échelle de salaires au Calendrier « A » seront en vigueur pour la durée de cette convention, sauf lors d'un changement substantiel des méthodes, de la création d'un nouvel emploi ou d'un changement causé par l'évaluation des tâches ou tout autre changement dans les lignes d'avancement. Les parties devront s'entendre sur une échelle nouvelle ou ajustée de salaires, ainsi que sur les nouvelles lignes d'avancement.

b)   S'il devient nécessaire d'ajuster le taux d'un emploi soumis au Régime de classification des emplois, cet emploi sera reclassifié selon la procédure établie.

c)   Le Régime de classification des emplois constitue la base servant à déterminer la classe de salaire applicable aux emplois assujettis au Régime, à tout emploi nouvellement créé, ou tout emploi ayant subi des changements. Les procédures administratives du Régime de classification des emplois, ainsi que l'échelle de salaires des machines à papier journal, en annexe, font partie de la convention collective de travail.

(Convention collective entre Abitibi-Consolidated Inc., Division Belgo, et Syndicat canadien des communications, de l'énergie et de la chimie, Sections locales 1256-1455, 1998-2004.)

Dans la convention suivante, la compagnie s'engage à consulter le syndicat avant d'abolir ou de transformer des emplois :

Article II   Droits de la direction

[...]

2.03   Si l'Employeur doit abolir une ou plusieurs tâches ou encore en transformer d'autres, l'Employeur doit rencontrer l'Union afin de discuter de l'application de ces changements.

(Convention collective entre Épiciers Unis Métro-Richelieu, Division Épicerie, Centre Mérite 1, et Travailleurs et travailleuses unis de l'alimentation et du commerce, Section locale 501, 1996-2000.)

Toutefois, il revient généralement à l'employeur d'établir la nouvelle tâche et de déterminer son évaluation, avec ou sans la consultation du syndicat, selon ce que stipule la convention. Le plus souvent, la convention mentionne que l'employeur doit respecter le programme d'évaluation des tâches, s'il y en a un. Dans ces cas, le grief et l'arbitrage constituent le recours normal ; mais l'arbitre doit également respecter le programme d'évaluation déjà décidé et agréé par les parties.

Article II   Droits de la direction

2.01   Le Syndicat reconnaît à l'Employeur le droit :

[...]

b)   de classifier toute nouvelle occupation et d'ajuster le taux de toute occupation existante pendant la durée de cette convention, sous réserve des dispositions du Manuel d'étude conjointe des salaires.

(Convention collective entre QIT-Fer et Titane et Syndicat des ouvriers du fer et titane [C.S.N.], 1995-2001.)

Et dans un autre cas :

Article 25   Classifications et salaires

[...]

25.04

Le salaire de tout nouveau poste créé pendant la durée de la présente convention et assujetti à cette dernière sera sujet à négociation entre les parties conformément aux dispositions prévues au document d'entente globale relatif au plan de description et d'évaluation des fonctions.

Annexe K

Objet : Description et évaluation des fonctions

Le document d'entente globale concernant les descriptions et l'évaluation des fonctions signé entre les parties le 7 novembre 1989 est réputé faire partie intégrante de la présente convention.

(Convention collective entre Ville de Sherbrooke et Syndicat canadien de la fonction publique, Section locale 2729 [cols bleus], 1998-2002.)

D'autres conventions collectives peuvent même contenir des clauses visant à anticiper et à planifier les mesures à prendre lors de changements susceptibles d'affecter les emplois :

Section 30   Comité conjoint de relations de travail

30.01   Composition

Le comité conjoint de relations de travail est constitué d'un maximum de quatre (4) représentants de l'employeur et de quatre (4) représentants du syndicat. Chaque partie a droit à un seul vote au sein du comité.

30.02   Fonctions

[...]

De plus, le comité conjoint de relations de travail abordera les projets de changements techniques ou technologiques pouvant affecter significativement la méthode de travail des salariés. Cette consultation peut porter sur les sujets suivants :

La qualification, la disqualification, l'entraînement, les mouvements de main-d'œuvre, l'établissement des qualifications de base nécessaires et une analyse détaillée des conséquences, effets et répercussions sur les différents postes de travail concernés.

(Convention collective entre Les Boulangeries Weston Québec Corp., et Syndicat des salariés de la Boulangerie Weston [C.S.D.], 1996-2000.)

Dans cette dernière convention, la question est abordée par la voie des changements technologiques et techniques, mais un tel comité serait fort probablement chargé d'examiner les effets sur les descriptions de tâches et sur la classification des emplois affectés par les changements.

Les employés de bureau d'Hydro-Québec sont régis par un régime d'évaluation des emplois par facteurs et par points. La convention collective rappelle à l'article 22 le droit exclusif de l'employeur de définir le contenu des emplois et, en retour, le droit d'un salarié de déposer un grief s'il croit que ses tâches ont subi des « modifi-

cations suffisantes ». Comme il existe un programme d'évaluation, la convention collective prévoit un arbitrage spécialisé pour disposer des griefs de reclassification des emplois nouveaux ou modifiés :

Article 22   Évaluation des emplois

[...]

22.06   Pour la durée de la présente convention collective, messieurs Marcel Guilbert et Jean-Paul Deschênes agissent comme arbitre à tour de rôle aux fins de l'application de cet article.

[...]

22.08   Les pouvoirs de l'arbitre sont limités à l'application du plan quant aux facteurs en litige qui lui sont soumis et à la preuve présentée, il n'a aucun pouvoir pour rendre des décisions qui diminuent, augmentent ou altèrent le programme d'évaluation des emplois de même que toute autre disposition des présentes. Sa décision est finale et lie les parties. Ses honoraires et frais sont payés à part égale par les parties.

22.09   S'il est établi lors de l'arbitrage qu'un élément d'un emploi affectant l'évaluation dudit emploi n'apparaît pas à la description, bien que l'employé soit et demeure tenu par la Direction de l'accomplir, l'arbitre a mandat pour ordonner à la Direction d'inclure dans la description cet élément.

(Convention collective entre Hydro-Québec et le Syndicat des employé-e-s de techniques professionnelles et de bureau d'Hydro-Québec, Section locale 2000, Syndicat canadien de la fonction publique [F.T.Q.], 1995-2000.)

La convention définit ici le cadre dans lequel le classement des emplois doit se réaliser. Cette convention prévoit même la démarche à suivre lors de la fusion ou du regroupement d'emplois et des éventuelles conséquences sur le classement dans la structure salariale. Encore ici, toute mésentente peut être référée à l'arbitrage. On note que la clause prévoit une consultation préalable auprès du syndicat :

Article 22   Évaluation des emplois

[...]

Regroupement d'emplois

22.14 *a*)   La Direction s'engage à consulter le Syndicat avant de procéder à un regroupement d'emplois.

b)   Un regroupement d'emplois est la fusion de plusieurs descriptions d'emploi qui ont déjà été décrites et évaluées officiellement.

c)   Tous les regroupements doivent respecter les principes suivants :

1.   le regroupement doit tenir compte des différentes structures et doit être adapté au contexte local ;

2.   la description issue d'un regroupement doit comprendre des tâches caractéristiques de responsabilités sensiblement équivalentes.

d)   Advenant un désaccord sur un regroupement d'emploi, le Syndicat peut référer le cas à l'arbitrage aux arbitres d'évaluation et selon la procédure prévue à l'article 22, « Évaluation des emplois » de la convention collective des employé-e-s de techniques professionnelles et de bureau d'Hydro-Québec, section locale 2000.

e)   Le mandat de l'arbitre est soit de confirmer le regroupement, soit de l'infirmer s'il n'est pas raisonnable eu égard aux circonstances et s'il ne respecte pas la définition mentionnée au paragraphe b) et les principes énoncés au paragraphe c). L'arbitre n'a aucun mandat pour ajouter, soustraire, modifier ou amender les principes de regroupements, ni pour décider de regroupements autres que ceux proposés par la Direction.

(Convention collective entre Hydro-Québec et le Syndicat des employé-e-s de techniques professionnelles et de bureau d'Hydro-Québec, Section locale 2000, Syndicat canadien de la fonction publique [F.T.Q.], 1995-2000.)

Si les parties ou l'arbitre ne trouvent pas dans le programme d'évaluation les critères sur lesquels ils peuvent se fonder pour classifier un nouvel emploi, ils décideront de la classe et du salaire à donner à cet emploi à partir de la structure salariale existante. Cette structure se trouve alors

modifiée à la suite de l'entente entre les parties ou de la sentence arbitrale. S'il n'y a pas de régime d'évaluation par facteurs et par points, les parties peuvent convenir de préciser le mode de règlement des mésententes sur la classification d'un nouvel emploi :

Article 30   Salaires, classifications et primes

[...]

30.06   Détermination du taux de salaire d'une nouvelle classification

a)   Lorsque l'Employeur choisira de créer une nouvelle classification, le taux horaire sera déterminé par l'Employeur avec l'accord du Syndicat. Le taux devra être fixé en prenant en considération les taux horaires des classifications dont les fonctions et exigences se rapprochent le plus de celles de la nouvelle classification. À défaut d'entente, le Syndicat pourra déposer un grief en conformité des dispositions de la présente convention collective ;

b)   Dans un tel cas, l'arbitre a l'autorité de décider du taux horaire régulier applicable à telle nouvelle classification en litige, en comparant avec les autres classifications de la convention qui ressemblent le plus à celle en litige. Le salaire déterminé par accord des parties ou décidé par l'arbitre est payé rétroactivement à la date d'entrée en fonction de la nouvelle classification à moins que l'arbitre ne fixe une autre date ;

c)   L'annexe « A » est modifiée automatiquement pour inclure la classification et le taux horaire régulier correspondant, suite à l'entente entre l'Employeur et le Syndicat ou, s'il y a lieu, à la décision de l'arbitre.

(Convention collective entre Renaissance Hôtel du Parc et Syndicat des travailleuses et travailleurs de l'Hôtel du Parc [C.S.N.], 1999-2002.)

Inversement, s'il existe un programme d'évaluation complet, l'arbitre doit s'y référer :

Annexe E   Manuel des fonctions et des fonctions repères

[...]

1.5.5   Les pouvoirs de l'arbitre sont limités à l'application du plan quant aux facteurs en litige qui lui sont soumis et à la preuve présentée. Il n'a aucun pouvoir pour rendre des décisions qui diminuent, augmentent ou modifient le programme d'évaluation de même que toutes autres dispositions des présentes. Seules les fonctions repères peuvent servir aux fins de comparaisons lors d'un arbitrage.

S'il est établi lors de l'arbitrage qu'un ou plusieurs éléments caractéristiques d'une fonction n'apparaissent pas à la description et qu'ils auraient pour effet de changer la classe de rémunération de la personne salariée et que la personne salariée soit et demeure tenue par l'Employeur de les accomplir, l'arbitre a mandat d'ordonner à l'Employeur de modifier l'assignation de la personne salariée ou si ce n'est pas possible de créer une fonction nouvelle.

L'arbitre peut modifier les qualifications requises (scolarité et expérience) dans le cas où le Syndicat peut faire la preuve que la décision de l'Employeur est disproportionnée par rapport à la fonction, en tenant compte des fonctions repères et de la preuve présentée.

Si la décision de l'arbitre avait pour conséquence de permettre le passage d'une personne salariée d'un groupe d'emploi à un autre, pour obtenir le poste la personne salariée devra satisfaire aux exigences normales du poste. Malgré ce qui précède, dans le cas où elle ne répondrait pas aux exigences du poste au niveau de la scolarité, elle devra passer avec succès un test d'équivalence déterminé par l'Employeur.

Dans le cas où la personne salariée échouerait le test, elle conservera son poste. Elle aura droit au salaire de sa nouvelle fonction tant qu'elle occupera ce poste. Sous réserve du salaire auquel elle a droit, elle ne peut invoquer sa nouvelle fonction notamment dans l'application des dispositions relatives aux mouvements de personnel et à la sécurité d'emploi, pour lesquelles on référera à la fonction antérieurement accomplie ainsi qu'au salaire qui y est rattaché.

1.5.6   La personne salariée appelée à témoigner ou à représenter l'une des parties à un arbitrage prévu au présent article s'absente du travail, sans perte de traitement, pendant la durée nécessitée par ce témoignage ou cette représentation.

1.5.7   La décision de l'arbitre est sans appel et lie les parties. Ses honoraires et les frais sont payés à part égale par les parties.

(Convention collective entre Université Laval et Syndicat des employés et employées de l'Université Laval [S.C.F.P.-F.T.Q.], 1999-2002.)

12.3   Conclusion

Les arguments en faveur de l'implantation de l'évaluation des emplois, particulièrement par la méthode par facteurs et par points, se fondent sur le caractère objectif de la démarche et des critères utilisés pour hiérarchiser les emplois. Comme le souligne Hébert (1992 : 390), il subsiste un degré de subjectivité dans le système d'évaluation tant au moment de la description des tâches que dans le choix, la pondération en points et l'application des facteurs d'évaluation. Chicha (2000 : 145) souligne que les critères ou facteurs utilisés ne sont pas exempts d'éléments discriminatoires fondés sur le sexe puisque les processus et les outils traditionnels «ont grandement contribué à la sous-rémunération des emplois à prédominance féminine par le passé» (2000 : 145) ; en effet, selon l'auteure, «la raison d'être de ces méthodes était principalement d'établir et de justifier une hiérarchie entre les emplois d'une entreprise, emplois qui à l'époque étaient presque exclusivement masculins» (2000 : 145).

Malgré ces réserves, plusieurs considèrent que cette démarche d'évaluation des emplois constitue l'instrument le plus susceptible d'apprécier la valeur comparative entre des emplois à prédominance masculine et des emplois à prédominance féminine dans le cadre de la *Loi sur l'équité salariale*, les mises en garde se situant dans le choix et l'application des critères d'évaluation.

Les parties en négociation ne sont certes pas tenues d'utiliser une formule plutôt qu'une autre pour conclure ou non à la nécessité d'ajustements salariaux dans le cadre de cette loi. Les modes d'évaluation que nous avons évoqués, entre le simple rangement et la méthode par facteurs et par points, plus complexe, poursuivent tous le même objectif: classer les emplois en fonction de leur valeur relative. L'adoption de la *Loi sur l'équité salariale* a sans doute amené les parties à s'interroger sur les caractéristiques et la portée de leur mode d'évaluation. Elles doivent tenir compte des objectifs de cette loi, mais elles doivent aussi évaluer les conséquences de celle-ci sur les objectifs plus généraux d'équité interne du classement de l'ensemble des emplois. Sans présumer de l'avenir, la convention collective demeurera une voie privilégiée et incontournable dans l'établissement d'un classement des emplois et d'une rémunération équitables.

références bibliographiques

CHICHA, M.T. (2000). *L'équité salariale*, 2ᵉ éd., Cowansville, Les Éditions Yvon Blais.

DION, G. (1986). *Dictionnaire canadien des relations du travail*, 2ᵉ éd., Sainte-Foy, Presses de l'Université Laval.

HÉBERT, G. (1992). *Traité de négociation collective*, Boucherville, Gaëtan Morin Éditeur.

PALMER, E.E. et B.M. PALMER (1991). *Collective Agreement Arbitration in Canada*, 3ᵉ éd., Toronto et Vancouver, Butterworths.

PÉTRIN, H. (1991). *Vocabulaire des conventions collectives*, Québec, Les Publications du Québec.

SACK, J. et E. POSKANZER (1996). *Contract Clauses*, 3ᵉ éd., Toronto, Lancaster House.

TAYLOR, F.W. (1947). *Scientific Management*, New York, Harper & Brothers.

THÉRIAULT, R. et S. ST-ONGE (2000). *Gestion de la rémunération*, Boucherville, Gaëtan Morin Éditeur.

Chapitre 13

Salaires

Dans la convention collective, la clause des salaires est souvent considérée comme la plus importante. Dans bien des cas, ce sont des salaires jugés insuffisants qui poussent les travailleurs à former des syndicats et à vouloir négocier une convention collective. Pour l'employeur, il s'agit également d'une clause importante en raison de ses effets sur la rentabilité de l'entreprise. Enfin, les salaires représentent un outil primordial pour l'entrepreneur qui veut attirer et retenir une main-d'œuvre compétente.

Nous passerons d'abord en revue les principaux termes concernant la question des salaires. Ensuite, nous évoquerons les grands systèmes salariaux, nous présenterons plusieurs types de clauses salariales et nous décrirons les diverses formes d'augmentations des salaires. Les modalités de l'indexation des salaires feront l'objet d'une section distincte. Nous aborderons enfin un certain nombre de questions particulières, comme les taux étoilés, la rémunération à double palier ou à paliers multiples et l'équité salariale. L'objectif du chapitre est donc de permettre au lecteur de comprendre le contenu des clauses salariales des conventions collectives que plusieurs trouvent plutôt rébarbatives.

13.1 Terminologie

Pour discuter des clauses salariales dans les conventions collectives, il importe de connaître le vocabulaire. Voici donc la définition des termes qu'il convient de maîtriser.

13.1.1 Salaire et rémunération

Le *salaire* (*pay, wage* ou *salary*) désigne généralement la somme attribuée à l'employé pour les heures ou la quantité de travail fournies durant une période de temps donnée. En d'autres termes, le salaire constitue la rétribution que verse l'employeur à l'employé en contrepartie du travail accompli.

Le terme *rémunération* (*compensation*) est plus général. Il représente l'ensemble des compensa-

tions pécuniaires que l'employeur verse au salarié en contrepartie de son travail. D'ailleurs, on emploie souvent l'expression *rémunération globale* (Delorme, 1978; Institut de recherche et d'information sur la rémunération, 1988). La rémunération globale est constituée principalement du salaire de base, des primes liées au rendement individuel ou collectif et des bénéfices qui s'y ajoutent, les avantages sociaux (Milkovich et Newman, 1999). Dion (1986: 46) définit les avantages sociaux comme «la part de la rémunération des employés en sus du salaire». Cet aspect de la rémunération sera traité en détail au chapitre suivant; notons pour le moment que les avantages sociaux comprennent le temps chômé payé, le régime de retraite, les assurances collectives privées, les régimes étatiques d'assurances et d'autres avantages comme les diverses primes versées.

Certains qualifient de différentes manières le salaire ou la rémunération pour établir d'autres distinctions. Tout d'abord, il faut distinguer le *salaire brut* et le *salaire net.* Le salaire brut correspond au salaire avant toute déduction. Quant au salaire net, c'est le salaire que touche l'employé après déductions des différentes retenues: impôts, régimes d'assurance privés et étatiques, cotisation syndicale, etc. Par ailleurs, le *salaire direct* représente le salaire touché par l'employé à chaque période de paie à l'exclusion des avantages sociaux, lesquels constituent le *salaire indirect.* Quant au *salaire différé,* il correspond à la partie de la rémunération qui n'est pas remise immédiatement à l'employé, mais qui lui est due en vertu de certaines conditions de travail: crédits de maladie, indemnités de vacances, pension, options d'achat d'actions, etc. Enfin, on distingue parfois la *rémunération fixe* de la *rémunération variable.* Alors que la rémunération fixe comprend le salaire versé pour l'emploi occupé ainsi que différentes primes d'inconvénients, la rémunération variable se rapporte aux montants versés à l'employé en vertu «des régimes de rémunération qui tiennent compte du rendement à court terme ou à long terme de la personne, de l'unité administrative, ou de l'entreprise»

(Thériault et St-Onge, 2000: 8)[1]. Nous y reviendrons dans une prochaine section.

13.1.2 Salaire nominal et salaire réel

Les notions de *salaire nominal* et de *salaire réel* sont souvent évoquées en négociation et elles le sont généralement en rapport avec l'indexation des salaires, un sujet dont nous traiterons plus loin.

Le salaire nominal s'exprime en monnaie courante du pays, donc en dollars courants, c'est-à-dire dans une unité monétaire actuellement utilisée pour les échanges commerciaux. Ainsi, une personne qui gagne 15 $ l'heure a en main 15 $ canadiens, à leur valeur actuelle – d'où l'expression de valeur ou de salaire nominal. Elle utilisera cette somme pour acheter les biens qu'elle peut obtenir avec cet argent, au moment où elle fait les achats en question. Le salaire mentionné dans les conventions collectives est nominal.

Le salaire réel est un salaire fictif, exprimé en dollars constants, qu'on obtient en divisant le salaire nominal par l'indice des prix à la consommation (I.P.C.). De cette façon, le salaire actuel (ou courant) est ramené au pouvoir d'achat qu'il aurait eu dans l'année de base, autrement dit, en dollars de cette année-là. Le salaire réel cherche ainsi à éliminer l'effet de la variation des prix sur la quantité de biens que telle somme permet d'acheter. Les hausses salariales prévues dans les conventions collectives visent souvent à préserver le pouvoir d'achat des salariés afin de maintenir leur niveau de salaire réel.

Pour illustrer la différence entre ces deux notions, le tableau 13.1 présente l'évolution du salaire nominal et du salaire réel depuis une trentaine d'années. On constate qu'entre 1971 et 2000, la rémunération horaire moyenne est passée, en dollars courants (salaire nominal), de 3,28 $ l'heure en 1971 à 18,26 $ l'heure en 2000, soit une augmentation de plus de 400 %. D'un autre côté, le pouvoir d'achat ne s'est pas multiplié par quatre, loin de là. Le salaire réel, exprimé en dollars de 1971, a augmenté d'environ 22 % en 29 ans, passant de 3,28 $ à 4 $. En fait, depuis 1976, les salaires moyens dans l'industrie manufacturière ont tout simplement suivi le mouvement de l'I.P.C. et n'ont à peu près pas augmenté en termes réels ou en dollars constants. Le tableau présente cette même évolution du salaire réel, mais exprimée en dollars de 1981 et de 1992. Nous y reviendrons à la section 13.5.

13.1.3 Salaire et gains

Même si le taux de salaire et les gains horaires moyens d'un employé se confondent à l'occasion, les deux concepts diffèrent considérablement. Le taux de salaire représente une norme, c'est-à-dire la somme d'argent que l'employeur s'est engagé à verser à chaque salarié d'une catégorie donnée pour une unité de temps donnée, par exemple une heure de travail. Les gains correspondent à tout ce que l'employé peut et va gagner dans une période donnée, que ce soit une heure, une journée ou une semaine. Plus précisément, les gains incluent toutes les primes susceptibles de s'ajouter au taux de salaire normal. La distinction entre salaire et gains n'est pas anodine, notamment lorsque vient le temps de calculer, par exemple, la cotisation à verser dans un régime de retraite ou même la prestation à laquelle aura droit un retraité. En effet, selon ce que prévoit le régime, ces calculs peuvent être basés sur le salaire ou les gains.

13.2 Régimes salariaux

On entend tellement parler des salaires horaires, hebdomadaires ou annuels qu'on imagine parfois que toutes les rémunérations se fondent sur

---

1. Cette distinction entre rémunération fixe et rémunération variable est ambiguë. Au sens strict, la rémunération ne peut pour ainsi dire jamais être fixe puisque la durée du travail, les circonstances du travail, le rendement ou même les connaissances du salarié sont variables, faisant par le fait même varier le salaire. L'expression *rémunération au rendement*, individuel ou collectif, nous apparaît plus juste que *rémunération variable* pour désigner ces régimes salariaux.

tableau 13.1	Salaires nominaux et salaires réels[a] dans le secteur manufacturier au Canada selon diverses bases de l'indice des prix à la consommation – 1971-2000

| | Salaire nominal[b] | Base de 1971 | | Base de 1981 | | Base de 1992 | |
| | | I.P.C.[c] | Salaire réel | I.P.C.[c] | Salaire réel | I.P.C.[c] | Salaire réel |
Années	$ courants	1971 = 100	$ de 1971	1981 = 100	$ de 1981	1992 = 100	$ de 1992
1971	3,28	100,0	3,28				
1976	5,75	149,0	3,85				
1981	9,10	236,9	3,84	100,0	9,10		
1986	11,92	(313,9)[d]	3,80	132,5	9,00		
1992	15,38	(402,0)	3,82	(169,7)	9,06	100,0	15,38
1996	16,71	(425,7)	3,93	(179,7)	9,30	105,9	15,78
1997	16,81	(432,6)	3,89	(182,6)	9,21	107,6	15,62
1998	17,65	(436,6)	4,04	(184,3)	9,58	108,6	16,25
1999	17,88	(444,2)	4,03	(187,5)	9,54	110,5	16,18
2000	18,26	(456,3)	4,00	(192,6)	9,48	113,5	16,09

a. Le salaire réel (plus précisément le salaire exprimé en dollars constants de l'année de base) s'obtient en divisant le salaire nominal (1re colonne) par l'indice des prix approprié. Par exemple, le salaire moyen dans l'industrie manufacturière en 2000 est de 18,26 $ l'heure; cela équivalait en dollars de 1992 à 16,09 $.

b. Rémunération horaire moyenne dans l'ensemble du secteur manufacturier pour l'année indiquée. Les données pour 1971, 1976 et 1981 sont issues d'une publication que diffusait le ministère du Travail du Canada, *Taux de salaire, traitement et heures de travail*. Les données pour les autres années sont tirées d'une publication de Statistique Canada, *Emploi, gains et durée du travail* (publication n° 72-002). Depuis avril 1983, les chiffres publiés par Statistique Canada reflètent les données des entreprises de toutes tailles, au lieu de celles qui avaient 20 employés ou plus comme auparavant.

c. Indice des prix à la consommation (non désaisonnalisé), moyenne de l'année indiquée. Statistique Canada, *L'indice des prix à la consommation* (publication n° 62-001).

d. Les parenthèses indiquent qu'on a cessé de publier les données sur cette base; on les obtient par un simple calcul (règle de trois).

le temps passé au travail. Pourtant, il existe d'autres formes ou systèmes de rémunération. Nous examinerons donc successivement les principaux régimes salariaux. Après la rémunération au temps, nous considérerons le salaire au rendement, tant collectif qu'individuel, ainsi que le salaire selon les connaissances, les compétences ou les habiletés.

13.2.1 Salaire au temps

Le salaire au temps – à l'heure, à la semaine ou à l'année – est le régime salarial le plus fréquent dans les conventions collectives (Ferland, 1996). Les syndicats ont toujours favorisé la rémunéra-

tion selon le temps passé au travail, car elle présente de nombreux avantages. D'abord, le salarié est assuré d'une rémunération régulière. De plus, il travaille avec beaucoup moins de tension et de stress, puisque la rémunération n'est pas affectée par le rendement. Enfin, dans bien des cas, quand le travail est très subdivisé ou mal défini et que le produit de chaque employé est difficilement mesurable, il n'existe guère d'autre façon pratique de calculer le salaire dû à l'employé pour le travail qu'il accomplit.

La plupart du temps, les cols bleus, les employés de métier, les travailleurs à la production et toutes les autres catégories de salariés apparentées, par exemple les employés d'entretien, sont payés à l'heure. Normalement, l'employé payé à l'heure n'est rémunéré que pour les heures travaillées. Un salaire horaire particulier est généralement prévu pour chaque catégorie de travailleurs, voire pour chaque poste de travail. Le plus souvent, tous les salariés d'une catégorie sont payés au même taux horaire, sauf les apprentis rémunérés à taux moindre selon la durée de leur apprentissage. Aussitôt leur période d'apprentissage terminée, ils passent au taux unique fixé. Certaines conventions contiennent des échelles de quelques taux progressifs correspondant à différentes périodes de temps : trois mois, six mois, un an, etc. Le salarié parcourt alors les différents échelons de salaire de sa catégorie. Cependant, chez les cols bleus, cette formule est moins fréquente que le taux unique par catégorie d'emploi ou par poste.

Les employés de bureau sont généralement rémunérés à la semaine. Selon Hébert (1992), la raison de cette situation est sans doute que le travail de bureau peut s'étaler plus facilement dans le temps et, en conséquence, qu'il s'avère généralement plus régulier que le travail de production. Il comporte de ce fait une sorte de garantie implicite de la rémunération hebdomadaire (Hébert, 1992). Les conventions prévoient plus fréquemment différents taux de salaire, autrement dit, une échelle de salaires, pour la plupart des postes de bureau. L'étendue de cette échelle varie notamment selon les caractéristiques de l'emploi, le nombre de niveaux hiérarchiques dans l'organisation ainsi que les taux minimums et maximums payés sur le marché pour cet emploi (Thériault et St-Onge, 2000 : 304-306).

Enfin, les cadres et professionnels sont eux aussi payés au temps, mais, d'habitude, sur la base d'un traitement annuel. Pour les fins de la paie, on divise le montant annuel en 26 tranches égales si, comme il arrive souvent, les employés sont payés toutes les deux semaines. S'ils sont régis par une convention collective, les professionnels bénéficient généralement d'une échelle de salaire comprenant un certain nombre d'échelons. De leur côté, les cadres sont habituellement

rémunérés sur une base plus personnalisée et qui est censée refléter leur contribution à la performance de l'entreprise.

13.2.2 Salaire au rendement

Par *salaire au rendement*, on entend toute forme de rémunération totalement ou partiellement reliée à la production de l'employé, du groupe de travail ou de l'entreprise. C'est la portion dite variable de la rémunération. Il existe de nombreux modèles de salaire au rendement, aussi qualifiés de *rémunération variable*, de *formules d'intéressement* ou de *rémunération liée aux résultats* (Fawcett, 1998 ; Hébert, 1992). Nous présenterons brièvement ces systèmes selon qu'ils ont pour critère le rendement individuel ou le rendement collectif. Les formules varient beaucoup selon les organisations qui les adaptent à leurs propres besoins. Ainsi, certains régimes combinent des critères de performance individuels et collectifs, constituant alors ce qu'on appelle des *régimes hybrides*. Après une description sommaire, nous examinerons l'occurrence des régimes dans le secteur syndiqué[2].

A. Salaire au rendement individuel

Le travail aux pièces, généralement appelé travail ou taux à la pièce, est probablement le régime incitatif le plus ancien. Selon ce régime, la rémunération de l'employé dépend du nombre d'unités produites ou d'opérations effectuées conformément aux standards préétablis. Généralement, une clause de la convention prévoit qu'un employé est assuré de recevoir un salaire minimal s'il n'atteint pas, pour toutes sortes de raisons, les objectifs de production. De moins en moins répandue, cette forme de rémunération reste notamment présente dans le secteur du vêtement (Institut de la statistique du Québec, 2001), du textile, du meuble et dans l'industrie du caoutchouc (Hébert, 1992).

---

2. La description de ces régimes dans la section qui suit est basée en majeure partie sur les travaux de Thériault et St-Onge (2000) et de l'I.R.I.R. (1996a et 1996b), de même que sur les définitions du dictionnaire de Dion (1986).

Les syndicats s'opposent généralement à la rémunération au rendement en raison de son imprévisibilité et du risque que court ainsi le travailleur. De plus, le travail à la pièce est source de fatigue et de stress : pour gagner un salaire plus élevé ou tout simplement raisonnable, les travailleurs cherchent toujours à augmenter leur rythme de production et courent de plus grands risques d'accident (Hébert, 1992).

La rémunération à la commission est un autre régime basé sur le rendement individuel que l'on rencontre surtout chez le personnel de vente. L'employé est alors rémunéré en fonction des ventes effectuées. Le vendeur est payé au pourcentage des ventes ou reçoit un montant fixe par unité vendue. La commission ne représente généralement pas la totalité du salaire, car, la plupart du temps, la commission s'ajoute à un salaire fixe ou à d'autres régimes d'intéressement (Tremblay, Côté et Balkin, 1996).

Le salaire au mérite est une dernière forme du salaire selon le rendement individuel. D'après cette formule, le rendement de l'employé doit être pris en compte lorsque vient le temps de déterminer l'augmentation de salaire annuelle (Schwab et Olson, 1990). Cette formule nécessite généralement un système formel d'évaluation du rendement de l'employé. Destinée le plus souvent aux cadres, la rémunération au mérite prévoit l'intégration de la hausse salariale au salaire de l'employé. Si cette augmentation n'est pas intégrée au salaire de base, on parle alors de *primes de rendement,* encore appelées *bonis au mérite* ou *bonis forfaitaires* (Milkovich et Newman, 1999). Des primes d'équipe peuvent également être accordées sur le même principe.

B. Salaire au rendement collectif

Dans cette catégorie de systèmes salariaux, nous examinerons trois régimes : partage des profits, partage des gains de productivité et participation au capital-actions de l'entreprise.

Un régime de partage des bénéfices ou des profits prévoit qu'une partie de ces derniers sera versée et partagée entre les employés, et qu'un montant d'argent leur sera remis en plus de leur

salaire, immédiatement ou plus tard. La portion des profits à partager est établie à l'avance ; elle correspond habituellement à un pourcentage des profits de l'entreprise ou à un pourcentage des profits dépassant un niveau préalablement établi (Long, 1992 ; Coates, 1991).

Un autre type de régime propose plutôt le versement de primes aux employés selon les gains de productivité réalisés notamment par la réduction des coûts. Ces régimes visent l'amélioration de la productivité grâce à une formule prédéterminée. Les formes les plus connues sont le plan Scanlon, le plan Rucker et le plan Improshare. Ces systèmes salariaux ont plusieurs éléments en commun : une mesure-étalon de gains de productivité, un critère de partage des gains et le versement d'une prime[3]. Bon nombre d'entreprises ont cependant élaboré des régimes sur mesure afin de répondre à leurs besoins propres.

La formule la plus connue est celle que Joseph Scanlon, alors représentant syndical des Métallurgistes unis d'Amérique, a mise au point et établie dans une aciérie américaine à la fin des années 1930. Le plan Scanlon repose sur le principe que les trois quarts de la réduction du coût du facteur travail doivent revenir aux travailleurs eux-mêmes. Le calcul se fait selon le rapport, en pourcentage, entre la masse salariale de l'usine et la valeur des produits vendus : si une même valeur et quantité de produits a été fabriquée avec une masse salariale moindre, 75 % des économies réalisées doivent retourner aux employés (Hébert, 1992 ; Collins, 1998).

Autre régime collectif de rémunération variable à court terme, les bonis d'équipe permettent de reconnaître la contribution des équipes de travail. Selon cette formule, chaque membre de l'équipe reçoit une prime si les objectifs fixés sont atteints.

---

3. La mesure des gains de productivité diffère selon les formules. Alors que le plan Scanlon est basé sur les coûts de main-d'œuvre et la valeur de la production, le plan Rucker se base sur les coûts salariaux et la valeur ajoutée. Le régime Improshare se distingue par l'utilisation des heures de production par unité produite.

Les formules d'intéressement examinées jusqu'ici sont axées sur les résultats ou le rendement à court terme. Il en existe d'autres qui visent l'atteinte de résultats à plus longue échéance, notamment par la participation des employés au capital-actions de l'entreprise. Dans cette catégorie, les régimes les plus connus sont les régimes d'achat d'actions, les régimes d'options d'achat d'actions et les régimes d'octroi d'actions. En vertu d'un régime d'achat d'actions, les employés peuvent acheter des actions de l'entreprise qui les emploient, généralement à un taux préférentiel, par déduction sur la paie. Dans le cas d'un régime d'options d'achat d'actions, les participants se voient octroyer le droit d'acheter plus tard, au prix d'aujourd'hui, des actions de l'entreprise. Mentionnons, enfin, cette autre formule qui prévoit la distribution d'actions par l'entreprise. Toutefois, les employés doivent généralement les conserver pendant un certain temps. Il arrive parfois que ces régimes de participation au capital-actions tiennent lieu de régimes de retraite.

En théorie, l'actionnariat ouvrier paraît être la formule la plus poussée d'intéressement (Bureau de renseignements sur le travail, 1995), puisque les travailleurs participent à la propriété de l'entreprise. Généralement, la proportion des actions ainsi détenues par les employés autres que les cadres est faible, de l'ordre de 5 % à 10 % environ. Quand la formule est introduite pour relancer une entreprise en difficulté, la part des salariés est plus élevée. Si tous les travailleurs deviennent propriétaires, l'entreprise se transforme en une coopérative de travailleurs actionnaires (Hébert, 1992).

La figure 13.1 illustre la fréquence des divers régimes de rémunération variable dans les établissements du secteur privé québécois syndiqué en 1998. L'Institut de la statistique du Québec (2000) estime que, globalement, environ un de ces établissements sur deux offre au moins un régime d'intéressement basé sur le rendement individuel ou collectif. Parmi ces établissements, 48 % offrent des bonis au mérite presque exclusivement aux cadres. Il est immédiatement suivi par le régime de rémunération à la commission, qui s'applique surtout au personnel de vente. On peut constater que la rémunération à la pièce reste assez marginale dans l'ensemble. Du côté des régimes collectifs, parmi les établissements offrant de la rémunération variable, 32 % proposent un régime de partage des bénéfices. Viennent ensuite le régime de partage des gains de productivité, avec 24 %, et la participation au capital-actions, avec 19 %. De façon générale, ces régimes sont offerts à toutes les catégories d'employés, ce qui inclut les employés de production et de bureau, de même que les employés d'entretien et de service. L'interprétation de ces données ne peut se faire sans perdre de vue qu'elles portent sur des établissements comptant 200 employés ou plus. La situation est probablement différente dans les établissements plus petits parce qu'on y lie plus fréquemment la rémunération à des mesures de rendement (Thériault et St-Onge, 2000).

13.2.3 Salaire selon les connaissances, les compétences ou les habiletés

La rétribution selon les connaissances (*pay for knowledge*), les compétences (*competence-based pay*) ou les habiletés (*skill-based pay*) constitue un type particulier de régime salarial passablement différent des précédents puisque l'employé n'est pas rémunéré pour ce qu'il fait, mais pour ce qu'il est ou ce qu'il peut faire (Gupta, Schweizer et Jenkins, 1987). Le phénomène n'est pas tout à fait nouveau: en effet, il y a longtemps que les enseignants et les chercheurs sont rétribués en fonction de leurs années d'études et des diplômes qu'ils ont obtenus. En ce sens, ils sont payés selon leurs connaissances. Dans ce type de régime salarial, l'employeur tient compte de l'acquisition de compétences supplémentaires (généraliste) ou de l'approfondissement de connaissances relatives à l'exercice de son emploi (spécialiste) selon les valeurs promues au sein de l'organisation (Milkovich et Newman, 1999). Ici encore, le mode de rétribution n'est pas entièrement nouveau, car la rémunération des ouvriers, des techniciens et des professionnels est généralement liée aux connaissances, compétences et habiletés techniques nécessaires à l'accomplissement de leur tâche. On voit que les possibilités de formation sont cruciales dans de tels systèmes.

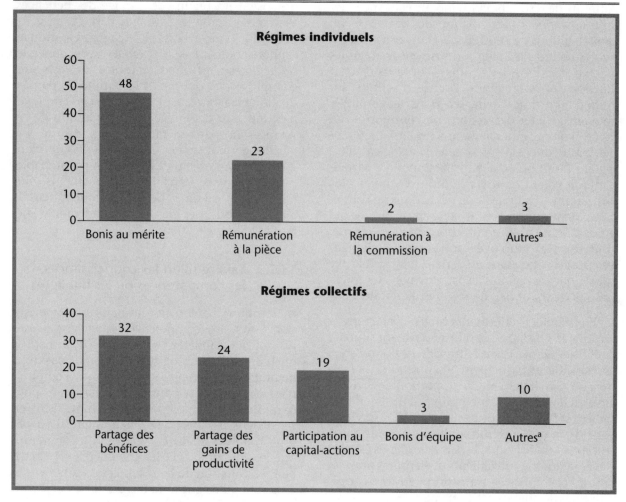

figure 13.1   Taux de présence des régimes dans les établissements du secteur privé syndiqué offrant la rémunération variable en 1998 – ensemble des catégories d'emplois (en % d'établissements)

a.   Le regroupement «Autres» comprend tous les autres programmes de rémunération variable qui correspondent à la définition de l'Institut.
Source :   Institut de la statistique du Québec (2000 : 36).

La répartition de ces occasions peut se faire sur la base de l'ancienneté, ce qui, en milieu syndiqué, facilite l'implantation d'un régime de rémunération basé sur les connaissances, les compétences ou les habiletés (Mericle et Kim, 1999).

13.3   Types de clauses salariales

L'objectif de la présente section est de dégager et d'expliquer les types de clauses salariales présents dans les conventions collectives. Nous insisterons tout particulièrement sur les échelles et les barèmes de salaires ou listes de fonctions avec salaires appropriés. Nous présenterons les salaires en vigueur pour une année donnée. Nous décrirons les différents barèmes selon leur niveau de complexité, en commençant par les cas où à chaque fonction correspond un taux unique, puis nous aborderons le cas des barèmes à plusieurs taux. Viendront ensuite les échelles qui comportent des classes ou catégories, avec des échelons selon le temps écoulé. Avant de passer aux clauses se rapportant au régime salarial, il convient de présenter un aspect mécanique de la rémunération qu'aborde la convention : le paiement des salaires.

13.3.1 Paiement des salaires

Les employeurs sont tenus de respecter certaines normes par rapport au paiement du salaire. Ces normes sont clairement énumérées dans la *Loi sur les normes du travail* du Québec[4].

Le salaire doit être payé en espèces, sous enveloppe scellée, ou par chèque ; si celui-ci n'est pas encaissable dans les deux jours ouvrables suivants, le salarié est présumé ne pas avoir été payé. Le paiement peut être fait par virement bancaire si cela est prévu dans une convention collective ou dans un décret (art. 42, L.n.t.). Le salaire doit être payé à intervalles réguliers. Le délai ne doit pas dépasser 16 jours ou un mois dans le cas des cadres et des entrepreneurs dépendants. Pour le salarié qui entre en fonction, l'employeur dispose d'un mois pour lui verser un premier salaire (art. 43, L.n.t.).

Le salarié doit recevoir son salaire en mains propres, sur les lieux du travail, un jour ouvrable. Ces précisions ne s'appliquent pas si le paiement est fait par virement bancaire ou par la poste. Le salaire peut être remis à un tiers si le salarié lui-même en fait la demande par écrit (art. 44, L.n.t.). Si le jour habituel de la paie tombe un jour férié et chômé, le salaire doit être versé la veille (art. 45, L.n.t.).

En même temps que son salaire, l'employé reçoit un bulletin de paie sur lequel doivent apparaître tous les renseignements qui lui permettront de comprendre le montant du salaire qui lui est versé : le nombre d'heures payées au taux normal, le nombre d'heures supplémentaires, les retenues obligatoires, les déductions par consentement, etc. (art. 46, L.n.t.). À moins d'une autorisation écrite de l'employé, il est interdit à l'employeur de déduire du salaire de

ce dernier d'autres sommes que celles prévues par une loi, un règlement, une convention collective, un décret ou une ordonnance du tribunal (art. 49, L.n.t.).

La signature que peut exiger l'employeur au moment de la remise du salaire établit seulement que la somme versée correspond au montant du salaire net indiqué sur le bulletin de paie. Elle ne comporte aucune renonciation quant au paiement d'une somme due à l'employé et qui ne serait pas incluse dans la paie versée (art. 47 et 48, L.n.t.).

On voit par cette énumération que la loi contient de nombreuses précisions sur le paiement du salaire. Les conventions collectives reprennent le plus souvent les mêmes dispositions ou renvoient au texte de la loi. Telle ou telle convention peut ajouter un élément, par exemple dans la liste des détails que doit inclure le bulletin de paie. En effet, ces renseignements varient selon la nature de l'entreprise et le genre de travail effectué. Toutefois, en aucun cas la convention ne peut contrevenir à ces normes d'ordre public (art. 93, L.n.t.). Certaines conventions prévoient également des mesures particulières au cas où des erreurs se glisseraient dans la paie du salarié.

L'exemple suivant vient du secteur de l'alimentation :

Article XIII   Salaires

13.05 *a)*   La paie est distribuée tous les jeudis à midi pour la semaine se terminant le samedi précédent.

[...]

b) L'employeur doit remettre au salarié, en même temps que son salaire, un bulletin de paie contenant des mentions suffisantes pour lui permettre de vérifier son salaire. Ce bulletin de paie doit contenir en particulier les mentions suivantes : le nom de l'Employeur ; les nom et prénom du salarié ; l'identification de l'occupation du salarié ; la date du paiement et la période de travail qui correspond au paiement ; le nombre d'heures payées au taux normal ; le nombre d'heures supplémentaires payées avec la majoration applicable ; la nature et le montant des primes, indemnités, allocations ou commissions versées ; le montant du

---

4. ·L.R.Q., c. N-1.1 [ci-après citée : L.n.t.].

salaire brut ; la nature et le montant des déductions opérées ; le montant du salaire net, le montant cumulatif du salaire net versé au salarié ; le montant cumulatif des gains versés au salarié.

(Convention collective entre Épiciers Unis Métro-Richelieu inc., Division Épicerie, Centre Mérite 1, et Travailleurs et travailleuses unis de l'alimentation et du commerce, Section locale 501, 1996-2000.)

Le texte cité reprend de larges extraits du texte de la loi, mais apporte aussi des précisions quant au moment de la remise de la paie et sur le contenu du bulletin.

13.3.2 Salaire à taux unique par fonction

Les employés de métier et de production occupent traditionnellement une fonction caractérisée par un taux de salaire unique. Quand le salarié a terminé son apprentissage, il est censé détenir les compétences associées au métier ou au poste, et son salaire s'exprime par un taux unique, qu'il ait un jour ou 20 ans d'expérience. Ce genre de barème de salaires correspond à l'image peut-être la plus répandue d'une clause de salaires dans les conventions collectives.

TAUX UNIQUE PAR FONCTION

Exemples de fonction	1ᵉʳ mai 2001
Chef mécanicien de machine fixe – Classe 1	27,21 $
Ouvriers d'entretien de nuit (électriciens, mécaniciens, etc.)	24,44 $
Mécanicien de machine fixe – Classe 2	24,16 $
Graisseur senior	22,19 $
Graisseur junior	21,37 $
Préposé au magasin	20,78 $
Conducteur de chariot élévateur	20,63 $
Gardien	20,40 $
Nettoyeur	20,20 $

(Convention collective entre Les Papiers Scott Limitée et Syndicat national des travailleuses et travailleurs des pâtes et papiers de Crabtree Inc., 2001-2006, Annexe A.)

La liste complète des taux de salaire, couvre quatre pages. Dans les fonctions mentionnées ici, on note que les salaires les plus élevés vont aux hommes de métier.

L'exemple suivant représente le même genre de barème de salaires basé sur des taux uniques. Cependant, les nombreuses fonctions dans cette unité d'accréditation ont été classées en une vingtaine de groupes (tous ne sont pas reproduits ici). À l'intérieur d'un même groupe ou d'une même classe, tous les emplois ont été jugés équivalents et sont donc rémunérés au même taux horaire.

TAUX UNIQUE PAR CLASSE D'EMPLOIS

Exemples d'emplois	Classes	Taux horaire au 1ᵉʳ janvier 2002
Journalier	2	17,17 $
Éboueur	3	17,42 $
Préposé aux parcs	4	17,67 $
Préposé à la signalisation de chantiers	5	17,92 $
Ouvrier de puisards	6	18,18 $
Préposé à la surveillance neige	7	18,43 $
Manutentionnaire	8	18,69 $
Préposé à l'émondage	9	18,95 $
Opérateur mécanicien	10	19,21 $
Peintre en bâtiment	11	19,47 $
Arboriculteur	12	19,73 $
Menuisier	13	19,98 $
Soudeur	14	20,23 $
Mécanicien – machinerie lourde	15	20,49 $
Machiniste	16	20,73 $

(Convention collective entre Ville de Sherbrooke et Syndicat canadien de la fonction publique, Section locale 2729, 1998-2002, Annexe A.)

On aura remarqué qu'entre chaque groupe il y a un écart très régulier de 0,25 $ ou 0,26 $, la différence provenant sans doute d'un chiffre arrondi. Le fait de regrouper des fonctions entraîne presque obligatoirement l'introduction d'une certaine régularité entre les divers taux, d'un groupe à l'autre. Tel n'était pas le cas dans le premier exemple.

13.3.3 Échelle de salaires selon la fonction et le temps

Le prochain exemple vise encore des cols bleus, mais il présente une caractéristique qui témoigne d'une nouvelle tendance visant à introduire une échelle de salaires à plusieurs échelons. Pour une fonction donnée, un salarié doit travailler un nombre d'heures déterminé par la convention avant de changer d'échelon et pour atteindre éventuellement le sommet de l'échelle. Voici un exemple de ce genre de grille salariale.

*TAUX VARIABLES SELON LE TEMPS
PAR FONCTION*

Fonctions (taux au 2 juillet 2000)

Heures travaillées	Chauffeur	Mécanicien	Salarié des entrepôts – classe A-1
Début	11,00 $	11,00 $	10,30 $
Plus de 1 000	11,75 $	11,75 $	11,05 $
Plus de 2 000	12,50 $	12,50 $	11,80 $
Plus de 3 000	13,25 $	13,25 $	12,55 $
Plus de 4 000	14,00 $	14,00 $	13,30 $
Plus de 5 000	14,75 $	14,75 $	14,05 $
Plus de 6 000	15,50 $	15,50 $	14,80 $
Plus de 7 000	17,00 $	17,00 $	16,30 $

(Convention collective entre Marchands en alimentation Agora Inc. et Travailleurs et travailleuses unis de l'alimentation et du commerce, Section locale 501, 2000-2003, Annexe A.)

C'est ainsi qu'il faudra plus de trois ans à un salarié, s'il travaille à temps plein, pour atteindre le sommet de l'échelle. On remarque que les écarts entre les échelons sont réguliers (0,75 $), sauf, apparemment, entre les deux derniers échelons où l'écart est de 1,50 $. Quoique de plus en plus populaire chez les cols bleus, ce genre d'échelle concerne davantage les cols blancs.

L'exemple suivant traite justement des cols blancs. Les salaires y sont exprimés sur une base annuelle. Il s'agit d'employés qui occupent divers postes au sein de la fonction publique. Cette convention collective contient environ 80 classes d'emplois différentes, chaque classe comptant un nombre variable d'échelons. Le paragraphe qui suit le tableau de salaires détermine les modalités du changement d'échelon.

*TAUX VARIABLES SELON LE POSTE
ET L'ÉCHELON*

Taux de salaires annuels en vigueur
le 1er janvier 2002

Échelons	Téléphoniste-réceptionniste	Agent(e) de secrétariat (Cl. II)	Secrétaire judiciaire
1	25 477 $	25 477 $	27 340 $
2	26 098 $	26 244 $	28 235 $
3	26 701 $	26 974 $	29 148 $
4		27 833 $	30 244 $
5		28 636 $	31 339 $
6		29 458 $	32 380 $
7			33 567 $
8			34 736 $

5-19.00 Progression dans la classe d'emplois

5-19.01 Le passage du taux minimum au taux maximum de l'échelle des traitements d'une classe d'emplois s'effectue sur rendement satisfaisant et sous forme d'avancement d'échelon, par étapes annuelles dont chacune est constituée d'un (1) échelon, celui-ci correspondant à une (1) année d'expérience dans la classe d'emplois.

(Convention collective entre Gouvernement du Québec et Syndicat de la fonction publique du Québec, 1998-2002.)

Ainsi, le salaire varie à l'intérieur d'un même emploi selon l'échelon occupé. Le paragraphe situé sous le tableau des salaires indique que le nombre d'années d'expérience dans la classe d'emplois détermine l'échelon qu'occupe un employé. À l'issue de chaque année suivant son entrée en fonction, l'employé progresse d'un échelon jusqu'à ce qu'il atteigne l'échelon le plus élevé.

13.3.4 Échelle salariale selon la classe et l'échelon

La plupart du temps, chez les cols blancs, le salaire dépend simultanément d'une progression dans l'échelle – qui compte généralement plusieurs échelons – et de la classification de l'emploi occupé. Dans cette hypothèse, il faut que les différents emplois soient regroupés et classifiés.

L'exemple suivant vise les employés de l'Université de Montréal. L'échelle des traitements compte 12 échelons et 18 classes. Voici quelques exemples de postes et de leur classe.

Opérateur(trice) de machine à photocopier	3
Commis (classement bibliothèque)	4
Commis (dossiers étudiants)	7
Agent(e) de secrétariat	9
Technicien(ne) audio-vidéo	14
Technicien(ne) en administration	15
Technicien(ne) animalier	16
Technicien(ne) de laboratoire	17

(Convention collective entre Université de Montréal et le Syndicat des employés de l'Université de Montréal, Section locale 1244 du Syndicat canadien de la fonction publique, 1998-1999, Liste des titres de fonction du groupe «bureau» et «technique».)

On remarquera le classement plus élevé des emplois techniques par rapport aux emplois de bureau. Les paragraphes qui suivent le tableau de salaires précisent les modalités d'avancement d'un échelon à l'autre et le passage d'une classe à l'autre.

TABLEAU DE SALAIRES
SELON LA CLASSE ET L'ÉCHELON

Salaires en vigueur le 1ᵉʳ décembre 2000

Échelons

Classes	1	2	3	4	5	6	7	8	9	10	11	12
1	13,55											
2	13,55	13,87										
3	13,61	13,89	14,16									
4	13,61	13,89	14,16	14,39								
5	13,61	13,89	14,16	14,39	14,60							
6	13,61	13,93	14,21	14,50	14,79	15,10						
7	13,70	14,02	14,32	14,66	14,98	15,28	15,59					
8	13,80	14,18	14,57	14,95	15,32	15,69	16,10					
9	13,92	14,29	14,71	15,12	15,54	15,97	16,37	16,80				
10	14,10	14,56	15,00	15,44	15,91	16,39	16,90	17,44				
11	14,33	14,77	15,19	15,66	16,13	16,61	17,11	17,61	18,14			
12	14,35	14,90	15,42	15,94	16,46	17,02	17,53	18,05	18,56	19,11		
13	14,38	15,00	15,58	16,18	16,77	17,34	17,96	18,53	19,15	19,72	20,31	
14	14,40	15,03	15,53	16,06	16,65	17,28	17,87	18,57	19,27	19,99	20,70	21,53
15	14,71	15,20	15,83	16,37	16,98	17,63	18,35	19,03	19,74	20,46	21,24	22,08
16	15,90	16,39	16,90	17,44	17,99	18,52	19,11	19,70	20,31	20,93	21,59	22,26
17	16,63	17,20	17,74	18,34	18,93	19,55	20,17	20,84	21,53	22,22	22,95	23,70
18	17,11	17,68	18,24	18,78	19,37	19,97	20,61	21,24	22,01	22,83	23,73	24,86

18.02   Promotion

[…]

B-   Bureau

Lors de la promotion d'une personne salariée d'un poste d'une classe inférieure à un poste d'une classe supérieure, la personne salariée reçoit, à partir de la date de sa promotion […] ce qui est le plus avantageux :

1-   le minimum de la classe supérieure, ou

2-   l'échelon qui accorde une augmentation représentant au moins la différence entre les deux (2) premiers échelons de sa nouvelle classe ; si l'augmentation situe le salaire entre deux (2) échelons, il est porté à l'échelon immédiatement supérieur.

[…]

18.06   Augmentation d'échelon – Bureau, technique et professionnel

Chaque personne salariée en fonction, lors de la signature de la présente convention, conserve sa date d'augmentation d'échelon. La personne salariée embauchée après la date de la signature de la présente convention bénéficie d'une augmentation d'échelon, lors de sa date anniversaire d'entrée en fonction, sans toutefois dépasser le maximum de l'échelle applicable. [...]

(Convention collective entre Université de Montréal et Syndicat des employés de l'Université de Montréal, Section locale 1244 du Syndicat canadien de la fonction publique, 1998-1999, échelle de classification 56.)

Tout d'abord, le dernier paragraphe indique qu'il faut un an à l'employé, à partir de sa date anniversaire d'entrée en fonction, pour passer à l'échelon suivant. Par ailleurs, le paragraphe précédent contient les dispositions qui s'appliquent quand un employé est promu et change de classe. Dans sa nouvelle classe, il doit obtenir l'échelon minimum de cette nouvelle classe ou l'échelon lui permettant de recevoir une hausse salariale au moins égale à l'écart existant entre les deux premiers échelons de la nouvelle classe, selon ce qui est le plus avantageux pour l'employé. Ainsi, quel salaire obtiendrait un commis à la bibliothèque (classe 4) au maximum de l'échelle (14,39 $ l'heure) qui serait promu commis aux dossiers des étudiants (classe 7)? Tout d'abord, le premier échelon de sa nouvelle classe est 13,70 $, ce qui se situe en deçà de ce qu'il gagne actuellement. En vertu de l'autre option, qui se révèle la plus avantageuse, il doit obtenir une augmentation égale au moins à 0,32 $ (14,02 $ – 13,70 $), ce qui, ajouté à son salaire horaire actuel, donne 14,71 $. Son taux dans sa nouvelle classe est de 14,98 $, ce qui le place à l'échelon 5 (immédiatement supérieur à 14,71 $).

13.3.5 Échelle de salaires des professionnels

Tout comme ceux des cols blancs, les tableaux de salaires des employés professionnels comportent des échelons. Cependant, l'expérience et le niveau de compétence à l'embauche influenceront la progression salariale du professionnel.

Les échelles salariales des professionnels du gouvernement du Québec en sont un exemple.

Les salaires de chaque catégorie professionnelle sont établis sur la seule base d'une longue échelle de 12 ou 18 échelons. Il est à noter que tout ce qui concerne la compétence, comme l'obtention de la permanence, le classement et l'évaluation annuelle, relève exclusivement des directives gouvernementales émises par le Conseil du trésor.

À titre d'exemple, voici l'échelle de salaires des agents de recherche du gouvernement du Québec pour l'année 2002. Ce tableau est suivi des règles d'avancement selon les échelons.

TRAITEMENT ANNUEL DES AGENTES ET AGENTS DE RECHERCHE ET DE PLANIFICATION SOCIO-ÉCONOMIQUE

Salaires au 1er janvier 2002

Échelons	Traitement (en $)	Échelons	Traitement (en $)
1	33 833	10	48 900
2	35 121	11	50 852
3	36 458	12	52 886
4	37 848	13	55 044
5	39 289	14	57 259
6	40 801	15	59 609
7	42 402	16	61 075
8	45 252	17	62 578
9	47 040	18	64 142

6-2.00   Classement

6-2.01   Le classement d'une employée ou d'un employé se fait suivant le Règlement sur le classement des fonctionnaires, et son taux de traitement est déterminé par la Directive concernant l'attribution des taux de traitement ou taux de salaire et des bonis à certains fonctionnaires et par la Directive concernant la classification des emplois de la fonction publique et sa gestion.

Toute modification affectant les employées et employés, concernant le Règlement sur le classement des fonctionnaires ou la Directive concernant l'attribution des taux de traitement ou taux de salaire et des bonis à certains fonctionnaires fait l'objet d'une consultation du syndicat.

6-2.02 L'employée ou l'employé qui estime recevoir un traitement non conforme aux normes prévues par la Directive concernant l'attribution des taux de traitement ou taux de salaire et des bonis à certains fonctionnaires peut, dans les trois (3) mois suivant l'accession à une classe d'emplois, demander la révision des données ayant servi à établir son traitement. L'employée ou l'employé fait sa demande à la ou au sous-ministre, qui lui transmet sa réponse dans les trente (30) jours.

[...]

6-6.00 Progression dans la classe d'emplois

6-6.01 L'employée ou l'employé est admissible à l'avancement d'échelon, qui lui est accordé sur rendement satisfaisant, suivant les règles d'avancement prévues par la Directive concernant l'attribution des taux de traitement ou taux de salaire et des bonis à certains fonctionnaires. Malgré ce qui précède, l'employée ou l'employé doit, pour avoir droit à l'avancement d'échelon, avoir travaillé au moins trois (3) mois ou l'équivalent dans le cas d'avancement semestriel et au moins six (6) mois ou l'équivalent dans le cas d'avancement annuel.

[...]

Les dates d'avancement d'échelon pour la première période de paie de mai et de novembre sont les suivantes :

22 octobre 1998	19 octobre 2000
22 avril 1999	19 avril 2001
21 octobre 1999	1er novembre 2001
20 avril 2000	18 avril 2002

(Convention collective entre Gouvernement du Québec et Syndicat des professionnelles et professionnels du gouvernement du Québec, 1998-2002, Annexe 3.)

Des directives gouvernementales régissent le classement des professionnels et la détermination de leur salaire. Concrètement, ces opérations consistent à déterminer l'échelon d'entrée dans l'échelle de traitement en se basant sur les compétences et l'expérience au moment de l'engagement. Bien que le syndicat puisse être consulté à ce sujet et que l'employé puisse porter plainte s'il estime son classement inadéquat, l'État-employeur conserve cette prérogative importante.

L'avancement d'échelon se fait habituellement chaque année, à l'une des dates mentionnées dans l'article 6-6.01. Ce même article mentionne des durées minimales qui évitent à un employé de demeurer indûment dans le même échelon. Par exemple, l'employé assigné à un poste le 1er mai 2000 n'aura pas achevé une année le 18 avril 2001, la date officielle pour le changement d'échelon, mais il serait injuste de reporter son avancement en 2002. L'article précise qu'un employé doit avoir travaillé au moins la moitié du temps normalement exigé, par exemple six mois dans le cas d'un avancement annuel, avant de pouvoir passer à l'échelon suivant.

13.3.6 Deux exemples de régimes de rémunération variable

Le premier exemple est un régime de rémunération lié au rendement tel qu'on l'observe dans une convention collective. Cet exemple de régime de partage des profits est tiré d'une convention du secteur de la restauration.

RÉGIME DE PARTAGE DES PROFITS

Lettre d'entente

SUJET: PROGRAMME DE PARTICIPATION AUX PROFITS

Les parties conviennent de ce qui suit :

1. Objectifs

Partager une partie des profits de l'Employeur avec ses salariés admissibles.

2. Admissibilité

Salariés qui ont acquis deux (2) ans d'ancienneté générale [...] et ont travaillé un minimum de mille (1 000) heures durant l'année concernée.

3. Assiette

3.0 L'employeur réservera pour distribution aux salariés admissibles dix pour cent (10 %) de l'excédent des premiers cinq cent mille dollars (500 000 $) des profits nets d'exploitation courants consolidés avant le poste exceptionnel et les impôts sur le revenu.

3.1 Le calcul des profits réservés précédemment décrits se fera sur la base de l'année financière de l'Employeur, qui s'étale du dimanche suivant le dernier samedi d'avril d'une année jusqu'au dernier samedi d'avril de l'année suivante. Cependant, les pertes nettes après amortissement et avant impôts de l'année financière précédente devront être subséquemment comblées par les profits de l'Employeur avant que ceux-ci puissent être réservés pour la distribution.

[...]

4. Partage entre salariés

[...]

Le calcul de la part à laquelle le salarié admissible aura droit correspondra au pourcentage des heures effectivement travaillées par ce dernier par rapport au total des heures travaillées par les salariés admissibles, durant l'année financière de référence.

5. Paiement

Lorsque l'employeur aura obtenu ses états financiers annuels vérifiés pour une année de référence, il procédera au calcul de l'assiette applicable et au versement redevable dans un délai n'excédant pas trente (30) jours de la réception des dits états financiers.

6. Vérification

Le syndicat a le droit d'obtenir après chaque versement prévu à l'article 5, une lettre du vérificateur externe de l'Employeur pour certifier que l'Employeur a respecté le régime et s'est acquitté des obligations qui y sont prévues et ce, pour chaque année de référence. Le syndicat pourra consulter, à l'époque ici prévue, au bureau de l'Employeur, les états financiers consolidés de l'année visée.

(Convention collective entre Les Restaurants Marie Antoinette Inc. et Métallurgistes unis d'Amérique, Section locale 9298, 1996-2001.)

Comme dans tout régime de rémunération variant selon le rendement collectif, on a établi un critère à partir duquel des sommes d'argent sont versées. Dans cet exemple, l'employeur doit réaliser plus d'un demi-million de dollars de profits. Compte tenu des subtilités de la comptabilité, il est important pour les parties de se mettre d'accord sur ce qu'elles entendent par profits. On parle ici des profits nets d'exploitation courants consolidés avant le poste exceptionnel et les impôts sur le revenu (par. 3.0). Dans ce cas, les salariés se partagent 10 % des profits dépassant les premiers 500 000 $. En cas de pertes une année, les profits de l'année suivante doivent servir à éponger ces pertes avant toute redistribution (par. 3.1). Pour recevoir une prime, le salarié doit remplir deux conditions: être employé depuis au moins deux ans et avoir travaillé au moins 1 000 heures durant l'année concernée (par. 2). Par ailleurs, le partage des profits se fait au prorata des heures travaillées: la part de chaque salarié équivaut à la portion des heures effectuées parmi l'ensemble des heures travaillées par les salariés admissibles (par. 4). Cette part lui est versée une fois l'an, au plus tard 30 jours après que l'employeur a reçu les états financiers vérifiés (par. 5). Enfin, le syndicat a le droit de demander au vérificateur externe d'attester que l'employeur a respecté ses obligations en vertu du régime. Le syndicat a aussi le droit de consulter les états financiers afin de procéder à sa propre vérification (par. 6).

Le second exemple de rémunération variable concerne des techniciens et des professionnels. L'originalité de ce régime tient au fait que la progression salariale dépend de l'évaluation du rendement de l'employé ainsi que de son assignation à un poste différent de celui qu'il occupe.

RÉMUNÉRATION SELON LE RENDEMENT ET LES COMPÉTENCES

À compter du 1er avril 1994, les salaires de tous(tes) les employés(es) en poste à la signature de la convention collective sont:

		Minimum	Maximum
Agent de bureau	3	32 206 $	38 212 $
	2	28 273 $	34 738 $
	1	26 316 $	31 580 $
Autres	5	49 882 $	60 033 $
	4	45 954 $	54 576 $
	3	42 023 $	49 615 $
	2	38 103 $	45 104 $
	1	34 170 $	41 004 $

MÉCANISME DE PROGRESSION

Un(e) employé(e) demeure à son niveau pendant la période définie selon son niveau de performance et de progression comme suit :

Niveau	Performance De 2,4 à 3,0	De 1 à 2,3	Nombre d'assignations	Durée
1	3 ans	2 ans	1	12 mois
2	5 ans	4 ans	1	18 mois
3	6 ans	5 ans	1	18 mois
4	6 ans	5 ans	1	18 mois
5	s. o.	s. o.	s. o.	

Pour accéder du niveau 1 au niveau 2, l'employé(e) doit faire 1 assignation d'un minimum de 12 mois, combinée au temps indiqué au tableau de performance.

Pour accéder du niveau 2 au niveau 3, l'employé(e) doit faire 1 assignation d'un minimum de 18 mois, combinée au temps indiqué au tableau de performance.

Pour accéder du niveau 3 au niveau 4 ainsi que du niveau 4 au niveau 5, l'employé(e) doit faire 1 assignation d'un minimum de 18 mois, combinée au temps indiqué au tableau de performance.

Pour réaliser cette progression de niveau, l'application de l'assignation devra respecter ce qui suit :

Administrateurs

Finance	Permutation à l'intérieur du département
Planification	Permutation à l'intérieur du département
Contrats	Permutation à l'intérieur du département

Informaticiens

Service à la clientèle	Permutation entre les sous-secteurs du département
Exploitation	Permutation entre les sous-secteurs du département
Développement	Permutation entre les sous-secteurs du département

Technologistes et scientifiques

Permutations entre les départements suivants :

Recherche et développement

Services techniques

Génie industriel

Qualité

Conception de dessins – produits

Conception de dessins – équipements

(Convention collective entre Technologies industrielles SNC Inc. et Alliance de la Fonction publique du Canada, Section locale 10062, 1994-1997, Annexe A.)

Ainsi, avant de changer de niveau de salaire, un employé doit obligatoirement être affecté à un autre poste au sein de sa famille d'emploi, dans son département ou dans un autre. Par exemple, un informaticien affecté au sous-secteur du service à la clientèle doit travailler entre 12 et 18 mois dans le sous-secteur de l'exploitation ou dans celui du développement avant de passer au niveau suivant. L'objectif de cette assignation est de permettre à l'employé de maîtriser des tâches nouvelles et d'accroître sa polyvalence. L'autre facteur déterminant de la progression salariale est la performance de l'employé, notée sur une échelle allant de 1 (note la plus élevée) à 3. Le passage au niveau suivant est d'autant plus rapide que la performance est bonne. Ainsi, un employé dont la performance se maintient entre 1 et 2,3 au cours des ans demeurera cinq ans au niveau 3 (ce qui inclut une assignation de 18 mois). Pour s'assurer qu'un tel régime salarial est administré équitablement, les parties ont inclus ailleurs dans la convention des règles encadrant les affectations (notamment l'accès à celles-ci) et l'évaluation du rendement (dont son contenu et le processus de révision).

13.4   Types d'augmentations salariales

Il faut d'abord préciser quelques notions et établir certaines distinctions essentielles à l'étude des augmentations salariales. Nous considérerons ensuite, deux à deux, les quatre principaux types d'augmentation.

13.4.1   Notions et distinctions préalables

Une augmentation salariale s'exprime de façon nominale ou procentuelle, c'est-à-dire en dollars et en cents ou en pourcentage. Le choix d'un de ces deux types d'augmentation dépend des objectifs poursuivis, mais il peut aussi s'expliquer par la simple commodité des calculs.

L'augmentation nominale a l'avantage d'être comprise clairement par tous les employés concernés : si l'employeur annonce une augmentation de un dollar l'heure ou de cinquante dollars par semaine, chacun sait immédiatement combien il gagnera désormais. Toutefois, une augmentation nominale uniforme a un effet important sur les salaires relatifs, c'est-à-dire sur le rapport entre les postes les mieux payés et les postes les moins payés. Prenons le cas de deux salariés gagnant respectivement 10 $ et 15 $ l'heure. Si les deux obtiennent une augmentation de un dollar l'heure, le premier gagnera désormais 11 $ et le second 16 $ l'heure. Pour le premier, l'augmentation est de 10 %, alors que, pour le second, elle n'est que de 6,7 % par rapport à son salaire antérieur. En termes relatifs, l'augmentation nominale uniforme favorise les bas salariés et défavorise les hauts salariés. Les syndicats qui se sont donné comme objectif de réduire l'écart salarial entre les hauts et les bas salariés favorisent l'augmentation nominale uniforme. Cependant, une politique prolongée d'augmentations nominales uniformes réduit les salaires relatifs des hauts salariés (comme par exemple les employés de métier) et peut engendrer certaines dissensions au sein du personnel.

En revanche, l'augmentation procentuelle maintient les mêmes rapports entre les différents emplois dans la structure salariale, mais elle favorise les hauts salariés. Pour reprendre le même exemple, si le syndicat obtient 5 % d'augmentation, applicable à l'ensemble des salaires, celui qui gagne 10 $ obtient une augmentation de 0,50 $ comparativement à une augmentation de 0,75 $ l'heure pour celui qui gagne 15 $. Si l'augmentation est de 8 %, le premier obtient 0,80 $ d'augmentation et le second 1,20 $. L'écart nominal, en dollars et en cents, s'accroît donc avec des augmentations procentuelles plus élevées. En somme, il faut choisir entre des augmentations nominales identiques, qui réduisent les écarts relatifs dans un barème de salaires, et une aug-

mentation procentuelle, qui maintient l'écart relatif, mais augmente la différence nominale. Le dilemme est entier : aucune solution ne permet d'obtenir les avantages des deux options.

Sous un autre aspect, une augmentation de salaire peut être immédiate ou différée. L'augmentation immédiate s'applique généralement à la première paie qui suit la signature de la nouvelle convention collective. Si la négociation s'est prolongée, il se peut que l'augmentation soit rétroactive, comme on l'a vu au chapitre consacré à la durée de la convention collective. Les conventions prévoient généralement une augmentation au moment de la signature, avec ou sans rétroactivité, et une autre augmentation à chaque anniversaire de l'entrée en vigueur de la convention. Ces augmentations sont dites différées.

L'entrée en vigueur des augmentations de salaire représente un point important pour les parties. Si les augmentations sont concentrées au début du contrat de travail, à supposer que le contrat dure plusieurs années, l'entente est dite *à gains immédiats* (*front-loaded*). En revanche, si les augmentations sont concentrées à la fin du contrat, les gains principaux sont alors reportés et l'entente est dite *à gains reportés* (*back-loaded*). En général, le syndicat préfère une entente à gains immédiats, alors que l'employeur cherche à différer les augmentations (Hébert, 1992).

Il faut enfin examiner la question de l'augmentation statutaire de salaire. L'expression désigne toute augmentation prévue et consignée dans un document quelconque, par exemple une convention collective. En ce sens, une fois la convention signée pour trois ans, les deux augmentations différées peuvent être considérées comme des augmentations statutaires, parce qu'il n'est pas nécessaire de reprendre la négociation pour les obtenir. Elles sont consignées dans la convention collective et s'appliquent automatiquement. Mais l'augmentation statutaire a également un autre sens, plus restreint. En effet, elle désigne dans la convention collective l'augmentation salariale associée à un changement d'échelon. Selon ce que mentionne la convention, tous les six mois ou une fois par année, les employés qui n'ont pas atteint le sommet de leur échelle bénéficient d'une augmentation d'échelon, et ce, de façon automatique ou statutaire. C'est le sens restreint qu'on donne à ce dernier mot.

Nous abordons maintenant l'étude des quatre principaux types d'augmentations salariales : l'augmentation pour changement d'échelon, l'augmentation pour changement de catégorie, l'augmentation générale et l'indexation. Nous les regroupons par deux et nous considérons d'abord les deux types d'augmentations particulières : il est plus facile de comprendre ces augmentations particulières d'abord, pour mieux saisir leurs implications en étudiant ensuite les augmentations générales.

13.4.2 Augmentations particulières

L'avancement d'échelon, d'une part, et le passage à une autre catégorie, d'autre part, sont deux types particuliers d'augmentation. Comme nous l'avons vu à la section 13.3, plusieurs clauses salariales prévoient, pour chaque poste ou chaque classe, que les augmentations se font par paliers successifs. On passe d'un échelon à un autre généralement à période fixe, après un an, six mois ou toute autre période indiquée dans la convention collective, tant qu'on n'a pas atteint l'échelon le plus élevé de sa classe ou de son poste. C'est l'augmentation statutaire au sens strict et restreint.

En général, l'augmentation pour changement d'échelon s'applique, même quand il y a gel des salaires. En d'autres termes, il s'agit, en quelque sorte, d'un droit rattaché à la personne qui occupe tel poste et qui n'a pas atteint le taux maximum de sa classe. Souvent d'ailleurs, cette augmentation ne se donne pas en même temps que les augmentations générales dont nous parlerons plus loin. Dans bien des cas, c'est à l'anniversaire du jour où la personne a été nommée ou a effectivement occupé le poste que les augmentations d'échelon sont accordées, peu importe la date des augmentations générales.

À la différence de l'avancement d'échelon, la plupart du temps automatique, le changement

de catégorie ou de classe suppose que l'employé s'est perfectionné ou qu'il a droit à une promotion, ou les deux à la fois. La plupart des conventions collectives précisent les règles qui doivent s'appliquer quand un employé est promu et change de classe. On détermine alors de façon précise quel échelon lui sera attribué pour que sa promotion ne lui cause pas de préjudice (voir l'exemple de clause *Tableau de salaires selon la classe et l'échelon* à la section 13.3.4).

Comme les tableaux de salaires comportent généralement des catégories et des échelons, l'avancement est qualifié de vertical, horizontal ou diagonal. Ces trois adjectifs se rapportent respectivement à un changement d'échelon, à un changement de catégorie, sans changement d'échelon et à un changement simultané de catégorie et d'échelon.

Ces deux types d'augmentation – avancement d'échelon et changement de classe – concernent l'employé lui-même et les augmentations salariales qui en découlent sont reçues à titre individuel. Elles s'ajoutent évidemment aux augmentations générales auxquelles il peut aussi avoir droit.

13.4.3 Augmentations générales

D'application générale, la principale augmentation de ce type découle de la négociation d'une nouvelle convention collective ou de son renouvellement. Normalement, cette augmentation vise tous les salariés de l'unité et elle est généralement uniforme. Le montant de l'augmentation s'exprime en cents ou en pourcentage. Si l'entente comporte des augmentations différées, elles entrent en vigueur aux dates prévues dans la convention. Par exemple, si l'augmentation convenue est de trois fois 5 %, une première augmentation de 5 % s'applique à la signature, une deuxième un an plus tard et la dernière encore un an plus tard. Si les différents salaires sont exprimés dans un tableau des salaires, l'augmentation générale modifiera l'ensemble du tableau, en augmentant tous les taux de tant de cents ou d'un pourcentage donné.

Ce type d'augmentation générale a notamment pour caractéristique de porter sur toutes les composantes du tableau des salaires. Les écarts entre les échelons et entre les catégories se trouvent augmentés, selon le cas, en termes nominaux ou en pourcentage. Si tous les chiffres du tableau de salaires sont augmentés d'une somme déterminée, les écarts entre les échelons et les catégories demeurent les mêmes, en chiffres absolus. Mais si tout est augmenté, disons de 5 %, les écarts également se trouvent augmentés de 5 %.

En plus de ces augmentations générales, certaines conventions collectives contiennent un autre type de protection salariale qu'on appelle *l'indexation au coût de la vie*. L'indexation des salaires n'est au fond qu'une autre augmentation générale, mais qui dépend d'une donnée extrinsèque, le mouvement de l'indice des prix à la consommation. La section qui suit aborde de façon détaillée ce type d'augmentation.

13.5 Indexation des salaires

Un peu plus haut dans le présent chapitre, nous avons vu la différence entre le salaire réel et le salaire nominal ainsi que l'influence négative de l'inflation sur le pouvoir d'achat des salariés et leur niveau de vie (voir le tableau 13.1). Afin de protéger les salaires contre l'érosion causée par l'inflation, les conventions contiennent des clauses relatives à l'indexation des salaires, surtout quand l'inflation est particulièrement élevée. Les parties ajoutent alors aux augmentations générales une formule d'indexation des salaires. Cette formule donne aux salariés une garantie supplémentaire qui cherche à protéger le pouvoir d'achat des salariés visés selon le mouvement de l'indice des prix à la consommation. C'est ce que nous verrons dans cette section.

13.5.1 Terminologie et importance

En bref, la clause d'indexation rattache le taux de salaire payé à l'indice des prix à la consommation (I.P.C.) afin de protéger le pouvoir d'achat

des salariés. Dans les années 1950, on parle d'*échelle mobile* (*escalator* ou *sliding scale*) pour signifier que l'échelle des salaires n'est plus fixe et déterminée, mais qu'elle varie avec le mouvement des prix. Aujourd'hui, pour désigner l'indemnité versée aux salariés en vertu d'une formule d'indexation, on parle plutôt d'*indemnité de vie chère* ou I.V.C. Les anglophones utilisent pour leur part l'acronyme COLA, pour *cost of living allowance* (ou *adjustment*).

Bien qu'on observe des formules semblables auparavant (Cousineau et Lacroix, 1981), la première clause importante d'indexation des salaires apparaît en 1948 aux États-Unis dans la convention liant General Motors et les Travailleurs unis de l'automobile. Sauf l'inflation de 1948 et celle de la guerre de Corée en 1951, les prix sont demeurés relativement stables jusqu'au milieu des années 1960. C'est principalement au cours des années 1970 que l'intérêt pour les clauses d'indexation a repris, car le choc pétrolier a entraîné un fort mouvement des prix à la hausse. Même si l'intérêt pour ces clauses a diminué, le phénomène a pris suffisamment d'ampleur dans les années 1970 pour marquer les conventions collectives encore aujourd'hui (Hébert, 1992). En 1984, on trouve de telles dispositions dans 23 % des conventions visant 60,8 % des salariés (Hébert, 1992). Les données les plus récentes portent sur l'année 1992 et montrent que 20 % des conventions contiennent une disposition concernant l'indemnité de vie chère, mais celles-ci ne visent plus que 23 % des salariés couverts (Centre de recherche et de statistiques sur le marché du travail, 1994). Le ministère du Travail du Québec ne collige plus d'information à ce sujet, ce qui est un autre signe de la diminution de l'intérêt vis-à-vis de cette clause. En effet, par la force des choses, la présence de ces dispositions est cyclique, car elle est intimement liée au niveau d'inflation.

13.5.2 Types d'indexation et modalités des clauses

Il y a deux principaux types d'indexation dans les conventions : l'intégration à l'échelle et le montant forfaitaire. L'intégration à l'échelle exige de modifier le barème des salaires pour tenir compte des hausses du coût de la vie. Le montant de l'ajustement ou de l'indemnité est donc ajouté aux taux de salaires contenus dans l'échelle salariale. Le second type d'indexation est celui du montant forfaitaire (*lump-sum*) versé en compensation de la perte de salaire réel subie. Selon cette formule, les taux de salaires à l'échelle demeurent inchangés, même si les salariés voient leur perte de pouvoir d'achat compensée par le montant d'argent qui leur est versé.

La mise en application de la clause d'indexation repose sur diverses modalités. Parmi celles-ci, mentionnons la méthode de calcul, l'indice à utiliser, le niveau minimum et le niveau maximum d'inflation à fixer, s'il y a lieu, et la fréquence des ajustements à effectuer (Hébert, 1992). Le choix de la méthode de calcul consiste à déterminer si l'on accorde tant de cents pour chaque point de hausse de l'indice des prix, ou si on fonctionne de façon proportionnelle, c'est-à-dire selon les pourcentages. Par ailleurs, les parties doivent choisir l'I.P.C. qu'elles veulent utiliser pour mesurer l'inflation. En effet, l'I.P.C. ne varie pas nécessairement de la même manière pour l'ensemble du Canada, dans chaque province ou dans chaque grande ville. Il faut par ailleurs choisir la base. Statistique Canada change de base environ tous les dix ans, parfois tous les cinq ans. Le tableau 13.1 indique que le mouvement de l'indice d'une période à l'autre diffère selon la base choisie, bien que la variation réelle de l'I.P.C. soit la même. Par exemple, entre 1999 et 2000, la variation de l'indice est de 12,1 points avec la base de 1971, de 5,1 points avec la base de 1981 et de 3 points avec la base de 1991. Pourtant, dans les trois séries, le taux de variation de l'I.P.C. est de 2,7 %. Le choix de l'indice est donc crucial pour le calcul des ajustements, surtout s'ils se font sur la base des points de hausse de l'I.P.C.

Il faut aussi décider si l'on doit déterminer ou non un niveau minimum et un niveau maximum pour l'application des règles de l'indexation des salaires. Le minimum, ou plancher, sert à déclencher l'application du mécanisme ; il est généralement en rapport avec les augmentations générales négociées et incluses dans la convention collective. Si la convention accorde 5 % d'augmentation pour chaque année d'application, le plancher de l'indexation sera généralement aussi de 5 %. Quant au maximum, il constitue le plafond au-dessus duquel les variations de l'I.P.C. n'influent plus sur le montant de l'I.V.C. Lorsque la clause ne comporte pas de maximum, il va sans dire que l'employeur court le risque, en situation d'inflation galopante, de voir ses coûts salariaux augmenter de manière substantielle. Mais le pouvoir d'achat des salariés est entièrement protégé s'il n'y a pas de plafond à l'indexation.

Une autre question essentielle a trait à la fréquence des ajustements. Aujourd'hui, les ajustements sont généralement annuels. Mais, à la suite des poussées inflationnistes importantes des années 1970, beaucoup de conventions collectives prévoyaient un ajustement trimestriel, c'est-à-dire quatre fois l'an.

13.5.3 Deux clauses d'indexation

Pour illustrer les divers types et les nombreuses modalités d'indexation, voici deux exemples qui correspondent aux deux principaux types rencontrés.

Lettre d'entente   Indemnité de vie chère

[...]

3.   Une indemnité de vie chère de 0,01 $ l'heure sera versée pour chaque augmentation de 0,3 de l'indice national des prix à la consommation tel que publié par Statistique Canada (1971 : base 100) conformément aux dispositions de la présente lettre d'entente.

4.   Lorsque l'indice national des prix à la consommation pour avril 1997 sera publié, cet indice sera comparé à l'indice de janvier 1997 et pour chaque augmentation de 0,3, une indemnité de vie chère de 0,01 $ l'heure sera versée à compter du début de la deuxième (2e) période de paie suivant la publication de l'indice d'avril 1997.

5.   De cette manière, l'indice sera révisé pour les mois respectifs mentionnés ci-dessous et

l'indemnité de vie chère sera versée à compter du début de la deuxième (2ᵉ) période de paie suivant la publication de l'indice des mois de juillet et octobre 1997 ; janvier, avril, juillet et octobre 1998, 1999, 2000, 2001 et 2002 et janvier 2003.

1. Avril 1997   comparé à   Janvier 1997
2. Juillet 1997   comparé à   Avril 1997
3. Octobre 1997   comparé à   Juillet 1997
4. Janvier 1998   comparé à   Octobre 1997
5. Avril 1998   comparé à   Janvier 1998
6. Juillet 1998   comparé à   Avril 1998
7. Octobre 1998   comparé à   Juillet 1998
8. Janvier 1999   comparé à   Octobre 1998
9. Avril 1999   comparé à   Janvier 1999
10. Juillet 1999   comparé à   Avril 1999
11. Octobre 1999   comparé à   Juillet 1999
12. Janvier 2000   comparé à   Octobre 1999
13. Avril 2000   comparé à   Janvier 2000
14. Juillet 2000   comparé à   Avril 2000
15. Octobre 2000   comparé à   Juillet 2000
16. Janvier 2001   comparé à   Octobre 2000
17. Avril 2001   comparé à   Janvier 2001
18. Juillet 2001   comparé à   Avril 2001
19. Octobre 2001   comparé à   Juillet 2001
20. Janvier 2002   comparé à   Octobre 2001
21. Avril 2002   comparé à   Janvier 2002
22. Juillet 2002   comparé à   Avril 2002
23. Octobre 2002   comparé à   Juillet 2002
24. Janvier 2003   comparé à   Octobre 2002

6.   L'indemnité de vie chère s'applique uniquement aux heures régulières travaillées et ne peut, en aucun cas, servir au calcul des heures supplémentaires ou d'autres paiements.

7.   L'indemnité de vie chère payée au cours de cette convention collective ne sera pas intégrée à l'échelle des taux de salaire qui sont en vigueur.

8.   Le maintien de l'indemnité de vie chère sera subordonné à la disponibilité de l'indice des prix à la consommation publié mensuellement par Statistique Canada, sous la forme ac-

tuelle et calculé sur la même base que celle de l'indice du mois de janvier 1997. Pendant la durée de la présente convention collective, aucun ajustement rétroactif ou autre ne sera consenti à la suite d'une correction quelconque que Statistique Canada pourra apporter à l'indice publié.

9.   Durant la période de versement prévue en 5, si l'indice national des prix à la consommation subit une diminution d'un trimestre à l'autre, l'indemnité de vie chère alors accumulée sera réduite conformément à la base de calcul établie en 3.

(Convention collective entre Sidbec-Dosco (Ispat) et les Métallurgistes unis d'Amérique, Section locale 6586, 1997-2003.)

On aura noté qu'il s'agit d'une indemnité de vie chère exprimée en cents de l'heure selon l'augmentation en dixièmes de points de l'indice canadien des prix à la consommation (par. 3 et 4). Sans doute pour demeurer dans les normes que les parties se sont déjà données, et pour ne pas avoir à reprendre les négociations à ce sujet, les parties continuent de fonctionner sur la base de l'I.P.C. de 1971 (par. 3). Il s'agit d'une indexation de type forfaitaire puisque l'indemnité n'est pas intégrée à l'échelle des taux de salaires (par. 7). La fréquence des ajustements est trimestrielle, c'est-à-dire quatre fois l'an (par. 5). De plus, elle s'applique uniquement aux heures normales travaillées (par. 6). Donnons un exemple : si, au cours du dernier trimestre, l'I.P.C., sur la base de 1971, a augmenté de 6 points, on ajoute 20 cents au taux de chaque heure normale, parce que $6 \div 0,3 = 20$; et cela, à chaque paie, jusqu'au prochain ajustement. Si l'I.P.C. baisse, l'indemnité accumulée jusque-là est réduite selon les mêmes règles qui ont servi à établir les augmentations (par. 9). En résumé, les augmentations dues à l'indexation sont versées à chaque paie, mais elles ne sont pas intégrées à l'échelle des taux de salaires des employés visés.

Le second exemple se distingue du premier à bien des égards, notamment par la formule de calcul de l'indemnité de vie chère, appelée ici *boni de vie chère*.

Annexe G   Boni de vie chère

Dans l'hypothèse où au 1er juin 1999 (ou au 1er juin 2000 ou au 1er juin 2001), l'indice des prix à la consommation (IPC) aura augmenté de plus de deux pour cent (2 %) au cours des 12 mois qui ont précédé [...], les employés recevront un montant de un pour cent (1 %) du total des heures régulières travaillées durant cette période par tranche de un pour cent (1 %) de variation de l'indice des prix à la consommation au-delà de deux pour cent (2 %) jusqu'à concurrence d'un changement de sept pour cent (7 %). Cette somme sera versée sous forme de montant forfaitaire et ne sera pas intégrée aux taux de salaires stipulés aux Annexes « A » et « B ».

Pour les fins de la présente annexe, l'indice des prix à la consommation signifie l'indice des prix à la consommation au Canada, indice global (1986 = 100), publié par Statistique Canada.

Ce boni de vie chère est consenti pour chaque heure régulière travaillée et est exclu du calcul de la paie des jours fériés, des congés sociaux, de la paie de vacances, du calcul du temps supplémentaire et de tout autre avantage consenti par la présente convention collective de travail.

(Convention collective entre Montupet Ltée et Syndicat national de l'automobile, de l'aérospatiale, des transports, et des autres travailleurs et travailleuses du Canada [TCT-Canada], 1999-2002.)

La convention collective prévoit trois indexations, une en 1999, une en 2000 et une en 2001 (ajustement annuel). La méthode de calcul de l'indexation est proportionnelle, c'est-à-dire qu'à un tel pourcentage d'augmentation de l'I.P.C. correspond un pourcentage d'augmentation des salaires. La clause comporte un seuil à partir duquel une indemnité est payable, soit 2 %, et un plafond qui se situe à 7 %. Ainsi, les travailleurs reçoivent 1 % d'augmentation pour chaque augmentation de 1 % de l'I.P.C. entre 2 et 7 %. Autrement dit, si l'I.P.C. augmente de 5 %, l'indemnité est égale à 3 % du salaire pour les heures travaillées (5 – 2 = 3). Enfin, la clause précise que l'indemnité de vie chère n'est pas intégrée aux échelles de salaire.

13.5.4 Effets de la clause d'indexation

L'effet direct et immédiat de la clause d'indexation est d'assurer, jusqu'à un certain point, le maintien du salaire réel des employés. Du point de vue de l'employeur, l'avantage d'une telle clause est de sécuriser les salariés qui, selon certains (Murphy, 1992), sont ainsi susceptibles d'accepter une convention collective d'une durée plus longue. Il y a ainsi moins de risques d'arrêts de travail qui sont généralement nombreux en période de forte inflation, comme le montre l'expérience des années 1970 au Québec. Sur le plan de l'économie, l'effet de l'indexation demeure incertain. Quelques-uns ont craint qu'une généralisation de l'indexation des salaires entraîne une inflation galopante. Il est possible qu'une augmentation des coûts de main-d'œuvre entraîne une augmentation des prix, mais un tel impact n'est pas inéluctable. En effet, tout dépend des circonstances environnantes, notamment de la demande générale, et plus précisément de son caractère croissant ou décroissant. En somme, il y a tellement d'autres facteurs qu'il est impossible de tirer à ce sujet une conclusion ferme et certaine (Bureau international du travail, 1978 ; Cousineau et Lacroix, 1981).

13.6 Questions particulières

Nous relèverons ici d'autres questions liées à la problématique des salaires dans les conventions collectives. Il sera question des taux étoilés, des échelles salariales à multiple paliers et de l'équité salariale.

13.6.1 Taux étoilés

L'expression *taux étoilé* (*red circle*) s'applique à un poste dont le salaire est temporairement survalué. Par exemple, à la suite d'une évaluation des emplois, on en vient à la conclusion que tel poste devrait être rémunéré à un salaire inférieur au salaire actuel. La plupart du temps, ni l'employeur ni le syndicat ne veulent faire subir une baisse de salaire aux titulaires actuels de ce poste. Pour remédier à ce problème, on gèle habituellement le salaire jusqu'à ce que l'échelle salariale les « rattrape » à la suite de hausses générales de toute l'échelle. À ce moment, l'ancien salaire correspond à la nouvelle évaluation du poste. La situation sera corrigée, mais il y faudra du temps ; c'est pendant cette période de transition qu'on parle de taux étoilé ou de salaire hors échelle. Ces expressions sont utilisées dans les conventions collectives pour désigner tout salaire, le plus souvent surévalué, qui, temporairement, ne correspond pas aux normes établis pour le poste en cause. En voici un exemple.

Annexes et lettres d'entente

Article 3   Salaires « red circle »

La Compagnie maintient tous les salariés autrefois classifiés « Prévendeurs » au statut de « red circle » jusqu'à ce que leur nouveau taux de salaire les ait rejoints. [...]

(Convention collective entre les Brasseries Molson et Teamster Québec, Section locale 1999, 1999-2003.)

La situation inverse peut également se produire. Si l'on considère que l'évaluation d'un poste est de beaucoup inférieure à ce qu'elle devrait être, les parties peuvent décider, pour toutes sortes de raisons, qu'il est préférable de répartir le rattrapage en plusieurs étapes plutôt que d'accorder, d'un seul coup, une augmentation considérable. Pendant la période de rattrapage, on parlera alors de taux sous-évalués (*green circle*). De façon générale, surtout quand il existe un système rigoureux d'évaluation des emplois, toute anomalie dans l'échelle de salaires est généralement soulignée d'une certaine manière.

13.6.2 Clauses *orphelin*, rémunération à double palier ou à paliers multiples et disparités de traitement

Pour bien comprendre ce phénomène, il convient de bien définir certains termes. Tout d'abord, un système de rémunération *à double palier* ou *à paliers multiples* (*two-tier wage* ou *compensation structure*) établit deux ou plusieurs échelles salariales (ou taux de salaire) pour une même fonction, séparant les salariés selon qu'ils sont entrés au service de l'employeur avant ou après une certaine date. D'après Pes et Blanchet (1988), les

employés embauchés après ladite date progressent ainsi sur une échelle salariale moins avantageuse et pourront éventuellement ou non atteindre le même salaire maximum que les anciens salariés. Lorsque c'est possible pour les nouveaux salariés de l'atteindre, on parlera d'une formule temporaire alors qu'à l'inverse, si cette possibilité n'existe pas, on dira que la formule est permanente (Pes et Blanchet, 1988 : 79). Dans certains cas, les salariés sont payés à taux fixe et le taux de salaire des nouveaux est inférieur à celui des anciens. Turcot (1992) présente plus d'une douzaine de types de formules de rémunération à multiples paliers. Ces formules varient selon leur caractère temporaire ou non et selon les modes de rémunération accordés aux salariés anciens et nouveaux (échelles, taux ou les deux). D'autres expressions désignent ces formules de rémunération, notamment celles de *clause grand-père* (*grandfather clause*) et de *clause orphelin* (*orphan clause*) qui mettent en relief, respectivement, le maintien d'acquis pour les plus anciens et l'absence de certains avantages pour les plus jeunes.

Entré dans le vocabulaire courant au Québec, le terme *clause orphelin* dépasse désormais le phénomène de la rémunération à double palier ou à paliers multiples. De manière générale, une clause orphelin impose des conditions de travail inférieures aux nouveaux employés. En plus d'inclure la rémunération à paliers, cette définition couvre toute une série de situations. Par exemple, l'allongement de la période probatoire ou l'octroi du statut d'employé temporaire à tout nouveau salarié, alors qu'auparavant les nouveaux salariés occupaient des emplois conduisant à la permanence, sont considérés comme des dispositions dites orphelin (Coutu, 1998). D'autres dispositions conventionnelles négociées sont aussi considérées comme des clauses orphelin : il en va ainsi de l'abaissement des salaires des employés à statut précaire combiné à une augmentation ou au maintien du salaire des permanents, ou de la création d'une catégorie d'emplois dite *étudiant* ou *temporaire* dont la rémunération est inférieure à celle des employés occasionnels. Mentionnons aussi le gel des échelons de telle sorte que la politique salariale ne s'applique pas de la même façon aux salariés encore en progression et à ceux qui sont déjà parvenus au dernier échelon, et, enfin, l'attribution de certains avantages sociaux ou de primes uniquement aux salariés permanents (Le Pont entre les générations, 1998). Comme on le constate, la question des clauses orphelin dépasse des considérations reliées à la rémunération; elle inclut l'ensemble des conditions de travail. Cette question touche globalement la reconnaissance des jeunes en tant que citoyens à part entière dans les milieux de travail et ce que l'on appelle parfois l'*équité intergénérationnelle* (Coutu, 2000; Ministère du Travail, 1998b). Il faut voir cependant que les clauses orphelin visent les nouveaux employés, qui sont généralement des jeunes, mais pas toujours. Un nouvel employé, qu'il ait 20 ans ou 55 ans, reste un nouvel employé assujetti aux clauses orphelin.

En règle générale, le texte de la convention ne fait pas mention de deux paliers de rémunération. Les deux échelles sont placées dans les annexes, comme dans le cas suivant:

TAUX DE SALAIRE HORAIRE DU COMMIS « A »
APPLICABLE AUX SALARIÉS À TEMPS PARTIEL

Taux en vigueur le 10 décembre 1990

Salariés à T. P. embauchés...	Début	Après 1 664 h (52 sem. × 32 h)	Après 3 228 h (104 sem. × 32 h)	Après 4 992 h (156 sem. × 32 h)
Avant le 15 décembre 1985	6,03	7,93	9,82	12,05
Après le 15 décembre 1985	5,25	6,35	7,65	9,43

(Convention collective entre Provigo Distributions inc. (div. Maxi) et TUAC, Section locale 500, 1988-1991, Annexe A.)

Dans le cas présent, la rémunération à double palier s'applique uniquement aux employés à temps partiel. Pour ceux qui ont été embauchés avant le 15 décembre 1985, l'échelle *grand-père* n'est que théorique, même au moment de la signature (1988), car ils sont tous au service de l'employeur depuis au moins trois ans et sont donc à l'échelon maximal de l'échelle la plus avantageuse. Tous les salariés embauchés après le 15 décembre 1985 sont assujettis aux taux de l'échelle moins avantageuse. Lorsqu'ils atteindront le taux maximal de leur échelle, ils gagneront 2,62 $ de moins l'heure que les salariés embauchés avant eux, bien qu'ils exercent le même emploi. La formule est permanente, car les salariés embauchés après le 15 décembre 1985 ne peuvent rattraper les salariés embauchés avant.

La rémunération à double palier ou à paliers multiples ne date pas d'hier. Dès les années 1960, on trouve aux États-Unis des conventions collectives du secteur de l'alimentation imposant des conditions moins généreuses aux nouveaux salariés embauchés (Martin et Heetderks, 1990). Ce n'est cependant qu'au début des années 1980 que ces dispositions se sont répandues aux États-Unis, notamment en raison des difficultés financières éprouvées alors par plusieurs entreprises, dans un contexte de déréglementation et de concurrence des entreprises non syndiquées (Walsh, 1988; Ichniowski et Delaney, 1990). Tout indique que le phénomène s'est développé au Canada dans les mêmes industries qu'aux États-Unis, entre autres dans le transport aérien et le commerce de gros et de détail (Walker, 1987).

Le tableau 13.2 montre l'évolution de la présence des systèmes de rémunération à double paliers au Québec. On constate que la proportion de conventions comportant ce type de dispositions varie au cours des ans. Le taux maximal de présence est atteint en 1988 avec 8 % des conventions. En 1991, seules 2,6 % des conventions répertoriées contiennent de telles clauses, ce qui donne à penser que la rémunération à double palier constitue une réponse temporaire à des difficultés passagères vraisemblablement dues aux aléas de l'économie (Ministère du Travail, 1998b). Il existe cependant des différences notables entre les secteurs d'activité. D'après les données de ce tableau, on note que les échelles salariales à paliers multiples sont surtout présentes dans les secteurs du commerce et de l'administration municipale.

Le ministère québécois du Travail a mené deux études portant sur la présence de clauses

tableau 13.2	Taux de présence des clauses de rémunération à double palier ou à multiples paliers dans les conventions collectives au Québec – 1985-1997 (en %)

Années	Tous les secteurs	Manufac-turier	Commerce	Adminis-tration publique[a]	Adminis-tration provinciale	Adminis-tration municipale	Autres
1985	1,9	1,2	0,0	6,3	ND	ND	2,7
1986	4,2	1,5	28,9	7,7	ND	ND	1,9
1987	6,5	2,5	38,6	11,9	ND	ND	4,5
1988	7,3	3,5	31,3	16,4	ND	ND	4,7
1989	8,0	3,8	32,6	22,0	ND	ND	5,2
1990	7,9	4,4	37,1	17,2	ND	ND	3,6
1991	2,6	1,4	6,3	ND	0,0	8,3	2,2
1992	3,2	2,2	6,9	ND	0,0	8,9	1,8
1993	4,8	4,3	6,3	ND	0,0	13,6	2,5
1994	5,9	5,8	6,9	ND	0,0	19,4	2,4
1995	5,5	5,0	14,3	ND	0,0	12,9	3,0
1996	5,8	4,8	13,3	ND	0,0	11,4	5,0
1997	6,4	5,7	16,1	ND	0,0	9,7	4,6

a. Il est à noter que les données sur l'administration publique comprennent celles des administrations provinciale et municipales qui sont traitées séparément à partir de 1991. C'est pourquoi les données pour certaines années ne sont pas disponibles (ND) dans le tableau.
Sources: Turcot (1992) et Ministère du Travail (1998a).

orphelin dans les conventions collectives de trois secteurs d'activité : le secteur municipal, les magasins d'alimentation et le secteur manufacturier (Ministère du Travail, 1999a et 1999b). Dans ces études, toute clause imposant des conditions de travail ou de rémunération inférieures à de nouveaux salariés, comparativement à celles offertes aux anciens, est considérée comme une clause orphelin. En 1999, près de 80 % des conventions examinées dans le secteur de l'alimentation, 40 % de celles du secteur municipal et 20 % de celles du secteur manufacturier comportent des clauses orphelin touchant le salaire et d'autres conditions de travail : durée du travail, jours fériés, congés annuels, repos, congés pour événements familiaux, uniforme de travail, durée de la période probatoire, etc. Il va de soi que la définition de ce qui constitue ou non une clause orphelin se répercute sur l'évaluation de l'ampleur du phénomène : les taux de fréquence tirés de ces études sont environ quatre à cinq fois plus élevés que ceux des échelles à paliers. Malgré tout, on peut émettre l'hypothèse qu'après les salaires dans les années 1980, les parties se sont tournées vers les autres conditions de travail des nouveaux salariés afin de régler partiellement ou totalement divers problèmes circonstanciels liés à la situation financière ou concurrentielle de l'organisation.

Les clauses orphelin et la rémunération à double palier comportent des avantages certains pour les parties, notamment la réduction des coûts de main-d'œuvre et l'absence d'impacts sur les anciens salariés. Elles n'en posent pas moins problème à divers égards. Au premier chef, la Commission des droits de la personne et des droits de la jeunesse estime que ces dispositions entraînent des situations de discrimination indirecte liées au critère de l'âge et des situations pouvant être indirectement discriminatoires à l'endroit des femmes et des salariés membres de minorités ethniques ou nationales, parce que les personnes issues de ces groupes sont souvent parmi les recrues embauchées (Coutu, 1998). Par ailleurs, du point de vue de la gestion de la rémunération, ces dispositions ne respectent pas le principe élémentaire de l'équité ou de la cohérence interne des salaires (salaire égal pour un travail égal), car les titulaires d'un emploi avec les mêmes exigences ne sont pas rémunérés également[5]. Les clauses orphelin semblent également avoir des effets négatifs non négligeables sur les attitudes et les comportements des employés, de même que sur le climat de travail et la perception d'équité (Martin et Lee, 1992 et 1996 ; Martin et Heetderks, 1991 ; Martin et Peterson, 1987 ; Cappelli et Sherer, 1990 ; Jacoby et Mitchell, 1986). Certains croient, enfin, que le devoir de représentation du syndicat à l'égard des salariés est mis en cause lorsqu'il conclut de telles clauses (Lepage, 1989 ; Walker, 1987).

À la fin de l'année 1999, l'Assemblée nationale a adopté la *Loi modifiant la Loi sur les normes du travail en matière de disparités de traitement* (L.Q. 1999, c. 85). Essentiellement, le nouvel article 87.1 de la L.n.t. prévoit qu'un contrat de travail ou une convention collective ne peut accorder à un salarié une condition de travail moins avantageuse que celle accordée à d'autres salariés qui effectuent les mêmes tâches dans le même établissement lorsque cette différence est due uniquement à sa date d'embauche. Cette interdiction porte sur les matières prévues aux sections I à VI et VII de la Partie 1 de la loi : salaire, durée du travail, jours fériés, congés annuels payés, repos, congés pour événements familiaux, avis de cessation d'emploi ou de mise à pied et autres normes (uniformes, primes et allocations). Par ailleurs, une condition de travail fondée sur l'ancienneté ou la durée du service ne déroge pas à la loi, pas plus que les disparités temporaires, dans la mesure où celles-ci se

résorbent dans un délai raisonnable. Donc, une clause dont les effets seraient permanents, comme dans la clause citée dans l'exemple précédent, est interdite.

Ainsi, la notion de disparité de traitement est plus large que la notion d'échelle salariale à double palier, tout en étant plus restreinte que celle de clause orphelin. La loi ne règle donc pas toutes les situations apparemment problématiques. Elle prévoit des délais qui permettent aux parties d'ajuster le contenu de la convention collective qui les lie. Certaines se sont dotées d'une démarche visant ultimement la consolidation des échelles en une seule.

ÉCHELLE SALARIALE MODULÉE

Les parties conviennent de se rencontrer au début de l'année 2003 pour trouver une ou des solutions visant à concevoir une échelle salariale modulée. Cette échelle ne devra pas créer un impact sur la masse salariale autre que celle dictée par le marché.

Une proposition globale d'échelle modulée sera présentée aux parties et à leur assemblée avant le 1er mai 2003.

Par échelle salariale modulée, on entend une échelle faisant en sorte que tous les salariés seront sur une même échelle.

(Convention collective entre Marchands en alimentation Agora Inc. et Travailleurs et travailleuses unis de l'alimentation et du commerce, Section locale 501, 2000-2003, *Annexe M – Lettre d'entente*.)

En cette matière comme dans bien d'autres, il revient aux parties patronale et syndicale dans les milieux de travail d'évaluer le pour et le contre des dispositions contractuelles qu'elles négocient. Cependant, la loi interdit désormais de fixer des conditions de travail différentes pour les anciens et les nouveaux employés. Cette contrainte imposée à la liberté des parties vient peut-être du manque de mesure, réel ou apparent, dont elles ont fait preuve en négociant de telles clauses, qui devaient être transitoires et qui posent un problème fondamental d'équité.

---

5. Il va de soi qu'en vertu du principe de l'équité individuelle, le salaire peut varier en fonction de caractéristiques individuelles comme l'expérience, la formation, les années de service ou le rendement de l'employé.

13.6.3 Équité salariale

Comme nous avons pu le voir dans la section précédente, l'application du principe d'équité est cruciale en matière de rémunération. Quand on parle d'équité salariale, on se réfère surtout à la discrimination selon le sexe, c'est-à-dire entre les hommes et les femmes, bien que le principe d'équité puisse s'appliquer à toute forme de discrimination. Par équité salariale, on se réfère généralement aux mesures spécifiques visant à rémunérer de façon comparable des emplois à prédominance féminine à des emplois à prédominance masculine de valeur égale ou équivalente (Weiner et Gunderson, 1990). Mais, pour déterminer si le travail est équivalent ou de valeur comparable, il est nécessaire de recourir aux méthodes d'évaluation des tâches et des emplois discutées au chapitre précédent (Gaucher, 1993 et 1996).

À l'origine, l'équité salariale repose sur le principe d'«un salaire égal pour un travail égal», en vertu duquel il est interdit de rémunérer différemment des hommes et des femmes qui font un travail identique ou analogue. Aujourd'hui, on parle plutôt d'un «salaire égal pour des emplois équivalents ou de valeur égale». On pourrait, par exemple, comparer le travail d'une secrétaire de bureau et celui d'un magasinier d'entrepôt et, ensuite, comparer leur salaire si ces emplois sont jugés de valeur égale. Les points de vue sont évidemment partagés quant aux tenants et aboutissants d'un tel exercice, ce qui ne va pas sans créer de difficultés (Université de Montréal, 1989).

Pour clarifier plus encore la notion d'équité salariale, il est important de constater qu'elle ne vise pas le même objectif que l'équité en emploi qui constitue une autre facette de la lutte contre la discrimination sur le marché du travail. L'équité en emploi vise à permettre à des membres de divers groupes, notamment les femmes, d'accéder à des emplois où ils sont sous-représentés. Par ailleurs, l'expression *relativités salariales* est source de confusion. Elle s'applique généralement à des programmes d'évaluation des emplois mis en place dans les secteurs public et parapublic au Québec dans les années 1980-1990 (Chicha, 2000). Ces programmes visaient à établir une équité interne entre les corps d'emplois en fonction des résultats d'un exercice d'évaluation des emplois qui ne tenait pas nécessairement compte des prédominances de sexe (Institut de recherche et d'information sur la rémunération, 1989 et 1998)[6].

Par ailleurs, la discrimination directe et intentionnelle, que visaient les premières lois, a peu à peu cédé le pas à ce qu'on appelle aujourd'hui la *discrimination systémique* ou *indirecte*. Même si un système ou une pratique de rémunération ne sont pas conçus délibérément pour engendrer de la discrimination, il s'agira tout de même de discrimination dite *systémique* s'ils se traduisent par un traitement discriminatoire. La question qu'il faut se poser est la suivante: la façon de faire a-t-elle pour effet d'entraîner une discrimination?

Discrimination intentionnelle ou pas, il reste qu'il existe un écart entre le salaire des hommes et celui des femmes au Canada et ailleurs dans le monde (Robinson, 1998). Ainsi, selon Statistique Canada (1999), les femmes gagnaient 80 % du taux horaire des hommes en 1997. La discrimination n'explique pas entièrement cet écart puisqu'il peut aussi provenir de différences au niveau de la formation, de l'expérience et de la syndicalisation. Dans une autre étude, Statistique Canada établit que le ratio des gains horaires des femmes par rapport à ceux des hommes est de 90 % pour les syndiquées et de 78,1 % pour les non-syndiquées (Galarneau et Earl, 1999).

Au Québec, la *Charte des droits et libertés de la personne*[7] édicte le principe du salaire égal pour un travail équivalent dès 1975 (Déom, 1990):

> 19. Tout employeur doit, sans discrimination, accorder un traitement ou un salaire égal aux

---

6. Il est à noter que, dans le langage courant, l'expression «relativités salariales» ne s'applique plus exclusivement à des études de comparaison à l'intérieur d'une organisation. On entend également cette expression lorsque les parties décident d'un commun accord de réaliser une étude comparative des salaires à l'extérieur de l'organisation.

7. L.R.Q., c. C-12.

membres de son personnel qui accomplissent un travail équivalent au même endroit.

Il n'y a pas de discrimination si une différence de traitement ou de salaire est fondée sur l'expérience, l'ancienneté, la durée de service, l'évaluation du mérite, la quantité de production ou le temps supplémentaire, si ces critères sont communs à tous les membres du personnel.

En novembre 1996, le gouvernement québécois a adopté la *Loi sur l'équité salariale*[8] afin de corriger les écarts salariaux dus à la discrimination systémique fondée sur le sexe à l'égard des personnes qui occupent des emplois à prédominance féminine. Ces emplois doivent être comparés à des emplois à prédominance masculine au sein du même établissement ou de la même entreprise. Si une telle catégorie n'existe pas, il faut recourir à des comparateurs à l'extérieur de l'organisation. La loi s'applique aux employeurs de tous les secteurs ayant 10 salariés ou plus. Les modalités d'application varient cependant selon la taille de l'entreprise. Les entreprises de 100 employés et plus doivent se doter d'un programme d'équité salariale et constituer un comité d'équité salariale. Les entreprises comptant entre 50 et 100 employés doivent seulement mettre sur pied un programme d'équité, à moins que le syndicat ne demande la formation d'un comité. Dans les entreprises de 10 à 49 employés, l'employeur n'est soumis à aucune obligation. Cette loi est d'ordre public: elle a prééminence sur toute entente particulière, convention collective ou toute autre entente relative aux conditions de travail. Le processus de mise en œuvre des dispositions prévues par la loi doit être terminé huit ans après son entrée en vigueur. En d'autres termes, l'équité salariale doit être réalisée dans les organisations québécoises d'ici 2005 et elle devra être maintenue par la suite[9]. C'est à l'employeur et au syndicat, s'il y a lieu, qu'il incombe de s'en assurer.

En vertu de la loi, les salariés, syndiqués ou non, sont appelés à participer à la démarche de mise en place de l'équité salariale dans leur organisation par le biais des comités d'équité. Le comité (ou, à défaut de ce dernier, l'employeur) est chargé d'élaborer un programme d'équité salariale comprenant les éléments suivants: identification des catégories d'emplois dans l'organisation, choix d'une méthode d'évaluation des catégories d'emplois, évaluation des catégories d'emplois, estimation des écarts salariaux et calculs des ajustements salariaux (Déom et Mercier, 1992), modalités de versement des ajustements salariaux aux personnes admissibles. Cette démarche est similaire à bien des égards aux démarches d'analyse et d'évaluation des emplois décrites au chapitre précédent.

La question de l'équité salariale se répercute sur le contenu des conventions collectives. Ainsi, à l'article 74, la *Loi sur l'équité salariale* stipule que les ajustements salariaux des catégories d'emplois à prédominance féminine, de même que leurs modalités de versement, sont réputés faire partie intégrante de la convention s'appliquant à ces catégories. En pratique, cela signifie notamment que l'arbitre de griefs a compétence pour trancher les litiges relatifs aux ajustements. Par ailleurs, plus généralement, certaines conventions de divers secteurs d'activité, notamment dans les secteur public, parapublic, municipal et universitaire, prévoient des dispositions relatives à la démarche de réalisation de l'équité salariale (objectifs, comité, système d'évaluation, etc.).

Si l'équité salariale risque d'affecter les niveaux de salaires des emplois à prédominance féminine[10], elle est susceptible également d'influer sur les structures salariales, comme en témoigne l'affaire *Monique Rhéaume et autres* c. *Université Laval*[11]. En substance, le Tribunal a évalué que l'employeur enfreignait les articles 10, 16 et 19 de la *Charte des droits et libertés de la per-*

---

8. L.Q. 1996, c. 43.

9. Adoptée en 1996, la *Loi sur l'équité salariale* n'est entrée en vigueur pour tous les employeurs que le 21 novembre 1997 (Chicha, 2000).

10. L'article 73 de la *Loi sur l'équité salariale* prévoit expressément qu'un employeur ne peut diminuer la rémunération des autres salariés afin de réaliser l'équité salariale.

11. *Monique Rhéaume et autres* c. *Université Laval*. Tribunal des droits de la personne, 28 août 2000.

sonne en maintenant une double structure de rémunération. Ainsi, chez les employés de bureau, où prédominent les femmes, la structure salariale comporte un certain nombre d'échelons selon l'emploi alors que les employé dits *de métier* bénéficient d'un taux salarial unique. Il est à noter que le constat de discrimination a été fait en dépit de la réalisation d'une démarche patronale-syndicale d'équité salariale en vertu de laquelle les taux maximums des emplois équivalents des deux groupes ont été égalisés. Le Tribunal a jugé discriminatoire la coexistence de structures salariales distinctes entre emplois de valeur égale, occupés par des femmes et par des hommes, et non pas la simple existence des échelles et des taux uniques.

Cette décision n'entraînera pas la disparition des échelles salariales et la prolifération des taux uniques, mais elle incitera tout de même les parties patronale et syndicale à réfléchir sur les mesures qu'elles décident d'instaurer d'un commun accord en matière de rémunération. Il est possible que d'autres décisions de ce genre soient rendues, notamment en vertu de la *Loi sur l'équité salariale,* et ce, en dépit des accords intervenus entre employeurs et syndicats. Il en est ainsi parce que toutes les subtiles interprétations et implications relatives à l'équité salariale ne sont pas encore connues. Il demeure aussi, qu'on le veuille ou non, que la démarche d'équité salariale repose sur l'évaluation des emplois, un processus de mesure comportant une série de jugements subjectifs et étant sujets à l'erreur (Kervin et Elek, 2001), en dépit de toute la bonne volonté déployée pour qu'il en soit autrement. Ces difficultés appréhendées ne doivent cependant pas empêcher l'examen approfondi des pratiques salariales et leur révision si on observe des iniquités basées sur des critères discriminatoires entre les hommes et les femmes ou entre d'autres groupes.

13.7 Conclusion

La question des salaires pose de nombreux défis concrets et immédiats aux gestionnaires et aux négociateurs (Berger et Berger, 1999) qui se doivent d'aller au-delà des tendances et des modes, nombreuses en cette matière (Université Laval, 1992; Milkovich et Stevens, 2000). La négociation des salaires a, de tout temps, illustré la nécessaire recherche en relations industrielles d'un équilibre entre deux objectifs qui ne se concilient pas toujours facilement : l'efficacité et la compétitivité recherchées par l'employeur et les principes d'équité et de justice exigés par les employés et leurs représentants.

Si la question des salaires dans les conventions collectives semble souvent complexe, c'est peut-être qu'elle exige un nombre considérable de choix au sein d'une gamme de possibilités et de considérations, par exemple :

- le ou les régimes salariaux pour chaque groupe d'employés ;

- l'éventail ou la structure des salaires, c'est-à-dire les écarts entre les hauts et les bas salariés, entre les différents emplois, occupations et métiers ;

- la répartition des éléments de la rémunération globale – salaire proprement dit, avantages sociaux et autres avantages – en privilégiant peut-être l'un ou l'autre de ces éléments.

D'autres dimensions du système et de la politique de rémunération peuvent être abordées dans la convention collective, comme l'illustre l'exemple suivant :

Article 9   Rémunération

9.01   La politique de la Compagnie est de payer des taux de salaire égaux ou plus élevés que la moyenne des taux payés dans la localité pour des travaux de nature comparable.

(Convention collective entre Générale Électrique du Canada Inc. et Syndicat canadien des communications, de l'énergie et du papier [S.C.E.P.], 2001-2004.)

Cette clause illustre bien toute l'importance que revêtent les comparaisons salariales pour les salariés et les employeurs. Elles constituent le principal facteur, outre l'offre et la demande, influant sur la détermination des salaires, en particulier dans le secteur syndiqué.

Au cours des prochaines années, les préoccupations liées à l'équité et à la compétitivité continueront probablement de se faire sentir sur les clauses salariales. L'équité salariale et l'élimination des disparités de traitement exerceront des effets durables sur les structures salariales (classifications, échelles, etc.). Les régimes salariaux axés sur le rendement ou les compétences risquent de poursuivre leur percée dans les milieux syndiqués, compte tenu de la flexibilité recherchée par les employeurs. Par ailleurs, les pressions des compétiteurs, syndiqués ou non, locaux ou internationaux, continueront d'influer sur les niveaux de salaire. Cependant, la rareté de la main-d'œuvre, appréhendée en raison du vieillissement de la population, est susceptible de pousser à la hausse les salaires payés par les employeurs désireux d'attirer et de retenir les travailleurs dont ils ont besoin. Il va sans dire que la conjoncture économique générale demeure un facteur important des niveaux de salaire et du contenu des clauses salariales dans les conventions collectives. Les impératifs d'efficacité économique et les impératifs d'équité continueront donc vraisemblablement de façonner les niveaux de salaire et les structures salariales.

références bibliographiques

BALKIN, D.B. (1989). « Union Influences on Pay Policy : A Survey », *Journal of Labor Resarch*, vol. 10, n° 3, p. 299-310.

BERGER, L.A. et D.R. BERGER (dir.) (1999). *The Compensation Handbook : A State-of-the-Art Guide to Compensation Strategy and Design*, 4e éd., New York, McGraw-Hill.

BUREAU DE RENSEIGNEMENTS SUR LE TRAVAIL (B.R.T.) (1995). « Incitatifs, régimes d'intéressements, participation à la propriété et investissement des travailleurs dans les entreprises et l'économie : innovations ou solutions », *Revue de la négociation collective*, Ottawa, Développement des ressources humaines Canada, février, p. 81-96.

BUREAU INTERNATIONAL DU TRAVAIL (B.I.T.) (1978). *L'indexation des salaires dans les pays industrialisés à économie de marché*, Genève, B.I.T.

BUREAU INTERNATIONAL DU TRAVAIL (B.I.T.) (1984). *Les salaires, Cours d'éducation ouvrière*, 3e éd., Genève, B.I.T.

CAPPELLI, P. et P.D. SHERER (1990). « Assessing Workers Attitudes Under a Two-Tier Wage Plan », *Industrial and Labor Relations Review*, vol. 43, n° 2, p. 225-244.

CENTRE DE RECHERCHE ET DE STATISTIQUES SUR LE MARCHÉ DU TRAVAIL (C.R.S.M.T.) (1994). *Conditions de travail contenues dans les conventions collectives de 1992*, Québec, C.R.S.M.T., coll. « Études et recherches ».

CHICHA, M.T. (2000). *L'équité salariale : mise en œuvre et enjeux*, 2e éd., Cowansville, Les Éditions Yvon Blais.

COATES III, E.M. (1991). « Profit Sharing Today : Plans and Provisions », *Monthly Labor Review*, vol. 114, n° 4, p. 19-25.

COLLINS, D. (1998). *Gainsharing and Power : Lessons From Six Scanlon Plans*, Ithaca (N.Y.), ILR Press.

COUSINEAU, J.M. et R. LACROIX (1981). *L'indexation des salaires*, monographie n° 10, Université de Montréal, École de relations industrielles.

COUTU, M. (1998). *La rémunération à double palier et les autres clauses dites « orphelines » dans les conventions collectives – conformité au principe de non-discrimination*, Commission des droits et libertés de la personne, 24 avril, COM-428-5.1.4.

COUTU, M. (2000). « Les clauses dites « orphelins » et la notion de discrimination dans la Charte des droits et libertés de la personne », *Relations industrielles/Industrial Relations*, vol. 55, n° 2, p. 308-331.

DELORME, F. (1978). « Est-il possible de mesurer la rémunération globale ? », *Travail Québec*, vol. 14, n° 1, p. 7-15.

DÉOM, E. (1990). « La lutte à la discrimination dans le cadre de la Charte des droits et libertés de la personne du Québec », dans R. Blouin (dir.) *Vingt-cinq ans de pratique en relations industrielles au Québec*, Cowansville, Les Éditions Yvon Blais, p. 965-985.

DÉOM, E., et J. MERCIER (1992). « L'équité salariale et la comparaison des emplois », *Relations industrielles/Industrial Relations*, vol. 47, n° 1, p. 3-24.

DION, G. (1986). *Dictionnaire canadien des relations du travail*, Sainte-Foy, Presses de l'Université Laval.

FAWCETT, B. (1998). « Dispositions particulières des conventions : régimes de rémunération au rendement – de 1988 à 1998 », *Gazette du travail*, vol. 1, n° 3, p. 44-48.

FERLAND, G. (1996). « Modes de rémunération et structures de salaire au Québec (1980-1992) », *Relations industrielles/Industrial Relations*, vol. 51, n° 1, p. 120-135.

GALARNEAU, D. et L. EARL (1999). « Gains des femmes/gains des hommes », *L'emploi et le revenu en perspective*, Statistique Canada, hiver, p. 22-29.

GAUCHER, D. (1993). « L'équité salariale : développer des outils d'évaluation des emplois », *Le marché du travail*, vol. 14, n° 4, p. 5-10 et 65-67.

GAUCHER, D. (1996). « L'équité salariale : une nouvelle perception de la valeur du travail », *Le marché du travail*, vol. 17, n° 9, p. 6-8 et 69-79.

GUPTA, N., T.P. SCHWEIZER et G.D. JENKINS, Jr. (1987). « Pay-for-Knowledge Compensation Plans : Hypotheses and Results », *Monthly Labor Review*, vol. 110, n° 10, p. 40-43.

HÉBERT, G. (1992). *Traité de négociation collective*, Boucherville, Gaëtan Morin Éditeur.

ICHNIOWSKI, C. et J.T. DELANEY (1990). « Profitability and Compensation Adjustments in the Retail Food Industry », *Industrial and Labor Relations Review*, vol. 43, n° 3, p. 183-202.

INSTITUT DE LA STATISTIQUE DU QUÉBEC (I.S.Q.) (2000). *La rémunération variable : fréquences et caractéristiques selon les secteurs – enquête 1999*, Montréal, Direction du travail et de la rémunération, mai, coll. « Le travail et la rémunération ».

INSTITUT DE LA STATISTIQUE DU QUÉBEC (I.S.Q.) (2001). *Rapport de l'enquête sur la rémunération et certaines conditions de travail des employés de l'industrie du vêtement*, Montréal, Direction du travail et de la rémunération, septembre.

INSTITUT DE RECHERCHE ET D'INFORMATION SUR LA RÉMUNÉRATION (I.R.I.R.) (1988). *Cadre conceptuel de la rémunération globale*, Montréal, septembre.

INSTITUT DE RECHERCHE ET D'INFORMATION SUR LA RÉMUNÉRATION (I.R.I.R.) (1989). *Les principes de l'équité salariale et les approches dans le secteur public québécois*, Montréal, octobre.

INSTITUT DE RECHERCHE ET D'INFORMATION SUR LA RÉMUNÉRATION (I.R.I.R.) (1996a). *Rémunération variable : description et tendances* (Premier document du dossier sur la rémunération variable), Montréal, avril.

INSTITUT DE RECHERCHE ET D'INFORMATION SUR LA RÉMUNÉRATION (I.R.I.R.) (1996b). *Rémunération variable : fondements et impacts* (Deuxième document du dossier sur la rémunération variable), Montréal, novembre.

INSTITUT DE RECHERCHE ET D'INFORMATION SUR LA RÉMUNÉRATION (I.R.I.R.) (1998). *Les relativités salariales dans l'administration québécoise*, Montréal, août.

JACOBY, S.M. et D. MITCHELL (1986). « Management Attitude Towards Two-Tier Pay Plans », *Journal of Labor Research*, vol. 7, p. 221-237.

KERVIN, J. et M. ELEK (2001). « Where's the Bias ? Sources and Types of Gender Bias in Job Evaluation », dans Y. Reshef et autres (dir.), *Industrial Relations in a New Millenium/Les relations de travail au XXIe siècle*, Sélection de textes du XXXVIIe congrès de l'Association canadienne des relations industrielles, p. 79-90.

LEPAGE, S. (1989). « Les pratiques défavorables au salarié dans la convention collective : le cas de la double échelle », *Les Cahiers de droit*, vol. n° 30, p. 525-542.

LE PONT ENTRE LES GÉNÉRATIONS (1998). « Clauses orphelin : document synthèse », 16 juillet (document photocopié).

LONG, R.J. (1992). « The Incidence and Nature of Employee Profit Sharing and Share Ownership in Canada », *Relations industrielles/Industrial Relations*, vol. 47, n° 3, p. 463-488.

MARTIN, J.E. et T.D. HEETDERKS (1990). *Two-Tier Compensation Structure : Their Impact on Unions, Employers, and Employees*, Kalamazoo (Mich.), W.E. Upjohn Institute.

MARTIN, J.E. et T.D. HEETDERKS (1991). « Employee Perceptions of the Effects of a Two-Tier Wage Structure », *Journal of Labor Research*, vol. XII, n° 3, p. 279-295.

MARTIN, J.E. et R.T. LEE (1992). « Pay Knowledge and Referents in a Tiered-Employment Setting », *Relations industrielles/Industrial Relations*, vol. 55, n° 2, p. 654-665.

MARTIN, J.E. et R.T. LEE (1996). « When a Gain Comes at a Price : Pay Attitudes After Changing Tier Status », *Relations industrielles/Industrial Relations*, vol. 35, n° 2, p. 654-665.

MARTIN, J.E. et M.M. PETERSON (1987). «Two-Tier Wage Structure: Implications for Equity Theory», *Academy of Management Journal*, vol. 30, n° 2, p. 297-315.

MERICLE, K. et D.O. KIM (1999). «From Job-Based Pay to Skill-Based Pay in Unionized Establishments», *Relations industrielles/Industrial Relations*, vol. 54, n° 3, p. 549-580.

MILKOVICH, G.T. et J.M. NEWMAN (1999). *Compensation*, 6e éd., Boston, Irwing/McGraw-Hill.

MILKOVICH, G.T. et J. STEVENS (2000). «De la paie à la rémunération: 100 ans de changements», *Effectif*, vol. 3, n° 2, p. 48-56.

MINISTÈRE DU TRAVAIL (1998a). *La rémunération à double palier dans les conventions collectives au Québec – évolution de la situation entre 1991 et 1997*, Québec, Gouvernement du Québec, Direction de l'analyse des conditions de travail et de la rémunération, mai.

MINISTÈRE DU TRAVAIL (1998b). *Vers une équité intergénérationnelle – document de réflexion sur les clauses «orphelin» dans les conventions collectives*, juin, Gouvernement du Québec.

MINISTÈRE DU TRAVAIL (1999a). *Les clauses «orphelin»: analyse de conventions collectives du secteur municipal et du secteur du commerce de détail – magasins d'alimentation*, Québec, Gouvernement du Québec, Direction des études et des politiques, 12 mai.

MINISTÈRE DU TRAVAIL (1999b). *Les clauses «orphelin»: analyse de conventions collectives du secteur manufacturier*, Gouvernement du Québec, Direction des études et des politiques, 12 septembre.

MURPHY, K.J. (1992). «Determinants of Contract Duration in Collective Bargaining Agreement», *Industrial and Labor Relations Review*, vol. 45, n° 2, p. 352-366.

PES, J. et A.M. BLANCHET (1988). «La rémunération à double ou à multiples paliers dans les conventions collectives en vigueur au Québec», *Le marché du travail*, vol. 9, n° 3, p. 79-89.

ROBINSON, D. (1998). «Les rémunérations comparées des hommes et des femmes au niveau des professions», *Revue internationale du travail*, vol. 137, n° 1, p. 3-36.

ROSEN, C. et K. KLEIN (1983). «Job-Creating Performance of Employee-Owned Firms», *Monthly Labor Review*, vol. 106, n° 8, p. 15-19.

SCHWAB, D.P. et C.A. OLSON (1990). «Merit Pay Practices: Implications for Pay-Performance Relationships», *Industrial and Labor Relations Review*, vol. 43, n° 3 (numéro spécial), 237 S-255 S.

STATISTIQUE CANADA (1999). *L'écart persistant: nouvelle évidence empirique concernant l'écart salarial entre les hommes et les femmes*, Ottawa, Approvisionnement et services.

THÉRIAULT, R. et S. ST-ONGE (2000). *Gestion de la rémunération: théorie et pratique*, Boucherville, Gaëtan Morin Éditeur.

TREMBLAY, M., J. CÔTÉ et D. BALKIN (1996). «Influence de la théorie de l'agence dans l'explication du rôle du salaire chez les représentants commerciaux», *Performance et ressources humaines*, Paris, Anne-Marie Fericelli et Bruno Sire Éditeurs, p. 295-312.

TURCOT, Y. (1992). «La rémunération à double palier dans les conventions au Québec – évolution de la situation entre 1985 et 1990», *Le marché du travail*, vol. 13, n°s 11 et 12, p. 9-10 et p. 78-87.

UNIVERSITÉ DE MONTRÉAL, ÉCOLE DE RELATIONS INDUSTRIELLES (1989). Actes du colloque *Équité en matière de salaire et d'emploi*, M. Brossard (dir.), 19e Colloque des relations industrielles, novembre 1988, Montréal.

UNIVERSITÉ LAVAL, DÉPARTEMENT DES RELATIONS INDUSTRIELLES (1992). Actes du colloque *Les défis de la rémunération*, M. Audet et autres (dir.), 47e Congrès des relations industrielles, mai 1992, Québec, Presses de l'Université Laval.

WALKER, J. (1987). *Two-Tier Wage Systems*, Research and Current Issues Series no. 51, Kingston, Queen's University, Industrial Relations Centre.

WALSH, D.J. (1988). «Accounting for the Proliferation for the Two-Tier Wage Settlements in the U.S. Airline Industry, 1983-1986», *Industrial and Labor Relations Review*, vol. 42, n° 1, p. 50-62.

WEINER, N. et M. GUNDERSON (1990). *Pay Equity: Issues, Options, and Experiences*, Toronto, Butterworths.

Avantages sociaux

Généralement limitée au salaire à une certaine époque, la rémunération comporte de nos jours des compléments de toutes sortes. On parle désormais de rémunération globale, comme on l'a vu au chapitre précédent, pour désigner cet ensemble constitué principalement du salaire et d'un certain nombre de bénéfices, qu'on qualifie d'*avantages sociaux*. Ces derniers constituent aujourd'hui une fraction appréciable de la rémunération globale, soit entre 30 et 40 % selon l'entreprise et la catégorie d'employés visée (voir la section 14.2). La négociation collective a contribué à la multiplication et à l'amélioration de ces divers compléments qui constituent les avantages sociaux.

Le présent chapitre traite de ces éléments de rémunération qui permettent aux travailleurs de parer à certains problèmes, telles la maladie ou l'invalidité, ou de préparer leur retraite. Comme il s'agit d'une protection contre des risques à long terme, surtout dans le cas des pensions de retraite, la gestion des avantages sociaux comporte des enjeux importants.

Dans ce chapitre aussi, nous commencerons par définir les concepts indispensables à la compréhension de ces aspects de la convention collective. Nous établirons ensuite une typologie des avantages sociaux. Nous traiterons enfin des assurances collectives, des régimes de retraite, des mesures de conciliation travail-famille et, finalement, de quelques autres avantages.

14.1 Terminologie

C'est durant la Seconde Guerre mondiale que les conventions collectives ont vraiment commencé à contenir des clauses relatives aux avantages sociaux. En effet, à cette époque, un arrêté en conseil interdit toute augmentation de salaire qui ne peut se justifier par des raisons exceptionnelles, jugées telles par la Commission des relations de travail en temps de guerre. La plupart des contrats de guerre étant accordés sur la base d'un pourcentage au-delà du prix de revient (*cost plus*), les employeurs trouvent avantageux de pouvoir augmenter les salaires et les coûts, et

par le fait même leurs profits. Or, s'ils ne peuvent augmenter les salaires, les employeurs ont le droit de contribuer aux régimes d'assurances collectives et de retraite de leurs employés, d'autant plus que les cotisations aux régimes de retraite sont déductibles du revenu imposable des employeurs depuis 1938. De cette façon, employeurs et employés y trouvent leur compte. Il s'agit certes d'une augmentation de salaire déguisée, mais elle est autorisée en vertu des règlements de guerre. C'est donc dans ces conditions que les avantages sociaux ont fait définitivement partie des conventions collectives (Hébert, 1992 : 501).

14.1.1 Avantages sociaux

Quand les assurances collectives et les régimes de pensions commencent à s'implanter et quand on veut utiliser un seul terme pour désigner tous ces compléments au salaire, on emploie d'abord celui de *bénéfices marginaux*. L'expression souligne le caractère complémentaire de ces avantages et l'adjectif *marginal* sert à traduire l'aspect secondaire de ce qui s'ajoute à l'avantage principal, à savoir le salaire lui-même. Des linguistes ont tôt fait de conclure que l'expression *bénéfices marginaux* constitue un anglicisme à proscrire. Aujourd'hui, le terme paraît suspect pour une autre raison : les avantages qu'il désigne représentent souvent plus du quart et parfois même près de la moitié du salaire ; ils ne sauraient donc être raisonnablement qualifiés de marginaux !

Pour sa part, l'expression *avantages sociaux* présente un inconvénient. En effet, le qualificatif *social* est à la fois trop large et trop restreint. Il est trop large parce qu'il évoque les avantages de caractère public, c'est-à-dire administrés par l'État ; par exemple, un régime de retraite étatique ou un régime d'assistance aux démunis constitue un avantage pour la société. Il est trop restreint parce que, parmi les avantages qui s'ajoutent au salaire, certains n'ont de social que le fait d'avoir été obtenus par voie de négociation collective : qu'il s'agisse d'un programme de soins dentaires ou d'une place de stationnement gratuite, l'un et l'autre visent l'individu et non pas la société. L'un et l'autre font cependant partie de ce qu'on a convenu d'appeler les avantages sociaux.

Nous emploierons donc cette expression, mais en nous rappelant qu'elle se rapporte à toutes les formes d'éléments complémentaires de rémunération possibles et inimaginables. En ce sens, les avantages sociaux contiennent tout ce qui fait partie de la rémunération globale, sauf le salaire (base et portion variable) proprement dit. L'expression *salaire indirect,* présentée au chapitre précédent, peut aussi être employée pour désigner la même réalité.

14.1.2 Bien-être, assurance et sécurité sociale

On désigne souvent les principaux avantages sociaux par les expressions *régime de bien-être* ou *régime de bien-être social.* Encore ici, on peut dénoncer l'anglicisme, puisque les anglophones parlent de *welfare benefits.* L'expression évoque les assurances collectives et les régimes de retraite présents dans les conventions collectives. Bien qu'assez largement utilisée, l'expression ne s'est jamais imposée.

Deux autres termes requièrent une explication, parce que nous nous y référerons : *sécurité sociale* et *assurance sociale.* On utilise ces deux termes pour désigner les avantages sociaux ; mais chaque terme a un sens précis qu'il faut définir.

Comme le substantif l'indique, l'*assurance sociale* constitue une forme d'assurance qui a toutes les caractéristiques de l'assurance privée, mais qui s'étend à toute la société. Une assurance, qu'elle soit privée ou publique, repose sur le même principe : elle protège contre un risque, c'est-à-dire contre une possibilité d'accident, tels le feu, le vol, une collision, etc. Autrement dit, on s'assure contre un risque : un accident, le feu, le vol, ainsi de suite. On ne s'assure pas contre une certitude : on ne s'assure pas contre la mort, mais contre une mort prématurée ou subite, afin de protéger sa famille. Le même principe s'applique à l'assurance sociale. Par exemple, les cotisations payées à la Commission de la santé et de la sé-

curité du travail (C.S.S.T.) constituent une forme d'assurance sociale. Le risque, c'est celui d'un accident de travail ou d'une maladie professionnelle. Les frais étant répartis sur un grand nombre de personnes, les victimes peuvent recevoir une indemnisation adéquate. Il s'agit d'une assurance sociale, car tous les travailleurs sont protégés. De plus, les employeurs doivent payer les cotisations en fonction du taux de risque de chaque industrie ou établissement. Il s'agit là d'un système qui présente les caractéristiques fondamentales d'un régime d'assurance sociale.

Strictement parlant, la sécurité sociale comporte une redistribution de la richesse. Les programmes de sécurité sociale supposent que les plus riches contribuent à assurer une sécurité aux moins fortunés. Les pensions de sécurité de la vieillesse et les allocations familiales constituent deux exemples de sécurité sociale au sens strict : ce sont les taxes et les impôts de l'ensemble des citoyens qui servent à assurer un revenu minimum aux personnes âgées et aux jeunes parents. En même temps, l'expression *sécurité sociale* s'emploie dans un sens plus large, comprenant alors l'assistance sociale, l'assurance sociale et quelques autres régimes semblables.

On utilise enfin l'expression *filet de sécurité sociale* pour indiquer qu'il s'agit de la protection minimale dont chaque citoyen dispose contre les aléas de la vie : maladie, accident, vieillesse, perte d'emploi, etc. Au sens large, ce *filet* comprend autant l'assurance sociale que les régimes d'assurance privés qui la complètent. Cette protection collective repose sur le principe de la mutualité selon lequel les membres d'un groupe ou d'une société financent cette protection quand ils sont en mesure de le faire et en retirent les bénéfices quand ils y ont droit ou quand ils sont dans le besoin (Friedman et Jacobs, 2001). En ce sens, les avantages sociaux publics ou privés constituent l'une des expressions les plus concrètes de solidarité de notre société.

14.1.3 Avantages sociaux publics et privés

Certains avantages sociaux découlent de régimes administrés par l'État ; nous les qualifierons de publics. À l'inverse, tous ceux qui sont établis par convention collective ou par décision unilatérale de l'employeur ou de l'employé sont considérés comme privés.

Parmi les régimes d'avantages sociaux publics, on trouve le régime de cotisations et de prestations de la C.S.S.T., qui constitue la protection que s'est donnée la collectivité québécoise contre les risques d'accidents du travail et de maladies professionnelles. Les employeurs et les travailleurs québécois contribuent par ailleurs au régime pan-canadien d'assurance-emploi (auparavant appelé assurance-chômage[1]). Si l'on ignore les autres aspects venus se greffer progressivement, il protège le travailleur contre un risque économique très grave : la perte de son emploi pour des raisons qui ne relèvent pas de sa responsabilité, mais du contexte économique. Par ailleurs, les cotisations au Régime de rentes du Québec (R.R.Q.) constituent une protection contre un risque – ou une quasi-certitude –, celui de ne plus pouvoir exercer un travail rémunérateur pendant les dernières années de sa vie. Il assure aux travailleurs, en plus de la pension de vieillesse qu'ils reçoivent en tant que citoyens, un revenu supplémentaire modeste et variant selon le montant des contributions au régime durant leurs années de travail. Cette contribution est obligatoire pour les employeurs et leurs salariés ; elle est libre et volontaire pour les travailleurs autonomes. Pour sa part, l'assurance-maladie protège les travailleurs non pas en tant que travailleurs, mais en tant que citoyens ; aussi le régime administré par la Régie de l'assurance-maladie du Québec (R.A.M.Q.) est-il financé principalement par les impôts, mais un certain prélèvement est aussi effectué sur la masse salariale des employeurs. Enfin, plus récemment, le Québec s'est doté d'un régime d'assurance-médicaments qui peut être considéré à certains égards comme à mi-chemin entre les avantages sociaux privés et les avantages sociaux publics. En vertu de ce programme, chaque Québécois doit être assuré par un régime collectif privé dans son milieu de travail ou, à défaut d'un tel régime, par le régime universel géré par la R.A.M.Q.

Ces cinq régimes forment une bonne part de la sécurité sociale au Québec, entendue dans son sens large. Ils assurent à tous les travailleurs une protection minimale par rapport aux aléas les plus sérieux dans la vie d'un travailleur : accidents, maladie, chômage, vieillesse ou invalidité. Les coûts de la plupart de ces régimes sont couverts par les travailleurs et les employeurs.

S'ils visent à protéger en premier lieu les employés, ces régimes bénéficient aux employeurs. Par exemple, la contribution de l'ensemble de la société québécoise aux coûts de la santé, par le biais des impôts, diminue d'autant celle des employeurs. Cette situation diffère radicalement de celle des États-Unis où employeurs et employés assument seuls les coûts importants des régimes privés d'assurance-santé. Autre avantage appréciable, le régime administré par la C.S.S.T. protège les employeurs contre les poursuites judiciaires que pourraient intenter des salariés. Quant à l'expression *taxes sur la masse salariale*, utilisée parfois pour désigner les cotisations patronales aux régimes administrés par l'État (Piché, 1995), elle apparaît abusive au regard des bénéfices qu'en tirent les salariés et les employeurs. En effet, ces bénéfices sont du même ordre que ceux qu'ils tirent d'une assurance privée.

Les avantages sociaux privés procurent des indemnités ou des prestations qui s'ajoutent aux avantages de base offerts par les régimes publics. Qu'il s'agisse d'assurances ou encore d'un régime de retraite, les avantages sociaux privés s'ajoutent aux régimes étatiques qui, à ce titre, s'appliquent à tous les travailleurs, syndiqués ou non. Ce sont les avantages sociaux privés découlant de la négociation collective qui font l'objet principal du présent chapitre. Nous traiterons des avantages sociaux publics dans la mesure où ils aident à comprendre la nature et les modalités des avantages sociaux privés.

---

1. La nouvelle appellation de ce régime (elle date de 1996) est pour le moins inappropriée, car le risque pour un travailleur n'est pas d'avoir un emploi mais de le perdre et de se retrouver au chômage.

14.1.4 Temps chômé rémunéré

Dans le coût du facteur travail, le temps chômé rémunéré représente l'élément le plus important. L'exemple suivant illustre cet énoncé. Dans ce temps payé mais non travaillé, il y a d'abord les vacances annuelles, qui peuvent facilement compter pour trois ou quatre semaines par année; il y a ensuite les jours fériés, dispersés au cours de l'année. Si la convention collective prévoit 10 jours fériés payés dans l'année – la *Loi sur les normes du travail*[2] en impose sept, plus le congé de la fête nationale prévue dans la *Loi sur la fête nationale*[3], donc huit en tout –, cela représente l'équivalent de deux semaines complètes de travail. Dans cet exemple, les vacances et les congés fériés représentent de 10 % à 12 % du salaire annuel consacré à du temps payé, mais non travaillé (5 à 6 semaines sur 52).

Il existe d'autres congés prévus par la convention collective: il y a les congés de maladie, les congés mobiles et les congés pour raison personnelle (que les salariés peuvent utiliser quand bon leur semble ou presque), les congés parentaux et les congés personnels. Les périodes de repos et de repas sont aussi du temps chômé, mais pas toujours payé. Dans cet ordre d'idées, les congés sans solde ou à traitement différé représentent aussi du temps chômé, mais non payé. L'avantage pour le salarié tient au droit au congé seulement et non pas à sa compensation pécuniaire.

Le temps chômé rémunéré est généralement présenté comme le premier groupe d'avantages sociaux, sans doute à cause des coûts importants qu'il comporte.

Les définitions fondamentales que nous venons de présenter ont permis de dégager un certain nombre d'avantages sociaux seulement. Il nous faut procéder maintenant à une classification plus systématique pour se donner un meilleur aperçu de la situation.

14.2 Classification et coûts des avantages sociaux

À partir de la section précédente, il est possible d'identifier trois grandes catégories d'avantages sociaux: le temps chômé rémunéré, les régimes publics et les régimes privés. On peut enfin réunir, dans une catégorie résiduelle, tous les autres avantages qui s'ajoutent au salaire, telles les diverses primes compensatoires. Il existe plusieurs classifications des avantages sociaux, mais celle que nous avons retenue au tableau 14.1 a l'avantage d'être simple.

Il y a deux façons de calculer le coût des avantages sociaux: par rapport au salaire annuel au taux régulier ou par rapport au salaire pour les heures effectivement travaillées. Les deux méthodes sont valables et sont utilisées; tout dépend du point de vue que l'on veut faire ressortir. D'utilisation plus fréquente, la première sert notamment au calcul du facteur d'incidence au cours des négociations (Hébert, 1992: 749). De son côté, la seconde permet de traduire précisément le coût des avantages par rapport au coût du travail productif (Delorme, 1978). Nous utiliserons la première méthode, qui permet de bien montrer la proportion des coûts s'ajoutant au salaire.

En 1999, l'Institut de la statistique du Québec a repris une enquête que menait chaque année, depuis 1983, le Centre de recherche et de statistiques sur le marché du travail (C.R.S.M.T.), qui servait d'organe de recherche du ministère du Travail du Québec. Cette enquête porte sur la rémunération globale d'un certain nombre d'emplois repères que l'on retrouve dans les établissements comptant 200 employés ou plus. Des données diverses sur les salaires et les avantages sociaux sont colligées pour les catégories d'emplois suivantes: les employés professionnels, les techniciens, les employés de bureau, les employés de service et les ouvriers. Le tableau 14.2 illustre les résultats de cette enquête en 2001.

Selon la catégorie professionnelle considérée, la proportion du coût des avantages sociaux varie d'environ 30 % à près de 40 % du coût du

---

2. *Loi sur les normes du travail*, L.R.Q., c. N-1.1 [ci-après citée: L.n.t.].

3. L.R.Q., c. F-1.1, art. 2.

| tableau 14.1 | Classification des avantages sociaux |

Catégories d'avantages	Exemples d'avantages
Temps chômé payé	Jours fériés et congés mobiles Congés annuels Congés de maladie Congés sociaux Congés parentaux Congés mobiles ou personnels Périodes de repos et de repas
Régimes publics (administrés par l'État)	Régie des rentes du Québec Assurance-emploi Régie de l'assurance-maladie du Québec Accidents du travail Assurance-médicaments
Régimes de retraite et assurances collectives (privés)	Régime de retraite Assurance-maladie et hospitalisation Assurance-vie et régimes connexes Assurance-salaire Invalidité de longue durée Assurance-soins dentaires Assurance-appareils optiques Assurance-médicaments
Avantages divers	Primes compensatoires diverses (heures supplémentaires, quart de travail, disponibilité, etc.) Remboursement des congés de maladie non utilisés Indemnités supplémentaires diverses (congés parentaux, accidents du travail, assurance-chômage, etc.) Produits et services gratuits ou à prix réduit Indemnités de déplacement Remboursement partiel ou complet des frais de scolarité Remboursement des dépenses occasionnées par l'usage d'une automobile

salaire. De manière générale, le temps chômé payé représente approximativement 15 % des coûts du salaire annuel alors que la portion dévolue aux régimes publics tourne autour de 10 %. On constate que, sur une base individuelle, les congés annuels sont les avantages les plus coûteux en proportion du salaire. Suivent ensuite le régime de retraite et les congés mobiles dans la majorité des catégories d'emplois considérées ici.

Il faut maintenant considérer en détail les principaux groupes d'avantages sociaux. Nous

| tableau 14.2 | Répartition des avantages sociaux dans la rémunération de cinq catégories d'emplois repérés[a] au Québec en 2001 (en % du salaire) |

Éléments de rémunération[b]	Professionnels	Techniciens	Employés de bureau	Employés de service	Ouvriers
Salaire annuel[c] ($)	59 343	46 996	32 523	28 200	48 437
Temps chômé payé					
Congés annuels	7,54	8,39	7,50	7,26	9,03
Congés fériés et mobiles	4,59	4,78	4,87	4,32	4,76
Congés de maladie utilisés	1,58	1,22	1,76	1,35	1,18
Congés parentaux	0,03	0,04	0,02	0,01	0,01
Congés sociaux	0,25	0,49	0,33	0,38	0,59
Total du temps chômé payé[d]	14,01	14,95	14,50	13,33	15,60
Régimes privés de retraite et d'assurances collectives					
Régime de retraite	4,66	6,36	4,25	2,90	5,72
Assurance-vie	0,33	0,31	0,26	0,16	0,40
Assurance-maladie	0,87	1,22	1,34	0,55	1,20
Assurance-soins dentaires	0,64	0,65	0,82	0,28	0,75
Assurance-appareils optiques	0,10	0,13	0,15	0,03	0,09
Assurance-salaire	0,66	1,19	1,35	0,95	1,70
Assurance-invalidité de longue durée	0,45	0,49	0,57	0,27	0,57
Total des régimes privés de retraite et d'assurances collectives[d]	7,73	10,37	8,76	5,16	10,45
Régimes publics					
Régime des rentes du Québec	1,99	2,49	2,97	3,01	2,44
Assurance-emploi	2,06	2,57	3,05	3,26	2,54
Assurance-maladie du Québec	4,26	4,26	4,26	4,26	4,26
Accidents de travail (C.S.S.T.)	0,72	1,35	0,94	1,65	1,57
Total des régimes publics[d]	9,05	10,68	11,23	12,19	10,82
Autres avantages					
Compensation pour congés parentaux	0,15	0,12	0,12	0,01	0,01
Remboursement de congés de maladie non utilisés	0,27	0,51	0,39	0,77	0,16
Total des autres avantages[d]	0,42	0,63	0,51	0,78	0,17
Total des avantages[d]	31,22	36,67	35,03	31,49	37,06

a. Les données sont représentatives des établissements de 200 employés et plus au Québec, pour 72 emplois repères regroupés en cinq catégories. Toutes les industries sont couvertes, à l'exception de l'agriculture et des services relatifs à l'agriculture, de l'exploitation forestière et des services forestiers, de la pêche et du piégeage ainsi que de la construction. Les données portent sur les déboursés des établissements au titre des salaires et des avantages sociaux.
b. Les données pour les avantages sociaux et le temps chômé payé font référence aux périodes suivantes. Pour l'administration québécoise, il s'agit de la période de juillet 1997 à juin 1998 pour les assurances, le regroupement « autres » et le temps chômé payé, alors que les données relatives au régime de retraite et aux régimes étatiques sont de 2000. Les données relatives aux autres salariés québécois couvrent l'année 1999 relativement aux établissements du secteur « autre public » et l'année 2000 dans le cas du secteur privé.
c. Les salaires sont ceux en vigueur le 1er juillet 2001.
d. Le total des éléments peut être différent de la somme à cause des arrondissements.
Source : Institut de la statistique du Québec, *Enquête sur la rémunération globale au Québec*, 2001.

n'insisterons pas sur le temps payé non travaillé : mis à part les coûts qu'il représente et les problèmes administratifs qu'il soulève, il n'entraîne guère d'autres difficultés. Nous examinerons successivement les assurances collectives, les régimes de retraite, les mesures de conciliation travail-famille et plusieurs avantages particuliers. Nous traiterons principalement des avantages sociaux négociés, donc privés, mais en faisant référence aux régimes publics lorsqu'il y a un lien avec l'un ou l'autre des régimes privés.

14.3 Assurances collectives

Du fait que les régimes d'avantages sociaux établis par convention collective sont collectifs, ils assurent à ceux qui en bénéficient une protection qu'ils ne pourraient s'offrir au même coût sur une base individuelle. Trois questions principales se posent au sujet des avantages compris dans les conventions collectives. Premièrement, le financement : autrement dit, qui paie pour l'assurance ? Deuxièmement, quel niveau de protection est assuré ? Et troisièmement, quelles conditions faut-il remplir pour bénéficier de l'assurance, et quelles en sont les modalités d'application ?

Les quatre types principaux d'assurances collectives sont l'assurance-vie et l'assurance-maladie auxquelles se sont ajoutées, plus récemment, l'assurance-salaire et l'assurance-médicaments. Dans bon nombre d'entreprises, grandes et moins grandes, on trouve un régime de base, qui s'applique à tous les employés et auquel se greffe un régime complémentaire. Ce dernier régime est facultatif, et les cotisations sont payées par l'employeur et par l'employé qui veut en bénéficier. L'adhésion aux régimes complémentaires n'est pas obligatoire, mais, habituellement, un nombre minimal d'adhérents doit y souscrire pour qu'ils s'appliquent (Hébert, 1992 : 509).

La plupart du temps, l'employeur achète auprès d'une compagnie d'assurances une police d'assurance collective pour ses employés selon ce qui est prévu dans la convention collective. C'est à la compagnie d'assurance que les salariés adressent leurs réclamations, et c'est elle qui leur verse les indemnités auxquelles ils ont droit en vertu du contrat d'assurance. Par ailleurs, il faut noter que, du point de vue fiscal, la portion des primes payée par l'employeur pour les régimes d'assurances collectives est déductible d'impôt. Pour les employés, les prestations reçues sont généralement non imposables, sauf dans le cas de l'assurance-salaire si l'employeur paie une partie de la prime. Pour ce qui est des contributions de l'employeur, elles sont imposables pour l'employé en matière d'assurance-vie, mais la situation varie selon la juridiction (fédérale ou provinciale) dans le cas des autres types de régimes (SSQ VIE, 2002).

14.3.1 Assurance-vie

L'assurance-vie est la plus fréquente des assurances collectives offertes par les conventions. C'est d'ailleurs une des plus vieilles formes d'avantage social. Au XIXᵉ siècle, elle est prise en charge par les fraternités, ou unions, qui y consacrent une petite partie de la cotisation syndicale. L'objectif est clair : il s'agit de conserver l'allégeance des membres. Certains se demandent si ce n'était pas pour éviter la syndicalisation de leur entreprise qu'un grand nombre d'employeurs ont introduit, souvent de façon spontanée, des régimes d'assurance-vie pour leurs employés (Hébert, 1992 : 509). Le régime représente un déboursé relativement faible et constitue en quelque sorte un symbole de la considération de l'entreprise envers chacun de ses employés. Pour le conjoint et les personnes à la charge de l'employé, c'est une protection très appréciable. Pour l'employé lui-même, il y a l'avantage de l'admissibilité quasi automatique, d'habitude sans aucune formalité (par exemple, un examen médical), selon ce qui est prévu dans le contrat avec l'assureur.

En juin 2001, environ 60 % des conventions collectives sur lesquelles le ministère du Travail compile des informations contiennent une disposition relative à l'assurance-vie à laquelle l'employeur contribue presque toujours. Ces conventions couvrent environ 47 % des salariés.

En terminant, notons que la Régie des rentes du Québec administre un régime de prestations aux survivants prévoyant le versement d'une prestation de décès (maximum de 2 500 $ en 2002) et une rente au conjoint survivant et aux enfants à charge advenant la mort d'une personne cotisante. Ce régime d'assurance sociale offre ainsi une protection de base d'assurance-vie à l'ensemble de la société québécoise.

14.3.2 Assurance-maladie complémentaire

Les régimes collectifs d'assurance-maladie établis par convention collective ont toujours un caractère complémentaire. C'est qu'il existe, au Québec, depuis novembre 1970, un régime d'assurance-maladie universel et obligatoire. En vertu de ce régime public, la Régie de l'assurance-maladie du Québec fournit tous les services médicaux essentiels : hospitalisation, consultations médicales, opérations chirurgicales, médicaments délivrés en institution et aux personnes âgées, etc. Les régimes collectifs privés prennent en charge des dépenses supplémentaires, comme le paiement d'une chambre privée, les frais pour des services infirmiers à domicile en cas de besoin, le transport en ambulance et divers autres services non défrayés par la Régie de l'assurance-maladie du Québec.

Les employés ont souvent la possibilité de souscrire à une assurance couvrant les services médicaux de base non assurés par le régime public et dont l'employeur s'engage à assumer les primes en tout ou en partie. En même temps, l'employeur offre à chaque employé, en vertu de la convention collective, la possibilité de choisir une assurance plus étendue, couvrant les personnes à charge. Mais ce choix de l'employé exige généralement une contribution de sa part. On note que la contribution de l'employeur varie selon que l'employé a de telles personnes sous sa responsabilité ou non. Environ trois conventions collectives sur cinq dans la banque de données du ministère du Travail mentionnent l'existence d'un régime collectif d'assurance-maladie complémentaire auquel l'employeur contribue généralement.

L'assurance-maladie complémentaire peut être étendue pour couvrir les traitements dentaires, l'achat de lunettes ou de lentilles cornéennes, ainsi que le remboursement d'autres frais médicaux et paramédicaux : appareils orthopédiques, prothèses auditives, acupuncture, psychothérapie, massothérapie, diététiste, etc. Les seules données disponibles auprès du ministère du Travail indiquent qu'un peu moins de 40 % des conventions collectives comportent une disposition relative à un régime de soins dentaires.

14.3.3 Assurance-médicaments

En janvier 1997, le gouvernement du Québec instaure un régime universel d'assurance-médicaments qui couvre tous les résidents du Québec qui ne sont pas couverts par un régime privé. La *Loi sur l'assurance-médicaments*[4] stipule que tout régime d'assurance collective, incluant au moins une garantie contre les accidents, la maladie ou l'invalidité, doit prévoir une assurance-médicaments équivalente à celle offerte par le régime universel. Chaque personne au Québec est ainsi assurée par un régime collectif privé ou à défaut, par le régime universel de la Régie de l'assurance-maladie du Québec. L'employé doit obligatoirement souscrire au régime de son employeur. De plus, le conjoint et les personnes à charge de l'employé doivent pouvoir bénéficier de cette couverture. Aussi, les régimes collectifs privés doivent couvrir au moins les médicaments prescrits, achetés au Québec et inscrits sur la liste de médicaments publiée par la Régie. Les régimes peuvent cependant offrir une couverture plus étendue. Ainsi, toutes les entreprises syndiquées avec un régime collectif d'assurances doivent offrir une couverture pour les médicaments.

Une question particulière touchant les régimes collectifs que nous venons d'examiner concerne le maintien de ces assurances une fois l'employé à la retraite. Dans plusieurs cas, il y a

---

4. L.R.Q., c. A-29.01 [ci-après citée : L.a.m.].

passage de l'assurance collective à un contrat individuel entre l'employé et la compagnie d'assurances, selon les modalités prévues dans la convention collective. Ce transfert n'est cependant pas automatique. Dans le cas de l'assurance-médicaments, on note que des retraités ont dû adhérer au régime gouvernemental en raison d'une hausse considérable de leur cotisation pour le régime de leur ex-employeur. L'employeur réduit ainsi le coût de son propre régime en transférant ce « mauvais » risque au régime public, car on s'attend à ce que les retraités consomment davantage de médicaments que les travailleurs plus jeunes (Renaud, Durand et Elkeurti, 2000).

14.3.4 Assurance-salaire

L'assurance-salaire vient en quelque sorte compléter l'assurance-maladie. Elle consiste en un régime qui prévoit le paiement du salaire, en tout ou en partie, au salarié qui en est privé pour une raison ou pour une autre. Les principales causes visées ici sont la maladie et les blessures survenues en dehors du travail.

Pour le salarié incapable de travailler, la protection du salaire prend plusieurs formes. La première, et la plus souvent utilisée, consiste en journées de maladie, prévues dans environ 56 % des conventions collectives couvrant environ les deux tiers des salariés, selon les données compilées par le ministère du Travail en juin 2001. Le nombre de jours de congés de maladie est très variable. L'accumulation des jours de maladie peut se faire selon diverses formules, par exemple un nombre de jours fixe par an ou un jour par mois de service jusqu'à 12 jours par année. Ces journées devraient habituellement permettre de couvrir au moins la période de carence non couverte par l'assurance-salaire de courte durée (par exemple, les 10 premiers jours ouvrables).

Selon certaines conventions, les jours de maladie non utilisés peuvent être accumulés indéfiniment. Relativement fréquente autrefois, cette disposition l'est beaucoup moins aujourd'hui. Quand les congés de maladie pouvaient être

accumulés, ils étaient parfois monnayables au moment du départ ou de la retraite. Dans l'échantillon du ministère du Travail établi en juin 2001, les journées de maladie sont rarement cumulables et rarement remboursables (respectivement moins de 9 % et moins de 4 % des conventions contenant des dispositions relatives aux congés de maladie). Aussi de nombreux employés tiennent-ils à les utiliser, quelle que soit la raison.

Après avoir utilisé tous ses congés de maladie, qu'arrive-t-il si l'employé ne peut reprendre son travail ? Il s'agit alors d'une invalidité de courte durée. C'est cette situation que visent les régimes collectifs d'assurance-salaire de courte durée présents dans près de 70 % des conventions collectives visant plus de 85 % des salariés, toujours selon les données compilées par le ministère du Travail en juin 2001. Le délai avant que le salarié puisse bénéficier de l'assurance-salaire est qualifié de *délai de carence*.

Dans un peu plus de 40 % des conventions collectives couvrant environ le tiers des salariés, une assurance-invalidité de longue durée complète l'assurance-salaire de courte durée. Un délai de carence assez long est alors imposé, cette période correspondant au temps où s'applique l'assurance-invalidité de courte durée. Une fois celle-ci expirée, le délai de carence est relativement court. En ce qui concerne les régimes publics, il faut noter que les cotisants au Régime de rentes du Québec ont droit à une rente en cas d'invalidité.

Nous avons présenté dans cette section les principales assurances collectives qu'on peut retrouver dans les conventions collectives au Québec. Pour donner une forme plus concrète à l'exposé qui précède, voici maintenant une série de clauses provenant d'une convention.

14.3.5 Contenu des clauses touchant les assurances collectives

L'exemple retenu contient un éventail d'assurances offert aux employés de la compagnie. Il est rare de trouver des clauses aussi détaillées dans les conventions, car elles sont généralement placées dans des documents séparés, par exemple, dans le contrat passé avec l'assureur. Les conventions ne font souvent mention que de l'obligation de maintenir les régimes en vigueur et du partage des coûts entre l'employeur et les salariés.

Article 18   Assurance-groupe

18.01   La Compagnie verra à ce que sa ou ses compagnies d'assurances (qui peuvent être changées de temps à autre) fournissent aux employés participants les bénéfices suivants : [...]

Assurance-vie

Salariés avec ou sans dépendant :   20 500 $

3000 $ à la retraite

Mort accidentelle et perte de membres

Couverture non occupationnelle

Maximum :   20 500 $

18.01 *a*)   Régime d'indemnité hebdomadaire

Le Régime d'indemnité hebdomadaire s'établira à 66 $^2/_3$ % des gains hebdomadaires de base (40 fois le taux régulier).

L'indemnité est payable à compter du premier (1er) jour d'un accident ou d'une maladie exigeant l'hospitalisation, au premier jour pour ce qui a trait à une chirurgie d'un jour et à compter du quatrième (4e) jour d'une maladie ne nécessitant pas l'hospitalisation, pour un maximum de 17 semaines. [...]

Assurance-santé

Chambre et pension à l'hôpital : chambre semi-privée au complet.

Ambulance : remboursement à 100 %

Frais professionnels : 25,00 $ / par visite, maximum 400,00 $ / par année, par spécialité.

Par spécialité, nous entendons : les traitements de chiropractie, ostéopathie, physiothérapie, massothérapie, podiatre, naturopathe, orthophoniste, audiologiste, technicien en réadaptation, et acupuncteur.

Radio-diagnostic de ces soins professionnels : remboursement de 100 %.

Lunettes : – 200,00 $ par période de 24 mois, incluant les lentilles cornéennes ;

– 200,00 $ par période de 12 mois pour les personnes à charge de 18 ans et moins ;

– les frais annuels pour un examen de la vue – remboursable à 100 %.

Frais professionnels : d'un psychologue ou d'un psychanalyste – remboursable à raison de : 50,00 $ / par visite, maximum 500,00 $ par année.

Régime à couverture étendue

La Compagnie mettra en vigueur un régime à couverture étendue, dont les points saillants sont comme suit :

Maximum – 10 000 $ avec une franchise de 25 $ par personne et de 25 $ par famille.

Coassurance : 80-20 à l'exception des prescriptions, lesquelles seront défrayées à 100 %.

Partage des coûts

La Compagnie paie 100 % de la prime de cette assurance-groupe. [...]

Les bénéfices d'assurance-groupe seront administrés selon les termes et conditions de la police d'assurance-groupe. L'admissibilité à ces prestations ne s'applique qu'aux salariés permanents qui sont activement au travail à la date d'entrée en vigueur du régime. Les salariés en probation seront admissibles au régime après avoir complété leur période de probation de mille cinq cent soixante (1 560) heures.

Maintien de l'assurance-groupe en cas de mise à pied

La Compagnie accepte de maintenir la protection d'assurance-vie, MMA et le régime à couverture étendue, au frais du salarié mis à pied, s'il le désire.

18.01 *b*)   Assurance invalidité longue durée (ILD)

Un salarié qui devient totalement invalide aura droit au bénéfice d'invalidité de longue durée selon les termes et conditions du Régime.

La Compagnie défraiera cinquante pour cent (50 %) du coût des primes mensuelles du régime d'ILD, lequel sera administré en conformité avec les modalités de la police d'assurance.

[...]

4.   Définition du terme « Invalidité totale »

Par « invalidité totale » on entend, un salarié assuré qui a reçu dix-sept (17) semaines de prestations du régime d'indemnité hebdomadaire et qui pour une période subséquente de trente-deux (32) mois est incapable uniquement à cause de maladie ou blessure non imputable à l'occupation, de travailler à son occupation régulière, ou à toute autre occupation disponible dans l'usine, et par la suite est incapable de s'acquitter de toutes et chacune des responsabilités de toutes les fonctions dans l'usine pour lesquelles il est raisonnablement préparé par son instruction, son entraînement et son expérience.

5.   Montant des prestations

Soixante-six et deux tiers pour cent (66 $^2/_3$ %) du taux horaire régulier multiplié par deux mille quatre vingt (2 080) heures et divisé par douze (12), jusqu'à un maximum de 2 800,00 $ par mois. [...] Ces prestations seront réduites en fonction de toute somme versée au titre de tout régime gouvernemental offrant des prestations d'invalidité (sauf pour les augmentations de tels montants qui surviennent douze (12) mois ou plus après le début de l'invalidité), au titre du régime de la CSST, ou de tout autre régime de rentes d'invalidité, qui ne soit pas privé. Les prestations de RRQ, versées au nom des dépendants du salarié invalide, ne seront pas réduites en fonction des prestations d'I.L.D.

6.   Durée des prestations

Le versement des prestations d'invalidité cessera à la première des dates suivantes :

i) trente deux (32) mois,

ii) à l'âge de soixante cinq (65) ans ;

iii) à la date du départ en retraite ;

iv) à la date de décès. [...]

[...]

18.04   Assurance médicale lors de retraite anticipée (55-65 ans)

La Compagnie verra à ce que sa ou ses compagnies d'assurances (qui peuvent être changées de temps à autre) fournissent aux salariés concernés les bénéfices suivants :

– Médicaments sur prescription : remboursés à 100 %, déductible de 25 $ par personne ou famille.

– Ambulance : remboursement de 100 %.

– Hospitalisation en chambre semi-privée.

Cette couverture se terminera le dernier jour du mois du 65e anniversaire de naissance.

Article 19   Régime d'assurance dentaire

19.01 La Compagnie continuera d'offrir un régime d'assurance dentaire avec participation obligatoire pour tous les salariés régis par la section locale, selon la base suivante :

Module I

Le régime fournit aux salariés et à leurs personnes à charge admissibles le remboursement de 80 % du coût des frais suivants : diagnostic, thérapeutique préventive, chirurgie buccale, restauration dentaire mineure, réparation d'une prothèse existante, endodontie et pédodontie.

(Détails contenus dans la brochure du salarié.)

Module II

i) restauration majeure

ii) franchise : 25,00 $/annuel, célibataire ou famille.

iii) pourcentage de remboursement : 50 %

Seuls les traitements énumérés ci-dessous sont admissibles

a) Couronnes et incrustations y compris les obturations en or, les revêtements de porcelaine lorsque d'autres matériaux ne conviennent pas.

b) Les nouvelles prothèses (ponts, dentiers amovibles, partiels ou complets).

c) Le remplacement d'une prothèse existante (pont, dentier amovible, partiel ou complet) sous réserve des conditions suivantes :

1. Si la prothèse existante a été portée pendant au moins trois (3) ans et est irréparable.

2. Si la prothèse existante est temporaire et est remplacée par un pont ou par un dentier permanent et que ce remplacement ait lieu dans les douze (12) mois qui suivent l'installation de la prothèse temporaire.

3. Si le remplacement s'impose à la suite de l'extraction d'une dent naturelle pendant que vous êtes assurés par cette police.

d) Services rendus par un denturologiste licencié tels qu'autorisés par son permis.

19.02   Frais admissibles

Les frais admissibles au titre de ce régime sont les frais de traitement dentaire considéré nécessaire par un médecin ou un dentiste, ne dépassant pas le tarif courant minimal stipulé dans le tarif des soins dentaires de la province de résidence du salarié.

19.03   Date d'entrée en vigueur de l'assurance

L'admissibilité à ces prestations ne s'applique qu'aux salariés permanents qui sont activement au travail à la date d'entrée en vigueur du régime et qui ont complété un (1) an de service continu. [...]

19.04   Partage des coûts

La Compagnie assumera 100 % du coût du Module I.

La Compagnie assumera 100 % du coût du Module II.

(Convention collective entre Arborite Division de Premark Canada inc. et le Syndicat canadien des communications, de l'énergie et du papier, Section locale 658, 2000-2005.)

Dans la clause qu'on vient de lire, les assurances collectives comprennent l'assurance-vie, avec supplément pour mort accidentelle et perte de membres (M.M.A.), l'assurance-salaire à court terme (moins de 17 semaines), une assurance-maladie complémentaire de base ainsi que l'assurance-salaire à plus long terme (plus de 17 semaines). L'employeur assume lui-même les cotisations des trois premiers régimes, mais verse 50 % seulement des cotisations pour le régime d'invalidité à long terme. À cela s'ajoutent une assurance-maladie à couverture étendue et un régime de soins dentaires auxquels contribuent les salariés par une franchise ou en assumant une partie des frais réels encourus. Enfin, on voit que les employés en préretraite ont droit à certains avantages, mais qu'ils cessent d'en bénéficier à l'âge de 65 ans.

14.4   Régimes de retraite

Les pensions de retraite constituent un des plus importants avantages sociaux. C'est certainement le plus complexe et celui qui soulève le plus de questions. Nous aborderons successivement dans cette section : la typologie et la terminologie, les modes d'administration et de financement, les régimes publics et leurs liens avec les régimes complémentaires privés, le cadre légal et d'autres questions particulières, comme les surplus et les déficits des fonds de pension, l'impact de l'inflation sur la rente de retraite ainsi que l'âge de la retraite.

14.4.1   Typologie et terminologie

La retraite se définit comme l'état d'une personne qui, après un certain nombre d'années de travail, quitte son emploi et peut toucher une pension de retraite en vertu des règles en vigueur dans son organisation. La retraite est dite *anticipée* si elle survient avant l'âge prévu, alors qu'elle est *différée* si elle survient après. Par ailleurs, on parle de retraite *graduelle* ou *progressive* quand le travailleur, par certains aménagements, réduit graduellement son temps de travail avant de quitter définitivement son milieu de travail.

Un régime de retraite vise ainsi à assurer au salarié un revenu régulier lorsqu'il est admissible à la retraite. Au Canada, les revenus de retraite proviennent de trois principales sources :

– les régimes de sécurité sociale relevant de l'État ;

– les régimes complémentaires de retraite ;

– l'épargne personnelle par le biais surtout des régimes enregistrés d'épargne-retraite.

Au Québec, deux régimes de sécurité sociale relèvent de l'État. Le premier dépend du gouvernement fédéral et le second du gouvernement québécois. Du côté fédéral, le programme de la sécurité de la vieillesse constitue la base du régime public canadien de revenu de retraite. Ce programme est dit *universel*, car il s'applique à tous les Canadiens sans exception. Du côté provincial, le régime public de retraite est constitué par le Régime de rentes du Québec. Dans ce cas, seules les personnes qui ont cotisé lorsqu'elles occupaient un emploi rémunéré reçoivent une rente. Il s'agit donc, cette fois, d'un régime public contributif et relié à l'emploi. On s'y réfère généralement par le sigle de l'organisme qui l'administre : la Régie des rentes du Québec (R.R.Q.). Nous y reviendrons à la section 14.4.4.

Les régimes de retraite complémentaires, comme leur nom l'indique, complètent la protection assurée par les régimes publics. Si ceux-ci visent l'ensemble des travailleurs québécois, seule une partie d'entre eux sont couverts par un régime complémentaire. Dans son rapport annuel 2000-2001, la R.R.Q. observe qu'alors que le Québec compte un peu plus de trois millions de travailleurs, environ 42 % d'entre eux seulement sont couverts par un régime complémentaire de retraite. D'après des données canadiennes portant sur l'année 1995, cette couverture double pour ainsi dire en milieu syndiqué (Lipset et Reesor, 1997).

Il existe deux types de régimes complémentaires de retraite : les régimes non contributifs, où seul l'employeur contribue, et les régimes contributifs, où les cotisations proviennent de l'employé et de l'employeur. Les données du ministère du Travail datant de juin 2001 révèlent que, parmi les conventions contenant une disposition sur les régime, de retraite et précisant la nature du régime, 91 % prévoient un régime contributif ; ces conventions couvrent près de 90 % des travailleurs visés.

Les régimes complémentaires privés sont soit des régimes à cotisations déterminées, soit des régimes à prestations déterminées. Dans le premier cas, à cotisations déterminées, l'employeur et l'employé – ou, s'il y a lieu, l'employeur – versent une somme préétablie et fixe, par exemple de 1,00 $ par heure travaillée ou 5 % du salaire gagné. Les sommes ainsi accumulées sont immobilisées et investies dans divers placements (obligations, actions, dépôts à terme, etc.) qui serviront à payer une rente aux employés durant leur retraite. Bref, dans cette première formule, la cotisation versée est fixe et déterminée. Mais la rente versée ne l'est pas : le montant de cette rente dépend du rendement des placements et de divers facteurs, tels l'âge et le sexe du prestataire, le taux d'intérêt en vigueur, les sommes cotisées, etc. Ces facteurs détermineront l'évaluation actuarielle appropriée au moment où chaque employé prendra sa retraite. D'après la Régie des rentes du Québec (1998), les régimes à cotisations déterminées représentent en 1995 environ 42 % des régimes auxquels participent les travailleurs québécois. Mais, comme ces régimes ne touchent que 6 % des participants, on peut penser qu'ils sont surtout le fait des plus petites entreprises.

À l'inverse, les régimes de retraite à prestations déterminées garantissent un certain niveau de pension. Dans un tel régime, les cotisations doivent être fixées par analyse actuarielle, selon les circonstances, dans le but d'assurer les bénéfices garantis par le régime. Selon l'étude précédemment citée (R.R.Q., 1998), les régimes à prestations déterminées représentent 54 % des régimes de pension et visent 77 % des participants québécois.

Par ailleurs, il existe deux grands types de régimes à prestations déterminées qui se distinguent selon le mode de calcul de la rente. Dans un régime à rente forfaitaire, la rente est fonction d'un montant fixe pour chacune des années de service. Dans un régime pourcentage-salaire, la rente est plutôt fonction d'un pourcentage du salaire ou d'une moyenne des salaires d'un certain nombre d'années. Ce type de régime comporte trois variantes selon le salaire considéré pour le calcul de la rente. Le régime *salaire de carrière* se calcule à partir du salaire de chaque année de service. Le régime *dernières années* se calcule sur le salaire moyen des dernières années de travail. Quant au régime *meilleures années*, il est calculé sur la moyenne des salaires les plus élevés. Il s'agit d'ailleurs de la formule la plus fréquente et qui couvre le plus de salariés (R.R.Q., 1998). Voici un exemple de la dernière formule : 2 % du salaire par année de service, à partir de la moyenne des trois ou des cinq meilleures années de salaire (par exemple : 2 % × 30 ans × 40 000 $ = 24 000 $ de pension annuelle).

L'épargne individuelle constitue la troisième source de revenus à la retraite. Des avantages fiscaux appuient généralement et encouragent ce genre d'économies : la formule des régimes enregistrés d'épargne retraite (REER) est bien connue. De tels régimes représentent une source de revenus à la retraite, qu'ils proviennent d'une rente viagère ou de prestations d'un fonds enregistré de revenu de retraite (FERR). Dans le cas de l'épargne personnelle et des démarches individuelles, on ne parlera évidemment pas de régime collectif ni d'avantages sociaux, puisque les employés agissent à leur propre initiative. Toutefois, il existe aussi des REER collectifs, notamment dans certains milieux de travail syndiqués. Cette formule est établie par un syndicat, un employeur ou les deux, afin d'aider les salariés à épargner en vue de la retraite. Le REER collectif présente les mêmes caractéristiques et avantages fiscaux que le REER individuel ; il ne s'en distingue que par son aspect collectif. Les REER collectifs ne doivent cependant jamais être confondus avec les régimes complémentaires de retraite dont l'administration est beaucoup plus exigeante (immobilisations des cotisations, comité de retraite, etc.).

On constate l'étendue de la gamme des revenus de retraite, depuis les régimes publics jusqu'aux formules d'épargne individuelle, avec ou sans la participation de l'employeur, et en passant par les régimes complémentaires privés propres à un milieu de travail. On trouve dans les conventions une infinité de formules de régimes collectifs de retraite (Dion, 1986 ; Thériault et St-Onge, 2000). Nous examinerons trois ou quatre types de régimes, auxquels les autres peuvent se rattacher, de près ou de loin.

Il faut aussi distinguer différents types de régimes selon leur méthode de financement. La question a suffisamment d'importance pour que nous en traitions séparément.

14.4.2 Modes de financement

La sécurité des adhérents constitue la préoccupation principale à l'égard des régimes de retraite. En effet, si tout régime est fondé sur des cotisations payées au moment présent, la rente ne sera versée que beaucoup plus tard. Il faut donc que le financement des régimes de retraite permette aux employés de recevoir leur rente une fois à la retraite. Il y a deux manières principales de financer un régime de rente de retraite : par capitalisation ou par répartition (ce que les anglophones appellent respectivement *funded plan* et *pay-as-you-go*). Cette seconde formule est beaucoup moins fréquente, mais il faut l'expliquer, car elle permet notamment de mieux comprendre le fonctionnement des régimes à capitalisation complète.

Le financement par répartition se fonde sur un principe très simple : les cotisations encaissées au cours d'une année servent à payer les prestations au cours de la même année. Pour que les futurs retraités puissent recevoir en temps opportun la rente à laquelle ils ont droit, il faut que l'entreprise ou l'organisme soient assurés de survivre ; c'est généralement le cas pour les organismes publics, mais non pour les entreprises privées. Le programme canadien de sécurité de la vieillesse administré par le gouvernement fédéral est financé par répartition.

Le financement par la capitalisation donne en théorie une sécurité totale aux bénéficiaires d'un régime de pension. En effet, les participants versent dans une fiducie les cotisations nécessaires pour que les revenus de placement (obligations, actions d'entreprises, etc.) de cette caisse de retraite suffisent à payer les rentes des employés à mesure qu'ils arrivent à l'âge de la retraite. La législation québécoise exige que les régimes privés de retraite fonctionnent de cette manière (voir la section 14.4.5).

Une conséquence de la capitalisation des régimes privés a été l'accumulation de fonds considérables dans les caisses de retraite. Ces régimes de retraite ont donc entraîné une épargne forcée considérable. Statistique Canada estime que, chaque année, les Canadiens versent environ 12 milliards de dollars dans les différentes caisses de retraite en fiducie. En 2000, la valeur totale de l'actif de ces fonds a dépassé les 500 milliards de dollars[5]. Pour le Québec, la donnée la plus récente date de 1995 : les régimes sous la surveillance de la Régie des rentes du Québec (R.R.Q., 1998) totalisent cette année-là 44 milliards de dollars et les régimes du secteur public environ 20 milliards. Le poids des fonds de pension dans l'économie est considérable et ils sont en fait les véritables propriétaires de bien des entreprises.

14.4.3   Administration des régimes

Un aspect primordial de l'administration d'un régime de retraite réside dans le placement approprié des fonds. Comme il s'agit de sommes considérables, cette fonction comporte de très grandes responsabilités. Elle est cependant encadrée par des dispositions législatives et fait appel à quelques principes fondamentaux de gestion pour des placements de cette nature.

En vertu de la législation québécoise, tout régime de retraite doit être administré par un comité de retraite qui agit à titre de fiduciaire. Autrement dit, il gère les fonds des participants et des retraités et il agit en leur nom. L'administration d'un régime comprend notamment la gestion des placements réalisés à partir des cotisations, l'administration quotidienne des cotisations et l'évaluation des rentes. Pour ce faire, le comité s'adjoint généralement des spécialistes – par exemple, un actuaire conseil – mais il ne peut renoncer à ses responsabilités. Il a le droit, par exemple, de confier la gestion des fonds de la caisse de retraite à un gestionnaire de fonds et l'administration quotidienne des cotisations et des rentes à une institution financière.

La composition des comités de retraite est fixée par la loi. Un comité de retraite doit compter au minimum un membre désigné par le groupe formé des participants actifs, un membre désigné par le groupe des retraités et des bénéficiaires ainsi qu'un membre qui n'est pas partie au régime. Les deux groupes peuvent aussi désigner un membre additionnel possédant les mêmes droits que les autres membres, à l'exception du droit de vote. Il faut noter que la loi québécoise ne prévoit aucune limite quant au nombre de membres du comité, seulement un minimum. La plupart du temps, les comités sont composés du minimum légal, auquel s'ajoute un nombre supérieur de représentants patronaux. Toutefois, un certain nombre de syndicats ont réussi à négocier une participation plus importante que ce que prévoit la loi (Bellemare et Savoie, 2000).

L'objectif premier de l'administration des régimes de retraite est la protection des salariés face au risque, toujours présent, de perte du capital investi et d'une chute des rendements. Il faut protéger ainsi les travailleurs cotisants contre toutes sortes d'imprévus : la faillite de l'entreprise, sa fusion avec d'autres entreprises, sa division en plusieurs groupes, de mauvais placements financiers, etc. La *Loi sur les régimes complémentaires de retraite*[6] comporte différentes exigences quant au financement et à la solvabilité du régime. En matière de placement, le principe général veut que la sécurité des investissements passe par la diversification des placements. Par exemple, la loi stipule qu'il est interdit pour un régime d'investir plus de 10 % de sa valeur dans des titres contrôlés par l'employeur partie au régime. Dans les faits, les gestionnaires des fonds de retraite ne sont habituellement pas téméraires. Les estimations actuarielles sont généralement prudentes : elles penchent davantage du côté de la sécurité que des faux espoirs de rendements chimériques. D'ailleurs, l'existence d'excédents actuariels et

---

5. Statistique Canada, *Caisses de retraite en fiducie : statistiques financières* (catalogue n° 74-201) et *Régimes de pensions du Canada* (catalogue n° 74-401), Ottawa, Division de statistique sur le revenu, Programme sur les pensions et le patrimoine.

6. L.R.Q., c. R-15.1 [ci-après citée : L.r.c.r.].

la controverse autour de leur utilisation n'est-elle pas la preuve de cette attitude conservatrice? (Voir la section 14.4.7.)

En conclusion, soulignons les divers objectifs susceptibles d'être poursuivis dans l'administration d'un régime de retraite. Si l'objectif de la caisse de retraite est d'assurer aux employés concernés le meilleur revenu possible au moment de leur retraite, il faut gérer les fonds de la caisse de manière à ce qu'ils donnent le rendement financier optimal. Dans certains cas, des options économico-politiques influent sur le choix des gestionnaires afin de favoriser tel ou tel genre d'investissement ou de sauver des emplois. Ce sont certes des objectifs louables, mais les intéressés doivent être conscients qu'il faut parfois choisir entre de tels objectifs et un rendement supérieur.

14.4.4   Régimes de rentes publics

Nous avons déjà mentionné l'existence de deux niveaux de régimes publics de rentes que les régimes établis dans les conventions collectives viennent compléter. Nous examinerons maintenant certaines modalités de ces régimes.

Le programme de la sécurité de la vieillesse est administré par Développement des ressources humaines Canada en vertu de la *Loi sur la sécurité de la vieillesse*[7]. Ce programme comprend trois régimes: le Régime des pensions de la sécurité de la vieillesse (P.S.V.), le Supplément de revenu garanti et l'Allocation au conjoint. La P.S.V. constitue la pension de base qui s'applique aujourd'hui à tous les Canadiens admissibles: elle est payée à tous ceux qui ont atteint l'âge de 65 ans. Au 1er janvier 2002, les versements mensuels étaient de 442,66 $, ce qui représente un peu plus de 5 300 $ par année. Les prestations sont indexées tous les trois mois selon les mouvements de l'indice des prix à la consommation. Les prestations sont imposables et les prestataires à revenus élevés peuvent avoir à rembourser partiellement

ou totalement celles-ci en raison des règles fiscales. Les deux autres régimes constituent en fait des compléments au régime de base. Ainsi, le supplément de revenu garanti s'ajoute à la P.S.V. si la personne a un revenu très faible. Enfin, un complément peut être versé sous la forme d'une allocation au conjoint (entre 60 et 65 ans) attribuée aux couples ou aux personnes veuves dont les revenus dépendent d'une seule personne prestataire de la P.S.V. Les prestations versées en vertu des deux derniers régimes sont versées sur la base des revenus totaux des prestataires de la P.S.V., indexés trimestriellement et non imposables. Les trois régimes faisant partie du programme de la sécurité de vieillesse sont financés à partir des recettes fiscales générales du gouvernement du Canada (financement par répartition).

L'autre régime public est constitué par le Régime des rentes du Québec (R.R.Q.) et, dans les autres provinces canadiennes, par le Régime de pensions du Canada. Tous les salariés québécois de 18 à 65 ans doivent payer une cotisation à cette fin, qui équivaut à 4,7 % du salaire, jusqu'à un maximum assurable de 39 100 $ en 2002. L'employeur doit cotiser la même somme. En 2002, le montant maximal de la rente à 65 ans est de 788,75 $ par mois ou près de 9500 $ par année en 2002. Cette rente est indexée une fois l'an et elle est imposable. Comme la P.S.V., cette rente est versée la vie durant. En plus de la rente de base, établie selon le niveau des gains antérieurs, le régime public québécois comprend également une rente d'invalidité, une rente destinée au conjoint survivant et aux enfants à charge, ainsi qu'une allocation de décès.

La plupart des régimes privés complémentaires de rentes coordonnent leurs prestations aux régimes publics. Par exemple, certains d'entre eux considèrent avoir rempli leur obligation si le total de la pension privée et de la R.R.Q. (incluant parfois la P.S.V.) correspond aux 2 % du salaire moyen des dernières années multiplié par le nombre d'années de service (Hébert, 1992 : 529).

Avant d'examiner des exemples de clauses, il faut examiner les dispositions légales que ces régimes complémentaires doivent respecter.

---

7. L.R.C. 1985, ch. O-9.

14.4.5 Cadre légal des régimes de retraite privés

L'objectif de la *Loi sur les régimes complémentaires de retraite* est de protéger au maximum les droits acquis par les travailleurs qui participent à un régime privé de retraite. Comme nous l'avons constaté sommairement dans la section 14.4.3, c'est dans ce but que la loi québécoise impose des règles pour la création et la gestion d'un régime de retraite.

Tout régime de retraite doit être enregistré auprès de la R.R.Q. ; il en est de même de toutes les modifications subséquentes (art. 24, L.r.c.r.). La participation des employés permanents au régime de retraite peut être facultative ou obligatoire selon ce que prévoit ce régime. Pour leur part, les employés à temps partiel ont le droit – ou l'obligation, si le régime est obligatoire pour eux – d'adhérer au régime de retraite quand ils exécutent un travail semblable à celui des travailleurs pour qui le régime est établi. Ils doivent cependant remplir une des deux conditions suivantes : avoir accompli au moins 700 heures – par exemple 15 heures pendant 50 semaines – au service de l'employeur ou avoir accumulé des gains d'au moins 13 685 $ (35 % du maximum admissible de la R.R.Q. en 2002) durant l'année de référence (art. 34, L.r.c.r.).

Par ailleurs, le salarié acquiert le droit à une rente dès son adhésion au régime (art. 69, L.r.c.r.). Autrement dit, le salarié a droit immédiatement aux cotisations versées en son nom par l'employeur, car elles serviront à financer la rente à laquelle il a droit. Mais si ce salarié quitte son emploi, il a aussi le choix de transférer son fonds de retraite dans la caisse de son nouvel employeur. Tout travailleur qui quitte un emploi avec un régime de retraite peut transférer, dans le régime de retraite de l'entreprise qui l'embauche, les cotisations qu'il a versées dans l'autre régime et les cotisations de son ancien employeur, y compris les intérêts correspondants (art. 98, L.r.c.r.). La transférabilité des régimes de pension est possible sous certaines conditions cependant. En effet, la demande de transfert doit être effectuée au plus tard six mois après la date où le par-

ticipant a cessé de contribuer. S'il ne le fait pas dans cet intervalle, il peut le faire pendant la période correspondante, tous les cinq ans, à partir de son changement d'emploi. De plus, un employé ne peut transférer la part de capital qui lui revient s'il a plus de 55 ans. En effet, le texte de la loi stipule que pour obtenir le transfert, l'âge du demandeur doit être « inférieur d'au moins 10 ans à l'âge normal de la retraite fixé par le régime » (art. 99, L.r.c.r.). Comme la plupart des régimes fixent à 65 ans l'âge normal de la retraite, on doit conclure de cet article qu'il s'applique normalement à tout travailleur qui a contribué à un régime de retraite, quelle que soit la durée de sa contribution, s'il a moins de 55 ans. Cependant, s'il a plus de 55 ans, il ne perd rien puisqu'il a droit à une rente différée en vertu du régime de son ancien employeur. Enfin, si le salarié décède avant de commencer à toucher une rente, son conjoint ou ses héritiers ont droit à une prestation payable en un seul versement dont la valeur équivaut à celle de la rente à laquelle le salarié aurait eu droit avant son décès (art. 86, L.r.c.r.).

Un autre aspect très important du cadre légal réside dans les avantages fiscaux consentis aux entreprises et aux particuliers concernant les régimes de rentes et l'épargne-retraite. Pour les entreprises, le principe général est que les cotisations versées au compte d'une caisse de retraite au bénéfice de ses employés sont déductibles du revenu imposable. Le même principe s'applique aux employés. Le calcul des sommes déductibles pour l'épargne-retraite totale inclut la contribution de l'employeur et de l'employé à un régime complémentaire de rentes de même que les contributions personnelles de ce dernier à un REER.

14.4.6 Contenu de clauses touchant les régimes de retraite

En raison de la complexité des régimes de retraite, on ne trouve souvent dans la convention collective qu'une référence aux documents officiels du régime. La plupart du temps, la convention mentionne seulement que le régime de rentes est maintenu.

Chapitre XIII   Régime d'avantages sociaux

[...]

8.43 *b)*   Le régime de retraite des employés de *Le Soleil*, division de Compagnie UniMédia est maintenu pendant la durée de la convention collective.

(Convention collective entre *Le Soleil* et le Syndicat de la rédaction du *Soleil* [C.S.N.], 2000-2003.)

L'exemple suivant est plus explicite quant aux modalités du régime.

Annexe C   Régime de retraite

Contribution de la compagnie

La Compagnie versera pour chaque salarié une contribution égale à 4 % de son salaire brut.

Contribution de l'employé

Il n'y a aucune contribution obligatoire de la part du salarié. Cependant, on encourage les salariés à y contribuer puisque leurs contributions sont déductibles d'impôt et augmentent le montant de la rente payée à la retraite.

(Convention collective entre Société aurifère Barrick-La mine Doyon et Syndicat des métallurgistes unis d'Amérique, Section locale 9291, 1995-2000.)

Dans cet exemple, on a affaire à un régime non contributif, les coûts étant défrayés par l'employeur. Cependant, le texte encourage clairement les employés à cotiser volontairement.

Dans l'exemple suivant, un article de la convention fait référence au régime de retraite; il renvoie à l'Annexe A qui résume les données principales du régime. Nous avons retenu celles qui portent sur le montant de la rente de retraite.

Annexe A

[...]

7. RETRAITE À LA DATE NORMALE DE RETRAITE

La rente mensuelle normale de base à laquelle un participant a droit à l'âge normal de la retraite (65 ans) est égale à :

a)   32 $ multiplié par le nombre d'années de service crédité (maximum de 35 années) pour les retraités en 1988.

b)   33 $ multiplié par le nombre d'années de service crédité (maximum de 35 années) pour les retraités en 1989.

c)   34 $ multiplié par le nombre d'années de service crédité (maximum de 35 années) pour les retraités de 1990.

Exemple : Un participant âgé de soixante-cinq (65) ans avec trente-cinq (35) années de service crédité reçoit une rente de :

34 $ × 35 = 1190 $ pour une retraite en 1990 ou plus tard.

8. RETRAITE ANTICIPÉE

Un participant peut choisir de prendre une retraite anticipée pourvu qu'il ait atteint l'âge de cinquante-cinq (55) ans et complété dix (10) années de service. La rente à laquelle il a alors droit est égale à la rente mensuelle de base autrement payable à sa date normale de retraite (section 7) réduite de $1/3$ pour chaque mois entre sa date normale de retraite et sa date de retraite anticipée.

Exemple : Un participant se retirant en 1990 à l'âge de cinquante-huit (58) ans avec vingt-cinq (25) années de service crédité reçoit une rente calculée comme suit :

Rente mensuelle de base (34 $ × 25)	= 850 $
Réduction à 58 ans ($1/3$ % × 84 mois = 28 %)	= 238 $
Rente de retraite anticipée à 58 ans	= 612 $

(Convention collective entre La Brasserie Labatt limitée et Union des routiers, brasseries, liqueurs douces et ouvriers de diverses industries, Section locale 1999, 1988-1990.)

On constate qu'il s'agit d'un régime à prestations déterminées. On y prévoit une rente forfaitaire dont la valeur est fonction d'un montant fixe pour chaque année de service. Le montant de la rente dépend aussi de l'âge auquel l'employé prend sa retraite. Bien que l'âge normal de la retraite soit fixé à 65 ans, un participant peut prendre une retraite anticipée à compter de 55 ans, mais sa rente sera diminuée. Dans l'exemple ci-haut, cette réduction se chiffre à 28 % de la rente complète dont il aurait bénéficié à 65 ans, compte tenu de ses années de service. Cette pénalité est due au fait que la personne en retraite anticipée reçoit une rente plus longtemps que celle qui quitte à l'âge normal. Il arrive parfois que la réduction de la rente soit atténuée ou éliminée à l'occasion de programmes ponctuels de mises à la retraite dont les travailleurs peuvent bénéficier pour un temps limité.

Avant de clore cette section, nous présentons une clause décrivant non pas un régime de retraite formel (comme son titre l'indique à tort) mais un REER collectif qui en tient lieu.

Article 26   Régime de retraite

26.01   REER collectif Bâtirentes

a) Il est entendu entre les parties qu'un régime de REER collectif est mis sur pied à l'intention des salariés de l'Employeur. Ce régime est celui de la Confédération des syndicats nationaux du nom de Bâtirentes.

b) L'Employeur s'engage à contribuer le même montant d'argent que celui déduit à la source, soit trois pour cent (3 %) du salaire du salarié pour chacune des heures travaillées à taux régulier. Le salarié à temps plein a la liberté de contribuer un montant plus substantiel dans son REER, s'il le désire, sans pour autant changer l'obligation de l'employeur.

c) Il est entendu que la participation des salariés à temps plein à ce système de REER est obligatoire. Toutefois, un salarié à temps plein ne sera pas visé par le REER collectif avant qu'il n'ait accumulé trois mois d'ancienneté.

(Convention collective entre Syndicat des travailleuses et travailleurs de l'Hôtel du Parc [C.S.N.] et Renaissance Hôtel du Parc, 1999-2002.)

Il faut signaler d'abord que ce REER collectif est du type contributif, car il est financé par l'employeur et par l'employé à concurrence de 3 % du salaire chacun pour les heures travaillées à taux normal. Par ailleurs, la clause énonce que la participation des salariés au REER collectif est obligatoire une fois leur période probatoire complétée.

À propos des régimes de retraite, il reste à mentionner un certain nombre de questions particulières que nous avons regroupées dans la section suivante.

14.4.7 Questions particulières relatives aux régimes de retraite

La question de l'utilisation des surplus de la caisse de retraite soulève encore de vifs débats. Ces surplus ou ces excédents d'actif représentent la partie de la caisse de retraite qui dépasse la valeur des prestations promises aux participants et aux bénéficiaires. Les excédents proviennent généralement des revenus d'investissements qui ont été supérieurs à ceux qu'avaient prévu les actuaires dont les prévisions sont habituellement prudentes. Ces surplus se trouvent surtout dans les régimes à prestations déterminées qui deviennent excédentaires quand les fonds de la caisse de retraite dépassent le total des rentes à verser aux retraités actuels et futurs. Dans le cas des régimes à cotisations déterminées, comme les rentes sont fonction de l'argent disponible, ils ne sont jamais en surplus.

Au Québec, les excédents peuvent être utilisés de trois façons: pour améliorer les prestations ou pour accorder un congé de cotisation soit aux salariés, soit aux employeurs. Chaque partie possède un argumentaire en faveur d'une option. Les syndicats et les employés considèrent que la caisse de retraite appartient aux retraités, actuels et futurs. De leur point de vue, les versements faits en leur nom par l'employeur font partie de la rémunération globale et constituent un salaire différé (voir le chapitre précédent). C'est pourquoi ils souhaitent que les sommes excédentaires soient consacrées à la bonification du régime de retraite, par exemple en indexant les prestations, en établissant un programme de préretraite, etc. Du côté patronal, on allègue que l'employeur devrait avoir droit au surplus, car c'est lui qui doit assumer le risque de déficits futurs de la caisse. C'est pourquoi l'employeur réclame généralement que sa cotisation au régime soit payée à partir des surplus accumulés dans la caisse de retraite. Selon la Régie des rentes du Québec (R.R.Q., 2000), 60 % des excédents d'actif utilisés ont servi à bonifier les prestations des participants, alors que 40 % l'ont été sous forme de congé de cotisation de l'employeur.

Le congé de cotisation n'est ni une pratique interdite ni un droit reconnu à l'employeur. En fait, ce sont les dispositions incluses dans les régimes ou les conventions collectives qui lui accordent ou non ce droit. Parfois, les textes des ententes conclues au moment d'établir la caisse de retraite peuvent être ambigus et se prêter à des interprétations contradictoires. La Loi modifiant la *Loi sur les régimes complémentaires de retraite et d'autres dispositions législatives*[8] est venue clarifier quelque peu la situation. L'employeur peut déposer une proposition de modification au texte du régime visant le congé de cotisation. Toutefois, cette modification ne peut entrer en vigueur sans le consentement du syndicat et de tout groupe avec lequel l'employeur a conclu un contrat écrit concernant l'utilisation des cotisations (une association de retraités, par exemple). En cas de désaccord, les parties peuvent recourir à l'arbitrage. Pour déposer une nouvelle clause sur les congés de contribution, le comité de retraite doit aviser tous les participants et les bénéficiaires du régime. Une fois l'entente entre les parties sur le congé de cotisation enregistrée auprès de la R.R.Q., elle lie toutes les parties au régime: employeur, syndicat, participants actifs ou inactifs. Cette entente a préséance sur toute autre entente en vigueur à ce moment, y compris la convention collective. Il est à noter que toute cette procédure est facultative. Il est toujours possible pour l'employeur d'opter pour le statu quo et de ne pas conclure d'entente. Il s'expose ainsi à des contestations judiciaires s'il prend un congé de cotisation sans en aviser les participants. Cette dernière situation est celle qui suscite le plus de controverses, car elle met les participants devant le fait accompli. Il faut mentionner enfin que le problème des excédents ne se pose pas de la même manière lorsqu'il s'agit de liquider une caisse de retraite en raison, par exemple, de la faillite ou de l'insolvabilité de l'employeur.

Une autre question débattue depuis longtemps porte sur l'indexation des pensions. On est en présence d'un dilemme certain. Les décideurs doivent choisir entre une rente raisonnable à un coût raisonnable, avec les risques qu'entraînerait une trop grande variation des prix, et une protection absolue, mais qui serait fort coûteuse. L'engagement pris par un régime de retraite est à si long terme et les risques de perte de valeur de l'argent par suite de l'inflation sont si grands que, pour garantir des rentes indexées, il faudrait accumuler des réserves considérables, et le coût d'une telle garantie deviendrait pratiquement prohibitif. Il va sans dire que l'indexation des rentes constitue un pis-aller par rapport à une hausse de la rente. En effet, il est préférable pour un salarié de toucher une rente de 10 000 $ par année non indexée qu'une rente de 7 500 $ par an indexée, qui est elle-même supérieure à une rente de 7 500 $ non indexée. L'indexation n'est pas la seule façon de bonifier les prestations des participants.

Il reste à aborder la question de l'âge de la retraite. Selon la *Loi sur les normes du travail*, un salarié a le droit de demeurer au travail bien qu'il ait atteint ou dépassé l'âge ou le nombre d'années de service à compter duquel il serait mis à la retraite en vertu d'une loi, d'un régime de retraite, d'une convention ou de la pratique chez son employeur (art. 84.1, L.n.t.). Par ailleurs, la *Charte des droits et libertés de la personne du Québec*[9] interdit toute discrimination reliée à l'âge (art. 10, C.d.l.p.). Ainsi, les employés qui souhaitent continuer à travailler peuvent le faire après l'âge normal de la retraite, longtemps fixé à 65 ans. De même, ce n'est pas parce qu'un employé a atteint l'âge ou le nombre d'années de service que fixent toujours les régimes de retraite pour toucher une rente qu'il doit obligatoirement partir à la retraite.

Les travailleurs peuvent prendre leur retraite après 65 ans, mais l'expérience récente montre que la très grande majorité d'entre eux prendront probablement leur retraite avant cet âge. On note d'ailleurs que l'âge de la retraite tend à baisser depuis plus de 20 ans (Statistique Canada, 2002). Le fait de contribuer à un régime complémentaire de retraite favorise cette tendance (Sunter, 2001) et les retraites anticipées sont de plus en

---

8. L.Q. 2000, c. 41.

9. L.R.Q., c. C-12 [ci-après citée: C.d.l.p.].

plus fréquentes. Entre 1987 et 1990, 29 % des retraités ont pris leur retraite avant 60 ans, mais entre 1997 et 2000, cette proportion a atteint 43 % (Kieran, 2001). Au Québec, le taux de retraite anticipée est de 56,2 %, soit au-delà de la moyenne canadienne. Ce phénomène s'est reflété dans les conventions collectives. Entre 1988 et 1998, on a assisté ainsi à une diminution de l'âge et du nombre d'années de service nécessaires pour bénéficier de prestations de retraite (Plante et Boudreau, 1999).

La situation est tout de même paradoxale : alors que la retraite n'est plus obligatoire, les gens n'ont jamais pris leur retraite si jeunes. Il est cependant possible que cette tendance se modifie en raison du vieillissement de la population et de la rareté de la main-d'œuvre qu'elle risque d'entraîner. La question du vieillissement de la main-d'œuvre commence à préoccuper sérieusement les employeurs et les syndicats (Conseil consultatif du travail et de la main-d'œuvre, 2002 ; Centre syndical-patronal du Canada, 2001). Si l'on veut que les gens continuent de travailler, il faudra probablement diminuer les retraites anticipées et favoriser des formules de retraite flexibles comme la retraite progressive. Mais, pour toutes sortes de raisons, ces mesures n'ont pas encore eu beaucoup de succès auprès des travailleurs (Conseil consultatif du travail et de la main-d'œuvre, 2002 ; Confédération des syndicats nationaux, 2001).

14.5 Mesures de conciliation travail-famille

Au cours des dernières années, la question de la conciliation travail-famille est devenue un enjeu de politique sociale. Elle s'inscrit dans le cadre de la politique familiale du Québec comme d'autres mesures, par exemple, les garderies à 5 $ et le régime d'assurance parentale institué par la *Loi sur l'assurance parentale* (projet de loi n° 140, devenu le chapitre 9 des lois de 2001) adoptée en mai 2001, mais pas encore en vigueur au moment d'écrire ces lignes. Dans les organisations, les employeurs et les syndicats québécois sont de plus en plus conscients que les employés

concilient difficilement les responsabilités familiales et le travail (Conseil consultatif du travail et de la main-d'œuvre, 2001). Il faut entendre la notion de responsabilités familiales au sens large, ce qui comprend les jeunes enfants, les parents âgés ou malades de même que le conjoint. Le congé de maternité et les autres congés relatifs à la conciliation travail-famille comptent parmi les avantages sociaux qui se sont le plus développés au cours des 25 ou 30 dernières années, même s'il reste encore beaucoup à faire en ce domaine (Conseil consultatif du travail et de la main-d'œuvre, 2001). L'influence de la législation a été déterminante pour la progression de ces dispositions dans les conventions collectives au Canada et ailleurs dans le monde (Boudreau et Plante, 2001). Dans la présente section, nous présenterons tout d'abord le cadre légal se rapportant à la conciliation travail-famille, puis nous examinerons les mesures spécifiques contenues dans les conventions collectives, notamment le congé de maternité et le congé parental.

14.5.1 Cadre légal

Le *Code canadien du travail,* adopté en 1971, est la première loi au Canada à contenir des dispositions impératives sur le congé de maternité, suivies par des lois provinciales durant les années 1970 (Hébert, 1992 : 536). Aujourd'hui, chaque province dispose d'une législation régissant le congé de maternité, c'est-à-dire le congé auquel a droit la travailleuse enceinte, mais aussi le congé d'adoption ou le congé parental qui s'adresse à l'un ou l'autre des parents au moment de la naissance ou de l'adoption d'un enfant (Boudreault, Charbonneau et Préseault, 2000).

Au Québec, la *Loi sur les normes du travail* est la pièce maîtresse du cadre légal concernant la conciliation travail-famille. La loi contient diverses dispositions consacrées au congé de maternité et au congé parental, au congé de naissance ou d'adoption, au congé pour obligations familiales, de même qu'à la protection des personnes exerçant leurs droits en ces matières.

La durée maximale du congé de maternité est de 18 semaines continues (art. 81.4, L.n.t.).

Toutefois, le père et la mère d'un nouveau-né, tout comme la personne qui adopte un jeune enfant, peuvent bénéficier d'un congé parental sans salaire de 52 semaines continues (art. 81.10, L.n.t.). Comme le congé parental s'ajoute au congé de maternité, la salariée qui le souhaite peut obtenir un peu plus d'un an et quatre mois (70 semaines) de congé pour s'occuper de son enfant. La loi précise la nature des certificats médicaux à présenter ainsi que des avis à donner de part et d'autre. Elle édicte aussi l'obligation de réintégrer le ou les parents dans leur poste habituel, avec les mêmes avantages que s'ils étaient demeurés au travail (art. 81.15.1, L.n.t.). La loi précise enfin les périodes durant lesquelles le congé peut être pris par rapport à la date prévue de l'accouchement (art. 81.5 à 81.11, L.n.t.).

Outre le congé de maternité ou le congé parental, la *Loi sur les normes du travail* prévoit aussi deux autres types de congés destinés aux parents travailleurs : le congé pour naissance ou adoption d'un enfant et le congé pour obligations parentales urgentes. Tout d'abord, le père et la mère peuvent s'absenter du travail pendant cinq jours à l'occasion de la naissance ou de l'adoption d'un enfant (art. 81.1, L.n.t.). Cependant, seules les deux premières journées sont payées par l'employeur. Par ailleurs, un salarié peut s'absenter cinq jours par année sans salaire pour remplir des obligations reliées à la garde, à la santé ou à l'éducation de son enfant mineur lorsque sa présence est nécessaire en raison de circonstances imprévisibles ou hors de son contrôle (art. 81.2, L.n.t.). Ce congé peut être fractionné en journées ou en demi-journées si l'employeur y consent[10].

Enfin, la *Loi sur les normes du travail* interdit à l'employeur de congédier, de suspendre, d'exercer des mesures discriminatoires ou des représailles à l'égard des parents travailleurs parce qu'ils ont exercé un droit prévu par la loi (art. 122, al.1 (1), L.n.t.), parce que la salariée est enceinte (art. 122, al.1 (4), L.n.t.) ou parce que l'employé a refusé de faire des heures supplémentaires pour des motifs familiaux (art. 122, al. 1 (6)). En plus de la *Loi sur les normes du travail* qui prévoit que l'employeur peut déplacer la salariée si ses conditions de travail comportent des dangers physiques pour elle et l'enfant à naître (art. 122, al. 2), la *Loi sur la santé et la sécurité au travail*[11] donne à la salariée enceinte ou qui allaite le droit à une nouvelle affectation ou au retrait préventif (art. 40-48, L.s.s.t.). Ainsi, elle peut, sous certaines conditions, être affectée à des nouvelles tâches moins dangereuses que celles qu'elle exerce habituellement ou cesser temporairement de travailler.

Nulle part dans la *Loi sur les normes du travail* il n'est prévu que le congé de maternité ou parental soit payé. Le financement du congé est assuré par une loi fédérale, la *Loi concernant l'assurance-emploi au Canada*[12]. En vertu de cette loi, la requérante a le droit de toucher des prestations d'assurance-emploi pendant 15 semaines (à environ 55 % du salaire assurable), après les deux semaines sans prestation, qui constituent le délai de carence, au début de son congé. La condition principale, pour avoir droit aux prestations, est d'avoir travaillé, et cotisé au régime, pendant au moins 600 heures dans l'année précédant le début du congé de maternité. La même condition s'applique pour avoir droit à un congé parental payé. Les parents naturels ou adoptifs demeurant à la maison pour prendre soin d'un enfant nouveau-né ou adopté ont droit à 35 semaines de prestations. Celles-ci sont versées soit à la mère, soit au père, mais elles ne peuvent dépasser 50 semaines.

---

10. Au moment d'écrire ces lignes, la *Loi modifiant la Loi sur les normes du travail et d'autres dispositions législatives* (L.Q. 2002, c. 80) venait tout juste d'être adoptée, mais n'était pas encore en vigueur. Nous invitons le lecteur à examiner cette loi, qui modifiera sensiblement le régime des différents congés parentaux ou congés liés à des obligations familiales que contient la *Loi sur les normes du travail*. Il est entendu que ces nouvelles dispositions légales, étant d'ordre public, s'appliquent aux parties liées à une convention collective.

---

11. L.R.Q., c. S-2.1 [ci-après citée : L.s.s.t.].
12. *Lois du Canada* 1996, c. 45.

14.5.2 Congé de maternité et congé parental

La mesure de conciliation travail-famille la plus répandue dans les conventions collectives est sans contredit le congé de maternité. Selon les données de juin 2001 fournies par le ministère du Travail, les trois quarts des conventions collectives, visant près de 85 % des salariés, comportent une disposition à cet égard. Le congé de maternité date d'une trentaine d'années. Son introduction correspond à l'accroissement du nombre de femmes sur le marché du travail. Il a été introduit par législation beaucoup plus que par négociation. Les conventions collectives qui traitent du congé de maternité le font habituellement en vue d'accorder des avantages supplémentaires à la salariée, par exemple en la payant pendant les deux semaines du délai de carence ou en comblant une partie ou la totalité de la différence entre le salaire normal et la prestation d'assurance-emploi. Mais ces dispositions vont du plus simple, c'est-à-dire les conditions minimales imposées par la loi, à des conditions plus généreuses.

L'exemple suivant provient du secteur privé, plus particulièrement du secteur des services où la proportion d'employés féminins est élevée. Il comporte des dispositions dépassant ce qui est prévu par la loi. Cette clause donne un aperçu des modalités entourant la prise d'un congé de maternité ou parental (début et fin, avis, retour au travail, maintien des avantages sociaux durant le congé, etc.).

Article 22   Congé de maternité et droits parentaux

22.01   L'employeur accorde un congé de maternité, sans solde, d'une durée maximale de 27 semaines continues à la salariée enceinte, à compter de la date du départ.

22.02   La répartition du congé de maternité, avant et après l'accouchement, est à la discrétion de la salariée, mais le congé ne peut commencer avant le début de la 16e *semaine* précédant la date prévue pour l'accouchement.

22.03   Le congé de maternité peut être pris après un avis écrit d'au moins trois (3) semaines à l'employeur indiquant la date du début et la date probable du retour au travail. Cet avis doit être accompagné d'un certificat médical attestant la grossesse et la date prévue de l'accouchement.

L'avis peut être de moins de trois (3) semaines si le certificat médical atteste du besoin de la salariée de cesser le travail dans un délai moindre.

22.04   La salariée doit également produire un certificat médical dans les cas suivants :

a)   pour continuer à travailler au-delà de la sixième (6e) semaine avant la date prévue de l'accouchement. Si elle refuse ou néglige de fournir un tel certificat dans un délai de huit (8) jours, l'employeur peut l'obliger à se prévaloir aussitôt de son congé de maternité en lui faisant parvenir, par écrit, un avis motivé à cet effet.

b)   pour revenir au travail dans les deux (2) semaines suivant la naissance.

22.05   La salariée enceinte peut cesser de travailler en tout temps au cours de sa grossesse sur recommandation de son médecin, attestée par un certificat médical. L'employeur se réserve le droit d'exiger, en tout temps, l'arrêt de travail d'une salariée enceinte si l'état de santé de cette dernière devient incompatible avec les exigences de son travail.

22.06   La salariée absente, en raison de maladie, est réputée être en congé de maternité à partir de l'accouchement.

22.07   L'employeur accorde, à chaque semaine, à la salariée ayant un an d'ancienneté, qui a demandé et qui reçoit des prestations d'assurance-emploi pour la maternité :

a)   L'équivalent de 95 % de son salaire hebdomadaire brut régulier de façon à couvrir le délai de carence de deux semaines au sens du régime d'assurance emploi.

b)   Un montant égal à la différence entre 95 % de son salaire hebdomadaire brut régulier et son taux hebdomadaire de prestations d'assurance-emploi et ce, pour une période de quinze (15) semaines.

[...]

22.11 Pendant le congé de maternité sans solde, la salariée a droit aux seuls bénéfices suivants :

– Accumulation du crédit de vacances.

– Accumulation de l'ancienneté : pour les salariées à temps partiel, l'ancienneté s'accumule selon la moyenne des heures travaillées au cours des douze (12) dernières semaines.

– Droit de faire application sur des postes vacants (sauf ceux temporairement vacants).

– Maintien des assurances en autant que la salariée paie sa quote-part.

– Maintien du régime supplémentaire de rentes en autant que la salariée paie sa quote-part et en fasse la demande un mois à l'avance suivant les dispositions du régime.

– Son poste de travail.

[...]

22.13 À la fin de son congé de maternité, l'employeur réintègre la salariée dans son poste régulier avec les mêmes avantages, y compris le salaire, auxquels elle aurait eu droit si elle était restée au travail. Si celui-ci n'existe plus, l'employeur lui accorde les droits et privilèges dont elle aurait bénéficié au moment de la disparition si elle avait été alors au travail. [...]

[...]

22.16 Le père d'un enfant peut s'absenter du travail pendant cinq (5) journées à l'occasion de la naissance de son enfant. Les deux premières journées d'absence sont rémunérées.

Celle ou celui qui adopte un enfant peut s'absenter du travail pendant cinq (5) journées.

Le congé prévu aux deux paragraphes précédents peut être fractionné en journées à la demande de la salariée. Il ne peut être pris après l'expiration des quinze (15) jours qui suivent l'arrivée de l'enfant à la résidence de son père ou de sa mère.

22.17 Le père et la mère d'un nouveau-né et la personne qui adopte un enfant n'ayant pas atteint l'âge à compter duquel un enfant est tenu de fréquenter l'école ont droit à un congé parental sans salaire d'au plus cinquante-deux (52) semaines continues.

22.18 Le congé parental peut débuter au plus tôt le jour de la naissance du nouveau-né ou, dans le cas d'une adoption, le jour où l'enfant est confié à la salariée dans le cadre d'une procédure d'adoption ou le jour où la salariée quitte son travail afin de se rendre a l'extérieur du Québec pour que l'enfant lui soit confié. Il se termine au plus tard un an après la fin du congé de maternité ou d'adoption.

22.19 Le congé parental peut être pris après un avis d'au moins trois (3) semaines a l'employeur indiquant la date du début du congé et celle du retour au travail, sauf dans les cas et aux conditions prévues par règlement du gouvernement.

22.20 À la fin d'un congé parental, l'employeur doit réintégrer la salariée dans son poste habituel, avec les mêmes avantages, y compris le salaire, auxquels elle aurait eu droit si elle était restée au travail. Si le poste habituel de la salariée n'existe plus à son retour, la salariée bénéficie des droits et privilèges dont elle aurait bénéficié si elle avait alors été au travail.

22.21 Durant le congé parental, la salariée paie la totalité des primes d'assurances collectives et fonds de pension (c'est-à-dire la part habituelle de l'employeur et la sienne).

[...]

22.24 Durant le congé parental, seule l'ancienneté s'accumule. [...]

(Convention collective entre Les Caisses populaires du Saguenay-Lac St-Jean et Syndicat des salariés(es) des Caisses populaires du Saguenay-Lac St-Jean [C.S.N.], 1998-2003.)

Le principal avantage accordé dans cette convention collective, c'est le paiement du salaire à 95 % pendant les 17 semaines du congé prévu par la *Loi sur l'assurance-emploi*[13]. L'employeur défraie entièrement les deux premières semaines

---

13. Ce montant de 95 % du salaire s'explique par le fait qu'on a voulu tenir compte du fait que la salariée, en pareille situation, bénéficie d'une exonération des cotisations à la Régie des rentes du Québec et à l'assurance-emploi, ce qui équivaut à environ 5 % de son salaire.

(semaines de carence). Il comble aussi la diffé-rence entre le 55 % de l'assurance-emploi et le 95 % du salaire de la salariée, ce qui correspond à une indemnité équivalant à 40 % du salaire de la salariée. À ces 17 semaines peuvent s'ajouter 10 semaines sans solde si la salariée le désire. La convention énonce aussi que les nouveaux pa-rents ont également droit à 52 semaines de congé sans solde et que le père a droit à cinq jours de congé, dont deux payés, lors de la nais-sance ou de l'adoption d'un enfant, ce qui est équivalent à ce qui est prévu à la *Loi sur les nor-mes du travail*.

14.5.3 Autres mesures de conciliation travail-famille

Outre le congé de maternité et le congé parental, les conventions collectives contiennent certaines autres dispositions qui visent l'harmonisation des responsabilités professionnelles et familiales (Développement des ressources humaines Canada, 2000), mais elles ne sont pas très nom-breuses (Conseil consultatif du travail et de la main-d'œuvre, 2001). Diverses considérations relatives à l'aménagement du temps de travail peuvent être examinées sous cet angle : droit de refuser d'effectuer des heures supplémentaires et compensation des heures supplémentaires sous forme de congés compensatoires, horaires flexi-bles, travail à temps partiel, télétravail, etc. (voir le chapitre 12). Le soutien pour la garde ou les soins de personnes à charge, les assurances collectives familiales et les programmes d'aide aux em-ployés sont quelques exemples d'autres mesures. Certaines conventions collectives comprennent des dispositions relatives à un service de garde-rie ; dans quelques cas, on y traite de la contribu-tion de l'employeur à un fonds d'aide à la garde d'enfants dont les parents pourront bénéficier et dans d'autres, de l'établissement d'une garderie en milieu de travail, (Boudreault, Charbonneau et Préseault, 2000). Même si la garderie en mi-lieu de travail vient immédiatement à l'esprit comme la solution aux problèmes des parents, elle ne constitue qu'une des options à la disposi-tion des parties (Barbeau 2001 ; Développement des ressources humaines Canada, 2001). Comme

le montre l'exemple suivant, l'examen de ces options et des besoins des employés demeure souvent le point de départ d'une démarche patronale-syndicale pour instaurer des mesures de conciliation travail-famille.

Annexe M   Garderie en milieu de travail

Lettre d'entente

Les parties conviennent de créer un comité paritaire dont le mandat consistera à analyser les besoins du personnel en matière de garde d'enfants, à évaluer la pertinence d'établir un système de garderie en milieu de travail au SPCUM ou à recourir à d'autres alternatives. Les conclusions et recommandations seront soumises aux parties afin d'y donner suite s'il y a lieu.

(Convention collective entre Communauté urbaine de Montréal et Fraternité des policiers et policières de la Communauté urbaine de Montréal Inc., 1999-2003.)

La clause suivante permet au salarié de s'ab-senter ponctuellement pour l'exercice des res-ponsabilités familiales. Elle prévoit également un congé pour des problèmes nécessitant une absence prolongée.

Chapitre 9-0.00   Régimes collectifs

[...]

9-37.00   Droits parentaux

[...]

Congés pour responsabilités parentales

9-37.35 Un congé partiel sans traitement d'une durée maximale d'un (1) an est accordé à l'employé(e) dont un enfant mineur a des difficultés de développement socio-affectif ou dont un enfant mineur est handicapé ou ma-lade et nécessite la présence de l'employé(e) concerné(e).

Sans restreindre la portée de l'article 8-36.04 et sous réserve des autres dispositions de la pré-sente convention collective, l'employé(e) peut s'absenter de son travail jusqu'à concurrence de six (6) jours par année civile lorsque sa pré-sence est expressément requise auprès de son enfant ou de l'enfant de son conjoint pour des raisons de santé, de sécurité ou d'éducation.

Les journées ou demi-journées ainsi utilisées sont déduites de la banque annuelle de congés de maladie de l'employé(e) et, à défaut, ces absences sont sans traitement. Le sous-ministre peut cependant autoriser les absences en heures lorsque l'employée peut réintégrer ses attributions sans coût additionnel pour l'employeur.

Dans tous les cas, l'employé(e) doit fournir la preuve justifiant une telle absence.

(Convention collective entre Gouvernement du Québec et Syndicat de la fonction publique du Québec, 1998-2002.)

14.6   Avantages divers

Nous avons réuni ici trois avantages sociaux qu'il est important de connaître. Nous présenterons successivement : la rémunération compensatoire, les prestations supplémentaires d'assurance-chômage et les prestations supplémentaires d'assurance-accident de travail.

14.6.1   Rémunération compensatoire

La rémunération compensatoire est constituée des indemnités versées au salarié afin de le dédommager de différents inconvénients occasionnés par son travail. Selon qu'on se place du point de vue de l'employeur ou de l'employé, cet élément de rémunération peut être considéré comme un avantage pécuniaire ou un dédommagement obligé qui va de soi (Delorme, 1978). Le mode d'indemnisation varie généralement selon l'objet de celle-ci et la convention collective.

Comme on l'a vu au chapitre 12 sur les heures de travail, le moment où le salarié travaille peut entraîner le versement de certaines primes : heures supplémentaires, quart de travail (soir ou nuit), fin de semaine (travail le samedi ou le dimanche) ou heures brisées. L'indemnité peut prendre diverses formes. Il s'agit parfois d'une prime calculée en cents de l'heure, comme dans le cas des primes de quart, en pourcentage du salaire ou encore en multiple du salaire, comme pour les primes d'heures supplémentaires et les primes de fin de semaine. Dans le cas des heures supplémentaires, l'indemnisation est remise sous

forme d'une prime ou d'une remise d'heures de congés ou sous les deux formes, selon ce que prévoit la convention collective. Le travail en heures supplémentaires peut aussi entraîner, outre le paiement d'une prime pour le temps travaillé, le versement d'une allocation de repas, qui consiste généralement en un montant forfaitaire.

L'indemnité de rappel au travail est une forme de compensation répandue dans les conventions. Cette indemnité est payée à un salarié qui doit revenir au travail en dehors de ses heures normales à la demande de son employeur. Quant à la prime de présence, elle dédommage l'employé qui, s'étant présenté au travail selon son horaire, n'est affecté à aucune tâche et doit rentrer chez lui. La *Loi sur les normes du travail* (art. 58) prévoit dans ce cas le paiement d'une indemnité égale à trois heures de salaire payées, mais les conventions collectives peuvent prévoir des indemnités plus généreuses. Dans ces deux cas, l'indemnité est généralement exprimée dans les conventions collectives en nombre d'heures minimales à payer au salarié. Mentionnons enfin parmi les primes compensatoires concernant le temps de travail, la prime de disponibilité que reçoit un salarié qui, tout en ne demeurant pas sur les lieux de travail, doit rester à la disposition de l'employeur au cas où ce dernier aurait besoin de lui.

Les primes ne concernent pas que le temps de travail. Une indemnité peut être versée dans les circonstances suivantes : travail dangereux, travail salissant, travail en hauteur, interim (ou remplacement), travail en région éloignée, mauvais temps, chef d'équipe, etc. Les salariés sont parfois dédommagés sous forme de primes ou d'allocations forfaitaires pour l'achat d'outils, de vêtements ou d'équipements de sécurité nécessaires à leur travail. La rémunération compensatoire comprend aussi certaines mesures de remboursement (total ou partiel) des dépenses effectivement engagées, par exemple, lors de déplacement (transport, hébergement, repas, etc.).

La rémunération compensatoire constitue-t-elle un avantage ou un dédommagement ? En réalité, tout dépend du point de vue. Pour l'employeur, ces indemnités constituent des coûts qui s'ajoutent à ceux des salaires et des avantages sociaux divers; elles constituent bel et bien un bénéfice supplémentaire octroyé aux employés. Pour ces derniers, toutefois, ces indemnités servent à compenser certains inconvénients ou désagréments survenant dans l'exercice de leurs fonctions, et, de ce fait, ne peuvent être considérées comme un élément de rémunération. Cette divergence n'empêche toutefois pas les parties de s'entendre en fait sur toutes sortes de formules de rémunération compensatoire.

14.6.2 Prestations supplémentaires d'assurance-chômage

En plus des indemnités que le régime public d'assurance-emploi verse aux employés mis en chômage, certaines conventions collectives accordent des prestations supplémentaires d'assurance-chômage (P.S.A.C.). Ces prestations supplémentaires ont une longue histoire. Elles remontent aux années 1950, alors qu'aux États-Unis les Travailleurs unis de l'automobile réclament un salaire annuel garanti et qu'ils obtiennent plutôt un régime supplémentaire d'assurance-chômage (*Supplemental Unemployment Benefits,* SUB) (Hébert, 1992 : 540).

Tous les employés et tous les employeurs sans exception doivent contribuer au régime public d'assurance-emploi. En 2002, les employés paient une cotisation égale à 2,20 $ par tranche de 100 $ de gains assurables, alors que la part des employeurs correspond à 3,08 $. Il y a cependant un maximum aux gains sur lesquels on doit cotiser : ce maximum s'élevait à 39 000 $ par an en 2002. Pour pouvoir réclamer des prestations la première fois, un employé doit avoir travaillé et cotisé entre 420 et 700 heures de travail (le nombre exact est déterminé en fonction du taux de chômage dans sa région) au cours des 52 semaines précédant sa demande (année de référence). Les prestations représentent 55 % de la moyenne du salaire assurable au cours des 26 dernières semaines, donc un maximum hebdomadaire de 413 $ en 2002. De plus, la loi prévoit un délai de carence de deux semaines entre le moment où l'employé chômeur dépose sa demande et celui où il commence à toucher des presta-

tions. La personne reçoit ensuite des prestations durant une période variant entre 14 et 45 semaines. Le nombre de semaines est calculé à partir de deux critères : le taux de chômage dans sa région et le temps où elle a travaillé et cotisé au cours de l'année de référence.

Un régime de prestations supplémentaires d'assurance-chômage a pour but de compléter les prestations versées par le régime public comme dans les congés de maternité. Quand il est disponible, ce type de régime compense le manque à gagner de l'employé en cause pendant les deux semaines du délai de carence. Par la suite, il accorde à l'employé une prestation supplémentaire équivalant au plus à 45 % du salaire et qui s'ajoute à la prime de 55 % versée par le régime public. De tels compléments supposent des ententes explicites avec Développement des ressources humaines Canada, qui administre le régime d'assurance-emploi.

Selon les dernières données disponibles à ce sujet (Centre de recherche et de statistiques sur le marché du travail, 1994), seulement 4 % des conventions québécoises contiennent des régimes de P.S.A.C. et ces conventions ne visent que 6 % des salariés régis par convention. Quand le régime des P.S.A.C. existe, il est généralement pris en charge par l'employeur seul. Un taux de chômage élevé correspondant habituellement à un ralentissement économique, il est préférable que les P.S.A.C. proviennent d'un fonds spécial et non directement de l'employeur, puisque celui-ci risque de connaître des difficultés financières quand des réclamations de cette nature seront faites. Le taux de contribution de l'employeur à la caisse, exprimé en cents par heure travaillée, est généralement déterminé dans la convention collective. Notons que plusieurs conventions collectives regroupent les P.S.A.C. avec les assurances collectives (Hébert, 1992).

14.6.3 Prestations supplémentaires d'assurance-accident de travail

Les accidents du travail et les maladies professionnelles représentent un risque contre lequel la main-d'œuvre québécoise est assurée en vertu d'un régime public d'indemnisation et de réparation. Comme pour l'assurance-emploi, certaines dispositions des conventions collectives offrent une couverture supérieure à celle du régime public par l'intermédiaire des prestations supplémentaires d'assurance-accident de travail.

En vertu de la *Loi sur les accidents de travail et les maladies professionnelles*[14], la Commission de la santé et de la sécurité au travail (C.S.S.T.) administre une série de régimes. Le plus important de ces régimes assure le remplacement du revenu du travailleur victime d'une lésion professionnelle. Il est prévu que, le jour de l'accident, le travailleur doit recevoir son salaire habituel pour toutes les heures où il aurait normalement travaillé. Après cette journée et durant les 14 jours suivants, l'indemnité est versée par l'employeur. Elle correspond à 90 % du salaire net[15] du travailleur pour chaque jour ou partie de jour où il aurait travaillé s'il n'avait pas été accidenté. Si l'absence se prolonge au-delà de 14 jours, la C.S.S.T. paie directement au travailleur une indemnité qui correspond à 90 % de son revenu net retenu[16]. Pour 2002, le salaire assurable maximum se situe à 52 500 $.

Le financement de l'ensemble du régime d'indemnisation et de réparation repose entièrement sur les cotisations des employeurs. Comme pour une assurance privée, le niveau de cotisations est fonction du niveau de risque d'accidents de travail – variable selon le secteur d'activité économique – et de l'expérience passée de l'entreprise en matière de prestations. En 2002, le taux moyen de cotisations s'établit à 1,85 $ par 10 $ de masse salariale assurable.

Parmi les autres régimes administrés par la C.S.S.T., on compte le régime pour dommages corporels, destiné à dédommager un travailleur qui a subi une lésion permanente, le régime de remboursement de frais médicaux (assistance médicale et réadaptation) ainsi que différents régimes d'indemnités de décès et de rente aux survivants.

Le but d'un régime de prestations supplémentaires est de compléter la prestation versée par le régime public à l'instar de ce qui se fait en matière de congé de maternité et d'assurance-emploi (voir les sections précédentes). À notre connaissance, il n'existe pas de données sur la fréquence de ce genre de dispositions dans les conventions collectives québécoises. Dans l'exemple qui suit, la prestation supplémentaire correspond à la différence entre la prestation de la C.S.S.T. et le salaire hebdomadaire net tel que défini par la convention collective.

Article 37   Hygiène, santé et sécurité

[...]

37.09 L'Employeur comble, s'il y a lieu, la différence entre le salaire hebdomadaire net d'une personne salariée incapable de travailler à la suite d'un accident de travail ou d'une maladie contractée par le fait ou à l'occasion du travail [...] et l'indemnité hebdomadaire qui lui est versée par la Commission de la santé et de la sécurité du travail pendant une période d'au plus 52 semaines. [...]

(Convention collective entre Université Laval et Syndicat des employés et employées de l'Université Laval [S.C.F.P. 2500], 1999-2002.)

14.7 Questions particulières

Les avantages sociaux soulèvent deux questions particulières. La première concerne les régimes dits flexibles, et l'autre la notion de conjoint.

14.7.1 Régimes d'avantages sociaux flexibles

Afin de diminuer les coûts élevés des programmes d'avantages sociaux, on tente de rendre flexible le programme général offert aux employés. Certains parlent aussi d'une approche personnalisée

---

14. L.R.Q., c. A-3.001 [ci-après citée : L.a.t.m.p.].
15. Le salaire net correspond au salaire brut moins les retenues d'impôts fédéral et provincial ainsi que celles de la Régie des rentes et de l'assurance-emploi.
16. Le revenu net retenu correspond au revenu brut auquel on applique les mêmes retenues que pour le calcul du salaire, mais en considérant la situation familiale aux fins des lois de l'impôt.

ou individualisée, de formule cafétéria libre-service pour qualifier de tels régimes. Ainsi, en vertu de ce mécanisme, les employés peuvent choisir entre divers types, modules ou plans d'avantages sociaux contrairement à la situation où on offre le même régime à tous les employés (Thériault et St-Onge, 2000). Il existe différents types de régimes flexibles («base plus options», modulaire, etc.), mais le but visé reste le même : permettre à l'employé de choisir les avantages convenant à ses besoins. L'employé est libre de répartir le montant alloué par l'employeur entre divers régimes et, parfois, de contribuer lui-même pour étendre sa protection au-delà de ce que permet l'allocation de l'employeur.

Même s'il n'est pas certain que ces régimes diminuent le coût des avantages sociaux, ils demeurent plus intéressants pour l'employé qu'un programme uniforme. D'ailleurs, la plupart des régimes actuels sont déjà flexibles et permettent aux employés qui le désirent d'accroître leur protection par le biais de régimes optionnels. Toutefois, une trop grande flexibilité entraîne plusieurs inconvénients. La gestion des régimes d'avantages sociaux peut devenir passablement compliquée. De plus, il y a un important risque d'augmentation des primes des employés parce qu'ils choisiront les régimes qu'ils utiliseront probablement le plus. Ce faisant, ils rentabiliseront leur investissement à court terme, mais cela conduit à des coûts plus élevés (Thériault et St-Onge, 2000).

14.7.2 Notion de conjoint

On ne peut aborder la question des régimes d'assurances et de retraite privés ou publics sans traiter de la notion de conjoint. En effet, la personne identifiée comme la conjointe peut bénéficier, par exemple, de la couverture d'assurance-médicament, de l'assurance-vie ou de la rente de retraite au décès de la personne salariée. Au cours des décennies, la notion de conjoint pour les fins des assurances s'est considérablement élargie. Tout d'abord limitée à l'épouse ou l'époux,

elle comprend maintenant les personnes de sexe opposé vivant sous le même toit, de même que les conjoints de même sexe. Voici d'ailleurs un exemple typique d'une définition de conjoint que l'on retrouve dans les conventions collectives.

Article 4   Définition des termes

[...]

4.04   Conjoint

La personne qui est mariée légalement à la personne salariée et qui cohabite avec elle de façon permanente ou la personne, de sexe différent ou de même sexe, qui vit maritalement avec la personne salariée et qui est publiquement présentée comme son conjoint ou sa conjointe depuis au moins un an, dans le cas où la personne n'est pas mariée.

(Convention collectives entre Université Laval et Syndicat des employés et employées de l'Université Laval [S.C.F.P. 2500], 1999-2002.)

Une loi omnibus (loi 32) adoptée à Québec en 1999 amende plusieurs lois et divers règlements afin de reconnaître légalement les conjoints de même sexe et de leur accorder des droits et privilèges identiques à ceux des conjoints de sexe opposé. Par exemple, le congé de deuil prévu en vertu de la *Loi sur les normes du travail* doit être accordé aux conjoints de même sexe ainsi que la rente de conjoint survivant prévue par le Régime des rentes du Québec. La *Loi sur l'assurance-médicaments* prévoit aussi explicitement qu'un régime collectif d'assurance privé couvrant les conjoints doit aussi couvrir les conjoints de même sexe.

Plusieurs conventions collectives – notamment celles des employés du gouvernement – et régimes d'assurances ont cependant été modifiés bien avant pour reconnaître le droit des couples homosexuels aux mêmes avantages sociaux que les couples hétérosexuels. L'élargissement de la notion de conjoint dans la convention collective est la façon la plus directe de s'assurer que les conjoints de même sexe sont admissibles aux divers avantages sociaux établis par la convention (Sedmak, 2001).

14.8 Conclusion

Le complément de rémunération que représentent les avantages sociaux tant privés que publics est important et apprécié par les employés bien au-delà de sa valeur pécuniaire. Il assure une véritable protection contre divers aléas de la vie professionnelle, personnelle ou familiale. Des aléas aussi graves qu'un décès prématuré, une maladie grave ou un licenciement, s'ils n'étaient pas compensés par des mesures sociales appropriées, représenteraient des épreuves beaucoup plus difficiles à surmonter pour la plupart des salariés et leurs proches. Les différents avantages sociaux viennent à leur rescousse au moment opportun.

Les avantages sociaux privés apportent un complément appréciable à la sécurité sociale publique. Outre le fait que cette sécurité est relativement récente, les montants qu'elle garantit aux personnes malades ou retraitées demeurent limités. Les suppléments accordés par les régimes privés constituent un apport très important pour ceux qui en bénéficient.

Les modifications apportées aux régimes publics ne manquent pas de se répercuter sur les avantages sociaux offerts dans les conventions collectives. Ces avantages varient toutefois au gré des améliorations de la sécurité sociale publique ou de ses reculs. Des régimes publics généreux permettent aussi aux régimes privés d'accroître dans les conventions collectives la protection des salariés contre les aléas de toutes sortes. Ainsi, le régime public québécois couvrant tous les services médicaux essentiels, les régimes privés complémentaires peuvent assurer d'autres types de services médicaux ou paramédicaux, d'où une protection supérieure des salariés. Toutefois, il est loin d'être évident que les conventions collectives puissent compenser pleinement les replis des régimes publics. Par exemple, les reculs enregistrés au chapitre de l'assurance-emploi au cours des dernières années ne se sont pas traduits par une hausse des régimes de prestations supplémentaires d'assurance-chômage. La négociation collective demeure néanmoins la meilleure garantie d'accès à un minimum d'avantages sociaux complémentaires.

Il reste que les avantages sociaux, publics ou privés, comportent des coûts significatifs pour les organisations: ils représentent de 30 % à 40 % des coûts salariaux et s'ajoutent à ceux-ci. On ne manquera jamais de souligner cet état de fait dans toute discussion touchant les coûts de main-d'œuvre et le niveau de compétitivité des organisations privées ou publiques. Il demeure que les avantages sociaux, publics ou privés, tiennent davantage d'une préoccupation de solidarité sociale que d'une préoccupation d'efficience économique pure.

références bibliographiques

BARBEAU, C. (2001). «Les garderies en milieu de travail au Canada – 2001», *Gazette du travail,* vol. 4, n° 2, p. 59-67.

BELLEMARE, R. et D. SAVOIE (2000). *Caisses de retraites: un levier de l'action syndicale,* Montréal, Fédération des travailleurs et travailleuses du Québec.

BOUDREAULT, N., A. CHARBONNEAU, M.N. DOMPIERRE et M. PRÉSEAULT (2000). «Congés de maternité, d'adoption et parental prolongé dans les grandes conventions collectives au Canada en janvier 1998», *Gazette du travail,* vol. 3, n° 3, p. 46-64.

BOUDREAULT, N., A. CHARBONNEAU et M. PRÉSEAULT (2000). «Dispostions sur les services de garderie dans les grandes conventions collectives au Canada, en juin 1988 et janvier 1998», *Gazette du travail,* vol. 3, n° 4, p. 185-187.

BOUDREAULT, N. et T. PLANTE (2001). «La conciliation travail et famille: une comparaison internationale», *Gazette du travail,* vol. 4, n° 1, p. 37-42.

CENTRE DE RECHERCHE ET DE STATISTIQUES SUR LE MARCHÉ DU TRAVAIL (C.R.S.M.T.) (1994). *Conditions de travail contenues dans les conventions collectives 1992,* Québec, C.R.S.M.T., coll. «Études et recherches».

CENTRE SYNDICAL-PATRONAL DU CANADA (C.S.P.C.) (2001). *Where Did All the Workers Go? The Challenges of the Aging Workforce,* Ottawa, avril.

CONFÉDÉRATION DES SYNDICATS NATIONAUX (C.S.N.) (2001). *La retraite progressive... Alternative ou utopie?,* Montréal, mai.

CONSEIL CONSULTATIF DU TRAVAIL ET DE LA MAIN-D'ŒUVRE (C.C.T.M.) (2001). *Concilier travail et famille: un défi pour les milieux de travail,* Montréal, novembre.

CONSEIL CONSULTATIF DU TRAVAIL ET DE LA MAIN-D'ŒUVRE (C.C.T.M.) (2002). *Adapter les milieux de travail au vieillissement de la main-d'œuvre: stratégie du Conseil consultatif du travail et de la main-d'œuvre,* Montréal, avril.

DELORME, F. (1978). «Est-il possible de mesurer la rémunération globale?», *Travail Québec,* vol. 14, n° 1, p. 7-15.

DÉVELOPPEMENT DES RESSOURCES HUMAINES CANADA (D.R.H.C.) (2000). *Les dispositions favorisant la conciliation travail-famille dans les conventions collectives au Canada,* Ottawa.

DÉVELOPPEMENT DES RESSOURCES HUMAINES CANADA (D.R.H.C.) (2001). *Les garderies en milieu de travail au Canada – 2001,* Ottawa.

DION, G. (1986). *Dictionnaire canadien des relations du travail,* 2ᵉ éd., Sainte-Foy, Presses de l'Université Laval.

FRIEDMAN, S. et D.C. JACOBS (dir.) (2001). «The Future of the Safety Net: Social Insurance and Employee Benefits», Champaign (Ill.), Industrial Relations Research Association Series.

HÉBERT, G. (1992). *Traité de négociation collective,* Boucherville, Gaëtan Morin Éditeur.

KIERAN, P. (2001). «Retraite anticipée: tendances», *L'emploi et le revenu en perspective,* Statistique Canada, vol. 13, n° 4, p. 7-15.

LIPSET, B. et M. REESOR (1997). *Régimes de pension d'employeur: qui en bénéficie?,* Ottawa, Direction générale de la recherche appliquée, Développement des ressources humaines Canada, décembre.

PICHÉ, C. (1995). «Les taxes sur la masse salariale», *La Presse,* Montréal, 25 mai, p. E-3.

PLANTE, T. et N. BOUDREAU (1999). «Régimes de retraite – âge et années de service dans les grandes conventions collectives par secteur d'activité au Canada, en janvier 1988 et 1998», *Gazette du travail,* vol. 2, n° 4, p. 43-45.

RÉGIE DES RENTES DU QUÉBEC (R.R.Q.) (1998). *Les régimes complémentaires de retraite au Québec – statistiques 1995,* Québec.

RÉGIE DES RENTES DU QUÉBEC (R.R.Q.) (2000). *Les nouvelles dispositions législatives sur les régimes complémentaires de retraite. Document d'information questions-réponses,* version révisée le 20 décembre 2000, Québec.

RENAUD, S., P. DURAND et M. ELKEURTI (2000). «Les effets de la loi sur l'assurance-médicaments sur la gestion des régimes d'assurance collective des employeurs du Québec: une étude exploratoire», *Gazette du travail,* vol. 3, n° 1, p. 96-109.

ROCHON, C.P. (2001). «Conventions collectives et dispositions favorables à la famille», *Gazette du travail,* vol. 4, n° 1, p. 84-91.

SEDMAK, N.J. (2001). «Benefits for Same-Sex Partners», dans S. Friedman et D.C. Jacobs (dir.), *The Future of the Safety Net: Social Insurance and Employee Benefits,* Industrial Relations Research Association Series, p. 239-259.

SSQ VIE (2002). *Bulletin sur les lois sociales,* Sainte-Foy (publication annuelle).

STATISTIQUE CANADA (2002). «La retraite». *L'emploi et le revenu en perspective,* vol. 3, n° 5, fiche complémentaire, Ottawa.

SUNTER, D. (2001). «Démographie et marché du travail», *L'emploi et le revenu en perspective,* Statistique Canada, vol. 2, n° 2, p. 30-43.

THÉRIAULT, R. et S. ST-ONGE (2000). *Gestion de la rémunération: théorie et pratique,* Boucherville, Gaëtan Morin Éditeur.

Chapitre 15

Santé et sécurité au travail*

Plan

15.1 Historique et cadre conceptuel

15.2 Cadre juridique

15.3 Clauses de conventions collectives relatives à la santé-sécurité au travail

15.4 Conclusion

* Ce chapitre a été rédigé par Marcel Simard, professeur à l'École de relations industrielles de l'Université de Montréal.

« Il n'est pas normal de perdre sa vie à la gagner. » Voilà sans doute une expression populaire qui résume bien la conception normative moderne concernant la problématique des blessures et atteintes à la santé survenant au travail. De fait, cette problématique est encore bien réelle aujourd'hui. Au Québec, par exemple, au cours de l'année 2000, 143 517 nouveaux dossiers de lésions professionnelles nécessitant une indemnisation ont été acceptés par la Commission de la santé et de la sécurité du travail (C.S.S.T.), l'organisme chargé d'administrer le régime d'assurance applicable aux cas d'accidents et de maladies reliés au travail (Commission de la santé et de la sécurité du travail, 2000). En supposant que chaque dossier se rapporte à un travailleur différent, ce qui n'est pas tout à fait le cas, cela signifie qu'environ 5 % de la main-d'œuvre a été victime d'une lésion professionnelle durant cette année. Il s'agit d'une proportion tout de même assez considérable, bien qu'elle ait nettement diminué depuis la fin des années 1980. En effet, à cette époque, près de 10 % de la main-d'œuvre était, chaque année, victime d'une lésion professionnelle indemnisable (Simard, 1994). Malgré cette amélioration, il reste que ces quelques données montrent que la question des blessures et des atteintes à la santé reliées au travail demeure encore d'une grande actualité.

Dans ce chapitre, nous situerons d'abord cet enjeu de la santé et de la sécurité au travail dans sa perspective historique, ce qui nous permettra, du même coup, d'introduire plusieurs concepts et définitions utiles pour la suite de notre étude. Ensuite, nous exposerons le cadre juridique mis en place par les gouvernements québécois et canadien pour réguler cet enjeu délicat de la santé et la sécurité du travail. Enfin, nous examinerons les divers moyens que se sont donnés employeurs et travailleurs dans leurs conventions collectives pour lutter contre ce fléau.

15.1 Historique et cadre conceptuel

Bien qu'on ne puisse démontrer statistiquement cette affirmation – et on comprend pourquoi –, il ne fait aucun doute que les accidents du travail et les maladies professionnelles existent depuis que l'être humain travaille pour assurer sa subsistance. En revanche, ce n'est que très récemment que l'on a pris conscience de ce problème, et surtout de la dimension collective qu'exige la mise en œuvre des solutions. Ce constat est à la source d'un intéressant paradoxe que Quinot (1979) résume ainsi :

> L'absence quasi totale de protection des travailleurs au cours de l'histoire est d'autant plus étonnante que la recherche de sécurité est à l'origine même du travail. L'activité de l'homme s'est en effet développée pour *assurer* la survie de la communauté. Il s'est agi d'abord de faire reculer les limites de la vie humaine en protégeant le groupe dans son ensemble. Que ce même travail salvateur engendre, en contradiction avec son objectif premier, l'insécurité de l'individu qui l'exécute peut sembler *paradoxal*. [...]

En fait, ce paradoxe dans le rapport entre le travail et la santé prévaut jusqu'au XIXe siècle. Ainsi, le père bien connu de la médecine du travail, le médecin Theophrastus Bombastus von Hohenheim, aussi connu sous le nom de Paracelse (1493-1541), auteur de la première étude scientifique sur les maladies professionnelles des mineurs (pneumoconioses, intoxications aiguës ou chroniques par les métaux) sera pourchassé par les pouvoirs religieux et civils jusqu'à sa mort pour ses idées, trop révolutionnaires pour l'époque. En effet, selon ce médecin suisse, les maladies ne sont pas une punition divine, mais résultent de causes identifiables. Toutefois, l'auteur n'applique pas ce principe aux accidents, pourtant très nombreux chez les mineurs. Pour lui, les accidents sont dus aux caprices des démons souterrains (Valentin, 1978).

À l'inverse, la révolution industrielle que connaît l'Angleterre au milieu du XVIIIe siècle et au XIXe siècle crée les conditions d'une prise de conscience et d'une action collective à l'égard des accidents du travail, en tout premier lieu d'ailleurs dans le secteur minier. Parmi les conditions plus favorables à l'émergence des préoccupations touchant la santé et la sécurité des travailleurs, la plus importante est sans doute l'instauration d'une nouvelle organisation sociale des rapports de travail. On assiste en effet à la mise en place d'une organisation *manufacturière* du travail. Cette organisation, caractérisée par la séparation du capital et du travail et par la subordination de ce dernier au premier, va se généraliser progressivement à la majeure partie du monde du travail au cours de la révolution industrielle (Mantoux, 1959; Marglin, 1973). D'une part, en effet, les *manufactures*, qui réunissent une multitude de travailleurs, sont aussi le théâtre d'un très grand nombre d'accidents du travail qui attirent l'attention des acteurs en émergence du monde du travail. D'autre part, ces manufactures où le détenteur du capital exerce son autorité sur une vaste gamme de conditions de travail représentent le lieu privilégié où le propriétaire peut exercer l'incessant effort de rationalisation du travail que lui dicte son intérêt économique de valorisation de son capital.

Dans cette logique capitaliste de la recherche de l'efficacité, les accidents du travail ne peuvent constituer, à terme, qu'une perte économique irrationnelle qu'il faut tenter de réduire par une action moins coûteuse que les bénéfices anticipés. Voilà pourquoi les premiers efforts soutenus et organisés de prévention des accidents du travail dans l'Angleterre industrielle de la première moitié du XIXe siècle sont dus aux initiatives personnelles des propriétaires de mines de charbon. Loin d'être philanthropes, ces propriétaires se comportent comme des capitalistes soucieux d'optimiser le développement économique de leurs installations. C'est ainsi que, dès le début du XIXe siècle, les propriétaires des plus importantes mines de charbon du nord-est de l'Angleterre créent la Society for the Preventing of Accidents in the Coal Mines afin de s'attaquer au problème des explosions de gaz. En effet, ces explosions entraînent chaque année la mort de centaines de mineurs qualifiés et causent des pertes économiques considérables (Dwyer, 1992). Puis, sous la pression de ces industriels progressistes incapables de convaincre les plus petits propriétaires miniers d'adopter la seule solution efficace, en l'occurrence la ventilation des gale-

ries, l'État commence à intervenir dans le domaine de la sécurité du travail. Il adopte alors des lois et des règlements qui forcent toute l'industrie minière à ventiler les galeries des mines, et ce afin de ne pas affecter le jeu de la concurrence au sein de l'industrie minière (Bartrip et Burman, 1983). De leur côté, les travailleurs prennent progressivement conscience de leur intérêt à défendre leur santé et leur sécurité au travail. En effet, dans le contexte de cette nouvelle organisation des rapports sociaux et des techniques de travail, le seul capital qui reste au travailleur est sa force de travail. Or, un accident malheureux ou une maladie reliée au travail peut la diminuer gravement, voire l'anéantir. Aussi ne faut-il pas se surprendre si, très tôt dans l'histoire du syndicalisme en Angleterre, les organisations ouvrières, et en particulier la National Miners' Association, font de l'adoption de lois sur la sécurité du travail une de leurs grandes priorités politiques de la seconde moitié du XIXe siècle (Pelling, 1963).

Ce bref rappel historique montre que la santé et la sécurité du travail, en tant qu'objet de l'action collective, n'a rien de spontané. Bien au contraire, il s'agit plutôt d'un produit ou d'un construit social, car la santé-sécurité du travail émerge et prend forme dans un certain type de société, en l'occurrence la société industrielle, caractérisée par un type particulier de relations sociales du travail. Progressivement, en effet, la question du rapport entre le travail et la santé des travailleurs devient un enjeu de ces relations. Il se construit alors tout un domaine de pratiques sociales nouvelles mobilisant l'employeur et le travailleur, ainsi que l'État et ses agents, par exemple les inspecteurs chargés de faire appliquer la réglementation. À leur tour, ces pratiques sociales stimulent l'apparition d'un champ de connaissances scientifiques appliquées à la santé et à la sécurité du travail. C'est dans ce champ de connaissances que l'on trouve la définition d'un certain nombre de concepts et de notions permettant à la fois de mieux saisir les termes de la problématique et de ses solutions possibles.

Ainsi, dans cette problématique, il est possible de décomposer le rapport potentiellement nocif entre le travail et la santé en une série d'éléments qu'on peut résumer comme suit. Le travail comporte des dangers qui constituent, pour ceux qui y sont exposés, des risques d'accidents ou de maladies susceptibles de provoquer des lésions professionnelles. Définissons chacun de ces termes de la relation travail-santé. Par *lésion professionnelle*, on désigne une blessure ou une atteinte à la santé d'un travailleur causée par un accident du travail ou une maladie reliée au travail. Ce terme générique désigne donc à la fois un résultat observable par des techniques de diagnostic médical et une relation causale entre l'accident survenu ou la maladie et ce résultat. La très grande majorité des lésions professionnelles sont attribuables à des accidents du travail. Ainsi, au Québec, durant l'année 2000, 96,5 % des lésions professionnelles acceptées par la C.S.S.T. ont été des cas d'accidents du travail. Mais qu'est-ce qu'un *accident du travail*? Il s'agit d'un événement imprévu et soudain, survenant à une personne à l'occasion ou par le fait de son travail, et qui a pour effet de la blesser, donc d'entraîner chez elle une lésion professionnelle. Quant au terme de *maladie professionnelle*, il désigne une détérioration notable de la santé d'une personne causée par son travail. Mais qu'est-ce qui, dans le travail, est ainsi susceptible d'affecter la santé d'une personne ou de la blesser accidentellement? Ce sont les dangers ou, comme diraient certains, les risques du travail. Les deux termes, danger et risque, sont d'ailleurs souvent utilisés comme des équivalents, bien qu'ils ne le soient pas réellement. En effet, le terme *danger* désigne tout aspect de la situation objective de travail susceptible d'agresser la santé ou la sécurité humaine. Quant au *risque*, il indique plutôt la probabilité qu'un danger affecte effectivement la ou les personnes qui y sont exposées, et la gravité des conséquences qui peuvent en résulter. En somme, la notion de risque permet de mieux circonscrire le danger et, jusqu'à un certain point, de le quantifier. D'ailleurs, diverses formules mathématiques sont utilisées pour l'évaluer et, conséquemment, pour gérer les risques.

Pour faire face à cette problématique du rapport travail-santé, les solutions sont évidemment de nature préventive. La *prévention* constitue l'ensemble des mesures prises en vue d'éviter les maladies et les accidents reliés au travail. Elle consiste à identifier et à analyser les risques afin d'appliquer les mesures destinées à éliminer ou à contrôler les dangers, d'une part, et à protéger les travailleurs, d'autre part. Ainsi définie, la prévention apparaît en fait comme un processus de résolution de problème à deux étapes : l'identification et l'analyse du problème, suivies de l'application des solutions appropriées. Dans les milieux de travail où l'on se préoccupe de la prévention des lésions professionnelles, ce processus est généralement structuré en un *programme de prévention*. Ce programme comprend d'abord des activités d'identification et d'analyse des risques, tels l'enquête et l'analyse d'accidents, l'inspection des lieux de travail, l'analyse de l'aspect sécuritaire des tâches, les tests d'hygiène industrielle servant à déterminer les risques reliés à la santé, etc. Il comprend aussi des mesures d'intervention vis-à-vis des risques. Mentionnons, par exemple, l'entretien préventif des équipements et l'introduction de mesures correctives, l'ajout de dispositifs de sécurité ajoutés aux appareils, l'utilisation d'équipements personnels de protection pour les travailleurs, la formation aux règles et procédures de sécurité, les mesures d'urgence et de prévention des incendies, les premiers secours et soins. En fait, il est possible de classer ces mesures en santé-sécurité en trois catégories.

La première comprend les mesures de prévention primaire parce qu'elles ont toutes pour fonction d'éliminer, de réduire ou de contrôler les dangers à la source même. Généralement, il s'agit de solutions techniques s'appliquant à l'équipement ou à l'environnement de travail. Parmi ces mesures, mentionnons le meilleur entretien des machines, l'installation d'écrans bloquant l'accès à des zones dangereuses, ou encore de dispositifs d'aspiration de contaminants et de ventilation, ainsi que l'aménagement ergonomique des postes de travail, etc. En général, ces solutions sont les plus efficaces sur le plan de la santé-sécurité parce qu'elles réduisent ou même éliminent le danger, mais ce sont aussi les plus coûteuses.

La deuxième catégorie comprend les mesures de prévention secondaire qui ont plutôt comme fonction de protéger les travailleurs des dangers auxquels ils sont exposés. Elles comprennent, par exemple, les équipements de protection individuels, les règles, procédures et méthodes sécuritaires de travail, ainsi que les programmes de formation en santé-sécurité. L'affectation des travailleurs selon leurs caractéristiques de santé compte tenu des exigences physiques des postes de travail est un autre exemple de mesures secondaires de prévention. Comme on le constate, ces solutions sont plus administratives que techniques. Par ailleurs, leur efficacité est souvent réduite si leur mise en pratique par les travailleurs n'est pas supervisée adéquatement.

Enfin, la troisième catégorie est celle des activités de prévention tertiaire, essentiellement destinées à prévenir les complications consécutives à un accident ou à un problème de santé. On classe dans cette catégorie les premiers soins ou les premiers secours qui permettent d'intervenir rapidement en cas de blessures, ainsi que les mesures d'urgence en cas d'incendie, d'explosion, de déversement de contaminants, etc. Ces mesures sont indispensables parce qu'aucun mécanisme de prévention primaire, et encore moins de prévention secondaire, n'offre de protection absolue contre tous les accidents susceptibles de menacer la santé et la sécurité des travailleurs.

15.2 Cadre juridique

Dans tous les pays industrialisés, le rôle actif de l'État vis-à-vis de la protection des travailleurs victimes d'accidents coïncide vraiment avec les premières interventions gouvernementales dans le domaine du travail; il se trouve à l'origine même de l'État-providence moderne (Ewald, 1986).

Au Québec, la première intervention gouvernementale date de 1885, avec l'adoption de l'*Acte*

des Manufactures. Le sous-titre de cette loi est d'ailleurs tout à fait révélateur des préoccupations du législateur quant à la santé et la sécurité du travail: *Acte pour protéger la vie et la santé des personnes – enfants, jeunes filles et femmes surtout – employées dans les manufactures.* Et pour assurer l'application des dispositions de cette loi, le gouvernement instaure en 1888 un premier service d'inspection du travail et nomme ses trois premiers inspecteurs (Pontaut, 1985). Ainsi, dès la fin du XIXe siècle, le gouvernement du Québec, à l'instar de l'Ontario en 1884 et après des initiatives semblables dans la plupart des autres pays occidentaux, établit les modalités de son rôle, à savoir la réglementation et le contrôle par l'inspection, dans un premier volet du dossier santé-sécurité du travail, c'est-à-dire la prévention.

Très rapidement, toutefois, l'État doit intervenir dans un second volet, celui de l'indemnisation des victimes. À cette époque, en effet, un travailleur victime d'un accident du travail doit engager des poursuites et prouver la responsabilité de son employeur devant les tribunaux civils, pour obtenir réparation du préjudice subi. Naturellement, à l'époque, la plupart des victimes d'accident n'osent même pas poursuivre leur employeur, et ceux qui le font obtiennent rarement gain de cause, car il est difficile de prouver la responsabilité patronale (Hébert, 1976). Devant l'injustice croissante faite aux victimes d'accidents, et sous la pression des organisations syndicales, le gouvernement charge en 1907 la Commission Globensky d'étudier le problème. À la suite du rapport de cette commission, il adopte en 1909 la *Loi concernant les responsabilités des accidents dont les ouvriers sont victimes dans leur travail et la réparation des dommages qui en résultent*[1]. Bien que limitée quant aux dommages qu'elle permet de réparer, cette loi est importante, car elle établit le droit à la réparation sur une base juridique distinctive, en l'occurrence celle de la théorie du risque professionnel. Selon cette théorie, le donneur d'ouvrage, donc l'employeur, est responsable des risques du travail

---

1. *Statuts de Québec*, 9 Édouard VI (1909), c. 66.

qu'il fait effectuer. Il a donc également la responsabilité de réparer les dommages qui résultent des accidents du travail de ses employés exposés à ces risques.

Tout au long du XXᵉ siècle, le gouvernement du Québec accroît sa présence dans ces deux domaines. En prévention, il adopte de nouvelles lois et de nombreux règlements. Pour en contrôler l'application, le service initial d'inspection du ministère du Travail augmente progressivement ses effectifs, qui compteront jusqu'à 145 personnes en 1978. À leur tour, d'autres ministères (Richesses naturelles, Environnement) et l'Office de la construction, qui administrent des secteurs spécialisés couverts par des réglementations particulières, créent leurs propres services d'inspection (Gouvernement du Québec, 1978). Dans le domaine de l'indemnisation, de nombreuses mesures contribuent à renforcer l'intervention de l'État. Ainsi, le gouvernement crée en 1928 la Commission des accidents du travail. Instaurée d'abord pour désengorger les tribunaux chargés par la loi de 1909 d'administrer les barèmes d'indemnisation des victimes, cet organisme doit administrer le nouveau régime public d'assurance collective, créé en 1931 par la *Loi sur les accidents du travail*[2]. Tous les employeurs doivent cotiser pour financer l'indemnisation des lésions professionnelles dont ils sont responsables. En parallèle, la notion même de dommages relevant du droit des travailleurs à la réparation s'élargit progressivement. Outre l'indemnisation de la perte salariale pendant l'absence entraînée par la lésion, elle inclut le paiement des soins médicaux des victimes, l'indemnisation des handicaps physiques permanents, puis des séquelles psychologiques, l'indemnité versée au conjoint et aux enfants en cas de décès de la victime, etc.

Évidemment, il a bien fallu rationaliser et réformer ce système d'intervention édifié sur une aussi longue période. Au Québec, c'est à la fin des années 1970 et pendant les années 1980 que l'État procède à cette réforme, emboîtant d'ailleurs le pas à d'autres provinces canadiennes (la Saskatchewan en 1972, et l'Ontario en 1976) et à d'autres pays occidentaux. Le régime de prévention est réformé par l'adoption, en 1979, de la *Loi sur la santé et la sécurité du travail*[3]. De son côté, le régime d'indemnisation ou réparation, établi en 1931 est modifié par l'adoption, en 1985, de la *Loi sur les accidents du travail et les maladies professionnelles*[4]. En vertu d'une décision du comité judiciaire du Conseil privé[5], les régimes provinciaux d'indemnisation des victimes de lésions professionnelles sont applicables aux entreprises fédérales, de sorte que la L.a.t.m.p. s'applique aux employés des installations de compétence fédérale au Québec. Toutefois, les conditions de santé-sécurité du travail établies par la L.s.s.t. ne s'appliquent qu'aux entreprises de compétence provinciale. Les entreprises de compétence fédérale sont régies sur ce plan par la partie II du *Code canadien du travail*[6,7], laquelle a été amendée récemment.

Dans le reste de ce chapitre, nous nous limiterons aux lois dont l'objectif premier est la prévention, donc à l'étude de la *Loi sur la santé et la sécurité du travail* et du *Code canadien du travail*. En effet, ces deux lois et leurs règlements d'application forment un cadre juridique contraignant et très développé qui doit être exposé en détail si l'on veut bien comprendre la nature des clauses

---

2. *Statuts de Québec*, 21 Geo V (1931), c. 100.

3. *Loi sur la santé et la sécurité du travail*, L.R.Q., c. S-2.1 [ci-après citée : L.s.s.t.].

4. *Loi sur les accidents du travail et les maladies professionnelles*, L.R.Q., c. A-3.001 [ci-après citée : L.a.t.m.p.].

5. *Workmen's Compensation Board* c. *Canadian Pacific Railway*, [1920] A.C. 184.

6. Trois décisions de la Cour suprême en 1988 ont établi que les lois provinciales de santé-sécurité du travail n'étaient pas constitutionnellement applicables aux entreprises fédérales. Ces entreprises relèvent exclusivement de la compétence du Parlement fédéral dans ce domaine, dont les normes applicables sont édictées à la Partie II du *Code canadien du travail*. Voir *Alltrans Express Ltd.* c. *Workers Compensation Board of British Columbia et al.*, [1988] 1 R.C.S. 897 ; *Compagnie des chemins de fer nationaux du Canada* c. *Christiane Courtois et la C.S.S.T.*, [1988] 1 R.C.S. 868 ; *CSST et Ginette Bilodeau* c. *Bell Canada*, [1988] 1 R.C.S. 749.

7. L.R.C. (1985), c. 2-2 [ci-après cité : C.c.t.].

conventionnelles que négocient les parties en matière de santé et de sécurité du travail. Ces lois sont contraignantes pour les parties, car elles sont d'ordre public.

15.2.1 Cadre juridique établi par la L.s.s.t.

Avec ses 336 articles, la L.s.s.t. est une loi d'apparence complexe. D'une part, en effet, elle redéfinit le régime de prévention applicable à tous les niveaux : national, sectoriel et local, c'est-à-dire au niveau de l'établissement. D'autre part, elle contient à la fois des dispositions d'application générale, tandis que d'autres ne visent que des secteurs particuliers. En conséquence, l'objectif de cette sous-section n'est pas d'examiner en détail toutes les composantes de cette loi et des règlements d'application qui l'accompagnent. Nous présenterons plutôt l'architecture générale de la loi, tout en mettant l'accent sur les dispositions les plus pertinentes du point de vue de l'analyse que nous ferons plus loin des clauses de conventions collectives relatives à la santé-sécurité du travail.

Cela dit, l'intention première de la L.s.s.t. et l'architecture générale qui en découle sont assez simples. L'intention est résumée aux articles 2 et 3 de la loi :

2. La présente loi a pour objet l'élimination à la source même des dangers pour la santé, la sécurité et l'intégrité physique des travailleurs.

Elle établit les mécanismes de participation des travailleurs et de leurs associations, ainsi que des employeurs et de leurs associations à la réalisation de cet objet.

3. La mise à la disposition des travailleurs de moyens et d'équipements de protection individuels ou collectifs, lorsque cela s'avère nécessaire pour répondre à leurs besoins particuliers, ne doit diminuer en rien les efforts requis pour éliminer à la source même les dangers pour leur santé, leur sécurité et leur intégrité physique.

L'article 3 est important, car il confirme à quel point l'intention du législateur est bien celle énoncée au premier alinéa de l'article 2,

lequel édicte qu'en matière de prévention, la priorité doit être mise sur la prévention primaire, donc sur une action à la source même des dangers. Ce faisant, la L.s.s.t. établit clairement un principe, une approche beaucoup plus exigeante que celle de toutes les lois antérieures. Par cette dimension, cette loi est réformatrice. Nous aurons d'ailleurs l'occasion d'en observer plus loin plusieurs conséquences concrètes dans la loi, notamment en ce qui concerne la définition des obligations de l'employeur. Par ailleurs, le deuxième alinéa de l'article 2 annonce un autre aspect de la volonté réformatrice du législateur. En effet, on y affirme le principe de la participation des parties directement concernées (les travailleurs, les employeurs et leurs associations respectives) à la mise en œuvre de l'approche énoncée plus haut.

L'architecture de la loi consiste pour une bonne part à expliciter les modalités d'application de ces deux principes, prévention primaire et participation des parties à la prise en charge de cette prévention, à différents niveaux. En effet, dans les chapitres subséquents, la loi établit d'abord les dispositions applicables au niveau de l'établissement. Elle définit successivement les droits et les obligations du travailleur et de l'employeur, les mécanismes de participation, tels les comités paritaires de santé et de sécurité et le représentant à la prévention. Elle définit ensuite le mécanisme applicable au niveau sectoriel, en l'occurrence les associations sectorielles paritaires. Après quoi, la loi présente les dispositions touchant les acteurs et institutions d'envergure nationale. Parmi ceux-ci, mentionnons les associations syndicales et patronales, les services de santé du travail, la Commission de la santé et de la sécurité du travail, l'Institut de recherche en santé et sécurité du travail, l'inspectorat et les dispositions particulières relatives à l'industrie de la construction. La loi s'achève enfin avec les dispositions relatives au pouvoir réglementaire de la Commission et du gouvernement, aux recours et aux sanctions pénales, et avec les dispositions transitoires.

La loi se présente donc à la manière d'un exposé dont la structure logique commence par énoncer les principes fondamentaux pour ensuite en établir les effets concrets et pratiques pour les divers acteurs, en allant du particulier au général. Elle vise d'abord les individus directement concernés, les travailleurs et les employeurs, puis l'établissement dans lequel ils sont en interaction. Viennent ensuite les secteurs d'activités dont relèvent ces établissements, et enfin leurs associations respectives et les autres institutions œuvrant à l'échelon national. Toutefois, pour des raisons de convenance tenant à l'objectif principal de ce chapitre qui s'intéresse aux clauses des conventions collectives négociées le plus souvent à l'échelle des établissements, l'exposé du cadre ainsi défini sera présenté dans le sens contraire à celui de la loi. De plus, nous présenterons évidemment plus en détail les dispositions visant les établissements.

Ainsi, sur le plan national, le dispositif le plus important est la Commission de la santé et de la sécurité du travail (C.S.S.T.), dont les dispositions les plus importantes se trouvent aux chapitres IX et X. Elles sont complétées par quelques dispositions éparpillées dans plusieurs autres chapitres de la loi. Il faut rappeler ici que c'est la L.s.s.t. qui a institué la C.S.S.T.[8], en regroupant dans cette nouvelle institution l'ancienne Commission des accidents du travail et tous les services d'inspection existant à l'époque dans trois ministères et à l'Office de la construction du Québec. Du coup, évidemment, la C.S.S.T. a récupéré les fonctions des organismes fusionnés. Mais elle a aussi pour rôle, entre autres choses, de mettre en œuvre la politique de prévention auprès de divers ministères, notamment celui de la Santé et des Services sociaux et celui de l'Éducation. De plus, elle doit identifier les priorités et les besoins en matière de recherche, financer l'Institut de recherche en santé et sécurité du travail, et enfin créer et financer des programmes nouveaux comme celui du retrait préventif de la

travailleuse enceinte ou qui allaite[9]. En confiant ainsi à la C.S.S.T. le double rôle d'assureur public et de maître d'œuvre de la politique de prévention et d'inspection, le législateur a constitué un puissant appareil gouvernemental doté d'importants pouvoirs réglementaires[10], de taxation (pouvoir d'établir la cotisation des employeurs au financement du régime), d'enquête et de contrôle[11]. Cet organisme est devenu, en 2000, le troisième appareil gouvernemental en importance, avec près de 4 000 employés et un budget de 2,5 milliards de dollars[12]. Si on ajoute à cela le fait que la structure décisionnelle de la C.S.S.T. est placée sous l'autorité d'un conseil d'administration paritaire où les parties patronale et syndicale détiennent 14 des 15 sièges[13], on peut affirmer que le législateur a créé une institution qui n'a pas d'équivalent ailleurs au Canada et qui, pour l'époque, était très innovatrice en ce qui a trait aux pouvoirs publics dévolus aux parties patronale et syndicale.

Dans la logique précédemment définie de prévention et de participation, la L.s.s.t. attribue également certains rôles plus limités à d'autres acteurs d'envergure nationale. Mentionnons, par exemple, l'Institut de recherche en santé et sécurité du travail institué en vertu de l'article 169, et chargé de fournir à l'ensemble des partenaires des données scientifiques traitant des problèmes prioritaires de santé-sécurité et de la mise au point de solutions. Les parties patronale et syndicale, de même que des représentants de la communauté scientifique, forment le Conseil scientifique de l'I.R.S.S.T. Cet institut dispose d'un budget annuel d'environ 17 millions de dollars, ce qui en fait le plus important institut de recherche en santé et sécurité du travail au Canada, et l'un des plus importants dans le monde comparativement à son bassin de population.

---

9. *Ibid.*, art. 166-167.
10. *Ibid.*, art. 223.
11. *Ibid.*, art. 172, 180-188.
12. C.S.S.T., *Rapport annuel 2000*, p. 6 et 90.
13. *Loi sur la santé et la sécurité du travail*, L.R.Q., c. S-2.1., art. 141.

---

8. *Loi sur la santé et la sécurité du travail*, L.R.Q., c. S-2.1., art. 137.

Par ailleurs, la L.s.s.t. confie avant tout aux associations patronales et syndicales le mandat de former et d'informer leurs membres en matière de santé-sécurité du travail. À cette fin, elle donne à la C.S.S.T. le pouvoir de leur accorder des subventions annuelles pour assurer de tels services[14], ce qui est effectivement le cas[15]. Enfin, la L.s.s.t. confère au ministère de la Santé et des Services sociaux, et à certaines institutions qui en dépendent, comme les régies régionales et les centres locaux de services communautaires (C.L.S.C.), le rôle privilégié de fournir les services préventifs en matière de santé du travail aux travailleurs des établissements[16]. Concrètement, ces services sont fournis par des équipes de professionnels de la santé (médecins, infirmières, hygiénistes industriels) spécialisées en santé du travail dans les C.L.S.C. et coordonnées par le service de santé publique des régies régionales. Une entente négociée annuellement entre la C.S.S.T. et le ministère de la Santé et des Services sociaux permet à la C.S.S.T. de financer ces services. En 2000, la C.S.S.T. a fourni une somme de 53,2 millions de dollars (Commission de la santé et de la sécurité du travail, 2000).

Les équipes de santé du travail dispensent principalement trois services. Elles ont d'abord pour mission d'approuver les demandes de retrait préventif des travailleuses enceintes ou qui allaitent, en certifiant que leurs conditions de travail représentent un danger pour leur santé ou celle du fœtus, ou encore celle du bébé qu'elles allaitent. Le médecin doit évaluer si les conditions de travail en question représentent effectivement un danger justifiant soit une affectation temporaire à un autre poste exempt de danger, soit, à défaut d'une tel poste, un retrait préventif complet et temporaire du milieu de travail, assorti d'une indemnisation pour la perte salariale. Notons que ce programme de la C.S.S.T., appelé *Pour une maternité sans danger*, existant en vertu des articles 40 à 48 de la L.S.S.T., est unique au monde et a coûté 108,5 millions de dollars pour 22 130 demandes acceptées en 2000 (Commission de la santé et de la sécurité du travail, 2000). Les équipes de santé participent aussi à l'élaboration d'un programme de santé propre à chaque établissement du territoire desservi[17]. Jusqu'à maintenant, ce service n'est fourni qu'aux établissements comptant plus de 20 employés et faisant partie de certains secteurs dits prioritaires, en ce qui concerne les risques de maladies professionnelles. Les secteurs en question représentent 15 des 30 secteurs d'activités économiques du Québec, mais les mesures de premiers secours et de premiers soins contenues généralement dans un programme de santé sont visées par un règlement d'application générale[18]. Enfin, le troisième service est d'assurer l'expertise médicale nécessaire à l'élaboration et à l'implantation de programmes d'intervention intégrée concernant certains risques priorisés en raison du grand nombre de maladies professionnelles identifiées. Ces programmes, qui comprennent l'évaluation du risque et la proposition des correctifs à apporter, sont implantés conjointement par les inspecteurs de la C.S.S.T. et les équipes de santé du travail dans tous les établissements où le risque en question est identifié, peu importe le secteur d'activités.

Sur le plan sectoriel, le principal dispositif de prévention et de participation créé par la L.s.s.t. est l'association sectorielle paritaire (A.S.P.), dont les paramètres sont définis au chapitre VI de la loi et dans un règlement d'application[19]. Cependant,

---

14. *Ibid.*, art. 104-105.

15. En 2000, la C.S.S.T. a versé 7,6 millions de dollars en subventions aux organisations patronales et syndicales (*Rapport annuel 2000*, p. 69).

16. *Loi sur la santé et la sécurité du travail*, L.R.Q., c. S-2.1, chap. VIII.

17. *Ibid.*, art. 113. Un programme de santé comprend l'identification des risques pour la santé propres à l'établissement, ainsi que les mesures de prévention primaire, secondaire et tertiaire nécessaires pour prévenir les atteintes à la santé pouvant résulter de ces risques. Ces mesures sont souvent puisées directement dans la réglementation applicable en matière de santé au travail.

18. *Règlement sur les normes minimales de premiers secours et de premiers soins*, Décret 1798-87, G.O 2, 9 décembre 1987, 6695.

19. *Règlement sur les associations sectorielles paritaires de santé et de sécurité du travail*, R.R.Q., 1981, c. S-2.1, r. 1.

il est à noter que la formation d'une A.S.P. est volontaire dans tous les secteurs, sauf celui de la construction où elle a été imposée par le législateur[20]. La création d'une A.S.P. doit faire l'objet d'une entente entre les associations syndicales et d'employeurs représentatives du secteur. Cette entente doit contenir tous les éléments prescrits par le règlement sur les A.S.P., notamment la formation d'un conseil d'administration paritaire qui dirige l'A.S.P. et une procédure de résolution des désaccords. L'entente entre en vigueur après avoir été approuvée par la C.S.S.T., qui en assure par ailleurs le financement par le biais d'une taxe prélevée auprès des employeurs du secteur dans leurs cotisations au régime[21]. Depuis l'adoption de la loi, 12 A.S.P. ont été créées, incluant celle de la construction; elles couvrent 14 secteurs d'activités puisque certaines A.S.P. regroupent plus d'un secteur. Une A.S.P. a principalement pour fonction de fournir aux travailleurs, aux syndicats et aux employeurs des établissements de leur secteur respectif, des services d'information, de formation et d'assistance-conseil en matière de prise en charge de la prévention, ce qui inclut les programmes d'information et de formation sur les risques dans le secteur, la création et le fonctionnement des comités de santé-sécurité, les guides de prévention, etc.[22]. Ces fonctions sont accomplies par des préventionnistes professionnels au service des A.S.P.

Toutefois, dans la perspective de ce chapitre, il faut examiner en détail les dispositions en matière de prévention et de participation d'application locale, c'est-à-dire au niveau des établissements, puisqu'il s'agit du niveau privilégié par la négociation des conventions collectives. Certaines de ces dispositions sont d'application générale, tandis que d'autres ne s'appliquent qu'à quelques secteurs prioritaires.

---

20. *Loi sur la santé et la sécurité du travail*, L.R.Q., c. S-2.1., art. 99.

21. *Ibid.*, art. 98 et 100. En 2000, la C.S.S.T. a versé 15 millions de dollars en subvention aux A.S.P. Voir C.S.S.T., *Rapport annuel 2000*, p. 69.

22. *Ibid.*, art. 101.

Les droits et les obligations du travailleur et de l'employeur sont, pour la plupart, des dispositions d'application générale. Du côté de l'employeur, l'article 50 définit ses droits à des services de formation, d'information et de conseil en matière de santé et de sécurité du travail. Les droits accordés permettent à l'employeur de satisfaire à l'article 51 qui définit une partie de ses obligations, et dont l'énumération est évidemment plus longue que celle des droits, l'article comportant 16 paragraphes. Sans tous les présenter en détail, il est important d'indiquer que c'est le premier alinéa qui définit l'obligation générale de *diligence raisonnable* de l'employeur:

> 51. L'employeur doit prendre les mesures nécessaires pour protéger la santé et assurer la sécurité et l'intégrité physique du travailleur.

Cet alinéa est suivi d'une longue liste d'obligations particulières qu'on peut regrouper en deux catégories. La première concerne les responsabilités de l'employeur quant aux conditions de travail saines et sûres qu'il doit fournir relativement à l'aménagement et à l'équipement de travail (par. 1), à l'organisation du travail et aux méthodes de travail (par. 3). Il vise aussi l'état des lieux de travail, des installations sanitaires (par. 4), le matériel de travail (par. 7 et 8), la formation et la supervision du travailleur (par. 9) et les dispositifs de protection individuels qui doivent être fournis gratuitement (par. 11). La seconde catégorie comprend plusieurs obligations particulières de l'employeur vis-à-vis de la prise en charge de la santé-sécurité. Parmi celles-ci, mentionnons l'obligation de désigner des membres de son personnel chargés des questions de S.S.T. et d'en informer les travailleurs par affichage (par. 2), l'obligation d'utiliser des méthodes pour identifier, contrôler et éliminer les risques à la santé-sécurité des travailleurs (par. 5), l'obligation de prendre les mesures de sécurité nécessaires contre l'incendie (par. 6). Font aussi partie de ces obligations celle d'afficher et de rendre disponible l'information provenant de la C.S.S.T. et de la Régie régionale aux travailleurs, au comité de santé-sécurité et au syndicat (par. 10), celle de collaborer avec toute personne mandatée en vertu de la loi et avec le comité (par. 14), celle de fournir à ce dernier diverses informations (par. 13) ainsi qu'un support logistique destiné à assurer son fonctionnement (par. 15), et, enfin, celle de permettre aux travailleurs de se soumettre aux examens médicaux prévus par la loi ou les règlements (par. 12). Notons cependant que la plupart des obligations énumérées dans les paragraphes de l'article 51 ne sont encadrées par aucune réglementation qui en préciserait la portée et les termes d'application. Aussi l'application de ces obligations prête-t-elle beaucoup à l'interprétation.

En revanche, les articles 52 à 62.20 de la loi définissent d'autres obligations de l'employeur qui font toutes l'objet d'une réglementation. Ainsi, l'article 52 oblige l'employeur à dresser un registre des postes de travail dont les caractéristiques relatives aux contaminants et aux matières dangereuses font l'objet d'un règlement. En effet, ces matières sont aussi visées par les articles 62.1 à 62.20 et par un règlement[23]. Adoptés respectivement en 1988 et 1989, ils obligent l'employeur à implanter dans son établissement un système d'information sur les matières dangereuses utilisées au travail (SIMDUT). Le SIMDUT comprend les éléments suivants : inventaire des produits contrôlés, entreposage, étiquetage des produits, fiches signalétiques donnant l'information toxicologique sur les produits, programme de formation et d'information des employés. Par ailleurs, l'article 53 oblige l'employeur à respecter certaines dispositions réglementaires régissant l'exécution d'un travail comme la durée maximale quotidienne ou hebdomadaire, l'âge du travailleur et l'exigence d'un certificat de santé. De plus, d'autres dispositions des articles 54 et 55 fixent certaines obligations relativement à la construction d'un établissement ainsi que les avis concernant son ouverture et sa fermeture. Pour sa part, l'article 56 circonscrit l'obligation en matière de santé et de sécurité du propriétaire d'un édifice utilisé par plusieurs employeurs, en ce qui concerne les parties de son édifice qui

ne sont pas sous l'autorité d'un employeur. L'article 57 contient les obligations réglementaires concernant les conditions de vie qu'un employeur doit assurer aux travailleurs d'établissements ou de chantiers situés en régions éloignées. Quant à l'article 62, il oblige l'employeur à informer la CSST dans les 24 heures de tout accident du travail entraînant l'un des événements suivants : décès du travailleur, blessure du travailleur entraînant une incapacité de travail de 10 jours ou plus, blessure de plusieurs travailleurs, ou dommages matériels de 50 000 $ et plus.

Cette énumération serait incomplète si on passait sous silence les articles 58 à 61 qui portent sur le programme de prévention, un moyen nouveau de prise en charge de la prévention instauré par la L.s.s.t. L'article 58 oblige l'employeur à mettre en application un tel programme propre à son établissement, si ce dernier appartient à une catégorie prioritaire identifiée par règlement[24]. Jusqu'ici, les établissements de 15 des 30 secteurs d'activités ont été assujettis à l'obligation du programme de prévention, auxquels il faut ajouter les établissements membres des mutuelles de prévention[25], quel que soit leur secteur d'activités. Mais qu'est-ce qu'un programme de prévention ? L'article 59 en précise l'objectif et le contenu :

59. Un programme de prévention a pour objectif d'éliminer à la source même les dangers pour la santé, la sécurité et l'intégrité physique des travailleurs.

Il doit notamment contenir, en outre du programme de santé visé dans l'article 113 et de tout élément prescrit par règlement :

1er des programmes d'adaptation de l'établissement aux normes prescrites par les règlements concernant l'aménagement des lieux de travail, l'organisation du travail, l'équipement,

---

23. *Règlement sur l'information concernant les produits contrôlés*, R.R.Q., c. S-2.1.

24. *Règlement sur le programme de prévention*, R.R.Q., c. S-2.1.

25. Une mutuelle de prévention est un regroupement de plusieurs petites entreprises qui, en cumulant leurs masses salariales, peuvent accéder aux avantages du régime personnalisé de cotisation à la C.S.S.T., en contrepartie de quoi elles doivent satisfaire à certaines obligations en matière de prévention.

le matériel, les contaminants, les matières dangereuses, les procédés et les moyens et équipements de protection collectifs;

2e des mesures de surveillance de la qualité du milieu de travail et des mesures d'entretien préventif;

3e les normes d'hygiène et de sécurité spécifiques à l'établissement;

4e les modalités de mise en œuvre des autres règles relatives à la santé et à la sécurité du travail dans l'établissement qui doivent inclure au minimum le contenu des règlements applicables à l'établissement;

5e l'identification des moyens et équipements de protection individuels qui, tout en étant conformes aux règlements, sont les mieux adaptés pour répondre aux besoins des travailleurs de l'établissement;

6e des programmes de formation et d'information en matière de santé et de sécurité du travail.

Les éléments visés dans les paragraphes 5e et 6e du deuxième alinéa sont déterminés par le comité de santé et de sécurité, s'il y en a un, conformément aux paragraphes 3e et 4e de l'article 78.

Comme on peut le voir, c'est par les articles 58 et surtout 59 que le législateur crée le mécanisme concret d'application de l'objet même de la loi en matière de prévention primaire, tel qu'il l'a défini au premier alinéa de l'article 2 de la L.s.s.t. En effet, le premier alinéa de l'article 59 définit pour le programme de prévention le même objectif qu'à l'article 2. De plus, l'alinéa sur le contenu détaille les éléments d'un tel programme en les ordonnant selon une logique de présentation qui donne préséance aux mesures de prévention primaire (par. 1 à 4) sur les mesures de prévention secondaire (par. 5 et 6). Par ailleurs, le dernier alinéa de l'article 59 précise l'articulation du programme de prévention à l'autre objet majeur de la loi, en l'occurrence la participation des parties à la prise en charge de la prévention. En effet, il laisse au comité de santé-sécurité du travail la responsabilité de déterminer certains éléments du programme de prévention (par. 5

et 6). Ce comité doit aussi, en vertu de l'article 78, prendre connaissance des autres éléments du programme qu'il ne détermine pas lui-même et, de plus, faire des recommandations à l'employeur, le cas échéant. Quant aux articles 60 et 61 de la loi, ils précisent les rapports entre l'employeur et la C.S.S.T., et entre l'employeur et le comité de santé-sécurité au sujet de la transmission et de la modification du programme de prévention.

Pour sa part, chaque travailleur a aussi des obligations personnelles en matière de santé-sécurité. Ces obligations sont définies à l'article 49 de la L.s.s.t., lequel comprend six paragraphes. Sa première obligation est de prendre connaissance du programme de prévention qui lui est applicable. Mais comme un programme de prévention ne peut pas tout prévoir, le travailleur doit aussi «prendre les mesures nécessaires pour protéger sa santé, sa sécurité ou son intégrité physique» (par. 2) et, également, «ne pas mettre en danger la santé, la sécurité ou l'intégrité physique» de ses compagnons de travail ou autres personnes se trouvant à proximité (par. 3). Il doit aussi se soumettre aux examens de santé réglementaires exigés (par. 4), participer à l'identification et à l'élimination des risques de lésions professionnelles (par. 5) et collaborer avec le comité de santé-sécurité ou avec toute autre personne chargée de l'application de la loi ou des règlements (par. 6). En somme, on pourrait dire que le travailleur a, tout comme l'employeur, une obligation générale de «diligence raisonnable» en matière de santé-sécurité. Seules les modalités diffèrent, car elles tiennent compte du rôle et du statut de l'employé dans l'entreprise.

Le législateur accorde au travailleur certains droits généraux et trois droits spécifiques afin qu'il puisse remplir ses obligations. Au chapitre des droits généraux, la loi stipule d'abord que «le travailleur a droit à des conditions de travail qui respectent sa santé, sa sécurité et son intégrité physique[26]», ce qui est la raison d'être des obligations de l'employeur décrites plus haut.

---

26. *Loi sur la santé et la sécurité du travail*, art. 9.

Le législateur précise aussi que le travailleur a notamment droit à des services de formation, d'information et de conseil quant aux mesures de santé et de sécurité concernant son travail et son milieu de travail. De ce fait, il a aussi le droit de recevoir la formation et la supervision appropriées. Enfin, le travailleur a le droit de bénéficier de services de santé préventifs et curatifs, selon les risques de son travail, et de recevoir son salaire pendant qu'il subit un examen de santé exigé par la loi[27].

Le travailleur bénéficie aussi de trois droits individuels. En raison de leur nouveauté, ils ont nécessité d'assez nombreuses dispositions pour bien les définir. Le premier de ces droits spécifiques est le droit de refus d'exécution d'un travail, défini aux articles 12 à 31 de la L.s.s.t. L'article 12 établit le droit lui-même en stipulant qu'un travailleur a le droit de refuser d'exécuter un travail s'il «a des motifs raisonnables de croire que l'exécution de ce travail l'expose à un danger pour sa santé, sa sécurité ou son intégrité physique» ou s'il peut avoir semblable effet pour une autre personne. Pour sa part, l'article 13 définit l'exception à ce droit ou sa limite, à savoir que le refus ne peut être exercé s'il «met en péril immédiat la vie, la santé, la sécurité ou l'intégrité physique d'une autre personne ou si les conditions d'exécution de ce travail sont normales dans le genre de travail qu'il exerce». On comprend immédiatement à la lecture de ce qui précède que, tout en fixant certaines balises au droit de refus, le législateur a manifestement voulu laisser une certaine place à l'interprétation, donc à la dynamique des relations entre les acteurs dans l'exercice du droit. En effet, le texte établit le bien-fondé de l'évaluation subjective du danger par le travailleur, d'une part, et de son appréciation de ce qui constitue des «conditions d'exécution normales dans le genre de travail qu'il exerce», d'autre part, puisque c'est en fonction de ces deux critères qu'il est autorisé à exercer son droit de refus. D'ailleurs, tous les autres articles de la sous-section de la loi consa-crés au droit de refus établissent des règles de procédure encadrant cette dynamique de relations. On peut résumer ainsi cette procédure:

1. Lors de son refus d'exécuter un travail qu'il estime «anormalement» dangereux, le travailleur doit aussitôt en aviser son supérieur immédiat, l'employeur ou son représentant, l'un ou l'autre de ces derniers convoquant alors le représentant à la prévention ou, à défaut de celui-ci, un autre représentant syndical, ou, à défaut de celui-ci, le travailleur désigné par celui qui exerce le droit de refus, pour procéder à l'examen de la situation et des corrections à apporter, le cas échéant (art. 15-16).

2. Si l'étape précédente conduit à l'avis conjoint que le danger ne justifie pas le refus de travail ou que ce refus repose sur des motifs acceptables, mais seulement dans le cas particulier de ce travailleur, et que ce dernier persiste dans son refus, alors l'employeur peut faire exécuter ce travail par un autre travailleur, après l'avoir informé de la situation (art. 17).

3. Après examen de la situation, l'un ou l'autre des acteurs concernés (soit le travailleur exerçant son droit, représentant à la prévention ou son remplaçant, soit l'employeur) peut demander l'intervention d'un inspecteur de la C.S.S.T. Ce dernier doit être présent dans un délai d'au plus six heures si le droit de refus a pour effet d'empêcher au moins deux autres travailleurs d'exercer leur travail. (art. 18 et 26).

4. L'intervention de l'inspecteur consiste à déterminer s'il existe ou non un danger justifiant le droit de refus. Il décide alors soit d'ordonner la reprise du travail, soit de prescrire des mesures correctives du danger et de fixer les délais dans lesquels celles-ci doivent être apportées. Pour être valide, cette décision doit être motivée, confirmée par écrit et transmise selon des modalités définies. De plus, elle peut faire l'objet d'une demande de révision et de

---

27. *Ibid.*, art. 10.

contestation devant les instances appropriées, tout en prenant effet immédiatement (art. 19 et 20).

5. Pendant l'exercice du droit de refus, le travailleur directement concerné, le représentant à la prévention impliqué et les autres travailleurs ne pouvant exercer leur travail doivent être rémunérés comme s'ils étaient au travail. Cependant, les travailleurs doivent demeurer disponibles et l'employeur est libre de les affecter temporairement à un autre travail. De plus, l'employeur ne peut exercer de sanctions contre un travailleur exerçant le droit de refus ou contre le représentant à la prévention, à moins que le droit ou la fonction (ou les deux) n'ait été exercé de façon abusive. Dans ce cas, l'employeur peut procéder dans les 10 jours d'une décision finale dans le dossier (art. 14, 25, 28, 29, 30, 31).

Quant aux deux autres droits spécifiques, ils portent sur le retrait préventif du travail dans deux situations différentes. La première concerne le travailleur exposé à un contaminant, tandis que la seconde s'applique à la travailleuse enceinte ou qui allaite. Les conditions d'exercice de ces deux droits sont identiques et elles sont définies aux articles 32 à 48 de la L.s.s.t. En premier lieu, le travailleur ou la travailleuse doivent obtenir un certificat d'un médecin responsable des services de santé[28]. Ce certificat atteste soit que l'exposition à un contaminant altère la santé[29] du travailleur exposé à un contaminant, soit que les conditions de travail de la femme enceinte comportent des dangers physiques pour elle-même, pour l'enfant à naître ou pour celui qu'elle allaite[30]. Quand il reçoit ce certificat, l'employeur doit affecter la personne à des

tâches exemptes de tels dangers et qu'elle est capable d'accomplir. À défaut de quoi, cette personne peut cesser de travailler jusqu'à ce que son état de santé lui permette de réintégrer ses fonctions et que les conditions de son travail soient conformes aux normes réglementaires, ou encore jusqu'à l'accouchement ou à la fin de la période d'allaitement. Pendant la réaffectation ou la cessation de travail, le travailleur ou la travailleuse conserve tous les avantages liés à son emploi habituel, incluant les avantages sociaux si les cotisations continuent d'être payées. Il ou elle réintègre son emploi à la fin du retrait préventif[31]. De plus, dans le cas d'une réaffectation, le travailleur ou la travailleuse a droit au salaire de son emploi habituel. Mais dans le cas d'une cessation de travail, il ou elle reçoit l'indemnité de remplacement du revenu prévue à la *Loi sur les accidents du travail et les maladies professionnelles*[32] après les cinq premiers jours d'absence, ceux-ci étant rémunérés par l'employeur à son taux de salaire normal[33]. Enfin, si le travailleur ou la travailleuse croit ne pas être en mesure de faire les tâches auxquelles l'employeur l'a réaffecté, il ou elle peut soumettre son différend à un mécanisme prévu par les articles 37 à 37.3 de la L.s.s.t., mécanisme dont la première étape est prise en charge par le comité de santé-sécurité, s'il existe[34].

Comme l'ont montré quelques études, ces droits spécifiques constituent d'importants moyens que le législateur a octroyés au travailleur. En effet, de par ces droits, le travailleur est en mesure de participer à l'identification et à l'élimination des risques d'accidents du travail et de maladies professionnelles sur son lieu de travail. On notera d'ailleurs que l'obligation lui en est faite par l'article 49 et qu'il contribue ainsi à l'objet même de la loi (Bouchard et Turcotte, 1986 ; Renaud et St-Jacques, 1986 ; Trudeau, 1986). Dans cette perspective, la loi reconnaît la

---

28. Généralement, un médecin de C.L.S.C. spécialisé en médecine du travail et reconnu responsable en vertu de la section III du chapitre VIII de la L.s.s.t.
29. *Loi sur la santé et la sécurité du travail*, art. 32.
30. *Ibid.*, art. 40 et 46.

31. *Ibid.*, art. 38, 39 et 43.
32. Cette indemnité équivaut à 90 % du salaire net de l'emploi régulier.
33. *Loi sur la santé et la sécurité du travail*, art. 36, 42 et 48.
34. *Ibid.*, art. 42 et 48.

légitimité de l'évaluation subjective que le travailleur ou la travailleuse fait des risques reliés aux conditions de son travail en regard de sa santé et de sa sécurité, subjectivité qui est à la base même de l'utilisation des droits et de l'acte de participation. Mais, d'un autre côté, la loi établit des règles d'évaluation de la situation et d'intervention d'autres intervenants tels que l'employeur, le représentant à la prévention, le médecin responsable, l'inspecteur et le comité de santé-sécurité, le cas échéant. Toutes ces personnes contribuent à l'objectivation du risque identifié et à la recherche d'une solution adéquate et respectueuse du travailleur. En ce sens, on peut dire que le législateur fait preuve, dans la définition de ces droits, d'un souci d'équilibre propre à stimuler une plus grande participation vis-à-vis de la prise en charge des problèmes de santé-sécurité sur le lieu de travail.

Enfin, l'examen des dispositions légales en matière de mécanismes de prévention et de participation applicables au niveau des établissements serait évidemment incomplet si l'on passait sous silence celles qui traitent du comité de santé-sécurité et du représentant à la prévention. Avant d'aller plus loin, il importe de donner deux précisions sur ces mécanismes. D'une part, le législateur leur a donné un statut de droit et non d'obligation. D'autre part, en vertu de la réglementation en vigueur, ces mécanismes s'appliquent seulement aux deux premiers groupes de secteurs prioritaires, ce qui représente uniquement 10 des 30 secteurs d'activités économiques[35]. Sur ce plan, le Québec se distingue notablement du reste du Canada où les législations fédérale et provinciales en santé-sécurité du travail prévoient presque toutes l'obligation du comité de santé-sécurité et du représentant à

la santé-sécurité dans tous les secteurs d'activités (Simard, 2000).

L'article 68 de la L.s.s.t. définit le droit au comité de santé-sécurité en précisant qu'il « peut être formé au sein d'un établissement groupant plus de 20 travailleurs et appartenant à une catégorie identifiée à cette fin par règlement ». Toutefois, l'article 69 stipule que, si l'une des deux parties, employeur ou syndicat ou, à défaut de ceux-ci, 10 % des travailleurs, demande la formation d'un tel comité, alors l'autre partie doit y consentir. Ainsi, l'exercice du droit par l'une des parties oblige l'autre à coopérer. De plus, en vertu du même article, la C.S.S.T. peut exiger la formation d'un tel comité, et ce, quel que soit le nombre de travailleurs dans l'établissement. Les autres articles du chapitre IV consacré aux comités de santé-sécurité définissent le nombre de membres du comité (art. 70), les règles de désignation, de rémunération, de libération et de protection des représentants des travailleurs membres du comité (art. 71, 72, 76, 77, 81), les fonctions décisionnelles et consultatives de ce dernier (art. 78) et diverses règles de fonctionnement (art. 73, 74, 79, 80). Les parties peuvent aussi s'entendre pour former plusieurs comités de santé-sécurité dans un même établissement selon certaines modalités (art. 82, 83, 84, 85, 86).

Il n'est pas sans intérêt de revenir à l'article 78 qui définit les fonctions d'un comité de santé-sécurité formé en vertu de la L.s.s.t., car quatre d'entre elles sont décisionnelles. La première concerne le choix du médecin responsable des services de santé en vertu de l'article 112 (art. 78 (1)). La seconde vise l'approbation du programme de santé propre à l'établissement qui est élaboré par ce médecin (art. 78 (2)). La troisième porte sur l'établissement des programmes de formation et d'information en santé-sécurité qui font partie du programme de prévention (art. 78 (3)). Enfin, la quatrième touche au choix des équipements de protection individuels qui sont également une composante du programme de prévention (art. 78 (4)). Cet aspect décisionnel est intéressant pour deux raisons. D'une part, il traduit la volonté du législateur d'assurer un certain pouvoir au comité de santé-sécurité et il

---

35. À noter cependant que, même si le secteur du Bâtiment et des travaux publics fait partie du premier groupe de secteurs prioritaires, les chantiers de construction à proprement parler sont régis par d'autres dispositions énoncées au chapitre XI de la L.s.s.t., et que les dispositions de ce chapitre relatives au comité de chantier et au représentant à la prévention ne sont pas encore en vigueur.

en fait ainsi un interlocuteur crédible dans ce domaine. D'autre part, cet aspect décisionnel distingue les comités de santé-sécurité au Québec de ceux du reste du Canada dont les fonctions sont uniquement consultatives. Cela dit, la L.s.s.t. prévoit aussi pour le comité de santé-sécurité un rôle consultatif et de recommandation auprès de l'employeur. Cette consultation porte, par exemple, sur les autres volets du programme de prévention (par. 5), sur l'identification et les moyens de prévention des accidents du travail et maladies professionnelles (par. 6, 7, 9) et sur le suivi des suggestions et plaintes des parties en matière de santé-sécurité (par. 10).

L'autre mécanisme dont dispose exclusivement la partie ouvrière est le représentant à la prévention. L'article 87 précise cependant que l'exercice de ce droit ne peut être invoqué que si un comité de santé-sécurité existe déjà. Le droit au représentant à la prévention est donc un droit subsidiaire, mais qui est réservé à la partie ouvrière ou syndicale. En effet, l'article 88 précise que le représentant à la prévention est une personne désignée par le syndicat ou, à défaut de celui-ci, par un groupe représentant 10 % des travailleurs de l'établissement. Ce représentant, libéré d'un nombre d'heures de travail rémunérées déterminé par le comité, ou à défaut de celui-ci, par le règlement[36], exerce un certain nombre de fonctions. Il peut, notamment inspecter les lieux de travail, enquêter sur les événements ayant causé un accident ou susceptibles d'en causer un, et identifier les sources de danger. Il a aussi pour fonction d'assister les travailleurs dans l'exercice de leurs droits découlant de la L.s.s.t., d'intervenir dans les cas de droit de refus, de participer à l'élaboration du registre de postes en vertu de l'article 52, de porter plainte auprès de la C.S.S.T., d'accompagner l'inspecteur de la Commission dans ses inspections, et finalement de faire les recommandations pertinentes au comité de santé-sécurité, dont il est membre d'office[37].

Cependant, quand il enquête sur un accident, accompagne un inspecteur et intervient dans les cas de droit de refus, le représentant à la prévention peut s'absenter le temps nécessaire pour exercer ces fonctions[38]. Enfin, l'employeur doit coopérer avec le représentant à la prévention en lui fournissant les instruments et appareils dont il a raisonnablement besoin et en lui permettant d'exercer ses fonctions (art. 94). Par ailleurs, il ne peut le sanctionner pour le motif qu'il exerce ses fonctions, sauf s'il le fait de façon abusive (art. 97).

15.2.2 Cadre juridique établi par le *Code canadien du travail*

L'importance et l'originalité de cette loi justifie le traitement particulier que ce chapitre lui consacre. C'est la partie II du *Code canadien du travail* qui définit les règles applicables aux entreprises de compétence fédérale relativement aux conditions saines et sûres de travail qu'elles doivent fournir à leurs employés. Cette partie a subi récemment de profondes modifications qui sont entrées en vigueur le 30 septembre 2000. Par ailleurs, la partie II du Code est appuyée par plusieurs règlements d'application, dont les deux plus généraux sont le *Règlement canadien sur la sécurité et la santé au travail* et le *Règlement sur les comités de sécurité et de santé au travail et les représentants*. Tout comme dans le cas de la L.s.s.t., nous nous concentrerons sur l'exposé des principales dispositions concernant la prise en charge de la santé-sécurité du travail au niveau de l'établissement, défini comme le *lieu de travail*[39] dans la loi fédérale. Dans l'ensemble, on peut dire que ces dispositions sont assez semblables à celles établies par la L.s.s.t., mais avec quelques différences notables.

---

36. *Loi sur la santé et la sécurité du travail*, art. 92 et 96. Voir aussi le *Règlement sur le représentant à la prévention dans un établissement*, art. 2.

37. *Ibid.*, art. 87 et 90.

38. *Ibid.*, art. 92.

39. Dans le Code canadien, le lieu de travail est défini à l'article 122 comme «tout lieu où l'employé exécute un travail pour le compte de son employeur».

Ainsi, l'objet de la loi fédérale présente une profonde similitude avec celui de la L.s.s.t., du moins en ce qui concerne l'affirmation du principe de priorité à accorder à la prévention primaire ou à l'élimination des risques :

122.1 La présente partie a pour objet de prévenir les accidents et les maladies liés à l'occupation d'un emploi régi par ses dispositions.

122.2 La prévention devrait consister avant tout dans l'élimination des risques, puis dans leur réduction, et enfin dans la fourniture de matériel, d'équipement, de dispositifs ou de vêtements de protection, en vue d'assurer la santé et la sécurité des employés.

Le principe d'une approche participative des parties concernées à cet objet n'est pas affirmé dès le départ, mais, comme on le verra par la suite, il est très présent dans plusieurs sections de la partie II du Code.

Évidemment, l'employeur est largement mis à contribution. À l'article 124, la loi lui impose de veiller « à la protection de ses employés en matière de santé et de sécurité au travail », tandis que les articles 125 à 125.2 lui imposent une cinquantaine d'obligations, qu'il serait trop long de recenser en détail. Il faut savoir, cependant, que la structure de ces obligations est identique à celle que nous venons d'exposer relativement aux dispositions pertinentes de la L.s.s.t. Elles comprennent, d'une part, diverses obligations de l'employeur touchant des conditions spécifiques de travail saines et sûres qu'il doit fournir à ses employés et, d'autre part, plusieurs obligations particulières de l'employeur sur le plan de la prise en charge de la santé-sécurité. Notons également que, pour ces deux types d'obligations, le législateur fédéral définit plutôt les obligations de l'employeur en fonction de leur conformité à des normes réglementaires, contrairement à l'article 51 de la L.s.s.t. dont les obligations gardent une portée générale. De ce fait, il est plus facile de contrôler l'application de ces obligations de l'employeur par l'inspectorat, quoique la capacité d'initiative de ce dernier en soit réduite.

Les obligations relatives aux conditions de travail comprennent les obligations traditionnelles portant sur les installations, l'équipement, les méthodes et les techniques de travail, l'état des lieux de travail (aération, température, éclairage, etc.) et des installations sanitaires. Elles englobent aussi l'information, la formation et la supervision des employés relativement aux risques du travail et notamment aux substances dangereuses utilisées au travail, la fourniture et l'utilisation des équipements de protection personnels. Elles comportent enfin une obligation nouvelle sur la conformité des lieux, postes et méthodes de travail respectant des normes réglementaires ergonomiques, quoique celles-ci ne soient pas encore définies. Quant au contenu des obligations de l'employeur se rapportant à la prise en charge de la santé-sécurité, il a été en grande partie conçu durant la récente modification de cette partie du Code, afin de moderniser ce volet. Le Code précise ainsi qu'il incombe à l'employeur de former adéquatement son personnel de gestion en matière de santé et de sécurité, ainsi que les membres des comités de santé-sécurité ou le représentant en santé-sécurité, selon le cas. De même, il revient à l'employeur d'élaborer des orientations et d'appliquer des programmes de prévention en consultation avec le comité ou le représentant en santé-sécurité. Il doit fournir au comité ou au représentant en santé-sécurité l'information et les facilités matérielles dont ils ont besoin. Il doit enfin les consulter si des changements risquent d'avoir une incidence sur la santé-sécurité au travail, notamment quand ces changements concernent les procédés et les méthodes de travail. En outre, et ceci constitue une différence majeure avec la L.s.s.t., les articles 134.1, 135 et 136 du Code canadien fixent à tout employeur des obligations spécifiques quant à la formation d'un comité de santé-sécurité ou à la nomination d'un représentant en santé-sécurité, comme on le verra plus loin.

La partie II du Code définit à la fois les obligations et les droits de l'employé. L'article 126 établit les obligations de l'employé en des termes qui diffèrent de ceux de l'article 49 de la L.s.s.t., quoique la substance soit sensiblement la même.

En effet, la loi oblige l'employé à utiliser les équipements de protection fournis et à se conformer aux consignes de santé-sécurité de son employeur, lesquelles font normalement partie du programme de prévention applicable à l'employé. Par ailleurs, l'employé doit prendre les mesures nécessaires pour assurer sa propre santé-sécurité et celle de ses compagnons de travail ; il doit aussi participer à l'identification des dangers en rapportant tout accident ou fait ayant causé une blessure, et collaborer avec le comité, le représentant ou toute autre personne mandatée en santé-sécurité. Cependant, lors de la récente modification de la partie II, deux obligations supplémentaires ont été ajoutées. La première oblige l'employé à signaler à l'employeur toute situation pouvant constituer, de la part d'un compagnon de travail ou de toute autre personne, une contravention à cette partie du Code (par. *j*). La seconde est l'*obligation de plainte*. Le premier paragraphe de l'article 127.1 définit cette obligation, tandis que les paragraphes suivants établissent le « processus de règlement interne des plaintes » qui comprend plusieurs étapes. D'abord, l'employé doit faire une plainte formelle à son supérieur hiérarchique s'il constate une situation de travail qui contrevient à la loi ou qui risque d'entraîner un accident ou une maladie. L'employé et le supérieur doivent alors tenter de régler rapidement la plainte à l'amiable. À défaut de règlement, la plainte est alors référée au comité local ou au représentant en santé-sécurité. Celui-ci procède à une enquête conjointe dont les résultats sont communiqués à l'employé et à l'employeur. Si l'enquête conclut au bien-fondé de la plainte, l'employeur doit prendre les mesures qui s'imposent pour remédier à la situation. Par ailleurs, si les personnes chargées de l'enquête ne s'entendent pas sur le bien-fondé de la plainte, l'employé ou l'employeur peuvent renvoyer le dossier à l'agent de santé-sécurité, qui est en fait un inspecteur de Travail Canada. Celui-ci entreprend alors sa propre enquête et il en appliquera les résultats en respectant certaines modalités.

Il est important de mentionner que le début de l'article 127.1, portant sur cette nouvelle « obligation de plainte » et sur la procédure de règlement interne, précise que ces dispositions doivent être appliquées « avant de pouvoir exercer les recours prévus par la présente partie – à l'exclusion des droits prévus aux articles 128, 129 et 132 ». En d'autres termes, le législateur cherche à réduire le nombre de plaintes directement adressées à l'inspectorat de Travail Canada. Il s'agit donc d'une intéressante disposition renforçant le système de responsabilité interne qui constitue une des assises des régimes canadiens de santé-sécurité.

Par ailleurs, cette disposition n'affecte aucunement l'utilisation des articles 128, 129 et 132 qui portent sur le droit de l'employé de refuser d'exécuter un travail qu'il juge anormalement dangereux, et sur le droit au retrait préventif pour les employées enceintes ou qui allaitent, lequel a été ajouté lors de la récente modification de cette partie du Code.

Le droit de refus est défini à l'article 128 en des termes équivalents aux articles 12 et 13 de la L.s.s.t., mais il prévoit une exception supplémentaire pour les aéronefs et les navires. En effet, dans ce cas très particulier, l'exercice du droit de refus de l'employé est subordonné à la décision du responsable de l'équipement. Celui-ci peut autoriser la cessation du travail à condition qu'elle ne compromette pas le fonctionnement de l'aéronef ou du navire (par. 3 à 5).

Quant aux règles de procédure pour traiter le cas d'un refus de travail, elles sont sensiblement les mêmes que celles de la L.s.s.t., quoiqu'une différence importante ait été introduite au moment de la récente modification de cette partie du Code. En effet, dès l'instant où l'employé informe l'employeur de son droit de refus, ce dernier peut reconnaître l'existence du danger qui a entraîné le refus de l'employé. Si l'employeur prend sans délai les mesures qui s'imposent pour protéger l'employé, il ne lui reste qu'à informer le comité local ou le représentant en santé-sécurité de la situation et des mesures prises pour clore l'incident. En somme, les étapes ultérieures ne s'enclenchent que si l'employeur et l'employé ne s'entendent pas et que si ce dernier maintient son refus d'exécuter le travail. La suite de la procédure fait d'abord intervenir un membre non cadre du comité local ou le représentant en santé-sécurité. Si la situation n'est toujours pas réglée, le dossier est transmis à un agent de santé-sécurité de Travail Canada que l'employeur a l'obligation d'aviser. Pendant tout ce processus, l'employé en situation de refus de travail est payé à son salaire habituel. Il doit demeurer disponible et l'employeur peut l'affecter à d'autres tâches. De plus, l'employeur peut affecter un autre travailleur au poste de l'employé en situation de refus. Le travailleur remplaçant doit posséder la compétence voulue et l'employeur doit lui faire part du refus et des motifs de son prédécesseur. Il doit aussi l'aviser qu'il croit raisonnablement que le remplacement ne constitue pas un danger pour ce travailleur.

Quant au droit de retrait préventif des employées enceintes ou qui allaitent, il ressemble essentiellement à celui octroyé par la L.s.s.t., bien que certaines modalités présentent des différences importantes. Premièrement, en vertu du paragraphe 2 de l'article 132, c'est par le médecin de son choix que la travailleuse fait établir l'existence du risque justifiant, selon elle, d'utiliser son droit de « cesser d'exercer ses fonctions courantes ». Elle n'est pas obligée de consulter un médecin responsable de services en santé du travail, comme le prévoit la L.s.s.t. Il se peut que le médecin traitant de la travailleuse soit plus sympathique à sa demande qu'un médecin qu'elle ne connaît pas. Deuxièmement, l'employée en cause doit être rémunérée à son salaire habituel durant toute la période de son retrait préventif si l'employeur ne parvient pas à l'affecter à un poste qui ne présente pas le risque établi par le médecin. On se souviendra qu'en vertu de la L.s.s.t., l'obligation de l'employeur est limitée aux cinq premiers jours d'absence, après quoi la travailleuse est indemnisée par la C.S.S.T. à 90 % de son salaire net et les frais imputés à l'ensemble des employeurs. Cette disposition du régime fédéral de santé-sécurité est donc plus généreuse pour la travailleuse et plus onéreuse pour l'employeur, mettant ainsi beaucoup de pressions sur ce dernier pour qu'il réaffecte la travailleuse.

En plus des obligations et des droits individuels des travailleurs et de l'employeur, la partie II définit certains mécanismes collectifs de prise en charge de la santé-sécurité par les parties. Ces mécanismes sont le comité d'orientation en santé-sécurité, le comité local de santé-sécurité et le représentant en santé-sécurité. De plus, contrairement à l'approche volontariste privilégiée par la L.s.s.t., ces mécanismes ne sont pas facultatifs ou définis comme un simple droit laissé à l'initiative de l'une ou l'autre partie, mais bien comme une obligation de l'employeur. Cependant, l'obligation de mettre en œuvre l'un ou l'autre de ces mécanismes dépend de la taille de l'entreprise et du lieu de travail. Ainsi, en vertu de l'article 134.1, tout employeur embauchant 300 employés directs ou plus, et quel que soit le nombre d'employés par lieu de travail, est obligé de constituer un comité conjoint d'orientation en santé-sécurité. De plus, en vertu de l'article 135, tout employeur de 20 employés ou plus dans un même lieu de travail doit constituer un comité local de santé-sécurité, sauf dans certains cas particuliers prévus aux paragraphes 3 et 4 de cet article. Mais si l'employeur a moins de 20 employés dans un même lieu de travail, l'article 136 l'oblige à nommer un représentant en santé-sécurité choisi par les employés ou leur syndicat. Cette structure de prise en charge est adaptée à la nature de plusieurs entreprises de compétence fédérale de grande taille et réalisant leurs activités dans plusieurs établissements d'envergure variable et répartis sur le territoire canadien. Pensons, par exemple, aux ministères fédéraux, aux entreprises de transport interprovincial et aux entreprises de télécommunications. D'un point de vue plus général, cependant, le modèle de cette structure de prise en charge conjointe de la santé-sécurité est intéressant parce qu'il prévoit, grâce au représentant en santé-sécurité, un système minimal de responsabilité interne dans les lieux de travail de très petite taille (moins de 20 travailleurs). Il s'agit là d'une différence importante avec la L.s.s.t. qui ne prévoit aucune disposition de prise en charge pour cette catégorie d'établissements, bien qu'elle regroupe le plus grand nombre de lieux de travail dans la province.

Évidemment, avec une telle structure de prise en charge, le législateur fédéral a dû répartir les fonctions entre les différents paliers de comités. Ainsi, en vertu du paragraphe 4 de l'article 134.1, le comité d'orientation a pour fonction de participer à l'élaboration des orientations et des programmes en santé-sécurité, en particulier le programme de prévention des risques professionnels et le programme d'équipements de protection personnelle. Il doit, en outre, contrôler l'application de ces programmes, étudier et trancher les questions de santé-sécurité soulevées par ses membres ou par un comité local de santé-sécurité. Il a aussi pour mandat de participer à la planification et à la mise en œuvre des changements de procédés et de méthodes de travail susceptibles d'améliorer la santé-sécurité au travail. Enfin, le comité d'orientation a le devoir d'obtenir de l'employeur tous les renseignements nécessaires au suivi des données concernant les blessures et les accidents du travail. Il doit aussi être en mesure de répertorier les risques réels ou potentiels des lieux de travail, et d'accéder aux rapports et aux analyses de l'état de la santé-sécurité des employés, à l'exception de leurs dossiers médicaux. À cette fin, le comité d'orientation doit se réunir au moins tous les trois mois.

Le comité local de santé-sécurité, quant à lui, reprend à son compte la plupart des fonctions du comité d'orientation, si ce dernier n'existe pas. Dans le cas contraire, il participe à l'application locale des programmes de santé-sécurité, il inspecte chaque mois le lieu de travail et il aide l'employeur à enquêter sur l'exposition aux substances dangereuses. Il participe aussi à toutes les enquêtes, études et inspections concernant la santé-sécurité des employés; enfin, il étudie et tranche rapidement les plaintes des employés relatives à la santé-sécurité. Ce comité local doit se réunir au moins neuf fois par année. Le représentant en santé-sécurité exerce des fonctions identiques à celles d'un comité local, mais dans un lieu de travail plus petit. Il peut consacrer le temps nécessaire durant ses heures normales de travail et à son taux de salaire habituel. Les articles 135.1 et 136 déterminent les règles relatives à la composition et au fonctionnement des comités: désignation des membres-employés du comité et du représentant, co-présidence des comités, tenue d'un ordre du jour et d'un procès-verbal des réunions. Ces articles précisent aussi le temps que les membres des comités peuvent consacrer à leurs fonctions et la rémunération des membres-employés.

Comme on peut le voir, le dispositif juridique encadrant la santé et la sécurité du travail, dans son volet de prévention, est assez imposant et détaillé, tant au provincial qu'au fédéral. Il définit à la fois un objectif à atteindre et prescrit une série de moyens et de mécanismes susceptibles d'orienter, et parfois de contraindre, l'action des parties. Est-ce à dire que ce cadre ne laisse plus de place au jeu de la négociation collective entre ces parties? Bien au contraire, comme on le verra plus loin.

15.3 Clauses de conventions collectives relatives à la santé-sécurité au travail

Les conventions collectives contiennent des clauses portant sur la santé-sécurité au travail depuis longtemps, comme le démontre l'étude réalisée en 1979, année de l'adoption de la L.s.s.t. au Québec. Cette analyse conclut que les conventions collectives des accréditations de 500 travailleurs ou plus de l'industrie manufacturière canadienne contiennent des clauses relatives aux équipements de sécurité, à la création d'un comité de santé-sécurité ou d'un programme de prévention dans les proportions de 68,3 %, 67,2 % et 56,7 % respectivement (Travail Canada, 1979). À la même époque, au Québec, une analyse plus détaillée de 491 conventions collectives des secteurs manufacturier, minier et forestier constate que près de 90 % de ces conventions comportent au moins une clause en matière de santé-sécurité. Dans les grandes aussi bien que dans les petites unités de négociation, la fréquence des diverses clauses de santé-sécurité se présente dans l'ordre décroissant sur les sujets suivants: comité de santé-sécurité (66,0 % –

53,1 %), équipements de protection individuels (63,0 % – 52,8 %), information en santé-sécurité (57,8 % – 35,6 %), service de santé (44,2 % – 42,7 %), inspection (46,8 % – 23,4 %), droit de refus (40,3 % – 26,1 %), formation en santé-sécurité (24,0 % – 8,6 %) (Brisson, 1981).

Comme la L.s.s.t. contient des dispositions sur chacun de ces sujets, certains observateurs se sont demandés si l'adoption de cette loi en 1979 n'aurait pas pour effet de faire disparaître, à terme, les clauses de convention collective touchant la santé-sécurité. Cette préoccupation était d'autant plus justifiée que le législateur ne cachait pas son intention, par le biais de cette loi, de retirer la question de la santé-sécurité de la négociation collective pour l'établir dans un régime indépendant des rapports collectifs de travail (Boulard, 1984; Brisson, 1981).

Malheureusement, on ne dispose pas d'études historiques qui auraient permis de suivre l'évolution de la situation des conventions collectives au cours des deux dernières décennies. On ne peut donc évaluer l'effet réel des lois d'ordre public qui forment le dispositif juridique entourant la santé et la sécurité, notamment la L.s.s.t. Toutefois, à l'examen de l'échantillon de conventions étudiées pour la rédaction de ce chapitre, il apparaît clairement que les clauses portant sur la santé-sécurité n'ont pas disparu des conventions collectives. Premièrement, presque toutes les conventions comportent au moins une clause sur la santé-sécurité au travail, affirmant généralement le principe fondamental de la responsabilité de l'employeur dans ce domaine et précisant parfois d'autres principes importants. Deuxièmement, plusieurs conventions traitent de dispositions pourtant prévues par la loi, tels le droit de refus du travailleur ou l'obligation de l'employeur de fournir gratuitement les équipements de protection individuels, car les parties ont convenu de les rendre plus avantageuses ou d'y apporter des précisions. Troisièmement, enfin, d'autres dispositions de la L.s.s.t. sont plutôt d'application volontaire, ou limitées à certains secteurs, comme c'est le cas pour les comités de santé-sécurité et le représentant à la prévention, de sorte qu'on trouve également des clauses sur ces sujets dans

les conventions d'entreprises de compétence provinciale. Considérons maintenant le détail de ces diverses clauses de conventions touchant la santé-sécurité du travail.

15.3.1 Clauses portant sur les principes de base en santé-sécurité

Comme on l'a vu auparavant, le premier principe des lois provinciale et fédérale en santé-sécurité est celui de l'élimination du danger à la source. Peu de conventions semblent reprendre explicitement ce principe, mais en voici tout de même un exemple :

Article 12   Santé et sécurité

12.01 Le présent article a pour objet l'élimination à la source des dangers pour la santé, la sécurité et l'intégrité physique des employés.

(Convention collective entre Hydro-Québec et Syndicat des employé-e-s de techniques professionnelles et de bureau d'Hydro-Québec, Section locale 2000, Syndicat canadien de la fonction publique [F.T.Q.], 1995-2000.)

En revanche, les conventions rappellent fréquemment le principe de la responsabilité première de l'employeur à l'égard de la santé et de la sécurité de ses employés. Dans certains cas, cette responsabilité est définie par l'engagement de l'employeur à respecter les lois et règlements, comme dans l'exemple suivant, assez caractéristique de cette tendance :

Article 17   Sécurité et santé

17.01 La Compagnie prendra des mesures pour assurer la sécurité et protéger la santé de ses salariés pendant les heures de travail, le tout conformément à la législation et aux règlements applicables.

(Convention collective entre Société aurifère Barrick-La mine Doyon et Syndicat des métallurgistes unis d'Amérique, Section locale 9291, 1995-2000.)

Dans d'autres cas, la responsabilité de l'employeur est définie en termes plus généraux, comme dans l'exemple suivant :

Article 15   Santé et sécurité

15.01 La Compagnie convient de prendre toutes les mesures raisonnables pour assurer la sécurité et la santé de ses employés durant les heures de travail.

(Convention collective entre Consoltex Inc. et Conseil conjoint du Québec, Syndicat du vêtement, du textile et autres industries, Local 1693, 2000-2002.)

Comme pour faire contrepoids, quelques conventions affirment aussi la responsabilité de l'employé en matière de santé-sécurité, comme en témoigne l'exemple ci-dessous :

Article 11   Sécurité et hygiène

11.03 Il incombe à l'employé(e) de prendre, dans les limites des procédures et pratiques autorisées par l'Employeur et de la législation en vigueur, toutes les mesures raisonnables et nécessaires pour assurer sa propre sécurité et celle de ses collègues.

(Convention collective entre Les Technologies industrielles SNC inc. et Alliance de la fonction publique du Canada, Local 10062, 1994-1997.)

Enfin, et il y a certainement ici une influence du cadre juridique, un dernier principe très couramment formulé dans les conventions collectives est celui de la concertation patronale-syndicale en santé-sécurité. En voici un bon exemple qui intègre, en plus, le principe d'élimination à la source :

Article 17   Santé et sécurité au travail

17.01 L'employeur et le syndicat conviennent de joindre leurs efforts pour maintenir de hautes normes de santé et de sécurité sur les lieux de travail dans le but constant d'éliminer les risques d'accident et de maladie professionnelle.

(Convention collective entre Tuyaux Wolverine [Canada] inc. et Syndicats des métallurgistes unis d'Amérique, Section locale 6932, 1999-2002.)

15.3.2 Clauses portant sur les équipements de protection individuels

La question des équipements de protection individuels est l'un des aspects du dossier santé-sécurité sur lequel la très grande majorité des conventions collectives ajoutent des clauses pour préciser le cadre juridique. Et ce, même si le paragraphe 11 de l'article 51 de la L.s.s.t. oblige l'employeur à fournir gratuitement au travailleur tous les équipements de protection individuels choisis par le comité de santé-sécurité ou déterminés par règlement. En effet, d'une part, le comité de santé-sécurité n'est pas obligatoire ni applicable par réglementation dans tous les établissements, comme on l'a vu plus haut, et, d'autre part, de nombreux équipements de protection individuels ne sont pas obligatoires par règlement. Par conséquent, la plupart des conventions collectives contiennent des clauses pour combler ces lacunes tout en tenant compte du contexte particulier de l'établissement visé par la convention. Ainsi, plusieurs conventions identifient des équipements de protection individuels particuliers que l'employeur doit fournir. Voici un exemple de ce type de clause :

Article 17   Santé et sécurité au travail

[...]

17.10 [...] La pratique actuelle de fournir des pantalons et des chemises aux salariés exposés à l'acide et aux salariés exposés au métal en fusion dans le département de la fonderie est maintenue.

L'employeur fournit et défraie le coût entier des montures ou des lentilles de sécurité approuvées, ou des lentilles à foyers décroissants pour les salariés qui en ont besoin à chaque fois qu'elles sont endommagées par le travail ou par l'usure au travail.

(Convention collective entre Tuyaux Wolverine [Canada] inc. – Exploitation de Montréal, et Syndicats des Métallurgistes unis d'Amérique, Section locale 6932, 1999-2002.)

En plus de préciser la nature de l'équipement de protection à fournir, cette clause est aussi intéressante dans la mesure où elle va au-delà de la L.s.s.t. En effet, elle oblige l'employeur à fournir gratuitement des équipements de protection individuels adaptés à la condition personnelle du travailleur, dans ce cas des lunettes de sécurité à foyers décroissants, c'est-à-dire ajustées à la vue du travailleur. En effet, en vertu de la L.s.s.t., l'obligation de l'employeur se limite à fournir gratuitement des équipements de protection standard. Or, s'ils ne répondent pas exactement à la condition personnelle du travailleur, celui-ci ne les porte pas et reste alors sans protection. C'est pour remédier à ce problème qu'on trouve dans certaines conventions des clauses qui obligent l'employeur à fournir gratuitement certains équipements adaptés. Les deux équipements de protection individuels les plus fréquemment visés sont les lunettes de sécurité dont les verres sont ajustés à la vue du travailleur et les chaussures de sécurité orthopédiques.

15.3.3 Clauses portant sur le droit de refus

La plupart des conventions traitent du droit de refus de l'employé. Dans certaines conventions, ce droit semble exprimé en termes simples, mais qui en réalité sont ambigus, comme dans la formulation suivante :

Article 25   Sécurité

25.01 [...]

e) Un employé n'est pas assujetti à accomplir une tâche dangereuse et si on le lui ordonne, il peut refuser sans encourir de pénalité.

(Convention collective entre Abitibi-Consolidated inc., Division Laurentide, et Syndicat canadien des communications, de l'énergie et du papier, Section locale 139, 1998-2004.)

En effet, cette clause ne précise pas si l'évaluation du danger repose sur le jugement de l'employé ou sur celui de quelqu'un d'autre. Il n'y a pas non plus de référence au caractère normal ou anormal du danger de la tâche. Enfin, la formulation peut laisser supposer que, pour qu'un employé puisse exercer son droit de refus, on doit le lui avoir ordonné. Ainsi, bien qu'à première vue une telle clause puisse paraître plus avantageuse que les dispositions de la L.s.s.t., dans les faits elle l'est moins à divers égards. En effet, cette clause ne donne aucune précision quant au droit de l'employé de juger du niveau

de danger, et à son droit d'exercer le refus, et elle ne précise pas non plus la marche à suivre pour régler le cas. En conséquence, advenant un litige, les articles de la L.s.s.t. devront s'appliquer, du fait qu'elle est une loi d'ordre public.

À l'inverse, d'autres conventions reproduisent presque intégralement le long texte des articles 12 à 31 de la L.s.s.t., indiquant probablement ainsi l'importance accordée à ce droit dans ces milieux de travail.

Toutefois, dans plusieurs cas, des conventions proposent une procédure particulière de règlement d'un cas de refus de travail. En général, la procédure permet à l'employé concerné et à son supérieur immédiat de trouver ensemble une solution au problème, donc en l'absence d'un représentant à la prévention ou d'un représentant syndical. Par ailleurs, en cas de non-règlement, certaines conventions proposent de référer les cas non réglés au comité de santé-sécurité avant de faire intervenir un inspecteur de la C.S.S.T. L'exemple suivant illustre ce genre d'innovation :

Article 20   Sécurité et santé

[...]

20.10 Un salarié a le droit de refuser d'exécuter le travail s'il a des motifs raisonnables de croire que l'exécution de ce travail l'expose à un danger pour sa santé, sa sécurité ou son intégrité physique ou peut avoir l'effet d'exposer une autre personne à un semblable danger.

Dans ce cas, ce salarié informe son supérieur immédiat de la nature du danger. S'il y a mésentente entre le supérieur et le salarié, le litige est soumis à un comité paritaire restreint de santé et sécurité composé d'au moins un représentant des salariés et un représentant de l'Employeur. S'il ne peut y avoir d'entente à ce niveau, on fait appel à un inspecteur de l'organisme de la sécurité et santé au travail. Le salarié qui cesse ainsi d'exécuter une tâche est muté à un autre poste sans perte de traitement.

(Convention collective entre Épiciers Unis Métro-Richelieu inc., Division épicerie, et Travailleurs et travailleuses unis de l'alimentation et du commerce, Section locale 501, 1996-2000.)

Toutefois, la plus importante innovation, à notre avis, porte sur le fond de la clause elle-même. En effet, elle transforme le droit de refus en une obligation de refus pour le salarié qui croît être exposé à un danger pour sa santé ou sa sécurité. Voici un premier exemple de clause illustrant cette innovation:

Article 16 Santé et sécurité

[...]

16.07 Un salarié qui a des motifs raisonnables de croire que l'exécution de son travail l'expose à un danger pour sa santé ou sa sécurité ou peut avoir pour effet d'exposer une autre personne à un semblable danger, *doit immédiatement* suspendre son travail et en informer sans délai son superviseur. [Nous soulignons.]

S'il devient impossible au superviseur de ce dernier de corriger la situation, il contacte son surintendant responsable et le représentant des salariés du secteur concerné ou un délégué au travail. Si le représentant syndical et le surintendant se mettent d'accord pour constater que la poursuite du travail est dangereuse, le travail impliqué demeure interrompu jusqu'à l'intervention d'un représentant du Service de la prévention des accidents et du représentant à la prévention. Durant l'interruption du travail, le salarié est assigné à un autre travail à son taux horaire régulier.

(Convention collective entre QIT-Fer et Titane inc. et Syndicat des ouvriers du fer et du titane [C.S.N.], 1995-2001.)

Notons que dans cette clause, outre la transformation du simple droit en devoir ou obligation de cesser le travail jugé dangereux, il n'y a plus aucune référence à la notion de danger «normal» définie à l'article 13 de la L.s.s.t. et qui limite l'exercice du droit de refus par le travailleur. Par conséquent, la clause précitée renforce considérablement la possibilité pour le travailleur de refuser d'exécuter un travail en invoquant des arguments de santé-sécurité du travail. Enfin, on note aussi qu'en vertu de cette clause, si le représentant de l'employeur (ici le supérieur qualifié de surintendant) et le représentant syndical sont d'accord pour considérer qu'il est dangereux de poursuivre le travail,

l'employeur n'a plus le droit d'affecter un autre employé à ce travail. Il faut d'abord que le danger soit identifié, éliminé ou contrôlé.

La clause qui suit est un second exemple d'obligation du salarié de refuser d'exécuter un travail qu'il juge dangereux, mais par un procédé différent:

Article 14 Santé, sécurité et bien-être

[...]

14.02 Un salarié n'est pas tenu de s'exposer à des risques graves et disproportionnés pour sa santé et sa sécurité dans l'accomplissement de ses fonctions. Si un salarié a des motifs raisonnables de croire que l'exécution de ce travail l'expose à un danger pour sa santé, sa sécurité ou son intégrité physique ou peut avoir l'effet d'exposer une autre personne à un semblable danger, la procédure suivante s'applique:

a) Le salarié doit en informer immédiatement son supérieur immédiat, lequel l'assigne alors à tout autre travail disponible que le salarié est raisonnablement en mesure d'accomplir;

b) Le supérieur immédiat doit immédiatement en informer deux (2) membres du Comité conjoint de sécurité, soit un (1) représentant de l'Employeur et un (1) représentant du Syndicat;

c) Dans les plus brefs délais, ces deux (2) représentants doivent faire enquête et rendre une décision exécutoire. À défaut d'entente entre ces deux (2) représentants, un inspecteur de la Commission de la santé et de la sécurité du travail est saisi du problème et sa décision est exécutoire. La décision de l'inspecteur peut faire l'objet d'une demande de révision ou d'un appel selon les mécanismes prévus par la *Loi sur la santé et la sécurité du travail.*

(Convention collective entre Renaissance-Hôtel du Parc et Syndicat des travailleuses et travailleurs de l'Hôtel du Parc [C.S.N.], 1999-2002.)

Comme on peut le voir, dans cette clause, c'est par un jeu d'obligations réciproques entre le salarié et le supérieur immédiat que s'accomplit finalement la cessation du travail jugé dangereux. Le salarié doit informer son supérieur immédiat. En retour, le supérieur doit affecter le salarié à un autre travail et référer la question à deux membres du comité de santé-sécurité pour enquête et décision.

15.3.4 Clauses portant sur le comité de santé-sécurité

La plupart des conventions collectives contiennent des dispositions relatives à la création ou à la présence d'un comité paritaire de santé-sécurité du travail. On en trouve même dans les conventions d'établissements de secteurs d'activités qui ne sont pas visés par l'application des dispositions légales et réglementaires relatives au comité de santé-sécurité du travail. En soi, ce constat est intéressant, car il indique que, dans ces secteurs non prioritaires, les conventions ont pris, jusqu'à un certain point, le relais de la loi pour appliquer le principal mécanisme de prise en charge qu'elle a établi. Toutefois, le développement des clauses portant sur le comité de S.S.T. est assez variable et semble obéir à la logique suivante.

Dans les secteurs non prioritaires où la réglementation sur les comités ne s'applique pas, les clauses de conventions relatives au comité de S.S.T. sont généralement assez succinctes. Par exemple, on précise le mandat général du comité, sa composition et le nombre de réunions. Dans l'ensemble, les conventions sont moins explicites que la loi sur la description des attributions et du fonctionnement du comité, sauf pour les questions du droit à l'information et de la participation de membres syndicaux du comité de S.S.T. aux enquêtes d'accident, voire aux inspections, qui sont parfois traitées de façon plus détaillée. Voici d'ailleurs une clause illustrant cet aspect.

Article 20   Sécurité et santé

[...]

20.13 Toute inspection et enquête d'accident doivent s'effectuer en présence du représentant des travailleurs au sein du comité paritaire de santé et de sécurité au travail. Ce représentant est nommé par les salariés. L'Employeur remet au comité paritaire de santé et de sécu-

rité au travail une copie de tous les rapports de ces inspections ou enquêtes d'accident. De plus, il transmet au comité les statistiques d'accidents transmis à la CSST.

(Convention collective entre Épiciers Unis Métro-Richelieu inc., Division Épicerie, Centre Mérite 1, et Travailleurs et travailleuses unis de l'alimentation et du commerce, Section locale 501, 1996-2000.)

Toutefois, malgré ce genre de précisions, les clauses de la plupart des conventions étudiées dans ces secteurs n'incluent pas toutes les dispositions relatives au comité de S.S.T. établies par la loi, probablement parce que celle-ci ne leur est pas applicable. Dans ce contexte, les quelques clauses négociées représentent déjà un gain.

À l'inverse, dans les secteurs prioritaires où la réglementation sur les comités s'applique, les clauses relatives au comité de S.S.T. bonifient le cadre juridique. En somme, ce cadre constitue un minimum que la négociation collective cherche à dépasser. Les principales améliorations concernent les libérations des membres syndicaux du comité, les modalités de remboursement du temps consacré aux réunions lors de congés et le congé de formation pour les membres syndicaux du comité.

Sur la question des libérations, la norme de la L.s.s.t. est énoncée à l'article 76. Cet article spécifie que les représentants des travailleurs sont libérés de leur travail, avec pleine rémunération, lorsqu'ils participent aux réunions et aux travaux du comité. La clause ci-dessous dépasse cette norme, d'une part en doublant le nombre réglementaire de réunions et, d'autre part, en libérant les représentants des salariés afin qu'ils puissent préparer ces réunions.

Article 17   Sécurité et santé

17.03 [...] Le comité aura deux (2) rencontres par mois pour effectuer, conformément à la loi, ses fonctions, soit une pré-rencontre à chaque deuxième (2) lundi en après-midi de chaque mois et une rencontre à chaque troisième (3) lundi de chaque mois. Immédiatement avant la pré-rencontre, la Compagnie accorde une période de quatre (4) heures aux représentants des salariés siégeant sur le comité, afin qu'ils puissent préparer les deux (2) rencontres ci-haut mentionnées.

(Convention collective entre Société aurifère Barrick-La mine Doyon et Syndicat des Métallurgistes unis d'Amérique, Section locale 9291, 1995-2000.)

La L.s.s.t. est muette sur la question du remboursement du temps consacré aux réunions du comité alors que le membre syndical est en congé. En général, les conventions étudiées précisent que le salarié en congé peut reprendre son congé pour une durée équivalente à la réunion à laquelle il a participé, dans un certain délai et après s'être entendu avec son superviseur. Il arrive aussi que les heures de réunion sont rémunérées au taux horaire de base mais sans pouvoir être utilisées dans le calcul du temps supplémentaire.

Toutefois, le congé de formation pour les membres salariés du comité constitue sans doute la plus importante bonification apportée par les conventions collectives en rapport avec les comités de S.S.T. Rappelons que la L.s.s.t. ne contient aucune disposition relative à la formation des membres des comités de S.S.T., contrairement d'ailleurs à la législation d'un bon nombre de provinces canadiennes (Simard, 2000). La clause qui suit est un exemple de disposition conventionnelle établissant le congé de formation pour les membres syndicaux du comité :

Article 16   Santé et sécurité

[...]

16.04 Les représentants syndicaux au comité peuvent s'absenter jusqu'à un total de vingt et un (21) jours par année pour l'ensemble des représentants syndicaux, sans perte de traitement, pour suivre des cours sur la santé et la sécurité au travail.

(Convention collective entre QIT-Fer et Titane inc. et Syndicat des ouvriers du fer et du titane [C.S.N.], 1995-2001.)

15.3.5   Clauses portant sur le représentant à la prévention

Le représentant à la prévention constitue le second élément de prise en charge de la préven-

tion. Comme le précise la L.s.s.t., il a pour fonction d'appuyer et de renforcer le mécanisme principal qui est le comité de S.S.T. Par conséquent, les dispositions de la L.s.s.t. relatives au représentant à la prévention ne s'appliquent qu'aux secteurs prioritaires, tout comme celles des comités de S.S.T. Aussi n'est-il pas surprenant de constater que, dans l'ensemble des conventions étudiées, le développement des clauses en rapport avec le représentant à la prévention suit la même tendance que celle décrite plus haut au sujet du comité de S.S.T.

Ainsi, dans les secteurs non prioritaires où le chapitre V de la L.s.s.t. ne s'applique pas, on constate d'abord que la plupart des conventions étudiées ne contiennent pas de clauses relatives à un représentant à la prévention. Il y a cependant quelques exceptions qui prennent généralement deux formes. Premièrement, certaines conventions libèrent des représentants syndicaux pour des activités en santé-sécurité du travail. Le syndicat peut alors permettre à ses membres de se perfectionner en S.S.T. Les membres syndicaux du comité de S.S.T. peuvent aussi disposer d'une libération plus longue, devenant ainsi des représentants à la prévention pour un secteur de l'usine. Voici un exemple d'une telle clause :

Article 25   Sécurité

[...]

25.08 La direction s'engage à libérer des employés du local # 139 pour un minimum de 1 000 heures par année, selon les besoins déterminés avec le coordonnateur santé-sécurité, pour toute activité ayant trait à la santé-sécurité.

(Convention collective entre Abitibi-Consolidated inc., Division Laurentide, et Syndicat canadien des communications, de l'énergie et du papier, Section locale 139, 1998-2004.)

Deuxièmement, certaines conventions prévoient explicitement qu'un représentant à la prévention exercera des fonctions se rapprochant de celles que décrit l'article 90 de la L.s.s.t. La plupart du temps, toutefois, les heures de libération de ce représentant proviennent de la banque de libérations syndicales négociées avec l'employeur, plutôt que d'une réserve spéciale. La clause suivante illustre cette approche :

Article 37   Hygiène, santé et sécurité

[...]

37.13 L'Employeur autorise l'absence d'une personne salariée, sans perte de salaire habituel et selon les modalités prévues à l'article 7, Libérations syndicales, pour agir comme représentant à la prévention. Celui-ci a pour *fonctions* [...] [suit l'énumération de plusieurs fonctions définies à l'article 90 de la L.s.s.t.].

(Convention collective entre Université Laval et Syndicat des employés et employées de l'Université Laval, 1999-2002.)

En conclusion, dans les secteurs non prioritaires, les conventions ne contiennent généralement pas de clauses en rapport avec le représentant à la prévention. S'il y en a, elles n'atteignent pas le niveau défini par la L.s.s.t., dont les dispositions ne leur sont pas applicables en vertu de la réglementation[40].

À l'inverse, dans les secteurs prioritaires, où le cadre juridique s'applique, on note que la négociation collective permet d'obtenir des dispositions supérieures à celles que prescrit la loi.

En ce qui concerne les libérations, la tendance est évidemment d'obtenir un nombre d'heures supérieur à celui prévu à l'article 2 du règlement[41]. Par exemple, dans un établissement où le nombre de travailleurs justifierait que le représentant à la prévention soit libéré une trentaine d'heures, selon la réglementation applicable, la convention collective en alloue plutôt 40, comme ci-dessous :

Article 16   Santé et sécurité

[...]

16.05 L'Employeur et le Syndicat s'entendent pour que le représentant à la prévention

puisse consacrer quarante (40) heures par semaine à l'exercice de ses fonctions.

(Convention collective entre QIT-Fer et titane inc. et Syndicat des ouvriers du fer et du titane [C.S.N.], 1995-2001.)

Pour ce qui est des conditions d'exercice des fonctions de ce représentant, certaines conventions comportent divers ajouts à la loi. Ainsi, l'employeur peut s'engager à fournir un bureau, ou à apprendre au représentant à utiliser des instruments de mesure des risques pour la santé. Il peut aussi lui donner accès aux rapports d'études en hygiène industrielle ou même lui permettre de participer à ces études. Il arrive enfin que la convention précise les modalités des relations de ce représentant avec le service de S.S.T. de l'entreprise (rattachement administratif, lien avec le coordonnateur de S.S.T. dans l'organisation du travail en prévention, etc.).

15.4   Conclusion

Cette étude permet de dégager deux conclusions principales.

Nous retiendrons, en premier lieu, que le cadre juridique englobant la santé et la sécurité du travail est imposant, probablement d'ailleurs le plus dense de la législation du travail. D'abord, ce cadre définit les droits et les obligations des parties les plus directement concernées par la question que sont l'employeur et le travailleur. De plus, dans le cas de plusieurs obligations de l'employeur, il fixe, par voie réglementaire notamment, tout un ensemble de normes substantives déterminant les conditions de travail saines et sûres à fournir. Mais si ces normes ne peuvent pas régir toutes les situations potentielles de risque pour la santé-sécurité, il fournit une base minimale de prise en charge qui permet aux parties d'établir elles-mêmes les règles de santé-sécurité régissant les conditions de travail non réglementées. Enfin, pour s'assurer que les parties assument leurs responsabilités, la législation a établi tout un réseau d'institutions dotées de ressources et de pouvoirs visant à aider et soutenir, mais aussi

---

40. *Règlement sur le représentant à la prévention*, Décret 1879-84, G.O. 2, 29 août 1984.

41. *Ibid.*

à contrôler les parties dans l'application responsable des dispositions législatives et réglementaires.

Le système ainsi constitué est loin d'être parfait ou complet. Certaines dispositions mériteraient d'être modernisées, comme la L.s.s.t., qui date de plus de 20 ans. Mais il s'agit indéniablement d'un système parvenu à une certaine maturité, que l'on doit, en bonne partie, à la volonté d'intervention de l'État moderne pour concilier le travail salarié et la santé des travailleurs. Elle ne constitue, d'ailleurs, qu'une facette de sa responsabilité plus importante en matière de protection de la santé publique. Cette histoire, en effet, remonte au début de la société industrielle et elle a été marquée par des modifications successives du cadre juridique et institutionnel initial, alimentées à la fois par l'évolution des luttes sociales et par l'avancement des connaissances scientifiques en matière de santé et de prévention.

En second lieu, en partie à cause de l'étendue du cadre juridique et des dispositifs qu'il établit, la négociation et la convention collectives jouent encore un rôle, en santé-sécurité, mais ce dernier est différent de celui exercé en regard d'autres aspects des conditions de travail. En effet, dans d'autres domaines, la négociation collective et la convention servent surtout à fixer les normes substantives s'appliquant aux conditions de travail, qu'il s'agisse des heures de travail, des salaires, des avantages sociaux, des règles d'utilisation de la main-d'œuvre, etc. En santé-sécurité, notre analyse des conventions collectives montre que les seules clauses substantives présentes portent sur l'obligation de l'employeur de fournir gratuitement certains équipements appropriés de protection individuels. C'est bien peu en regard du vaste dossier de la détermination des conditions saines et sûres de travail spécifiques à l'établissement et qui ne sont assujetties à aucune réglementation gouvernementale.

En contrepartie, la très grande majorité des clauses de convention en matière de santé-sécurité concernent les règles et les mécanismes de prise en charge de ces aspects du travail. Mais il s'agit essentiellement des dispositions établies par le cadre juridique, tel le droit de refus par le travailleur, le comité de santé-sécurité et le représentant à la prévention. Dans le cas du droit de refus, les clauses visent surtout à simplifier et à accélérer la procédure légale de règlement de la plainte du travailleur. En effet, cette plainte est à l'origine de son refus d'exécuter un travail qu'il juge dangereux, bien que certaines conventions innovent en transformant le droit en obligation de refus d'exécuter un travail dangereux. Dans le cas du comité de santé-sécurité et du représentant à la prévention, les clauses de conventions collectives tiennent compte du fait que les dispositions légales et réglementaires concernant ces deux mécanismes de prise en charge ne s'appliquent pas partout. Ainsi, dans les secteurs où elles ne s'appliquent pas, les conventions collectives viennent partiellement combler ces lacunes par des clauses prévoyant surtout la création d'un comité paritaire de santé-sécurité. À l'opposé, dans les secteurs couverts par la réglementation, les clauses conventionnelles visent plutôt à bonifier certains aspects du fonctionnement de ces mécanismes.

En somme, en matière de santé-sécurité, les conventions collectives sont utilisées surtout pour établir les mécanismes et leurs règles de fonctionnement, que les parties mandatent pour jouer le rôle que la convention joue dans d'autres domaines, en déterminant la substance des conditions de travail. À première vue, on peut penser qu'il s'agit là d'un effet du cadre juridique, puisque ce dernier donne effectivement un statut juridique à ces mécanismes (comité de S.S.T., représentant à la prévention). Toutefois, cette tendance des conventions collectives à fixer des règles d'encadrement et de prise en charge plutôt que des règles substantives en matière de santé-sécurité existait bien avant l'adoption de la L.s.s.t. Ainsi, l'étude de Chantal Brisson effectuée sur un important échantillon de conventions collectives en vigueur avant la L.s.s.t. montre que la clause relative à la création d'un comité de S.S.T. constituait la catégorie de clauses la plus fréquente dans les conventions collectives (Brisson, 1981). Par conséquent, on doit conclure que ce sont les parties elles-mêmes qui sont arrivées à la conclusion que la négociation et la convention collective ne constituaient pas le cadre le plus approprié pour déterminer les conditions proprement dites de santé-sécurité au travail. Autrement dit, la loi n'a pas forcé les parties à sortir la substance de la santé-sécurité au travail du domaine du négociable, comme certains l'ont soutenu et même défendu (Boulard, 1984; Sauvé, 1978).

En fait, cette évolution des parties et du cadre juridique en faveur de l'établissement des mécanismes de prise en charge et de régulation conjointe des conditions de santé-sécurité extérieurs aux processus traditionnels de la négociation et de la convention collectives s'explique par des raisons plus fondamentales qui tiennent à l'objet lui-même. Premièrement, dans un milieu de travail concret, la problématique de la santé-sécurité au travail est en constante évolution, ce qui exige un travail continu de prévention et de résolution des problèmes. Cette approche de régulation continue est incompatible avec la négociation collective, qui est, par définition, discontinue. Deuxièmement, l'amélioration des conditions de santé-sécurité au travail requiert des efforts de prévention qui doivent être soutenus à long terme, ce qui est difficilement conciliable avec la perspective à court terme et la durée limitée qui caractérisent généralement la négociation d'une convention collective. Troisièmement, la régulation efficace des problèmes de santé-sécurité demande de plus en plus de connaissances scientifiques et techniques (ingénierie, ergonomie, toxicologie, hygiène industrielle, psychosociologie). Ces connaissances servent à la fois à étudier les problèmes et à élaborer des solutions, ce qui est difficilement compatible avec la négociation d'une convention collective où les parties sont généralement les seuls acteurs en présence. Ce ne sont là que quelques-unes des raisons qui peuvent expliquer pourquoi les parties elles-mêmes se limitent, dans les conventions collectives, à établir les règles de prise en charge du dossier santé-sécurité plutôt que d'en déterminer la substance.

références bibliographiques

BARTRIP, P.W.J. et S.B. BURMAN (1983). *The Wounded Soldiers of Industry – Industrial Compensation Policy 1833-1897*, Oxford, Clarendon Press.

BOUCHARD, P. et G. TURCOTTE (1986). « La maternité en milieu de travail ou pourquoi les Québécoises sont-elles si nombreuses à demander un retrait préventif », *Sociologie et Sociétés*, vol. 18, n° 2, p. 113-128.

BOULARD, R. (1984). « L'impact de la loi sur les conventions collectives », dans R. Blouin et autres (dir.), *Régimes de santé et sécurité et relations du travail*, Québec, Presses de l'Université Laval, p. 137-157.

BRISSON, C. (1981). « La santé au travail et la convention collective », *Relations industrielles*, vol. 36, n° 1, p. 152-178.

COMMISSION DE LA SANTÉ ET DE LA SÉCURITÉ DU TRAVAIL (C.S.S.T.) (2000). *Rapport annuel d'activité 2000*, p. 77.

DWYER, T. (1992). *Life and Death at Work: Industrial Accidents as a Case of Socially Produced Error*, New York, Plenum Press.

EWALD, F. (1986). *L'État-providence*, Paris, Grasset.

GOUVERNEMENT DU QUÉBEC (1978). *Santé et sécurité au travail: politique québécoise de la santé et de la sécurité des travailleurs*, Québec, Éditeur officiel.

HÉBERT, G. (1976). « Management et prévention des accidents du travail », *Relations industrielles*, vol. 31, n° 1, p. 3-28.

MANTOUX, P. (1959). *La révolution industrielle au XVIIIe siècle: essai sur les commencements de la grande industrie moderne en Angleterre*, Paris, Génin.

MARGLIN, S. (1973). « Origines et fonctions de la parcellisation des tâches », dans A. Gorz (dir.), *Critique de la division du travail*, Paris, Seuil, p. 39-89.

PELLING, H. (1963). *A History of British Trade Unionism*, Londres, Macmillan.

PONTAUT, A. (1985). *Santé et sécurité : un bilan du régime québécois de santé et sécurité du travail, 1885-1985*, Montréal, Boréal Express.

QUINOT, E. (1979). «Le phénomène accident : essai sur l'évolution des idées et des attitudes», *Le Travail humain*, vol. 42, n° 1, p. 87-103.

RENAUD, M. et C. ST-JACQUES (1986). «Le droit de refus, cinq ans après : l'évolution d'un nouveau mode d'expression des risques», *Sociologie et Sociétés*, vol. 18, n° 2, p. 99-102.

SAUVÉ, R. (1978). «Regulation Through Legislation : Perspectives for Health and Safety in Quebec», *Are Health and Safety Negociable*, 26th Annual Conference, McGill University, Industrial Relations Centre, p. 32-46.

SIMARD, M. (1994). «Les maladies professionnelles et les accidents du travail», dans Y. Martin (dir.), *Traité des problèmes sociaux*, Québec, IQRC, p. 147-163.

SIMARD, M. (2000). «Étude des mécanismes de prévention et de participation en santé-sécurité du travail au Canada», rapport miméographié non publié.

TRAVAIL CANADA (1979). *Dispositions de grandes conventions collectives concernant les employés de l'industrie manufacturière au Canada*, Ottawa.

TRUDEAU, G. (1986). «Le refus d'exécuter un travail dangereux : aux confins du droit et des sciences sociales», *Sociologie et Sociétés*, vol. 18, n° 2, p. 87-98.

VALENTIN, M. (1978). *Travail des hommes et savants oubliés*, Paris, Docis.

Tendances et orientations de la convention collective au Québec

Dans ce chapitre de conclusion, nous tenterons de dégager les principales tendances qui ressortent de ce tour d'horizon de la convention collective au Québec. Nous esquisserons par la suite les orientations prévisibles de la convention collective pour la prochaine décennie à partir des données disponibles et de l'observation de la convention collective telle qu'elle est aujourd'hui.

Tendances récentes

Toute analyse des tendances en matière de convention collective doit d'abord prendre en considération son influence sur le marché du travail, laquelle peut être mesurée par le taux de présence syndicale. En effet, vu le système de représentation syndicale en place au Québec, ce taux constitue un indicateur approximatif mais fiable de la proportion de salariés assujettis à une convention collective. Les données décrites dans l'intro-

duction indiquent qu'au Québec le taux de présence syndicale s'est maintenu autour de 40 % dans les années 1990. Même s'il s'agit sans conteste d'une baisse sensible de la pénétration syndicale par rapport aux deux décennies précédentes, ces chiffres attestent néanmoins la pérennité de la convention collective au Québec. Il importe aussi de souligner que la convention collective est implantée beaucoup plus solidement au Québec que dans l'ensemble du Canada et, surtout, bien plus qu'aux États-Unis.

Par ailleurs, le fait de ne considérer que le taux global de présence syndicale masque une réalité importante de l'implantation de la convention collective. En effet, elle concerne davantage les salariés des grandes entreprises et ceux de secteurs économiques particuliers, tels les secteurs public et parapublic et, dans une moindre mesure, les secteurs de la construction et de la fabrication manufacturière. Il est à remarquer que ces bastions de la syndicalisation et de la convention collective ne représentent plus des secteurs en croissance dans notre économie. À l'inverse, la convention collective est relativement peu présente dans le secteur plus dynamique des services privés, particulièrement le commerce, la finance et le secteur bancaire. De plus, le contenu même de la convention collective diffère selon le secteur d'activité dans lequel elle s'applique. Ainsi, la nature et la portée des clauses varient selon qu'il s'agit des secteurs privé ou public, de la grande ou de la petite entreprise et selon la branche d'activités, à l'intérieur même du secteur privé, souvent d'ailleurs en fonction de son caractère monopolistique ou concurrentiel.

La convention collective demeure donc l'instrument privilégié de la régulation de la relation d'emploi et des conditions de travail pour une partie substantielle de la main-d'œuvre québécoise. Elle représente l'incarnation des avantages concrets que l'action syndicale procure aux salariés en matière de conditions de travail par rapport à ce qui existe chez les non-syndiqués. Elle constitue également un instrument de justice sociale, de pouvoir et de participation pour les salariés, ainsi qu'une dimension inévitable de la gestion des ressources humaines dans les milieux de travail syndiqués.

Évolution paradoxale du cadre juridique

Pour l'essentiel, le cadre juridique de la convention collective au Québec repose toujours sur les principes fondamentaux contenus dans la *Loi sur les relations ouvrières* de 1944. Cette loi accorde à l'association syndicale majoritaire au sein d'une unité de négociation déterminée, le monopole de représentation de tous les salariés, d'une part, et oblige l'employeur à négocier de bonne foi avec le syndicat accrédité, d'autre part.

Le cadre légal de la convention collective au Québec a connu d'importantes modifications depuis la promulgation de cette loi, notamment en 1964 lors de l'adoption du *Code du travail*[1] du Québec. D'autres changements sont survenus

en 1977 avec la réforme du Code qui a suivi l'élection du gouvernement dirigé par le Parti québécois. Les régimes particuliers de négociation collective institués au cours des années 1960 dans les secteurs public et parapublic de même que dans l'industrie de la construction ont été maintenus jusqu'à aujourd'hui. Toutefois, de nouvelles règles ont été introduites quant au maintien des services essentiels dans les secteurs public et parapublic de même que pour la représentation syndicale et la négociation des conventions collectives dans le secteur de la construction.

Depuis le milieu des années 1970, plusieurs lois ont introduit de nouvelles contraintes pour la convention collective ou l'ont affectée de diverses façons. Parmi ces lois, mentionnons la *Loi sur les normes du travail*[2], la *Loi sur la santé et la sécurité du travail*[3], la *Loi sur les accidents du travail et les maladies professionnelles*[4], la *Charte des droits et libertés de la personne* du Québec[5], la *Loi sur l'équité salariale*[6] et la *Charte de la langue française*[7].

Plus récemment, des changements significatifs sont survenus cette fois au chapitre de l'encadrement juridique des conventions collectives. Ainsi, en 1994, le gouvernement du Québec a adopté une loi[8] éliminant les dispositions du *Code du travail* relatives à la durée maximale de trois ans applicable à toute convention collective. De plus, cette loi assure le maintien des effets de la convention jusqu'à l'exercice du droit de grève ou de lock-out. Une autre loi[9] adoptée un peu plus tard a permis de réduire considérablement le nombre de décrets de conventions collectives, surtout dans le secteur manufacturier. Enfin, des modifications importantes au *Code du travail* ont été adoptées en 2001. La *Loi*

---

1. L.R.Q., c. C-27 [ci-après citée : C.t.].

2. L.R.Q., c. N-1.1.
3. L.R.Q., c. S-2.1.
4. L.R.Q., c. A-3.001.
5. L.R.Q., c. C-12.
6. L.R.Q., c. E-12.001.
7. L.R.Q., c. C-11.
8. *Loi modifiant le Code du travail*, L.Q. 1994, c. 6.
9. *Loi modifiant la Loi sur les décrets de convention collective*, L.Q. 1996, c. 71.

modifiant le Code du travail, instituant la Commission des relations du travail et modifiant d'autres dispositions législatives[10] prévoit la création d'une commission des relations du travail et l'assouplissement des règles de transmission des droits de représentation et de négociation collective en cas d'aliénation ou de concession partielle ou totale d'entreprise (art. 45, C.t.). Elle introduit aussi un mécanisme permettant de déterminer à l'avance si les changements considérés relativement au mode d'exploitation d'une entreprise modifieront le statut de salariés des employés en celui d'entrepreneurs non salariés et la possibilité de la tenue d'un scrutin, à la demande de l'employeur, pour que les salariés puissent se prononcer sur les dernières offres patronales.

Cette effervescence législative met en évidence l'orientation paradoxale des politiques gouvernementales récentes en matière de négociation collective des conditions de travail. Traditionnellement, le législateur se limitait à définir un plancher minimal de conditions de travail qui s'imposait dans tout lien d'emploi, qu'il survienne en contexte syndiqué ou non. Pour le reste, il appartenait aux salariés d'améliorer leurs conditions de travail en se regroupant au sein d'un syndicat et en négociant collectivement avec leur employeur en tirant profit du cadre juridique mis en place par la loi. Ce système a été bouleversé de deux façons qui, d'une certaine manière, s'opposent l'une à l'autre.

D'une part, on constate au cours des trois dernières décennies l'adoption d'un nombre croissant de nouvelles lois qui influent directement sur le contenu des conventions collectives. Ainsi, le contenu et la gamme des normes minimales du travail se sont étendus et ramifiés. De la même façon, la convention collective a été assujettie aux paramètres de plusieurs grandes politiques que le législateur a adoptées indépendamment et à l'extérieur de la négociation collective. Par exemple, l'accès à l'égalité dans les milieux de travail et la promotion de la santé et de la sécurité du travail sont des politiques d'application universelle. Le législateur ne s'est pas fondé sur la négociation collective pour en permettre le développement et l'implantation. En fait, l'autonomie des parties à la négociation collective s'en trouve limitée d'autant puisque ces politiques s'imposent aussi en contexte syndiqué. Cette activité législative a pour effet de limiter le pouvoir normatif des parties à la convention collective et d'accroître par le fait même les sujets que les parties doivent inévitablement aborder à la table de négociation.

La reconnaissance et l'implantation des droits fondamentaux de la personne et la lutte à la discrimination dans l'emploi occupent une très large place dans ces grandes politiques adoptées par l'État québécois au cours des dernières décennies. Le contenu des conventions collectives doit s'ajuster aux valeurs que ces politiques promeuvent et aux droits qu'elles établissent. Ces ajustements ne vont pas sans heurts, puisqu'ils mettent en cause des institutions importantes des relations collectives du travail qui ont structuré le contenu des conventions collectives. Il s'agit là, sans aucun doute, d'un facteur très important dans l'évolution contemporaine des conventions collectives.

D'autre part, certains changements d'ordre législatif survenus au cours de la dernière décennie attestent la volonté gouvernementale d'alléger les contraintes légales touchant la négociation et le contenu des conventions collectives. Cette volonté s'inscrit dans le mouvement néo-libéral de déréglementation dans le domaine du travail amorcé dans les années 1970 et 1980 par le gouvernement de Margaret Thatcher en Grande-Bretagne et adopté, par la suite, par de nombreux États partout dans le monde. Le déplafonnement de la durée maximale des conventions collectives mentionné plus haut en constitue un exemple évident. Les profonds amendements apportés en 1996 à la *Loi sur les décrets de convention collective*[11] et la diminution draconienne du nombre

---

10. L.Q. 2001, c. 26.

11. L.R.Q., c. D-2. Quant aux modifications, elles furent adoptées dans la *Loi modifiant la Loi sur les décrets de convention collective*, L.Q. 1996, c. 71.

de décrets qui en a découlé relèvent de cette même tendance.

Enfin, une autre évolution très récente de l'intervention de l'État dans le domaine du travail au Québec risque d'influer à terme sur la nature même de la relation qu'entretiennent les parties à la convention collective, donc sur le contenu même des conventions collectives. Ainsi, dans certaines lois, l'État définit des objectifs à atteindre tout en laissant le soin aux parties d'en définir entre elles les modalités d'implantation, généralement au sein de comités conjoints de concertation. Ainsi, la *Loi sur l'équité salariale* impose à l'employeur d'établir un programme planifiant l'implantation des principes de l'équité salariale au sein de son organisation. Dans les entreprises de 100 salariés ou plus, l'employeur est obligé d'instituer un comité conjoint d'équité salariale pour permettre aux salariés de participer à l'établissement de ce programme. De plus, la législation a établi des structures sectorielles ou centralisées pour associer les acteurs sociaux à la définition même des politiques de l'État, notamment en matière de formation de la main-d'œuvre et d'emploi. Ce faisant, les parties sont amenées à interagir parallèlement au système traditionnel de négociation collective, à des niveaux et sur des sujets différents. Reste à voir comment évolueront la négociation et la convention collectives, compte tenu de ces nouvelles formes d'intervention de l'État dans les rapports qu'entretiennent entre eux les acteurs sociaux.

Stabilité des clauses contractuelles

La lecture des différents chapitres de l'ouvrage impose un constat important: les clauses contractuelles des conventions collectives ne semblent pas avoir subi de changements majeurs au Québec depuis le début des années 1990. La seule exception concerne la durée des conventions, celle-ci s'étant allongée substantiellement depuis les amendements introduits en 1994 dans le *Code du travail* (Bourque, 1999a). Mais il faut en rechercher les causes dans les contextes écono-

mique et politique induits par la mondialisation de l'économie, comme en témoigne d'ailleurs l'expérience des contrats sociaux au Québec (Ministère du Travail, 2000; Ministère de l'Industrie, du Commerce et de la Technologie, 1992).

Les clauses relatives aux droits de la direction et à la vie syndicale n'ont pas connu de modifications importantes au moment du renouvellement des conventions collectives de la dernière décennie. Ces clauses s'appuient sur des principes de reconnaissance mutuelle qui s'établissent dès le début de la relation entre l'employeur et le syndicat. Elles sont généralement reconduites sans difficultés majeures par la suite, sauf lorsque le contexte de la négociation est marqué par une détérioration importante des relations entre les parties. Les clauses de droits de la direction s'inspirent habituellement de la théorie jurisprudentielle des droits résiduaires de gérance. Selon cette théorie, l'employeur détient tous les droits inhérents à la propriété de son entreprise et à la direction de sa main-d'œuvre, sauf ceux qui sont explicitement limités par la convention collective. Les théories plus institutionnelles qui limitent implicitement les droits de la direction ne semblent toujours pas vouloir s'imposer dans le contenu des conventions collectives au Québec.

Il en est de même des dispositions relatives à la vie syndicale qui portent généralement sur les droits exclusifs du syndicat en matière de représentation des salariés et de négociation collective ainsi que sur les modalités d'intervention des représentants du syndicat en ces domaines. Il est peu probable que de telles dispositions soient modifiées lorsque les parties renouvellent leur convention collective. Ces clauses contractuelles sont relativement stables dans le temps lorsque les relations entre les parties ont atteint une certaine maturité et qu'un équilibre relatif des pouvoirs s'est établi, favorisant ainsi des attitudes mutuelles d'accommodement. La relative stabilité des clauses touchant les droits de gérance et la vie syndicale témoigne de l'acceptation par le syndicat du droit de l'employeur de gérer ses affaires et exprime la reconnaissance par l'employeur du syndicat accrédité dans l'entreprise.

Les dispositions relatives au règlement et à l'arbitrage des griefs sont un autre exemple de clauses contractuelles relativement stables au fil du renouvellement des conventions. Utilisé depuis longtemps par les parties, l'arbitrage est imposé par le législateur en 1961 pour résoudre les conflits de droit surgissant de l'interprétation ou de l'application de la convention collective. En contrepartie, le législateur prohibe le recours à la grève ou au lock-out pour toute la durée de la convention. C'est dans ce contexte qu'au bénéfice des salariés, du syndicat et de l'employeur, les conventions collectives aménagent une procédure interne de règlement des griefs et de recours à l'arbitrage lorsque persiste une mésentente entre les parties. Les principales critiques soulevées par les parties à l'encontre du système d'arbitrage de griefs renvoient à la durée, au coût et au formalisme juridique croissant de la procédure d'arbitrage. Plusieurs mesures ont été mises en œuvre à l'instigation du ministère du Travail du Québec pour régler ces problèmes, notamment l'abolition des conseils d'arbitrage dans les années 1980, la procédure accélérée d'arbitrage (T.A.P.A.) instituée en 1999 et le service de médiation préarbitrale de grief qui est offert depuis plusieurs années. Toutefois, les parties ont peu souvent recours à ces programmes, car elles préfèrent la plupart du temps maintenir le caractère privé de leur procédure d'arbitrage des griefs, notamment par la désignation d'arbitres de griefs dans la convention collective.

De plus, en même temps que diminue le nombre de griefs, au cours des années 1990, diminue également le nombre de demandes concernant la nomination d'arbitres de griefs auprès du ministère du Travail. Quant à la judiciarisation croissante de la procédure d'arbitrage, elle est entretenue largement par les parties elles-mêmes. Par exemple, ces dernières se font très souvent représenter par des avocats, bien qu'il ne soit pas nécessaire de l'être pour agir comme procureur devant un tribunal d'arbitrage. On peut souligner ici l'évolution quelque peu étonnante de la législation qui, appuyée en cela par la jurisprudence, a élargi considérablement le champ de compétence des arbitres de griefs, alors même

que les parties ont eu moins fréquemment recours à la procédure d'arbitrage au cours de la dernière décennie. Ainsi, la résolution des litiges résultant de l'application de la *Charte québécoise des droits et libertés de la personne* au travail salarié assujetti à une convention collective, appartient aujourd'hui en exclusivité à l'arbitre de griefs. Certains notent qu'il s'agit là d'une mutation de l'arbitre de griefs en juge du travail et même d'une « privatisation » de la justice du travail. L'élargissement de la compétence arbitrale amènera peut-être les parties à revoir plus en profondeur le fonctionnement de cette institution.

Les clauses relatives aux mesures disciplinaires ont un caractère hybride, car elles comportent des dispositions de nature contractuelle et normative. Les premières comprennent la reconnaissance du pouvoir disciplinaire de l'employeur, les modalités imposées à l'employeur dans l'exercice de ce pouvoir (délai d'imposition de la mesure et contenu de l'avis disciplinaire, délai de soumission à l'arbitrage et étendue des pouvoirs de l'arbitre). Les secondes regroupent notamment la gradation des sanctions, la proportionnalité de la sanction au regard de la faute reprochée, le droit de contestation des salariés d'une mesure disciplinaire ainsi que la protection des salariés à l'encontre de mesures disciplinaires injustifiées. En plus de la législation qui limite le pouvoir de l'employeur d'agir de façon discriminatoire à l'égard d'un salarié pour des motifs liés notamment au sexe, à l'âge ou aux orientations politiques, religieuses ou sexuelles, la jurisprudence arbitrale a élaboré un ensemble de principes et de règles qui constitue une véritable théorie de la discipline industrielle, notamment en définissant la nature de la faute et des sanctions susceptibles d'être imposées. Cette théorie jurisprudentielle de la discipline s'est même largement imposée dans le droit des rapports individuels du travail, notamment par l'entremise du recours des salariés non syndiqués à l'encontre d'un congédiement sans cause juste et suffisante établi dans la *Loi sur les normes du travail* (art. 124 et suiv.). D'ailleurs, dans les premières années d'existence de ce recours, les plaintes qui en émanent sont confiées à des arbitres de griefs nommés par la Commission des normes du travail. Depuis 1990, le règlement de ces plaintes relève de la compétence exclusive des commissaires du travail.

Aujourd'hui, la plupart des conventions collectives se bornent à inclure dans leur contenu les grands principes établis par les arbitres de griefs dans le domaine disciplinaire. Plusieurs conventions ajoutent des garanties procédurales en faveur des salariés, comme l'amnistie d'une sanction disciplinaire au bout d'un certain temps ou encore le droit d'être accompagné d'un représentant syndical dans toute rencontre avec l'employeur pour des raisons disciplinaires. Certaines conventions précisent aussi les pouvoirs de contrôle de l'arbitre de griefs à l'égard de toute mesure administrative ou non disciplinaire, car ce sujet constitue bien souvent encore une source de contentieux entre les parties devant les arbitres.

Évolution des clauses normatives

Si les clauses contractuelles demeurent relativement stables au cours des trois dernières décennies, on note cependant des modifications importantes dans les clauses normatives des conventions collectives au Québec. En fait, selon une tendance qu'observe déjà Hébert (1992) dans les années 1970 et 1980, les syndicats tentent de préserver les acquis conventionnels au chapitre des clauses dites normatives, alors que les employeurs veulent s'affranchir des dispositifs conventionnels limitant l'efficacité et la flexibilité. Pour ces derniers, ces dispositifs sont contre-productifs dans un contexte désormais plus concurrentiel. Plusieurs recherches confirment que, depuis les années 1970, les employeurs cherchent à modifier certaines dispositions et à en introduire d'autres destinées à accroître la flexibilité du travail (Bourque, 1993 ; Chaykowski et Verma, 1992 ; Kochan, Katz et McKersie, 1994 ; Grant et Lévesque, 1997). Cette volonté continue toujours de se manifester dans les années 1990 (Giles et Starkman, 2001).

Les modifications conventionnelles touchant l'ancienneté, la protection des emplois, l'organi-

sation du travail et les statuts d'emploi s'inscrivent dans une volonté des employeurs d'instaurer une plus grande flexibilité dans le contenu des tâches et la gestion des effectifs. Cette recherche de flexibilité se traduit notamment par une augmentation du nombre d'employés à statut précaire en périphérie (emplois temporaires ou occasionnels, à temps partiel, recours à des agences de prêt de service, etc.). Paradoxalement, ces mesures peuvent même s'accompagner, dans certains cas, d'un renforcement de la protection des emplois des salariés permanents, qui constituent le noyau central assurant les activités essentielles de l'entreprise.

Malgré les critiques des employeurs quant à la rigidité des règles conventionnelles en ces domaines, l'analyse du contenu des clauses afférentes à l'ancienneté et à la protection des emplois montre plutôt que la direction dispose d'une grande marge de manœuvre dans la gestion de l'organisation du travail, des emplois et de la main-d'œuvre. Ainsi, les règles d'ancienneté en cas de promotions ou de déplacements consécutifs à une réduction de personnel sont généralement subordonnées à la capacité du salarié de remplir les exigences normales de l'emploi. De plus, l'utilisation de l'ancienneté survient dans des aires d'ancienneté restreintes, et les délais d'adaptation au nouveau poste assurent généralement à l'employeur un contrôle sur les qualifications du salarié qui l'a obtenu grâce à son ancienneté.

La gestion des emplois est cependant sujette à une tension perpétuelle entre la flexibilité du travail voulue par les employeurs et la protection des emplois recherchée par les salariés. Pour promouvoir l'efficacité de son organisation, l'employeur privilégie la flexibilité fonctionnelle et la flexibilité numérique de sa main-d'œuvre. Le recours à des salariés à statut précaire et à la sous-traitance s'inscrit dans cette logique patronale. La recherche de flexibilité se heurte toutefois à la volonté des salariés d'obtenir une meilleure sécurité d'emploi et de bénéficier de conditions de travail équitables.

L'embauche des salariés demeure un domaine où la discrétion patronale est quasi absolue, sauf dans les rares cas où la convention collective contient une clause d'atelier syndical fermé. De même, les conventions collectives laissent généralement à l'employeur la possibilité d'embaucher des salariés à statut précaire pour pallier les fluctuations conjoncturelles ou la hausse ponctuelle des activités de l'entreprise, ou encore pour remplacer les salariés absents. Cependant, les droits des salariés embauchés diffèrent selon qu'ils obtiennent un emploi permanent, à plein temps ou à temps partiel, un emploi temporaire ou occasionnel. Les salariés temporaires ou occasionnels ne bénéficient habituellement pas de toutes les clauses de la convention collective, notamment en ce qui concerne les droits liés à l'ancienneté en cas de promotion ou de mise à pied. Ils peuvent même connaître des conditions de travail inférieures en matière de salaire et d'avantages sociaux.

Pour ce qui est des clauses de protection des emplois, elles se résument pour l'essentiel à une priorité d'emploi selon l'ancienneté en cas de réduction de personnel, sauf dans les rares cas où la convention collective établit un plancher d'emplois ou une garantie d'emploi au bénéfice des salariés en poste au moment où elle est signée. À cet égard, il faut cependant noter la différence importante entre les salariés des secteurs public et parapublic au Québec, qui bénéficient d'une garantie personnelle d'emploi après une certaine période, et les salariés du secteur privé qui profitent rarement d'une telle sécurité. On a longtemps considéré que cette sécurité d'emploi compensait les salaires inférieurs du secteur public par rapport à ceux du secteur privé. Ce raisonnement vaut d'ailleurs toujours aujourd'hui relativement à plusieurs emplois des secteurs public et parapublic (Institut de la statistique du Québec, 2002).

Depuis le milieu des années 1970, de nombreuses modifications apportées aux conventions collectives du Québec et d'ailleurs en Amérique du Nord découlent de la crise du modèle tayloriste d'organisation du travail qui a façonné le régime de relations industrielles institué au lendemain de la Seconde Guerre mondiale. Cette remise en question de l'efficacité du taylorisme s'est traduite par la demande patronale d'allégement des contraintes conventionnelles aux chapitres du travail des cadres de première ligne, des changements technologiques et de la sous-traitance. Au Québec, la majorité des conventions n'imposent pas de restrictions à la sous-traitance, et lorsqu'elles le font, c'est généralement pour empêcher que ne surviennent des mises à pied. L'employeur dispose de la même latitude vis-à-vis de l'introduction de changements technologiques. En effet, les conventions se limitent habituellement à prévoir les effets de ces changements sur l'emploi et à mettre en œuvre des mesures permettant aux salariés de s'adapter aux nouvelles exigences technologiques. Nous avons aussi mentionné la flexibilité organisationnelle de l'employeur reconnue par les conventions collectives relativement aux statuts d'emploi, à la mise à pied et au licenciement pour des motifs économiques. En dépit des critiques des employeurs, on peut conclure que la convention collective permet une adaptation souple de l'organisation du travail et des effectifs aux besoins économiques de l'entreprise.

Au cours de la dernière décennie, l'évolution des clauses relatives à l'évaluation et à la classification des emplois, aux salaires et aux avantages sociaux s'inscrit également dans la recherche par les employeurs d'une gestion plus flexible du travail. L'évaluation des emplois, une opération habituellement préalable à la classification des emplois, est un domaine où la direction accepte généralement la participation syndicale, dans le cadre de comités conjoints d'évaluation des emplois, sans pour autant renoncer à son droit unilatéral de déterminer les exigences et le contenu des tâches. L'évaluation des emplois constitue dans ce contexte une opération technique consistant à inventorier et à mesurer les différentes dimensions des emplois, en vue de leur ordonnancement en différentes classes d'emplois et de leur inclusion dans l'échelle salariale. Il existe différentes formes de participation syndicale au processus, mais l'employeur conserve généralement le droit de modifier le contenu des tâches à la suite de changements technologiques ou administratifs. La partie syndicale détient de plus le droit de contester les décisions prises par l'employeur sur la base des critères d'évaluation des emplois prévus dans la convention collective. En l'absence de systèmes ou de critères d'évaluation dans la convention, l'employeur détermine unilatéralement le contenu et les exigences des emplois, et leurs niveaux de classement et de salaire. Le droit du syndicat se limite à la contestation du taux de salaire fixé par l'employeur au regard du contenu et des salaires des autres emplois assujettis à la convention. Dans plusieurs conventions collectives, telles celles du secteur des pâtes et papiers, la recherche d'une gestion plus flexible du travail s'est traduite par la fusion de titres d'emplois et, en conséquence, par la réduction de leur nombre. Il s'agit là d'une tendance qui va probablement se poursuivre, compte tenu du mouvement de réorganisation des modes de production et du rythme soutenu des innovations technologiques dans les milieux de travail. De plus, il sera intéressant de voir dans quelques années comment et jusqu'où les systèmes de description et d'évaluation des emplois auront été modifiés depuis le 21 novembre 2001 par l'implantation des mesures correctives visées par la *Loi sur l'équité salariale*.

Les conventions collectives aménagent différents régimes de rémunération des emplois : taux unique ou échelle de salaire, salaire horaire, hebdomadaire ou annuel, salaire basé sur les compétences ou sur le rendement individuel ou collectif. Ces régimes varient selon les catégories de personnel, les secteurs d'activités, les technologies et la taille des établissements. L'analyse comparative de l'évolution des salaires et du coût de la vie au cours des trois dernières décennies montre qu'il n'y a pas eu d'augmentation des salaires réels au Canada au cours de cette période. Parallèlement, on observe une diminution de la fréquence des clauses d'indexation des salaires au coût de la vie dans les conventions collectives. Dans les années 1970 et 1980, on a également observé une progression des échelles salariales à doubles paliers, aussi appelées *clauses orphelin*, une tendance qui s'est inversée au cours de la décennie 1990. En 1999, le gouvernement du Québec a modifié la *Loi sur*

les normes du travail pour interdire de telles disparités.

La *Loi sur l'équité salariale*, adoptée en 1996, s'est attaquée à une autre forme de discrimination salariale. Elle vise à corriger les inégalités salariales touchant systématiquement les femmes. Ses effets devraient se faire sentir dans les prochaines années. En effet, la loi précise que les ajustements salariaux des catégories d'emplois à prédominance féminine ainsi que leurs modalités de versement sont réputés faire partie intégrante de la convention collective. La loi donne de cette façon compétence aux arbitres de griefs sur les mésententes découlant de son application, du moins dans le secteur syndiqué. L'application de cette loi risque également d'avoir des effets sur les systèmes d'évaluation des emplois et les structures salariales des conventions collectives, car elle prévoit la mise en place d'un programme d'évaluation des emplois permettant de comparer la valeur des emplois à prédominance féminine et masculine. Elle prévoit également l'obligation de s'assurer du maintien du caractère non discriminatoire des salaires applicables aux catégories d'emplois à prédominance féminine.

Par ailleurs, la dernière décennie a été marquée par l'apparition de différents systèmes de rémunération variables qui associent les salaires aux performances individuelles ou collectives des salariés, ou encore aux résultats de l'entreprise. Ces différents aménagements en matière salariale illustrent la capacité de la convention collective d'établir un équilibre entre l'efficacité et la flexibilité recherchées par les employeurs, et les principes d'équité et de justice sociale exigés par les salariés et les syndicats.

L'évolution des conventions collectives au chapitre des avantages sociaux est largement tributaire des politiques de protection sociale mises en œuvre par l'État. Ces politiques visent notamment à assurer aux salariés l'accès à des services de santé et aux services sociaux, à protéger leurs revenus en cas de maladie ou d'accident, de perte d'emploi ou de congé parental et à leur octroyer un revenu décent à la retraite. Les avantages sociaux prévus dans les conventions viennent s'ajouter à ces programmes étatiques de protection sociale. Ils ont un effet certain sur la compétitivité des entreprises, leur coût pouvant atteindre de 30 % à 40 % de celui des salaires. Les congés chômés et payés, incluant les jours de vacances, représentent une part importante de ces coûts, comme d'ailleurs les régimes de retraite et d'assurances collectives. Au cours de la dernière décennie, on note une intervention accrue de l'État dans le domaine de la conciliation travail-famille, notamment par le truchement de lois, tant fédérales que provinciales, touchant le congé de maternité et le congé parental. Un autre changement important au cours de cette période est l'élargissement de la notion de conjoint dans la définition des bénéficiaires des régimes de retraite et d'assurances collectives, une évolution également impulsée par les politiques gouvernementales.

Force est de constater que le contenu des conventions collectives est généralement à la remorque des modifications apportées aux régimes publics de sécurité sociale. Une amélioration des régimes publics se répercute habituellement dans les conventions collectives, mais un recul de ces régimes est rarement compensé par une bonification du contenu des conventions collectives. Le phénomène est bien illustré par la stagnation des clauses d'indemnités supplémentaires d'assurance-emploi observée dans les conventions collectives en dépit de la baisse de la couverture et des indemnités prévues au régime public de l'assurance-emploi au cours des deux dernières décennies. En cette matière comme en bien d'autres au plan des conditions de travail, la préservation des acquis plutôt que le développement des avantages sociaux a été la norme au cours de la décennie 1990.

La formation professionnelle constitue également un domaine où les conventions collectives ont fait place à plusieurs innovations importantes au cours des années 1990. Adoptée en 1995, la *Loi favorisant la formation de la main-d'œuvre*[12] a

pour objectif d'améliorer par l'action concertée des partenaires sociaux et des milieux de l'enseignement la qualification de la main-d'œuvre afin de favoriser l'emploi et la mobilité des travailleurs. Elle prévoit notamment l'obligation pour les entreprises d'investir au moins 1 % de leur masse salariale dans la formation professionnelle. Sous l'impulsion de cette loi cadre qui charge des comités paritaires sectoriels de prendre en charge la formation professionnelle, les employeurs et les syndicats ont introduit dans les conventions collectives plusieurs dispositions nouvelles liées à la formation, au recyclage et au perfectionnement des salariés. Dans l'ensemble, la fréquence des clauses conventionnelles en matière de formation a augmenté de façon importante dans les années 1990. L'État a joué un rôle stratégique dans cette évolution, en prenant l'initiative d'une politique associant les partenaires sociaux au financement et à la gestion de la formation professionnelle.

La situation est semblable en ce qui concerne la santé et la sécurité du travail, un domaine qui a fait l'objet d'une intervention gouvernementale majeure au Québec en 1979 avec l'adoption de la *Loi sur la santé et la sécurité du travail*. Cette loi vise l'élimination à la source des dangers pour la santé et la sécurité des travailleurs et établit des mécanismes de participation des employeurs, des travailleurs et de leurs organisations respectives à la réalisation de cet objectif. Ce faisant, les conventions ne jouent plus qu'un rôle complémentaire dans ce domaine. Ainsi, la loi précise les obligations de l'employeur en matière de santé et de sécurité du travail, notamment en ce qui concerne l'aménagement et l'entretien des équipements de travail, les équipements de protection individuelle, l'état des lieux de travail et les services de premiers soins. Elle précise aussi les structures à mettre en place pour s'assurer de la participation des travailleurs et de leurs représentants à la gestion de la santé et de la sécurité du travail, notamment le comité paritaire de santé-sécurité et le plan de prévention. La loi prévoit également le droit pour le salarié de refuser de travailler dans des conditions qu'il estime dangereuses pour sa santé ou

---

12. L.R.Q., c. D-7.1.

sa sécurité. Elle prévoit aussi l'obligation de plainte concernant une situation prétendument dangereuse pour lui ou pour d'autres travailleurs et l'obligation de se conformer au programme de prévention. Le contenu des conventions reprend pour l'essentiel ces droits et ces obligations, en les rendant dans certains cas plus contraignants pour l'employeur.

Les innovations introduites dans les conventions collectives au Québec dans les domaines de la formation professionnelle et de la santé et de la sécurité du travail, montrent par ailleurs que les parties peuvent convenir de modalités qui leur sont mutuellement bénéfiques. Ces clauses constituent d'excellents exemples d'enjeux de négociation dits *intégratifs* par leur nature même (Walton et McKersie, 1993).

L'analyse de l'évolution des heures de travail dans les conventions collectives illustre clairement la faible capacité des organisations syndicales d'influencer les politiques publiques quand elles interviennent dans le cadre restreint de la négociation d'établissement. Alors que les taux de chômage au Québec et au Canada au cours des années 1980 et 1990 ont atteint des niveaux plus importants que dans la plupart des pays européens, le débat sur la réduction des heures de travail n'a eu ni l'ampleur ni les effets sur les conditions de travail des salariés qu'ils ont eus là-bas. De fait, les heures de travail au Canada et au Québec ont très peu diminué au cours des 50 dernières années, contrairement à la plupart des pays européens où la réduction de la durée de la semaine normale de travail s'est accélérée dans les années 1980 et 1990.

Le gouvernement du Québec a adopté plusieurs mesures pour favoriser la réduction des heures de travail, notamment la mise en place du programme Aménagement et réduction du temps de travail (A.R.T.T.) en 1994. Mais les résultats ont été modestes en comparaison des politiques gouvernementales mises en œuvre dans les pays européens, notamment en France, durant la même période. Cet exemple illustre l'un des effets les plus pervers de la décentralisation des structures de négociation collective. En effet, il devient difficile de provoquer des innovations sociales en l'absence d'une intervention gouvernementale et d'une concertation des partenaires sociaux au niveau national. On remarque d'ailleurs que, depuis le début des années 1980, les politiques gouvernementales privilégiant la réduction de la durée du travail pour susciter la création d'emplois ont été mises en œuvre principalement dans les pays où existait une structure centralisée de négociation aux niveaux interprofessionnel et des branches industrielles.

De façon plus générale, l'expérience québécoise démontre aussi que la négociation collective décentralisée peut difficilement prendre le relais de l'État dans le domaine de la protection sociale. Ainsi, comme dans la plupart des pays industrialisés, les régimes publics de protection sociale ont été révisés à la baisse au Canada et au Québec au cours des trois dernières décennies. Or, la convention collective s'est montrée bien peu efficace pour contrecarrer cette tendance et ses conséquences auprès des travailleurs.

L'évolution du contenu des conventions collectives au Québec depuis le début des années 1970 montre bien que les objectifs patronaux de flexibilité fonctionnelle et numérique ont été atteints en grande partie, et que la convention collective est une institution suffisamment souple pour s'adapter aux exigences de la concurrence accrue induite par la mondialisation des marchés. Cette adaptation a été facilitée par les structures décentralisées de la négociation collective qui caractérisent le système de la négociation collective au Québec et en Amérique du Nord. La négociation d'établissement, qui demeure le niveau privilégié au Québec, permet aux parties d'adapter plus étroitement la convention collective aux contraintes et aux besoins de l'entreprise et des salariés. Mais elle induit également une plus grande hétérogénéité des conditions de travail entre les établissements de tailles et de secteurs différents, ainsi qu'entre les établissements syndiqués et non syndiqués. Comme le montre l'exemple de la durée du travail, il arrive qu'elle fasse aussi obstacle aux innovations sociales en l'absence de structures de concertation entre l'État, les organisations patronales et les organisations syndicales.

Complexité et légalisme des conventions collectives

Si la modification du contenu des conventions a permis d'assouplir les règles de gestion de la main-d'œuvre au cours des deux dernières décennies, leur forme a-t-elle connu une évolution comparable? À bien des égards, il nous faut poser un constat similaire à celui fait par Hébert (1992) il y a dix ans, puisque la longueur et le légalisme des conventions collectives ne semblent pas avoir changé.

Avec le temps, les conventions sont devenues si longues et si complexes que seuls des spécialistes réussissent à s'y retrouver. Elles sont presque l'antithèse de ce que voulait être originellement la convention collective, alors qu'elle se présentait comme le recueil, facile à comprendre, des principaux droits des salariés dans leur lieu de travail. On veut tout prévoir, tout régler. Bien peu de conventions, même celles qui ne s'appliquent qu'à une dizaine d'employés, comptent moins de 50 pages. Il est vrai qu'il est bien difficile de traiter simplement et brièvement de tous les aspects que nous avons analysés dans les chapitres précédents. Mais il faut aussi souligner que les négociateurs patronaux et syndicaux ne semblent guère se soucier de rendre la convention collective plus accessible à ses principaux bénéficiaires, qui sont les salariés membres de l'unité de négociation.

La longueur et la complexité de la convention collective introduisent à leur tour beaucoup de lourdeur dans son application. De plus, comme de nombreuses clauses résultent de compromis entre deux parties qui défendent des points de vue opposés, les textes risquent souvent d'être difficiles à interpréter. Les litiges qui en découlent sont nécessairement caractérisés par de fastidieux débats entre les représentants des parties, chacun tentant de justifier son interprétation en faisant valoir tous les arguments juridiques possibles. Comme pour la convention collective elle-même, le système de justice mis en place pour résoudre les difficultés liées à son application est devenu complexe et difficile à comprendre. Caractérisé lui-même par un juridisme excessif, il complique

la tâche des principaux intéressés qui s'y retrouvent de plus en plus difficilement.

Il est sans doute utopique d'anticiper dans un proche avenir l'émergence de conventions collectives plus simples et plus courtes, qui se limiteraient à énoncer des grands principes que les parties veilleraient à appliquer concrètement dans les milieux de travail dans le cadre d'une négociation continue[13]. Néanmoins, il faut prêter une attention toute particulière aux expériences qui favorisent la prise en charge de la négociation et l'application de la convention collective par les représentants patronaux et syndicaux qui évoluent quotidiennement dans les milieux de travail.

Orientations futures de la convention collective

Tenter de prévoir les tendances à venir dans les conventions collectives est un exercice périlleux, mais certainement utile. À partir de ce que nous avons constaté en rédigeant cet ouvrage, rien n'indique que les conventions collectives connaîtront des changements majeurs au cours de la prochaine décennie. En fait, les tendances actuelles risquent de se maintenir dans un avenir prévisible. Il existe tout de même aujourd'hui des facteurs susceptibles d'influer tant sur la prépondérance de la convention collective comme instrument de régulation sociale que sur les conditions de travail qu'elle contient.

Principales influences

Tout d'abord, nous l'avons vu, l'importance de la convention collective comme instrument de régulation des conditions de travail des salariés est directement liée à la syndicalisation. Or, l'abrogation récente de plusieurs décrets de convention collective de même que l'absence, dans la réforme récente du *Code du travail*, de mesures

---

13. Comme dans le cas de l'usine pétrochimique Shell à Sarnia, en Ontario (Rankin, 1990).

visant réellement à améliorer l'accès à la syndicalisation ne permettent pas d'anticiper une
croissance significative du taux de couverture
conventionnelle. Au contraire, l'évolution de la
structure de l'emploi et du marché du travail
rend de plus en plus difficile la syndicalisation
des travailleurs et l'implantation de la négociation collective. Par conséquent, il est peu probable
que la convention collective joue un rôle plus
important au cours des prochaines années dans
la régulation des conditions de travail. Il en sera
ainsi tant que l'influence de la convention ne
s'élargira pas pour toucher les salariés des secteurs
où la syndicalisation demeure faible (notamment les services privés) ainsi que les salariés
dont le statut de travail est atypique. Sans un tel
élargissement, la convention collective risque
d'être condamnée à ne s'appliquer qu'à un noyau
de salariés de plus en plus restreint.

En principe, le contenu de la convention collective relève strictement et exclusivement des
parties contractantes en vertu du régime de relations de travail en vigueur au Québec. Ce principe
représente d'ailleurs la meilleure garantie d'adap-
tabilité des conventions. Toutefois, ce même
principe, en vertu duquel les parties sont libres
d'inclure tous les sujets sur lesquels elles peuvent
s'entendre dans leur convention, subit une érosion marquée. D'abord, plusieurs lois établissent
des conditions minimales sur un nombre toujours croissant de dispositions, comme on a pu
le voir précédemment. De son côté, le marché,
local, régional, national ou mondial, impose lui
aussi des contraintes auxquelles les parties ne
peuvent se soustraire.

Parce qu'elles sont d'ordre public, les lois du
travail, les lois sociales et les lois d'intérêt plus
général imposent des contraintes dans le contenu des conventions. Toute entente qui ne prévoit pas au moins le minimum fixé par chacune
de ces lois est nulle et sans effet. Les parties
contractantes ne peuvent évidemment en ignorer
les dispositions. Elles peuvent, bien sûr, décider
d'ignorer ces points ; la loi s'applique alors, même
pour les salariés syndiqués visés par la convention collective. Certaines conventions reprennent

plutôt le texte même de tel ou tel point de la loi ;
c'est une façon d'informer les salariés de leurs
droits, mais aussi d'affirmer la compétence de
l'arbitre de griefs pour régler un désaccord possible sur le sujet. Quoi qu'il en soit, ce foisonne-
ment de lois du travail, de lois sociales et d'intérêt
général de plus en plus détaillées influe presque
directement sur le contenu des conventions collectives, comme on l'a vu, à titre d'exemple,
dans le cas des normes du travail, de la formation professionnelle et de la santé et la sécurité
du travail. Par ailleurs, en fixant d'autorité certaines conditions de travail, ces mêmes lois risquent de rendre la convention collective moins
attrayante pour les non-syndiqués. On peut en
effet craindre que ces lois privent les organisa-
teurs syndicaux d'un argument important dans
leurs efforts de recrutement.

Parallèlement à l'activisme législatif, la loi du
marché affecte indéniablement le contenu des
conventions collectives. Cette loi, d'une tout
autre nature, s'exprime principalement, soit par le
niveau de l'activité économique, entre récession
ou prospérité, soit par l'inexorable concurrence,
qui s'exerce localement et qui maintenant
dépasse les frontières pour s'appliquer à l'échelle
internationale et mondiale. La mondialisation
actuelle de l'économie (globalisation) ne fait
que renforcer un phénomène qui existait depuis
déjà longtemps.

Les ralentissements de l'activité économique
survenus en 1981 et en 1991 ont affecté considérablement le contenu des conventions collectives négociées à ce moment et dans les années
qui ont suivi. Tous les aspects ont été touchés,
qu'il s'agisse du niveau où se négocie l'entente,
des augmentations salariales, de la suppression
de certaines règles, sinon de certaines clauses, et
de la durée même de la convention. L'effet ne s'est
pas produit nécessairement au même moment
partout. En effet, des conventions de longue
durée, signées juste avant les premiers signes de
l'importante récession du début des années 1990,
ont couru jusqu'à leur terme, sauf évidemment
quand l'employeur s'est vu contraint d'en demander la réouverture, ou quand des coûts trop élevés
ont causé la fermeture de l'entreprise. La durée

des négociations, le recours aux moyens de pression, surtout à l'arrêt de travail, tout comme le contenu de la convention collective sont également fortement déterminés par le contexte et peut-être davantage par les prévisions économiques. Les concessions acceptées par la partie syndicale, un peu partout en Amérique du Nord, au début des années 1980, en sont un témoignage éloquent (Beaucage et Lafleur, 1994).

La récession du début des années 1980 a résulté principalement de la concurrence mondiale. Le phénomène se poursuit aujourd'hui. Le déséquilibre en matière de coût du travail entre les pays développés et en voie de développement placent l'Europe, plus encore l'Amérique du Nord, — et tout spécialement le Canada —, dans une position extrêmement difficile et vulnérable. Pour produire des biens dont le prix réussit à concurrencer ceux qui proviennent des pays en voie de développement, les pays les plus industrialisés sont condamnés à accroître constamment leur productivité. Autrement, une part importante de l'industrie est condamnée à disparaître. C'est pourquoi, depuis 1980, la discussion autour de la flexibilité a pris tellement d'importance.

D'un point de vue prospectif, il va de soi que les lois d'ordre public et la performance de l'économie influenceront les résultats de la négociation collective au cours des prochaines années. On peut penser que la mondialisation continuera à créer des pressions sur les organisations pour qu'elles deviennent toujours plus compétitives. Comme le montre l'expérience passée, les aléas de l'économie continueront d'influer sur le contenu de la convention. Les concessions syndicales seront plus fréquentes au cours des périodes de ralentissement économique tandis que les gains syndicaux surviendront vraisemblablement durant les périodes de croissance. Ainsi en va-t-il de la négociation collective dans un contexte d'économie de marché.

Du côté de la législation, si les tendances actuelles se poursuivent, il y a tout lieu de croire que la question des droits et libertés de la personne continuera d'influer considérablement sur les politiques à promouvoir dans les milieux de travail, notamment en matière d'accès à l'égalité, de protection de la vie privée et de surveillance au travail. Par ailleurs, on ne peut s'attendre à des innovations spectaculaires en matière de syndicalisation ou de normes du travail, sauf peut-être en ce qui regarde le travail atypique. Il est possible que la tendance à l'assouplissement des régimes de relations de travail continue sur son apparente lancée, à moins que l'État ne tente de la contrer. Une telle intervention étatique apparaît bien improbable aujourd'hui, vu le contexte politique et l'idéologie conservatrice qui marquent notre société. En dépit de ces tendances, il reste que les interventions étatiques futures dépendront du contexte politique, notamment de l'idéologie du parti au pouvoir ainsi que des valeurs sociétales du moment.

Hormis le cadre législatif et le contexte économique, d'autres facteurs sont également susceptibles d'influer sur le contenu de la convention collective. Il n'y a qu'à penser à l'évolution technologique et à ses effets sur le niveau d'emploi et les qualifications requises de la main-d'œuvre. Les attitudes et les valeurs des travailleurs auront également d'importantes conséquences sur le contenu des conventions collectives. Ce sont des changements de valeurs, par exemple en matière d'équilibre travail-famille, qui ont amené les parties à inclure des dispositions à ce sujet dans les conventions collectives. Ici encore, il est difficile de prévoir les changements qui surviendront. Par ailleurs, il ne fait aucun doute que le vieillissement de la main-d'œuvre aura des répercussions sur les organisations. Comme on l'a vu au chapitre 14, ce facteur entraînera probablement des changements dans les conventions collectives, telle l'introduction de la retraite progressive. Les parties devront certainement innover davantage et adapter les conventions si l'on veut faciliter le transfert de l'expertise entre les générations, promouvoir le maintien en emploi ou adapter l'organisation et les conditions du travail à une main-d'œuvre plus âgée (Conseil consultatif du travail et de la main-d'œuvre, 2002). Il est évident que les changements qui affecteront la société québécoise, et les relations du travail en particulier, finiront par se refléter dans la convention collective en raison de sa capacité d'adaptation aux nouvelles réalités.

Innovations

On ne saurait terminer notre analyse des orientations futures sans aborder ces innovations récentes en matière de relations du travail qui ont ouvert la voie à un renouvellement du contenu de certaines conventions collectives. Au fil des différents chapitres de l'ouvrage, nous avons traité de plusieurs innovations, notamment en matière de rémunération, d'organisation du travail et de formation de la main-d'œuvre[14]. De façon plus générale encore, les innovations survenues récemment risquent-elles de modifier significativement le contenu des conventions collectives au Québec?

Parmi les pratiques innovatrices, il y a d'abord ce qu'on appelle les nouvelles approches de relations du travail, comme les expériences de partenariat patronal-syndical. La plupart du temps, elles ont été inaugurées et adoptées après une crise importante, la difficulté étant souvent source de créativité. Les deux dernières récessions ont notamment fait surgir de nouveaux modèles de relations du travail. Le caractère d'opposition qui avait toujours marqué les relations du travail en Amérique du Nord a été remis en cause par plusieurs analystes et même par bon nombre de praticiens. Cette opposition entre les parties a diminué, et on observe, de manière générale, une plus grande coopération, notamment dans le domaine de la négociation collective (Deschênes et autres, 1998).

Au Québec, au début des années 1990, on assiste à l'émergence d'ententes collectives d'un genre nouveau appelées *contrats sociaux* (Ministère de l'Industrie, du Commerce et de la Technologie, 1992). Cette formule désigne une entente de longue durée complémentaire à la convention collective et comportant une obligation de paix industrielle pour la période visée par l'entente (Bourque et Vallée, 1994). De 1990 à 1993, une trentaine d'ententes de ce type sont conclues au Québec, principalement dans les secteurs de la métallurgie et du papier. Elles prévoient notamment la participation syndicale à la gestion de l'entreprise par le biais de comités paritaires, l'accès du syndicat à l'information financière et des mesures de formation de la main-d'œuvre. Elles comprennent aussi, quoique dans une moindre part, des mesures visant une flexibilité accrue de la main-d'œuvre, la stabilité de l'emploi et l'intéressement des salariés. Ces ententes, qui avaient pour objectif premier de garantir la paix industrielle pour une période excédant la durée maximale légale des conventions collectives alors limitée à trois ans, ont perdu de leur intérêt après la déréglementation de la durée des conventions collectives en 1994 (Mayer et Bourque, 1999).

D'autres expériences de partenariat patronal-syndical produisent des conventions collectives d'un nouveau genre, comme dans le cas de l'usine de bouletage de l'Iron Ore du Canada, à Sept-Îles. Cette convention collective se démarque des conventions traditionnelles de plusieurs façons, notamment par sa longueur: une trentaine de pages en format de poche. Elle innove également par certaines dispositions: durée de huit ans, équipes de travail autogérées, résolution des conflits par consensus, etc. (Gérin-Lajoie, 2000). La principale lacune des expériences de cette nature vient peut-être du fait qu'elles semblent comporter une part importante de fugacité: l'expérience réussit bien un certain temps, mais perd de son efficacité avec les années, surtout quand on tente de répéter ailleurs l'expérience originale. Plusieurs facteurs contribuent à la remise en question de ces expériences: réorientations des stratégies patronales ou syndicales, décisions unilatérales de l'employeur qui entraînent le refus syndical de poursuivre l'expérience, départ ou retrait d'acteurs clés du côté patronal ou syndical, ou encore insatisfaction de l'une ou l'autre des parties quant aux résultats de l'expérience (Bourque, 1999b). Mais ce caractère éphémère ne lui enlève rien de sa valeur tant que dure l'expérience. D'ailleurs

---

14. La *Gazette du travail* publié quatre fois l'an par Développement des ressources humaines Canada constitue la meilleure source d'information sur les innovations dans les conventions collectives.

certaines innovations introduites dans les conventions collectives à l'occasion de ces tentatives de partenariat patronal-syndical survivent très souvent à l'échec de l'expérimentation.

Au-delà de ces innovations récentes, il est clair que la convention collective demeure encore aujourd'hui cet instrument né de la volonté des travailleurs et de la nécessité pour eux de participer collectivement au processus de détermination de leurs conditions de travail et aux décisions affectant leur expérience quotidienne de travail. L'existence même de la convention collective reflète deux caractéristiques inhérentes à l'organisation sociale du travail dans nos économies occidentales : le déséquilibre, aujourd'hui exacerbé, dans les rapports de forces entre les salariés et les

employeurs, d'une part, et les divergences dans les intérêts et les objectifs fondamentaux qui les animent, d'autre part.

C'est pourquoi on ne doit pas rechercher le rôle et la valeur de la convention collective dans sa capacité d'aider les entreprises à faire face à la concurrence ou à innover sur le plan technologique. Elle vise plutôt à assurer que les stratégies et les décisions d'un employeur ne se réalisent pas sans négociation avec les salariés. Même si la convention collective constitue aussi un instrument de gestion des ressources humaines, elle n'a pas pour autant perdu sa véritable raison d'être. Elle continue de promouvoir la démocratie au travail et la justice sociale, et de protéger les salariés contre les abus patronaux.

références bibliographiques

BEAUCAGE, A. et C. LAFLEUR (1994). « La négociation concessive dans l'industrie manufacturière canadienne », dans E. Déom et A.E. Smith (dir.), *Actes du XXXe Congrès de l'Association canadienne de relations industrielles*, Québec, p. 17-33.

BOURQUE, R. (1993). « L'objet de la négociation : adaptation ou innovation », dans C. Bernier et autres (dir.), *La négociation collective au travail : adaptation ou disparition ?*, Sainte-Foy, Presses de l'Université Laval, p. 93-118.

BOURQUE, R. (1999a). « Les conventions collectives de longue durée au Québec : bilan de la période 1994-1998 », *Effectif*, vol. 2, n° 4, p. 52-56.

BOURQUE, R. (1999b). « Coopération patronale–Syndicats et réorganisation du travail », *Relations industrielles/Industrial Relations*, vol. 54, n° 201, p. 136-167.

BOURQUE R. et G. VALLÉE (1994). « Contrats sociaux : ententes de partenariat ou ententes de longue durée ? », *Info Ressources humaines*, vol. 17, n° 6, p. 16-20.

CHAYKOWSKI, R. et A. VERMA (1992). *Industrial Relations in Canadian Industry*, Toronto, Dryden.

CONSEIL CONSULTATIF DU TRAVAIL ET DE LA MAIN-D'ŒUVRE (C.C.T.M.) (2002). *Adapter les milieux de travail au vieillissement de la main-d'œuvre : stratégie du Conseil consultatif du travail et de la main-d'œuvre*, Montréal, avril.

DESCHÊNES, P., J.-G. BERGERON, R. BOURQUE et A. BRIAND (1998). *Négociation en relations du travail. Nouvelles approches*, Sainte-Foy, Presses de l'Université du Québec.

GÉRIN-LAJOIE, J. (2000). *L'usine qui dormait*, Montréal, École des Hautes Études Commerciales, Cahier de recherche 00-21, août.

GILES, A. et A. STARKMAN (2001). « The Collective Agreement », dans M. Gunderson, A. Ponak et D. Gottlieb Taras (dir.), *Union-Management Relations in Canada*, 4e éd., Toronto, Addison Wesley Longman, p. 272–313.

GRANT, M. et B. LÉVESQUE (1997). « Aperçu des principales transformations des rapports de travail dans les entreprises : le cas québécois », dans M. Grant, P.R. Bélanger et B. Levesque (dir.), *Nouvelles formes d'organisation du travail*, Montréal, L'Harmattan, p. 221-277.

HÉBERT, G. (1992). *Traité de la négociation collective*, Boucherville, Gaëtan Morin Éditeur.

INSTITUT DE LA STATISTIQUE DU QUÉBEC (I.S.Q.) (2002). *Rémunération des salariés : état et évolution comparés – 2002*, Montréal, Direction du travail et de la rémunération, coll. «Le travail et la rémunération», novembre.

KOCHAN, T.A., H.C. KATZ et R.B. MCKERSIE (1994). *The Transformation of American Industrial Relations,* 2ᵉ éd., New York, ILR Press.

MAYER, D. et R. BOURQUE (1999). «Le contenu des conventions collectives de longue durée au Québec de 1994 à 1996», *Actes du XXXVIᵉ Congrès de l'Association canadienne de relations industrielles,* p. 169-185.

MINISTÈRE DE L'INDUSTRIE, DU COMMERCE ET DE LA TECHNOLOGIE (M.I.C.T.) (1992). *Un modèle original d'entente de partenariat : le contrat social du MICT,* Direction générale des politiques.

MINISTÈRE DU TRAVAIL DU QUÉBEC (2000). *La durée des conventions collectives. Rapport sur l'application des articles 2 et 14 de la Loi modifiant le Code du travail adoptée par l'Assemblée nationale le 11 mai 1994,* Bibliothèque nationale du Québec, mars.

RANKIN, T. (1990). *New Forms of Work Organization. The Challenge for North American Union,* Toronto, University of Toronto Press.

WALTON, R.E. et R.B. MCKERSIE (1993). *A Behavioral Theory of Labor Negotiations : An Analysis of a Social Interaction System,* 2ᵉ éd., New York, McGraw-Hill.

Index des sujets